中国产业研究报告·物流与采购

U0888477

·中国物流与采购联合会系列报告·

中国物流与采购信息化优秀案例集

2019

主　编　崔忠付　　副主编　晏庆华　韩东亚

Zhongguo Wuliu Yu Caigou Xinxihua Youxiu Anliji (2019)

中国财富出版社
China Fortune Press

图书在版编目（CIP）数据

中国物流与采购信息化优秀案例集.2019 / 崔忠付主编.—北京：中国财富出版社，2019.6（2020.4 重印）

ISBN 978-7-5047-6979-4

Ⅰ.①中… Ⅱ.①崔… Ⅲ.①物流—信息化—案例—汇编—中国—2019 ②采购—信息化—案例—汇编—中国—2019 Ⅳ.①F259.22-39

中国版本图书馆 CIP 数据核字（2019）第 128399 号

策划编辑 黄正丽　**责任编辑** 邢有涛　黄正丽
责任印制 尚立业　**责任校对** 孙丽丽　**责任发行** 敬　东

出版发行 中国财富出版社
社　　址 北京市丰台区南四环西路 188 号 5 区 20 楼　**邮政编码** 100070
电　　话 010-52227588 转 2098（发行部）　010-52227588 转 321（总编室）
010-52227588 转 100（读者服务部）　010-52227588 转 305（质检部）
网　　址 http：//www.cfpress.com.cn
经　　销 新华书店
印　　刷 北京九州迅驰传媒文化有限公司
书　　号 ISBN 978-7-5047-6979-4/F·3035
开　　本 787mm×1092mm　1/16　**版　　次** 2020 年 4 月第 1 版
印　　张 32.25　**印　　次** 2020 年 4 月第 2 次印刷
字　　数 784 千字　**定　　价** 260.00 元

前　言

坚持以科技创新推动高质量发展是党十九大报告中的重要思想，在此背景下，《中国物流与采购信息化优秀案例集（2019）》跟大家见面了。今年是案例征集的第十一个年头，通过案例的全貌也展现出我国物流与采购信息化建设发展的新阶段。

过去十年，我国物流与采购信息化经历了三个发展时期，从 OMS（订单管理系统）、TMS（运输管理系统）、WMS（仓储管理系统）等专业细分管理软件的出现，到供应链协同领域的深入探索，再到通过互联网、物联网实现数字化转型。案例集记录了产业从信息化到数字化的跨越历程，在信息时代，企业关注“内部、流程、管理和结果”，而在数字时代，企业更重视“外部、商业、数据和运营”。从本册案例征集情况看，我们感受到创新技术在产业的应用变化之快、领域之广，因此，我们对收录案例的类别再次做了调整，新增了人工智能技术、大数据、云服务、区块链方面的案例，共计 80 篇，其中物流企业信息化应用案例 18 个；物流信息平台应用案例 17 个；智慧供应链应用案例 19 个；人工智能技术、智能物流装备创新应用案例9 个；车联网技术、智能商用车、后市场智能化创新应用案例 2 个；无车承运平台应用案例 8 个；共享共建创新应用案例 2 个；大数据、云服务、区块链创新应用案例5 个。案例大体反映出产业在数字化进程中的转型特点以及在专业细分领域的探索，特别是新技术应用带来的商业模式创新更为多样化，专业结合更为紧密。在以往案例中，智慧物流的发展主要表现为技术驱动，但近年产业需求的推动明显增强。在转型动因上，政府从证照监管走向数据监管的变革促进了行业整体线上化发展，无车承运业态日渐成熟，平台型企业专业化程度逐步提高，以平台为载体的各项创新技术的发展加快，无人送货车、智能机器人、自动分拣系统等设备更新迭代增速，更首次出现了以区块链技术为核心的电子签约、设备共享应用。在此基础上，行业数据采集能力有效提高，大数据价值突显。车联网技术不再仅限于车辆定位，以车联网大数据为基础的保险风控 AI（人工智能）云平台、ADAS（高级驾驶辅助系统）技术的驾驶安全管控平台等产品的出现，预示着大数据应用的新延伸。此外，数字供应链发展也是案例中关注的热点，近 10 家企业提出了数字供应链一体化解决方案，增强了供应链的灵活性和可视性，实现了动态的寻源和采购流程。

我国物流信息化发展已走过了重要的十年，今年是案例征集的第十一年，也是下个十年的起始年。中国物流与采购联合会一直坚持通过案例征集并出版的方式为企业搭建交流平台，总结行业信息化发展规律，引导企业的认知与思考。多年来，这项工作不仅成为我们探索信息化发展的有效手段，也成为企业创新思辨的重要参考。在下个十年，技术创新的速度和深度将迈入新的阶段，案例征集的组织、分类、选材也将迎来新的挑战，希望伴随新一册案例的出版，能继续为企业的信息化探索提供帮助，为行业的创新发展提供借鉴，同时也向整理、编辑本册案例集的工作人员表示感谢。

中国物流与采购联合会副会长兼秘书长

崔忠付

2019 年 6 月

目　录

物流企业信息化应用案例

物流信息平台应用案例

智慧供应链应用案例

人工智能技术、智能物流装备创新应用案例和车联网技术、智能商用车、后市场智能化创新应用案例

无车承运平台应用案例、共享共建创新应用案例和大数据、云服务、区块链创新应用案例

物流企业信息化应用案例

风神物流有限公司：基于移动互联的敏捷型物流数据采集创新应用

一、应用企业简况

风神物流有限公司（以下简称“风神物流”）是一家成立于2002年9月3日的中外合资汽车物流企业，注册资金为6000万元。总部位于广州市花都区，目前下设8家子公司，现拥有广州、北京、上海、武汉、郑州、济南、重庆、襄阳8大中心，仓储面积100万平方米，物流研究、仓储运输设备1500余台（套），集团员工7000余人。

风神物流是专业化的第三方现代物流企业。业务覆盖汽车供应链各个环节，内容涉及调达物流、工厂物流、VMI（供应商管理库存）、流通加工、物流包装、保税物流、备件物流、整车物流、物流规划咨询等汽车物流服务项目。目前为东风日产、神龙汽车、东风乘用车、郑州日产、东风雷诺、4S店等1200余家国内外客户提供一体化的专业物流服务。公司多项关键业务管理指标在同行业中处于领先位置。公司目前的荣誉有：全国制造业与物流业联动发展示范企业、中物联5A级物流企业、广东省供应链试点企业、省级企业技术中心、高新技术企业、广东省直通车服务企业、广州市物流示范企业、广州市重点物流企业、广州汽车产业物流示范企业、广州十佳物流企业等。

随着工业互联网的不断创新应用与汽车供应链一体化的不断深入融合，风神物流一直致力于通过以优质的物流服务引领与支撑汽车制造业转型升级和经济提质增效。即以向高端生产性服务转型为战略目标，以流程化为切入点、以新型能力为主线、以效能效益为导向、以数据为驱动、以客户为中心。借助新一代信息技术，着力在“互联网、大数据、智能硬件”等领域不断创新和应用。

二、信息化要解决的突出问题

（一）基本情况

物流的本质是满足客户的需求，是一种服务。物流的形态不同，所处的环境不同，所服务的对象不同，会要求不同的解决方案。风神物流作为生产型汽车物流的这一显著形态，要求其服务能力要满足多个主机厂及客户的需求。而不同的需求所导致的成本是不一样的，客户所能接受的成本也是不一样的，所以，这就决定了其物流系统的建设，始终是围绕如何提高效率和控制成本这一主题展开。

（二）要解决的突出问题

1. 系统集成度不足，数字化转型需适应新要求

进入互联网时代，相对于公司发展面临的各种挑战和问题，系统间集成显得不足，无法适应和满足内外部环境和条件的快速变化。公司经过多年快节奏的系统建设，局部“数据孤岛”仍然存在。通过两化融合的自评及诊断，定位公司目前处于集成提升阶段，说明系统间数据的集成还不够完善。另外，随着信息技术架构加速变革以及面对数字化转型挑战，“产品+服务”模式将成为竞争新常态。如何持续打造适应时代发展需求的新型能力，以及培育形成移动互联发展背景下的竞争新优势，成为当前公司关注的重点及数字化转型的方向。

2. 降本增效需求突出，需聚焦业务数据完整性和质量优化

随着公司业务及网点数量的快速增多，物流过程各个环节的透明性和协同性关系着作业成本和效率的平衡。尤其是客户需求逐渐趋向于个性化，传统人工作业响应客户需求的劣势逐渐显现。没有实时作业数据的支撑，无法对比历史数据进行成本和效率的分析，也无法实时掌握和评估顾客的需求。

移动互联网将从生产方式、组织管理和运营模式等多维度重塑企业，并且有利于实现供应链上下游、跨领域的广泛互联互通，从而在更大范围、以更高效率、更加精准地优化生产和服务资源配置。如何利用移动互联技术，促进信息技术（Information Technology，IT）与操作技术（Operational Technology，OT）的不断融合，采集完整及高质量的基层作业数据，来推动公司不同作业环节动态互联、资源优化配置及精准协作，进而在有效满足客户需求的同时，实现降本增效的目标，是当前助力公司进行数字化转型的基石。

3. 设备投入高，应用受限

以往物流的数据采集多数通过专用的手持终端（Personal Digital Assistant，PDA）设备，受设备和应用场景的限制，不仅设备投入高，数据传递及时性受到限制，一些新的移动应用也不能集成到手持终端。

三、信息化进程

（一）信息化实施的推进

信息化建设中，遵循“科学论证、敏捷实施、快速迭代”的总体要求，按照“需求调研、需求分析、系统设计、系统开发、综合测试、业务测试、实施推广、上线跟踪”八个步骤稳步推进。

（1）需求调研及分析。根据业务现状和实际需求情况，确定开发一套新的移动终端应用系统，同时可适用于手机和PDA的推广使用，依此梳理实际业务流程并进行分析，编写需求规格说明书。

（2）系统设计与开发。根据需求规格说明书，进行系统的概要设计、详细设计、功能设计。开发出适用于调达物流、备件物流的移动端系统功能。

（3）综合测试与业务测试。根据公司的实际业务，配置系统参数，维护基础数据，

进行综合及业务测试。

（4）实施推广及上线跟踪。系统测试通过后，对全国各区域的关键用户进行培训，并正式实施推广及进行上线跟踪和运行保障。

（二）系统简介

本项目基于移动互联的敏捷型物流数据采集创新应用的主要内容包含：调达取货、调达集配出入库、调达空容器返空、备件交货、备件区域配送中心（Regional Distribution Center，RDC）出入库等。涵盖调达物流和备件物流现场数据采集与移动端查询的功能，包括调达与备件 13 个作业功能 26 个作业页面，如图 1 所示。

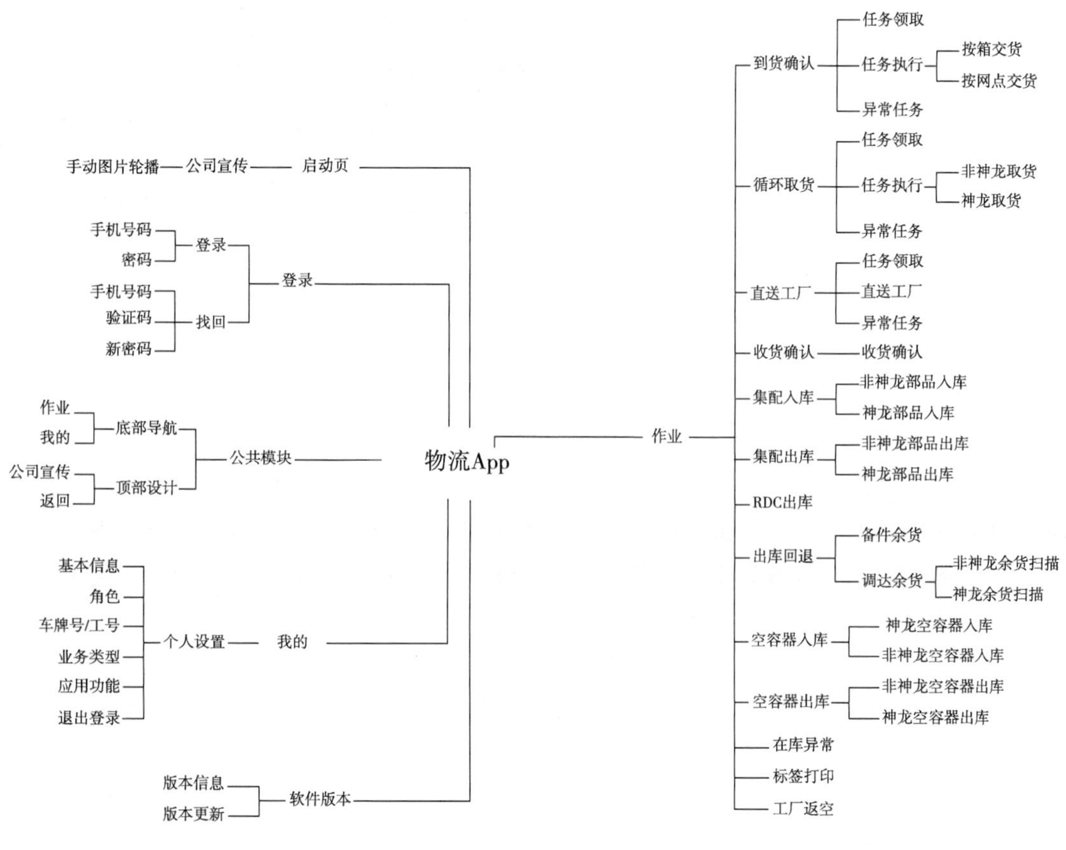

图 1　系统主要内容

该系统的前端移动应用包括基于安卓（Android）的 App（手机软件）程序和基于微信的小程序。

（1）App 程序包含：循环取货、直送工厂、收货确认、出库回退、集配入库、集配出库、标签打印、空容器入库、空容器出库、工厂返空、在库异常 11 个调达物流功能模块以及到货确认、收货确认、RDC 出库、出库回退 4 个备件物流功能模块。

（2）微信小程序包含：循环取货、直送工厂、收货确认 3 个调达物流的程序以及到货确认、收货确认 2 个备件物流的程序。

系统界面及应用场景如图 2 所示。

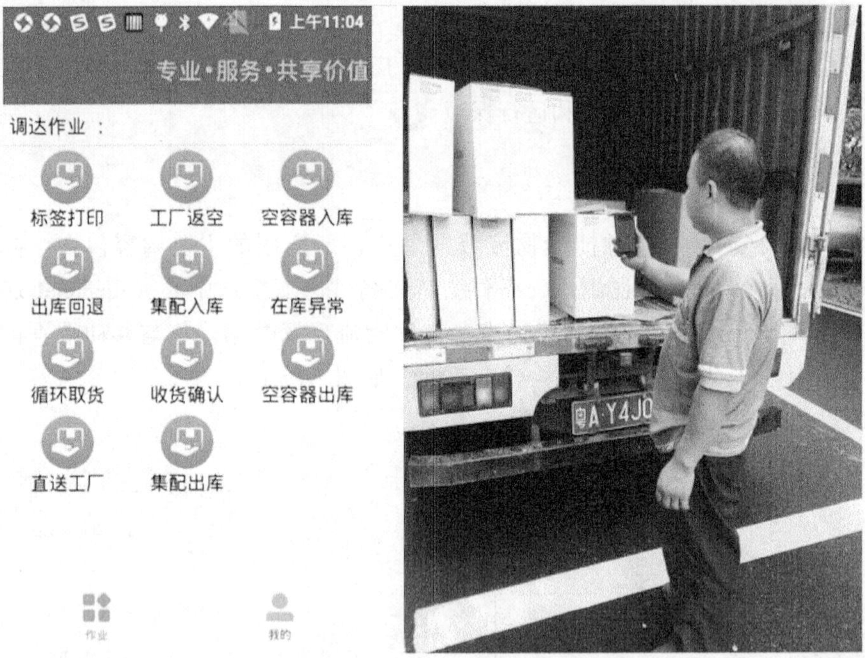

图2　系统界面及应用场景

（三）实施中遇到的主要困难与解决措施

1. 项目预期效果的实现需要一个过程，推广困难度较大

该项目主要是利用移动互联技术，开发 App 软件系统，实现作业过程中手机代替数据采集器进行数据采集。但是，原有数据采集器的折旧及退出需要经过一个完整的生命周期，导致项目预期的效果不能立即显现。同时，因为作业人员的熟悉度及传统习惯的影响，也无法完全用新设备替换原有数据采集器。

为此采取的措施：先细分运输作业及仓储作业，有选择、分步骤地逐渐替换。同时，待 5G 技术推广后，网络速度更快，可显现 App 系统的作业优势，进而加快替换的速度。

2. 流量费用是手机进行数据采集作业的制约因素之一

使用手机进行数据采集作业，会消耗流量并产生一定的费用，导致员工不愿使用自己的手机进行作业，影响推广。

为此采取的措施：通过相关激励机制，提高员工使用手机进行数据采集作业的积极性。同时，待 5G 网络推广后，资费更低，能提升员工使用自有手机进行数据采集作业的意愿。

四、信息化主要效益分析与评估

（一）实施前后的效益指标对比分析

（1）直接效益。该项目系统已经在全国 2500 多个网点得到应用。该项目推广前调达物流业务和备件物流业务中共使用数据采集器 1015 支，其中供运输司机使用的有 800 支，用于仓库及 RDC 的数据采集器有 215 支，项目推广应用后节约费用 508.1 万元。包括通过以手机替换数据采集器作业减少数据采集器购置费 466.5 万元，减少购买 3G 移动网卡及其流量费用 41.6 万元。

（2）无形效益。利用该 App 系统作业，优化了原流程，它打破了地域、空间的局限，可将传统的与订单相关的状态、交易、行为等“多、杂、碎、快”数据，进行实时、连续展示。让更多的司机等用户及管理者共享数据，减少交易时间和成本，并可使资源得到更优化的配置，让服务变得更精准、更高效、更智慧。

（二）实施对企业业务流程改造与创新模式的影响

该系统开发及应用后，满足了循环取货、出入库、空容器返空、到货确认等作业需求，符合新一代信息技术的发展要求和趋势。系统获取了软件著作权，编号：2019SR0177152。具体如下。

（1）实现了数据采集程序的转型升级。风神物流原数据采集程序是基于微软系统（Windows Mobile，WM）的适用于手持扫描枪的应用程序，随着移动通信技术及智能手机设备的不断成熟应用，当前主流 Android 的性能和易用性已经远超 WM，绝大多数硬件厂商也都投身到 Android 阵营。风神物流急需创新及开发适应现场物流作业的 App 系统功能来替换原数据采集程序功能，以更加便捷的方式保障数据采集作业的及时性。

（2）通过模块化的设计，统一了数据采集程序的开发平台。提供了可替换原数据采集器及程序的可行方案，完成了备件及调达物流业务用户提出的循环取货、出入库等 19 项功能开发，并 100% 满足用户需求。

（3）该 App 系统依托新一代移动互联网技术，采用前后端分离开发模式，通过调用服务接口进行数据交互，不但功能上完全满足作业需求，性能和易用性远超原数据采集程序，后台响应速度均控制在 2 秒内，而且可以支持更大的业务操作量。

（三）实施对提高企业核心竞争力作用

信息化的个性化支撑是打造物流企业核心竞争力的有力方式。通过该系统的建设，能纵观作业的全貌。它将不同数据采集环节集成为一个统一连贯、有机运行的整体。相关资源得到了快速有效的匹配。货物在途将更加流畅及可视化，最终交付的效率和品质将更加有保障，客户满意度和服务体验也得到不断提升。并且通过 App 分配运输任务及分析采集数据可以使整个过程更加精准化，在满足交货时间的同时，使得库存成本降到最低甚至为零，有效减少了供应链总成本。

五、信息化过程中的主要体会、经验、教训及推广意义

在利用 IT 优化作业流程的过程中，需要从汽车供应链全生命周期方面进行考虑，构建一个强有力的项目组织，从生产与流通的角度对传统的价值链进行再设计，将传统的物流体系价值（仅在内部物流活动有所体现）整合到汽车供应链价值链中，提升整体作业效率和效益。主要内容包括以下四个部分。

（1）TO－BE（期望的）业务流程设计的科学合理是项目成功的保障。

（2）有效周密的上线计划对于上线很重要，可以实现自如应对遇到的各种情况。

（3）上线时会有较多的事件需要及时正确地进行决策，要有一个能担当的总体指挥以及协作、高效的项目组织。

（4）项目小组成员有足够的产品功能和流程方面的经验和知识，在遇到问题时有能力解决。

六、本系统的未来展望

随着移动互联网等新一代信息技术的不断成熟应用，以 App 为代表的应用软件，已经悄然改变了人们的生活方式，并成为当前主流的移动互联发展方式。因此，作为市场经济主体的企业，更要结合业务需要及 5G 等新通信技术的发展形势，通过运用智能技术等手段，对线上服务、线下体验进行积极探索，在实现降本增效的同时，能吸引和影响客户，抓住市场，获得长足发展。

中远海运科技（北京）有限公司：国际船舶代理集中管控系统（COMPASS）

一、研发公司简介

中远海运科技（北京）有限公司（原中远网络物流信息科技有限公司）是中国远洋海运集团的IT旗舰公司，自1996年成立以来一直从事国内外交通航运有关供应链和物流解决方案的咨询、规划，软件设计、研发及实施，产品代理及系统集成业务。

我们为交通运输、生产制造、第三方物流、零售、建筑、电子电器、金融、电信等行业提供了大量优秀的物流供应链解决方案。在多年的探索和实践中，打造了一支高水平的物流信息化业务团队，拥有先进的信息化技术、前沿的物流模式、雄厚的科研实力，提供专业的物流供应链业务咨询，形成了丰富的物流供应链信息化产品生态链。

在多年的物流信息化实践中，我们以专业、先进的技术水平和开拓精神，致力于打造一流的物流供应链产品和服务，被评为国家信息化试点工程、物流信息化动态监测定点联系企业、中关村开放实验室、中国物流学会产学研基地、中远集团物流技术分中心、中国交通运输协会快运分会会员单位、物联网技术与应用会员单位、北京市国际科技合作基地等。

二、案例项目应用背景与目标

伴随着全球经济一体化的快速发展，信息技术日新月异、不断更新迭代，整个中国社会都处于互联网转型的浪潮中。港航业虽然是历史悠久的传统行业，在物联网、移动通信、人工智能、区块链、云计算、大数据等新兴信息技术不断涌现的情况下，港航信息化发展呈现新的趋势。国际船舶代理属于港航产业链上的核心业务环节，面对目前港口市场日益开放，港航企业纷纷进入市场等外部环境竞争激烈，而国际船舶代理业务复杂度越来越高、客户个性化需求越来越多，反观中远海运物流有限公司国际船舶代理业务依然沿用传统操作模式，管理业务人员创新意识不足，难以应付创新发展新时代需求。本项目借助中远海运集团新业务模式科技创新总体规划，以科技创新为重点，重建国际船舶代理业务新模式体系，发挥自身力量，突破自身瓶颈，提升企业服务水平，努力增强国际船舶代理市场竞争力。

（一）应用企业介绍

中远海运物流有限公司（以下简称“中远海运物流”）隶属于中国远洋海运集团，由中国远洋物流有限公司、中海集团物流有限公司和中海船务代理有限公司重组整合而成，于2016年12月21日正式挂牌运营。2017年9月18日，中国外轮理货总公司整合并入中远海运物流有限公司。中远海运物流是居中国市场领先地位的国际化物流企业，在项目物流、工程物流、综合货运、仓储物流、船舶代理、供应链管理、理货检验等业务领域为国内外客户提供全程物流解决方案。

中远海运物流旗下由中国外轮代理有限公司和中海船务代理有限公司专门从事内外贸船舶代理业务，是中国“历史最久、规模最大、实力最强”的国际船务代理企业之一；下设80多家口岸外代、300多个业务网点，网络覆盖国内所有开放口岸，并且在欧洲、美洲、东南亚等地设有10余家海外分支机构。公司秉承“以诚为先，谋求共同发展；以人为本，追求完美服务”的经营理念，认真履行为客户提供“全天候、全方位、全过程”的服务承诺，以更真诚卓越的服务，打造“最好的国际船舶代理人”，与国内外客户携手并肩，共创美好未来。

（二）案例建设应用背景

中远海运物流作为中国最早、最大的从事船舶代理业务的公司之一，在全国多家对外服务口岸从事世界各国船公司进入中国的船舶代理业务。

中远海运物流国际船舶代理信息化系统建设起步较早，最初的国际船舶代理信息化系统建设以满足各公司自有的业务操作为主要目的，形成了以各地业务特色为主的独立业务系统约有20多个，特别是其中较大的几个下属区域公司还在使用基于IBM DB2/400的作业系统，部分公司使用基于SQL Server/PC的作业系统，还有一部分较小的公司仍然停留在传统的人工操作模式。分散、独立的业务系统极大地阻碍了公司全球业务发展的步伐。分散的管理体系和模式难以集中优质资源以发挥中远海运物流全球战略发展目标，存在的问题有如下几个方面。

1. 系统规划方面

（1）缺乏统一的IT规划和信息规划，造成企业信息资源和技术资源无法实现有效利用，信息整合难度提升。

（2）各口岸操作流程和系统应用不同，无法支持系统内的数据交换、共享，存在信息孤岛，消息衔接不畅通。

（3）各口岸系统规划设计相互独立，数据标准不一致。

2. 系统功能方面

（1）应用系统只满足当地口岸业务操作和部分管理需求。

（2）缺少总部/区域管理功能支持，对内无法及时提供可靠的业务决策信息支持，无法有效控制业务风险。

（3）没有统一的跨区域、跨口岸的对外客户服务，对外无法为客户提供全程的、综合的信息服务，与未来国际船舶代理业务发展规划的有效落实不相匹配。

3. 数据管理方面

（1）基础代码不统一，造成业务数据统计和分析上存在困难。

（2）系统内数据交互性差，业务数据滞后并且难以整合。

（3）基础数据重复录入，不利于系统数据差错率的降低。

4. 技术应用方面

（1）不同口岸公司 IT 部门掌握的编程技术、开发模式及系统应用环境各不相同，普遍存在 IT 部门产出不足的现象。

（2）传统技术架构无法更好地支撑日趋复杂、个性化的业务模式及不断壮大的业务规模，且不具备较快的响应速度。

（3）系统不支持灵活组合、灵活配置，不能减少重复开发、有效缩短开发周期，从而无法降低建设成本。

（三）项目建设目标

本案例名称是国际船舶代理集中管控系统（COMPASS）（以下简称“国际船舶代理系统”）。它以中远海运物流信息化总体规划为指导纲领，以业务管控需求和业务运作需求为建设依据，搭建了上下贯通、相互协同、资源共享与整合的一体化平台，满足了中远海运物流在国际船舶代理信息化战略层面、业务管理层面、业务运作层面、系统建设层面不同的需求。

在信息化战略层面，以中远海运物流信息化总体规划为指导纲领，建设成果满足规划文件中提出的国际船舶代理信息化板块目标和要求，从而支撑公司总体信息化发展战略。

在业务管理层面，系统引入了服务产品理念，提升了国际船舶代理业务管控能力和运作效率，有效支撑了中国外轮代理公司国际船舶代理品牌发展，可为客户提供更方便、快捷、多样化的服务，提升中远海运物流在国际船舶代理业务市场中的服务能力。系统支持集中营销、KPI（关键绩效指标）考核、集中采购等管理功能，并加强总部、区域管理职能，为决策分析提供数据支持、强化风险管控。

在业务运作层面，系统梳理出四层服务产品业务架构体系，支撑国际船舶代理班轮和非班轮业务的信息化操作。覆盖范围包括市场销售、船舶计划调度与航次作业管理、进口单证、出口单证、箱管、驻港现场作业、国际中转、商务结算等业务流程，实现国际船舶代理业务流程标准化、操作无纸化、资源数字化、监控可视化、过程智能化。

在系统建设层面，系统采用行业最前沿的微服务技术架构，以快速响应、快速扩展为原则，搭建集约化、标准化国际船舶代理系统，既满足全公司集中管控，又兼容各区域口岸业务发展差异。主要包括系统管理、基础管理、在线客服平台、移动服务平台、决策分析平台及业务管理内容。

本项目按照“统一标准、统一平台、系统集成、资源整合、信息共享”的基本要求，全力实现“全面感知、全面覆盖、全程控制、全面提升”总体目标。

三、解决方案

（一）问题与挑战

1. 统一业务体系解决业务数据差异，为大数据应用奠基

国际船舶代理系统使用群体非常广，服务于全球数百家船公司，其中班轮船公司 100

多家、非班轮船公司200多家，业务涉及范围遍布全国各口岸，各地船公司、海关、海事局、码头、堆场等相关政策与业务规则不尽相同，前期各口岸公司国际船舶代理业务流程、操作模式、管理方式方面均存在较大的差异性。项目组在经过充分现场调研后，将调研数据输入中远海运物流大数据平台，针对国际船舶代理业务特点统计分析形成新的业务模型，将新业务模型征求全国各口岸不同业务模块具体操作人员意见，经过大数据平台反复多次的数据模型清洗和筛选，再经过多轮总部各业务代表认真论证，最终在北京对国际船舶代理班轮、非班轮的整体新业务研发建设需求进行了项目确认。

2. 公司组织结构调整重建

国际船舶代理系统作为集中式大型应用系统，信息化建设将以公司创新发展战略与整体定位为指导，推行内部业务流程与管理的标准化，保持市场竞争优势。因而，对于各口岸公司来说，不管是管理层还是实际业务操作者，在一定程度上都需要重新调整组织结构，组织学习培训新的业务模式、管理标准与规范，加大了管理和业务人员对新业务体系的理解，针对部分传统业务操作的口岸公司，重新做了组织结构调整与重建，确保整体业务一致性和完整性。

（二）重点与难点分析

1. 统一搭建微服务架构

由于早期的国际船舶代理系统缺乏统一的规划设计，分别以满足口岸公司各自基本业务操作为主要目的，全公司国际船舶代理系统多达20多套，不同类型的作业系统导致各公司国际船舶代理系统独立、分散。

因而，本项目坚持统筹规划，从国际船舶代理行业发展趋势出发，以提高系统响应速度、缩短开发周期、降低建设成本、减少重复开发为原则，采用行业内最新的微服务技术搭建统一的技术架构，支持模块化、组件化开发，以满足船舶代理业务网点多、口岸差异化大、业务量大、EDI（电子数据交换）量大、稳定性及时效性要求高等特征下的需求。

2. 统一规划业务流程

国际船舶代理早期主要由不同口岸各自管理，业务模式与海关、码头、堆场等相关方有着紧密联系，存在较大的差异化操作，如不同口岸公司在海关新舱单的使用、航线下舱位关系管理维度、客户发票开具要求、在线支付、单证格式等方面体现出的差异化问题。因而，综合分析各口岸公司国际船舶代理业务，判断并评估影响主流程的关键因素，从总部集中管控的角度出发，对船舶代理业务主流程进行梳理、统一规划，各口岸公司采用同一套业务流程。

3. 梳理服务产品体系

国际船舶代理系统作为一个大型集中式的系统，面对的业务具有业务复杂度高、业务范围广、参与方众多、业务环节长等特征与挑战，难免出现业务操作点、业务管控点计费的设计遗漏。这就要求基于不同口岸、不同业务板块、不同信息化水平、不同服务标准下的现状进行考虑，抽象出总体架构，梳理出专业化、标准化的服务产品体系。本项目的服务产品体系包含四个部分：服务产品目录、服务产品、服务类型和工作指令。

（三）核心内容构建

基于对国际船舶代理业务架构体系的业务流程，围绕服务产品、客户合同、异常监控、业务功能等核心构建内容，描述如下。

1. 服务产品设计

服务产品的设计采用四层的结构，分别为服务产品目录、服务产品、服务类型、工作指令。

（1）服务产品目录：服务产品目录是对服务产品的收集与归类，可作为一个模板，供客户根据实际业务需求，挑选服务产品。

（2）服务产品：企业基于市场/客户明确的价值诉求，对自身可标准化运作和定价的服务进行梳理组合，将所有的服务交互承载在产品上，形成一套完整的可面向客户的产品。产品存在全生命周期的版本管理，推动服务的完善与退出，还具有量化考核作用。

（3）服务类型：根据自身服务边界与客户业务需求进行匹配，针对不同服务类型形成标准化的服务作业规范和服务定价，指导实操人员的作业流程以及销售对客户的询价报价，避免销售空对空报价，提升销售工作效率。

（4）工作指令：用于明确什么时间做什么事情，指导操作人员在业务执行过程中必须执行的单个操作，基于设置的各时间节点进行任务派发和信息推送，对状态进行管理，监控作业完成情况，确保作业在截止时间前完成。

2. 客户合同设计

客户合同用于约定与客户之间的服务内容，需根据客户需求配置服务、制订价格，详细记录业务承诺的服务、定价、结算方式、条款等信息。客户合同的重点设计内容如下。

（1）合同版本与审批流程管理：合同具有完整生命周期，面向同一客户的相同需求，只存在单一发布的有效版本，版本管理时需对协议的有效版本进行管理与发布；销售提交的合同引入审批流的管理，辅助协议最终版本的发布。

（2）合同支持产品的选择：引用服务产品的结构，识别出服务产品目录中符合客户实际业务需求的服务产品后进行相应定制。

（3）合同支持服务的灵活配置：产品中服务的设置是大而全，覆盖绝大部分的场景需求，而合同对产品进行引用时，可针对需要的服务灵活配置。

（4）合同支持基于服务的定价个性化：产品的标准定价主要是提供销售报价时参考，而对业务体量大、议价能力较强的客户而言，合同支持价格维护的个性化。

（5）合同支持服务作业流程的个性化：服务产品仅制定了标准的作业流程，而协议中针对客户的不同需求，定义服务对应的客制化操作流程，以最大限度提升客户体验。

3. 异常监控设计

国际船舶代理系统对于作业过程中的异常监控，引入物流控制塔体系的全程可视、异常可控、服务可量化考核的理念，结合物流管理流程和应用工具，集成外围设备，实现监控订单履行状态、实时追踪货物信息等功能，为企业提供端到端的可视化全程物流服务。

（1）异常事件节点定义与计划：定义时限类、服务类等异常事件类型，为不同类型异常事件配置不同监控维度，异常事件的定义由总部指定规则，各具体执行公司配置执行参数。

（2）节点实际执行状态收集：支持业务人员日常业务操作更新，通过与第三方系统的集成、外勤人员作业反馈等形式，更新事件节点的执行状态，完成业务人员日常业务操作更新。

（3）异常处理流程配置：事件节点的实际执行信息超出预设阈值范围的作业，自动触发异常事件，处理流程可灵活配置，如异常事件的类型判断、节点选择、处理角色的设置、级别设定等。

（4）异常考核：支持基于异常事件的触发频率、异常处理时效等数据，对供应商、客服、业务操作员等角色建立相关的考核指标，建立标准化异常考核体系。

4. 业务功能设计

国际船舶代理系统的业务功能建设作为国际船舶代理班轮业务和非班轮业务的信息化支撑，覆盖范围包括业务配置、计划调度、班轮出口单证、班轮进口单证、集装箱管理、港口使费结算、运费结算、箱管费结算等业务。

（1）业务配置：配置好基础信息后，方可开展业务操作。主要涵盖合作伙伴、船舶规范、航线、船期表等功能。

（2）计划调度：由航次经理根据船舶代理协议，按照客户要求、公司制度和口岸政策要求完成委办事项，将船舶动态反馈给客户，费用信息给商务结算员，船舶货量信息上报公司。主要涵盖船舶计划管理、船舶调度管理、在港操作等功能。

（3）班轮出口单证：处理客户委托、分配舱位、接受订舱，在出港口岸完成舱单制作、海关申报（船）、运费结算和签发提单等业务。主要涵盖订舱管理、舱单管理、理货清单、船舶航用图管理、危险品申报、提单确认、提单签发等功能。

（4）班轮进口单证：为船公司提供船舶抵港后进行船舶申报、收取运费、换单放货等服务。主要涵盖预处理舱单、原始舱单管理、船舶航用图管理、危险品船申报、危险品货申报、换单等功能。

（5）集装箱管理：指按照集装箱营运人的委托，对进出其所辖区域的集装箱动态信息跟踪、进出口集装箱发放和回收、超期费收取、箱体检验与修理、集装箱平衡调度管理以及集装箱费用成本审核等管理工作。主要涵盖出口舱单、进口舱单、出口放箱、进口放箱、退关、动态管理、空箱调运计划等功能。

（6）港口使费结算：接受委托方（船舶经营人）的委托，代理船舶在港期间作业事宜，按照船舶代理协议，与供应商结算港口使费、代理费和杂费等。主要涵盖代理费登记、杂费登记、使费登记、使费稽核、制作账单、发票、收款核销、付款核销、凭证等功能。

（7）运费结算：指进出口业务中与各合作伙伴之间的往来账结算，包括海运费、包干费、佣金等。主要涵盖费用登记、稽核、发票、收款核销、付款核销、凭证等功能。

（8）箱管费结算：即箱管代理费，指箱管代理根据箱管费费率规则生成箱管代理费账单明细，向箱经营人收取集装箱管理费用，一般按箱量进行计算。主要包括费用登记、稽核、发票、收款核销、付款核销、凭证等功能。

5. 微服务产品拆分

（1）服务产品：管理不同 BU（业务单元）的服务产品、基于服务类型的标准化报价、基于指令的标准化作业；管理面向客户的客户合同，作为应付费用的计费和结算基础；管理面向供应商的应付合同，作为应付费用的计费和结算基础。

（2）物流控制塔：基于内外部系统指令状态和实际执行数据的同步回传，监控业务执行情况与异常事件的自动捕获和预警。

（3）出口单证：管理国际船舶代理的出口单证业务，支持出口船期的维护、订舱和舱单业务的 EDI 收发、单证制作等功能。

（4）进口单证：管理国际船舶代理的进口单证业务，支持进口船期的维护、舱单业务的 EDI 收发、换单业务管理以及单证制作等功能。

（5）中转单证：管理国际船舶代理国际中转业务，支持中转舱单的 EDI 收发和维护、开航放行的管理等功能。

（6）主微：现有国际船舶代理系统拆解功能，计划调度、箱管理、航线船期、用户权限、结算。

（7）统一认证中心：提供统一用户认证，验证用户合法性。

（8）基础数据系统：管理合作伙伴、船舶规范、商财配置、基础信息的主数据维护。

6. 应用架构设计

国际船舶代理系统的应用架构设计，流畅高效支持船舶代理业务中船管、箱管、产品合同、出口单证、进口单证、中转委托、结算管理、基础数据、物流控制塔等业务微服务产品，配置独立的数据库，保证数据处理与业务运作互相独立、互不干扰，显著提高系统响应速度，强化各业务板块协同能力，具备高度的灵活性。主要由用户层、系统接入层、核心应用层、内部系统层的业务场景构成，诠释了同海关、堆场、码头等外部系统，以及国际船舶代理业务系统、财务系统等内部项目的接口模式。

（1）用户层：主要阐述系统上线后的操作用户，包括中远海运物流国际船舶代理公司单证操作、销售、商务结算、客服等业务板块的系统用户；货代公司、船公司等协议客户；海关、码头、海事等供应商。

（2）系统接入层：主要支持国际船舶代理系统用户、客户、供应商等不同角色用户相关的系统对接。

（3）核心应用层：主要集中业务系统的核心应用功能。该层支持业务功能的实现，将处理结果信息通过交换平台传递给其他系统，包括船管、箱管、产品合同、出口单证、进口单证、中转委托、结算管理、基础数据、物流控制塔等。

（4）内部系统层：主要包括同物流中台有数据接口关系的系统，用来获取并反馈相关数据信息，如财务系统等。

四、项目成果

1. 为发展固本强基

面对国际船舶代理业务深受市场放开的政策调整、港口竞争加剧和客户需求提升等多重变化因素困扰的局面，我们在国际船舶代理系统开发过程中引入全新的服务产品业务架构体系、微服务技术架构体系，确保以高科技手段提升中远海运物流公司国际船舶代理业务在国际市场中的竞争能力，保障传统业务在科技公司转型后的利润贡献，为公司的国际船舶代理业务创新发展转型提供强力支撑。

2. 集约化、标准化转型

中远海运物流旗下有150多家公司做国际船舶代理业务，针对前期全国各公司有点无网和以网点为单位的“游击队”作战方式所浪费的宝贵资源，本项目通过“集约化”改革使全国所有公司连点成网，最大化实现优化资源配置，发挥规模效应和网络效应。项目建立的一站式响应和服务机制，统一服务标准，全面提升服务水平，全力落实“三化”，推动班轮业务向集约化、标准化转型。

3. 微服务架构体系创新

国际船舶代理系统为了实现对新业务架构体系的支持，使用目前行业最先进、前沿的微服务技术架构体系，是公司第一个微服务尝试项目，并取得了成功。微服务技术架构除了具备较强的适应能力，能够对规划内业务随着其市场快速发展提供支持外，还具备优秀的可扩展性，拥有业务成长的纵向扩展能力，集成其他业务的横向扩展能力，能完美支持未来业务发展呈现的复杂化、多业态化，快速满足需求。

4. 服务模式创新

国际船舶代理系统的成功上线将突破传统服务模式，使得船舶代理的整体服务水平、竞争能力得到有效提升。本次项目服务创新点主要有：①满足海关要求的国际中转业务独立、箱货关系清晰、按时发送舱单的要求；②支持总代理、船员遣返、船舶备件动态实时跟踪等船东延伸服务；③实现商务结算统一化，将原先的多种使费结算模式统一、简化，一方面适应财务共享结算中心要求，另一方面使商务结算操作更简便、高效、精确；④支持统一在线客服、统一在线支付的客户在线作业；⑤移动 App 的使用，使得外勤人员无须再奔走于现场与公司之间即可完成各项本职工作等。

五、项目展望

国际船舶代理系统是中远海运公司首个微服务技术尝试，并且取得了成功。系统不仅为全国各港口公司提供了全新的服务理念与模式，助推传统悠久的船舶代理行业向现代化发展转型，对于未来互联网环境下探索港航产业链向数字化供应链转变也颇具指导意义。

国际船舶代理系统目前已在上海区域正式投入使用，后续将按照整体推广计划在青岛、宁波、大连等全国各口岸进行推广实施，拟将中国外代、中远海船务所有班轮、非班轮国际船舶代理业务纳入其中，完成内部流程和管理的标准化、集约化、一体化，实现中远海运物流“做最强的物流服务商，做最好的船务代理人”的经营目标。

山东盖世国际物流集团：物流园区一体化综合管理平台

一、盖世集团概况

山东盖世国际物流集团（以下简称“盖世集团”）成立于1998年，经过二十多年超常规发展，已经成为占地7000余亩，拥有济南、齐河、济阳三个大型物流基地的综合性物流园区。通过商贸与物流叠加发展，培育了以家电、日化、医药、五金机电、农产品等为核心的综合市场群，打造了以大数据、智能物流技术为支撑的城市干支结合部“干转配”智慧物流综合服务平台，吸纳3000余家企业、商户等入驻平台，推进集群发展，形成规模效应，逐渐成为济南市颇具影响力的商贸物流园区。目前盖世集团已发展成为涉足物流、商贸、房地产三大业态的大型综合性企业集团，现为山东省唯一一家集中国5A级物流企业、中国物流示范基地、中国物流百强企业和中国物流产学研基地四项殊荣于一身的物流企业。2016年获评“国家级示范物流园区”，2017年获评“中国物流业大奖（金飞马奖）——中国物流十大创新园区奖”。

二、项目背景

现代物流是世界经济全球化深度发展和现代科学技术高度进步的产物，其发展水平是衡量一个国家或地区综合竞争力的重要标志，推动物流管理水平提高、物流技术应用、物流科技进步以及现代物流业发展，已经成为新经济时代的重要内容。在我国，物流信息化可划分为三个层次：最底层信息化是一些标准的编码、协议、网络等基础的设施建设；第二层是具有信息服务平台的要求，包括运营的平台、开发的平台、服务的平台；第三层是定制化的服务要求。调查显示，71.3%的物流企业不同程度地应用了信息化系统，但在进入物流信息化行列的所有企业中，约67%的企业依然处于基础信息化的阶段。目前，盖世集团拥有仓储面积150万平方米，拥有济南总部、盖世济北（济阳县）、盖世冠威（德州市齐河县）三个大型物流基地，目前整个园区入驻客户3000余家，培育孵化物流企业556家，集中了济南市50%以上的物流企业，入驻企业包括中远、中海、宝供、天地华宇、台湾统一、海尔、海信、国美、苏宁、格力等近千家知名企业，开通了济南至全国各大中城市货运专线1600多条，基本实现全国各省市无盲点覆盖，是山东省规模最大、开通线路最多的公路主枢纽货运场站，整个园区日均人流量超过6万人，车流量超过1.2万辆，货流量超过5万吨，为济南及周边地区提供了一个现代化物流综合服务平台。其主要业务包括普仓、云仓、冷链物流和农产品仓储四个方面，以及相关的配送物流专线业务，主要营收来自普仓，但随着目前市场对于冷链物流和农产品仓储的需求加大，盖世集团在冷链物流和农产品仓储方面的营收逐年提高。

物流信息化是在物流的各个环节广泛应用信息技术，使准确的信息流快速贯穿于物流过程的始终，对提高物流效率、降低物流成本、保障物流安全、提升物流服务品质、增强物流企业竞争力，都具有特殊的支撑和保障作用。从国际物流业的发展历程和我国物流行业的实践看，物流产业正在呈现“物流系统集成化、物流管理网络化、物流标准统一化、物流配送精细化、物流园区便利化、物流运输现代化”的特征，信息技术已成为我国物流行业发展的关键支撑技术与手段。同时，由于现代物流业是融合运输、仓储、装卸、搬运、包装、流通加工、配送、货代和信息等行业与社会化大生产紧密结合的新型服务业，物流行业的信息化建设，对于“两化”融合，提升整个社会的信息化水平，又具有极强的带动和辐射作用，对加快产业结构调整、转变经济发展方式和增强国民经济竞争力具有重要意义。

然而伴随盖世物流园区规模的发展和国内物流、电商行业的发展，盖世集团走过了资源优化的过程，整体业务发展出现缓慢降速的困境，在可用时间内可调配资源成为业务发展的瓶颈，盖世集团发展面临转型升级，而技术驱动业务发展实现转型升级成为业界共识。依托大数据、物联网、移动互联等新一代信息技术，构建物流园区一体化综合管理服务平台，满足自身业务发展的同时，面向社会为大量的中小型物流公司提供物流解决方案，实现盖世集团由重资产发展向轻资产发展模式转变，同时为盖世集团在山东新旧动能转换综合试验区和济南新旧动能转换先行区内打造全国重要的区域性物流中心，助推盖世集团转型升级具有很强的现实基础和重大意义。

三、项目建设意义及解决问题

盖世集团的目标是提高物流效率，面向市场，整合优化资源，提高利润，增强企业竞争力需求；突破业务短板，进行数字化升级，满足自身业务发展与拓展业务发展的需要。目前园区信息化程度比较低，虽针对合同、资产、财务等业务建立了信息系统，但信息孤岛现象明显，缺乏有效的数据一体化进行业务的互联互通，未构建盖世集团整体信息化服务管理体系。需要解决问题主要有以下七个。

1. 资产繁杂，维护困难，管理混乱，缺少信息化管理手段

随着盖世集团的发展，现代化程度的提高，各类资产、设备的增多，需要管理的资产的品牌、种类、型号、数量越来越多，管理也就有了很大的难度，再加上新建园区的增加、拆分、合并以及网络规模的扩大和管理需求的变化，使设备类资产的管理出现了诸多问题，因此资产管理已成为园区管理的重要内容，它既需要财务部门管理，完成资产核算工作，又需要资产管理部门管理，协助完成对资产的管理工作。简言之，面对庞杂的资产管理混乱，盖世集团缺少必要的信息化管理手段，迫切需要提高资产的信息化管理水平，做到对资产进行全生命周期的跟踪、维护管理。

2. 客户众多，客户关系管理水平低，服务水平有待提高

通过盖世集团的运作和积累，目前盖世集团已拥有了庞大的客户群，包括中远、华宇、联邦快递、海尔、海信、国美、苏宁等国内外知名企业。但是在客户关系管理方面，盖世集团目前面临严峻形势。盖世集团现有园区分布较分散，客户信息资源众多且各园

区间不能进行客户信息资源共享。客户关系管理水平十分低下，与客户沟通交流困难，信息不流畅。组织客户进行交谈，所需成本巨大。同时，在现代物流这种服务业高速发展的今天，盖世集团对园区客户服务水平有待提高。综上，可以发现，目前盖世集团迫切需要建立客户关系管理系统，以深度挖掘盖世集团客户内在关系，为客户提供更加优质的服务。

3. 人力管理手段落后，信息维护与查询统计相当困难

随着盖世集团规模的不断扩大与集团业务的不断扩张，集团内部人力资源非常繁多且管理日益重要。人力资源的工种、类型以及所属部门各异，签署合同众多，管理内容非常庞杂，不利于指导集团人力资源管理的长期发展，因此人事管理也是园区管理的重要内容。

4. 合同跨部门审批，手工操作，缺少相应信息化支撑

盖世集团业务繁多，业务量非常大，与客户签署的合同很多。尤其是在一期项目建设过程中，已经实现了合同管理的电子化之后，信息化建设带来的便利极大地引发了盖世集团对合同审批过程进行信息化管理的兴趣。目前，盖世的合同审批未实现信息化管理，并且许多合同审批需要多部门进行协作，往往是合同管理人员疲于奔波，信息沟通严重不畅，造成合同管理的不及时、不规范。

5. 仓储管理业务量大，客户众多，信息化管理水平低

目前，盖世集团仓储中心已通过了国家标准《通用仓库等级》（GB/T 21072—2007）最高标准五星级仓库审核，并通过国家标准《仓储服务质量要求》（GB/T 21071—2007）验收。该项业务是盖世集团最大的业务，占到盖世集团业务份额的60%以上。

仓储业务也是盖世物流园区最大的业务，其信息化建设的重要性毋庸置疑。但是，目前盖世集团仓储业务信息化管理水平较低，仓储管理简易系统只是实现了类似Excel统计的功能等，远达不到盖世集团仓储管理业务的发展需求，迫切需要通过信息化手段，实现仓储管理的物流作业自动化。同时，逐步丰富数据采集方式与手段，达成与盖世仓储客户以及与物流上下游相关企业的数据交换与信息共享。

6. 园区业务对外扩张迅速，新、老园区客户信息共享困难

盖世集团以“内强、外扩”的园区发展战略目标为导向，近些年实现了集团业务的对外迅速扩张，新建了齐河物流园区、济阳物流园区以及聊城物流园区等。面临巨大的、迅速扩张的业务实体，如何更好地聚集各类优势资源，尤其是实现新、老园区客户资源等信息共享成为盖世集团面临的一大难题。

7. 园区信息平台运营，缺少必要的运营支撑手段

盖世集团数字物流园区一期项目的与省公共物流信息平台对接的园区公共信息平台目前已建设完成。为更好地进行平台的运营，为盖世集团打造一种新颖的商业模式，增加盖世集团的效益收入，需要构建起完备的运营支撑手段，从目前盖世集团的实际情况来看，盖世集团缺少必要的信息支撑手段，如呼叫中心、短信平台、WAP（无线应用协议）手机网站等。

四、建设内容总体规划

1. 加强内部综合管理，提高管理敏感度，辅助集团决策

盖世物流园区企业经营管理体系，主要是运用先进的现代物流技术、计算机网络技术和现代通信技术，实现园区内部由手工分散管理模式转化为电子信息一体化管理模式，更好地为园区内入驻物流企业、流动的车辆、司机、货主、货代等提供内部综合管理服务。加强盖世物流园区内部经营管理，建设物流园区一体化综合管理平台，打通园区信息高速公路，提高盖世集团企业管理的敏感度，辅助支撑集团的决策分析。

2. 打造物流作业管理，提升物流作业自动化，实现业务扩张

随着物流管理越来越受到重视，物流业务作业管理也成为现代物流管理的重要组成部分。企业利用所得到的信息，在作业分析的基础上，对物流作业流程进行改善，实行有效的作业管理，从而实现物流总成本最低和作业流程最优的目标。打造物流作业管理，实现业务流程再造，提升物流作业管理的自动化，实现业务对外迅速扩张。

3. 基于大数据平台，实现客户精准服务，实现平台快速成长

基于大数据平台，进行大数据挖掘和应用分析，支撑园区业务和管理分析以及可视化展现，支撑客户画像、企业画像以及精准营销，从而实现平台的运营，辅助信息平台又好又快发展，实现平台的快速成长。

五、当前项目建设进展

本平台建设规模大且较为复杂，建设遵循“总体规划、分步实施”的大原则（总—分—总原则），按照盖世集团业务需求紧急程度以及信息化规划体系，逐步实现各应用系统，最终完成整个信息化集成工程的建设。

统筹规划，分步实施，基础先行，应用主导。项目建设按照“统筹规划，分步实施，基础先行，应用主导”的指导方针进行，循序渐进完成信息化建设任务，保证信息化建设目标实现。

统筹兼顾，分期建设，应用并行，综合考虑。项目建设必须统筹兼顾，将近期与远期、基础与应用、现实与扩展、局部与全局综合考虑，既能满足当前业务的需要，又能保证整体未来发展的需要；既能实现服务平台急迫的应用需求，又能为未来信息化建设打好基础；既要注意继承前期信息化建设成果，又能体现当前信息化建设的特点，力求保证未来投资与已有投资的高效整合，整个项目共分两期进行建设。

一期：重点完成集团一体化应用支撑平台建设，打造基础数据支撑环境和平台，完成数据的采集、数据存储和加工利用，实现跨园区的一体化综合管理平台。

二期：重点基于大数据平台，进行大数据挖掘和应用分析，支撑园区业务分析和可视化展现，支撑客户画像、企业画像以及精准营销。

目前，一期项目已经建设完成，系统已进入试运行阶段，近期将正式上线运行。

1. 一体化应用支撑平台

一体化应用支撑平台逻辑上位于盖世公共物流信息平台应用的底层，以开发模块或者独立组件的形式为盖世物流园区一体化综合管理平台提供各种应用服务，包括 Infor-

Suite 综合支撑平台（提供企业服务总线、应用服务器、工作流、报表、企业门户以及统一认证授权等功能）、数据交换平台、电子支付平台、短信平台等。这些开发模块和独立组件有些是嵌入盖世物流园区一体化综合管理平台各个系统中，有些是以服务的形式提供，以构建出一个高内聚、低耦合的重用性良好的应用支撑平台。一体化应用支撑平台主要包括以下内容。

（1）统一的信息访问渠道：通过将内部和外部各种相对分散独立的信息组成一个统一的整体，使用户能够从统一的渠道访问其所需的信息，从而实现优化企业运作和提高生产力的目的。

（2）不间断的服务：通过网络和安全可靠的机制使用户在任何时间、任何地点都可以访问企业的信息和应用，保证企业的业务运转永不停顿，将网络经营的优势发挥到极致。

（3）强大的内容管理能力：对企业各种类型信息的处理能力支持几乎各种结构化和非结构化的数据，并可以搜索和处理各种格式的文档。

（4）个性化的应用服务：信息门户的数据和应用可以根据每一个人的要求来设置和提供，定制出个性化的应用门户，提高了门户适用对象的工作效率。

（5）与现有系统的集成：能将企业现有的数据和应用无缝地集成到一起，无须重新开发，保护了原有投资。

（6）高度的可扩展性：能适应新的人员和部门的调整变化，满足业务调整和扩展的要求，解决企业与 IT 部门短时间内无法解决的技术需求问题。

2. 物流园区一体化综合管理应用平台

物流园区一体化综合管理应用平台建设目标为：打造园区内部管理一体化平台，对原有已建的 OA（办公自动化）、财务管理、合同管理、物业管理、资产管理等应用系统进行一体化统一管理，统一入口和基础数据，方便进行信息的梳理和大数据分析，为将来集团的决策提供信息依据。另外，进一步完善集团所需的园区公共物流平台、物流云园区综合管理、客户关系（CRM）、人力资源（HR）管理、运输管理系统（TMS）、仓储管理系统（WMS）、车辆管理系统、物流云仓系统、天天优菜等的业务系统建设，充实盖世集团内部综合管理平台、园区物流作业管理平台以及信息平台运营配套管理系统。

目前物流园区一体化综合管理应用平台已在盖世三个园区全面使用，把三个园区内部管理和业务全部打通，建立了园区内部的高速信息通道，提高园区内部管理和物流整体的运作效率，提高园区的信息管理能力和信息服务水平。

六、项目建设效果和效益分析

盖世物流园区一体化综合管理应用平台项目建设完全符合盖世集团信息化发展规划，将提升盖世集团信息化总体水平，可大大提升盖世集团内部管理的水平，降低物流成本，具有明显的社会和经济效益，主要包括以下几个方面。

（1）促进园区标准化建设。以信息化建设为契机，实现业务流程标准化、数据展示标准化以及信息存储的标准化。

（2）促使物流成本减少。实施项目后，提升了大家自觉运用先进技术的能力，实现物流管理和决策作业与活动的最优化、智能化，合理地利用有限的资源，以最小的消耗，取得最大的经济效益。

（3）促使园区提高竞争力。通过信息化建设，注重资源整合，提高物流整体的运作效率，提高园区的信息管理能力和信息技术水平，实现对市场的快速反应，为客户提供高效率、高水平的服务。

项目建设完成后可逐步推进盖世集团数字物流园区的信息化进程，为形成盖世物流园区智能化建设模板，支撑盖世集团“内强、外扩”的业务发展战略做好相应的辅助支持；同时为其他数字物流园区信息化项目建设提供依据，对打造生态、绿色物流体系及推动区域经济发展做出积极的贡献。

七、项目下一步建设改进方案

下一步建设重点内容如下。

（1）盖世集团及客户画像：依托一体化平台，融合盖世集团的各业务系统数据，打通业务壁垒，实现信息共享。融合盖世集团业务系统数据、物流数据、交易数据、资产数据以及互联网数据，建立盖世标签。

（2）商业板块优化导流：基于地理信息，通过大数据分析，建立模型，得出仓储产品利润贡献排行榜，以方便业务拓展。

（3）个性差异化服务：基于大数据挖掘算法，建立定价策略、优惠策略、服务质量等模型，优化资源配置，最大化服务客户。

（4）预测分析：通过在线收集的各类数据，依托大数据模型及算法，进行件量预测，流失客户风险预测，辅助决策分析。

（5）精准营销：通过收集各个电子商务平台上同类产品的销售价格、数量、潜力，以及老客户的个人资料、交易行为、忠诚度等信息，同时深度挖掘潜在客户，制定一些优惠政策，激发购买的积极性，定向推送产品信息，实现精准营销。洞悉集团客户的供应链上游（分销商、代理商、生产企业、原料供应商）活跃程度；洞悉集团客户供应链下游市场动态（流行趋势、购物偏好、商品热点）；帮助盖世集团客户在物流网络配送、库存备货等活动中及时把握市场趋势，有效应对和规避供应链风险，从而支撑盖世集团在发展过程中从价格竞争走向价值竞争，助推集团转型升级。

湖北信通通信有限公司：微信预约平台助力企业高效信息化运营

一、企业简介

湖北信通通信有限公司（以下简称“湖北信通”）是中通服供应链管理有限公司的全资子公司，2007 年由中国通信服务股份有限公司收购并在中国香港上市。公司前身为湖北邮电器材有限责任公司，是一家有着近 60 年发展历史的国有企业，在通信业界享有很高的知名度。

湖北信通现有全部从业人员 307 名，其中大学专科以上学历占比达 91%，具有中、高级以上专业技术职称及职业资格 54 人。

湖北信通具有多年的信通物资物流运作经验，先后被评为国家 AAAA 级物流企业、国家五星级仓库、中国仓储服务金牌企业、湖北省重点物流企业，并通过了 ISO 9001 质量管理体系认证，物流综合实力位居业内前列。

湖北信通在湖北省内拥有超过 80000 余平方米标准化仓库，10000 平方米室外堆场及 40 余辆专业运输车辆；陕西省内拥有超过 30000 余平方米标准化仓库，拥有占地 2000 平方米检测中心，建有电气、高压、物理、化学等 12 个专业通信产品检查实验室配备 158 台（套）价值 1000 万元的专业检测仪器设备，具有 CMA（中国计量认证）及 CNAS（中国认证机构国家认可委员会）实验室认证资质。

湖北信通定位为“信息行业云仓服务和集成供应链服务领导者”，并深入贯彻“上善若水”的乙方文化，围绕“创新、包容、坚韧、信赖、伙伴”的核心价值观，进一步开拓创新，提升能力、强化管理，铸就具有核心竞争力的卓越绩效企业。

二、项目背景情况介绍

为建设完善的仓储运作共享平台，使企业达到信息共享的现代化办公模式，高效协同工作，湖北信通定制开发微信预约提送货平台，经过前期设计和后期的不断优化，从物流公司和施工队的提送货预约到仓库处理，以及使用方评价等功能均已全面上线。

三、企业信息化需求特点

随着信息化时代的快速发展和企业对先进的信息化系统的高度重视，针对自身仓库作业效率低的特点，企业需要构建一套适应和促进企业发展需要的提送货管理系统，将仓库发生的一切相关信息进行实时准确的线上统计、掌握与控制，数据共享，提前准备资源，实时对仓库作业进行管理和监控。

（1）满足企业内部对仓储流程进行更加精细化、规范化、信息化管理的需求。

（2）改变仓库原始的收发货方式。

（3）提前准备仓库及人力资源。

（4）提前进行仓库理货、备货，错开操作波峰。

（5）数据分析基础支撑：通过采集信息化数据，为提升决策响应能力，实现迅速、全方位的信息采集、信息处理能力，为企业的管理和决策提供可靠的信息依据，从而满足企业成本管理细化的要求，给客户提供更精准化的供应商考核依据。

四、微信预约平台的实施方案

1. 微信预约平台的构建

本着连接物流运输业务中客户、供应商、仓库收货人的全流程环节的功能诉求与管理逻辑，制订从预约管理模块、仓库管理模块、员工管理模块、预约人管理模块，到最后评价模块的系统构架。

2. 微信预约平台模块

根据湖北信通对信息化仓储运营的发展目标，经过几次积极讨论，对微信预约平台进行了建设与功能应用开发，并于2018年2月开始上线试运营，大力推广企业全员对微信预约平台的深度优化工作，经过2个月的不懈努力，创建出湖北信通物流管理系统的专属微信预约平台。

（1）预约管理模块：供应商、承运商或施工队新建提送货预约单，上传送货单或提货单，然后选择对应仓库并将提送货预约单提交给仓库操作员，所有提送货全部线上操作，全程可视。

（2）仓库管理模块：仓库操作员根据系统已经提交的提送货预约单，审核单据，包括提供货订单信息、单据是否清晰等。相关信息审核通过后，仓库操作员根据仓库当日工作量，回复预约人送货时间。

（3）预约单跟踪管理模块：仓库操作员根据预约时间提前安排仓库资源，并记录完成提送货时间。

（4）统计管理功能模块：提送货完成后，可在PC端导出预约时间及对应完成时间，此数据可作为客户考核供应商及承运商的依据。导出数据包括预约人电话、预约人、司机电话、公司名称、预约仓库、库管人员、库管电话、计划提送货时间、车辆数、预约结果、完成时间等。

五、企业经济效益分析

1. 企业效应

利用现代信息化技术的强大数据库操作系统可以实现覆盖仓储运作的全流程，并满足高效率仓储运营的管理需求，从而提高作业的精准度，有效管控仓储的每个环节；减少大量的无计划作业，人力资源得到合理化分配。流程改革前后对比如下图所示。

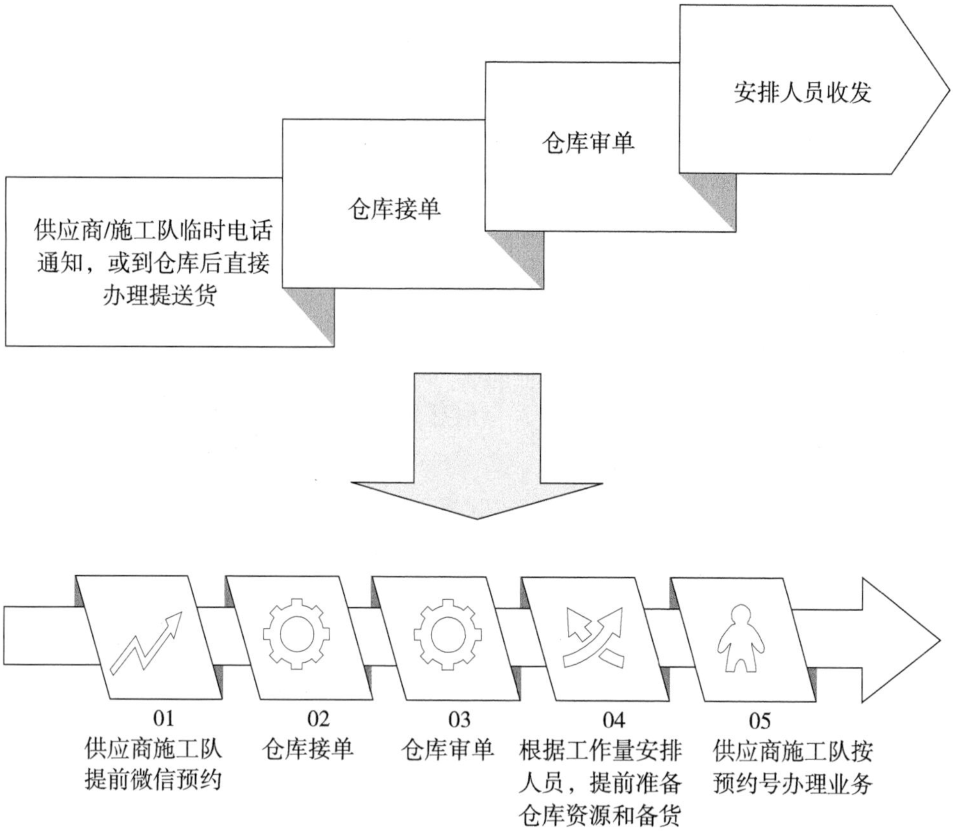

流程改革前后对比

（1）人力成本效益。仓储人员从微信平台预约前的 20 人减少为 10 人，直接减少人力成本 80 万元/年，同时数据准确性大幅提升。

（2）运营管理成本效益。通过微信平台预约管理功能、仓库管理等功能，实现了从提送货预约到订单完成的全流程可视化，大幅降低了企业在运营管理中的成本投入。据不完全统计，2017 年 12 月—2018 年 6 月，相较于往年同期运营管理成本累计下降 20%。

（3）人员效能提升。2018 年一季度运营职能人员 7 人，2018 年二季度运营职能人员 3 人，运营职能人员占比下降 57%，大量人员输送到业务拓展岗位，提高了企业的市场能力，2018 年一季度营业额 1150 万元，2018 年二季度营业额 2033 万元，运营职能人员人均效能提升 312%。

（4）整体运作、全面协同。利用微信平台预约管理体系，规范化管理，分工明确，协同顺畅，效率提升显著；为企业的物流运输部门、承运商以及核算工作提供了统一的协同工作平台。

（5）收发货环境全程可视化。从微信预约，到仓库接单、审单，按预约号办理业务，实现全程自动化、可视化处理，提高整体的运营能力。

（6）仓储资源分配优化。通过系统将企业整体业务进行集中化整合并合理化分配，不断提高工作效率，可积极配合客户完成一些特定的仓储要求，提升客户满意度。

（7）数据信息安全性和追溯性。数据信息的安全性和可查询及追溯性可得到保障。

2. 社会效益

（1）物流产业由“劳动密集型”向“科技密集型”转型的社会示范作用。物流行业不再以低廉的劳动力运输为主要盈利方式，而是以信息化为手段专注于“微笑曲线”的顶端，实现优势资源整合及自动化、智能化的运营管理，实现用户体验的持续优化，实现物流行业的高附加值服务的社会示范效益。

（2）产业整体供应链的优化效益。现代信息技术在物流活动中不断被开发和应用。将先进的物流信息技术广泛应用于物流运作的各个环节，以提升企业或整个物流行业的运营效率和效益水平，实现物流资源的全面优化，从而实现整体利益的获得。物流业务信息化运作能力可以作为用来衡量该物流企业业务水平的重要指标，物流的信息化建设加快了社会物流行业的发展，将传统物流与信息化技术相结合，将形成新的物流行业核心竞争力。

厦门荆艺软件有限公司：古龙食品自动化立体仓库信息系统改造项目

一、应用企业简介

厦门古龙食品有限公司（原厦门罐头厂，以下简称“古龙食品”）是厦门轻工集团有限公司的全资子公司、核心企业，始建于 1954 年。公司坐落于规模大、设备先进、种类齐全、环境优美的罐头生产科研基地——古龙工业园。工业园总投资 3 亿多元，占地面积近 28 万平方米，设计遵循可持续发展原则，被誉为罐头食品工业循环经济典范。

“古龙”产品全面涵盖红烧肉、午餐肉、水产品、果蔬及其他五大类近百种罐头，还拥有传统工艺酿造的酱油、豆豉、豆酱三大系列共 30 余种调味品。

古龙食品的仓储概况如下。

（1）库位类型：平面、横梁货架、自动化立体仓库。

（2）仓储面积：冷库改造后可存放面积为 9748. 5 平方米。

（3）商品 SKU（库存量单位）数量：10696。

（4）可存放托盘数：横梁货架 + 自动化立体仓库，共 2626 个货位，可存放 2626 托。

（5）日平均入库单量：日均包装 299323 罐，149 托，日均实罐 594887 罐，107 托，日均采购 62 吨。

（6）日平均出库量：日均销售出库 130 托。

二、企业实施信息化前存在的问题

1. 信息系统应用存在的问题

古龙公司在项目实施前只有金蝶信息系统，仅涵盖物料的进销存、生产单据、拆料等功能，无法做到深层次的管理。

2. 物料管理过程中存在的问题

仅有单据推送为自动生成，物料管理各环节信息传递周期长，无法实时登记，且为人工记录，易出现物料错发现象。

3. 业务流程的信息传递中存在的问题

各阶段信息传递多为人工单据作业模式，缺乏实时校验，信息管理混乱，信息传递时效性差且易出现错误。

4. 食品安全追溯的问题

生产各环节缺乏重要信息记录，无法对产品生产操作的各环节进行有效跟踪，不利于食品安全追溯。

5. 车辆调度的问题

车辆调度由人为发起，电话方式联系调度，效率低下，导致搬运配送安排计划出现滞后的现象。

6. 月台管理存在的问题

出货预约系统未建立，出货过于集中，作业时间不均衡，易出现人员浪费现象。

7. 生产管理制度化、规范化问题

过度依赖操作人员的经验，不利于生产管理和降低劳动成本。

三、应用企业实施信息化的难点与解决方法

在厦门荆艺软件有限公司（以下简称“荆艺软件”）为古龙食品进行信息化系统改造与实施过程中，古龙食品信息系统与自动化仓储设备的对接，与立体式货架的穿梭板、AGV（自动导引小车）、电动叉车、升降机、堆垛机等硬件设备进行业务数据复杂传递、精确控制等要求成为系统建设的难点。其中建议通过自有研发的 WCS（仓储控制系统），结合古龙食品自动化立体仓储的特点，分别定制具有各种设备可独立互联但同时不同硬件设备间的数据可互相传递影响的信息架构，为古龙食品实施信息化过程起到关键作用。古龙食品物流自动化与标准化改造项目应用范围如下图所示。

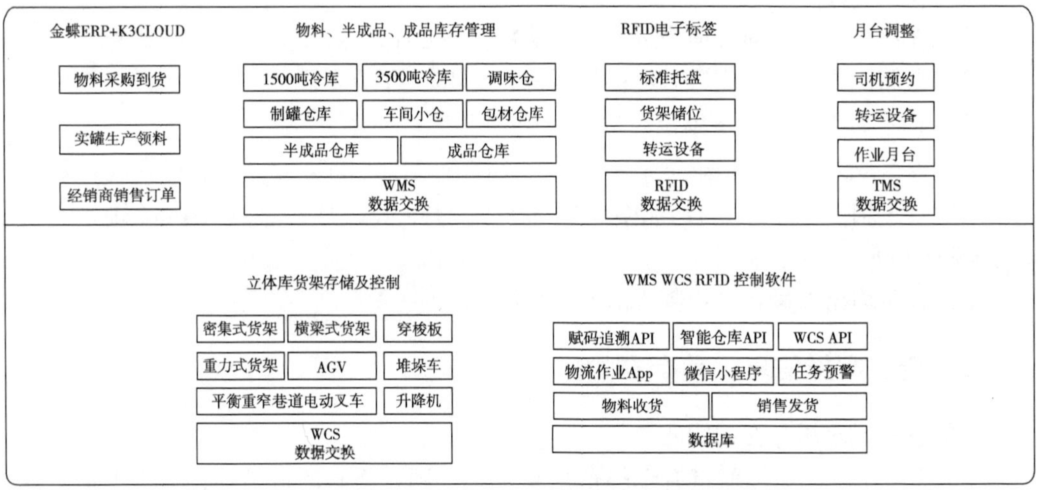

古龙食品物流自动化与标准化改造项目应用范围

根据古龙食品信息化建设的需求，结合荆艺软件在立体仓储信息系统的成功实施经验，确立了古龙食品信息化系统的业务流程。

为了实现系统设计目标，荆艺软件主要为古龙食品开发了如下功能。

（1）厂内转运 API（操作系统留给应用程序的一个调用接口）：转运车厢、牵引车、门禁识别、控制设备接口。

（2）智能仓库 API：成品收货、发货、理货指令接口。

（3）RFID（无线射频识别）托盘 API：实现电子标签识别与读写数据接口。

（4）赋码追溯 API：生产赋码的瓶箱托接口及发运订单追溯接口。

（5）金蝶 ERP（企业资源计划）API：采购、生产、销售计划的下达与物流反馈接口。

（6）物料收货：根据采购计划，原料仓的现场收货作业。

（7）生产领料：生产车间根据生产计划向原料仓或线边仓领料。

（8）厂内转运：原料、半成品、成品在车间与仓库之间的作业。

（9）销售发货：销售订单生成发货指令并执行发货作业任务。

（10）月台预约：根据生产及发货计划安排卸货及装运月台。

（11）车辆调度：采购到货及销售发货车辆资源调度及订单配载。

（12）任务预警：半成品转运、储位预约任务等。

（13）智能终端 App：匹配手持终端作业版应用。

（14）微信小程序：用于发布月台预约及车辆调度信息。

四、信息化主要效益分析与评估

在宏观方面，古龙食品信息化建设项目的成功上线，通过古龙食品金蝶 ERP 系统能够将订单数据导入物流系统，进行全流程的业务数据控制管理、业务运作监控管理、业务结果分析改进等业务层面的信息管理。通过管理过程中数据的传递，对业务的控制分析达到古龙食品业务流、信息流等多层面互动，为古龙食品仓储管理满足自动化立体仓储所需要具备的信息管理能力提供了全面支持。

信息化系统管理能力的提升促使业务能力的提升，帮助古龙食品在整体企业核心竞争力方面提升了一个层次，为古龙食品逐步在供应链智能化过程中体现出具有现代物流特性的物流管理能力奠定了基础，同时为公司在未来市场竞争中所具备的先进的物流管理理念与管理能力、先进的供应链管理基础等提供核心支持。

在微观方面，针对目前厂区内的生产物流存在着较多的二次物流倒运，降低了整体物流系统的组织效率和功能发挥，减少乃至消除二次物流倒运，极大地提高园区整体物流的系统合理性。物流全过程的 RFID 托盘应用，整个物流系统的数据传输具有实时性、连续性、唯一性，保障并支持公司信息系统有效、高水平运行。

五、信息化实施过程中的主要经验与推广意义

（1）信息化需要双方高层领导的高度重视与支持。

（2）调研前需要做充分的准备，各岗位关键用户需全程参与，按计划执行，调研内容需充分、详细。

（3）分析用户需求，不光看需求描述，还需要从需求出发把用户要解决的业务还原，再提供对应解决方案。

（4）实施解决方案要针对企业业务进行数据建模分析，然后形成新的业务流程框图和操作思路说明。

（5）实施过程需要合理地控制用户需求及需求变更管理。

（6）要有良好的工作备忘录。

六、下一步的改进方案、设想与物流信息化的建议

（1）提供更全面的信息化建设服务，为上下游客户、承运商提供增值服务，实现与古龙食品三者之间进行互动、信息共享等。

（2）建设移动端操作平台，可以随时随地查询、反馈订单信息。

（3）物流运输全程可视化信息建设，使客户、承运商能实时监控当前订单状态。

武汉东本储运有限公司：东本储运主动安全云平台

一、企业简介

武汉东本储运有限公司（以下简称“公司”）是由中国东风汽车工业进出口有限公司、日本株式会社本田运输有限公司、本田技研（中国）投资有限公司及上海神越实业有限公司共同组建的一家专业第三方汽车物流公司，主要为东风本田汽车有限公司提供全程物流服务，业务范围涵盖汽车制造整个供应链，管理各类运输车辆7000余辆。随着2018年东风本田产销达到68万台，公司营业收入再创历史新高，营业利润实现新的突破。

公司主要业务包括入厂物流、厂内物流、整车物流、备件物流和谐振器装配加工，此外还承接容器返还业务。自成立之初，公司就不断加大在信息化方面的投入，通过信息化手段优化物流业务管理，目前信息化管理已覆盖绝大多数物流业务。完善的信息化管理，使得公司多次获得地方政府及行业协会奖励，先后多次荣获“汽车物流创新奖”“物流科技进步奖”，并连续多年被评选为“湖北省物流企业30强”。2016年5月，公司被中华人民共和国人力资源和社会保障部、中国物流与采购联合会授予“全国物流行业先进集体”称号；2017年6月，被中国物流与采购联合会授予“2017中国物流信息化十佳应用企业”称号；2018年4月，被武汉经济开发区工委、中共汉南区委、区管委会、汉南人民政府授予“最佳现代服务业企业”称号；2019年1月，公司被中国物流与采购联合会评为“5A级物流企业”。

公司采用系统化、标准化、统筹化的管理模式，以国际领先的物流管理水平，引领行业物流技术的发展；以高品格、高品质、高效率的服务，满足客户当下及潜在的需求；由内而外打造行业旗舰品牌，持续提升员工归属感、自豪感，持续提升客户对公司的信任度、忠诚度，成为客户首选的综合物流企业。公司追踪全球物流管理技术研发的趋势，并率先实践与推广；通过应用国际领先的物流技术，更高效地为客户排忧解难、更快捷地提供精准物流服务，为企业赢得先发竞争优势、赢得更多的合作机会；以物流管理技术为平台，以精益化管理为手段，以真诚优质服务为根本，为客户创造超预期的价值，通过自身技术、品牌以及服务的多层次提升，赢得客户的持久信赖。

二、实施信息化之前存在的主要问题

在零部件运输、整车运输、备件运输领域，公司早于2009年开发实施了GPS（全球定位系统），实现对车辆在途的实时管控，保障各项运输任务的高效开展。通过业务系统与GPS的集成，与车辆GPS定位监控配合，实现物流运输的全程监控。公司导入了GPS

和24小时监控中心，对车辆异常进行实时跟踪。随着公司业务的不断发展壮大，现有系统为运输车辆调配和时效管理提供了有效的支持，但在行驶安全方面，也显露出一些不足和挑战，体现在以下几点。

（1）车辆运行状态无法实时掌握，无法提前预警。高速公路46%的交通事故是由于轮胎发生故障引起的，驾驶员经验不足，不重视胎压日常检查。公司也发生过类似的事故并造成零部件和商品车的损失。

（2）货物状态无法实时掌握，在途安全不能完全得到保障。目前公司主要使用封签并通过上下游核对对在途安全进行管理，但封签牢固性低，易伪造，无法有效监控车门异常打开。

（3）驾驶员状态无法实时掌握。在重特大交通事故中，因疲劳驾驶造成的事故占比达40%以上，由疲劳驾驶引发的交通事故往往导致车毁人亡，损害后果十分惨重。公司因为驾驶员疲劳驾驶造成的事故也时有发生。

三、信息化实施中遇到的主要困难与解决措施以及信息化建设的组织、推进和深入

（一）信息化实施中遇到的主要困难与解决措施

（1）设备类型多，集成困难。各设备提供商提供的设备类型不同，采用的协议也不同，对于每一种设备都需要进行开发接入，工作量大。因此在项目初期，公司就制订了主动安全类设备标准协议，采用物联网MQTT（遥测传输协议），保障了系统功能设计的合理性与可扩展性。

（2）现场安装调试。由于涉及硬件设备的架设、调试，各车辆的具体条件不同，对应的责任科室也不同，同时各设备采用的算法也不同，现场车辆安装及后期设备测试难度较大，公司信息管理科、物流技术科及服务商及时到现场展开调研，确认调试方案，并组织对应的责任科室人员参与沟通，确认责任人，确保了整个项目的顺利实施。

（二）信息化实施步骤

项目建设划分为以下四个阶段。

第一阶段：2018年2月，项目需求调研及立项，为期1个月。

第二阶段：2018年3—7月，胎温胎压、ADAS（高级驾驶辅助系统）、电子锁设备接入，设备稳定性测试，为期5个月。

第三阶段：2018年8—9月，DMS系统（驾驶员异常报警系统）设备接入，设备稳定性测试，为期2个月。

第四阶段：2018年10—12月，试运行，为期3个月。

整个项目建设期限为11个月。

（三）功能简介

公司新建主动安全云平台融合驾驶过程中人、车、货的全过程数据，通过平台智能

分析，形成可视化报表和安全分析报告，实现车辆精益管理。通过前向和内向摄像头对驾驶员行为异常（疲劳驾驶、分神等事件）及车辆运行状态异常（前碰撞、车道偏离、超速）实时报警。通过车后安装的智能电子锁对车锁的运行异常（非法打开、低电压等）实时报警。如下图所示。

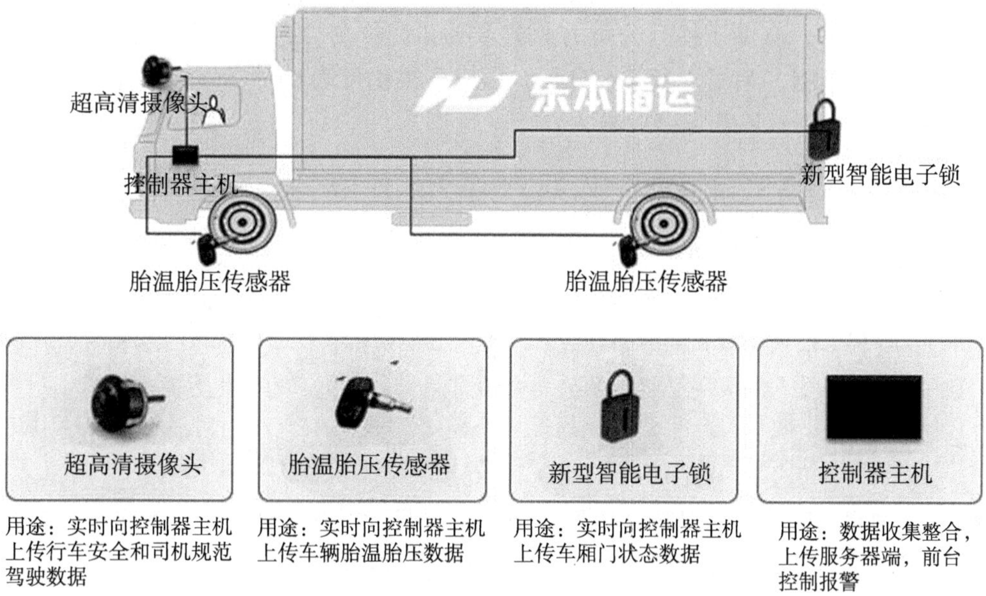

主动安全云平台安装示意

DMS系统通过分析驾驶员的面部表情及行为，发出安全预警。胎温胎压控制系统通过在轮胎上加胎温胎压传感器对车辆轮胎压力、温度进行实时监测，每30秒上传一次监测数据到显示屏，让驾驶员时刻了解轮胎压力、温度及其突变状况。当胎温胎压达到报警值时，对应轮胎显示红色，并有报警蜂鸣声。这样可以有效预防爆胎、减少轮胎安全事故的隐患。ADAS通过车辆的状态、与前车的距离、路边的限速标识等信息提前判断车道偏离、超速、前碰撞，并使设备发出报警声音，并通过4G（第4代通信技术）网络将报警图片及小视频传送至云平台。云平台通过监控中心大屏幕、微信公众号、短信、邮件等形式同步推送异常信息。

四、信息化主要效益分析与评估

（一）信息化实施前后的效益指标对比分析

（1）事故发生率大幅降低。通过平台集成ADAS、DMS设备，同业务系统进行集成，通过监控中心24小时对异常进行实时发布、处理，大大地降低了事故发生的概率及财产损失。

（2）高可扩展性和复制性。由于在平台开发前指定了设备接入的物联网协议，可兼容多个厂家的多种设备，极具扩展性。

（3）信息响应效率提升。通过与其他系统对接，系统功能完美融合和集成应用，简化了电话、邮件等手工作业步骤，各种信息得到及时记录和传递，信息响应效率大大提高，客户满意度也不断提升。

（二）信息化实施对企业业务流程改造与竞争模式的影响

主动安全云平台的应用，不仅可降低事故发生概率，还能够保障物流跟踪的全覆盖，提升运输监管能力，有助于提升公司的业务水平和竞争实力。通过融合驾驶过程中人、车、货的全过程数据，利用平台智能分析，形成可视化报表和安全分析报告，实现车辆精益管理，降低企业风险和运营成本。

（三）信息化实施对提高企业核心竞争力的作用

公司通过实施主动安全云平台，实现运输全过程可视化管理，减少了事故发生，控制了赔付成本，同时系统记录历史大大提高了异常追溯效率，让供应商、承运商和主机厂都真切地感受到了信息化带来的效率和效益，加深了供应链合作紧密程度，为长远合作打下了坚实的基础。新技术的应用必将引领公司在信息化、自动化、智能化方向走得更远。

五、信息化过程中的主要体会、经验、教训、推广意义

信息化项目的建立，一般包括项目立项、需求调研、方案设计、方案实施、联调测试、上线导入、后期维护等步骤。项目要想成功，取得预期的效果，一个好的开头必不可少，再辅以中间过程监管，才能做到开好头、把好关、结好尾。结合此次项目，主要的经验体会有如下两点。

（1）开拓思维大胆创新。信息技术日新月异，下一代通信网络、物联网、云计算、大数据、人工智能等新技术的发展为企业提供了更加简洁高效的技术方案。重视新技术的发展应用，成为保障企业技术持续领先的关键。

（2）领导重视。在整个信息化过程中，领导的态度起到了关键作用。领导重视，多次强调，亲临现场指挥，员工感受到领导的决心与威严，就不得不从态度上予以重视。领导只是挂在嘴上，不闻不问，那效果就会完全不一样。信息化建设是全公司的事儿，每个岗位每个成员都有义务和责任来配合，只要领导充分重视，起到良好的带头作用，就会给信息化推进带来事半功倍的效果。

六、项目的改进方案、设想，以及对物流信息化的建议

公司下一步会将平台积累的数据进行大数据建模，包括驾驶行为评估、车辆安全系数评估，从而优化车辆调度，提高车辆运转率，优化运输线路，降低运输风险。提供高效的物流服务，必须要有一个高效的链状服务供应的组合，而信息化是实现物流链状服务的唯一手段。公司持续加大对物流信息化投入，积极引入先进的物流技术方案，是保障企业核心竞争力的关键，而扩大业内交流合作，引入其他企业的优秀信息化成果，将有助于企业更加快速地成长壮大。

随着《汽车、挂车及汽车列车外廓尺寸、轴荷及质量限值》（GB 1589—2016）的实施，运输车辆数将逐步增加，主动安全云平台将发挥更大的作用。

安徽港口物流有限公司：码头设备远程安全信息化系统

一、铜冠物流有限公司简介

铜冠物流有限公司（以下简称“铜冠物流”）是铜陵有色金属集团公司控股的子公司，是中国物流与采购联合会常务理事单位、安徽省物流与采购联合会副会长单位、铜陵市物流行业协会会长单位。公司注册资本2.1533亿元，总资产7.2亿元，年营业收入5.46亿元，员工1200多人，年货运量2000万吨，年装卸量1500万吨。公司从事大型物流园运输、甩挂运输、多式联运业务以及第三方物流业务，经过60多年的发展，现物流业务区域已辐射全国30多个省市地区，形成较为稳固的物流运营网络。

公司主营铁路、公路、水路运输和港口码头装卸，经营业务有港口货场装卸、船舶修造、铁路车辆维修、干线运输、零担配送、大件运输、汽贸旅游、小件快运、仓储装卸、货运代理等。

公司已通过GB/T 19001—2000质量管理体系认证，2011年导入了卓越绩效管理模式，是国家4A级物流企业、国家高新技术企业。公司先后荣获国家4A级标准化良好行为企业、全国质量服务信誉信得过单位、中国物流业品牌价值百强企业、安徽省A级纳税信用等级单位、安徽省国有十强物流企业、安徽省物流新锐企业、国家级服务业标准化试点单位、全国文明单位等荣誉称号。

二、码头设备管理现状

铜冠物流码头港机设备目前主要靠人巡检，对设备不能做到实时状态跟踪，也难免出现漏检与未记录等情况。同时，数据手工录入和抄写，分散到每台设备，不利于数据的集中管理与保存，且分散管理安全性欠佳，不能及时发现问题的存在、预防问题的发生，往往都是问题出现再去解决，设备管理存在诸多盲点。

三、信息化进程

1. 信息化在实施中遇到的主要困难、问题与解决措施

本系统实施技术难题在于数据采集后的数据关联，并在此基础上建立数据故障分析预测模型，可以实现对相关部位的设备情况的分析与提醒。这需要通过技术手段进行提升，从而解决各关键数据有效采集、融合的问题。

系统通过分布式数据库或分布式计算集群对数据进行分析和分类汇总，在现有数据上进行基于算法的计算，起到预测的效果，从而实现设备数据的分析。通过图片、报表、

柱状图、饼状图等形式展现数据，让用户直观地感受到结果，最终为管理决策提供有力的数据支持。

2. 信息化实施步骤

本系统通过对码头设备的深入调研，充分结合实际确保项目研究成果的有效性及实用性。步骤如图 1 所示。

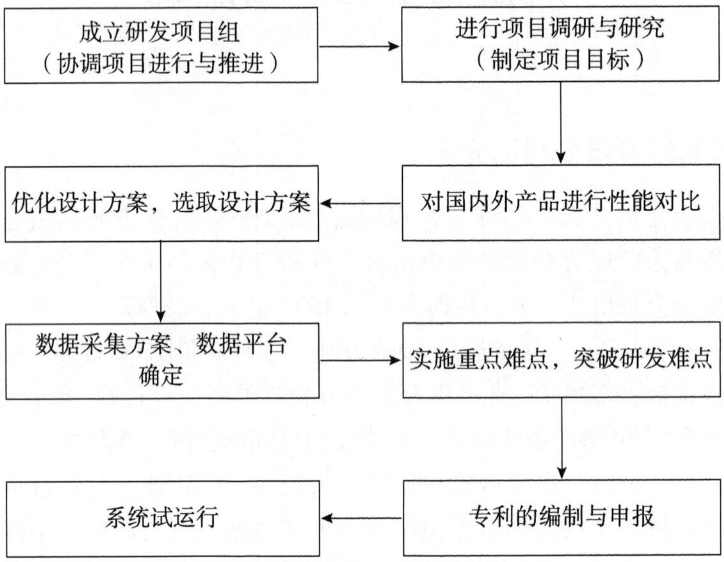

图 1　信息化实施步骤

3. 信息化整体功能

（1）设备信息准确定位升级。根据码头设备现场实际操作状态，在设备发生故障时，实现对故障的准确定位，当出现一个源头导致多个故障信息激活时，通过筛选并屏蔽无关信息方式，最终确定故障源头信息，避免不必要的非关键因素同时显示。

卸船机：抓斗的抓取量、关键轴承温度、钢结构疲劳度等关键数据。

门机：抓斗的抓取量、关键轴承温度、钢结构疲劳度、门机臂架防碰撞等关键数据。

龙门吊：起重量、关键轴承温度、钢结构疲劳度等关键数据。

（2）重新定义与规划设备工程安全性故障。将故障按设备号、资源、故障等级三大类分类，实现对故障的准确定位。

故障通过设备信号确认具体是哪台设备发生故障。

故障通过各运行机构分类，具体区分为控制部分、各机构、吊具、钢丝绳寿命等。

机构中，联锁检测故障可以用限位（如极限/终点/减速/制动器释放/位置/门限位）、开关/按钮（如紧停开关/空开/接触器/继电器状态检测）、PLC（可编程逻辑控制器）/驱动器（通信）等进行区分。

钢丝绳寿命通过大数据分析，实时提醒用户钢丝绳情况，提前预防事故的发生。

分析设备疲劳度，提前预防事故的发生。如图 2 所示。

故障等级分类将故障分为 Fault（故障事件）、Alarm（报警事件）、Warn（警告事件）、Interlock（连锁保护），对于高等级故障衍生的故障系统予以屏蔽。

图2 设备全景监控

故障进行逻辑与或非二次运算，屏蔽部分因 PLC 程序问题虚报的故障。

提供故障修改工具，实现对故障的快速定义与修改。

增加故障描述功能，当出现故障时，系统提供该故障的描述功能脚本，可添加当时故障维修处理办法，当下次出现该故障时，作为参考依据。

（3）远程网络访问。系统具备网络查询和访问功能，可以在异地远程登录访问（可以同时允许多个被授权人员登录）。

（4）故障汇总与统计。提供设备故障汇总界面，允许用户指定起始日期、结束日期及统计类型，并以图表形式显示故障统计结果。

能够自动从数据库内的故障数据表内采集指定条件的设备信息，产生设备故障信息清单，同时系统根据故障信息清单及统计类型自动统计分析产生故障统计表。故障信息清单及故障统计表均以 CSV 格式导出及保存。

实时显示当前起重机的各机构的状态信息，即把现场设备运行状态、设备故障、机构工作时间（小时）、每次抓斗吨位、风速仪信号、限位状态信号、臂架位置、摄像系统画面等传输到中控系统，可以快速、可靠地把几乎所有设备连接到网络，从而交互式访问、管理、控制、评估和利用从设备收集的数据。

实时监测大车、小车、起升、俯仰、吊具的状态、位置、动作、电气参数、风速等；监测辅助机构状态，包括网络通信状态、超温状态、润滑系统状态、紧停状态；监测事故易发设备和重点关键设备的运行情况，同时对采集的数据进行分析整理，并把现场的实时数据与相关的设备运行指标进行对比，超过偏差限制时产生报警信息并存储报警记录。

（5）监控历史数据分析。实现对设备操控室的实时监控，并提供历史回放功能。

（6）设备运行数据统计。对运行时间、作业操作时间、作业效率、钢丝绳距离、手柄动作次数、故障次数、故障时间、故障率等港口起重机的运行数据进行实时统计。

（7）监控系统数据共享。实现港口起重机运行信息的画面共享和数据共享，系统管理人员或企业领导可通过互联网远程查看各设备的运行信息，实现远程监视与远程管理。

四、信息化主要效益分析与评估

系统的成功实施，使得码头安全、管理等方面水平得到了有效的提升，具体表现在以下几个方面。

（1）远程自动化巡检，实时码头运行管理。

（2）建立港口（码头）设备远程工程师管理站，实时监控设备运行状态。

（3）建立远程工程师登录诊断，实现故障及时排除，有效提高设备生产率。

（4）管理员通过手机 App 实现码头作业执行状态，设备状态实时掌控。

（5）建立设备安全管理系统，保障设备可靠运行，预防事故的发生。

（6）实施掌握设备运行数据，便于设备管理。

（7）分析设备故障率，为备件的采购提供依据。

五、实施过程中的主要体会、经验与教训、推广意义

码头港机设备是国民经济中应用极为广泛的机械设备，为我国国民经济的发展提供了强有力的支持。但它品种多、类型多，应用广泛，使用的场景也复杂、恶劣，同时由于它的特殊性，还存在各种安全隐患，事故的发生将直接危及业务人员生命和财产的安全。

本系统通过先进的传感远程技术，把码头港机设备（门座式起重机、卸船机、装船机、皮带秤、龙门吊等）作业量、每斗重量、关键部位应力、重点部位轴承温度、设备之间防撞数据、设备门架防撞系统、设备视频信息、状态信息等传输到中控室，进行数据综合分析，对设备可能出现的问题及时进行提醒（通过重量数据分析找出钢丝绳使用寿命，及时提醒业主进行更换，通过应力分析得出设备疲劳度曲线，及时发现设备的问题所在等），让用户实时了解设备状况，提前预判，避免事故发生，生产安全得到了有力保障，具有良好的社会推广意义。

六、系统下一步改进方向

在码头设备远程安全信息化系统实施时，由于对行业了解和掌握的局限性，在测试阶段无法将所有涉及的业务场景都进行模拟，在后续使用过程中需要不断完善。

成都富晟新悦物流有限公司：M－WMS 物流管理系统在仓储管理中的应用

一、企业简况

成都富晟新悦物流有限公司（以下简称“富晟物流”）成立于 2010 年 5 月 18 日，为长春一汽富晟物流有限公司全资子公司，公司坐落于成都市龙泉驿区车城大道 168 号，目前拥有库房 75000 余平方米，占地面积 100 余亩，由一汽—大众成都备件中心库及一汽—大众成都索赔中转库组成。

富晟物流业务领域覆盖汽车备件售后物流供应链各环节，目前为一汽旗下奥迪品牌、大众品牌、一汽红旗、一汽解放等提供售后备件全供应链服务，是国家 4A 级物流企业、中国物流与采购联合会理事单位、中国汽车采购联合会会员。伴随备件业务迅猛发展，富晟物流先后完成了东北、华北、华东、西南、华南及青岛六大物流基地建设与布局，仓储面积近 60 万平方米，实现仓储设备设施齐全、仓储网络完善，有效支撑备件体系发展；完成全国运输网络搭建，物流运输网络已覆盖全国 200 多个大中城市和地区，运输车辆约 1500 辆，服务经销商 1500 余家。同时业务范畴不断拓展，包括公路干线运输、日日达城市配送、循环取货、危险品（三、九类）运输、多式联运等运输形式，其中富晟物流配合备件运输已高达近 80% 的日配送率。

二、企业在实施信息化之前存在的问题

公司主要存储一汽—大众备件物资，存储库存品种约 60000 种，每种零件都实施定置定位方式存储。随着公司的发展及一汽—大众备件物资的库存品种及库存量的增加，现有货位不能有效满足一货一位的存储需求，部分常发件库存深度较高，库存量根据市场需求具有很大的波动性。在现有货位不能满足存储要求时，就需要将超出设计库存的数量重新找新的区域进行存储，将所有超储的零件都集中在一起就形成了超储区（More Parts Area），如图 1 所示。

当货位库存少于销售及移库计划需求时，从超储区向正常存储区进行补货，提货人员应将销售需求及移库计划转给超储组人员进行补货；由超储管理员向功能区补货则由仓储管理员填写补货申请单，补货单上须注明备件号、备件名称、数量、补货日期，并签字后交由信息员做好出库登记；超储管理员应定期对超储台账与实物进行盘点，做到账实相符。

因工作量不均衡或者加班引起的由具体当事人填写超储入库申请单、超储出库申请单并由超储管理员确认后交由信息员做出入库台账登记。

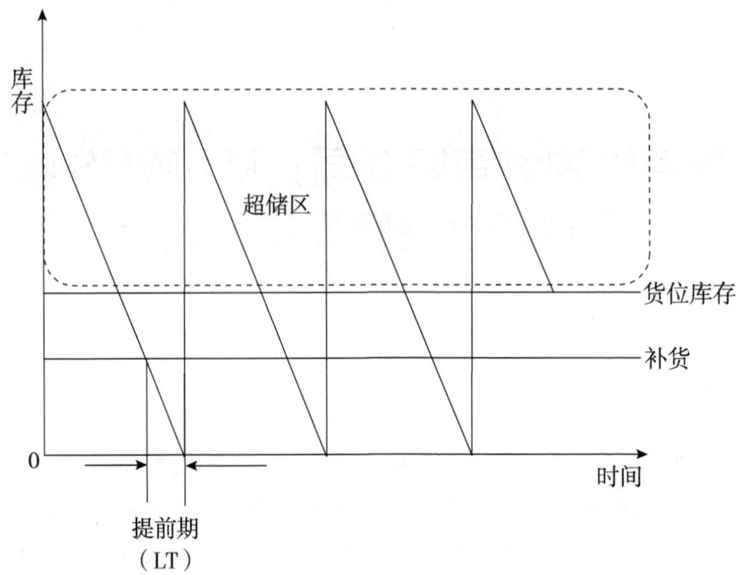

图1　补货作业模式

超储区的管理与库内正常零件管理要求一致，要有防尘、防潮、防火、防止二次损伤的相应措施；储备区班长及主管定期对超储区进行检查。

超储区的整体作业运行流程如图2所示。

在M－WMS常理系统上线前，储备区管理主要存在以下几个方面问题。

1. 物资补货不及时

常发备件销售位置货位数量不能有效保证销售需求，经常存在货位数量小于需求数量的情况。当仓储人员提货时发现备件缺少时再填写补货申请，超储管理人员根据仓储人员补货申请进行补货，当缺货品种集中时，往往会导致补货延迟、发货延迟的情况。

2. 一次性盘点准确率低

在仓储管理中，当超出货位定额后仓储管理员会实行手工记账加上电子表格形式进行管理，管理过程时间成本及作业成本高，同时手工录入错误率高，导致超储库存盘点准确率低，同时仓储为保证库存准确性，仓储会根据业务增长及变化制订月盘、周盘计划，在业务不停止状态下进行动态盘点，加上超储管理的准确率低，导致一次性盘点准确率较低。

3. 资产监管成本较高

仓储管理是公司核心业务，保障一汽—大众国有资产的安全、高效管理则是企业的核心竞争力之一。在M－WMS系统上线前，存在备件状态及位置无法实时查询、人工管理成本较高等问题，同时也面临资产损坏、盘点差异的风险。

4. 部分业务模式无法开展

对于成都富晟新悦物流有限公司的汽车后市场服务，特别是针对备件的仓储及发运服务，业务模式按照出库量进行计费，因此如果因超储管理问题而无法及时补货，会造成无法及时发运，必要时可能会导致删单等后果，直接影响运输业务准时到达率及运营业务的收入。

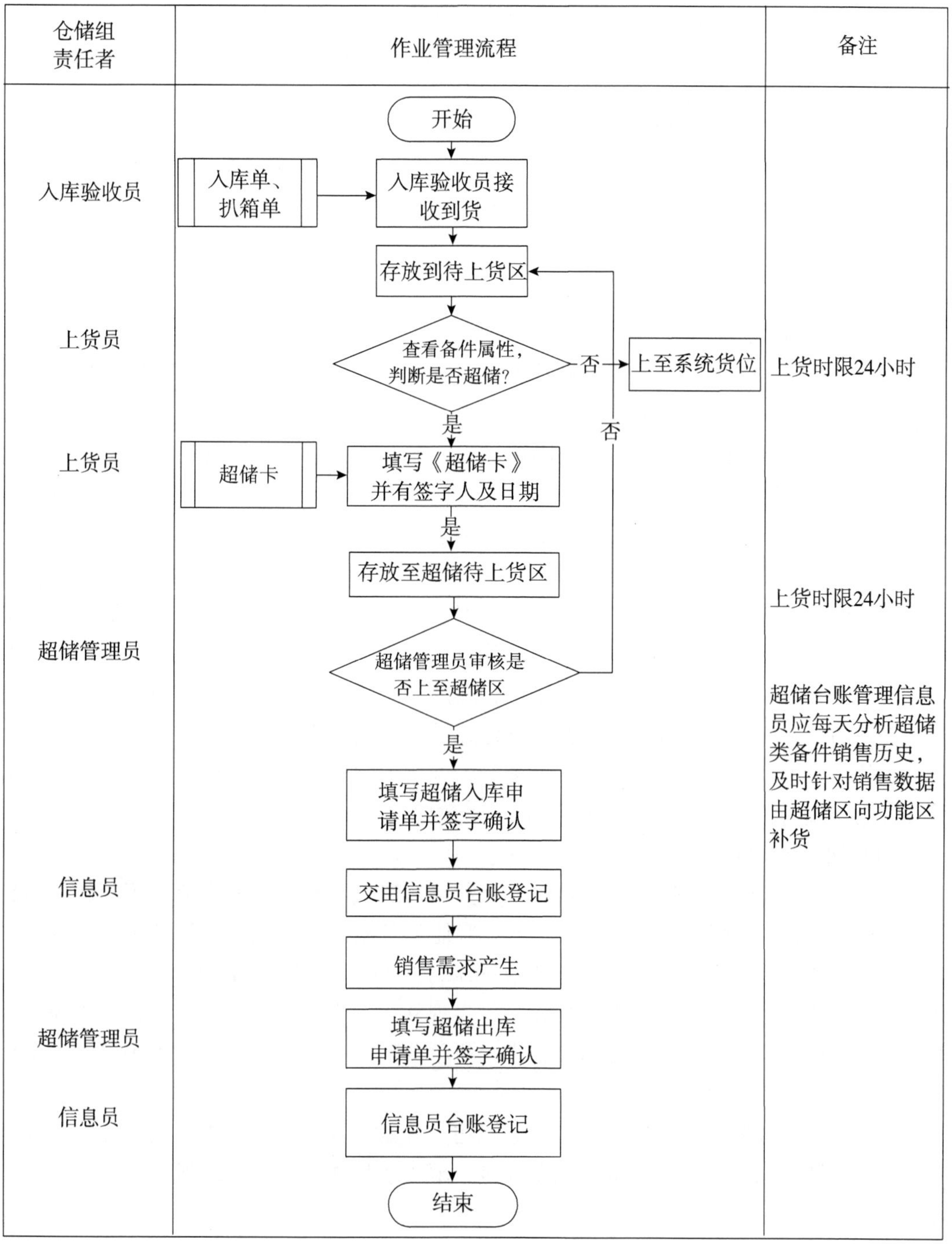

图2　超储区整体作业流程

5. 单机化，不能实现实时网络共享

在 M－WMS 管理系统上线前，通过人工实行电子表及单机管理，管理过程中不能实现实时信息交互，造成信息共享延误。

6. 人工录入错误率高

随着出入库量及频次的增加，入库备件超储标签均为无条码纸质标签，只有备件号、名称、数量及储备位置、入库日期等，超储信息员在录入时要人工检查，再将每个项目逐一录入系统，同时再人工手写超储卡，使得人员重复劳动，同时错误率高。

三、遇到问题与解决方案

实施中遇到主要的困难在智能补货及智能计算、网络集成化管理方面，这是国内汽车后市场的 M－WMS 管理系统平台，无案例可循。其中，技术关键点为智能补货、网络集成及智能更正仓储管理中的错误并能实时与仓储业务员进行人机交互，其主要瓶颈有以下几点。

（1）智能补货问题。

能实时根据 SAP 系统数量及销量计算出实物货位数量。实施前期，不清楚货位容纳的实际数量，当 M－WMS 系统提醒仓储员进行补货时，往往货位上数量存在剩余，补货后不能有效放置在货位上，通过系统不断优化，在系统上设置每个货位及每个工位器具的装框数量及装载定额，仓储人员可以根据备件的实际大小及器具容纳数，自行更改补货数量，当货位数量小于等于某个值时，自动提醒仓储人员进行补货。

（2）智能计算系统。

在仓储管理中，仓储人员不断出入库及多频次录入难免造成错误及管理漏洞。实施前期存在备件号错误，M－WMS 系统账目数量大于实际库存数量，仓储人员不能有效及时发现并解决，导致盘点错误及管理错误，造成不必要成本浪费。在实施过程中，通过与仓储现场的不断调研及沟通，需求实时计算并提醒仓储人员进行更正。对出入库频次及数量等信息进行记录，实时进行人机交互，能避免因人为因素造成的管理失误。智能计算并制作成电子表，有效指导现场进行更正数据。

（3）网络集成化管理。

为了解决仓储管理中信息不能实时交互共享，造成不必要的成本浪费等问题，信息系统互联互通，搭建网络化智能管控平台。智能补货系统将实现网络管理出入存系统互通互联，并通过优化出入库频次、作业效率统计分析、超储管理优化、运行规则设计、作业资源配比设计、作业流量等精准算法，实现从入、存、出到智能补货、发货等全程智能化系统操作。同时系统实现用户管理，角色分配，可一进一出或一进多出，在系统上实现统计报表等功能。

成都富晟新悦物流有限公司针对以上问题，首先开发测试了单机版应用程序，进行单机操作，针对现有的单机版本系统做改进，解决数据遗漏，实现网络化集成管理、多用户同时使用的目的。

（1）为了保证系统可靠运行，方便操作，符合国家倡导的绿色环保理念，系统开发采用先进的 Mysql 为数据库，PHP 为 B/S（浏览器/服务器）开发语言，操作者不论在哪里，不需要安装软件，只要可以连接到网络，使用浏览器即可登录使用。

（2）系统对数据接口模块、数据处理模块、业务处理模块 3 个大模块进行不断优化，其中数据接口模块主要处理功能有：提供地址给客户端进行 POST 请求（用于获取服务端数据的一种方法）、将客户端请求的参数（json 格式，一种轻量级的数据交换格式）转换为简单的数据格式（如参数 A、数据 B）、将接收的数据参数传入库表、根据命令（参数中）执行相应存储过程并返回结果给客户端。数据处理模块主要功能有：将接口传入的信息保存至日志表、命令与过程的处理对应。业务处理模块主要在后台实现，进行具体的业务操作，主要处理功能是实现每个命令对应的业务功能。如图 3 所示。

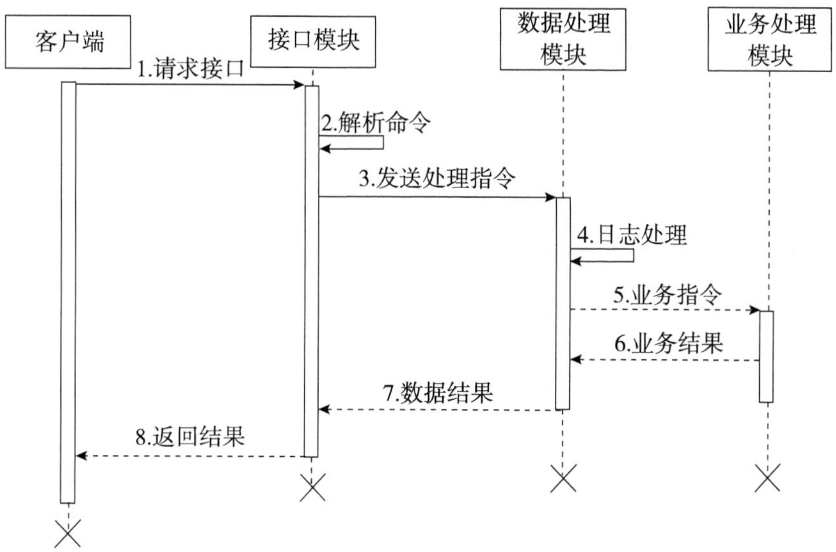

图 3　数据交换

（3）网络版优点能实现随时随地可查，包括移动互联，不用到 PC（个人计算机）端进行查询；我们对单机版与网络版进行对比后，综合各种优势，选择了经济适用的网络版智能仓储管理系统。同时，在软层面，根据使用需求，调整数据传送频率，所有消息都封装成 json 文件，利用传入的 json 文件，解析出命令及其参数调用数据处理流程，将获取的参数及其 POST 原始参数传入数据处理模块，通过请求的消息体（body）来传递，保证运行效率。

通过不断测试及研发，与仓储现场沟通调研，广泛选型，经过多轮技术改进、测试，终于得出了可满足汽车后市场的智能补货物流管理系统整体应用方案，并结合每天与仓储确认做到数据化、精细化管理。

在解决硬件技术的难题后，结合业务模式现状与未来规划预测，提出了成都富晟新悦物流有限公司智能补货物流管理系统整体应用方案，国内首创的智能补货系统因此而诞生。

四、信息化主要效益分析与评估

1. 信息化实施前后的效益指标对比、分析

（1）物资补货更及时、准确。

通过成都富晟新悦物流有限公司信息系统平台服务，业务流程线上进行，公司管理更便捷。信息系统与作业人员实时进行人机交互，自动提醒仓储人员进行补货作业，库存管理效率得到有效提升。管理层面，避免被动接受仓储人员申请补货，能有效地将作业前置，提升作业效率。

（2）一次性盘点准确性提升。

对客户下单、仓超储货、库存确认、发运交接等一些透明化环节，系统能实时进行云计算，实现业务数据的实时交互，对异常备件及系统数据大于实物数据备件进行预警，指导仓储有效更正数据，提升一次性盘点准确性。在此基础上，通过大数据的积累，实现数据的业务化，管理更智能。同时储备区能实时进行导出盘点操作，方便仓储进行实时动态盘点。

（3）资产监管成本降低。

通过系统的上线，成都富晟新悦物流有限公司设计了监管层级，能有效对日常订单进行分析、统计，有效保障国有资产的安全，在风险发生前实现有效预警，大大节约人工管理成本，为成都富晟新悦物流有限公司业务的正常开展提供了基础保障。

（4）业务模式正常开展。

库存管理的准确性提高，能有效避免或降低库存不准确性，避免因库存原因导致的删单及发运延迟等情况，提升一次性供货率。

（5）网络集成化，实现信息实时共享。

通过智能系统的网络集成及网络互联，实现 PC 端及手机客户端多人共享，实时查看业务数据，提升管理效率。

（6）录入时间减少。

通过网络信息化及射频识别技术（RFID）的运用，增加条码配置页面，减少因人工操作带来的错误率，同时减少人工录入时间及书写错误。

2. 信息化实施对企业业务流程改造与竞争模式的影响

（1）实现新业务落地。

通过 M－WMS 管理系统的上线，成都富晟新悦物流有限公司能开展如一货多位及多货一位、多品种小批量等复杂仓储业务，因此类业务需对仓储管理做精准的统计，故M－WMS 管理系统能对新业务的落地起重大作用。

（2）提供增值服务。

通过 M－WMS 管理系统大数据平台，成都富晟新悦物流有限公司能为客户提供数据统计分析、数据交互、大数据分析等相关增值服务，并对成都富晟新悦物流有限公司汽车后市场仓储管理及运输服务提供优化方案，如拣选路径优化、存储方式优化、SKU 分析等优化。

3. 信息化实施对提高企业竞争力的作用

目前国内汽车后市场备件品种多、备件包装及规格不统一，存储时需要不同规格的工位器具，为满足用户在 EOP（停产）后不断维修的需求，往往会面临着单品种存储数量大、库存深度高等特点，但实际能有效满足汽车后市场智能管理的信息系统几乎没有，部分第三方物流则是依靠主机厂提供的信息系统进行管理，造成信息系统与现场业务不匹配，不能有效起到管理的作用，成都富晟新悦物流有限公司是根据汽车后市场备件物流多年经验开发出适合于汽车备件的管理信息系统。通过系统的实施，能有效地将业务流程线上化，吸纳社会资源，加快业务全国化推进。M－WMS 管理系统平台的上线，能有效提升备件资产安全、高效管理的核心竞争力。成都富晟新悦物流有限公司掌握核心技术开发，能提升行业竞争门槛。同时，M－WMS 管理系统带给客户的高效、安全的管理体验，能有效获取客户信任，形成口碑传播，提高品牌形象。

五、信息化实施过程中的主要体会、经验与教训以及推广意义

M－WMS 管理系统作为信息技术资源管理的核心，在企业管理中具有提高生产效率及管理能力的作用，在实施前期，经历了不少挫折及失败，同时也积累了一些经验，在实施前，最主要的是做好公司信息化调研，摸清楚公司管理过程中存在的问题，需要系统解决哪些方面的问题，需要从仓储各个作业流程进行调研，管理者及现场工人实施头脑风暴，管理者能站在公司战略层面进行决策，作业者能站在操作层面进行决策，最终达成一致的方向及目标，真正解决企业在管理中存在的问题，找到优化及改进的方法，提出对信息化实施的展望。

在实施过程中要不断对员工进行信息化培训，充分调研在实施过程中存在的问题，让员工熟悉各个模块在企业管理中的作用，充分让员工参与到信息化建设中，培养员工发现问题及解决问题的能力。让信息系统充分辅助生产，辅助领导进行决策来提高企业的管理水平及工作效率提升。同时对信息系统进行不断优化改进，以满足企业的需求。

在信息系统实施的过程中，企业应该培养专人管理及维护系统，并保持信息系统的稳定性，建立相应的数据库，对存在的问题进行收集、整理，包括为下一步系统升级提供数据积累。M－WMS 管理系统是为管理服务的，在我们的仓储管理中，我们要不断思考和挖掘更有效的、更快捷的方法，结合公司现有的发展及业务类型，制定一套切合自身实际的信息系统，最终实现库存的优化和智能化。

成都富晟新悦物流有限公司已占领先发优势，在信息系统建设上也体现了其目光长远，通过提前布局，结合自身案例，尽早提高行业竞争门槛，从客户角度出发，不断创新，才能占据竞争优势。

六、本系统下一步的改进方案、设想，以及对物流信息化的建议等

下一步计划将应用 RFID、大数据、云计算等技术实施 WMS（仓储管理系统）与 TMS（运输管理系统）相结合、SAP 系统（企业管理解决方案）、拣货路径优化、自动化分拣设备、运营数据分析等应用，助力企业进一步实现战略提升。

成都富晟新悦物流有限公司通过选择 SAP 系统作为物流仓储解决方案，通过 SAP－WMS 项目将业务流程完全地整合，与现有的 TMS 进行整合，进行入库、上架、仓储、拣货、集货、补货、发货等一体化管理系统，实现管理标准化、可视化。对 M－WMS 管理系统的运用，旨在通过物联网技术、大数据的收集、可视化管理、智能计算等方面的分析应用，实现管理透明化、高效智能化。

重庆安吉红岩物流有限公司：设备设施可视化管理

一、企业简况

重庆安吉红岩物流有限公司于 2005 年 12 月注册成立，是由安吉智行物流有限公司（上汽集团下属企业）和重庆机电控股（集团）公司共同出资组建的合资公司，注册资金为 3500 万元。公司致力于向上汽依维柯红岩、上汽菲亚特红岩、上汽通用五菱及其零部件供应商提供优质物流服务，并获得广大客户良好评价。立足重庆、面向西南、走向全国。为众多客户提供有价值竞争力的一体化物流服务。

公司拥有渝北黄茅坪、渝北龙兴、大足双桥三个基地。占地两百余亩，有员工 800 余人。公司主营业务包括整车物流、零部件入厂物流、网络化运输增值服务及售后服务。公司成立至今已获得"重庆市商贸流通 100 强（物流类）""重庆市诚信物流企业""重庆市重点现代物流企业""重庆服务业企业 100 强""全国制造业与物流业联动发展示范企业"等荣誉称号。

二、案例背景

（一）外部环境

近年来，我国经济快速稳定发展，物流产业规模迅速扩张，行业竞争也加大，如何提高企业的核心竞争力，推动企业信息化、智慧化发展是我们重点考虑的问题。我们发现近年来二维码在现代各个行业中应用十分广泛，企业可以把公司基本信息、设备或商品信息等植入二维码里面，经过智能手机的扫描读取，就可以立即获取到。除了二维码外，大屏报表的应用也十分广泛，2018 年重庆智博会上就见到其可发展性。

（二）内部环境

管理层较多地关注现场运作情况，但是对于现场设备的管理，例如，对叉车、拖车的管理是不够完善的。经调查，我们发现在物流行业设备管理中普遍存在以下 4 点问题。

（1）员工点检行为不规范，安全检查容易流于形式主义。我们要求员工每天在使用设备前对设备进行安全检查，填写点检表，但是员工存在一次填写多天数据的情况。员工点检不规范、报修不及时等问题，造成设备完好率过低，降低员工工作效率，进而影响现场的工作。

（2）设备报修消息传递不明确，报修不及时。员工发现设备有故障需要进行报修时，是通过打电话逐级通知安全人员，再由安全人员去现场核实情况后再打电话联系维修人员。这种报修方式很容易出现消息传递不明确、报修不及时、后期跟进困难等问题。

（3）管理员无法实时查看设备状态。管理员想要了解设备状态时，需要整理巡检和维修信息，在几番询问、手动统计分析后，才能知道设备有多少是正常运行，这对管理者而言效率太低。

（4）档案利用率低。纸质记录易丢失、破损，查询数据记录麻烦又耽误时间，对数据无法进行有效管理分析。

我们从人、机、环、料、法5个方面对现场设备管理问题做了进一步的原因分析，发现造成设备管理存在问题的原因如图1所示，其中最主要的是没有管理平台和管理机制来监控员工行为和设备状态。

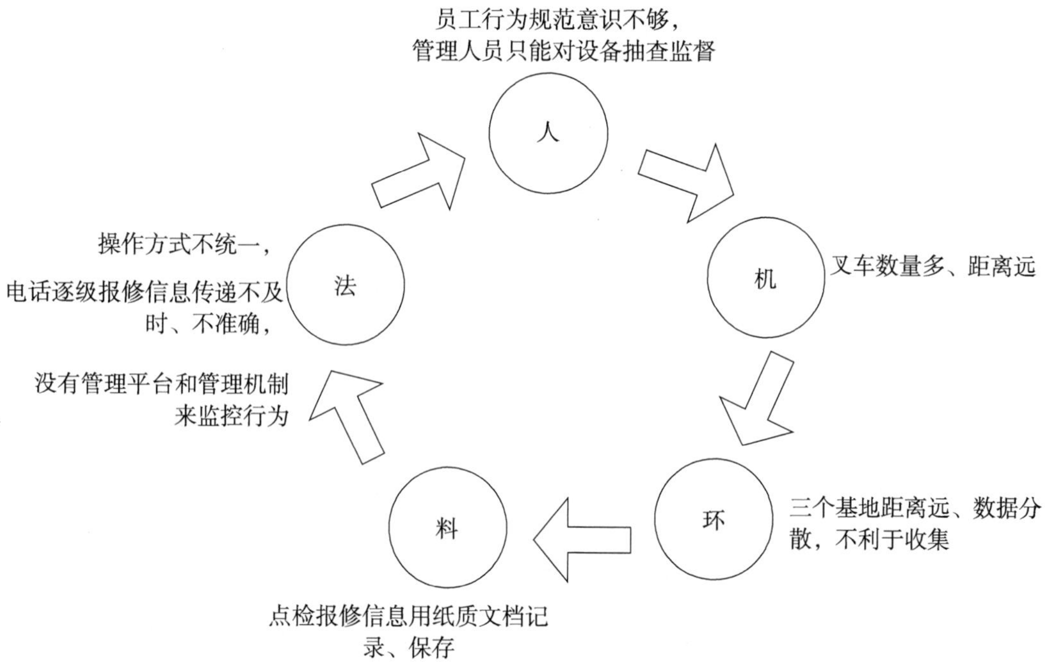

图1　原因分析

三、解决方案及项目推进概述

为了解决企业厂区内设备管理问题，我公司自主设计设备二维码、应用系统和流程、可视化平台及设备运行看板等项目，希望实现点检规范、报修能及时通知、数据支持统计分析的目的，如图2所示。

（一）解决方案

（1）创建一个移动端设备二维码点检、报修系统，代替员工手写点检方式，方便快捷，规范员工的行为。应用系统流程设计如图3所示。

（2）设置系统的数据存储、导出代替纸质文档，保证数据易查询、易追溯，支持数据分析。

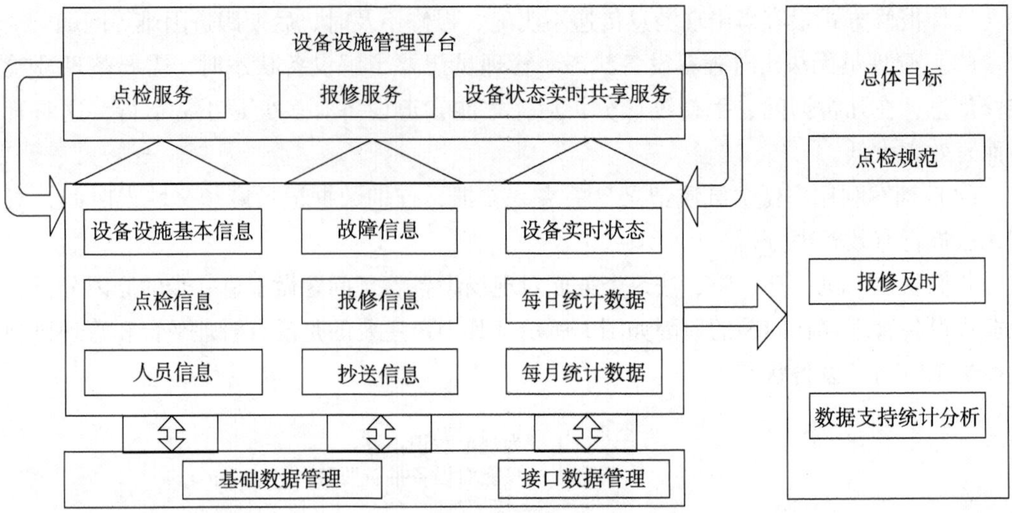

图 2 解决方案

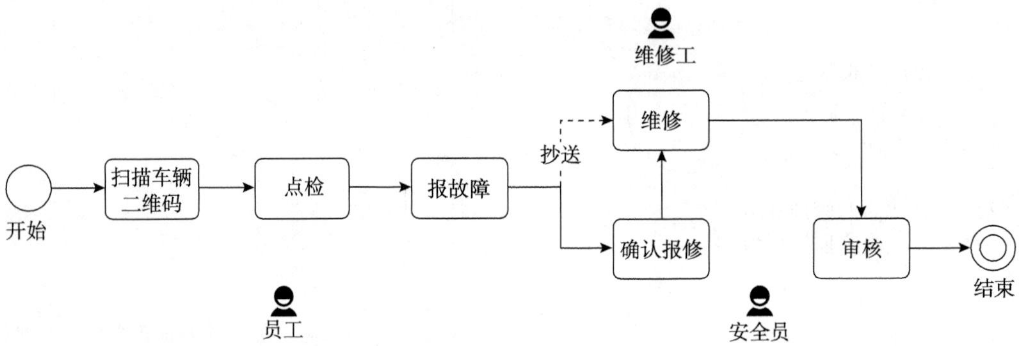

图 3 设备管理流程

（3）设计一个通用应用系统把公司三个基地的设备管理整合一起，规范管理，提高档案利用率。

（4）建立实时更新设备状态的大屏报表，方便管理人员对设备进行管理。

（二）项目推进

项目启动前，组织召开项目需求会议，建立以安全设备科人员和 IT 团队牵头的设备信息化管理建设团队，集中讨论各基地的管理需求，落实设备管理相关流程。

项目启动，确认需完成的工作内容和各项工作责任人，确定相关时间节点，并形成定期讨论会议。制订实施计划，明确系统上线后推进负责人和培训人员。

项目实施上线后，完成项目的推广和相关人员的培训工作。持续跟进系统的使用情况，不断完善和优化流程，对员工工作情况进行监督和检查。

四、系统功能简介

系统功能特点如图 4 所示。

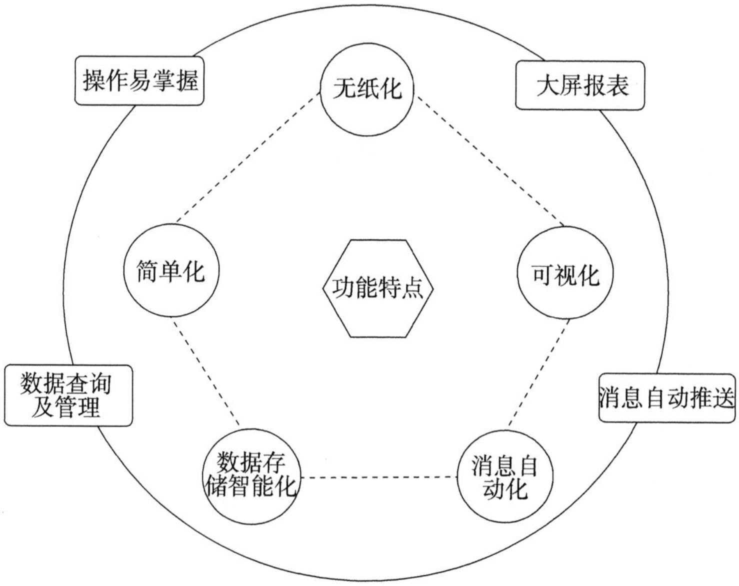

图4　系统功能特点

（1）员工使用企业微信“扫一扫”功能扫码，即可查看对应设备的所有信息。操作人员可在线实时添加设备最新点检信息，包括点检日期、点检人员、设备点检项等，如图5所示。

（2）设备发生故障，员工可在线发送报修申请，报修时要求员工上传定位信息、故障图片信息、故障描述信息，如图6所示。通过系统后台设置，设备只能由台账的负责人点检，防止员工虚假操作。

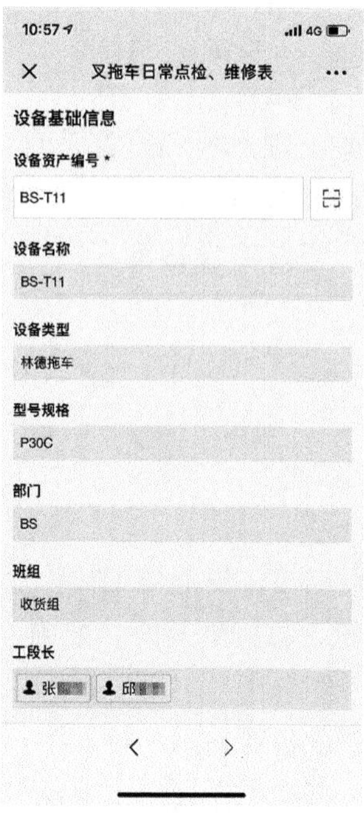

图5　点检页面

图6　报修页面

（3）维修人员将实时在线收到维修申请，并查看需要维修的设备信息，拒绝一切非不可抗因素导致的工作进展迟滞。如图 7 所示。

（4）为保证管理层及时查看最新巡检情况，系统每周自动推送消息，提醒管理层查看分析报表。管理人员也可查看报修设备的流转图、审批意见及流程日志，如图 8 所示。

图 7　智能化消息通知

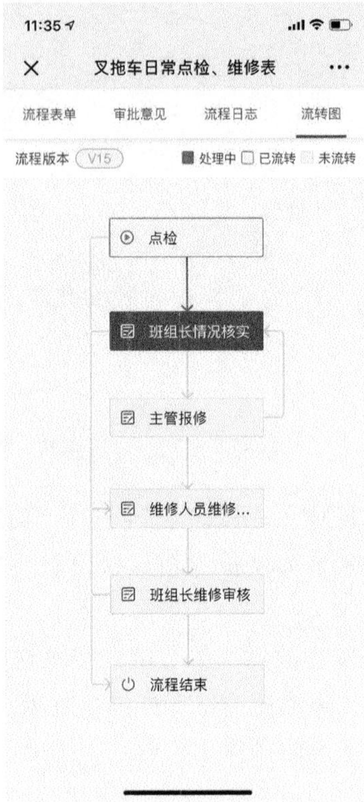

图 8　流转图

（5）过去管理者想要了解设备状态时，需要整理点检和维修信息，在几番询问、手动统计分析后，才能知道设备有多少是正常运行，这对管理者而言效率太低。现在通过数据分析，管理者可在报表平台清晰看到当天、当月的设备管理情况，所有信息实时更新，无须任何手动分析。

五、应用实施效果

（一）间接经济效益（质量、效率的提升）

（1）将传统的纸质点检方式改为手机二维码点检，规范员工行为。

（2）系统报修代替人工，报修效率提升 74%，报修更及时、准确。

（3）近三个月，设备完好率提升至 98%。

（4）大屏报表的实施，方便管理员实时查看设备状态。

（5）将信息化、可视化建设贯彻到生产中，提高工作效率，解决信息沟通难点。

（二）直接经济效益

每年节省工时和纸张成本 61515 元。

（三）企业竞争力

设备设施可视化管理是重庆红岩 IT 团队自主开发、设计并推行的系统，实现了对设备的无纸化管理。该项目得到客户的一致认可，我公司的信息化得到了飞跃提升，进一步提高了公司的核心竞争力。

六、实施中的体会及经验

通过该应用，实现了对设备设施的无纸化管理，公司企业信息化建设也有了新突破。随着管理理念、科学方法的不断发展，企业只有不断学习，接受新的事物和新思想，才能更好地顺应时代发展，在行业中脱颖而出。

（1）该平台在推广到公司各大基地及各分子公司时，需注意在应用和流程设计方面，要充分考虑其业务流程的差异性，需先建立一个通用的系统，再针对不同的业务需求，进行新的设计和开发。

（2）做大屏报表进行数据对接时，需要注意数据规范性和灵活性。

（3）注重培训工作，需注意不同年龄层、不同接受度的人要区别培训。

七、下一步改进计划

（1）构建设备管理公共服务平台，继续将此系统应用到公司固定资产及其他物品管理上，使得公司的资产和物品能得到统一、标准、有效的管理。

（2）基于系统目前的应用，考虑此系统其他可能性，积极探索前沿物流创新模式。

（3）提高物流智能水平，加强大屏报表的设计和大数据分析研发，使企业的无纸化、可视化、信息化得到进一步提升。

四川川航物流有限公司：川航物流供应链物流信息平台

一、应用企业简况

四川川航物流有限公司（以下简称“川航物流”）成立于2016年，其前身为川航物流部，改制成为川航的全资子公司。川航物流总部设立于双流国际机场，主营航空物流业务。现有员工800余人，日均运输货物邮件600余吨，凭借国内最大的全空客机队和年均10余架飞机的增速，以及2019年全货机的加入，已成为西南地区主要的航空货运企业。川航物流以现代物流理念为指导，在经营国内外航空货邮运输业务的基础上，通过建设航空枢纽通道、集成空地联运网络、导入在途跟踪技术、创建特色电商平台等多措并举，以需求为导向延伸服务品牌，力争成长为西南地区的“飞机＋航空物流”需求服务商。

二、企业通过信息化技术要解决的突出问题

长期以来，川航物流为中西部地区众多大中型客户提供门到门运输服务，即汽运上门揽货—空运—汽运配送，优质的服务赢得多家客户的认可，并随之与其建立长期合作关系。随着业务量不断增长，原有经营管理模式已无法满足业务发展需求，具体问题如下。

（1）各业务操作过程复杂，手续、信息繁多且分组处理，导致人员工作效率没有充分利用，重复工作量大，信息查询极为不便。

（2）由于没有系统支持及数据支撑，现有的业务操作无法实现全流程跟踪、自动计算费用、数据报表导出等，同时无法为用户提供优质的客户化服务。

（3）没有系统规范，财务结算与核算也存在一系列问题，包括成本利润的核算规则、费用的核销等。

川航物流急需建设一套先进的信息系统，取代繁杂的人工操作，充分释放生产力，提升客户服务水平。基于此背景，川航物流“供应链物流信息平台”应运而生。

三、企业信息化进程

在系统建设之前，川航物流对“供应链物流信息平台”的定位是，以满足当前空地协同运输服务要求为基础，着力打造能支撑川航物流角逐第三方物流领域的信息化平台。由于前期规划定位准备充分，系统建设实施过程比较顺利，现就系统建设相关情况进行详细介绍。

（一）系统功能架构设计

川航物流供应链物流信息平台总架构如图 1 所示。

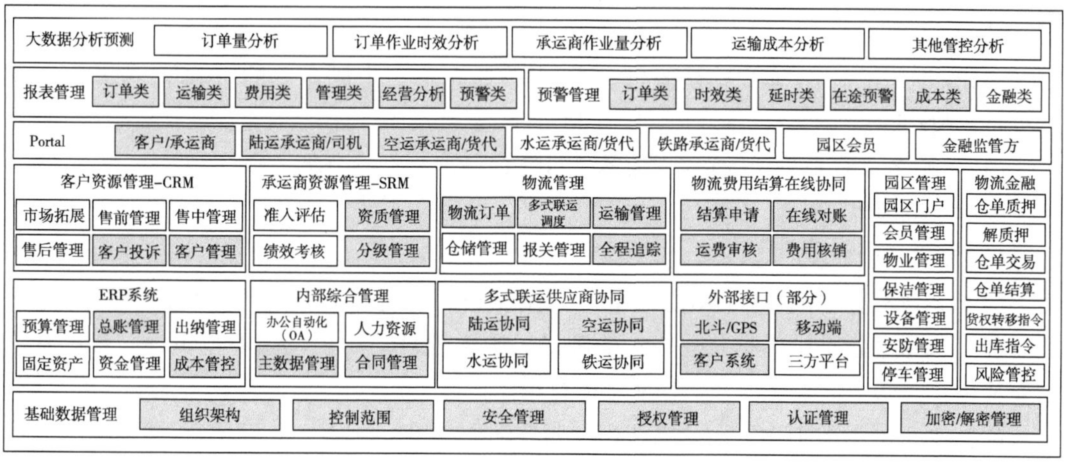

图 1　川航物流供应链物流信息平台总架构

注：Portal 指门户网站。

其中阴影部分为本期系统实施范围，其他部分将会结合川航物流后续发展情况逐步开展。

（二）系统流程设计

经过调研梳理后的系统流程如下。

1. 流程说明

（1）客户可通过企业门户进行下单，信息核对正确后审核下发，系统生成物流订单。

（2）系统也支持手工新建物流订单和物流订单导入，对于中烟的物流订单系统支持通过接口方式自动下单。

（3）物流订单信息完善后，可指定联运方式，系统自动生成分段委托单，对每段委托单指定承运单位，确认下发后系统自动生成对应单据，如果存在空运则系统自动生成空运委托单、空运任务单，如果是汽运则生成对应的汽运委托单，可打印/导出货物派送单。

（4）系统根据物流订单自动生成航空运单，通过接口对接蜂巢系统进行航空运单制单，打印航空运单。

（5）承运商进行运力维护，登记具体司机信息，确认后根据委托类型生成对应的汽运任务单、汽运任务跟踪单。

（6）司机可通过公众号/Web（万维网）进行跟踪节点采集和回单管理。

（7）作业完成后，按月对汽运委托单进行费用计算，对物流订单进行收入计算，产生对应的费用/收入明细。

（8）如果发现费用/收入明细出现差异，系统通过创建调账单进行调账处理，可支持对计算结果的调整，也支持新增一笔费用，对于调整的费用需要进行审批，审批确认后才可将调整后的费用纳入对账单。

（9）结算人员按月创建对账单，加入费用/收入明细后生成对应的承运商/客户对账单，与承运商/客户进行对账，并对对账单进行审核确认。

（10）对账无误则根据对账单进行发票登记。

（11）根据承运商/客户确认的每次支付/收取金额，生成对应的付款单/收款单，支持分批支付/收款。

（12）财务人员根据付款单/收款单进行核销处理，支持分批核销。

2. 逻辑说明

1）多式联运分段产生逻辑

（1）系统根据物流订单的出发城市、目的城市、联运类别确定产生几段运输。

（2）如果联运类别为提货—空运—配送，则系统自动产生三张委托单，一张提货汽运委托单，一张空运委托单，一张配送委托单。

（3）如果联运类别为空运，则产生一张空运委托单。

（4）如果联运类别为提货—配送，则产生两张委托单，一张提货汽运委托单，一张配送汽运委托单。

（5）如果联运类别为配送，则产生一张配送委托单。

2）承运商自动推荐逻辑

（1）系统根据提货城市从承运单位分配表中自动推荐提货承运商、空运承运商。

（2）如果存在空运，系统根据提货城市从地点类型为空港的地点找到对应出发机场，根据目的城市从地点类型为空港的地点找到对应的目的机场，如果存在多个机场则随机推荐，有问题则需要手工修改。

（3）系统根据推荐好的目的机场对应的城市从往来单位（汽运承运商）的派送范围查找推荐配送承运商，如果存在多个配送单位则需要手工选择。

3）航空运单制单逻辑

（1）航空运单中的运单号如果在物流订单上已经维护，则自动带入航空运单中。

（2）航空运单上的始发站根据物流订单空运段的出发机场的国际码得到，到达站根据物流订单空运段的目的机场的国际码得到。

（3）航空运单上的货物品名代码根据物流订单目的城市以及货品类型决定。

（4）航空运单上的代理人信息根据物流订单的委托单位决定。

（5）航空运单相关信息完善后可通过调用制单接口向系统发送制单请求，如果制单成功则会将航空相关运费回填到航空运单上，可支持重复发送请求，完成后可打印航空运单。

4）客户运费收费逻辑

（1）非中烟客户的运费计算方法：根据物流订单上的出发城市、目的城市、委托单位查找对应的费率，再乘以包装后重量得到客户运费。

（2）中烟客户运费计算方法：需要根据每月导入的中烟结算明细，将中烟结算明细中的费率单价乘以结算重量得到客户运费。

5）承运商配送费收费逻辑

根据配送汽运委托单上的出发地点、目的地点、物料类别以及承运商查找对应的费率，再乘以包装后重量得到承运商配送费。

6）调账审批逻辑

（1）系统维护好主管、经理、营销副总经理以及营销总经理审批价格范围（主管［0，1000），经理［1000，2000），营销副总经理［2000，3000），营销总经理［3000，99999），针对四类职务设定用户。

（2）系统根据创建好的调账单上的调整总额确认由哪级职务进行审批，如果1000元以内则只需要主管审批通过；如果2000元以内，则除了主管审批还需经理审批通过；如果3000元以内，则需主管、经理、营销副总经理全部审批通过；如果大于3000元，则需主管、经理、营销副总经理、营销总经理全部审批通过，如果有一人不通过，则需要从主管开始重新审批，记录审批意见。

7）核销逻辑

根据付款单/收款单进行核销，可对任意一笔形成对账单的费用/收入明细进行核销，即可选择之前已经核销过部分的单据，也可选择核销一笔新的单据。

（三）系统设施计划

系统实施计划如图2所示。

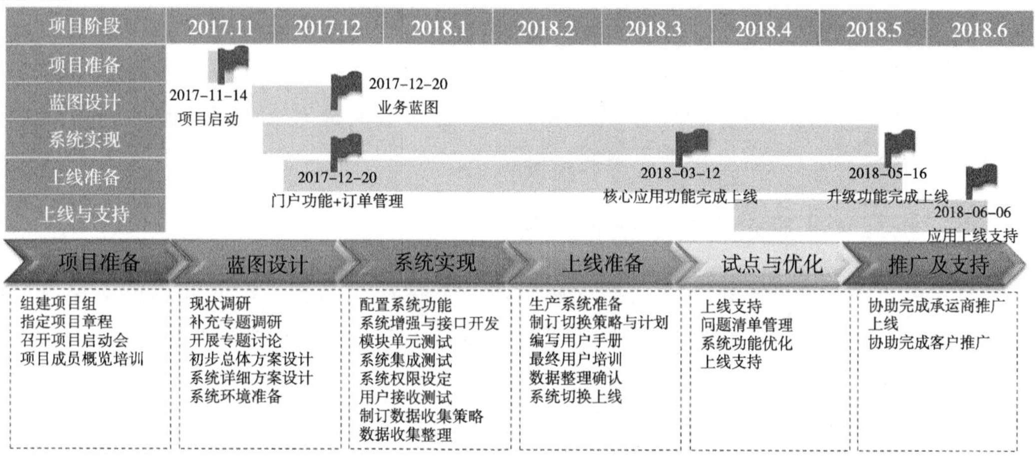

图2　系统实施计划

系统实施主要分项目准备、蓝图设计、系统实现、上线准备、试点与优化、推广及支持几个阶段（如图2所示）。实施完成后主要形成如下功能：订单管理、空运管理、汽运管理、回单管理、计费管理、应收应付、企业门户、内容管理、客服管理、辅助管理、主数据等。系统上线后，虽然在很多方面给业务带来了操作简化、效率提升，但是由于系统化操作引入的业务规范性要求，给现场操作管理人员带来一些额外工作，所以在系统上线前期未能进行业务全流程推广使用，在一定程度上削弱了系统的作用。在充分了解到问题症结后，川航物流采取的措施是，对系统相关的业务操作人员进行深入的系统作业培训，让其充分了解系统的每一个环节每一步操作，以便在使用过程中能尽量精准地找出需要优化和改进的地方，然后对问题点进行有针对性的系统优化改造，尽可能让系统操作快捷简便，满足用户要求，目前系统已全面铺开，系统使用部门反馈良好。

四、信息化主要效益分析与评估

1. 信息化实施前后的效益指标对比、分析

该系统成功上线，带来了以下三个方面的好处。

（1）在业务操作方面，订单自动对接或批量导入替代原有手工方式，自动生成汽运派送单、航空运单，自动计算运价，自动生成与客户和第三方协作单位对账单、在线完成对账及报账业务，自动提供每日销售数据报表等，极大简化业务操作，提升业务效率30%左右。

（2）在服务提升方面，每个订单从接收到处理完成可以为客户节约10～15分钟，为客户提供货物全程跟踪监控服务，为供应商提供在线报账凭据上传、在线对账等服务，缩短结算周期15天左右，极大提升了客户和供应商的满意度。

（3）在财务结算方面，系统为财务提供了费用和应收应付模块，包括收入计算、费用计算、对账、调账、费用在线审核、在线报销、发票管理、核销等功能服务，让财务工作不仅规范而且提效40%左右。

2. 信息化实施对企业业务流程改造与创新模式的影响

川航物流原本为四川航空物流部，改制独立后，公司主业经营范围由航空货运扩展为航空腹舱、全货机、汽运、同城配送、航空货站、物流产业园、航空物流设备维修与制造、物流服务集成商8大板块，通过“供应链物流信息平台”的实施，让公司航空运输、汽运、同城配送、财务管理等业务形成了整合，极大提升了内部管理水平和客户服务水平，为公司的改制转型奠定了坚实基础。

五、信息化实施过程中的主要体会

首先，一定要重视系统建设前期规划阶段，它会在相当长一段时间内影响系统建设升级工作。川航物流“供应链物流信息平台”采用SOA架构（面向服务的架构），不仅满足了当前业务系统需求，也初步完成了公司信息化基础架构搭建，川航“宠物机票”系统，就是在该基础上快速完成搭建的。其次，信息化系统建设一定是以服务业务或者管理为基础，系统建设过程中标准规范需要考虑，但是标准规范不是最终目的，最终目的是建立一套业务能用并且能用出价值的系统。

六、本系统下一步的改进方案及设想

下一步将以目前搭建完成的SOA系统架构为基础，以航空货运、地面网络、枢纽节点、物流服务集成商4个体系为中心，继续对川航物流“供应链物流信息平台”进行升级改造，打造一套业内领先的综合物流管理平台。

上海华迅众联物流有限公司：大型 CFS 仓库数字化探索

一、应用企业简况

上海华迅众联物流有限公司隶属于全球捷运物流集团，是集团在仓储事业板块的重点企业。全球捷运物流集团创立于 2008 年，是中国领先的综合物流服务提供商。本着“先做资源整合，再做产业整合”的发展战略，全球捷运物流集团以独特的经营理念和不懈的创新精神，在国内主要口岸城市、内陆城市及海外设有 60 家分支及海外代理，与数十家国内外大型船公司、港口建立长期战略合作关系，形成了覆盖全球的物流服务网络。2018 年全球捷运物流集团再次入选中国物流与采购联合会中国物流企业 50 强。集团高度重视物流数字化，拥有 50 多名专业的 IT 研发人员，形成了一系列拥有自主知识产权的专业化产品，包括订舱平台、场站系统、仓库系统、运输平台等，数字化是集团在物流领域战略投资的重要科技手段。

上海华迅众联物流有限公司（以下简称“上海华迅众联”）坐落于上海市浦东新区普洛斯物流园区内，是一个拥有现代化操作设备和专业操作团队的公共性物流仓储平台，致力于为国际物流公司和当地货代企业提供专业、精细、独特的服务模式，成为对客户要求和对客户承诺强有力的执行者。仓库的业务操作类型主要有：集运货物操作、拼箱业务操作、分拣操作、扫描操作、代替客户验货操作、检针检品操作、蛇形装箱操作、挂衣操作及其他的业务操作；可根据客户的特殊要求，提供多种特殊的操作模式。上海华迅众联的主要客户为全球性综合物流服务商和大型货主企业，包括 DHL（敦豪航空货运）、CEVA（基华物流）、美集物流（APLL）、PRIMARK、Gap（盖璞）、丹马士（Damco）、迪士尼、特斯拉、百威、飞利浦、福特、上海泛成、OEC 、中航运、安吉智行、宁泽物流等。

企业应用信息化的部分，主要是针对海运的集装箱货运站（Container Freight Station，CFS）仓储业务。上海华迅众联拥有公共仓储平台，根据不同客户的需求，不断完善为进口、出口配套的保税仓库、非保税仓库及其他专业仓库的建设和管理，总仓储面积达到 16 万平方米，并与世界一流的仓储物流服务提供商普洛斯合资打造了基于“互联网 + 物流实体操作”运营下的智能化、现代化、规模化运营的集装箱调运平台。

二、CFS 仓库管控现状

（一）CFS 仓库市场现状分析

仓储作为物流各环节的重要接合部，涉及入库、分拣、在库、盘点、出库等各方面，包含的信息量也非常丰富，包括物品种类、数量用途、库存状况等。近些年来，随着科技的高速发展，传统仓库向数字化仓库转型的需求越来越强烈，利用信息技术提高操作效率、提升服务质量已成为仓库管理的趋势。国内外很多仓库，特别是电商、烟草、医药、服装、汽配、食品等仓库已经实现高度自动化，现代化仓库已经成为大量物联网智能设备的应用场所。然而，目前大多数 CFS 仓库仍然停留在传统的纸面作业模式，主要原因有以下几项。

（1）CFS 仓库的整体利润率偏低：特别是在这几年国际货代行业不景气的大环境下，很多 CFS 仓库的生存现状不容乐观。仓库运营商很难拿出大量的资金进行数字化改造。

（2）CFS 仓库的操作相对简单：相较于电商、服装、医药、汽配等行业的库内操作，CFS 仓库多为整进整出，很少涉及复杂的上架策略、波次策略和拣货策略。仓库运营商进行数字化改造的原动力不足。

（3）CFS 仓库系统供应商缺乏：由于 CFS 仓库和普通类型的仓库差异较大，库内作业相对简单，但是相配合的堆场、车队、港口和海关却联系紧密，造成很多大型 WMS 系统服务商并没有专属于 CFS 仓库的定制化系统。

随着这两年的企业并购潮，国际航运和物流企业日趋集中化和大型化，CFS 仓库领域也出现了很多单体超 5 万平方米的大型仓库供应商。随着规模的不断扩大，如何通过信息技术标准化现有操作与优化操作效率被慢慢提上了企业日程，上海华迅众联便是其中之一。

（二）CFS 仓库作业模式存在的问题

CFS 仓库作业流程如图 1 所示。

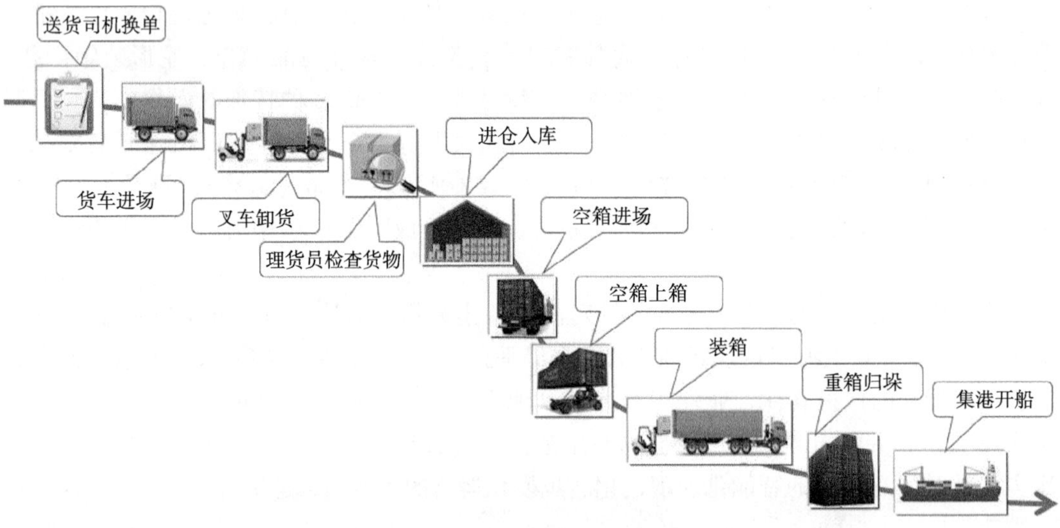

图 1　CFS 仓库作业流程

作为超大型的 CFS 仓库供应商，上海华迅众联原有作业模式中主要存在如下问题。

1. 信息共享程度低

主要体现在如下方面：①由于工厂生产时效和运输时效都无法及时反馈到仓库，从而 CFS 仓库无法准确得知司机送货计划和进仓时间，导致司机到达仓库后长时间等待以及仓库收货作业峰值不平均的情况出现；②在出、入库过程中出现异常时，需要现场拍照并将异常照片先提供给客服，然后由客服再提供给客户，客户不能第一时间得知异常信息，导致操作效率低，且异常信息目前没有及时共享至其他业务相关方，造成信息壁垒；③缺少全程可视化跟踪功能，货物的动态信息均是客服线下通过邮件等形式推送至客户，这样不仅导致客户获得信息具有不连贯性和滞后性，还增加了人力成本。

2. 信息集成程度较低

经调研发现，仓库现场仍存在操作人员手工在纸质单据上登记有关信息的情况，例如，针对客户未提供集装箱装箱单（Container Load Plan，CLP）的出库任务（客户以现场装货的信息为最终的实际装箱信息），需要操作人员在纸质单据上手工填写 PO、款号等信息，然后将纸质单据反馈给客服，客服再将该信息手工录入至系统中。类似的需要靠人工方式交流和录入的信息，所涉及的环节越多，出错的概率越大。

3. 智能化程度低

首先，CFS 仓库拼箱时，根据不同船期要求，需要对优先装箱货物进行移库等作业，若货物堆存或是移库操作不合理会严重影响仓库的出库效率；其次，针对客户未提供 CLP 信息的出库任务，由于货代客户对实际货物属性不清楚，另外存在较多不规则的货物情况，所以需要客服人员进行配箱操作，然后将配箱结果反馈给客户，而目前的配箱操作完全依赖人工经验，在配箱的过程中需要人为不断调整货物与货物之间的搭配关系，包括货物件数、体积、重量、客户的特殊要求、航线等因素，该操作不仅导致配箱的结果会存在不合理的现象，还严重影响客服的工作效率。

以上情况也是大多数 CFS 同行企业共同面临的问题，这些问题的存在不仅严重影响业务操作的效率及准确性，加大了企业成本，还在一定程度上影响了客户对各企业的满意度，因此解决以上问题是提高各企业竞争力的关键因素。

（三）CFS 仓库数字化的提升方向

基于 CFS 仓库作业模式存在的问题，其数字化提升的主要方向有以下几点。

1. 提供标准的服务体系

为了提高与客户及供应商之间的信息共享程度，上海华迅众联提供了一套标准化的对外服务体系，所有办理出入库业务的车辆都可以提前通过微信、官网、EDI 接口等方式进行预约，将进仓数据量和时间提前告知仓库端，从而有效解决仓库收货作业量不平均的问题，同时节约司机排队等待时长；司机按照预约时间到达仓库之后，可在自助换单设备上自行换单，换单完成后排队等待现场操作人员叫号进入。

此外，为方便客户能够实时了解货物的出入库情况，上海华迅众联利用信息技术建立了一套“订单全流程跟踪”的系统，客户可在线实时查看仓库履约时效、作业量的信息，从而为客户提供更优质的服务。

2. 全面推进无纸化操作

为避免单据管理混乱，数据传输不完整、不准确等现象，提高各操作人员的工作效率，上海华迅众联全面推进无纸化操作，CFS 仓库现场作业全部使用车载设备和 RF 手持设备进行收货入库、库内盘点、移库、拣货出库等作业，完整地记录所有业务流程的数据，可以实时了解现场作业进度，提高了数据的实时性和准确性，同时也提高了信息的集成化程度，避免信息的重复录入，提高工作效率。

3. 建立智能操作系统

为提高操作人员的工作效率，节约人力成本，上海华迅众联通过先进的技术手段实现了智能配箱、入库上架货位推荐、拣货任务规划等操作，通过系统指导作业人员操作，降低对人工经验的依赖。例如：仓储部门收集各子公司不同的业务规则并将这些业务规则应用在信息系统中，在收货入库时根据系统上架规则合理推荐入库上架库位，在出库时根据库存分配规则选择最优的拣货出库路径，来解决库内搬倒率较高的问题；此外，经过长时间的经验总结和需求的收集，针对配箱问题，通过信息化技术，分别实现了整箱配箱和拼箱配箱两种解决方案，极大地减少了客服人员的工作量，提升配箱的整体效率。

（四）CFS 仓库数字化解决方案

根据上海华迅众联的业务需求及行业的发展趋势，规划了如下产品方案帮助企业实现 CFS 仓库数字化。目前整个产品规划的核心主要分为三个模块：订单管理系统（OMS）、仓储管理系统（WMS）、结算中心（BMS）。作为客户方，可通过线上、线下等各种方式进行下单，同时也可在线上实时了解订单在不同阶段的执行状态，实现订单全流程实时透明。

OMS：主要处理多种渠道集成的订单，根据不同订单类型进行不同流程的处理，集中管理订单的分配与执行，实现订单全生命周期的管理。其中 OMS 的核心功能是实现订单流程自动化、订单全局可视化、供应商协同等，以提高订单的处理效率与准确性、降低订单处理成本、提升客户满意度。

WMS：该模块覆盖了入库、出库、库内操作的多种流程，并集成预约、劳动力、计费等扩展应用，通过各种硬件设备（RF、平板、车载等）的使用以及对仓库库位、作业单元、作业单据和指令的无纸化管理，实现信息的高度集成，使实物流、单据流、数据流同步统一，库存更准确、物品可跟踪，并通过先进的技术手段实现智能化配箱、入库、拣货等操作，提升仓库准确率及作业效率，节省大量的人力物力。如图 2 所示。

BMS：主要提供完善、标准的结算流程，将所有费用进行统一管理，同时实现了自动对账、多渠道支付以及多维度报表的统计，提高工作人员的作业效率，节约成本。如图 3 所示。

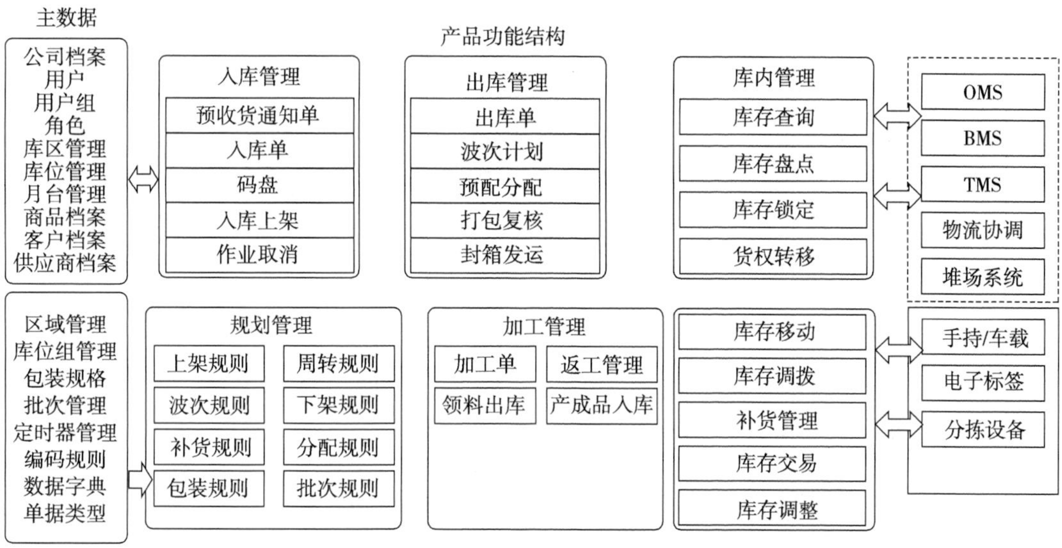

图 2　WMS 产品功能结构

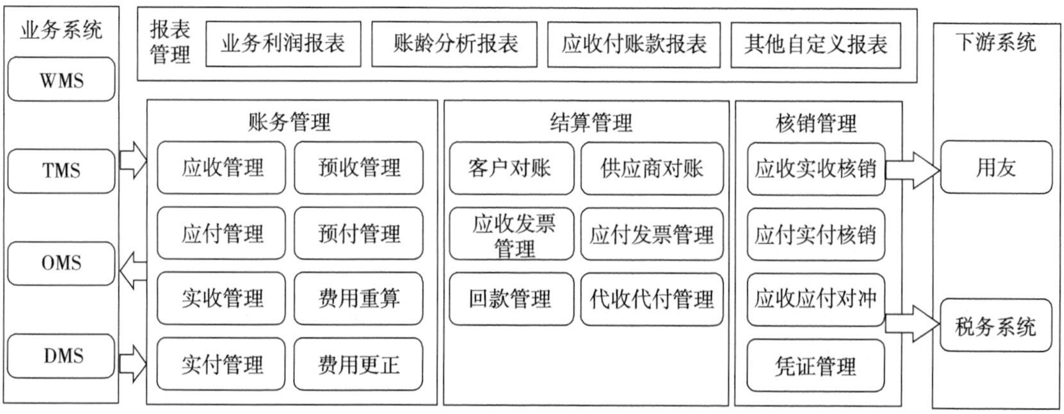

图 3　BMS 产品功能结构

三、CFS 仓库数字化主要效益分析与评估

上海华迅众联经过整整四年的经验积累和沉淀，不断对系统进行完善，在 CFS 仓库行业形成了体系化的标准作业模式，产生了非常明显的效益，获得了竞争力的提升。

（一）CFS 仓库数字化实施前后的效益指标对比分析

项目实施前后效益指标对比分析如下表所示。

CFS 仓库数字化实施前后的效益指标对比

流程	应用前流程	应用后流程	成本节省
人工换单	单证人员现场录入单据	自助换单机换单	4 人
	填写进仓单、件数、体积、重量	系统自动带出填写信息	

续 表

流程	应用前流程	应用后流程	成本节省
排队进仓	园区门口、月台拥堵	叫号系统有序通知车辆进仓，并且通过短信平台、LED（二极发光管）屏、语音播报通知司机	4人
无纸化作业	出入库、库内作业均是打印纸质单据	作业指令系统推送至现场RF	90万元/年
	单据管理混乱、数据对接不及时、人工核对成本较高	统一系统查阅数据、信息及时展示	10人
库内货物搬倒率高	整理货物、移库、合并、拆分货物	通过系统指导人工方式操作	8人
预约送货	司机直接送货到仓，无法得知进仓时间和作业量	通过微信、官网平台、EDI对接预约送货	30万元/年
订单全流程跟踪	线下电话联系客服询问作业进度	通过可视化平台实时了解作业情况	5人
散货配箱	线下Excel配箱调整数据	系统自动测算配箱结果	5人

（二）CFS仓库数字化实施对企业业务流程改造与创新模式的影响

（1）预约送货。仓库管理人员根据计划合理地安排作业人员，避免了作业量分布不平均的问题。同时也打通了工厂、客户、仓库之间的信息壁垒，避免了信息孤岛。

（2）自主换单。改进了现有的换单作业模式，可以不需要单证人员在系统中维护数据，由司机在自助换单机上完成。

（3）排队进仓。将无序的业务问题通过系统方式建立了一套标准的作业规范，获得了客户的高度评价。

（4）无纸化作业。改变以往依赖纸质单据的操作模式，也改变了业务人员的作业习惯。让企业降低了操作成本，缩减了人员，也打通了实时的信息流和数据流。

（5）库内货物搬倒率降低。极大地提高了仓库内部叉车人员的作业效率，节约了人力成本和设备操作成本。

（6）订单全流程跟踪。节约了客服人员线下整理数据的大量时间，可跟踪现场作业进度，使客户能够实时掌握订单的作业情况和异常事件。

（7）散货配箱。有效提升了配箱的作业效率和合理性问题，节约了人工成本，提高了集装箱的利用率。

（三）CFS仓库数字化实施对提高企业竞争力的作用

通过数字化实施，企业的管理能力得到了较大的提升。企业对货物的管理更加精细化、对数据的完整性把控更加全面、对流程的管控更加标准、对客户服务度的提升更高。

（1）通过数字化方式实现了多维度的管理。可以通过任一维度来定位货物在仓库的货位情况。

（2）通过大数据分析平台，可以实时抓取仓库各个作业环节操作数据，全面监控作业过程，采集重要数据。

（3）通过系统指导人员进行操作，减少人为差错因素。在系统预设的标准步骤中作业，以此实现标准化作业的目标。

（4）建立的数字化平台可帮助客户及时掌握货物在途情况、到仓时间、装箱时间、进港时间。

（5）客户的建议和意见也可以通过系统直接传达给应用企业，并且可针对某一具体订单，这样形成了客户与企业双方的信息互通，使得客户满意度得到很大的提升。

四、实施体会及总结

（一）CFS 仓库数字化的建立需具有全局观

（1）与企业及整个行业的发展战略保持一致。由于 CFS 仓库的特殊性，标准化的建立优先于单体仓库的提效，仓库以外全流程的打通优先于单体库内操作。只有这些方向性明确了，才能确保整体项目的成功实施。

（2）解决行业通病，满足大多数企业的需求。在上海华迅众联实施项目之初，我们就针对每一个操作环节，详细分析了不同客户的差异性，从而总结出一套针对 CFS 仓库的产品线。针对不同的产品线，合理优化流程，总结 KPI，从而实现降本增效的目的。

（3）具有较强的可操作性和便捷性。针对大多数 CFS 仓库目前的操作比较简单、操作人员对信息化的掌握程度不高、整体数字化投入的资金有限的现状，CFS 仓库的数字化平台需要有很强的实施便捷性和可操作性，用最实际的方式达成信息一体化的目标。

（二）CFS 仓库数字化的应用需提高认识、强化领导

（1）提高员工的数字化意识：采取培训、实际操作等多种形式，宣传 CFS 仓数字化的重要意义，提高员工素质，使员工熟悉和适应在数字化信息时代的管理理念和方式，提高员工的积极参与性。

（2）强化领导的数字化决策：以企业领导和企业各部门的“一把手”为核心，充分发挥其领导和决策能力，形成强有力的组织保障，使各部门内的员工能积极参与，各部门之间能相互配合，以保障实施能顺利推进。

（三）CFS 仓库数字化的推广需制定规划、分步实施

（1）推进重点，带动一般：根据各企业的发展存在不平衡现象，通过推进基础条件比较好的重点企业完成数字化，先期产生经济效益，带动其他相关企业数字化的建设。继上海华迅众联之后，此数字化方案也扩展到了全球捷运物流集团旗下其他仓库企业。

（2）应用驱动，重点突破：CFS 仓库数字化是一个长期的过程，它将贯穿于整个企

业发展的始终，因此推广 CFS 仓库数字化的应做好长期规划，根据实际应用的需要，滚动实施，边建设、边应用、边发挥效益。

作为一个标准的 CFS 仓数字化流程还需要建立一个长效机制来对其进行维护，当一个流程制定并经过一段时间的运作后，往往会因为环境的变化而遇到流程运行的问题或者说是瓶颈，那么就必须及时加以修正。通过整个体系中的每个成员的积极反馈，提出修改建议，以及与产品规划人员的实时交流，在允许的范围内及时加以变更，通过对流程的持续改进，保障其可操作性。

五、下一步改进方案及设想

（1）推进 CFS 行业标准化：集装箱运输行业完成了运输载体标准化，CFS 仓库的操作相较于国内物流仓库也更为标准。在目前上海华迅众联的基础上，进一步总结 CFS 仓库行业的产品标准，通过仓库系统数字化相关的服务标准，操作流程和考核指标，完成 CFS 仓库的行业标准化。

（2）人工智能大数据分析：基于上海华迅众联无纸化积累的大量单证、操作和设备的数据，通过人工智能技术和大数据分析，进一步提高仓库利用率、设备利用率和人员效率。

（3）以仓库为核心的供应链优化：除了库内作业，CFS 仓库衔接着工厂、堆场和码头等相关供应链环节，利用已经形成的上海华迅众联仓库平台，进一步对接相关上下游的数据，以达到整体物流链条的优化。

湖北迈睿达供应链股份有限公司：以实现汽车零部件产品精准物流配送为目标的信息化系统升级

一、企业简介

湖北迈睿达供应链股份有限公司（以下简称“迈睿达”）是为汽车制造行业的相关企业提供供应链方案定制化设计，运用IT保障方案的物流、信息流、资金流同步传递，并且有完整方案实施团队的现代物流供应商。

迈睿达成立于2012年9月，历经六年多时间，由最初8个人发展到员工290多人，2018年公司营业收入突破1.4亿元，净利润1600多万元，营业额年均复合增长超过60%。

迈睿达运力主要采用承运商运输模式，自身将主要精力集中于物流网络建设、物流方案优化及提升车辆调度管理能力上，形成了“大网络、小车队”的运营特点。通过对客户资源、运力网络、信息平台的整合，迈睿达实现了物流资源平衡，帮助客户实现物流资源互通，使得汽车生产厂商相对集中、规模较大的物流需求能与相对分散、单个规模较小但调度灵活的社会运力有效对接。

二、信息化面临的突出问题分析

1. 行业内存在的影响物流效率的突出问题分析

汽车零部件物流面对的问题是零部件供应商数量多、产品种类多、运输线路和库存管理复杂、对流程监控能力和应急处理能力要求较高，同时汽车是连续性的精益生产，对零部件供应的准确性、及时性要求非常高。保证汽车生产所需零部件按时按量到达指定工位是一项十分复杂的系统工程，同时需要实现“准时生产”和“零库存”，流动的供应链数据及付款凭据与质量追溯等要求需要企业运用信息技术来优化方案，实现敏捷化、可视化和自动化。信息技术的支持需要与物流企业自身的业务流程和规模相匹配，因此，对于大量的中小型运输企业而言，掌握物流网络优化的信息化技术是非常重要的。

2. 企业通过信息化技术要解决的经营管理、业务流程等方面的突出问题分析

迈睿达的业务处于快速发展阶段，人才的需求快速增长，人才的外部引入和内部培养还不能满足公司的发展需要。公司在物流和仓储过程中建立了基本的信息化系统进行管理，但是还需要不断引进和应用先进的信息化智能化技术来满足业务的增长和客户的要求，通过物流过程的全程信息化、精细化的管控，仓储过程的深度信息化，与客户及承运商的信息互通及共享，来加快对客户需求的反应速度。

汽车制造厂商、零部件供应商的信息化情况各不相同，物流管理的理念和方法也差

别很大，生产系统开放程度，标签统一的问题以及供应商车辆的定位、跟踪等都制约了汽车零部件物流信息化的发展。

企业通过信息化技术要解决的业务流程方面的突出问题主要体现为公司目前业务还未达到最优的精准物流与配送。

（1）客户物流订单的接收方式还是邮件或传真，存在信息延迟。

（2）订单接收后，订单的录入和运输计划的编制只能通过 PC 端来完成，且运输计划编制不能达到对现有物流资源的最优化利用，不能实现和客户物流需求之间的最优化匹配。

（3）物流实施过程的控制信息还是人工通过电话等传统通信工具来实现，无法实现对提货、在途、到货信息的精细化采集、实时传递，无法实现对运输执行过程的精细化管控。

（4）仓储配送的信息获取还是通过电话、邮件等通信工具来实现，无法实时掌握客户的生产库存信息，不便于快速优化对配送产品的排序。

（5）仓库出库的方式还是人工按照订单的要求通过串行方式逐一拣货、匹配，且现场没有实现信息的可视化，导致出库效率不高，影响配送的时效性。

三、现状分析

1. 数据现状

（1）业务订单管理过程：目前业务订单管理系统的订单信息包括订单号、货物名称、货物包装、货物重量、货物体积、起止地、到达时间要求等，其中货物重量、货物体积等信息为估算的，业务订单管理系统没有和客户供应商管理系统连接，信息未实时传递，因此获取存在延迟性。

（2）运输管理过程：运输管理系统中有运输计划、承运商、车辆管理、在途跟踪信息，但是在途跟踪信息不是实时的，有些是通过电话确认后人工录入的，运输执行过程的数据不够细化，不能实时采集和获取信息。

（3）仓储管理过程：仓储管理系统中有出入库产品的型号、数量、时间，在库的产品型号、数量、库位等，但是在库信息没有实现现场的可视化，影响现场出库拣货效率，客户生产需求的配送信息没有和公司的仓储管理系统连接，无法实现信息的实时传递。

2. 技术现状

（1）信息化技术方面。公司在 2015 年部署了业务订单管理系统，实现了业务订单通过信息系统来下达，但是目前仅限于订单信息的录入，现场承运人员无法通过移动端获取订单信息，也无法实现信息互换等。业务订单管理系统没有和客户的订单系统连接，无法及时准确获取客户的订单信息。运输管理系统实现了运输计划的下达和在途跟踪，但是运输计划无法通过移动端查询，在途跟踪信息也无法实现现场上传，无法实现在途信息的实时互换。运输执行过程信息采集没有信息系统来支持，不能实现提货、在途、到货信息的实时采集和获取，不能实现对执行过程的更精细化的管控。

公司在 2015 年部署了仓储管理系统，实现了仓库库存的信息化管理，但是仓库信息的可视化、出库的快速化、管理的精准化还有改进的空间。仓储管理系统也没有和客户的生产系统连接，无法实时获取客户生产物料库存情况，以便优化出库产品的排序。

（2）管理技术方面。公司客服部、运输部、仓储部目前运用了目标绩效管理和流程管理等方法进行日常的管理活动。

3. 组织结构现状

组织机构是按照职能划分的，参与新型能力业务活动的主要有客服部、运输部、仓储部，其中客服部和运输部主要在武汉本部，仓储部分布在全国各个仓库。

4. 业务流程现状

对于整个物流配送过程来说，信息化平台的流程导入带来的变化是根本性的，通过和客户订单系统的连接、运输执行过程移动端信息系统的部署、和客户生产系统的连接、仓储系统的升级等，提升物流配送过程的精准化管控水平和实施效率。

（1）订单计划制订与传递流程。客服将客户订单信息录入 PC 端系统→客服排定运输计划→客服截取订单及运输计划信息通过通信工具传递给承运人→承运人员接收订单及运输计划信息。

不足：订单信息通过人工接收并传递，且仅限 PC 端完成录入，存在时间延迟和信息错误率高的问题。

（2）承运提货信息传递与核对流程。承运人员依据订单信息提货→承运人员手机拍照提货单→客服联系承运人员要求提供提货信息→承运人员将提货单利用微信工具传递给客服人员→客服人员将提货单信息和订单信息核对。

不足：承运人员信息传递滞后，无法及时获取其提货准确时间，且提货单信息无法直接进入公司业务订单系统。

（3）物流运输流程。承运人员按照路线规划进行运输→客服人员电话联系获取车辆在途信息→客服人员将车辆在途信息录入系统。

不足：车辆在途信息获取滞后，无法实现实时采集和传递，且存在信息错误的风险，也无法直接进入公司运输管理系统。

（4）到货交接流程。承运人员到货卸货交接→收货人员获取到货验收单→客服人员电话确认到货信息→客服人员将订单完成信息录入系统。

不足：到货信息获取滞后，无法实现实时采集和传递，且到货信息无法直接进入公司运输管理系统。

（5）承运对账流程。承运人员提交纸质到货验收单→客服人员获取纸质到货验收单→客服人员扫描归档→客服人员定期整理到货验收单完成对账表→依据对账表和供应商及客户进行对账。

不足：到货验收单纸质扫描归档花费大量时间，且到货验收单获取时间滞后，无法实现及时获取，对账表无法直接进入系统。

（6）产品出库配送流程。接收客户配送指令→仓储人员按照指令进行拣货和配套→仓储人员按照要求进行装箱→逐一扫描后装车→按照客户要求进行配送。

不足：接收客户指令是被动的，不能提前获取信息进行主动拣货；仓储人员的拣货操作按照单一配送指令进行，拣货效率低。

四、信息化系统升级方案策划及实施

1. 信息化系统升级方案策划

公司成立了以副总经理为组长的信息化系统升级项目组，成员包括工程部、IT 部、质量部、仓储部、客服部、人事部、采购部、财务部等部门的业务骨干人员。信息化系统升级项目组具体负责本次信息化系统的升级，负责项目的实施和管理工作。具体的实施过程如下。

（1）组织各部门对现有业务流程进行梳理，优化岗位职责及流程路径，实现物流运输过程移动端信息线上流转，移动端订单下达和查询，提升信息化管理水平，提高管理效率。

（2）公司信息化部门成立项目组，确定项目组成员及职责分工。

（3）项目组需求收集分析人员确定信息化系统开发的需求；设计开发人员进行系统的设计和开发；测试人员完成系统的测试和反馈。

（4）完成移动端运输信息上传和移动端订单下达以及查询模块的设计、开发、测试后，将公司内部的运输管理系统和业务订单系统进行连接，并完成连接后的开发和测试。

（5）设计和开发完成后，进行移动端运输过程信息上传模块、订单下达和查询模块的部署，同时穿插进行相关的业务操作培训。

（6）上线试运行，实施期初数据导入，固化相关业务流程和岗位要求，颁布相关规范。

2. 确认信息化系统升级技术方案

以实现汽车零部件产品精准物流配送目标为核心的信息化系统升级：通过部署客户订单管理系统、升级运输管理系统增加移动端运输信息上传模块、升级业务订单管理系统增加移动端建单模块和升级仓储管理系统，达到以下目的：有效预测与快速接收及管理客户订单，快速下达内部业务订单计划；运输过程实时跟踪、反馈、调度和管控，快速优化配置物流需求与资源；仓储可视化精准管理，货物快速准确出库，实现汽车零部件产品的及时、准确、完好的物流配送服务。

信息化系统升级包括三期内容。

第一期：通过在业务订单管理系统中增加移动端建单模块，提高其时效性；通过在运输管理系统中增加移动端的运输信息实时上传模块，提高运输过程信息获取的及时性和管理精细化程度；通过移动端的运输信息上传模块、建单模块分别和 PC 端的业务订单管理模块、运输管理系统连接，提高对业务订单计划执行情况的统筹调度和精细化管控。

第二期：通过升级仓储管理系统，与客户的生产系统对接，实现客户需求的快速响应；通过升级仓储管理系统，增加出库拣货任务区域分解和推送模块，提升配送任务出库的效率和准确性；通过仓库现场配置仓储管理系统的大屏幕显示屏和移动端，提升仓储管理的效率与精准性。

第三期：通过部署客户订单管理系统，与客户的供应商管理系统对接，实现客户物流需求的快速响应与跟进；通过升级运输管理系统，建立客户物流订单与承运商物流资源的匹配模型，提升物流资源配置效率。

3. 效益指标对比分析

信息化系统第一期升级实施前后的效益指标对比分析如下表所示。

信息化系统第一期升级实施前后效益指标对比分析 单位：%

目标 能力	量化指标名称	指标解释及计算公式	上年末指标的实际值（2018年度值）	2019年1—6月目标值	当前目标实际值（2019年1—3月平均值）
汽车零部件产品精准物流配送能力	交付及时率	及时交付订单数/交付总订单数×100%	99	99.5	99.6
	交付货损率	交付货物损坏箱数/交付货物总箱数×100%	0.01	0.006	0.005
	出库拉动任务及时完成率	出库拉动任务及时完成数/出库拉动任务完成总数×100%	98	98.1	98.2
	盘点准确率	盘点库位货物准确数/盘点库位货物总数×100%	99.9	99.9	99.92
	物流车辆实时定位率	物流车辆实时定位车次/物流车辆总车次×100%	90	95	95.2
	质量事故发生率	质量事故次数/交付总订单数×100%	0.1	0.07	0.06
	交付准确率	交付货物准确订单数/交付总订单数×100%	99.5	99.6	99.7

五、信息化系统升级对企业业务流程改造与创新模式的影响

1. 业务流程优化（第一期）

在本次信息化系统升级过程中主要对订单与运输计划制订与查询、提货单信息获取与核对、在途信息获取、到货验收单信息获取、承运对账5个主要流程进行了优化。项目组在有关部门的配合与支持下，首先梳理分析流程现状，分析原因，找出瓶颈，提出解决方案，并形成《业务流程与组织结构优化方案》，方案经项目组讨论，总经理室、人事部、运输部、仓储部、客服部等业务部门评审，公司分管领导审定批准后执行。优化后的流程执行情况良好，规范了控制要求，提高了效率。

本次信息化系统升级涉及的业务流程优化情况如下。

（注："优化前"指移动端运输信息上传系统建设前；"优化后"指移动端运输信息上传系统上线之后。）

（1）订单和运输计划制订与查询。

优化后效果：客服人员接到客户物流订单信息后，可实现随时随地进行订单的录入

和运输计划的排定，确保订单和运输计划的及时录入和传递，提高时效性。

（2）提货单信息获取与核对。

优化后效果：简化提货单信息获取方式，承运人员及时上传提货单及提货位置、时间信息，且提货单直接进入公司业务订单管理系统，客服人员直接通过系统查询提货单并进行订单信息核对，不需要和承运人员沟通与确认后进行信息录入，提高了信息获取的时效性和准确性。

（3）在途信息获取。

优化后效果：简化了车辆在途信息的获取方式，客服人员通过系统可实时获取车辆在途位置、时间及线路，掌握运输执行过程状况，及时回复客户预计到达时间，不需要通过电话和承运人员反复沟通和确认并进行系统录入，提高了在途信息获取的时效性、准确性和精细化管控水平。

（4）到货验收单信息获取。

优化后效果：简化客服人员到货验收单信息获取方式，直接通过订单业务管理系统进行查询，不需要和承运人员进行沟通和确认，提高了信息获取的时效性。

（5）承运对账。

优化后效果：简化到货验收单获取及对账表的完成步骤，客服人员定期通过系统实时获取验收单并制作对账表，和承运商进行对账，提高了对账实施的效率和准确性。

2. 组织结构优化（第一期）

（1）组织结构优化情况介绍。

公司的组织部门职能架构没有进行调整，但是由于信息化系统带来的工作流程的简化和调整，相关部门岗位的职责进行了优化，以满足业务流程改变的需要。

负责建单跟单的客服专员的工作职责、负责对账的客服对账专员的工作职责及负责承运的司机人员的工作职责都进行了相应的优化和调整，可以更快捷高效地完成工作。

（2）组织结构优化效果。

客服专员：增加在移动端完成订单录入和运输计划的制订；取消与承运人员沟通和采集提货单信息，增加在订单业务管理系统中查询提货单信息；取消与承运人员沟通和采集在途车辆位置信息，增加在系统查询车辆在途位置和时间信息；取消与承运人员沟通和采集到货验收单信息，增加系统查询到货验收单信息。

客服对账专员：取消获取纸质到货验收单并扫描存档职责，增加系统查询和获取到货验收单的职责。

承运人员：增加移动端接收订单和运输计划信息，拍照上传提货单和到货验收单职责；取消人工接收订单和运输计划信息，电话报告提货单、到货验收单信息的职责。

由于信息化系统的应用，相关人员的工作内容相对简化，一定程度上降低了工作的复杂度，提高了工作效率，减少了工作失误的风险。

六、信息化实施对提高企业竞争力的作用

通过信息化系统的升级，梳理了公司的业务流程，整合了公司各项资源，提高了内部的运营效率，提升了物流服务效率和质量，加强了成本管控，提升了市场份额，促进

了业务快速提升，提升了公司的竞争力，也获得了整车厂客户的认可，促进了公司的快速成长。

信息化是企业发展的必要手段。中国汽车物流费用较高，空载率高达40%以上，车辆停车配货的间隔时间平均长达72小时左右。整车厂体系内物流企业各自为战，信息封闭，重复投资，资源无法共享，网络效应不足，空驶率偏高，增加成本。各整车厂汽车零部件物流包装发展水平不均衡，整个行业无相关的标准约束，导致各整车厂包装发展参差不齐，增加包装成本。最新科技助力行业变革，智能物流系统可以通过提升设备的自动化水平，用工业机器人代替传统工人，并且利用人工智能及大数据的优化算法，提升设备运行的效率，进而帮助企业提高生产效率，带来巨大的成本节省空间。“物流成本管理时代”伴随信息技术、人工智能的大量应用，基于“互联网＋物流”模式并着眼于整个供应链的物流服务为现代物流发展的重要方向。供应链服务外包需求由整车厂及核心一级零部件供应商向非核心一级零部件供应商和次级零部件供应商延伸。

企业对信息化认识的重要性。在对信息化的认识上，需要不断学习和提高，信息化是企业战略的一部分，是通过使用信息技术来推动企业达成战略目标的一种有效手段。信息化能够起到化低效为高效、化杂乱为规范、化复杂为简单、化模糊为清晰等一系列的作用，是一个运用信息技术手段不断对企业管理和流程进行改造和完善的过程。我们要把眼光和精力放在根据企业的战略和实际情况选择适合企业自身的信息系统来达成企业的目标，需要基于企业战略框架，把企业的管理和业务需求转化为信息系统可实现的功能和流程，从而形成对企业战略发展的支撑。

七、本系统下一步的改进方案、设想，以及对物流信息化的建议

目前此信息化系统升级只完成了第一期，以下为下一步的计划。

第二期：通过升级仓储管理系统，与客户的生产系统对接，达到根据客户生产需求进行产品配送的拉动及优化排序，实现对客户需求的快速响应；通过升级仓储管理系统，增加出库拣货任务区域分解和推送模块，实现仓库各区域任务快速获取及快速拣货出库，提升配送任务出库的效率和准确性；通过仓库现场配置仓储管理系统的大屏幕显示屏和移动端，实现仓储货物入库、在库、备货、出库信息的可视化管理，提升仓储管理的效率与精准性。

第三期：通过部署客户订单管理系统，与客户的供应商管理系统对接，达到对客户物流需求预测、订单信息的及时准确获取和跟踪，实现客户物流需求的快速响应与跟进；通过升级运输管理系统，建立客户物流订单与承运商物流资源的匹配模型，达到订单需求与资源的快速优化匹配和调度，提升物流资源配置效率。

北京梆梆安全科技有限公司：国内物流行业移动端安全态势

“移动物流”作为“智慧物流”产物之一，充分运用信息化手段和现代化方式，能够对物流市场做出快速反应，对物流资源进行全方位整合，实现了物流信息系统的移动化。但从其发展至今，移动应用安全危机四伏，企业压力与移动应用安全隐患并行，应高度关注移动端安全建设。

一、国内 App（手机应用程序）安全态势

互联网技术的发展改变了各类社会组织的经营和运作方式，提升了整个社会的运转效率，同时也让原本封闭在机构内部的资产暴露在复杂的网络环境中。

现今，安卓（Android）系统开源性带来的缺陷给移动端 App 带来较大的安全风险，同时由于国内应用市场监管缺失，使得 Android 市场门槛较低。如山寨应用、隐私盗取、资费消耗、恶意扣费、远程控制、窃取资金、恶意传播、静默下载、跨平台感染等安全问题和攻击行为变得越发普遍。与此同时，iOS（苹果公司移动操作系统）客户端也存在大量源代码泄露、核心算法被非法窃取等安全风险。

二、物流行业 App 安全挑战与应对

“移动物流”虽然促进了物流移动应用数量及用户数量快速增长，但同时对物流应用安全也提出了更高要求。物流企业目前都有属于自己的 App，面对层出不穷的攻击手段，物流企业需要对自有 App 进行安全建设，做好自身安全防护。

北京梆梆安全科技有限公司（以下简称“梆梆安全”）交通部安全小组针对物流行业移动应用系统目前的安全需求情况将内容总结如下。

（1）App 代码需要做相应安全防护。目前大多数物流企业 App 只做简单混淆处理，App 代码仍然面临易被反编译、易被二次打包、易被动态注入、易被动态调试等风险。

（2）App 接口需要相应安全保护。目前物流企业 App 未对接口进行保护，接口易被恶意调用，容易被通过接口逆向分析获取 App 业务逻辑。

（3）App 数据需要相应安全保护。目前物流企业 App 只做普通数据加密，仍存在传输路径的重要数据、App 关键内容（如用户名、密码、银行卡号等）容易被获取等问题。

（4）App 密钥需要相应安全保护。对于物流企业 App 内关键加密算法的密钥的保护较为困难。

三、梆梆安全深入构建物流行业移动安全建设方案

针对物流企业 App 目前的安全现状及安全分析，梆梆安全以物流企业 App 实际需求

为出发点，进行以下安全需求响应。

（一）安全建设框架

目前，梆梆安全根据安全行业经验以及目前物流应用安全状况，已为国内50%以上的主流物流企业提供了移动端安全建设方案。梆梆安全认为，为保证业务连续性，物流行业App应注重整体移动应用系统安全建设。

梆梆安全提供的安全建设将以先进安全防护模型为基础，建立针对性的安全解决方案，涵盖了移动端安全、传输安全、服务端接口安全三个模块内容。

梆梆安全保护框架对应内容如下（如下图所示）。

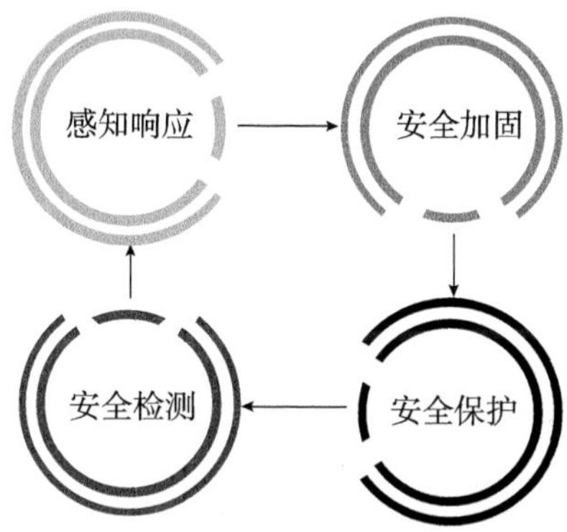

梆梆安全保护框架对应内容

（1）安全加固：Android加固、iOS加固。

（2）安全保护：通信协议保护，密钥白盒。

（3）安全检测：渗透测试。

（4）感知响应：威胁感知平台。

（二）安全建设目标

梆梆安全为物流行业提供的针对性移动端安全解决方案可达到的目标如下。

第一，对App进行安全加固，可以有效防止App被破解、盗版、二次打包、注入、反编译等，保障App代码的保密性、完整性。

第二，对关键函数所用的加密算法密钥进行密钥白盒保护，保障原始密钥安全性。

第三，对传输数据进行二次加密，不仅保障传输数据安全，也保障协议安全。

第四，对服务端接口及整个应用系统进行渗透测试，以业务逻辑为主线，深层次发现存在的安全漏洞。及时发现、及时整改，避免引入安全隐患导致安全事件发生。

第五，对上线App进行运行监测和威胁检测，及时掌握App上线后的安全状况。为企业提供相关威胁情报信息，并对威胁源进行精准定位和控制。

（三）安全建设内容

1. Android加固

目前，物流企业App仍然存在应用破解、动态调试的安全风险，通过使用梆梆安全的 Android 加固，内嵌安全组件和安全加壳，从根本上解决 Android 应用的安全缺陷。建议进行 Android 客户端的应用加固安全防护，实现 Android 应用 App 的完整性、反调试、Java 反编译、so 库加密、本地数据加密、资源文件安全防护，有效防止 Android 应用 App 被二次打包、篡改及破解等客户端风险。加固基于 APK（安卓安装包）安装包实施，从静态安全、动态安全、交易验证安全、数据安全、发布完整性保护等方面做加强保护。内容如下。

（1）借助于重新构建的虚拟机技术，实现执行代码动态加密。

（2）多方位的动态防御技术，保证运行时间安全逻辑不可篡改。

（3）完整性保护技术保证发布包不被篡改。

（4）透明化数据加密方案保护本地数据安全。

对于自身的保护代码应采用高强度的商业级源代码混淆方案进行保护，包括但不限于业务逻辑高强度混淆，插入垃圾指令，插入花指令等借助于 App 加固所构建的整体安全沙箱，让原本开放的 App 变成完全封闭的私有程序。

2. iOS 加固

梆梆安全建议进行 iOS 客户端源代码混淆加固防护，有效防止 iOS 客户端被破解、调试等安全风险，避免核心源代码、核心业务逻辑、关键算法被非法窃取。目前，逆向工具主要借助某些工具对应用软件可执行文件进行反编译、反汇编，通过静态分析和动态调试分析应用程序的业务逻辑或接口数据。

梆梆安全源码加固系统通过服务器上的混淆器实现源代码级混淆，核心算法完成控制流平坦化（Control Flow Flatterning）和不透明谓词（Opaque Predicate）。梆梆安全源码加固方案是通过代码混乱变形（Obfuscate），隐藏程序原始的控制流，使程序各部分逻辑结构相似，从而有效阻止攻击者使用逆向工具还原出业务逻辑或核心算法。

3. 通信协议保护

梆梆安全移动应用通信协议保护方案，通过客户端与服务器的双重验证及保护，使攻击者无法仿冒和盗用合法客户端与服务器进行交互通信，为开发者提供了一种简易、快速、全面的通信协议保护方案。

梆梆安全通信协议保护可提高数据加密完整性、保护密钥安全性，同时进行身份验证，具体功能点包括：①提供较高的安全性保证；②密钥多变性；③集成简单；④报文监测；⑤源代码安全性高。

4. 密钥白盒

本地存储的所有密钥、核心业务逻辑以及一些 token，一旦被攻击者成功获取就等于攻击者获取到了 App 核心的业务和用户敏感信息，不仅导致企业利益损失，也导致用户个人敏感信息泄露。

在移动端和服务端传输过程中，传输中的数据未做保护，攻击者极其容易发起攻击，包括但不限于以下：①重放攻击会导致服务器消耗；②短信轰炸会影响用户体验，消耗数据流量；③钓鱼攻击发送恶意链接；④将数据内容篡改，发送虚假信息等。

目前物流企业 App 的核心资源为主要业务数据和各种敏感数据信息，建议采取密钥白盒保护系统。密钥白盒保护系统具体是实现在程序运行的任何阶段，原始密钥信息以一个巨大的查找表的形式存在，即只能输入明文得到密文，或者相反操作得到明文。在这样的情境下，攻击者无法得到隐藏在查找表背后的密钥，从而保证了信息的安全。密钥白盒系统能够保障终端（如 Android、iOS）即使遭受攻击加上解密的密钥仍不会出现明文，有效地保障密钥安全，进而保护软件及数据的安全。

使用密钥白盒系统结合应用加固能够保证应用接口安全及保护应用中的核心数据，同时能够保护传输过程中重要数据及加密算法的密钥，进而保证应用接口安全、数据安全、传输安全。

5. 渗透测试

现实世界中企业面临的安全威胁种类繁多。但真正的危险，是企业以为自己本身足够安全，而威胁早已渗入内部，伺机而动。伴随着安全行业的发展和管理人员安全意识的提高，以渗透测试为代表的“安全服务”正在得到更多的认可。渗透测试所做的就是在危险真正影响到企业安全前，发现并解决它。

梆梆安全建议引入渗透测试，确保程序在编码、实施、测试中没有安全方面的缺陷，保证所有在需求设计阶段引入的安全需求都被正确实现，并挖掘可能存在的安全漏洞，实现代码层面漏洞的挖掘及整改，避免因为代码设计阶段存在的逻辑漏洞而引起的后续业务实现中数据泄露、数据盗取、逻辑调试等安全风险，实现服务端身份认证保护、权限管理保护、服务访问保护等安全防护。

6. 威胁感知平台

物流企业 App 不仅对接车辆信息、地址信息等关键信息查询接口，还拥有着大量的核心数据。并且物流企业 App 下载量高，其上线之后的运行状况、运行环境存在大量不确定因素，导致核心数据随时可能被盗取泄露。对于物流企业 App 而言，核心数据泄露即代表着高成本运行资源的泄露，不仅是企业内部经济利益的损失，更是企业名誉的损失。再加上 App 面临的安全威胁种类和数量也在不断增多，如手机操作系统漏洞、不可预知的业务逻辑缺陷、运行时的动态攻击、病毒木马、虚假设备、地下黑产等，严重威胁用户的资金和隐私安全。手机众多的机型、客户端运行环境的复杂均给应用兼容性测试构成巨大挑战，客户端运行时崩溃极难发现和复现，这将导致用户流失。

梆梆安全建议引入威胁感知平台。梆梆安全针对 App 上线运行后的各类动态运行安全问题及运行稳定性问题，开发了移动威胁感知平台，通过在 App 中植入威胁感知探针，采集前端设备、系统、应用、行为四个层面多维度数据，结合后端大数据分析平台的各种模型规则，通过事前定制的各类安全控制策略，能够在第一时间处理各类安全攻击行为。同时，平台内置智能搜索功能，支持搜索目标设备的安全事件、威胁分析、环境安全、运行情况、崩溃情况、设备详情、应用安装列表等多维度信息，用于事后审计。平台提供的运行分析和崩溃采集功能，能够实时收集用户运行过程中的崩溃信息，采集终端用户群体机型分布特征，有效组织兼容性测试，及时根据崩溃信息修复应用。目前，平台已经全面支持 Android 和 iOS 两大操作系统的威胁检测和运行监控。

四、客户案例——中储物流

中储物流作为全国物流行业领头羊之一，非常重视其安全建设工作。2018 年中储物流的移动端及应用系统安全提升工作由梆梆安全完成。随着移动互联网发展，中储物流的 App 也逐渐承载其行业主要业务，例如货源信息发布、空车车辆信息查询、在线交易、移动支付、订单在线跟踪等。

中储物流 App 使用量日益增加，交易量也呈递增趋势。因此，App 安全工作愈显重要，不仅要保护用户隐私数据，同时要保障企业利益与敏感数据安全。梆梆安全在与中储技术及安全部门交流后，提供了针对中储物流的安全建设方案，分别对以下内容做出相应的安全保护。

（1）客户端自身安全防御。

（2）客户端生成二维码密钥安全。

（3）油卡支付二维码数据回传 server 的密钥保护。

（4）客户端与服务端通信数据安全。

（5）整个应用系统漏洞与整改。

五、关于梆梆安全移动端服务体系

梆梆安全针对 App 面临的安全和运营问题，针对性地提出 App 全生命周期安全运营方案，以期为企业移动端业务提供安全、自主、可控的运营配套体系。

App 的安全解决方案，梆梆安全认为一个优秀的 App 安全解决方案应该具备全生命周期安全视角：从 App 设计与开发、应用发布、应用测试到运维。

App 全生命周期安全的建设目标注重两个关键词：纵深防御和数据驱动安全。

1. 纵深防御

纵深防御强调企业安全体系的闭环性和有效性。其中，闭环性体现在架构设计、安全流程建设、可信执行及安全响应四个方面。

（1）架构设计指的是从设计层面出发的安全架构，包含但不限于设计开发安全、可升级性和可扩展性。

（2）安全流程建设指的是建设完整的安全质量管理和控制流程，包含安全需求、安全建模、渗透测试、自动化构建和发布测试。

（3）可信执行包含运行环境可信、应用可信、数据安全、执行安全和通信安全。

（4）安全响应包含运维环节的安全监测、应急相应及追溯机制。

2. 数据驱动安全

数据驱动安全即数据驱动的安全感知和情报驱动的安全防范。数据驱动安全指利用大数据海量数据，能够结合业务特点进行威胁建模，能够支持复杂的决策分析和模型分析的优点，有效防范黑灰产行为。

数据驱动安全体系建设目标集中在以下两个方面。

（1）数据采集：数据采集是支撑后续规则判断、大数据建模分析的必要条件。数据采集应该能够满足合法、多维和有效性等原则。

（2）数据使用：大数据驱动的安全直接和风控系统对接。数据平台借助不同纬度采集的数据（设备、应用和行为），针对数据的关联分析、机器学习及相应的决策算法，建立起有效的威胁监测模型和决策树，实现对威胁的监测预警。

长春一汽富晟物流有限公司：一汽富晟运输管理项目

一、长春一汽富晟物流有限公司简介

长春一汽富晟物流有限公司（以下简称“富晟物流”）成立于2000年，隶属于长春一汽富晟集团有限公司，是一家合资企业，总部位于吉林省长春市。公司是国家4A级物流企业、中国物流采购联合会理事单位、中国汽车采购联合会会员。现拥有东北、华北、华东、西南、华南五大物流基地，仓储面积近60万平方米，运输线路550条，员工1100人，服务经销商1000余家。

富晟物流业务覆盖汽车备件售后物流供应链各环节，目前为一汽—大众旗下奥迪品牌/大众品牌、一汽红旗提供备件售后全供应链服务，服务内容涵盖进口备件/国产备件调达、入库接收、储存管理、出库分拨、运输服务、物流包装、物流咨询、物流装备、信息服务等一体化专业服务。

当前我国物流行业正蓬勃发展，富晟物流将抓住这个千载难逢的发展机遇，乘势而上，着力实施富晟物流“2020战略”，为实现“国际知名汽车物流专家”的企业目标而不懈努力。

富晟物流秉承“专注、专心、专业”的企业精神，竭诚为客户提供更加优质的物流服务。

二、企业存在的问题

立项前富晟物流缺乏专业的物流信息系统，信息化依赖客户，不利于公司业务拓展。公司业务核心数据积累不足，信息化无法满足公司未来发展需要，急需一套完全适配富晟物流运输管理作业的系统，有效管控各业务节点，增强客户黏性，体系化管理承运商，有效分析企业经营数据，为公司决策提供大数据支撑，提升核心竞争力。

立项前技术状态为运输信息无记录、纸质单操作、库内业务系统与承运商运输作业系统信息断层、业务追溯困难、报表无法支撑决策。

运输信息无记录：无系统和文档记录发货出库后的订单运输信息，如车辆信息、司机信息、运单信息、位置信息等。

纸质单操作：库内拣货、装箱、验收、平台交接操作的信息传递主要依赖纸质单据，信息传递不及时、有效差。

库内业务系统与承运商运输作业系统信息断层：库内出库业务数据与承运商运输作业数据无直接传递接口，未实现上游客户和下游运输状态信息对接跟踪，业务数据传递耗费大量人力，数据传递可靠性与及时性差。

业务追溯困难：同一系统内销售、出库、运输、签收业务管理未形成闭环，各节点操作信息追溯难度大。

报表无法支撑决策：由于调度分配、行车管理、GPS（全球定位系统）车辆定位系统、车辆管理等功能欠缺，没有足够的报表为业务分析提供直接依据。

三、信息化实施过程

富晟运输管理系统采用 OTMS 模式设计开发，OTMS 是运输管理领域的最新成果。OTMS 开创性地采用了“SaaS（软件即服务）平台 + 移动 App”的模式连接运输，将货运环节中的货主、第三方物流公司、运输公司、司机和收货方集成在一个平台上，打造一个基于核心流程的、透明且开放的生态系统。从全球运输管理信息化的发展看，互联网的发展促进了 SaaS 软件的应用，OTMS 社区型运输协同平台解决了传统运输管理系统无法跨越运输链条的弊端，成为运输管理的发展方向。

富晟运输管理项目 OMS（订单管理系统）管控现有库内销售出库业务操作，TMS（运输管理系统）管控下游承运商运输作业操作，实现上游客户和下游运输状态信息对接跟踪。系统部署在阿里云平台，使用仓库内移动 App 和司机移动 App，方便库内和司机操作。

（一）实施中主要困难、问题与解决措施

1. 基础数据薄弱

建立企业的基础数据是提高管理水平的重要措施，完善的基础数据是新系统实施的重要前提，基础数据梳理也往往伴随着业务流程梳理，大多数项目人员对基础数据认识不够。通常上线后出现的问题都是由基础数据不完整引起的，而现场操作人员往往将其归结于系统功能问题，对系统产生不可靠的误判，排斥使用新系统。

以长春库为例，基础数据分布在不同部门和班组，并且同一班组每人分工不一。如经销商数据，经常出现实际新增了经销商而系统未做新增维护的情况，经销商数据缺失导致销售单据导入时系统报错。经销商的路线和其他基本信息分别在客服班不同人手中。由于仓库内人员只了解自己的工作，因此基础数据整理工作应突破以往“乙方收集数据，甲方提供数据再由项目组人员导入系统”的单一形式，要注重基础数据，创建流程梳理，强化数据规范意识，并在上线培训阶段考核。因此在上线前数据准备阶段，需要完成以下工作。

（1）收集 OTMS 基础数据和每项基础数据对应操作员，按照 OTMS 需要的格式整合基础数据。

（2）梳理基础数据创建流程，明确各节点对应操作员，并形成操作手册下发到具体人员，作为上线培训考试的内容严格执行。

2. 操作方式多样

各库之间由于业务量不同、工作方式各异，造成同一工作实现方式不一样，例如，长春库出库量大，采取按时间节点分大波次集中拣货的方式，拣货后必须按经销商分箱；

其他库出库量小，采取按经销商分小波次拣货的方式，无须再分箱。所以长春库的验收操作由平台验收班完成，其他库的验收操作由拣货班直接完成。由于同一操作完成班组不同，流程设计与功能设计上需求不一样。长春库平台验收班要操作合单验收与交接，因此功能上要求操作方便，无须反复切换。由此引发的待决策项如下。

（1）统一操作流程，长春库与其他库的验收操作统一在拣货班完成。

（2）如无法实现（1），长春库验收操作位置需要在装箱区和出库平台之间选择。

针对上述困难，采取以目标为导向，取代以往只关注具体问题的解决方法，着眼于统一管理、统一流程、标准化操作的目标。首先讨论决策项（1）统一操作流程的可行性，在经过相关部门、班组决策后确定根据当前情况无法实现，进一步讨论决策项（2）长春库验收操作选在哪个工作区。经现场多次测试，考虑验收员操作方便性、平台发货现场货箱堆积情况，最终选择装箱区验收。

（二）项目实施推进过程

由于新的管理方式必定会触犯一部分人的既得利益，所以在项目推进过程中项目充分争取了企业一把手的支持。信息化过程实质是引进先进管理手段的过程，因此首先将企业管理人员和业务骨干设置为项目的主要成员，其次是 IT 技术人员。系统首先考虑管理适用性，其次是技术适用性。

需求调研和流程梳理阶段，杜绝照搬现有流程强硬客制化开发，各阶段汇报过程由企业管理人员和业务骨干主导。摒弃无效率地开大会，让相关部门小范围上会，对于无法决策项逐层升级，提交更高层领导决策。严控项目风险、成本，对项目风险紧密跟踪。

在系统开发阶段，充分发挥甲方 IT 人员专业能力，以开发方案的合理性、兼容性、可扩展性作为评审标准，而不是简单的功能交付。

系统上线部署阶段注重基础数据，规范基础数据。

项目验收阶段重视系统日常运维监控相关内容的交付。

四、信息化主要效益分析与评估

1. 信息化实施前后的效益指标对比、分析

系统使用后摒弃以往纸质单据改用手持设备，避免了纸张浪费，同时信息传递更及时。平台与司机使用 App 交接，运单信息实时从仓库 OMS 实时传递至 TMS，信息传递及时，消除手动传递造成的浪费。先进的管理理念将从人员、设备以及管理等多个方面减少企业成本，创造更大的利润空间和竞争优势。

权责明确减少矛盾，作业人员拥有更加明确的作业指示和绩效目标。批次出库作业时间安排更合理，出库相关拣货、复核、装箱作业更加有序紧凑。

整体物流效率提高，精确库存、精准调度，强大的订单跟踪能力确保每个环节准确无误，实时的作业信息反馈减少人工经验判断。标准作业流程，让企业得到实质性的质量提升，提高了企业管理水平。精确储运让企业的服务质量得到迅速提升，大幅提高品牌形象。

2. 信息化实施对企业业务流程改造与创新模式的影响

企业管理软件的实施不仅仅是对用户进行软件操作培训，更重要的是应首先对企业进行业务流程重组，理顺和规范企业管理。这是企业管理软件实施的一个重要步骤。ERP软件系统的实施是改变和优化业务处理过程的催化剂，整个系统实施过程要求将业务流程的调整和重新设计与软件功能应用紧密结合在一起，同步进行，而信息系统实施又促使企业规范业务流程。

3. 信息化实施对提高企业竞争力的作用

系统上线后信息传递更准确、实时、有效，从订单开始，以运单贯彻始终，以派车单整合数据，至回单结束形成完整的业务管理闭环，各节点操作信息可追溯。标准作业流程，让企业得到实质性的质量提升，提高了企业管理水平。运单位置可实现 GPS 定位，系统保存运单轨迹信息，可实时查询。可视化报表为业务分析提供最直接的依据。有效管控各业务节点，增强客户黏度，体系化管理承运商，有效分析企业经营数据，为企业决策提供大数据支撑，提升核心竞争力，有利于企业业务拓展。企业核心数据不断积累以满足企业未来发展需要。

五、经验总结

ERP 软件系统的实施不仅仅是软件的使用，其往往伴随着组织机构的调整及各部门职责的重新界定，改变每个人工作职责及工作方式等。这些变化会更有利于企业商业目标的实现，同时也是对每个员工包括所有管理人员和业务人员的挑战，企业决策层能否理解和接受这种理念对于软件实施能否成功至关重要。

项目小组成员首先应以相关的管理人员和业务人员为主，其次是 IT 技术人员。系统主要考虑管理适用性，其次是技术适用性。整个系统实施过程要求将业务流程的调整和重新设计与软件功能应用紧密结合在一起，同步进行。越成熟的 ERP 软件其自身标准功能越完善，应充分发挥其优势，客制化开发不应无节制地大刀阔斧，蓝图流程不应是现有流程的复制。

实施过程中应跳出聚焦具体问题的工作方法，大多数的信息化项目调研和蓝图阶段耗费太多人力、时间，导致系统开发时间被大大压缩，系统小问题不断，用户体验差，究其原因大多是紧抓特殊业务流程不放，紧抓小问题不放，想通过系统一次满足所有业务场景，最终结果往往是系统规定太多，束缚也太多。应聚焦于项目总体目标，抓大放小，采取主要流程优先上线，运行稳定后再逐步调整的方式。

应充分重视基础数据的作用。建立企业的基础数据体系是提高管理水平的重要措施，新系统的实施是建立在完善的基础数据之上的。在目前的情况下建立这样的数据体系也是 ERP 实施的一部分。

六、系统下一步的改进方案

（一）本期功能改进

1. 系统轨迹跟踪改进

系统上线运行后，司机运行轨迹跟踪需要下载 App，而司机容易误操作关掉 App，导致轨迹不准，进一步考虑将该功能利用微信小程序来实现，增强系统易用性。对于轨迹跟踪考虑使用便携设备直接跟踪货物的方式，同时要考虑硬件投入成本、硬件回收、硬件维修等问题。

2. 分析报表

目前虽然 OMS 与 TMS 各自报表已经足够丰富，但是报表各自分散，下一步考虑抽出系统报表与 OA 系统集成，在 OA 办公平台统一展现，更方便领导分析决策。

(二) 下一期推进设想

通过智能物联网平台，实现对包含业务、运力、安全、上下游协同在内的全链条、全覆盖管理；提高运作效率、业务管理能力、运力资源把控；通过客观数据，服务质量分析，实现运力服务质量的提升；通过先进的物联网技术，对业务、线路、运力持续优化进一步提升企业整体市场竞争力。具体实现方案如下。

(1) 使用丰富的智能硬件，如 3G 视频、电子锁、发动机管理系统、门磁等覆盖各类业务场景。

(2) 通过硬件设备，对自有运力、临时运力实现全覆盖管理。

(3) 基于全程数据感知，结合富晟物流实际业务，实现对线路的规划、监控、优化。

(4) 通过全程全量的数据感知，实现对下游承运商客观、多维度的评估和考核。

(5) 统计每个承运商每条线路运输质量趋势，选择最合适的承运商运营最合适的运输线路。

(三) 对物流信息化的建议

物流信息化实施要注重以下三点。

(1) 全面提升物流各环节作业准确率，解决“多仓多订单”在运输配送过程中的处理问题。

(2) 注重运输业务的全面整合，除自身物流外，能满足大部分第三方物流作业的标准化和信息化。

(3) 注重物流储运一体化建设，运输业和仓储业结合起来加之合理有效的配送业务，将使企业具有更强的竞争力。

北京爱博精电科技有限公司：义乌市国内公路港物流中心项目

一、企业简况

北京爱博精电科技有限公司（以下简称“爱博精电”）是国际领先的电力仪表与能源管理解决方案的供应商。致力于为客户创造更智能、更便捷、更高效、更安全的产品及服务。经过二十年的发展，爱博精电业已成为一家国际化的创新科技企业，在全球拥有北京、多伦多、洛杉矶三个销售中心以及两个研发中心，并在海外二十多个国家拥有近四十家分销机构。在能源短缺的今天，为保护地球和人类生存环境，爱博精电正在不断地帮助世界各地的客户开发能源管理技术，解决电能质量问题，提升能源的使用效率和智能化水平。

二、项目详情

（一）项目概况

义乌市国内公路港物流中心项目，位于义乌市疏港快速路以东、龙海路以南、伏龙山路以西、四海大道以北。总用地面积约 744 亩，总建筑面积约 63.4 万平方米，地上建筑面积约 44.1 万平方米，地下建筑约 19.3 万平方米。

本项目能耗监测系统的基本目标是建立一套科学、高效的能耗监测系统平台，帮助义乌市国内公路港物流中心（以下简称“园区”）实现能耗监测、数据机房电能质量监测治理、分项计量、能源计费、能效分析、节能降耗的目的。能耗监测系统采用分层分布式结构、模块化设计、多功能采集终端等灵活的组网方式，将园区内的各建筑用户的电表、水表、燃气表等智能计量设备集成为一个完整的管理系统，实现计量系统的网络化和智能化。能耗监测系统软件为园区管理人员提供完善优质的能源数据和专业的技术服务，协助制定完善的节能策略，可以提升园区能源管理能力水平，挖掘园区的节能潜力。

（二）建筑的能源管理存在的问题

（1）能源消耗状况不清：能源的消耗只有总量，没有分项计量。能源都用在了哪里，哪些设备与系统是耗能大户，能源消耗的结构是否合理，这些都无从统计。

（2）缺乏有效管理手段和措施：用能设备增加、分布区域大；用能安全管理带给建筑后勤管理更多的挑战，日常节能工作的好坏全凭职工的自觉性和自身素质的高低，无法保证节能减排工作长期有效地开展。

（3）能耗设备的管理方式较为落后：采用人工手动启停、巡检、抄表等设备管理方式；对于建筑的整体能源利用水平、设备的能效水平，以及存在浪费的环节和浪费情况缺乏清晰的认识。

（4）没有有效手段评估节能改造的效果：对节能改造所取得的经济效益没有严谨、客观、科学的评判指标，无法确定节能改造项目的经济性。

三、建筑能源管理系统设计方案

建筑能源管理系统能够系统地将建筑内的各个子系统、能耗设备纳入统一平台框架之下，并运用云计算技术对建筑的能源消耗进行科学、经济、便捷、高效的管控。建筑能源管理系统设计原则是：以数据服务器为核心，以建筑内部网络为基础，搭建系统软硬件运行平台，通过数据采集及网络通信，将建筑内的各能耗计量仪表组合成一个有机的系统。

根据所了解到的情况，爱博精电设计了如下方案：采用一套建筑能源管理系统平台，对建筑的配电室系统、楼层用电系统、空调制冷系统、给排水系统进行监测和数据采集，为能源管理分析、设备能耗分析提供依据。分项计量设计要点如下。

（1）分类原则：根据机关办公建筑及大型公共建筑节能监管系统建设技术的相关标准的能耗数据分类标准，实施基本的分类分项计量设计与计量监测设备施工设计，通常建筑的能耗分类为电耗、水耗。依据建筑物功能特点构建建筑物功能模型，为不同的建筑物能耗定额标准采集建立数据基础。

（2）分项原则：按建筑设施中不同用能系统进行分类采集和统计的能耗数据，如：空调用电、动力用电（电梯、水泵）、照明插座用电、特殊用电（信息中心、厨房餐厅）等。

（3）分户原则：在分类分项能耗监测的基础上，根据建筑行政隶属关系和分户核算的要求（如独立核算单位、出租区域等）分户设置表计。既实现分类分项能耗采集监测与统计分析，同时也实现建筑内能耗费用的部门结算功能，避免“大锅饭”式的能源浪费现象，为绿色建筑节能监管体系真正落到实处提供最基本的硬件条件。

四、系统组成及网络架构

建筑能源管理系统由各类计量监测仪表、数据采集器、数据服务器和能耗数据管理软件系统组成，该系统集中采集、监测、分析、管理及控制建筑内的照明、空调、动力、给排水等能源使用情况。系统的硬件组成在设计上分为三层结构，由数据采集子系统、数据传输子系统和数据处理子系统三个独立的子系统组成。

1. 数据采集子系统

数据采集子系统作为数据采集终端，主要由分布在各能耗计量现场的智能电表、水表等组成，采用具有高可靠性、带有现场总线连接的分布式 I/O 控制器作为数据采集终端，通过开放的通信协议向数据中心上传存储的建筑能耗数据；测量仪表担负着最基层的数据采集任务，其监测的能耗数据必须完整、准确并实时传送至数据中心。

2. 数据传输子系统

数据传输子系统主要由数据采集器、网络交换机及通信网络组成。该系统是数据信息交换的桥梁，负责对现场设备回送的数据信息进行采集、分类和传送等工作，同时转达上位机对现场设备的各种控制命令。

数据采集器：是系统数据处理和智能通讯管理中心，它具备了数据采集与处理、通信控制器、前置机等功能。

通信介质：系统主要采用屏蔽双绞线、光纤等。

3. 数据处理子系统

数据处理子系统由能耗管理系统的管理人员控制，是人机交互的直接窗口，也是系统的最上层部分。主要由系统软件和必要的硬件设备，如工业级计算机、打印机、UPS（不间断电源）等组成。系统软件具有良好的人机交互界面，对采集的现场各类数据信息进行计算、分析与处理，并以图形、数显、声音等方式反映现场的运行状况。

监控主机：用于数据采集、处理和数据转发，为系统内部或外部提供数据接口，进行系统管理、维护和分析工作。

UPS：保证计算机监测系统的正常供电，在整个系统发生供电问题时，保证站控管理层设备的正常运行。

五、系统拓扑结构及硬件组成

建筑能源管理系统采用站控管理层—网络通信层—现场设备层的分层分布式设计，站控管理层设置于建筑配电监控室内，其设备包括安装有建筑能源管理系统软件的数据服务器、Web 服务器和远程客户机、显示器、UPS、打印机等，负责对能耗数据进行集中处理；网络通信层由网络交换机、数据采集器及网络通信线组成，负责与建筑其他子系统及现场设备层的各类仪表装置进行通信；现场设备层是各级能耗设备计量仪表，如配电室能耗计量仪表、楼层公共区域用电计量仪表、商户用电计量仪表、用水计量仪表、冷热与燃气计量表等。

六、效益分析

建筑能源管理系统是建筑能源管理工作进行决策的最科学依据，它可以通过关键的数据信息帮助各级管理人员全局掌控节能工作，了解问题的轻重缓急，有层次地展开工作；可以为管理措施提供清晰的数据依据，便于目标的确定和任务的分解；还可以通过指标体系进行定额或对标管理，使能耗监管工作的开展有针对性，工作进行有次序性，工作的过程有迹可循，工作的结果有评估依据。进行能源管理系统实施和改造之后可以为建筑带来经济、社会等多方面的综合效益。

1. 经济效益

建筑能源管理系统能够发现系统管理人员无法发现的问题，如大楼中的某些大型设备发生故障时，可能并不是无法实现其功能，或产生某些异常的噪声及异象，而仅仅是其使用能源使用量急剧增加，或与其关联的某些设备的使用能源使用量急剧增加。通过在线能源监测，我们可以很轻易地找到这些故障设备能源的异变，避免了因设备故障而造成能源使用量增加的可能 。

建筑能源管理系统实时监测建筑内的各类用能设备，能及时发现各能耗设备发出的故障报警信号，或工作参数与设定参数的偏离、设备工作能耗异常、电能质量的异常等情况，管理人员可以快速采取应用措施，从而避免设备异常或发生故障造成的更多的问题。

建筑能源管理系统的监测分项计量从不同角度对实时数据进行分析，提供多维度能源对比，通过多方面对比分析发现建筑内的不合理用能情况，并通过提供诊断改造方案，彻底根除建筑费能漏洞；建筑能源管理系统可以轻而易举地发现因管理水平的缺失造成的能源漏洞，在加强管理后节能收益可以立见成效。

建筑能源管理系统的实施可以为用户带来管理能力的整体提升，进而提高能源管理的水平，从消除能源消耗漏洞、杜绝能源浪费、避免不合理运转、提高设备运行效率等各个方面节省能源。综合来看，建筑能源管理系统可以为建筑减少 10% ~30% 的能源消耗。

2. 社会效益

建筑能源管理系统建立分类、分项、分级的能源计量体系，建立用户能耗数据信息库，掌握建筑能耗规律性；实现能耗系统的实时监测与自动计量，并按时生成能耗报表，递交给上级管理单位。系统用数据说话，为建筑提供翔实可靠的能源数据，可以让建筑部门、上级管理部门、社会各界真正了解建筑内的能源消耗状况，起到监督公共建筑能耗的作用，从侧面促进和提高建筑能耗管理水平和工作效率。

建筑能源管理系统的建设不仅仅帮助建筑节约能耗、提高能耗管理水平，同时也会起到良好的社会示范作用，对于建筑相关人员、相关单位都会起到模范作用，能够很好地宣传节能观念、树立节能意识、倡导节能行为，带动全社会的节能建设，从而为建设节约型社会做出积极的贡献，具有很好的社会效益。

无锡东方云峰科技有限公司：物流信息平台化对第三方物流企业的新动能

一、应用企业简况

林森物流集团，前身为南通交运物流集团，成立于1951年3月，历经60多年的风雨兼程，集团实现了自身的结构调整和转型升级，由传统运输企业转变为集普货运输、化学危险品运输、甩挂运输、大件运输、冷链运输、仓储、配送、分拣、包装、信息服务、驾培服务、危房维修等为一体的现代综合物流企业。

集团注册资本10800万元，总资产超12亿元，仓储面积（包括自有和租赁）28万多平方米，整合外协运力超20000辆。集团下设10个总公司、200多个驻外分支机构，其中南通化学危险品运输有限公司、森通供应链管理有限公司、南通市运汽车学校有限公司均为集团全资子公司。

集团在长三角地区乃至整个华东地区，具有较高的知名度，占据了较大的市场份额。2017年营业收入超过36.65亿元，全年运输总量超2600万吨，2018年集团年营收预计达到50亿元。秉承“打造品牌经营，做精做优服务”的经营理念，以及健全的安全、质量、环境质量管理体系，集团赢得了各级政府、主管部门及广大客户的高度认可，获得了全国道路货物运输一级企业、全国综合服务型5A级物流企业、全国物流行业先进集体、全国先进物流企业、全国制造业与物流业联动示范企业、中国道路运输百强诚信企业、交通运输部首批甩挂运输试点企业、交通运输部重点联系道路运输企业、交通运输部安全生产标准化一级达标企业、江苏省交通物流龙头企业、江苏省名牌企业、江苏省优秀企业、江苏省重点物流企业、江苏省物流示范企业、江苏省企业创新先进单位、江苏省第一批物流企业技术中心、江苏省创新百企等荣誉称号。

二、企业通过信息化技术要解决的突出问题

1. 基于“交易”和“服务”两大特色，打造物流行业新生态

“交易”包括两种，一种是单纯的物流信息交易，主要是指货源信息、车（船）源信息和仓库资源信息的交易；另一种是物流运输实际业务的交易，森通物流信息交易平台（以下简称“森通平台”）的运营责任主体林森物流必须全程参与物流运输整个过程。为此，平台配置了标准化、模块化的订单管理系统（TOMS）、物流管理系统（LMS）和运输管理系统（TMS），分别供货主企业、林森物流和承运商使用，也为驾驶员配备了App。这些子系统采用了分布式架构和独立部署方案，通过各个子系统相互协同，进行订单管理、结算管理和过程跟踪，物流运输整个过程中的信息流、货物流和资金流通过平台实

现了完全闭环和透明化。同时，森通平台结合物流金融服务，提供了在线支付功能，可以大大降低用户的支付成本。

“服务”就是面向广大第三方物流公司，提供全面的基于云计算技术的 SaaS（软件即服务）。可以说，森通平台提供的 TMS、WMS、移动端 App 诸多功能几乎满足了第三方物流公司业务操作的所有需求，也就意味着森通平台不仅仅可以给林森物流一家公司使用，完全也可以在行业内进行推广，让广大物流公司受益，同时，因为森通平台是基于云计算的分布式部署，各个物流公司的关键数据可以做到相互隔离，保障了第三方物流公司对于数据保密的要求。

综合“交易”和“服务”这两大特色，森通平台意欲打通供应链上下游的各个环节，逐步打造基于云计算的物流行业新生态。

2. 以实体物流线下资源为保障

林森物流作为一家 60 多年的第三方物流企业，年物流营业额近 50 亿元，有着极其丰富的线下货主资源、运力资源，这是森通平台能实现较好运营的保障，也是助推平台做大做强的动力。再给其他物流公司提供 SaaS 服务时，森通平台同样是基于其各自的线下实体业务来进行的。

3. 以解决平台各用户痛点为导向

作为传统货运企业转型而来的无车承运人企业，我们深知物流行业各用户的痛点，如货主企业关注成本控制、账期承受能力、货物保险、过程管控等；承运商关注货源的稳定性、资金结算的及时性、可靠性，以及是否可以提供资金、保险等扶持；实际承运人最为关注的则是货物的真实稳定、结算保障，以及保险、金融、燃油、修理等物流后服务。这些痛点都可以通过森通平台强大的资源整合能力得到解决。

4. 以“客户物流定位”为目标

区别于科技类、电子商务类无车承运人模式，森通平台始终以客户需求为目标，根据客户需求，可制定个性化物流服务，确保运输模式的多样化，在整个物流服务过程中，依托平台的透明化管控，实现全过程的标准化管理。基于此，森通平台有大量的客户运量作为基础，而不是单纯的车货匹配、车货交易。

5. 以精细化物流管理为支撑

森通平台将林森物流拥有的几十年物流经验积累，形成了一套较为完善的物流精细化管理模式，森通平台将这些精细化管理以信息化的方式融入平台的各个模块中，包括安全管理、运营管理、过程控制、资金管理、人员管理等，消除了平台各类用户的后顾之忧。

6. 以大数据分析为抓手，为行业发展提供新动能

森通平台二期正在建设的平台大数据分析模块主要包含平台运营展示、平台性能管理、平台业务分析和离线分析工具等功能。基于大数据分析，这些功能将使平台用户获得诸如运力分布热力图、货源分布热力图、车货匹配效率图和业务经营分析等诸多决策依据，大幅提升行业运营水准，实现经济效益和品牌效益双提升，为行业发展提供新的发展动能。

7. 主要解决运输关键问题

目前，传统的物流企业及各中小型的物流公司，存在着信息闭塞、物流成本高、操作模式老套等问题，在市场竞争中逐渐处于不利地位。森通平台主要立足于解决物流产业链上下游各方的空间分割、信息不畅、物流成本高、操作模式落后等问题。该平台融合了物流信息交易、车货匹配、物流过程可视化、诚信体系建设、物流金融和公共信息服务等多种功能，同时平台可以与各物流企业用户的自身信息系统实现无缝对接，助推物流企业做大做强，打造合作共赢、健康发展的物流新生态。目的是为社会企业和驾驶员提供全面的服务，让越来越多的物流企业、货主企业、社会运力成为平台的用户，与平台实现互联互通。

8. 创新性和高成长性

森通平台改变了传统的第三方物流的操作模式，采用目前最流行的O2O（线上到线下）模式，即将互联网与线下商务货运承载有机结合在一起，让互联网成为线下交易的前台。竞价和交易在线上完成，物流承载及相应服务配套在线下完成，通过大数据挖掘和云存储模式，利用分布式架构技术及实时监控技术，从各个环节保证数据的真实性和可靠性，使货主全程了解货运状态。

森通平台运行后，展现出强大的生命力和凝聚力，发挥了其强大的信息流和交易量的功能，实现了企业高效长足的发展。该项目设计理念符合目前的“互联网+高效物流”新模式，对客户群拥有很高的黏性，所以该平台具有高成长性。

三、信息化进程

作为实体物流企业，在转型升级的过程中，为积极应对自有运力无法满足业务扩张的需求，林森物流从2008年开始探索无车承运人的运作模式。遍布全国的运营网络、项目化的运营管理，为林森物流探索无车承运人模式奠定了实践基础。截至2015年年底，公司自有运力850余部，操作占总营收比例不足10%，整合全国各地社会化运力近10000部；自有驻外分支机构127个，运营网络遍布全国各地，拥有有效、快速的整合社会运力能力；自有仓储面积近10万平方米，占实际需求比不足20%。

林森物流以“打造合作共赢、健康发展的物流新生态”为立足点，以实现传统货运企业转型升级为动力，以实现平台用户资源共享为目标，2016年3月，在江苏省交通运输厅运输管理局的监督指导下，林森物流开发了森通平台，该平台一期项目已于2016年11月上线发布运行。作为公共的物流信息共享平台，为更好地发挥平台共享、融合等特点，2017年1—6月，林森物流启动平台二期项目并投入运营。目前该平台包含林森物流运输管理系统（LSTMS）、林森物流仓储管理系统（LSWMS）、物流供应商运输管理系统（STMS）、物流供应商驾驶员手机App端、个体驾驶员手机App端、平台运营管理、微信端、运输监控等多个模块。同时具备物流信息交易、车货匹配、电子二维码监控、诚信评价、物流金融、统一采购、公共信息服务和在线支付等功能。实现了物流信息交易、车货匹配、物流过程可视化、诚信体系建设、物流金融和公共信息服务等多种功能，同时平台可以与各物流企业用户自身的信息系统实现无缝对接，助推物流企业做大做强，打造合作共赢、健康发展的物流新生态。

四、信息化主要效益分析与评估

1. 增强客户黏性，集聚优质货源

森通平台依托对信息流、货物流、资金流和商流的强大管控功能，加之林森物流的强大实力与多年物流营运经验，让货主企业更加安全、便捷、省心、省力、省钱，大大增强了客户的黏性。自森通平台上线运行以来，林森物流合同客户复签率（年度续签合同的比率）由原来的78%上升至95%。同时，随着无车承运平台运营的深入，集聚了更多的一手优质货源。无车承运开展以来，林森物流客户大幅度增加，目前已超6000家，单月交易量突破3亿元，业务范围遍布全国各地。预计到2020年，平台客户将突破15000家，客户忠诚度将达98%，年交易额将达到100亿元。

2. 以优质货源和增值服务，凝聚大量运力

森通平台依托优质的货源和安全的结算保障，实现了运力的快速凝聚。伴随着平台的上线推广，通过平台与林森物流形成合约关系的运力增长了近一倍，总量达20000辆车（船）。平台通过团购车辆、燃油、ETC（不停车电子收费）和保险等增值服务，将团购实惠回馈给运力，让运力省心、省钱。2017年，平台团购油卡超过10亿元，为用户平均节约燃油费5%，而平台的统购保险政策也使很多用户受益匪浅，充分彰显出统一采购的优势。预计到2020年，平台运力将突破8万部（船），年度统购燃油、ETC、保险等总额将突破30亿元，预计降低采购成本达2亿元。

3. 推进物流金融服务，提升经济效益

森通平台为上下游企业，尤其是中小物流企业、个体车主提供物流金融服务。通过业务担保，提供资金扶持。2017年3月平台推广金融服务以来，已为近30家平台用户提供融资授信服务，总额超8000万元。同时，针对平台上游客户结算周期与实际承运人的期望结算周期存在差异情况，平台采用的“先行垫付运费，收取适当管理费”的形式，得到了越来越多的平台用户的青睐。在为用户提供金融服务的同时，林森物流也提升了自身的经济效益。预计到2020年，平台可为所有用户提供物流金融服务，力争提供平台授信超过3亿元。

4. 建设物流诚信体系，打造物流新生态

森通平台重视对诚信体系的建设，为每个平台用户建立诚信档案，通过分析平台业务动态数据，建立健全森通平台用户信用体系。通过平衡整个物流产业链上下游各利益相关方的诉求，合理选择合作伙伴，优化产业链分工协作，强化产业链集约整合，逐步打造开放、共享、协作、共赢的现代物流生态圈，有利于整个物流业的健康发展。

5. 提高运输效率，降低运输成本

通过森通平台操作，以及标准化物流TMS的运用，平台用户将大幅提高运输和物流效率，平均缩短装卸货等待时间1~2小时，减少车辆的空驶率，从而降低单位货物的燃油消耗水平，使物流企业和运力的整体运营成本降低、运输利润上升。

五、信息化实施过程中的主要体会

1. 助推实体物流企业实现高质量发展

森通平台的建设使林森物流的发展插上了“互联网+”的翅膀，为实现2020年“百亿林森”的目标奠定了扎实的基础，也为同行业的实体物流企业实现共赢发展、打造物流行业新生态提供了一个全新的载体。因此，培育森通平台项目，是贯彻党的十九大精神，推进江苏省实体物流企业转型、创新，实现高质量发展的重要途径。

2. 树立传统货运企业向无车承运转型的典范

林森物流作为江苏省传统货运企业的典型代表，通过森通平台搭建，实现了所有线下业务线上操作，实现了由传统的重资产企业向轻资产的转型，通过原有线下业务和资源的整合，业务范围遍布全国各地，自有运力操作业务占总营收的比重不足10%，因此，培育森通平台项目，对于江苏省传统货运企业有着典范意义，有助于引领全省传统货运企业的创新发展。

六、本系统下一步的改进方案、设想，以及对物流信息化的建议

1. 完善平台服务功能

就平台整体架构而言，森通平台下一步的建设内容主要包括：①强化诚信体系建设；②强化公、铁、水、铁多式联运功能；③向供应链上端延伸，逐步打通供应链各个环节；④强化物流金融服务模块；⑤建设大数据分析模块。

2. 实施物流标准化管理

基于现有的TMS，依托林森物流60多年的经验积累，搭建标准化管理模块，包括安全管理、人事管理、运营管理等供应链管理流程，规范物流管理，提高平台物流管理水平，满足平台货主企业的服务需求。

3. 完善诚信体系建设

平台对所有用户，无论是货主企业或者实际承运人，均采取等级评定制度进行管理。根据制度结合省交通运输厅运输管理局的静态数据和平台实际的动态营运数据生成货主企业、运输公司、货车驾驶员的信用档案。随着平台不断运营，用户不断增加，逐步地建立江苏省物流行业动态的诚信体系。

4. 完善物流后服务

完善平台物流保险、车辆统一采购、燃油统购，以及银行金融授信等服务，为平台用户搭建更为便捷、高效、安全的后服务体系，提高平台用户的满意度和忠诚度。

5. 加强平台互联共享

平台设计初衷即支持各种数据对接系统的功能模块，支持与货主企业的ERP、承运商（物流公司）的ERP或TMS、江苏省运政系统、税务系统进行数据交换，实现无缝对接。此外所有平台的营运数据均会按照管理制度要求进行存档备份供相关部门查阅或调取。

延锋安道拓座椅有限公司：智能运输管理系统应用

一、应用企业简介

（一）延锋安道拓——中国汽车座椅行业领军者

延锋安道拓座椅有限公司（以下简称“延锋安道拓”或“YFAS”）成立于1997年，是中国汽车座椅行业的领军企业，为中国主要汽车制造商服务。拥有从汽车座椅零部件到整椅的各部分的生产制造力，涵盖整个汽车座椅产业链，满足不同客户的品牌形象及设计理念。目前，延锋安道拓在全国27座城市设立64家分（子）公司，有80家制造工厂，并在海外开设了泰国、印度制造基地，欧洲和北美办事处。

经过20多年的发展，延锋安道拓为大部分的中国整车制造商供应卓越质量、技术和性能的产品，国内市场份额第一。近几年延锋安道拓在全球市场也占有可观的市场份额，产品远销美国、墨西哥、英国、西班牙、日本和印度等19个国家和地区。2017年，合并销售额320亿元人民币，出口销售额12.8亿美元。

（二）应需而动，信息化建设再升级

作为集团级大企业，延锋安道拓一直是行业信息化建设的先行者。2018年年初，延锋安道拓全面构建面向智能制造、智能工厂的应用模式，规划了未来工厂整体应用架构蓝图，结合现有的应用系统，提出了十多个系统的新建或优化改进方案包括生产制造执行、物料拉动、工艺过程管理、设备管理、质量管理、运输管理六大系统十一个子系统。由此，智能运输管理系统的搭建被提上了日程，打造一套智能、高效、共享的运输管理系统势在必行。

二、YFAS智能运输管理系统的背景及意义

（一）YFAS运输管理现状分析

YFAS的运输管理由集团总部采购部承担承运商资格审核、价格招投标管理职能，各工厂物流部承担订单配送的履约、承运商执行绩效管理和运费审核的职能。由于运输管理业务没有独立的系统支持，只能通过手工结合SAP物流台账记录，针对运输计划执行监管，运费核算流程采用传统的线下管理方式，信息交互、采集、共享使用电话、邮件、Excel等传统方式。当前缺乏统一的物流管理系统进行管理，主要存在以下几个问题。

（1）线下物流跟踪滞后性存在风险：线下的运输计划和运输执行过程不能实时跟踪

与过程监控，存在影响内部生产或客户交付的风险。

（2）运费结算的手工台账工作量大：2017 年公司物流台账总条数 194952 条。

（3）运输数据碎片化：跨部门、跨企业组织之间缺少实时协同，每个节点的数据分别掌握在物流采购、工厂物流、第三方承运商和司机手中，收集整个运输过程的完整数据非常困难，不便于进行数据挖掘和分析。

（4）运输成本核算粗犷：工厂的整体运费可以统计，但针对每个零件的运输费用无法精确计算，无法进行更明细的成本分析。

（二）智能运输管理系统的意义

随着企业不断发展，对上下游供应链整合和优化、发挥物流规模优势、持续降本增效的要求也在不断提高，现有的运输管理方式难以满足管理层对运输管理日益增长的需求，打造一套适合延锋安道拓自已的智能、高效、共享的运输管理系统势在必行。

经过近半年多对延锋安道拓各 PBU（产品业务单元）典型工厂的需求调研和分析，延锋安道拓携手科箭在 2018 年年初共同打造延锋安道拓的智能运输管理系统，期望全面覆盖从发货订单、运输计划、运输执行到承运商的对账结算功能。通过 TMS 与现有系统的集成，建立起物流信息高效传递与共享，提高物流运作效率，实现整个供应链的优化与整合。

三、智能运输管理系统全面实施

（一）YFAS 供应链云平台之 TMS 云

1. YFAS 智能运输管理系统的整体架构

通过对延锋安道拓三个 PBU 的五家试点工厂需求的深度调研和全面分析，结合当前的 SaaS 技术在运输系统中的应用，智能运输管理系统项目组设计了一套全面覆盖延锋安道拓从发运需求、发货订单、运输计划、运输执行，到承运商的对账结算、运费成本分摊功能的物流运输的端到端业务实现方案。同时通过智能运输管理系统与 SAP（这里指 SAP 公司的 ERP 产品）、WMS（仓储管理系统）、MES（生成执行系统）、IEM（进出口管理系统）、WFL（工作流管理系统）等现有系统的集成，实现物流信息与客户、供应商、承运商之间的高效传递与共享，同时实现公司内部采购、物料/物流、财务等多个部门的协同，进一步提高物流运作效率，实现整个供应链的优化。

2. 多系统之间的数据交互

TMS 云的引入推动了 YFAS 的基础架改造，SaaS 部署在云端，处于在 DMZ（隔离区）之外的外网，但需要和 YFAS 部署在本地的多个应用系统做数据交互，原有的 ESB（企业服务总线）数据传输中间件已经无法实现内外部网络间进行数据传输，而 EDI（电子数据交换）恰好解决了这个问题，如图 1 所示。

企业的信息化速度与企业的 IT 基础架构建设密不可分，多系统的协同离不开数据传输通道的支持，延锋安道拓的数据传输通过多个中间件进行。

（1）基于总部部署的应用系统，通过 ESB 与外围系统进行数据传输。

（2）基于工厂部署的应用系统，通过 IoT（物联网）与外围系统进行数据传输。

（3）智能运输管理系统部署在外网，内网的应用系统通过 EDI 与外网系统进行数据传输。

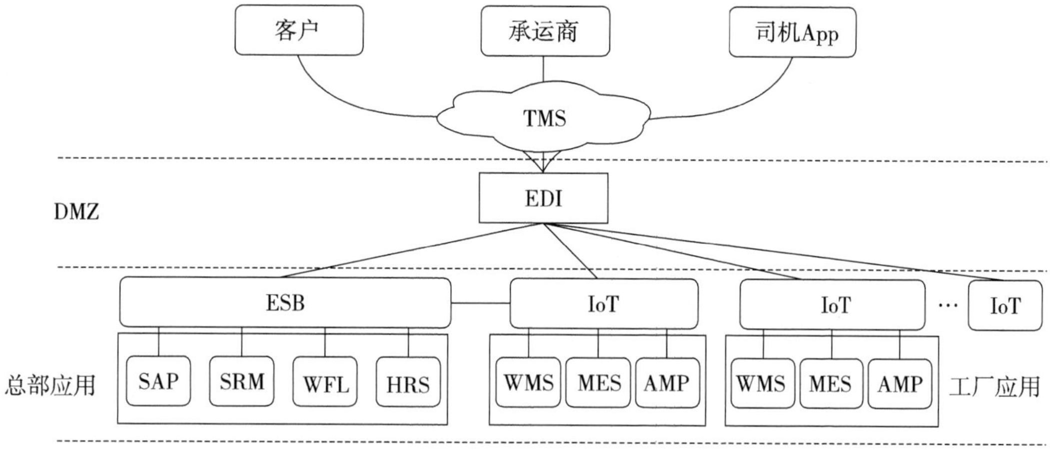

图 1　延锋安道拓智能运输管理系统的数据交互示意

通过建立统一的中间件平台，制定了集成的技术标准和规范，从而快速实现了智能运输管理系统与各个系统的集成，如图 2 所示。不仅完成了各上游系统的集成，将各种运输需求汇聚到智能运输管理系统的“运输需求池”，还成功地集成了智能运输管理系统对账、SRM 打印开票通知单和 SAP 应付凭证付款的全结算流程。物流运费全流程跟踪，实现了每一笔运输任务、结算运费、成本分摊的全面跟踪。

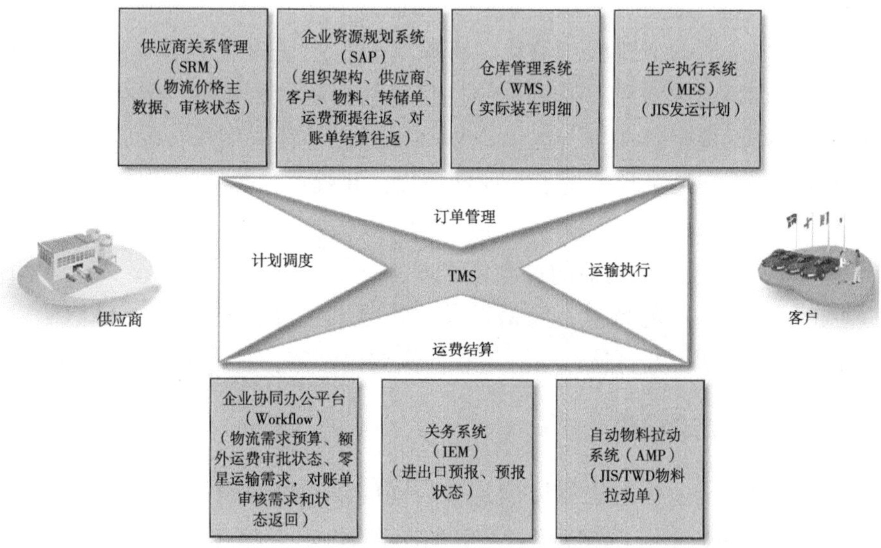

图 2　延锋安道拓 TMS 接口集成

（二）运输数据统一管理

智能运输管理系统建立了运输包装数据库，将原来零散分布在各工厂计划员手中的包装数据进行收集分类，并制定了包装主数据编码规则，并将该包装应用到每个运输物料。

基于物料和包装数据库的创建，智能运输管理系统中可针对每笔运单进行实际装载率的统计，便于工厂计划进一步优化装载。

建立了公司级运输需求池，同一个基地的多个工厂之间可进行运输资源共享，如图3所示。

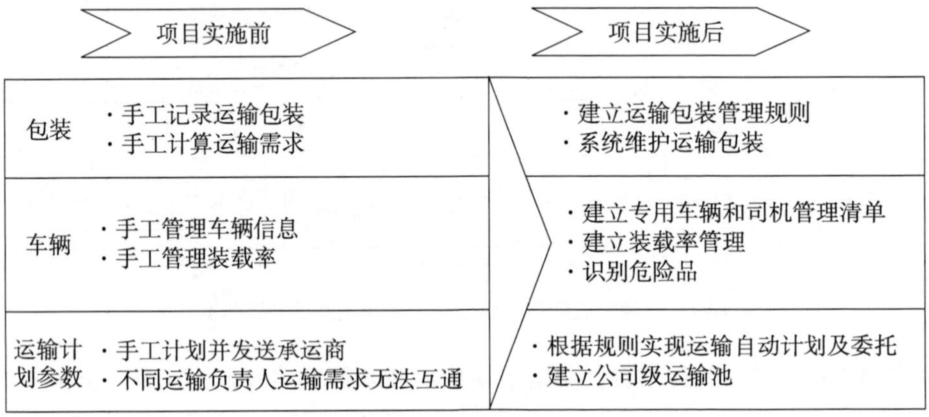

图3 运输数据的变化

（三）运输自动化管理

1. 日常运输自动化管理

智能运输管理系统的全流程自动化，将原来手工记录的每个运输过程在系统中通过每个节点的协同自动记录下来，通过系统接口自动获取上游系统的运输需求，通过订单指派规则和运单指派规则自动进行运输计划和委托，并针对需求异常启动额外运费的流程卡控和管理。整个运输过程实现了全程自动化，并根据运单或司机进行可视化的跟踪，如图4所示。

2. JIS（日本工业标准）运输的自动化管理

根据主机厂排序生产的特点，座椅总装厂需要将主机厂的生产排序信号进行解析，匹配出排序的运输计划，并将该运输计划和司机扫码绑定，进行JIS全程的跟踪。

（四）运费结算流程优化

智能运输管理系统项目组将物流信息和合同的匹配以及承运商对账、结算流程进行了优化，很大程度上提升了工作效率和对账的准确率。

TMS云系统灵活、可配置性高，可快速匹配多变的业务发展需求，预先设定的订单指派规则和运单指派规则可快速匹配合同计算出运单涉及的多级运费，包含基本运费、装卸车费、提送货费、报关费等。

合同可以按照运单、体积、重量或设备类型设置不同的费率，使用分步、累进、分步累进等多种计算方式进行阶梯计价，实现了多种计费方式。

设置多级的运费分摊规则，使物流运费分摊更明细，既可以分摊到每一个物料，也

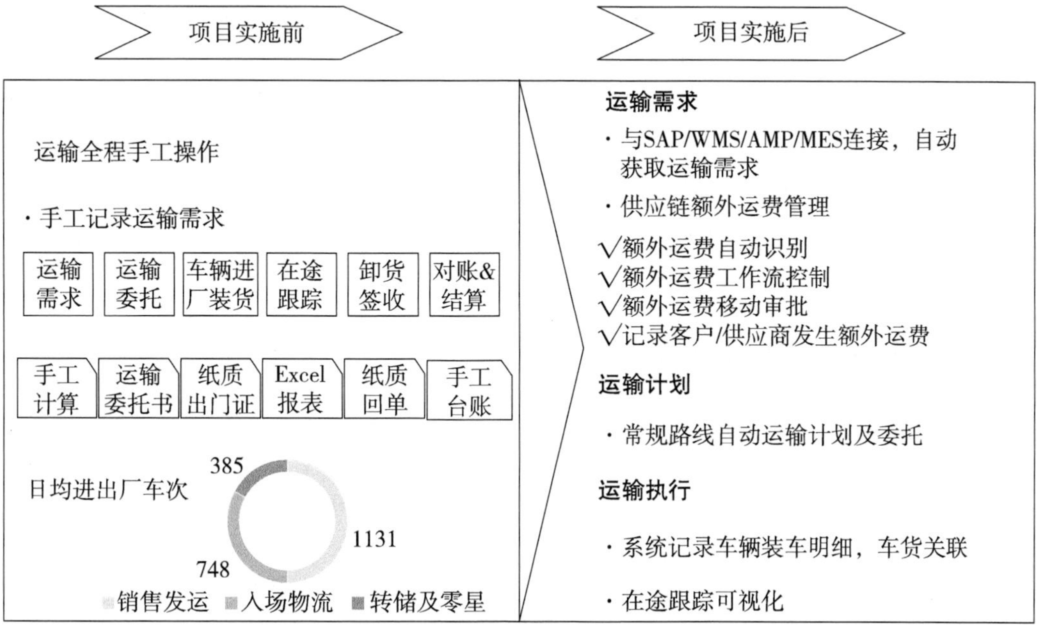

图4　日常运输过程的变化

可以分摊到成本中心。

系统常规设置可配性较高，满足快速发展的业务需求，减少二次开发成本。

（五）运输过程的全程透明化

统一的智能运输管理系统协同平台为延锋安道拓打造了针对物料计划员、物流计划员、财务人员、承运商、司机、供应商、客户协同的全过程透明化跟踪方案。同时，物流管理的每个过程都实现了精细化，为进一步业务改进和效率提升提供了基础，如图5所示。

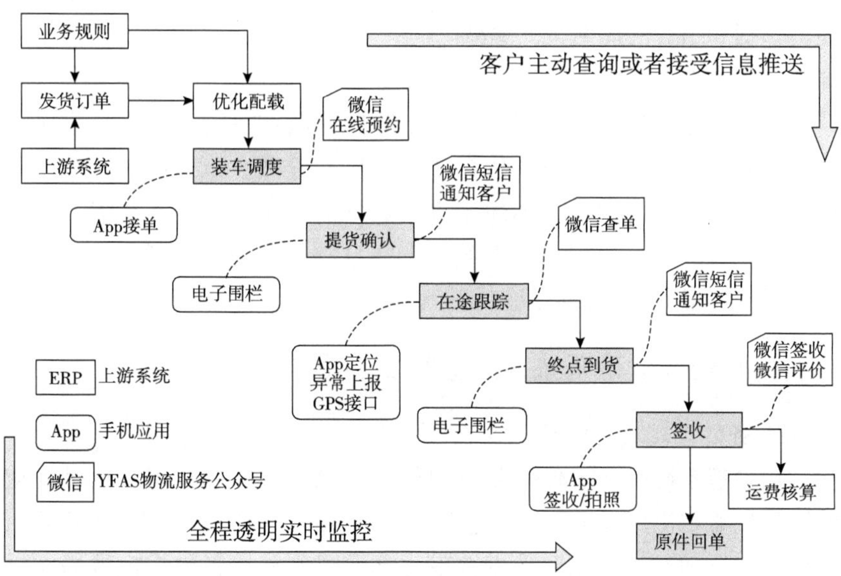

图5　运输全过程透明可跟踪

（1）使用 GPS 功能，结合灵活设定的电子围栏系统自动记录车辆进出时间，确保运单状态实时更新，数据完整准确。

（2）提供灵活多样的操作终端，在电脑端、手机 App 和微信端，都可以进行运单状态确认和跟踪。

（3）运单全程可视和运输轨迹全程可回放，实现了企业供应链全流程可视化。如针对整车厂的排序拉动需求，TMS 直接从 MES 获取排序的拉动信息，结合 JIS 发运看板，实现了 JIS 发运的实时跟踪和系统预警。

四、智能运输管理系统的成效

（一）智能运输管理系统实施前后的对比分析

1. 运输过程跟踪的对比

过去，YFAS 的物流跟踪是通过传统的电话、邮件方式，整个运输过程像个黑盒子，一旦运输过程中发生问题，不能及时发现和解决，有时候会影响生产的执行或客户的准时交付。智能运输管理系统实施后，可在线进行全流程跟踪，针对运单的确认、提货、到货、签收、回单每个节点进行实时监控，可对车辆运输轨迹进行全程跟踪，如长时间滞留某个节点系统及时报警。司机在运输过程中出现异常也可以通过 App 进行在途异常汇报，承运商或工厂物料人员收到异常后及时启用紧急方案，或派车支援或安排道口及时收发货，有效降低了延期交付的风险。

2. 运费结算的对比

过去，原始运费结算通过手工台账每月月底进行维护，附加费通过零星付款申请，不仅工作量大而且存在滞后性。智能运输管理系统实施后，运单在执行过程中（可配置提货或到货状态）自动匹配合同明细产生应付凭证，包含了原始运费和附加费，应付凭证随着运单的执行而实时生成，无须单独维护。这些应付凭证作为财务运费预提和结算的依据，使得预提和结算的周期大大缩减。

3. 运输数据的对比

过去，运输数据分散在各个部门，包装主数据分散在各物料计划员手中，合同主数据分散在物流采购员手中，而运单的执行过程数据又分散在承运商和司机手中，收集整个运输过程的完整数据非常困难，不便于进行数据的挖掘和分析。智能运输管理系统上线后，每个运输环节的数据都保存在系统中，一旦有延期交付，可在系统中找到每个节点的数据，及时找到根本原因并加以解决，解决问题的效率大大提升。

（二）智能化运输管理系统对业务模式的影响

1. 多终端业务处理模式更便捷

智能化运输管理系统改变了传统系统只能在电脑端操作的特点，通过社交化和移动应用，实时连接机器和操作人员，可在电脑、手机 App、微信公众号多终端进行业务处理或查询，使用无地点和时间限制，数据获取更加实时有效，轻松实现数据在供应链各合作方流转，实现端到端的可视化。

App（iOS/Android）为货主、仓库管理、司机、客户提供开放互联的移动平台，实现了运单计划、执行、监控、结算和 KPI 分析全流程协同工作。承运商实时 App 派单，司机实时 App 查单，并进行提货、到货、在途异常实时提交，实现了运输全流程实时操作、实时可视化。

2. 消息推送让业务人员更容易关注异常运单

智能运输管理系统可在关键节点设置消息推送功能，通过手机短信、邮件或微信公众号定期进行信息推送，业务人员能及时收到推送的在途异常或签收异常等信息，避免以往不断打电话或发邮件的低效模式，也将业务人员从日常的运单跟踪中解放出来，只关注异常运单并快速解决。

（三）数据挖掘尝试指导业务优化

当前智能运输管理运行半年多时间，延锋安道拓针对当前的业务数据进行了挖掘和分析，几个尝试运行的场景如下。

1. 对 GPS 获取的数据进行挖掘

智能运输管理系统使用 GPS 功能，结合灵活设定的电子围栏系统自动记录车辆进出时间，确保运单状态实时更新。对交付异常订单的每个过程数据进行比较，通过分析进出取货点和到货点电子围栏的时间以及实际取货和到货时间，找出交付异常订单的明细信息。通过数据分析快速定位责任对象：供应商未提前备货、承运商未及时安排运输、司机未及时提货或客户无道口资源进行卸货，明细数据的分析为查找根本原因提供了最直接的依据。根据 GPS 获取的货运轨迹，系统可实时查看每个节点的状态，如遇严重堵车长时间停滞，可自动触发消息提醒工厂业务人员或承运商，以便快速启用备用方案。

2. 对装载率数据进行挖掘

智能运输管理系统的装载率分析一方面可推动业务部门进行包装优化，另一方面也为物流采购同事的商务合同谈判提供数据支持。同时，针对装载率过低的运输路线，延锋安道拓正在尝试推动上游系统的 MRP（物资需求计划）订货批量进行优化，在保证供应链服务水平的情况下，尝试建立运输成本和库存成本的平衡模型和最佳的订货量，以达到运输成本和库存成本的整体优化，提高延锋安道拓运输资源的投资回报率。

3. 对运费分摊数据进行挖掘

智能运输管理系统提供多维度运费分摊，可根据运单分摊到订单、包装、成本中心、WBS（工作分解结构）和物料，可精确计算出每个零件的运输成本，可以为新产品的报价提供更精确的参考依据，也可以细化产品的成本要素构成比例，进一步优化产品的成本结构。

五、智能运输管理系统的总结

作为第一个云产品在延锋安道拓落地实施，智能运输管理系统的建设遇到了前所未有的挑战，也开创了很多“第一次”。总的来看，在 TMS 云的助力下，延锋安道拓运输管理的每个过程都实现了精细化，并且累积了大量实时准确的过程数据，为进一步实现业务改进和效率提升奠定了基础。

通过智能运输管理系统的实施，延锋安道拓运输的自动化、实时性和可视化程度得到了有效的提升，大大提高了内外部客户的满意度。未来三年内，延锋安道拓将把运输管理系统逐步应用于全国所有工厂，助力整个公司信息化水平的全面提升。

统业物流科技集团股份有限公司：统业物流运输管理系统

一、应用企业简况

统业物流科技集团股份有限公司注册资本8400万元，前身是创建于2005年的苏州华杨运输有限公司，2016年9月完成股改正式更名为统业物流科技集团股份有限公司。公司已通过ISO 9001质量管理体系认证，荣获4A级物流企业、江苏省著名商标称号，连续6年获得所在地纳税经济贡献二等奖，旗下拥有包括中杨物流在内的9家子公司，业务范围涵盖了第三方物流、专线配载、仓储配送、货运代理等，可提供全方位、一站式物流服务，是一家集现代物流、电子商贸、信息科技为一体的大型物流企业集团。

公司总部主要以第三方物流业务为主，目前主要客户有农夫山泉、特变电工、中国邮政、博世、康佳电视、辽宁忠旺等具有一定知名度和影响力的大型企业，营销模式主要为参与企业招投标外包。

二、企业通过信息化技术要解决的突出问题

（1）内部工作流程混乱，同一个工作职能涉及多人操作，人员冗余，工作效率低，出现问题后找不到责任人。

（2）历史合作车辆信息较多，无法完整保存，资源得不到有效延续。

（3）业务上收回来的纸质回单丢失后，无记录可查证。

（4）业务上出货量和发货量存在漏登记情况。

（5）员工工作干得好与坏无法进行数据化评价，工作差错因时间太久找不到问题责任人。

（6）公司运营项目较多，每个项目独立核算工作量较大。

（7）偏远地区发货，派人到现场的成本较高。

（8）不同项目的业务流程不同，但是关键节点都相同，通过系统的应用可以实现用财务结果管控运营过程。

（9）不同时间段内，不同项目的业务运营成本数据不能及时导出，管理会议获取不到成本数据用于决策。

三、信息化进程

1. 主要困难和问题

系统使用初期，功能不全，比如：

（1）没有自动保存功能，所有信息录入第一遍过后，第二次必须一个个重新录入，影响工作效率。

（2）信息填写要求不高，只需要简单填写主要信息后，即可保存，这样信息填写不完整，导致后期查找、核对信息容易出错。

（3）时间不够精确，只能定位到哪天，不能精确到几点几分几秒。

（4）对于系统权限分配不够分明，改单权限也没有控制好。

（5）系统服务器不稳定，经常卡顿。

2. 解决措施

公司根据系统存在的问题，在使用过程中不断发现问题并收集了上千个问题，一步步改进、解决问题，一次次的更新、升级系统，使得系统信息更完整，数据更准确。还新增了很多功能（如生成图表、回单可以直接连接扫描仪拍照、批量导入运单、公司常用的表单可以直接在系统里下载打印等）。现在系统里职权分明，每一票信息都有相应的责任人，出现问题容易查找原因，能够控制某个员工可以操作什么和不可以操作什么、可以看什么和不可以看什么等。功能的全面化为公司领导提供直观、及时、准确的人、车、货、财等决策分析数据，快速反映公司的经营情况。公司还单独购买了高性能的阿里云服务器，极大地提高了系统的稳定性，响应效率更快，数据传输更稳定。同时也大大提高了员工的工作效率。系统在后期的使用过程中，还会不断改进和完善，最大限度地提高工作效率，降低企业成本。

四、信息化主要效益分析与评估

1. 信息化实施前后的效益指标对比、分析

（1）人员精减，内耗减少：2014 年末正式上系统前，公司员工 500 人左右，在使用系统后，目前员工仅 200 人左右。除了人力成本得到有效降低，企业工作效率得到提升，营业额也保持稳定增长，人均产出比更高。

（2）应付账款出错率：使用系统后，应付账款，如付给司机的油卡金额、司机运费、费用是否重复支付的问题基本得到解决。使用系统前，应付账款出错率年平均 10 万元左右，使用后该笔费用基本没有，即使出现也能落实到相关责任人。

（3）对账及时：使用系统前，每票发出去的货物及对应回单的整理工作量较大，容易出错。使用系统后，每票发运的货物在系统中都有记录，回单有没有回来也能查询电子版，每月回单即时录入在系统中，可以实时生成数据。

2. 信息化实施对企业业务流程改造与创新模式的影响

信息化的实施精简了企业的业务流程，把不能产生价值的流程全部清理出去。用系统代替人去做一些事，可以降低出错率，同时能永久保存痕迹。通过核心环节的把控，可以掌控企业的运营全过程。同时如果企业需要调整业务流程，只需对系统中的关键环节进行把控和调整，降低因创新和业务流程大改造对企业的影响。

3. 信息化实施对提高企业竞争力的作用

（1）有效降低成本。用系统代替人，部分岗位得到合并，并可采用无纸化办公，人力和原材料成本得到节约。此外，通过系统，可以掌握不同时间段市场用车成本的变化，

了解不同时间段的具体成本，报价更合理和精确，管理费用得到降低。

（2）加快企业运行效率，提升经济效益。在物流行业日益激烈的竞争环境下，企业的反应速度决定竞争力。信息化的实施，使得信息反馈周期更多，需要什么数据，在系统中直接分析和导出，决策周期更短。

（3）提高业务运营质量。部分客户企业的物流管理经验较弱，通过公司成熟的系统应用经验，在帮助客户管控物流业务正常运转的过程中帮助客户改善管理，在帮助客户成长的同时自我也得到成长。

五、项目推广意义

（1）系统功能强大，操作简便，上手比较容易。

（2）信息全面，运单查询一目了然。

（3）安全性高，信息资料均可以录入并在系统存档，不用担心资料丢失。

（4）建立了合理的分权管理机制，通过权限的设置给不同的网点、部门、人员授权，使他们能轻松解决分内工作。

（5）信息管理规范真实高效。

（6）实时报表分析，可随时了解业务产生的利润信息。

（7）更好、更全面的财务管理。

（8）人性化设计，可以根据自己的喜好更改自己喜欢的界面。

从快捷的开单入库到发货管理，再到货物的签收，环环相扣，运输期间便捷的货物跟踪等，让工作更有效率。出色的财务管理功能，数据全面，做到实时了解公司的财务状况。网点联网，数据实时同步，可以查询各网点数据，解决网点多、漏洞多、容易出错、不好对账等问题。系统职权分明，根据岗位部门划分职责，不能越权操作，出现问题容易查找原因。该系统由于抓住了第三方物流企业业务运营管理的核心关键流程，可在第三方物流行业推广应用。

六、本系统下一步的改进方案、设想

1. 改进方案和设想

（1）有些信息不能自动保存，每次都需要重新录入，建议：第一次录入过的信息可以自动保存，再次录入时可以直接下拉选择。

（2）当录入发货管理时，异常关闭后会生成临时单号，当发货管理人员找不到这个单号时，就无法删除。

（3）系统界面可以设计美观一些。

2. 对物流信息化的建议

加强对物流信息化专业人才的培养，通过社会形式，多招募既懂业务又懂技术的信息人才，同时企业也要加强对物流管理信息化专业人的培养。如果短时间内找不到大量复合型人才，可以采用人才定岗的方式，同一岗位根据知识专长，分配到不同的岗位。我们也要在使用过程中不断完善并改进系统，物流业只有不停进取，才能获得新的发展，处于新时代的物流行业本身，也应该认识到信息化才是未来发展的方向。

物流信息平台应用案例

中远海运物流有限公司：云仓储管理平台

一、应用企业简介

中远海运物流有限公司（以下简称“中远海运物流”）隶属于中国远洋海运集团有限公司，由中国远洋物流有限公司、中海集团物流有限公司和中海船务代理有限公司重组整合而成，于2016年12月21日正式挂牌运营。2017年9月18日，中国外轮理货总公司整合并入中远海运物流有限公司。

中远海运物流是居中国市场领先地位的国际化物流企业，在项目物流、工程物流、综合货运、仓储物流、船舶代理、供应链管理、理货检验等业务领域为国内外客户提供全程物流解决方案。

中远海运物流在中国境内30个省、市、自治区及海外17个国家和地区设立了分支机构，在全球范围内拥有500多个销售和服务网点，形成了遍及中国、辐射全球的服务网络系统。

目前，随着消费升级尤其跨境消费政策红利的释放，仓储业务市场规模将继续扩大，仓储系统的发展将在现阶段的基础上继续深化，成为未来行业升级发展的主要方向之一。

二、主要问题

对于目前很多大型企业的仓储管理方式而言，传统的管理仍然采用人工手动记账进行日常仓库作业，包括下订单、出入库、盘点、运输和配载，随着仓储业务的运作日益频繁，手工管理工作量大且烦琐，耗时长，人工操作导致仓库作业数据不准确，而且传统的工作模式无法实现作业数据实时传输共享，导致管理难度加大。公司下属部分仓储（仓配）公司研发了各自的仓储系统，但因为家电、化工、生鲜、冷库、大宗、外贸、工程物流等业务各不相同，系统功能、数据规范均存在较大的差异，造成管理方面的诸多问题。

1. 企业管理难题

（1）库内管理制度不断改进却无法落到实处。

（2）企业对员工依赖度高且人员流动影响较大。

（3）业务部门与仓储部门无法有效联动。

（4）账务库存与实际库存具有较大差异。

（5）是否有各类专业报表支撑管理层决策。

2. 现场管理难题

（1）效率提升困难而导致人员越来越多。

（2）作业准确率低下产生了大量附加成本。

（3）大量的库存差异使库存信息形同虚设。

（4）仓库主管无法随时掌握库内实时运作动态。

（5）实时作业中出现的瓶颈无法快速解决。

（6）车辆无法有效管理、无法合理排车。

如何利用信息化手段来解决目前面临的问题成为公司仓储管理亟须解决的问题。

三、系统实施

中远海运物流作为中国物流行业的龙头企业，已在上海、广州、青岛、宁波等地设有仓储资源，并开展物流业务，因此，搭建一体化的综合型仓储物流服务平台，整合资源，合理有效控制物流成本，加强仓储的精细化管理，为客户提供存储、拆零、分拣、配货、包装、贴标、流通加工、检验检疫的一体化服务减少周转时间，为客户提供安全、优质、高效的物流服务，是关系中远海运物流能否在仓储业务迅速拔尖、占领行业制高点的关键。

（一）建设原则

（1）需求主导，整合资源：以仓储业务需求为主导，突出重点，充分利用公司业务经验及行业先进理念，强化梳理，最大限度地满足实际业务需求，同时促进互联互通、信息共享以及原有系统的平稳过渡。

（2）先进实用，开放扩展：用“记录一生、服务一生、管理一生、受益一生”的思想，使用先进的技术、翔实的数据记录手段，为仓储平台业务提供全面的信息服务，并为未来业务拓展提供一个标准平台。

（3）统一标准，保障安全：综合考虑进度、质量、规范、安全等各项要求，在平衡成本和效益的基础上，采用统一的标准、规则，确保系统规范、可靠和安全。基于现有网络基础上，从系统本身的设计和实现中进一步确保系统安全、数据安全。能够实现从数据库存储、检索、提取、入库、发布、管理等各个层面和角度都具有相应的安全机制。

（4）多方论证，综合比选：综合考虑实际需求，从订单、仓储、运输、商务和决策等各个方面入手，多方论证，确保了系统的合理性和科学性。

（5）高效仓储，简单易用：仓储的效率表现在仓容利用率、货物周转率、进出库时间、装卸车时间等指标上，表现在“快进、快出、多储存、保管好”的高效率仓储原则上。系统界面设计更适合用户使用操作习惯，根据用户实际业务需要，尽可能减少用户的操作，提高操作效率。

（二）设计思路

系统采用新型的设计思路来规划系统框架，并定义交互契约和规范（如图1所示）。明确整个平台的终极目标，将基础平台的构建作为最核心的建设部分。基础平台作为系统运行及扩展的根基，具备系统层级的管理、整合及监控功能。

基础平台所包含的内容相对于业务是完全独立的，绝对不交织业务元素。平台主要

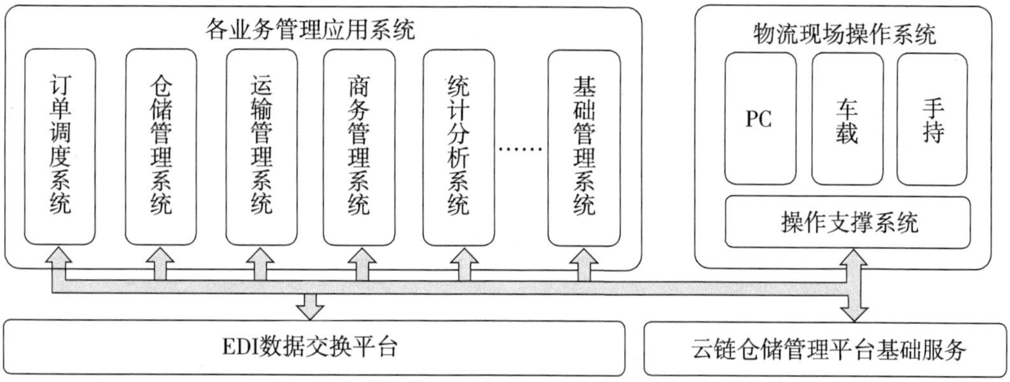

图1　总体架构

提供快速开发插件的功能及标准，规范开发过程，减少开发周期及开发成本。

系统层级的管理，包括性能指标、稳定性指标及安全性指标。提供开放的公共组件及公共方法（也是系统层级的，主要是为了形成业务链和监控控制），供相关插件访问及调用。构建基于企业级的服务总线，根据当前规模只需提供轻量级的服务总线即可。支持主流的消息转换，此部分主要是体现在多系统访问交互及分布式部署时的消息路由及信息转换。

总体架构中，按照高内聚低耦合的原则，从垂直维度划分为多个业务应用系统，包括订单调度系统、仓储管理系统、运输管理系统、商务管理系统、统计分析系统以及基础管理系统等，在将来可以陆续加入其他物流相关系统。

各业务应用的数据在逻辑上相互独立，各系统之间不可以直接调用，都是通过 EDI 数据平台进行数据交换。采用公司现有的 EDI 平台架构，既用来可外部系统数据交换，也用来进行内部数据交换。内部各业务系统数据格式统一，基本不用进行格式转换。

对于需要快速高效的操作功能，单独建立一个物流现场操作系统，支持 PC、车载和手持等各种操作，并根据现场特点和需求进行设计开发，提高现场操作的效率。本系统考虑现场操作速度，可以在操作现场部署。

根据物流平台的项目多系统分布式协同的特点，新建立一个分布式基础服务平台，为多个业务系统和分布多地的操作系统进行协同和分布式管理，提供多业务应用系统的统一入口、单点登录、基础数据共享支持等服务。

（三）功能概述

仓库的一个最基本的功能就是存储物资，并对存储的物资实施保管和控制。但随着人们对仓库概念的探入理解，仓库也担负着物资处理、流通加工、物流管理和信息服务等功能，其含义远远超出了单一的存储功能。

中远海运物流有限公司云链仓储管理平台由订单管理系统（OMS）、仓储管理系统（WMS）、运输管理系统（TMS）、商务管理系统（FMS）、统计分析系统、基础数据平台以及现场实操的 PDA（掌上电脑）系统构成（如图 2 所示）。

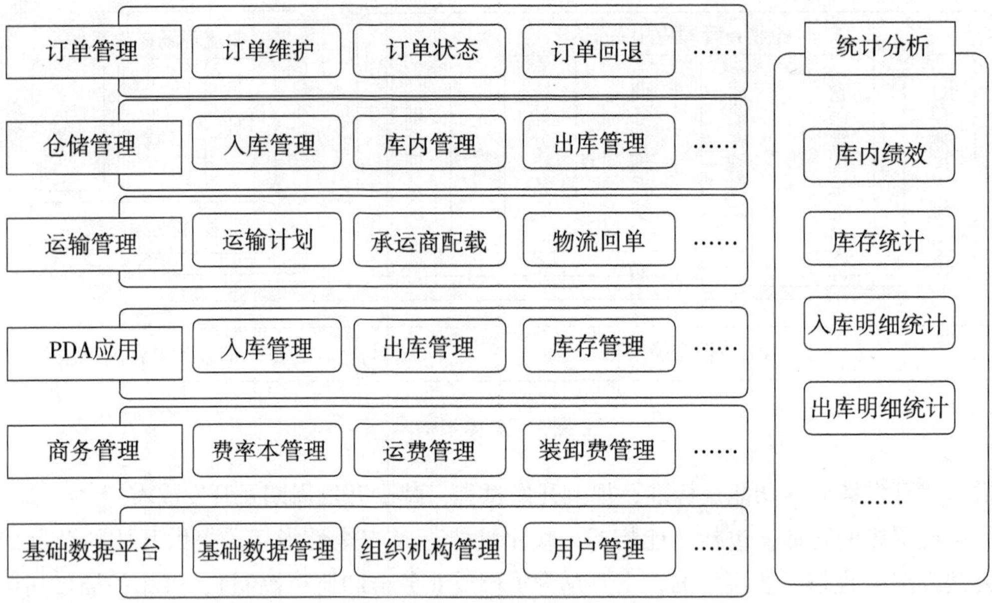

图2　系统功能

订单管理系统主要实现客户各类订单的管理，主要包括订单的维护、订单状态的跟踪、订单异常回退等功能。

仓储管理系统是系统的主体，主要实现货物的入库、出库以及库内日常的盘点、监控等功能。WMS采用智能化的上架、拣货等各类策略以实现高效的货物管控能力。

运输管理系统实现系统货物的配载以及运输过程中的监控功能。

商务管理系统采用商务前置方式，改变以往月底集中录入费用数据的模式，在业务操作过程中生成费用数据，以达到日清月结的效果，提升对费用数据的监控能力。

系统通过智能终端扫描条码技术应用解决了工作量大导致工作效率不高、数据实时传输等问题，该方案主要提供仓库出入库、移库、盘点以及各客户签收确认管理，通过扫描条码方式可实现数据实时传输，从而确保货物流转时信息精确采集，降低人工操作的效率和差错率，具有灵活的业务数据处理机制。

（四）困难及解决

系统在实施过程中，遇到了各类问题，通过现场试验以及专家研讨等各种方式予以解决。

1. 吞吐的物品种类越来越多，仓储面积越来越大

由于各公司货物种类繁杂、仓储面积大等原因，货物的存放、拣取越加复杂，易造成效率低下等问题。平台采用智能化策略优化货物存放及拣取方式。

（1）收货策略：部分收货（一单收多次）、合单收货（一人收多单）、并行收货（多人收一单）。

（2）上架策略：系统采用分区存储、近发货口优先、ABC规则优先、货品属性优先（性、重、体）等上架策略。

（3）出库策略：先进先出（按入库自然时间）、保质期优先、库内动线优先、批次优先或指定批次出库。

（4）订单汇总及波次策略：按订单接收及拣选（摘果式）、组合后先拣后分（摘果 + 播种）、一单一货/一单多货集中拣选。

2. 提供的服务越来越广，业务流程越来越复杂

各公司实际业务、人员结构千差万别，业务流程各不相同，存在业务节点合并、拆分等各种情况。平台采用可视化的流程配置工具，实现业务流程的自定义功能。

（1）流程自定义：平台提供流程自定义功能，可以根据各公司、业务中心、仓库的实际情况配置满足各自需要的工作流程。

（2）业务自定义：平台提供各类型仓储的支持能力，可以根据项目类型的不同，支持普通仓库、冷冻仓库中地堆、货架等各种形态的业务需求。

四、效益分析及评估

（一）效益指标对比、分析

（1）降低人员成本：通过系统的使用，提升业务操作效率，各岗位人员配置数量相应减少，降低了人工成本。

（2）降低人员依赖性：通过智能化系统设计，将积累的业务经验转化为系统能力，降低对人员的依赖性，避免因人员离职等原因造成招聘新人增加的培养成本。

（3）降低能耗成本：通过智能化的上架、拣货等策略，降低货物出入库的运输距离和拣货效率，进而降低库内运输能耗，降低成本。

（4）提升存储能力：通过智能化的上架策略，优化货物存储结构，提升仓库空间利用率，降低空仓率。

（5）提升客户竞争力：先进的系统支撑能够体现公司仓储管理的能力，在客户群体中树立良好的印象，进而提升在同类公司中的竞争力。

（二）信息化实施对业务流程的影响

（1）精细化管理：系统采用逐号管理方式，管理到每一个库位、每一个货物，平台根据上架、拣货等智能策略，精确提供存放、提取货物的最佳方案，提升工作效率。

（2）批次管控：系统通过批次管控，结合先进先出、保质期优先等不同策略，提升货物的周转效率，提高仓储管理水平。

（3）PDA 设备应用：系统通过使用 PDA 设备，简化操作流程，提升操作效率和操作准确率，降低错误率。

（4）业务流程：系统通过自动流程管理，可以根据业务的发展需要，动态调整系统业务流程，满足不同客户的需要。

（三）信息化实施对提升企业竞争力的作用

（1）精准查询：公司、客户可以随时查看库存货物信息，了解仓库状态，精准进行

补货以及货物出库操作，可以给客户更好的使用体验。

（2）业务规范化：通过系统的使用，建立统一的标准规范，提供专业的服务体系，有利于客户快速了解系统支撑能力，获取客户的好感。

（3）业务监控：客户可以对仓库数据进行监控，也可以对货物运输情况进行实时监控，掌握货物的所在位置、状态等信息。

五、信息化实施过程中的主要体会、经验教训、推广意义

（一）主要体会、经验教训

（1）紧密合作：系统建设需要公司与研发方紧密配合，将公司的业务经验及研发方的技术经验结合到一起，才能最快、最优、最全地满足公司的业务需求。

（2）考虑实际业务部门需求：系统建设要充分考虑底层业务部门实际操作需求，要减少实际用户的工作量，避免用户产生抵触情绪，这样才能促使用户使用系统。

（3）全面的培训：系统使用培训是信息系统推广中一个很重要的工作，不做好培训，会出现很多问题，例如操作错误导致流程混乱、工作效率降低等。这样实际用户会产生抵制情绪，影响系统推广，所以需要提前做好培训准备，细致全面地做好培训工作。

（二）推广意义

（1）信息化：公司运用现代信息技术对物流过程中产生的全部或部分信息进行采集、分类、传递、汇总、识别、跟踪和查询等操作，以实现对货物流动过程的控制，从而降低成本、提高效益。在发达国家，供应商、批发商和零售商通过网络实现信息共享，并将条码技术、数据库技术、电子订货系统和电子数据交换等信息技术应用于现代仓储业务，有力地促进了信息流和仓储业务的结合，从而实现仓储业务高度的信息化与集成化。

（2）规模化：随着社会化分工的细化和专业化的发展，规模化经营会提高经营效率、降低经营成本、实现经营集约化和产生规模效益。规模化经营是仓储产业现代化的必由之路。在发达国家，统一进货、统一配货、统一管理的规模化经营，可以降低仓储、运输费用和社会交易成本，取得规模效益，提高公司的核心竞争力。

（3）标准化：标准化的直接推动者来自市场的需求。企业之间网络系统的建立和货物的高效存储、配送，要求相关企业在编码、通信程序、数据交换格式和包装等方面实行标准化，以消除不同企业之间的信息沟通障碍，为企业间的仓储、配送信息系统的建设营造良好的环境。

（4）提升效益：完善的仓储管理不仅可以提高公司仓储资产的利用率，减少库存和降低存货管理成本，而且可以缩短商品的交付周期，提高对顾客的快速反应能力和公司的经营利润。

六、改进方案、设想及对物流信息化的建议

系统未来发展的方向是降低人工干预、提升智能化水平，可以充分使用AI、区块链等先进技术并结合现代仓储管理理念，提升系统自动化水平。

（1）要加大对现代技术设备硬件的投入和软件开发的力度，以提高货物供应时效和降低仓储运营成本为目标，积极利用网络和信息技术，加速公司仓储业务信息化进程。

（2）大力培养和引进高素质仓储管理人才。作为现代仓储业务发展的关键因素，大力培养和引进高素质仓储业务管理人才，尤其是熟悉现代化仓储业务和技术的专业人员，会使公司仓储业务尽快与国际接轨，提高公司的管理水平和设备应用的专业化，促进仓储业务的健康发展。

（3）独立的仓储系统已经不能满足完整供应链以及全球化发展趋势，加强仓储业务与物流供应链一体化体系建设，是未来公司仓储业务发展的方向和必然趋势。

鞍钢股份有限公司物流管理中心、鞍钢实业集团铁路工程有限公司：基于智能低碳的采购物流信息化平台构建

一、应用企业简况

鞍山钢铁集团有限公司（以下简称“鞍山钢铁”）是鞍钢集团最大的区域子公司，是全国大型钢铁联合企业，始建于1916年，前身是鞍山制铁所和昭和制钢所。鞍山钢铁成立于1948年12月，是新中国第一个恢复建设的大型钢铁联合企业和最早建成的钢铁生产基地，被誉为“新中国钢铁工业的摇篮”“共和国钢铁工业的长子”，是“鞍钢宪法”诞生的地方，是英模辈出的沃土，为新中国钢铁工业的发展壮大做出了卓越的贡献。鞍山钢铁生产铁、钢、钢材能力均达到2600万吨/年，拥有鞍山、鲅鱼圈、朝阳等生产基地，在广州、上海、成都、武汉、沈阳、重庆等地设立了生产、加工或销售机构，形成了跨区域、多基地的发展格局。目前，能够生产16大类钢材品种，120个产品细类，600多个钢牌号，42000个规格的钢材产品，广泛应用于国民经济各领域。

鞍钢股份有限公司物流管理中心（以下简称“物流中心”）是鞍山钢铁国内物流业务的管理和运行平台，业务覆盖范围包括采购物流、生产物流、销售物流、逆向物流，涉及汽车运输管理、铁路运输管理、海路运输管理、仓储管理、包装、加工等核心业务。

二、项目建设背景

（一）适应钢铁企业高品质发展的必然需要

近年来，我国经济进入结构性深度调整时期，钢铁企业面临着“内忧外患”的严峻形势。钢铁市场产能过剩、供需失衡，同质化竞争激烈，国内钢铁企业均积极推进以去产能、降成本、优结构、提效率为主要内容的改革，加快企业转型升级，适应高品质发展需求。钢铁企业的物流量较大，其中包括钢铁企业生产所需要的铁矿石、能源以及辅料，物流成本较高。鞍钢作为大陆型大型钢铁联合生产企业，受到国内铁矿资源及煤炭供应以及地理位置限制，鞍钢每年需大量采购原燃料，按目前2600万吨产能测算，预计需要约11250万吨的原燃料，物流过程也被誉为“钢铁大游行”，同时为确保生产供应安全，会在港口、自有料场囤积大量原燃材料，耗费了企业高昂的采购、运输、库存成本。据统计，采购物流成本约占鞍钢全部物流成本的50%以上，造成利润空间被大幅挤压，降低了市场竞争优势，制约了鞍钢高品质发展实际需要。随着钢铁市场竞争的白热化，降低企业物流成本、向“第三利润源”要效益是提高企业综合竞争实力的一个必要途径。为此，采购物流作为物流中重要环节，集约高效、精益卓越的采购物流流程及信息化集

成管控系统成为迫切的需要。

（二）实现钢铁企业采购物流精益管理的支撑保障

鞍钢一直在信息化上不断投入，如2007年开始陆续投入运行的产销ERP（企业资源计划）、铁运ERP、MES（制造企业生产过程执行系统）等信息化系统，后续又陆续开发上线了决策支持系统、SAP系统、财务共享系统等信息化系统，很好地支撑了鞍钢产业升级。但是以往信息化投入更加侧重的生产制造、销售、财务集成，采购物流相关信息化相对薄弱，一部分已有信息化系统，分布在各职能中心、厂矿，如计量系统、质检系统、汽运信息系统等均由各厂矿依据厂矿职责、业务需要进行开发，信息没有集成，且开发标准、模式、结构、物料编码原则差异性很大，属于单独部门级信息化系统，成为信息孤岛，没有有效进行集成，缺乏系统全面的分析功能，对公司经营决策缺少支撑；还有一部分暂时没有信息化系统，属于空白，如港口原燃料、周边采购等一直都是靠人工进行操作，数据多点采集不能共享，业务流程不透明，结算时手工制单录入财务共享系统实现财务结算数据的归集，效率低下。由于采购物流涉及物品种规格多、运输过程长、物流节点多、管理困难而复杂，且要保证供应需求刚性，资金占用较高、物流成本较高。原有的采购物流相关信息化系统难以支撑企业新的发展思路和战略需要，亟待对采购物流流程进行再造并进行信息化集成整合和升级。因此，采购物流迫切需要信息化集成度较高，覆盖采购物流过程全流程管控，实现自动结算、成本归集、综合统计分析的核心管理系统，这是实现钢铁企业采购物流精益管理的支撑保障。

（三）提升企业集中管控、精细化管理水平的有效措施

在深入推进供给侧结构性改革的新形势下，鞍山钢铁贯彻“五大发展理念”，落实“改革引领、创新驱动、质量升级、智能制造、绿色发展”的工作要求，加快实施“1+6”产业规划，坚定不移做精做强钢铁主业，协调推进相关产业发展，不断提高企业发展质量和效益。鞍山钢铁提出了加快高品质发展，加快向着最具行业竞争力钢铁企业目标迈进。具体为构建企业创新发展“四大平台”，其中包括以科技为导向，加快现代物流、清洁发电、化学科技、绿色能源、冶金炉材、高端汽车零部件等产业发展，构建新兴产业发展的平台。但是原有采购物流业务还有部分没有纳入信息化系统管理范畴，物流环节信息的采集、统计、分析、计量确认、核算、成本归集仍依靠人力完成，对人力要求依赖性较大、效率较低。已有的信息化系统多成为信息孤岛，底层基础数据多在各部门级业务系统中运行，信息不能共享，缺乏统一的数据规范，缺少集中一体化管理，难以到达精益管理的需要。随着新技术、新工艺、新设备大范围应用，现有职工计算机等信息化接受及应用能力普遍提高，管理流程有序规划、物流控制节点管控机制、信息数据横纵贯通等管理理念、手段及方法已经深入至管理团队的每一个人，企业、管理者、职工都迫切需要利用信息化平台和相关系统集成信息支持实现集中管控、精细化管理创新模式的发展。通过不断强化企业的信息化建设和组织机构建设，以及高效的协同管理不断提高综合竞争力，确保鞍山钢铁提出的目标顺利实现。

三、信息化进程及主要做法

物流中心以鞍山钢铁改造升级信息系统集成平台为契机，通过梳理优化流程、调整组织结构、统一数据规范，新建和整合形成采购物流全面集成的信息化系统，构建物流一体化信息平台。抓住采购供应价值链关键环节，实现集中管控和业务管理精细化。主要做法如下。

（一）明确定位，实现流程再造设计

1. 直视痛点、明确定位

目标是开发一套覆盖采购物流管理全业务流程的信息化管理平台，优化各单位、各部门、各岗位的数据信息流，根据管控指标体系和管理机制，将原有分散于优化各单位、各部门、各岗位的业务数据多信息源，多平台、多系统、多用户，以及不能共享和交叉重复的信息数据按管理职能和实时动态运营管理机制的要求逐一进行梳理、分类、合并和调整，统一规划整合到管理体系中，形成采购物流全流程数据链集成，提高信息数据的利用效率和管理效率，增强采购物流保供的执行能力和市场响应能力。

2. 梳理流程，再造设计

项目管理团队充分发挥业务骨干、企业管理、财务人员的专业特长，开展采购物流供应链条全流程的调研写实，从不同专业角度描绘原业务流程的流程图、横向关系、关键节点的信息输入输出，编绘了业务流程图、信息流程图、资金流程图，同时充分了解实际工作存在的痛点。通过对现状的充分了解和感受，充分吸收国内外行业发展的新方向，提出了业务流程优化方案、信息流程优化方案、资金流程优化方案。针对原有缺少显性流程，部门间、岗位间大多按照多年积累的工作习惯进行工作衔接，随意性强、可追溯性差、差错率较高、信息流断链等让管理及职工苦恼的问题，提出了责任中心主体责任的业务架构，以简单高效为导向，实现了采购物流管理资源向一线岗位倾斜，实现了现场数据、信息的高效及时采集，减少中间环节。通过完善管理制度、明确岗位职责、绘制工作流程图等手段将隐性流程显性化、规范化、标准化，创建了全业务流程的工作参考模板，明确了数据采集标准、交互标准、核算标准、统计报表标准，并做系统进行固化，依照编制的流程进行标准化和规范化，通过系统手段监控标准的执行情况，并将执行情况与部门绩效、岗位绩效挂钩，极大地提高了业务标准化及工作效率，降低了差错率，促进了流程的透明化、高效化。整个流程在横向和纵向清晰、直观、一目了然。同时对原有业务审批流程进行了优化，将线下审核优化为线上审核，并在系统固化了每一类业务审批流程，杜绝了原有审批的随意性，使得审批流程全面受控，确保各项业务顺利执行和落实。

（二）完善管理体系，提升项目管理水平

成立项目推进管理团队，成员由业务骨干、财务人员、企业管理、IT 人员组成。按照统一规划、分步实施的方案，明确项目建设推进网络计划图。在项目实施管理的过程中，团队成员充分熟悉采购物流先进管理方案和新技术，积极发掘行业的发展方向，结

合鞍山钢铁自身实际情况不断创新，力争开发出一套适合钢铁企业采购物流全业务流程的管控系统。制定项目管理制度，形成了一套从业务设想、可行性评估、项目实施到人员培训、系统应用的整套项目管理运行体系。

（三）实施数据一元标准化集成，凸显价值创造贡献

1. 梳理基础数据，实现数据一元化

按照统一标准、统一规范的原则，明确基础数据的编码规范，编码管理流程清晰、职责明确，建立公司统一的物料编码、客商编码、合同编码、状态编码、财务科目编码等，规范编码的创建源系统，通过分发及调用原则下发给需要的各级组织、平台、系统用户，保证公司层面数据的标准化、唯一性和集成共享。

本次基础数据是对原有公司级、各部门、厂矿信息化系统孤岛严重的情况进行的，原有 ERP、生成调度指挥系统、铁运 ERP、计量系统、客商管理系统、招投标管理系统、质检管理系统、料场 MES 系统等各自积累了不同的基本数据，这些数据编码规则不同、描述不一致，且存在交叉重叠，标准不一致，规则不明确。为此，鞍山钢铁信息化管理中心设有专门的编码小组，对公司的物料由编码小组按公司统一编码规范进行统一编码并在系统重建；建立了物料编码错误反馈机制，各业务部门发现编码错误及时反馈编码小组进行更正；为保证历史数据的完整性，要求各业务部门信息化系统建立新旧物料码对照关系字典，新业务一律使用新编码；新增物料依据公司程序文件进行申报，由编码小组按编码原则编制后下发，共享给各相关系统使用。通过数据梳理规范，各部门级业务系统不再新建编码，接收或调用公司统一的物料编码、客商编码等，确保公司各系统的数据一元化，核心基础数据统一、标准、规范。

2. 采购物流各攸关方数据信息整合，实现对决策支持

采购物流各攸关方包括原燃料采购中心、设备资产采购中心、招标中心、物流管理中心、信息化管理中心、财务共享中心、各生产厂矿、物流供应商等。通过各环节各攸关方产生的数据进行数据一元化集成，实现采购物流节点信息快速集成、充分共享，进一步强化专业化管理、集中管控，对决策提供支持；通过建设 ERP、SAP、港口物流、财务共享等信息化系统构建集成共享物流经营管理体系，对生产需要计划管理、采购管理、供应商管理、物流招标管理、合同管理、预算管理、资金管理、财务管理等业务流程进行全面优化，快速支撑体制机制改革，专业化重组，全面提升企业在人财物等资源管理方面的规范、标准化水平，提升采购物流精细化管理水平和管理效率。

（四）创新指标、过程管控体系，实现供应链协同共赢

1. 建立运营指标管理体系，方便不同对象使用、决策，实现共赢

为全方位、多角度地展示业务运营结果，为业务运营监管及科学决策提供及时、准确的数据支撑，鞍山钢铁构建了全景式、立体化的运营管理指标体系。该体系实现的路径是，先建立公司运营结果的基础指标，通过对基础指标进行多维分类，建立立体指标体系，借助 IT 系统进行报表管理和经营分析，最终展示给使用者使用、做决策。一是建立和完善采购物流基础指标，以公司战略目标为导向，依据公司年度采购物流控制目标

为基准，根据平衡计分卡（BSC）的指导思想，先确定采购物流业务运营结果直接相关的供应和财务两个维度，根据经验法和专家法，构建6个一级指标体系；再根据一级指标，综合运行层次分析法、专家法等，结合指标构建SMRT原则，形成18个二级指标，以此形成公司采购物流供应运行管理指标体系的基础指标。二是依据基础指标，构建立体三维指标体系模型；在基础指标的基础上，将各指标按照集成关系、因果关系、指标周期进行分类，形成全景式、立体式的指标体系。全景式、立体化管理指标体系，不仅能多视角、全方位地展示公司采购物流运行状况，在指标使用对象上，从公司领导到岗位员工都能实时看到与自己权限有关的运营结果数据，方便不同对象使用、决策。

2. 建立标准化作业管理体系，持续改进

全流程标准化的作业管理体系，应建立完善的组织机构和岗位职责，经营管理制度，业务操作流程、作业标准形成管理制度体系，做到每一个岗位都有职责，每一项工作都有标准。将制度体系建设常态化，采取随时维护和定期换班相结合的方式，保证各体系在外部环境和内部条件发生变化后，经常处于有效、适用的状态。同时将管理制度、业务流程、作业标准的培训作为加强内部管理的前提。通过加强培训和沟通促进员工的自主管理和持续改进。

3. 实现大数据的分析与运用

通过数据融合，将各系统数据综合运用，形成不同维度的运营数据分析，反映业务实际，指导业务开展。实现采购物流计划、执行量、损耗、结算等多维度数据分析，为各级管理者决策提供依据。通过数据大数据融合，及时获取在站在途信息、海运航行信息，与生产实际需求进行调整，计划提前筹划，提高应急处理能力，降低物流成本。

4. 实现采购物流运行过程的预警机制、稽核机制

一是预警机制中预警指标以基础指标为基础，结合公司战略目标调整，运用专家法、时差分析法等，动态调整预警值或预警区间，前置管理风险；二是建立闭环稽核机制，保障业务运营的规范、真实。为了更好开展业务财务两级稽核工作，成立专门核算队伍，围绕收发存数据及财务预防账款、应收账款、应付账款、价保返利等数据，制定结算管理办法，明确稽核工作管理规范，明确岗位职责、工作流程、稽核内容与要求，差异处理，实现稽核体系闭环管理。同时通过设置系统稽核，对每单物流计划进行收发存、合同执行、计量确认、费用跟踪、预付款冲销及余额、返利、异议处理，并进行自动稽核预警。通过人机两级稽核机制的建立，保证业务数据真实、完整和准确，财务计量与经营管理报表反映实际收支情况，保证费用信息完整和准确性；保证价保返利执行数据的准确性，以及周期内完成情况进度、欠量预警，确保价保返利优惠政策获取；保证按权责发生制和收付实现制两个维度数据关联一致，保证业务的账实相符。

（五）推进采购物流信息化系统集成，提供定制化增值服务

吸取了之前信息建设经验教训，并结合采购物流信息化集成系统应用范围广（包含鞍钢钢铁相关厂矿，驻大连、鲅鱼圈、盘锦等各个港口办事处）的实际现状，要求能够承载一体化的业务和数据，有良好的拓展和升级能力，向上、向下集成良好。

1. 可拓展升级的系统平台

采购物流信息化集成系统采用 B/S 结构，开发一套集 Chrome 内核的自定义浏览器，用户只需要安装本系统自带的浏览器即可正常使用本系统。为实现采购物流自需求计划开始至结算为止业务全流程管控，采购物流信息化集成系统物料描述、代码，供应商信息代码、费用科目代码、合同代码均采用公司信息化管理中心编发的标准代码，确保系统具备向下、向上集成的基础。

一是业务功能模块化，包含合同管理、计划管理、到港管理、商检管理、收发管理、港存管理、异议管理、结算管理、外部接口等功能模块，如图 1 所示。合同管理实现合同信息自维护或向外兼容接收标准合同，通过自定义合同组合，为不同物流方案匹配支持合同组合，供物流计划调用。计划管理支持自维护，也可接收其他业务系统物流委托，并进行物流合同自匹配，由计划岗位确认后下发审批执行。到港管理、商检管理、收发管理通过接口、扫描、录入等方式实现港口基础数据及时采集。港存管理实现港口库存放货进度、发出信息采集、港存分析、船舶动态、港口交班信息采集。异议处理根据合同条款自动巡视预警，提出异议申请，并在线上提出处理审批。结算管理实现各费用计量签证、结算通知、费用暂估、费用组批发起、配票调税、费用结算进度跟踪、完船清账等财务处理。另外有统计分析，通过权限分类，实现个性化数据及功能视图。

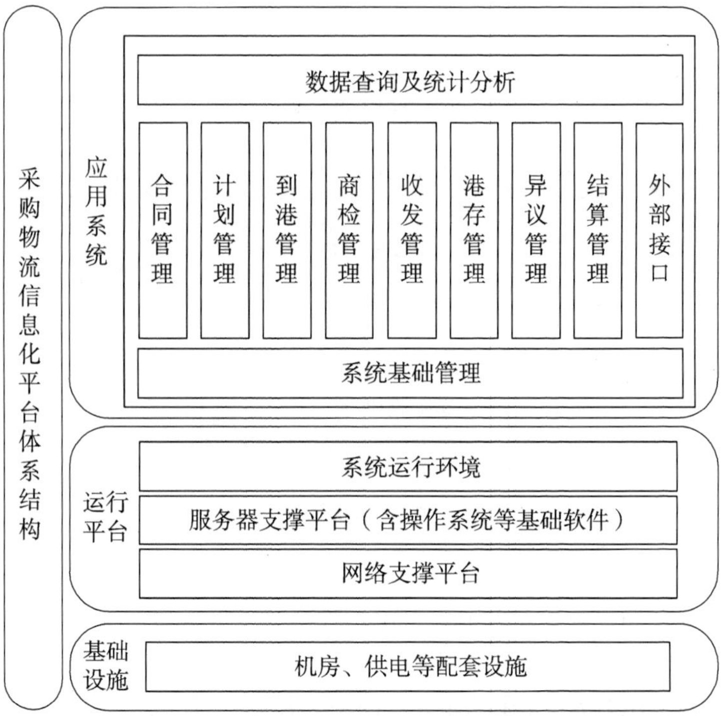

图 1　采购物流信息化平台体系结构

二是接收到物流委托后，系统生产内部 ID，依据物流计划类别调用自定义的物流合同信息，通过录入、扫描、铁运 ERP、计量信息接口协议获取物流订单的日期信息、船舶信息、商检信息、收发信息、计量确认、结算确认，组批后一键向财务共享抛账，以及进行线上异议申报处理。

三是与相关业务系统数据融合。通过数据接口协议及字典对照，可以实现与采购ERP、计量系统、铁运ERP、MES、财务共享系统数据交互，将原来线上、线下分散的数据融合到同一套系统上，经过处理后将数据转换为用于实时分析和控制的有效信息，实现采购订单、物流委托、招标管理、商检信息、业务过程信息、阶段核算、财务报表、库存分析、统计分析等全业务流程的信息集成，并形成完整视图，以查询、报表、数据挖掘等形式个性化地展示给相关使用者。

2. 系统集成设备及系统软件设计

（1）服务器结构设计。

充分考虑系统运行环境的稳定性、安全性和可扩展性以及较低成本投入，对系统服务器设计采用镜像双机热备方案。两台服务器利用本地磁盘存储业务数据，ServHA镜像双机热备软件（ServHA Mirror）负责实时同步两台服务器数据，保证两台服务器数据完全一致，由主服务器对外服务并将业务数据实时同步至备用服务器，一旦主服务器发生故障（如操作系统宕机、服务器意外掉电、网络故障等），由ServHA镜像双机热备软件自动将业务应用切换至备用服务器继续对外服务，保护业务应用不间断运行。系统拓扑如图2所示。

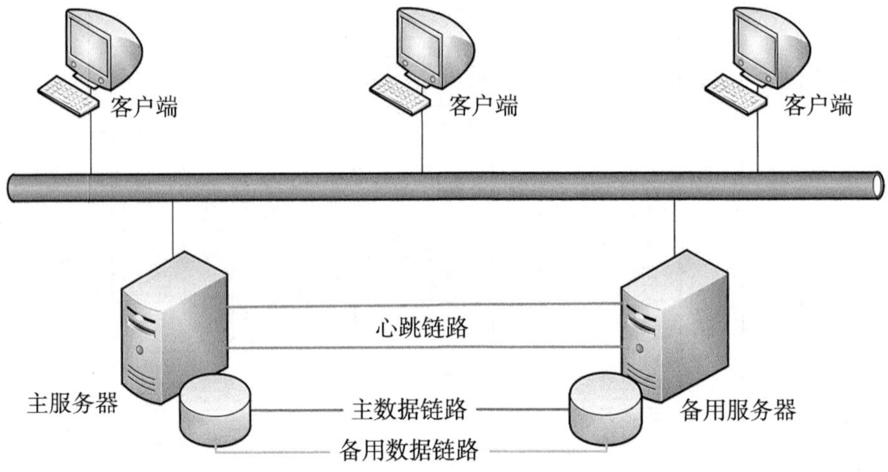

图2　系统拓扑

（2）采用技术路线。

考虑本系统终端用户分布在鞍山、大连和营口，如果采用C/S（客户机/服务器）结构设计，对以后的实施部署和运维工作带来不便，所以采用B/S（浏览器/服务器）结构设计，系统的前端UI设计基于Bootstrap、CSS3、Html5等技术，支持响应式布局，可适用于不同分辨率的终端，根据屏幕分辨率自适应控件布局。但对客户机的浏览器版本有一定的要求，系统支持IE11+、Firefox、Chrome、360极速等多种浏览器。系统使用MVC开发模式，将代码组织为四层，分别为：DAO层、Service层、Controller层、View层。DAO层负责对数据库的访问操作，Service层负责业务的实现，Controller层负责请求参数的处理以及请求的转发，View层负责实现用户交互的图形界面。

（3）外部系统通信技术。

由于本系统与财务共享系统、OA系统存在数据上的业务交互，本系统对外提供统一的Restful风格的Web Service接口，实现与各系统之间的数据通信。这样既保证了多系统数据之间的通信又保障数据交互的安全性，实现数据的可靠、稳定、及时。

3. 实施步骤及内容

（1）一期建设内容。

本项目一期从2016年12月开始规划，2017年3月正式启动，并于2017年9月投入运行。一期项目将工作重点集中到各港口办事处数据采集上，实现根据运输管理部下达的定港计划办理到港信息采集、商检信息采集、收发信息采集和港存信息采集功能。以实现数据共享、传递准确及时为目标。

（2）二期建设内容。

本项目二期从2017年11月开始至2018年9月完成。主要实施内容包括纳入合同管理、非港口计划、异议管理、结算管理、接口管理和统计分析。二期实现合同与计划的匹配、异议信息的流程化管理、实现采购原燃料全面的物流信息化管理、实现与财务共享系统各信息化系统对接、实现多维度的报表分析功能。通过二期功能的实现，再结合一期的功能，本系统可以准确地为领导提供成本费用分析报表、靠泊船只的费用结算进度情况、采购原燃料的途耗情况等，达到了项目预期目标。

四、效益分析与评估

（一）经济效益

2018年实现降低成本520万元。

（二）实现了采购物流信息化系统综合集成，为企业集中管控奠定了基础

1. 采购物流管理一体化

采购物流信息化系统集成了鞍钢股份、鲅鱼圈分公司港口、周边采购物流业务以及矿业公司、二发电厂等各单位港口采购物流业务。打通港口、物流供应商与企业间的物流生产经营信息流，建立上下纵向贯通、横向集成的一体化生产经营管理体系，实现全产业链资源优化配置，产品调运物流优化，实现供应商与企业之间的信息集成、数据共享，向后方生产端快速传递，以需定供、以卸定装，提高采购物流反应能力和协同协作能力。

2. 实现了采购物流业务、财务一体化

统一调用公司SAP中供应商编码和财务科目编码，不通过费用依据合同自动匹配科目码、税率代码，实现采购物流成本、预付款、代理服务与财务之间的业务数据交互全部通过平台按合同和结算周期向财务共享抛账，自动生成费用暂估、冲销、平账、费用跟踪、成本自动归集。解决了业务数据与财务数据分割，实现了业务驱动财务，大大减轻了财务人员的工作强度，提高了工作效率和准确性。同时可以按照权责发生制、收付实现制两个维度实时预测、分析出当期采购物流成本、代理服务应收账款，实现了业务

分析与财务分析的无缝结合，提高物流成本的管控分析能力。对应库存账龄、异议账龄系统可以自动计算，并进行预警，督促业务和财务及时清理呆滞库存、处理异议，分析库存资金占用。在业务系统通过科目统一、核算规则统一，实现了财务、业务一体化，成本在鞍山钢铁现有的信息化管理系统中属首创。

依托该系统采用集中核算模式，只需要 1 名成本业务人员即可实现年约 3000 万吨（费用约 20 亿元）采购原燃料各类物流费用核算、成本归集、票据影像发起。当期业务费用结算率由原来的不足 70% 提升至 93%，提高了成本的核算效率。对人的依赖性大为降低，无论谁接手都很容易熟悉和掌握，可以最终追溯成本的形成过程，可以形成成本分析、为成本提供管控依据，核算精细度大大提高。

（三）提升了企业一体化、精细化管理水平

港口采购物流、铁路到达业务数据覆盖率由系统空白提升至 100%，采购物流各关节环节指标在线管控，港口月均库存由 260 万吨降至 230 万吨，缩短运输周期（由平均 3.6 个月降至 2.1 个月），压减库存资金占用；途耗率控制 1.5% 以内；通过采购物流信息化系统集成了分散在相关业务数据，实现透明化、充分集成，可以对采购物流执行的过程、效果进行综合评价分析，为持续改进提供了可能，提升钢铁企业的一体化、精细管理水平。

五、主要体会、经验与教训

通过该案例的构建与应用，深深地体会到业务流程优化与信息化融合对降本增效创造出的积极推动力。同时也体会到了，系统的成功上线应用，离不开系统规划、流程再造、科学优选、整体设计、分步实施的原则，离不开领导对系统建设、流程优化的工作的绝对支持，团队必须遵循深入实际、突破常规、集中力量、头筹协作根本遵从。同时要紧跟新技术、新设备开发应用，为解决系统问题提供种种可能。更为重要的是，破除既有模式、惯性思维，消化吸收先进的管理思想，与自身的实际结合，再创造出适合自己的管理模式。

本次系统集成，搭建了柔性、可扩展的、全面集成的多组织信息化应用平台，构建了统一的信息管理平台，消除了信息孤岛，统一了基础数据，打通了业务数据链条，消除了物流统计异步问题，实现了信息共享，数据、在线的及时统计，业务可以追溯和多维度统计分析，实现了业务管理精细化、财务和业务一体化程度不断提高，采购物流管理水平明显提升。

六、下一步的改进方案

通过该项目的建设实现了采购物流系统从无到有，经过一段时间的运行，对钢铁企业采购物流信息化管理有了新的认识。我们认为采购物流管理作为供应链管理的一个重要组成部分，目标就是如何实现把成本降下来、效率提上去。为实现这一目标，下一步的改进方案有如下几点。

1. 供应商线上管理

拟定实现供应商分类管控、供应商优选、供应商绩效评价。供应商分类管控，通过供应商寻源将合格供应商信息纳入系统供应商库内，并按照战略供应商、优选供应商、合格供应商、备选供应商、淘汰供应商进行分类管控。新增的采购业务可以根据物流方案优选匹配最合适供应商，减少按业务开展供应商寻源的资源浪费。对采购物流方案各节点设置供应商绩效考评标准，如交期、质量、结算等关键指标，进行节点采集对比，系统根据对比信息对供应商每单的业务的操作情况进行赋分评价，按供应商晋级规则向实现供应商分类晋级，级别高的能获取更多的新业务，通过减少业务淘汰待淘汰的供应商。改变以往年度靠印象来评价供应商的老传统、旧做法。

2. 采购供应平台集成升级

通过该项目的建设初步实现的采购物流的系统集成，下一步拟将采购需求、物流批量、生产规模与库存的最佳匹配，采购物流成本筹划、推拉式预算模型、过程成本管控。

3. 开发更加开放共享的信息化平台

开放网络端、开发 App，将采购物流预测、计划、订单信息第一时间推送给供应商，供应商线上传递物流方案、进度状态、线上对单核算、线上支付。

中国移动通信集团河北有限公司：以信息化平台构建物流集中化管理体系

一、企业简况

中国移动通信集团河北有限公司（以下简称“河北移动”）于1999年8月16日正式挂牌成立，2000年10月在香港和纽约同时上市，成为由中国移动通信集团公司控股的中国移动有限公司的全资子公司之一。公司注册资金43亿元，资产总额超过400亿元。公司现有员工超过2万人。

主要经营移动电话通信（包括话音、数据、多媒体等）、固定电话通信（包括语音、数据等）、数据通信业务、网元出租、呼叫中心、视讯、虚拟专网、IP电话及互联网接入服务等电信全业务运营，另外还具备基于所有电信业务的施工资质和施工能力。

客户总数超过4700万户，其中，高端客户360万户。移动电话客户市场份额始终保持省内第一，占比超七成，始终占据着河北省移动通信市场主导运营商地位，是一个财务稳健、充满发展潜力的持续成长性公司。

河北移动的物流主要是满足用于通信工程、网络维护以及市场营销物资的仓储、运输需求，所以，对于河北移动来说，物流产生于物资需求，结束于物资使用。

二、案例背景

（一）外部环境

1. “提速降费”持续推进

2018年是国家推进“提速降费”政策的第四个年头。从宽带/流量资费全面下调到流量不清零/无限流量套餐、取消手机国内长途和漫游费再到今年政策的焦点“取消流量漫游费，移动网络流量资费年内至少降低30%”。不到四年时间，移动用户资费下降83.5%，人均年省160多元（数据来源于互联网），该项政策为大众网民以及社会产业释放大量红利的同时，也为通信行业的发展带来了新的变革，在利润急剧下降的形势下，如何在培育新兴业务、寻找新利润源的同时，降低运营成本、提升管理效率也成了行业的热议话题和通信企业的未来发展重点。

2. 行业竞争日趋激烈

通信用户日益趋于饱和，三家运营商对4G用户的争夺愈加激烈。2017年，随着全国漫游费的取消、“不限量”套餐等资费政策的推出，三家运营商的利润增长持续放缓，竞争更加激烈。广电网络成为第四家运营商后，也为通信行业竞争态势添加了一剂猛药。

3. 资源供给模式调整

三家运营商的基站交由铁塔公司经营后，网络资源实现共享，竞争优势日渐趋同。

（二）内部环境

1. 公司“降本增效”运营发展

一方面，时代不断发展，先进理念不断更新，作为传统通信企业，应顺应时代发展，利用大数据、云计算、信息化等先进理论，不断提升自己的运作能力和管理水平，以提升自己的核心竞争力；另一方面，作为通信行业的代表性企业，河北移动在竞争日趋激烈的形势下，利润空间逐渐减少，增长日渐放缓，“降本增效”成为必然趋势。

2. 物流管理模式转型升级

作为贯穿物资整个流转过程的活动，河北移动物流的运营内容以仓储和运输为主，管理手段较传统，全省物流资源需进一步整合。需运用科学的方法和管理手段将全省物流运营模式进行转型升级，以达到在提高物流运作效率的同时，实现资源整合，从而降低物流成本，并通过物流运作条线的优化，带动其他相关条线的优化，最终提升整个公司的运作效率。

三、案例解决方案要点概述

河北移动作为通信行业中的一员，面对新形势，必须迎接挑战、创造机遇。在增加营业收入的同时，通过统一管理平台优化，构建物流集中化管理体系，降低运营成本，提升运营效率，助力公司降本增效。

（一）优化系统，集中管控升级

1. 主体信息集中管控

根据信息来源的不同，物流需整合集中的信息主体可分为内、外两种，即供应商、代维单位、施工单位、营销单位四个外部信息主体，以及需求部门、采购部门、物流部门和使用部门四个内部信息主体（需求部门也可能是使用部门），如图 1 所示。

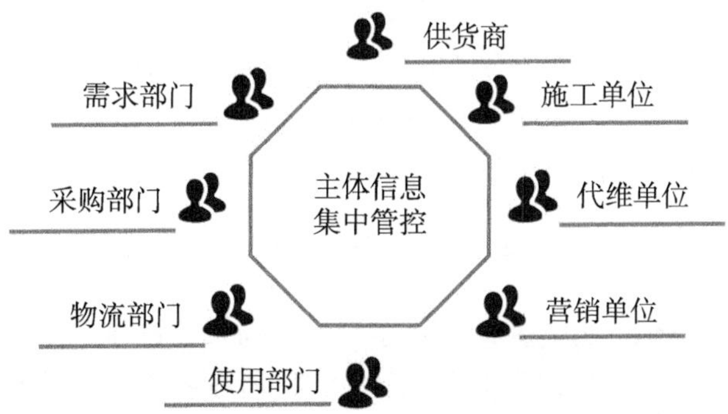

图 1　集中管控的不同主体

2. 管理全流程集中管控

河北移动作为整个物资供应链的下游，物流的管控主要集中在物资到货、物资出入库和使用，物流作为一个贯穿始终的主线，涉及需求征集、下单采购、供应商到货、实物入库、仓储、出库、使用七个主要环节，通过物流管理平台的不断升级，实现了全流程管控，如图 2 所示。

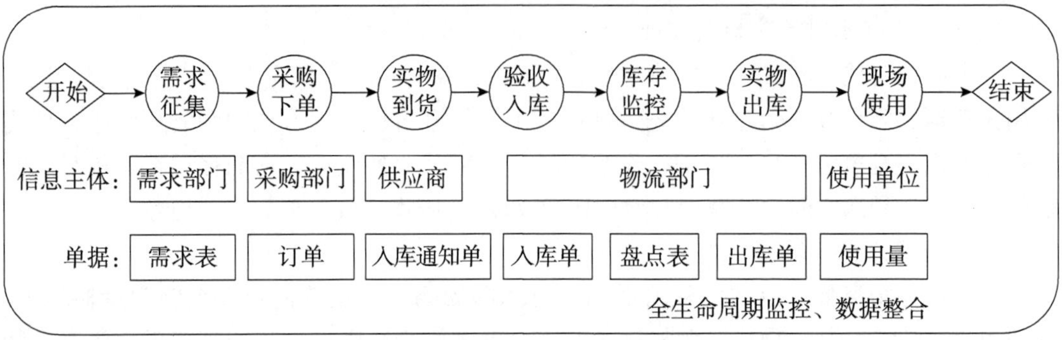

图 2　物流管理平台管理界面

3. 定制化集中管理模块

通过物流一体化平台，建立基础信息管理、需求管理、库存管理、仓储管理、配送管理、暂存点管理、统计报表等功能模块，做到了对物料编码的全流程贯通，共享物资库存信息，盘活了库存呆滞物资，固化标准支撑流程，建立采购仓储与 ERP 的账实相符保障体系，使物流管理更加规范和高效。

（1）库存物资共享：库内物资信息全省实时可视，全省 12 个地市的 100 多个部门（单位）均可发起物资使用申请，经物流负责人审批后，方可发起物资领用出库流程。

（2）账实相符报账体系：打通与采购平台、ERP 平台等其他管理系统间的系统数据接口，在物资采购、入库、调拨、出库、退库等环节上在各系统间自动调整，为各系统间的数据一致提供了保障。

（3）仓储物流体系标准化：基于河北现有采购系统，接入统一物流平台，构建采购、仓储、物流配送为一体的供应链平台，建立需求管理标准化、仓储管理标准化、配送管理标准化、废旧物资管理标准化、库存管理标准化。

（4）需求管理升级：建立物资与需求计划间、需求计划与订单执行、订单执行与库存间的联系，实时将需求计划、采购订单与库存情况进行比对。

（5）迈向移动化：新增手机客户端 App 接入方式，便于用户通过移动端接入系统，提高使用效率。手机 App 管理功能包括但不限于仓储管理、配送管理、使用管理。

（二）以“产品化”为基础，构建物资集中管理体系

根据使用场景的不同，河北移动物资分为工程物资、网维物资、市场物资、办公物资，根据物资的通用程度、地市需求的计划性，将所有物资划分为产品化物资和非产品化物资，并对通用程度高、需求计划性强的产品化物资进行集中管控，目前全省已纳入产品化集中管控的产品有 36 种。

1. 需求、订单集中管控，提升需求响应

由专人负责定期向不同需求部门以“主动 + 被动”相结合的方式征集需求，如图 3

所示。根据物资历史需求、库存、领用等数据，主动预测需求，同时，根据需求部门提出的临时性需求，被动下单。将需求根据物资类型进行整合、分析，结合现有库存（含在途）的情况，以"以存供需"为原则，优先使用现有库存进行下单，以保障在及时满足需求的前提下，盘活库存，提升仓储利用率。

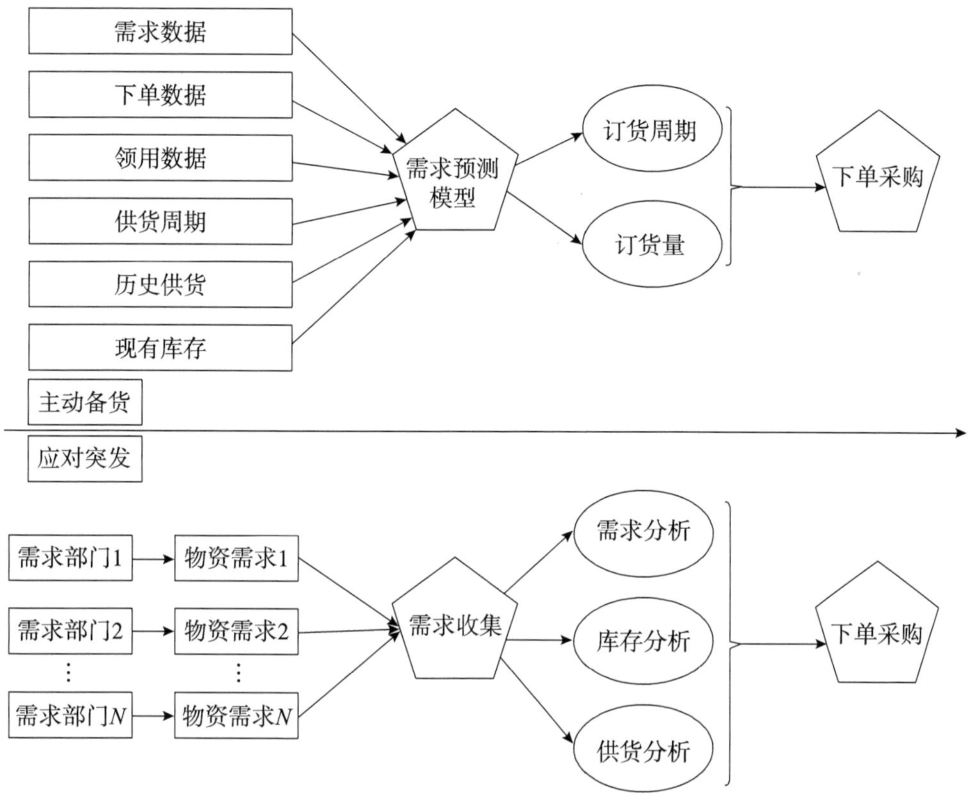

图3　需求与订单集中管控

2. 集中存储、配送，全程可视

在产品化物资到货后实行集中存储，并根据使用需求情况，集中配送，以最大限度地提升需求响应速度，在及时满足需求的同时，避免资源浪费，使物流资源价值最大化。

（三）以平台数据为基础，物资信息集中分析

1. 加强库存数据分析，建立库存沟通机制

根据库存相关数据显示，目前河北移动在库物料总计78743条，物料状态信息更是难以量化，依托出库频次、在库时长、周转情况等因素，建立"呆滞"物资数据库，并对该类根据物资类型和所属部门的不同建立不同的沟通机制，与需求部门或使用部门进行沟通，针对具体物资制订详细的使用计划，以最大限度地盘活库存，提升物资周转以及物资使用效率，降低仓储面积，从而降低物流成本。

2. 以需求与订单间关联数据，建立需求偏离度分析

结合库存分析，为进一步控制呆滞物资产生的增量，依托订单数据、出库数据以及

库存数据建立需求偏离度测算模型，并根据测算结果建立红黄蓝预警，将订单执行情况进行延伸的同时，也为需求预测提供了参考数据，使订单执行情况更加全面、一目了然，方便订单需求和制作部门及时了解订单量与实际领用之间的对比情况，有利于核查需求和订单情况，管理更加精细化、科学化。

四、应用效果

1. 搭建专业管理平台，管理水平提升

通过搭建专业管理平台，整合物流信息，管理流程标准化，提升管理效率，物流支撑能力大幅度提升，库存周转率提升 30%，需求响应及时率提升 40%，配送及时性提升 50%。

2. 产品集中管控，支撑效率提升

对通用性强的物资集中管控，避免了重复性问题重复性操作，节省人力成本，提升管控效率，提升满足物资需求的及时性，最大限度提升“客户”感知，助力全省业务发展。2018 年，全省 50 名物流人员，顺利支撑全省约 60 亿元投资规模的工程项目。

3. 竞争力提升

物流运营模式得到优化的同时，也为带来公司管理模式的优化，为提升公司的核心竞争力添加了浓墨重彩的一笔。

4. 其他

大数据、信息化平台的引入为今后进一步完善物流运营模式打下了良好的基础，助力河北移动公司的物流向着科学化、信息化不断发展。

五、体会及经验

1. 企业要想不断发展，必须重视物流

物流是贯通物资流动的整个主线，涉及公司运营的很多环节，物流资源的整合会为企业带来运营成本的降低，物流运营模式的优化带来的是企业整个运作流程的优化，对企业的发展具有举足轻重的意义。

2. 信息化是物流长期发展趋势，且不断完善

物资的流转已演变成信息的流转，物资的管理也已成为物资信息的管理，信息化是物流发展的趋势，也是物流运作效率提升的核心，并且随着时代发展，信息化的水平应不断提升。

3. 大数据分析是科学化管理的前提

随着时代的不断发展，物资、人、资金、流转等信息量日渐庞大，只有对历史数据进行科学性的分析，才能更好地把控时代发展的脉搏，使企业的发展更加顺应时代的要求，达到新的发展里程碑。

4. 只有不断改变，接受新事物、新思想，才能不断提升核心竞争力

管理理念、科学方法不断发展，只有不断接受新事物、新思想，才能根据时代发展方向，不断提升自己的核心竞争力。

5. 外部发展和内部优化同等重要

对于通信行业来说，毋庸置疑，开发新业务，发展市场是头等重要的，但是绝对不能只将发展精力放在利润增长上，内部运营应不断优化，才能保障核心竞争力不被动摇。

六、下一步改进计划

1. 继续引进大数据分析模型

将大数据分析模型引入更多环节，加强数据分析，促进物流管理的科学化。

2. 持续优化现有流程

继续梳理现有管理流程，补充管理盲点，提升管理标准化，增加全省物流运作效率。

3. 信息化水平迈入新阶段

通过平台系统功能不断优化，提升物资、信息共享，提升物流管理的整体效能。

中国外运股份有限公司：蓝星水滴 IoT 平台

一、企业简况

中国外运股份有限公司（简称“中国外运”）成立于2002年11月20日，于2003年2月13日在香港成功上市，是招商局集团控股的二级子公司和物流业务的统一运营平台，目标是打造世界一流的智慧物流平台企业。截至2017年年底，中国外运总资产达到622.87亿元人民币，净资产达到258.35亿元人民币，在册员工23971人。

中国外运的服务网络覆盖全国，遍及全球主要经济带。中国外运是中国最大的综合物流整合商，是国家5A级综合物流企业。2015年，中国外运成为中国首家当选FIATA（国际货运代理协会联合会）华人主席的企业。根据2017年Arm & Strong的排名，中国外运在货运代理排名第四，在第三方物流排名第七。

中国外运已形成代理及相关业务、专业物流、电子商务三大业务板块，能够为客户提供端到端的全程供应链解决方案和一站式服务。

代理业务作为公司基础业务，包括海运、空运、公路和铁路运输、船务代理、内支线运营、仓储及配送、码头服务等。中国外运是世界最大海运代理服务商之一，是中国第二大船务代理公司、中国第二大空运代理。目前中国外运立足于行业的全程货运管理者和国际供应链整合者，打造端到端的全程服务产品，正在实现由代理商向运营商的转型。

专业物流作为公司核心业务，以“方案客户化、销售行业化、服务集成化、运营一体化、管理体系化”为方向，通过物流技术的不断创新以及行业化、专业化的发展，正在逐步形成产业链整合服务价值，在合同物流、化工物流、冷链物流、会展物流、工程物流、能源物流等领域形成较强的竞争优势。

电商业务作为新兴业务，全面实施主营业务线上化，大力发展跨境电商物流，积极培育物流公共电商平台，打造具有跨界效应的物流生态圈。目前中国外运已全面实施主营业务线上化。

二、企业“痛点”

中国外运正面临前所未有的市场竞争，如何因势而变，将压力转变为动力和机遇，通过信息技术创新转变经营模式、实现资源整合，推动中国外运向全程供应链和可视化转型，物联网技术领域的应用创新是一个重要的突破点。

当前，中国外运在业务发展以及数字化转型上遇到的“痛点”如下。

（1）产品服务种类多，需要有效整合各业务线信息资源，为业务运营提供可靠数据保证。

（2）覆盖地域范围广，需要为公司物流资产数字化提供网络全覆盖。

（3）业务模式变化快，公司正从传统的运输、仓储、代理等基本服务，向全程供应链以及供应链金融服务延伸，需要互联网的技术架构，提升敏捷能力以应对不断变化的业务需求。

（4）安全合规、产品溯源要求高，需要利用物联网技术，及时从系统层面进行风险预警，提供产品特性信息，保证业务的合规性和可追溯性。

因此，如何能够提供统一的物联网规划和战略，互联和感知所有中国外运甚至社会化的物流设备设施元素，既服务于业务操作，又将采集的数据进行处理与分析，挖掘出运营特点、规律、风险点等信息，从而更科学合理地进行管理决策与资源配置，是本项目的规划目标和价值所在。

三、创新研发

蓝星水滴－物流 IoT 平台的创新点说明如下。

1. 物联接入层，形成一批物联网智能硬件终端

主导研发两大类多型号硬件终端“千里眼”及“智犬”，并不断向低功耗、小型化、智能化的方向演进迭代。相关硬件能够适用于“车、船、货、集装箱、托盘”轨迹定位，传感采集（如光感报警、温湿度监测、振动监测、压力监测等），信息显示的单元体设备（单元体设备指具有独立生存能力的设备，不需外供电，不需外接线）。采用太阳能板解决长期自主供电问题，使用双卡双网解决国内、国际通讯问题，并进一步开发出基于下一代窄带物联通信协议的低功耗产品，能够适应不同的业务场景、不同的客户需求。

后续还将在硬件终端的边缘计算领域投入研发，实现终端设备的离线自管理和去中心化能力，能够自动感知自身工作状态的变化，并据此进行即时处理以及实时预警。

为了保护自有知识产权，形成研发—应用的良性循环，拟就自研硬件成果进行专利申请，在此基础上投放社会化使用。

2. 服务支撑层，形成一张物流 IoT 大网，使中外运具备在物流运作中获取任何数据的能力

针对各种物流业务的物联网应用场景，在现有北斗/GPS 平台的基础上进行架构的互联网化重构和改造，沉淀和共享中国外运在物流 IoT 应用领域的知识、经验和能力，搭建股份公司统一规划的分布式的物流 IoT 平台。作为中外运物联网应用部署和运营以及物联网大数据处理的核心平台，能够扩展支持物联网协议，各类垂直应用基于平台部署并实现敏捷迭代，根据业务和技术的发展不断进行横向的计算资源、存储资源的性能拓展和纵向的业务功能拓展，并加强物流 IoT 平台的安全性。同时做大通讯管道支撑服务，实现千万级硬件终端并发接入的能力，将全球集装箱、车、船、托盘、货物等物流要素互联后感知的“定位、传感、显示”数据汇集在平台；实现国内、国际数据采集的本地化落地，异地化同步，中国化集中存储；实现物联网与区块链结合后形成新的业务增长模式；实现物联网与人工智能、物流结合后形成物流运动画像的大数据构建与分析，为行业性预测提供基础数据。

3. 业务运营层，形成一套运营模式，使中外运具备实时动态分析数据的能力和业务预测优化的能力，实现物流运营模式的变革

以实时的物流设施设备大数据服务为基础，附加智能算法、区块链溯源、区块链安全性提升等增值服务，对外部客户提供收费型数据服务；以全程供应链的“实时、透明、共享”为基础推动行业，与分析为基础推动业务优化和创新；以集装箱等物流要素可视化服务为基础承接大船公司或箱控公司的箱管、箱控业务，推进行业箱控、箱管模式的变革；建立物联网的通信管道共享，实现通信流量池；从根本上解决中国外运作为物流供应商向第三方购买数据的局面，实现中国外运具体数据服务能力的变革。

四、创新成果

1. 蓝星水滴 IoT 平台效益指标

已搭建具备基本位置服务能力的北斗/GPS 平台，初步具备了物流 IoT 平台的雏形。该平台现在已经实现与中国外运华南区域主要物流业务系统的有机集成，通过了交通部 JT/T 796 部标认证，具备了通过 JT/T 808 标准与 BD/GPS 设备进行通信和数据交互的能力，具备了通过 JT/T 809 标准与平台运营商进行信息交互的能力，同时也具备了与省级、部级和国家级监管平台进行沟通和交流的能力。

已经定制研发一系列能长期用于集装箱、车、船等物流设备设施的物联智能硬件，在中国外运各项业务中广泛使用，连接设备数量超过 10000 台。

2. 蓝星水滴 IoT 平台对企业业务流程改造与创新模式的影响

蓝星水滴 IoT 平台产品化应用方面，针对应用场景做标准和定制化开发，将应用场景在平台上固化和垂直部署，不断更新优化迭代，不断拓展新的服务产品和销售，形成平台前端的按需配置、开箱即用的服务产品，并进一步形成规模化。具体包括如下内容。

（1）集装箱箱管箱控：目前，该计划在中欧班列广东石龙—荷兰阿姆斯特丹、沈阳—德国杜伊斯堡的班列上，通过结合“自研硬件 + IoT 平台”方式，已经突破了传统供电模式的局限，实现了超过 30 天以上的运输过程的全程可视化。未来，将继续通过研发一系列硬件产品，为高附加值货品、低温冷藏品等提供安防、振动、环境监控等全方位服务，提升服务体验，并且将为中国外运整个集装箱业务乃至社会化的集装箱业务提供服务。

（2）大数据分析与挖掘：物联网的特点是海量设备的互联以及低速、低流量的高并发数据传输，因此平台层面会汇聚海量的感知数据，借助腾讯的技术优势，对接人工智能算法，以机器学习技术为主导，通过对业务流程的深度学习以及结合数据挖掘后的不断优化，实现在完成复杂任务时做出最优决策。

主要方向：在智能终端侧是边缘计算的发展，使智能终端能够自动预测下一步行动；在平台侧是对流程、运输线路等进行优化，实现业务预测、流程优化和精准服务等。

（3）与区块链的结合：区块链的核心是去中心化和去信任，可以解决传统交易过程中的效率、成本、信任等问题，且与物联网技术可以天然结合，为供应链金融、产品溯源等场景提供服务。

（4）物流全程可视化：目前，该计划在华为项目的应用试点运行过程中，已经取得

了很好的效果，在2015年为华为搭建物流可视化试点应用，并于2016年上线使用，将原来只有物流状态信息显示的能力提升到实现物流状态信息、物流运输轨迹信息、物流异常报警信息并存的可视化2.0阶段，上线运输车辆超过10000辆，服务能力获得了华为公司的认可。与此同时，该计划也与中国外运股份有限公司可视化平台集成，并将之逐步覆盖到整个公司。未来，物流可视化将升级到3.0阶段，在原有基础上，将实现信用可视，为业务的辅助决策提供依据。

3. 蓝星水滴IoT平台对提高企业竞争力的作用

作为中国外运智慧物流的重要组成部分和数字化转型的重要抓手，蓝星水滴—物流IoT计划应运而生，并将在中国外运的物流业务中乃至于整个物流行业中产生巨大的市场效应。

蓝星水滴－物流IoT计划的目的有以下几点。

（1）形成一体化物联服务平台。搭建一个基于共享服务的物联网平台，可以支持多种异构协议，实现对中外运以及社会化运行的智能物流装备设施元素、多种应用场景的实时安全接入，实时数据采集、解析、存储以及服务调用，同时通过自研一批针对不同业务场景的智能硬件终端，可以形成一体化的服务能力，整合各类信息资源，实现网络全面覆盖，提高业务系统敏捷能力。

（2）借助“物联网＋大数据”，助力业务融合以及业务创新。通过本计划，可以将各子公司分散的小规模物联网场景整合，将统一采集、存储并沉淀下来的海量物联数据共享给平台用户，作为大数据分析、数据可视化以及人工智能决策等服务的重要来源，起到优化业务流程、提高服务效率、降低作业成本、提升业务风险管控能力、创新业务模式的作用。

（3）形成赋能和共享服务平台。通过物联网平台的能力开放和应用开发环境，可以将企业内部和供应链上下游企业用户的业务流程定制并固化在平台上，使企业内部和社会上的物流资源形成共享资源，将企业资源平台化，实现企业的数字化转型，支持中国外运智慧物流运作，实现供应链协同管理，达到创新业务生态体系的效果。

通过上述创新项目的整体规划，将形成中外运独有的、支持供应链物流生态体系协同运作的物流行业的IoT平台。

五、推广意义

全球贸易及物流运输中的物流装备元素规模巨大，全球港口每年集装箱吞吐量3亿标箱，中国国内港口每年集装箱吞吐量1.5亿标箱；中国国内有超过1400万辆运营货车及3000万以上的公路货运从业人员；中国国内目前有超过3.5万艘运营船舶；中国外运有自营仓库超过400个，托盘数量达到5位数。这些物流元素的位置数据目前绝大多数都不能实时获取，信息来源主要集中在运输车辆、船舶、铁路列车等运输工具或港口码头的装卸船时间、进出闸时间以及仓储系统等企业自建平台和第三方运输工具服务平台，造成了物流元素数据的碎片化。

智慧物流的核心是要解决货物“在哪里、去哪里、怎么去”。在哪里是定位问题，去哪里是调度问题，怎么去是路径规划问题。解决了上述问题，中国外运可以为船公司、租箱公司、港口码头公司以及各类客户提供定制化增值服务，进而转型成为物流数据服务提供商。

对于蓝星水滴 IoT 平台，目标就是连接、感知海量的物流装备，市场规模庞大。

蓝星水滴－物流 IoT 计划推广营运后，当物流装备设施元素的并网量达到一定程度后将会产生巨大的边际效应，形成供应链物流生态圈。计划用 2～3 年时间解决物流装备设施元素长期、持久感知在哪里的问题，将平台产品化。

解决了在哪里的问题，蓝星水滴－物流 IoT 计划还将用 1～2 年时间，利用这些物流元素互联和感知所形成的海量数据进行大数据分析和挖掘，通过算法的优化和预测，逐步解决去哪里和怎么去的问题。

另外用一年半时间进行业务模式推广，推动专业物流的物联化变革，产生规模效应后中国外运将在物流服务提供商的基础上增加一个物流数据服务提供商的角色，并以此为基础形成供应链社区化，推进绿色物流的发展，助力中外运的智慧物流战略。

中国外运的愿景是成为世界领先的综合物流服务整合商，需要全程监控的不仅有遍布全球各地的飞机、船舶、车辆等传统运输设备，也有订单、集装箱、托盘和包装箱等与货物密切相关的物流元素，下属公司和行业内各公司需求的多样性以及业务场景的复杂性，决定了未来接入该平台的设备数量和类型将是一个海量规模。

六、意见建议

1. 创新项目涉及的行业风险

（1）主要风险点：国内有众多车辆位置服务、船舶位置服务的供应商，并且自 2017 年开始这些数据服务商逐渐形成数据服务联盟，中国外运进入这个数据服务的新领域，需要快速扩大推进并产生行业影响。物流行业内的数据服务商拥有技术、运作体制、资金等多方面的优势，将带给中国外运较大的竞争压力，在没有形成规模前，营运模式很容易被行业内其他数据服务商模仿并超越。

（2）建议措施：完善运营模式，形成快速部署、快速迭代的能力。同时应采取措施快速扩大规模占领市场，前期需要设计奖励机制来推动智能硬件终端的推广。

2. 创新项目的运营风险

（1）主要风险点：为快速扩大规模、占领市场，前期需要自有资金投入智能硬件终端的研发和采购、部署终端以及物流元素上，规模化的智能硬件终端的互联感知才能实现项目计划的目标，但是就中外运的实际情况看，智能硬件终端的投资较少，物流业务智能化比例较低，尚未形成智能化和自动化的基础能力。

（2）建议措施：整体规划产品序列，加强模块化开发能力，在各模块功能测试完成基础上，形成根据需求加减模块功能，快速形成产品的能力，并且建立中国外运物联接入的统一标准和研发准入门槛，只有符合接入标准的产品才可以纳入中国外运的物流智能终端采购清单。

北京普田物流有限公司：WMS 系统解决方案

一、企业简介

（一）概况

北京普田物流有限公司（原北京福田智科物流有限公司，以下简称“普田物流”）创建于 2002 年 5 月 6 日，注册资本 8000 万元，年营业额近 20 亿元，公司以北京为管理中心，分别在北京、山东、湖南、广东等地设立 7 个分公司，并下设 50 余个业务部，员工近 3000 人，运营网络遍布全国。

普田物流是一家专业的汽车物流企业。自 2002 年创立至今，坚持以业务创新为动力，以信息化为手段，走管理创新、技术创新、机制创新之路，营业收入稳步快速增长，已成为中国汽车物流产业的中坚力量。公司快速响应客户需求，以全价值链的视角，为客户降低整体物流成本，帮助客户专注于核心业务，提高竞争力。先后通过了国际质量管理体系 ISO 90001、职业健康安全体系 OHSAS 180001、环境管理体系 ISO 140001 认证，并先后被评为“中国汽车物流行业十大影响力品牌”，连续 7 年蝉联“全国先进物流企业”“中国物流百强企业”，被行业授予“中国物流文化建设示范基地”“汽车物流行业特别突出贡献企业”“中国物流社会责任贡献奖”“汽车物流行业创新奖”“汽车整车物流 KPI（关键绩效指标）标杆企业”等荣誉称号 80 余项。

1. 经营范围

（1）许可经营项目：货运服务。

（2）一般经营项目：货运服务，货运代理，仓储保管，分批包装，配送服务，汽车服务贸易，物流技术与信息系统开发咨询服务。

2. 主要产品

（1）福田系物流业务：整车物流、生产物流、零部件物流、客运业务。

（2）社会第三方物流业务：汽车物流、装备物流、原材料物流等。

（二）经营特点

作为一家专业化的汽车物流企业，致力于为客户提供优质高效的供应链服务，坚持走管理创新、机制创新和科技创新之路，为社会和员工创造价值，为行业的进步做出贡献，形成了以销售物流、国际物流、生产物流、供应物流、售后物流为核心的五大业务格局，开发完成运输管理系统（TMS）、在途监控系统、仓储管理系统（WMS）、普货运输管理平台、设备管理系统、物流执行系统（LES）等业务系统的建设，大大提高了物流效率，满足了多个主机厂产能提升的配送要求。

二、项目建设简介

根据普田物流公司 VMI（供应商管理库存）业务整合工作整体安排，顺应行业的发展需求，普田物流 WMS 项目以怀柔分公司 VMI 业务为试点，对 VMI 原有仓储物流体系进行信息化调整，独立开发一套应用于 VMI 业务管理的 WMS 系统。WMS 系统在仓储管理标准功能全覆盖的基础上，新增个性化功能，实现与外部各业务环节信息系统的信息共享，数据在各系统间实时交互，供应链全过程信息可视化，达到各环节协调一致、高效运作，建立现代化、透明化、一体化的仓储物流信息平台。

项目结合客户化开发，实施的仓库管理功能包括：基础数据管理、入库管理、出库管理、库内管理、RF 射频功能管理、盘点管理、计费管理、单据以及报表打印功能。项目一期覆盖北京怀柔的 10 个 VMI 仓，涉及仓库的收、发、存、计费等业务，项目二期覆盖一百多家仓库，均为福田主机厂第三方 VMI 仓库。

三、企业在实施 WMS 系统之前存在的问题

普田物流 VMI 此前使用的 WMS 系统功能较为简单，系统功能主要有入库管理、出库管理、库内管理、费用管理、查询与统计、基础信息、系统设置等，现因业务需要对接福田主机厂的生产执行系统（MES）及物流执行系统（LES），以支持主机厂的多种物料配送模式，拉动生产计划，并顺应物流公司业务整合需要，同时改善 VMI 库内手工作业、劳动强度大、工作效率低下、出错率高等问题。因此，VMI 的 WMS 系统应具备更多自动化、智能化、敏捷化的功能。现 VMI 作业存在以下四个方面的问题。

（1）纸质单据繁多，未使用现代化及信息化手段，单据流转缓慢，人员工作量巨大、准确率低、工作效率低下。

（2）实际的业务操作过程缺少信息化支撑，存在较多人为因素，大部分环节需要人为干预，主要依靠作业人员的熟练程度和经验，出错率高，浪费人力及物力。

（3）供应链中的各节点交接及界定不清晰，VMI 和主机厂生产车间信息不同步，造成结账困难，给主机厂、物流公司、供应商三方均造成损失。

（4）供应链各环节没有准确的实时库存，造成整个供应链不准确且低效，表现为主机厂排产困难、物流部门疲于应付、物流公司工作量巨大、成本居高不下、供应商盲目生产等。

四、WMS 仓储管理系统解决方案

根据物流公司业务整合需要，对生产物流厂外 VMI、厂内 RDC（区域分发中心）的仓储情况进行实时监控，对订单的发布和入库情况进行跟踪控制，随时查看生产物流物料的库存状况，支持主机厂多种物料拉动配送模式，指导库内作业，提高生产物流作业效率。提供先进的生产物流业务信息化管理平台，提高仓储管理水平，提高出入库准确性及订单准确性，降低资金占用，降低呆滞库存，提高仓库利用率，为主机厂提供了及时而准确的数据支持，为业务决策的准确性提供保障，实现零部件从供应商送货至 VMI

到总装上线的全过程监控管理，追踪零部件流动过程，实现质量追溯。

（一）系统架构

VMI 业务的 WMS 系统采用 SaaS 架构，全国各地可登录使用，还可通过手机登录和操作，通过 SaaS 系统的集成功能，可以根据“用户角色 + 自定义”方式，在下一次登录时可以记忆上一次退出时的界面，也可以根据权限设置维护好功能清单界面，通过对用户权限进行管理，可满足生产物流用户对信息系统的不同业务需求。

WMS 信息系统具有以下特性。

（1）SaaS 平台：所有客户通过互联网或 App 使用信息系统，客户地点和数量不受限制，满足任何规模仓库管理需求，体现出微仓系统的特点。

（2）数据交换平台：WMS 系统能够与内外部各类信息系统对接，信息数据可在系统间实时共享。

（3）供应链信息系统连接：与 SRM（供应商关系管理）、WMS、TMS 等上下环节连接，实现供应链全过程信息可视化。

（二）系统整体流程

根据普田物流的实际业务情况，有步骤地进行信息化规划和建设，满足福田主机厂的一切业务需求，建立一个能满足主机厂实现根据 VMI 实时库存实施排产计划、实时接收工厂物料拉动计划并完成 VMI 配送作业的信息系统平台，提供高效、透明、一体化的信息服务，对物流全过程规划如图 1 所示。

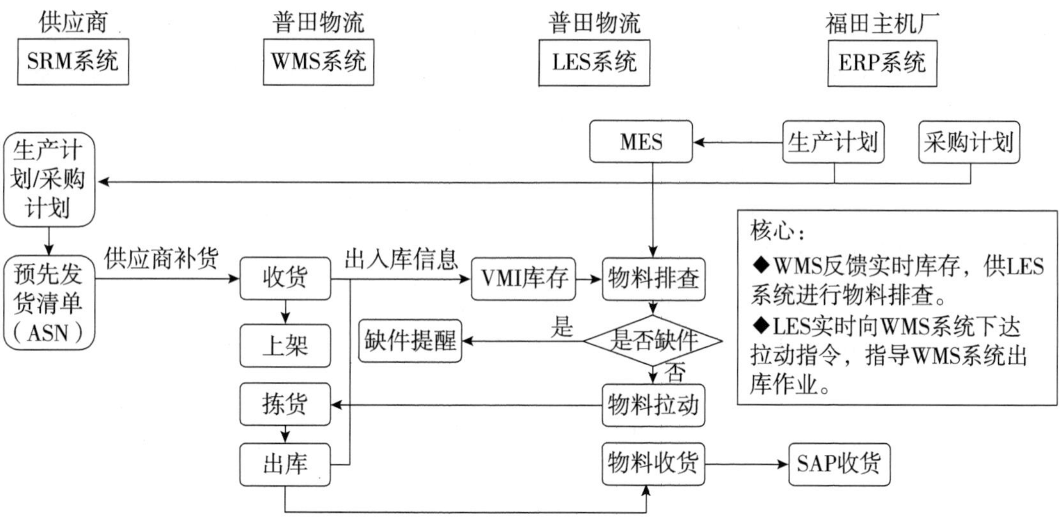

图 1　WMS 系统整体流程

（三）系统功能

1. 基础数据维护

基础信息维护包含对组织信息、角色信息、员工信息、物料信息、仓库信息、货区信息、仓位信息、供应商数据、客户数据、单位规格等进行维护、管理。

2. 订单管理

对入库订单和出库订单进行管理，可接收上游下发订单、供应商的补货订单、手工订单等。

3. 入库管理

系统支持多种入库模式，物料可分批质检、收货，使用条码实现信息流转的自动化电子化管理，入库时系统推荐仓位，支持物料入库、入仓位历史记录的查询和导出以及物料条码打印功能。

4. 出库管理

系统支持多种出库模式，物料可以分批拣货、包装、出库、装车、发运，实现信息流转的自动化、电子化管理，提供出库作业指导信息，提高拣货效率。支持物料出库历史记录的查询和导出功能；支持一个出库单下多批次出库功能；支持出库流程的工作流配置功能。

其中配送计划接收来自 WMS 系统与主机厂 LES 系统接口，WMS 接收 LES 系统的配送指令信息，完成 WMS 和 LES 系统之间的信息流传和交互，同样配料信息或者排序信息从 LES 系统获取，自动生成出库单。

5. 库内管理

系统对移仓、封存、分装业务、盘点、库存调整等库内作业进行管理，并生成作业记录及对应的分析结果，可将作业记录及分析结果导出。

6. 退库、紧急出库等处理

（1）退库处理：针对主机厂总装线边因计划调整、质损或其他原因造成的零部件退库至 RDC 或 VMI 的情况，系统支持由供应商将自提退库指令发至物流部材料会计，由其在系统内做退库记录及打印退库单，再由保管员备货，交予保管员、供应商和财务主管签字确认后，由材料会计根据签字单据进行退库审核，完成退库闭环。

（2）紧急出库处理：针对主机厂紧急出库的情况，根据缺件紧急程度，由材料会计根据主机厂指令在系统内创建出库计划或出库单，配送至主机厂办理主机厂入库单，再将出库单与主机厂入库单进行核对，无误后在系统内完成确认出库，实现 PDCA（计划、执行、检查、处理）闭环。

7. 计费管理

（1）VMI 向供应商收费：可对生产物流的计费进行管理，包括设置计费科目、设置费率，实现费用自动计算和手工计算功能，形成结算单，并做成收支台账，可对账单进行分类查询。

（2）VMI 使用系统费用收取：用户登录系统可查看和下载系统使用说明，登录后能创建用户信息，维护基础数据，系统根据用户属性设置收费类型（月度、季度、年度缴费以及续费方式选择）和收费标准（按单收费、按用户数量收费、按流量收费等），当业务量、新增供应商客户等变动时，收费随之变动。VMI 用户可采取扫描二维码进行收费确认，系统能实现缴费办理、生成电子发票等功能。

8. 报表管理

系统支持对生产物流的常用报表进行管理，可将入库记录、出库记录、物料库存、库内作业等数据以报表形式展现出来，并根据用户的管理/查询条件，对一定范围内数据按照预定模板进行列举、排序、分类及一些运算。

五、WMS 系统实施中遇到的主要困难、问题与解决措施

1. 在实施过程中前期需求与后期实施时需求变化较大

在项目实施前期，因项目要求建设周期短，且涉及范围较大，实际业务复杂，潜伏的风险因素多，项目干系人对业务的认识不足、对系统的定位把握不足和概念的模糊导致前期无法把握核心需求，造成需求定义不准确，使后期需花费较长时间变更需求。

解决措施：在实施过程中，根据项目实施周期制订详细的开发计划，保证各个开发周期工作保质保量，多频次召开项目评审会，与业务管理人员和操作人员深度沟通，进行需求探索，进而提取详细需求分析并进行开发部署。

2. 开发人员与用户对系统功能存在理解错位

系统上线实施之初，业务人员总会询问如何将实际业务中遇到的各种情况在系统中实现，在这个过程中，就会发现系统原本的设计是依照管理层的相关意志体现及已制定的相关工作管理标准，但是实际运行中，业务的复杂程度远远超出现有的规章制度及工作标准的范围，于是出现对于同一工作标准的不同解读，造成系统功能无法满足相应的管理要求。

解决措施：加强公司信息部门人员的“桥梁”作用，将业务中的实际状况与管理要求进行层层对应，完成系统实际要素的分析，并指出其中的优劣势与相应的风险点，以便公司领导与相关部门进行决策。

六、WMS 系统主要效益分析与评估

通过 WMS 系统的实施，取得了以下几个方面的创新和改进。

（1）实现过程管理的全面系统监管。对生产物流 VMI、甚至供应商、RDC 的仓储情况进行实时监控，对订单的发布和入库情况进行跟踪控制，随时查看生产物流物料的库存状况，能够根据生产计划及物料库存情况自动进行库存补充，指导库内作业，提高生产物流作业效率。

（2）实现生产物流业务信息化管理。通过系统实施，降低库管人员的劳动强度，没有终端数据收集系统，库管人员所有的工作就是忙于出、入库的手工记账，劳动强度大，工作效率低。实施 WMS 系统后，许多基础性的数据由手工输入变为自动采集，实现库房日盘点管理，大大提高效率，从而降低了人力成本。

（3）实现出入库准确性及订单的准确性。WMS 系统提供了准确的库存、存货、在制品库存数据，在盘点误差不超过规定的范围的情况下，所有项目的库存记录与实际盘点结果相匹配的程度达到98%以上，提高了出入库准确性及订单的准确性。

（4）实现及时而准确的数据支持。通过本系统实施，为福田主机厂提供了及时而准确的数据支持，为相关人员提供及时而准确的库存信息，业务部门可根据此信息做出准

确的业务决策，避免了盲目性决策情况的发生。同时为供应商管理系统的实施提供了准确的库存数据来源，带动供应链管理水平提高。

（5）实现了零部件全过程的监控管理。实现了零部件从供应商送货至 VMI 到总装上线的全过程监控管理，追踪零部件流动过程，实现质量追溯。采购业务员可及时掌握零部件出货信息，预知零部件何时能到达仓库，掌握采购订单执行的进度，监控零部件流动过程，以更好指导生产。

七、WMS 系统实施过程中的主要体会、经验与教训

WMS 系统的成功实施，进一步提高了普田物流生产物流的作业效率，通过信息化平台建设实施，VMI 将入出库数据逐一录入系统中，实现了实物流与数据流的同步闭环，完成与主机厂系统、供应商系统的对接，通过系统实时监控主机厂的拉动计划，根据配送计划提前安排车辆和配送时间，极大地提高了生产配送的效率。

回顾 WMS 系统实施过程，主要的经验体会有以下几个方面。

（1）人工参与环节越多，则可能出现错漏、拖延的概率越高，因此应以业务规则与流程为前提，利用信息技术来规范生产作业流程，使收货、入库、上架、出库等环节通过系统来进行核对记录货品属性、数量等，减少人工干预。

（2）现阶段 WMS 系统采用手持设备 PDA 扫码进行收货，PDA 端操作界面简洁明了，扫码响应速度快，极大地提升保管员作业效率。信息系统实施应明确业务需求，充分分析各环节作业流程，提供简洁高效的作业方式，才能体现系统的价值，减少业务人员的工作量及作业时间。

（3）生产物流系统数据传输共享主要包括四大平台：SRM 供应商管理门户、LES 物流执行系统、MES 生产排产系统、WMS 仓储管理系统，SRM 负责对 WMS 进行补货，LES 负责对 WMS 进行拉动，而 WMS 侧重于仓储管理，库存准确度要求极高。

（4）多系统对接需注重对接的目标和范围，需对业务流程进行梳理，确定接口规则，划分不同的接口类型来满足需求。对于 WMS 与多系统对接，应考虑但不限于物料类型、物料供应商关系、不同类型单据、出入库事务等接口传输，满足生产业务的需要。

八、信息化建设的未来发展规划

普田物流公司根据自身信息化现状及未来发展方向，制订了公司的信息化规划方案。在统一信息系统建设规划下，引进相关信息新型技术，完善数据采集方式，深化现有系统的功能应用，逐步构建物流信息统一平台，提升公司的业务信息化、管理系统化水平，达到领跑整体物流行业信息化建设的目标。

1. 主要实施策略

在统一规划下，分阶段，分步骤，实现由现在的物流过程系统化，向物流管理系统化发展，最终实现物流控制智能化，如图 2 所示。

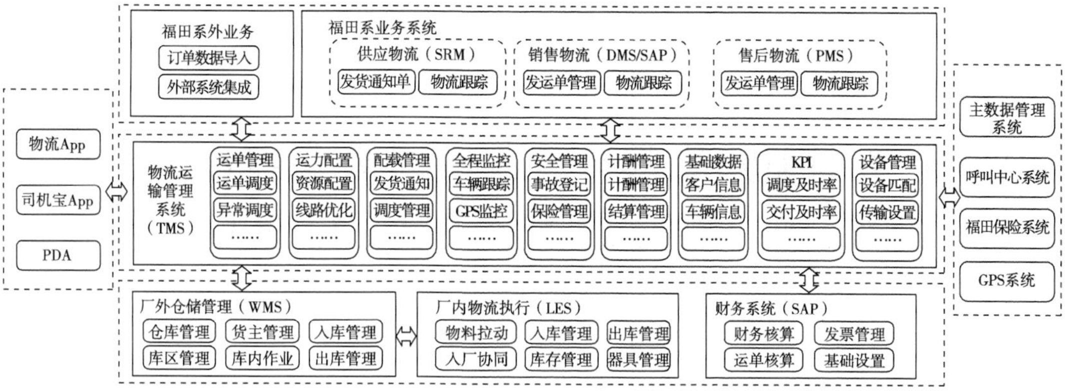

图2　普田物流信息系统规划建设

2. 实施目标

（1）未来对 VMI 进行业务整合提升，实现物流信息系统的有效集成，满足普田物流业务需求，与集团公司业务及系统无缝对接；建立多系统协同互动，构建信息化系统的竞争优势。

（2）加快引进与发展新兴物流管理技术与手段，适应当前信息技术飞速发展的新形势，提升业务效率与规范性；加快信息系统在现代物流建设中的落地与应用，全面提升信息化覆盖水平。

（3）建设优质资源数据库，提高分析预测和决策水平，通过大数据指引业务发展与决策，实现公司业务预警、决策分析、指标设定，最终实现系统自动化、智能化管理物流生产建设。

巴斯夫（中国）有限公司、亮才商务咨询（上海）有限公司：物流数字化在化工行业的应用

一、应用企业简况

巴斯夫股份公司，是一家德国的化工企业，也是世界最大的化工厂之一。巴斯夫集团在欧洲、亚洲、南北美洲的41个国家拥有超过160家全资子公司或者合资公司。公司总部位于莱茵河畔的路德维希港，它是世界上工厂面积最大的化学产品基地。

为加强中国业务的运作，巴斯夫于1996年成立控股公司巴斯夫（中国）有限公司（以下简称“巴斯夫”）。这家在北京合法注册的新公司为所有巴斯夫在中国的合资企业提供物料储运统筹、电子数据处理、采购、人力资源、财务和销售方面的服务。

2004年公司本部迁往上海，其注册地为上海浦东新区江心沙路300号，其分支机构有北京办事处、青岛办事处、成都办事处及广州分公司。

巴斯夫中国区雇员已经超过6000人，并拥有23个全资子公司和10个合资公司，分别位于香港、北京、上海、南京、广州、吉林、沈阳和新竹，为了适应当地市场的需求，公司在香港、北京、上海、广州、南京、青岛和台北均设有办事处。2007年，巴斯夫在大中华区的销售额约为44亿欧元。巴斯夫在大中华区的主要业务范围包括石化产品、聚合物分散体、聚苯乙烯、聚氨酯、工程塑料、涂料、纺织和皮革业特性产品、中间体、催化剂和化学建材等。

作为中国化工领域重要的外商投资企业，巴斯夫主要的投资项目位于南京、上海和重庆，生产基地遍布全国，其中巴斯夫亚太创新园（上海）更是全球和亚太地区的研发枢纽。

亮才商务咨询（上海）有限公司（以下简称亮才），是东方海外集团成员，专注于提供物流信息化方面的产品及解决方案。公司由一群年轻的物流IT精英组成，以数字物流理念，用移动互联、大数据、云计算技术，集丰富物流信息系统和行业经验，为客户提供全面的物流数字化解决方案和相关咨询服务，帮助企业提升物流服务质量和管理水平，推动物流行业数字化进程，迈向数字物流新时代。

亮才拥有超过200名高素质的物流信息化人员，60%来自国内一流大学，20%拥有15年以上物流相关业务经验，在上海、香港、珠海设有产品研发中心，拥有通过ISO/IEC 27001安全认证的数据中心，以超过20年的物流信息化经验和高度可配置化的产品为诸多世界500强企业提供先进的数字物流解决方案。

亮才微卡诞生于2014年，“微”是微信的微，“卡”是卡车的卡，微卡的初衷是想让卡车司机通过微信实时回报运输状态，比如提卸货时间、GPS位置、异常以及回单照片

等信息，另外，货主或者物流公司可以通过微信实时查看卡车司机回报的信息、车辆的GPS位置和订单的状态等信息。经过三年多的发展，微卡已经发展成市场上，尤其是化工行业，领先的成熟产品，微卡的目标是做市场上最好的订单追踪工具，这个工具主要有下面五大能力。

（1）实时采集运输车辆/货物的GPS数据和温度信息。

（2）让卡车司机或者现场的一线人员能够方便快捷地回报信息。

（3）让货主或物流公司能够随时随地查询订单的运输情况。

（4）全程监控运输过程，任何运输异常（比如迟到、货损或者温度异常）都会第一时间通过微信推送给相关人员。

（5）智能分析历史数据，通过机器学习的技术从历史数据中识别模式，挖掘规律，从而提高运输效率，降低运输成本。

二、物流管控模式的现状

实施微卡之前，应用企业没有一个兼顾各方的订单追踪系统。几乎所有的运输流程和订单生命周期的管理，都通过Excel台账和电话邮件沟通的模式管理。

1. 传统物流作业流程

企业传统物流作业流程主要分为以下几个环节。

（1）派单环节：客服部门接受客户订单，通知物流部门下单。物流部门按照路线规划派发订单。派单内容标注温控、危险品要求等信息。如果产品需要产品分析证明文件（COA），则附加分析证明文件，发送给承运商和仓库。仓库负责备货，准备提货箱单，并发送给承运商。承运商整合收到的信息，把信息录入台账，并打印相应文件。

（2）运输跟踪环节：承运商根据要求到货时间，去仓库提货。对于长途订单，承运商每天录入跟踪表，并把跟踪表发送给企业物流部门，由企业物流部门跟踪货物情况。客服部门通过和物流部门交流，了解及时货物情况。

（3）文件归档环节：承运商定期整理客户签单。按要求，承运商向企业上报回单文件、温度信息和GPS信息。企业物流部门收集文件，并归档。

2. 物流数字化提升方向

（1）实时订单追踪，作为化工行业的大型企业，应用企业对于日常操作安全非常重视。企业期待一个订单追踪系统，可以帮助它增强对承运商及其分包商的监控，特别是对于运输安全要求，以及温控要求的合规管理。

（2）实时温度监控与预警数字化的推行，并不单单有利于应用企业内部的管理提升，而是呈现一种互利共赢的局面。承运商在帮助货主企业提供信息的同时，其自身的企业管理和效率也得到了提升。

（3）提升客户体验优秀的客户体验，不只在于为客户提供优质的产品，而是全过程的客户体验。物流是客户体验的一个重要环节。应用企业希望通过可视化平台，帮助其物流部门和承运商及时了解货物的提送货、追踪等货物情况，从而提高客户满意度。

（4）决策支持，持续改进，通过完整的订单追踪信息，准确、准时的账单以及业务报表等大数据，企业期待以数据驱动的方式调整和优化日常运营，驱动的成本意识，提升运输管理的多重技能，制订战略方向。

三、物流数字化探索进程

（一）物流数字化理解

1. 数字化

数字化（Digital）是最近一两年时间内各个行业内特别是世界500强企业里最热门的概念之一。我们认为，数字化不仅仅是一种信息化手段，更是一种区别于传统意义的新的企业方法论，从这个意义上来说，“数字化”实际上可以看作“数字化时代的思维方式和行事方法”的缩写。数字化的核心的理念包括以下几方面。

（1）追求业务与IT敏捷，强调业务与信息系统随需而变，这是一种思想或者说是方法论的变化。

（2）关注客户旅程，不仅仅是某一时刻或者产品的客户体验，而是强调客户全过程的体验。

（3）利用物联网技术，提升系统的感知能力，这是实现人工智能的基石。

（4）建立连接，通过平台思维形成产品生态，聚焦自己的核心业务，通过连接平台思维打通上下游合作伙伴之间的业务与数据交换，形成生态圈的竞争力。

（5）通过大数据，以数据驱动的方式调整和优化日常运营，制订战略方向。

2. 数字化信息平台

我们期望通过数字化信息平台的五个部分，与数字化的五个核心理念一一对应，从而构建数字化物流体系。数字化信息平台从内部信息化开始，到构建客户体验平台、合作伙伴生态平台、物联网设备平台，最终实现大数据分析。

（1）信息系统平台，支持企业内部的日常运营与操作，比如ERP系统和核心业务系统。

（2）客户体验平台，支持和客户直接交流与互动的平台以及各种应用。

（3）物联网平台，连接物理的设备，比如GPS、温控等设备，持续地采集数据并集成到核心的业务数据，为了更好地监控、优化和控制核心业务的日常运营。

（4）生态系统平台，支持和合作伙伴（如供应商和客户）系统的数据对接与交换。

（5）数据与分析平台，具有信息管理与分析能力，包含数据挖掘与分析算法对数据进行分析与发现，知道企业的决策。

（二）微卡产品

根据应用企业业务，以及讨论确认的业务流程调整，亮才实施人员为应用企业选定了亮才微卡，来帮助企业实现数字化。

（1）货主派单环节：微卡通过解析SAP发出来的PDF文件，自动接收订单信息。根据预设的派单规则和温控要求等设置自动配置订单运输指示，把订单派发给相应的承运商，并附上相应提货箱单等文件。

（2）承运商派车环节：承运商在微卡平台上接收到货主企业发出的订单，需要安排车辆和司机等信息；对于零担运输，承运商需要安排提货段、干线段和送货段的相关计划。

（3）运输跟踪环节：通过车载设备、移动设备等，微卡能够实时收集 GPS 数据、温度、压力和液位等传感器数据，司机通过微信实时回报提货和送货等重要运输节点时间信息。如果运输过程中有异常发生，承运商或司机能够及时上报运输异常。企业物流部门、客服部门、企业客户能通过微卡 PC 端和微信端实时追踪运输状态和异常。

（4）电子回单：承运商在客户签单后，通过移动设备或通过统一平台，及时上传客户签单、温度信息等规定文件。

（5）承运商绩效管理：微卡根据实时收集到的 GPS 数据、温控数据和司机实时回报的数据，能够生成下列关于承运商绩效的报表。

①GPS 覆盖率报表。

②司机回报率以及准确性报表。

③电子围栏准确性报表。

④准点率报表。

⑤温度异常等各种自定义异常报表。

（三）物流数字化的主要工作

根据客户在数字化体系中的痛点，结合我们对于数字化的理解，亮才微卡提供针对性的信息化服务，为客户持续创造价值。

1. IoT 设备对接

数字化的关键在于实时 IoT 设备的数据采集，微卡收集了巴斯夫所有承运商使用的 GPS 平台，对接了各种类型的 IoT 设备，能够实时采集巴斯夫承运商在运输过程中产生的各种 GPS 和温控数据。对于零担运输，微卡还对接了中交兴路平台（国家 GPS 平台），能够根据车牌号获取实时的 GPS 数据。

对于信息化程度比较高的承运商，微卡采用和承运商系统直接对接的方式，收集实时 GPS 数据和运输节点信息。

2. 全方位的安全管控

对于化工企业而言，运输各环节的安全管理，始终是操作的重中之重。对此，系统提供了全方位的安全管控方案。

首先，是对运输车辆的管控。由于货物的特殊性，很多化工品承运车辆需要具备特殊的运营资质。对此，系统提供了车辆、司机危险品资质等各类信息的备案与核查，保证了进入系统备案车辆的合法合规。

其次，是对货品资料的属性维护。物流系统与公司主数据系统实时对接，更新货品资料信息，不仅减轻了人员操作压力，更主要的是保障了货品运输属性的准确性，系统在派单和运输的过程中，对于具有特殊属性（如危险货物）的货物操作，系统自动识别，在派车以及拼单的过程中加以控制，保证所派车辆满足货物运输要求，不同安全要求的货物不进行拼装，杜绝了人为操作的失误。

最后，在运输全过程利用设备进行位置监控，并与预设线路进行匹配，对于偏移预设线路的情况实施提出预警，提醒人为介入纠偏。同时系统还支持司机通过手机端拍摄照片反馈，对各种异常情况的实时状况进行第一手材料的记录。

3. 优化客户体验

客户服务水平是企业的核心竞争力之一，物流作为与客户直接接触的一环已经对客户服务水平起到了越来越大的作用。系统方案主要从两个方面入手，提升客户体验。

一是提升物流过程的透明度，系统的生态系统平台为司机、承运商提供移动解决方案。运输过程中的节点信息更新、操作异常均可以实时、准确地收集到物流系统中。企业物流部门可以监测承运商操作，及时、有针对性地处理订单情况，同时将运输过程信息开放给客户，为客户提供快递式的物流过程透明体验。

二是提供客户参与和反馈窗口，在物流过程中，用户不仅能通过企业微信公众号实时查询到物流信息，在货物到达交接时更能对交接货物情况以及物流服务体验进行反馈评价，有利于企业掌握客户的满意度，不断调整与提升客户服务水平。

四、数字化主要效益分析与评估

企业物流经过数字化改造后，通过近一年的磨合和应用，产生了比较明显的效益和提升。主要分成两个方面，可量化的成本与效益指标和无形的业务模式改变及竞争力的提升。

1. 实时 GPS 追踪

微卡对接了巴斯夫 20 多个承运商使用的 GPS 设备，能够实时获取 GPS 设备上的 GPS 数据，经过半年左右的磨合，承运商的 GPS 覆盖率已经接近 100%。

2. 实时温控预警

微卡能够实时获取巴斯夫温控车辆的温度信息，并根据巴斯夫不同产品的温控要求，能够对温度异常的货物进行实时报警，因为在装货的时候，货物温度会出现波动，微卡还可以设置在装货完成后多长时间后才进行温度监控。

3. 运输监控中心

微卡的运输监控中心能够实时监控巴斯夫货物运输过程中出现的各种异常，比如预计迟到异常、送货迟到异常和未及时安排车辆异常等，通过运输监控中心，巴斯夫的物流管理人员就不需要看每一票订单，把精力集中在异常订单的处理即可，有效提升了物流管理的工作效率。

4. 真实客观的 KPI

巴斯夫承运商的 KPI 报表是基于微卡实时采集到的 GPS 数据生成的，以送货准点率 KPI 为例，微卡根据车辆的 GPS 数据自动检测实际到货时间，准点率报表根据自动计算出来的实际到货时间生成，和传统的手工输入实际到货时间相比，微卡的准点率报表更加客观，更能反映承运商真实的水平。

5. 机器学习

大数据和机器学习的时代已经到来，越来越多的企业开始重视数据的采集和分析，微卡从本质上来说其实是一个实时的数据采集和分析工具。微卡在数据采集和保证数据的正确性方面做了很多文章，以货物送达时间为例，如果卡车上装了车载 GPS 设备，微卡会根据 GPS 数据和客户地址信息自动算出货物送达时间；如果未配备任何 GPS 设备，微卡会根据微信定位和客户地址信息验证司机回报的时间是否靠谱，准确靠谱的数据是数据报表和分析的基石和前提。

经过半年多的时间，微卡利用机器学习技术对巴斯夫运单、车辆和 GPS 等运输数据进行深度学习，通过机器学习模型更好地预测装卸货点等待时长和货物送达时间，识别潜在的运输异常与风险，确保运输的质量。

五、数字化实施过程中几点体会

1. 数字化的核心是连接和数据

数据是数字化的核心和基础，没有实时准确的数据，数字化就是空谈，要采集数据，必须建立连接，从货主企业的角度来说，要连接 ERP 系统获取订单的数据、连接承运商系统获取订单运输状态的数据、连接 GPS 设备或物联网设备获取 GPS 或传感器等数据。

2. 数字化是企业理念的转变，应自上而下推行

数字化并不是简单的运用一套软件解决问题。它围绕和服务于企业的实际业务，目的在于解决切实的业务需求。每个企业在长期的运行过程中，都有自己的独特之处。数字化过程并不是全盘否定已有的企业管理模式，而是应该基于企业的业务特点进行优化，转变企业传统固化的理念。

数字化的过程中，各部门不再是职能部门，而是流程中的一部分，部门成员的工作可能从之前的单一工作，转向更多面性的工作。人们对于已经熟知的流程改变，在未来不明朗的时候，都有抵触情绪。在数字化实施的过程中，不单需要物流部门的参与，也需要其他受到业务影响的部门代表的参与。通过一个开放的沟通交流渠道，更好地管理变革。通过自上而下的推行，让项目顺利实施。

3. 数字化是一个长期的战略方向，是持续创造价值的迭代循环

数字化不是一蹴而就的，它是一个长期的战略方向。项目组也采用了敏捷的工作方式，根据流程的主次重要性，把数字化的过程分为几步。对于重要的流程，应用企业可以尽早操作并且给予反馈。基于反馈结果，项目组及时评估，做出系统、流程上的改进，最终实现可落地的数字化数字化不是一个理想、空泛的概念，一个企业里面可以数字化的空间很大，我们会和客户一起探寻数字化价值最大的地方，一次迭代聚焦在一个方面，持续地建立连接、重构数据、驱动智能并验证学习，通过一次一次的迭代，持续为客户创造价值。

六、改进方向

在巴斯夫数字化物流一期实施完成后，我们已经在考虑进一步的持续改进方向。

1. 利用低成本的移动 GPS 设备，实现零担订单的全程可视化

零担运输的层层转包现象给零担运输的追踪带来了很大的难题，终极解决方案一定是通过低成本的随货设备彻底实现零担运输的全程可视化。

2. 多式联运的运输可视化

因为多式联运涉及铁路和水路的运输，从技术上来说，微卡能够对接铁路和水路的

系统，获取实时的铁路和水路相关的运输信息，从而提升多式联运的可视化程度。

3. 进一步的运输数据分析和持续改进

在系统应用一段时间之后，可以基于系统积累的数据进行分析，应用 AI 和大数据技术为应用企业在数据中找到潜在优化点，寻求改进机会，比如如何更加准确地预计到货时间、如何总体优化物流成本等。

南京长安民生住久物流有限公司：整车物流智能平台

一、应用企业简况

南京长安民生住久物流有限公司（以下简称“公司”）是一家新型的现代化第三方物流企业，公司由重庆长安民生物流股份有限公司、住友商事株式会社和北京长久物流有限公司（2012 年退出）投资成立，注册资金为 10000 万元人民币。

公司已通过 ISO 9001、ISO 14001、OHSAS 18001 三大管理体系认证，企业的核心竞争力主要体现在以 IT 技术为核心，配备一流的储运硬件设施，为客户量身定做精细化的物流解决方案与物流管理软件，以及快速、高效的物流反应与执行能力。目前，公司已经拥有一大批高品质的全程物流客户资源，正在逐步形成以南京为物流管理中心，辐射华东、华北、华南等全国各主要区域城市的物流运输与管理网络体系。

公司以“2025 愿景”为指引，以快速有效的响应客户需求为中心，以“四个 +”的技术创新为引领，提出科技引领、技术创新、打造企业核心竞争力的战略目标，依托一整套技术标准体系，着力打造三大工作平台（技术管理、技术研发、技术应用），形成三大产品力（技术标准、技术方案、研发成果），支撑和引领四大业务板块（整车物流、零部件物流、调达物流、国际货运）快速有效发展，有效支撑公司战略目标的全面实现。

目前公司获得了 22 项软件著作权，4 项实用新型专利，以及行业内十余次科技奖项，成为行业内领先的 4PL。

二、企业通过信息化技术要解决的突出问题

目前国家发布《关于进一步做好货车非法改装和超限超载治理工作的意见》和《车辆运输车治理工作方案》，明确遵循新版 GB 1589—2016 标准，包括双排轿运车禁止上路、6 轴挂车及列车车货总重不得超过 49 吨等，同时首次采用罚分制度，并提出对超载货车“一超四罚”堪称“史上最严治超措施”，政策倒逼整车物流转型，降低物流成本。南京住久正在整车物流领域勠力推广多式联运模式，虽然随着多式联运比例的提升，整体降本的收益越来越明显，但是也随之带来了以下问题。

（1）由于多式联运物流模式的物流环节增多、交接次数增加、道路运输的复杂性增加，因此在多式联运的物流模式中实现在途商品车的轨迹追踪难度极大。

（2）同样由于上述问题，整车运输单据的交接和回收难度会变大，回收周期长，回收丢失率大。

（3）由于多式联运会设立中转库，库存节点增加、周期变长，车辆在中转库的存储

时间会增加，对在途车辆运输的倒板、装车、中转、入库等是否合规、在库时长等实时控制难度增大。

基于以上问题，在整车物流多式联运模式下开发使用整车物流智能平台是十分重要的。

三、企业信息化进程

商品车厂出厂运输操作极大的痛点就是由于过程闭塞导致的一系列问题：①承运商入厂装车无计划，随意性大，造成资源浪费；②运输过程信息闭塞，层层转包，商品车运输过程无法实时追踪；③数据信息传递不及时、不准确等问题；④质损信息记录不全面，分享不及时；⑤目前定点扫描存在灵活性不足以及实车与系统数据存在差异；⑥运输单据回收缓慢，结算周期长。

我们通过场内可视化（VMS）、预约调度、在途可视化、电子回单将商品车从下线到交付经销商全过程链接起来，形成整车物流智能平台，通过可视化的输出设备展示场内操作、入厂装车、在途监控、车辆交付等每个环节的重要节点信息。

1. 场内可视化

通过手持终端设备实现场内操作数据实时采集以及实时传递分享，在入库分配信息、出库挑车信息、实际出库、库存管理等场内操作中实现全程智能化、可视化、信息化。

2. 预约调度

提供包括道次预约、发运调度、入场点检、验车装载、出场验证等场内发运全程可视化管理。

（1）道次预约。

承运商根据已分配的发运计划，合理安排运力，并在云端预约相应的道次与时间窗，时间窗会根据计划数量自动计算 TW（时间窗）占位。同一 TW 如多个承运同时选取则出现竞争性预约，系统采用提交时间先后为竞优原则，落后一方则回滚当前操作，并提醒用户选取另外可用的 TW。系统支持时间窗调整与休息时间段设定。如图 1 所示。

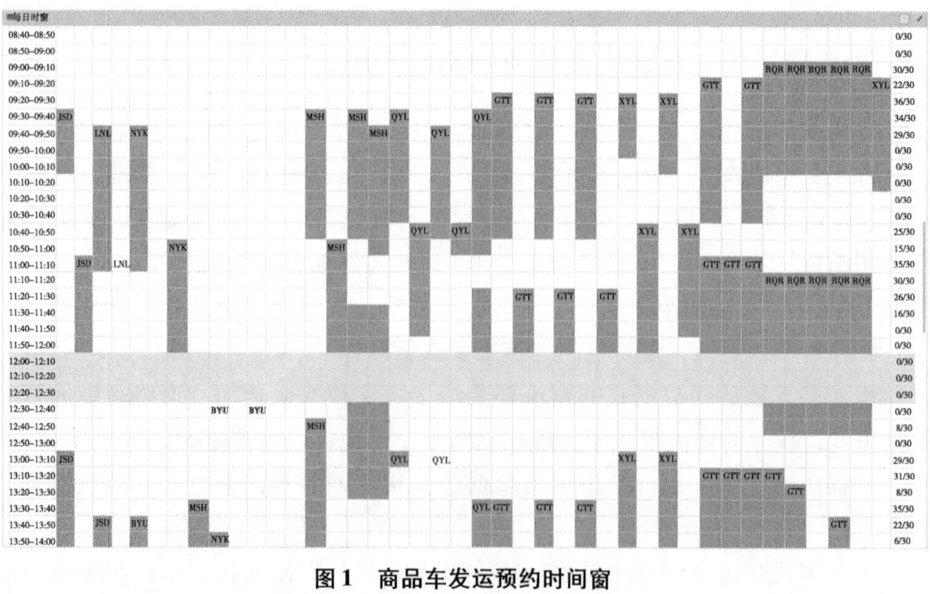

图 1　商品车发运预约时间窗

（2）发运调度。

发运开班后，系统调度器根据承运商预约时间及道次进行自动叫号，调度器可设置提前叫号时间值，该值一般通过单位时间内最大出库能力与当前开放的道次计算。调度器叫号后通过多种途径推送信息给司机，或短信或微信。司机需在设定时间内或在5分钟内回复叫号指令（按钮确认），如错过回复系统将在5分钟后再推送一次信息。两次均错过的情况下，调度器则判断该司机未在服务半径内，调度指令交由业务手动处理。另外如果司机回复了指令而又在规定时间内未能到达发运场，调度器则自动取消预约。

（3）入场点检。

被叫号司机在规定时间内到达，在入场前需进行点检（入场车辆检查），点检通过后方能入场装车。入场点检过程中司机均需出示微信预约二维码，由业务人员及门岗确认是否准入。

（4）验车装载。

司机停入预约道次后，进行小车装载。装载过程中要遵守验车扫描、装车扫描规则。对于装车过程中出现的异常（质量问题等）要及时通过微信上报，交由业务员完成后续维修或者小车更换等动作。装车过程全程可视，并以颜色区分小车的状态，蓝色为小车已出库、黄色为小车已验车、绿色为小车已完成装车。

（5）出场验证。

小车装载完成后，司机需出示预约二维码给相关业务人员，办理相关出场电子凭证。获取凭证后，司机向门卫出示微信预约二维码，门卫扫描后获取相关凭证信息，并根据相关安保条例决定是否放行。放行后，运单状态正式转为在途。

3. 在途可视化

实现商品车在途运输全程可视化，同时为主机厂、承运商（司机）、经销店提供多种在途定制操作。

（1）在途转运。

在途过程中，因运力等原因，需要将小车全部和部分都停入中转库或者是直接倒板给下家的司机。针对这一情况，系统支持整单的拆分及组合，以子单号的形式，来继续追踪小车的在途详情。转运过程均使用运单二维码作为唯一凭证完成实际物流交接。

在途转运全程可视。通过GPS数据采集形成轨迹展示，通过节点时间采集，形成在途转运时间轴。4S经销商可通过微信小程序查询到运单在途状态。

（2）前置库转运。

系统支持非正式计划（调拨计划）或库存前置转运。区别于正式分拨计划发运，库存前置发运过程中无4S经销商介入、无电子回单，发运过程加入了入库和再出库操作。

（3）4S交接。

司机到达目的地后，与4S经销商之间的交车分为当面和非当面两种场景。“当面交车”必须通过二维码互扫，以及验车流程方能完成交付。4S经销商如在验车过程中发现问题，可直接在微信小程序中备注。“非当面交车”则由4S经销商指定卸车地点，司机完成卸车后向4S经销商发出交付申请，4S经销商验车确认后完成交付流程。4S经销商交接过程中全面实现电子化，无任何纸质单据签收，4S经销商确认收车后即生成电子回单。

（4）电子回单。

4S 经销商收车后生成的电子回单，由系统发送到相关人员电子邮箱作为运费等结算依据。此外还可以通过小程序直接查看电子回单。电子回单在复制和传递过程中均保持其防伪性，防伪包括二维码扫描查询、签章序号跟踪、不可见证书指纹印鉴。

二维码查询可直接查询到该电子回单的签章情况（签章人和时间），签章序号的唯一性进一步保证一单一号。系统通过 PIN 码解锁证书并植入相关电子回单文件，文件可自行校验出不可见指纹证书，普通疑似电子回单文件则无法验出相关指纹，给造假伪造关上最后一扇门，如图 2、图 3 所示。

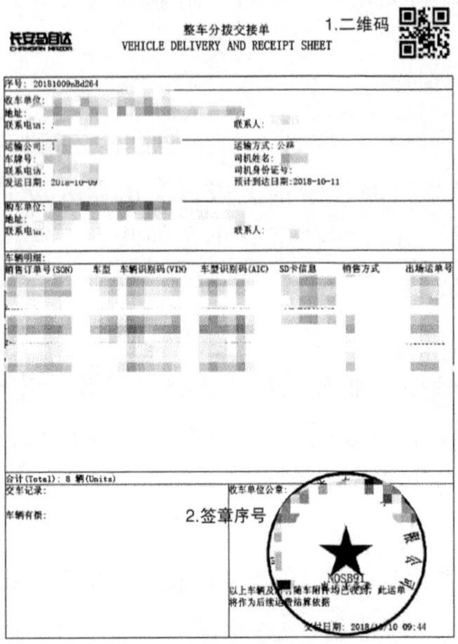

图 2　电子回单示范

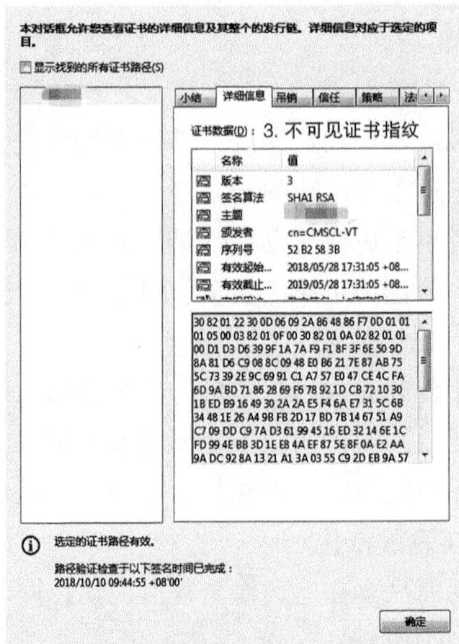

图 3　电子回单证书指纹校验

四、信息化主要效益分析与评估

1. 信息化实施前后的效益指标对比分析

（1）商品车从下线环节到出库运输信息化发展，从计划到 4S 交接，实现全过程电子化。厂内业务操作、发运及在途过程全程可视。

（2）优化操作步骤，提升场内业务操作效率，降低安全风险。

（3）安全可靠的电子回单结算。区别于传统的拍照回单，系统采用多种类电子发票防伪技术为业务结算提供凭证。

（4）优化自身服务水平，助推客户提升产品管控能力，客户满意度增强。

（5）支持多式联运，多仓中转操作。

（6）支持批量化库存前置。

（7）移动终端的使用，实现移动办公，提升办公效率。

（8）系统模块化，可复制，可延伸，可拓展。

(9) 除了减少相关设备的采购、维护等成本，节约人员 3 人，直接减少人力成本 30 万/年。

2. 信息化实施对企业业务流程改造与创新模式的影响

该项目从传统场内物流环节的弊端出发，结合智能化设备，通过软件加硬件，以“互联网 +”为依托，打通从主机厂直至物流环节的商品车出厂上下游各节点，消除冗余设备，实现电子无纸化模式，实现了场内物流的信息实时分享、及时传递，避免了传统的信息传输带来的错误，提升了场内物流的智能化、可视化、信息化。

3. 信息化实施对提高企业竞争力的作用

该项目软件开发可复制、可定制、成本低，易于在整个汽车物流领域推广运用。直接大幅度提升汽车场内物流的操作水平，实现整个行业的智能化水平，对于行业发展起到重要作用，在整个汽车物流领域填补了一项空白。

五、信息化实施过程中的主要体会、经验与教训

未来的物流服务，更加注重服务与体验，物流过程的透明性和可视化是必然趋势。所以信息服务，已经从支撑物流企业内部管理渗透到直接为客户提供服务，IT 服务与仓储、运输、PDI 等服务并列成为汽车物流企业提供的基本服务。汽车主机厂在采购物流服务需求中，明确汽车物流企业须具备系统 IT 对接能力，但很多行业企业仍停留在 Excel 和 GPS 应用阶段，这就是能力差距。

实现整车仓储运输全程可视化是汽车物流企业必须具备的核心竞争能力之一，具有非常重要的推广意义。

六、下一步改进方案

目前虽然实现了仓储运输全过程可视化，但是仓储、运输环节相对孤立，所以下阶段，我们将打通运输与仓储之间的壁垒，以运输需求来拉动入库、出库，实现出入库一体化。

深圳市关运通科技有限公司：关运通智能通关 SaaS 平台

一、关运通企业简况

深圳市关运通科技有限公司（以下简称“关运通”）为初创科技类企业，注册资金500万元，经营范围为信息咨询、网络系统开发、计算机软硬件及电子产品的技术开发。基于多年报关行业经验，致力于为进出口通关行业提供专业性服务，目前主要开发产品为智能通关平台。初创团队30余人，其中90%为IT研发人员，核心骨干团队具备十余年报关行业系统开发经验，曾参与B2B跨境电商分销平台开发、O2O（线上到线下）跨境电商商城搭建开发、跨境清关平台开发等工作，助力客户申请成为首批跨境电商物流试点企业，并参与广东省三个地方标准《跨境电子商务公共服务平台运行服务规范（征求意见稿）》《跨境电子商务海外仓服务管理规范（征求意见稿）》《跨境电子商务园区服务规范（征求意见稿）》起草等工作。2016年项目团队启动智能通关平台研发工作，2018年正式注册成立关运通公司。

关运通智能通关SaaS平台是为一般贸易、跨境电商供应链公司等单位解决进出口海陆空舱单的一个全国版智能通关平台。通过“互联网+通关”的创新模式，将通关产业链上下游服务商报关、报检、物流、货代、贸易、仓储、企业、海关、商检搭建在同一平台上，让企业与企业、企业与海关、商检实现无缝衔接、协同作业，支持企业中心化建设，实现一地申报、全国通关，业务覆盖全国各口岸。

二、关运通智能通关 SaaS 平台开发背景

长期以来，中国海关在报关数据申报、传输方面一直采用“专用系统、专用通道”的接入服务，企业只能被动接受系统和通道传输服务，无可比性、可选择性。2018年以来，海关总署发布2016年第16号公告，优化“互联网+海关”政务服务模式，有序开放业务数据交换接口，开放海关预录入系统客户端。旨在营造公平、公正、有序的竞争环境，引入市场资源，支持第三方服务商为企业提供多样化、个性化服务，不断提高服务水平，便利企业通关。利用这个契机，关运通智能关务平台系统集中技术和业务资源，全力为企业提供系统录入、传输和对接方案，辅助企业节省成本、高效通关，具有十分重要的意义。

关运通对深圳市的经济、社会和科技发展等有效需求具有非常积极的意义。深圳是我国主要的对外贸易城市，在国家“一带一路”建设中发挥重要的作用。深圳处在改革开放的前沿阵地，是改革开放的“排头兵”，深圳在产业集群、资本、科技、人才等方方

面面有雄厚的实力和基础，有先发优势。深圳历史上就是“海上丝绸之路”的重要节点，在“一带一路”建设中应很好地发挥深圳应有的作用。积极参与“一带一路”建设，关键是对接和嫁接，深圳过去几年在“一带一路”建设中已迈出了一大步，未来应大力发挥创新优势，助力“一带一路”建设。创新是深圳的最大优势，推动“一带一路”建设也离不开创新这一“新支点”的支持和配合。尤其是深圳高科技企业在各自领域核心技术的创新能力位居世界前列，一大批深圳企业家正在成长为“掌握新经济命脉的新力量”，应把深圳及深圳企业的创新优势与“一带一路”建设对接，与外部资源、市场对接，为“一带一路”建设、经济可持续发展贡献正能量。海关的通关效率及便捷化攸关深圳企业走出去的运营成本及效率，本系统的研发，对提升进出口企业的通关成本有着积极的作用及重大的社会效益，同时，信息化水平的提升及大数据技术的应用，对于优化深圳的营商环境、政务形象有极大好处，另外，还可以塑造一批高新技术的岗位，对于深圳高素质人才就业，提高企业劳动生产率，都具有良好的促进作用。

关运通致力于打造联通世界海关的智能通关系统，以人工智能，大数据为依托，解决传统有纸化通关效率低下、流程及环节复杂且不透明、各国海关政策存在差异、人力成本居高不下、报关费用高昂等问题。

三、主要研究内容

1. 基于大数据技术的智能化全国一体通关

通关一体化实施后，全国实现海关风险防控、税收征管等关键业务集中、统一、智能处置。对企业而言，通过本平台，无论在哪里通关，全国海关都是同一执法口径和监管标准，为企业提供统一的通关便利待遇。通关环节，全国海关实施“一次申报、分步处置”。企业在货物通关时一次申报，海关在货物放行前、放行后分步处置，即在口岸处置安全准入风险，完成对货物的安全准入甄别后，先予放行；货物放行后，再由属地海关开展税收后续管理。税收征管方式也发生不小变化。在货物通关环节，由过去的海关审查确定企业申报税收要素、核定企业应缴税款，转变为企业自行申报税收要素、自行计算并缴纳税款、海关受理后放行货物，实施全过程抽查审核。这项改革措施可大幅压缩货物通关时间，减少企业通关成本，提升通关效率。

2. 基于 OCR 识别提高录单效率

光学字符识别（Optical Character Recognition，OCR）技术，是从图像中检测并识别文字的一种方法，通过扫描等光学输入方式将书籍、文档、证照或票据等印刷体文字转化为图像信息，再利用文字识别技术将图像信息转化为可编辑的文本呈现给用户。这一技术已经广泛应用于多种识别领域。在传统物流业务中，录入一份报关单需要 30 分钟到几个小时不等，而当关运通系统与 OCR 识别技术相结合，将每单录入速度优化到 30 秒内，识别准确率接近 100%，替代人工录入，节约大量人力成本，精准高效。同时可根据客户不同的模板，生成不同类型的单据和资料。

3. 基于人工智能的通关数据有效性查验及风险把控

该方案采用先进的云计算、大数据、图像智能识别技术，结合海关业务数据，建立国家级海关查验云平台，统一存储海量多维数据，支持用户间的审图经验共享，构造基于全量数据的多模态分析模型，可以实时处理海量查验数据，对扫描图像智能分析，可有效支持国家级海关100%快速查验业务。综合利用多种信息化手段进行指挥和调度，通过设备互联实现数据共享，消除信息孤岛，建立有效的风险防范、控制和处理的机制。

4. 基于人工智能的海关税则商品的归类

基于大数据的筛选技术，对商品进行职能归类，给客户提供报关参考，可以强化对报关业务的有效把控。与世界其他国家的海关进行数据交换，实现一份数据全球报关的业务模式。实现基于AEO（经认证经营者）等其他认证模式的标准化可视化的通关。

5. 基于报关中心化调度管理的工作协同体系

可实现全国报关一体化区域整合的功能，聚集单收集、任务派发、报关状态跟踪、跨部门、跨区域业务协同等功能于一体。

6. 移动报关

可实现手机移动端的报关。

四、已上线功能

上线功能列表如下表所示。

上线功能列表

序号	业务领域	已完成功能清单	业务内容
1	我的工作台	工作台	以工作流的方式，实现办公自动化、单证流程化处理，上一处理人可将必要的信息有效地呈现给下一处理人，各处理人可随时跟进报关状态
2	报关单	快速录入	支持个性化缺省值配置、历史商品数据复用、复制新单等方式简化录入
		API数据接入	根据客户所提供的API数据对接，直接生成报关单，减少因资料交接的时间和人工数据记录错误产生的申报错误
		个性化模板导入	根据客户所提供的模板，生成系统个性化模板，按生成的模板导入报关单，减少人工录入的烦琐工作，轻松实现一键化导入报关单
		税金	根据客户需求，按需导出所需数据，减少一个个核对装订等人工处理时间
		客服跟单	客服人员直接登录SaaS系统，实时查看客服人员所跟报关单的状态，减少客服人员因不知报关单状态电话联系报关员而产生的工作量。可实现信息批量操作功能，让不同客服跟进单证备注与历史备注浏览
		状态跟踪	根据报关单状态跟踪报关单每一步流程的走向问题与报关单实时状态，让报关单的现时状态一目了然
		批量打印或下载	根据报关单号、运单号等条件进行批量打印功能，有效解决因报关单量大而造成的税单不好分类的问题
		通知服务	报关单状态变化实时通知，快速响应，便于跟进

续　表

序号	业务领域	已完成功能清单	业务内容
2	报关单	报关单下载	根据系统过单后推送的邮件，客服人员可以直接在邮件中下载报关单，优化了以往需要报关员扫描再发送邮件的工作，加快了通关时效
		经营单位超期预警提示	现有客户因经营单位超期，导致报关单发送后海关扣分，优化功能后，经营单位如超期系统将会不允许发送报关单，减少企业申报扣分
		校验功能	根据平常报关中容易出错的问题，在系统中增加逻辑校验功能，减少报关出错 在系统中增加数据校验对比检查功能，实施功能后，可以检查所申报货物件数是否与实际到货件数一致，检查所申报货物舱单数据是否已理货成功，检查货物所申报价值是否与国外客户所提供的一致等
		数据比对	可批量导入原始报关数据与报关数据比对，提示毛重、价格、件数、货币等一系统数据不一致信息
		敏感词库	按不同关区、客户等维度，实现不同风险级别（提醒、阻止）等风险提示，如对商品海关编码、品名关键词做敏感信息提示
		统计报表	按需导出报关单统计报表信息，分时统计各种状态下的数据量，以图表的形式展示出来
3	报检单	报检单	报检组根据报关单号下载报检数据格式，减少报检员手工录入时间，减少报检员因手工录入出现的报检数据错误
4	舱单管理	公路舱单	1. 个性化模板导入：支持自定义模板的导入，导入模块可以根据配置减少数据项目的录入，提高录单效率； 2. 可以根据批次号快速地从报关单模块中提取舱单数据，减少数据项，提交录单效率； 3. 支持一键删除舱单信息，发送删除指令给海关，无须再一次录入舱单表单信息删除； 4. 配置暂存、审核、申报流程，减少数据错误率； 5. 支持打印核对单功能，方便现场人员场地核对资料； 6. 支持回执功能截图回传、打印，方便报关员给客户回执； 7. 支持基本的数据格式、逻辑效验
		海运舱单	1. 可以根据批次号快速从报关单模块中提取舱单数据，减少数据项，提交录单效率； 2. 配置暂存、审核、申报流程，减少数据错误率； 3. 支持基本的数据格式、逻辑效验； 4. 支持易网通、鹏海运双通道申请
		空运舱单	根据报关单数据自动抓取生成空运舱单数据

续　表

序号	业务领域	已完成功能清单	业务内容
5	车辆进出境确报	车辆进出境确报	1. 支持载货重车、空载车辆、搭载空箱车辆三种模式的申报； 2. 个性化模板导入：支持自定义模板的导入，导入模块可以根据配置减少数据项目的录入，提高录单效率； 3. 支持一键删除信息，发送删除指令给海关，无须再一次录入确认报表单信息删除； 4. 配置暂存、审核、申报流程，减少数据错误率； 5. 支持基本的数据格式、逻辑效验； 6. 独立的驾驶员、集装箱、拖挂车、运输工具管理模块，一次管理，多次使用，提高录单效率
		确报统计报表	可以根据报关单位、客户企业、录入员，新增量、删除量，按天、月、年等多维度进行数据统计
6	电子账册	账册管理	对各种电子账册、子账册进行管理与导出
7	客户管理	客户信息管理	客户信息与资料维护
		买卖方信息管理	买卖方信息与资料维护
8	微信管理	微信用户	微信端查看报关数据
9	模板管理	模板与模板规则配置	可以根据客户需求，配置个性化的报关单导入模板
10	数据接入	API 数据接入	系统以 API 方式接入系统，快速、高效地完成数据录入，减少人工录入的工作量，提高时效。并可通过 API 上传附件，下载报文回执状态
11	我的账户	账户密码维护	对账户信息与密码进行维护
12	首页面板播报	首页面板播报	系统实时反馈当前申报单量、过单量、放行量、通关时效情况，功能实施后通关时效更透明化

五、功能价值体现

该平台通过了第三方国际机构安全认证，并将时效提升 30%，作业效率提升 40%，录单准确率达到 100%，审单准确率提高到 99.99%。

（1）对于客户的价值。

减少国家关税财政；提高企业国际竞争力；改善国家投资环境；支撑贸易宏观政策决策。

（2）平台亮点。

海关全业务场景和业务模式覆盖；全流程监管；海关重要业务系统无缝对接；数据决策支撑；智能风险管理；高性能安全保障；数据信息安全保障；申报查询途径多样化；高灵活性，通关流程可配置；可根据用户需求定制开发；界面简洁大方，主题语言自定义；功能清晰明了，浏览器访问直接使用，无须安装复杂客户端；运行快速稳定；易部署，易安装，易维护。

六、平台助力企业实力提升

2017年，与全球最大国际快递运输公司达成项目合作。该公司是全球最具规模的速递运输公司，致力于提供快捷可靠的速递服务，前往全球220多个国家及地区。运用覆盖全球的航空和陆运网络，确保分秒必争的货件可于指定日期和时间前迅速送达，并且设有“准时送达保证”。该公司专为全球客户及企业提供全面的运输、电子贸易和商业服务。公司拥有40万专业服务团队，年营业收入达到580亿美元，致力于提供综合业务应用方案。

该公司中国区设立分公司78家，拥有90多个地面操作站，业务覆盖范围广，各地都有不同客户群体和报关服务商。每月单量几万票，工作量庞大，对差错率的控制和通关时效要求很高。委托多家报关行处理，供应商报关服务水平参差不齐，管理分散，没有统一的管理系统。

随着国内电子商务零售出口的快速增长，该公司面向华南客户推出“清单核放、汇总申报”服务模式，为其客户提供“一站式”的出口清关解决方案，减少准备报关资料的时间，节省相关的报关费用。电子商务类清关经常面临一票要填写100～200个项目，操作复杂，写单要一到两天，录单需要一到两天，核对至少需要一天，从收单到发送，每单最少需要三到五天。

关运通为该客户定制开发网上客户端，IT实施团队与该公司关务管理人员密切合作，梳理和优化关键业务流程，其企业关务管理系统、ERP系统、仓储系统中的数据直接导入关运通智能通关SaaS系统，只需几秒钟即可生成准确、规范的申报信息，导出至报关、报检申报端进行申报。运用系统功能构建起高效、快速、高准确率的通关体系。通过网上客户端，实现了各类信息集中化管理，便于监控和实施。

该公司与关运通智能通关SaaS平台对接后，利用数据模板导入实现长单的效率提升，100多项的单操作时长由3～5天压缩到几个小时，错误率基本为零，大量缩短操作时间，简化了进出口报关业务流程，最大限度地减少了通关延误，取代大部分人力操作，简化的流程使更多人力从重复性和低效益的工作中解放出来，有更多的精力和资源来改善运营和弥补薄弱环节、预测潜在风险，从而有效地控制了运营风险，切实降低了海关质疑或稽查可能带来的损失。

关运通智能通关SaaS平台完全符合海关总署公告2018年第177号《关于公布〈海关认证企业标准〉的公告》中对AEO高级认证企业内部审计控制能力的要求，SaaS平台的部署和实施为该公司申请和保持高级认证企业资格提供了强有力的平台支持。

另外，关运通相继与全球领先的ICT（信息通信技术）智能终端提供商等多家大型客户达成合作关系，目前平台入驻企业300家，客户群体涉及加工制造企业、进出口贸易企业、大型国际货代企业、供应链企业、电商企业、报关企业、运输企业等类型，功能模块逐步趋于完善。

七、平台规划

平台将融合“IoT + AI + Cloud + Data”四大科技进步成果，研发设定三大目标，智能化——链接最前沿的科技，开发最具技术含量的物流信息平台；平台化——开放技术平台，提高协同效率，节约社会资源，实现行业共赢；在线化——将业务流程记录迁移到云端，实现全程跟踪，秒级动态更新。未来还将继续跟进研发投入，开发更多智能化的物流协作系统，从智能通关平台转型为人工智能通关系统。

未来3年内平台可实现更多人工智能化应用，比如：

（1）自动识别：自动识别摘取上百条报关参数。

（2）智能审核：24小时为周期自动更新风控参数。

（3）自我学习：系统自我学习，无缝对接海关新政。

（4）风险感知：7×24小时实时监测预警，申报风险深度感知。

浙江新安化工集团股份有限公司：打造危化品行业物流信息系统标杆

一、应用企业简况

浙江新安化工集团股份有限公司创建于1965年，A股上市公司，中国化工500强，全球农化销售20强企业；2017年营业额72.76亿元，净利润5.33亿元。新安集团主营作物保护、有机硅材料两个产业；主要产品被广泛地应用于农业生产、生物科技、航空航天、医疗卫生、建筑材料、电子电气、新能源等多个领域，在全球几十个国家和地区畅销，并在北美、南美、非洲等地区设立了海外子公司，国际知名度和市场占有率稳步提升。

二、企业需求痛点

该企业作为国内农化有机硅行业的龙头企业，随着企业业务规模的不断扩大和市场需求的不断升级，客户对物流运输时效、服务质量的要求越来越高，现有的管理手段和系统难以支撑业务的发展。企业与多个承运商合作，同时拥有自有车队，负责集团公司及外部自有业务的货物运输。物流业务存在的突出问题如下。

1. 业务运作无法实现一单到底、全程可视

上游原材料采购受宏观市场价格波动影响大，需及时下达订单进行采购，避免因市场原因影响采购生产。下游客户多为零担货物运输分散，客户对到货及时率要求高，销售及物流亟待实现物流运输全程可视化。

2. 危化品运输过程管控弱、风险高

企业物流运输当中存在大量危险品运输，安全责任重大，需要进行危化品电子路单上报以及过程监控。

3. 业务系统没有协同，信息无法实时共享

企业ERP、物流、仓储、园区系统之间信息共享缺乏；车辆信息、驾驶员信息、运费信息和触发时间无法在几大系统之间共享和流转。

4. 核算及结算流程长、对账难

原计价规则复杂，运费核算工作在毛净重基础数据核对及重复核算方面工作量大、周期长。

综上所述，企业迫切需要一套智能化的物流协同管理系统为业务提供技术服务支撑，以提升物流供应链整体运作效率、降低物流管理成本。

三、浙江智联慧通科技有限公司提供的解决方案

为企业提供定制化的智能物流供应链管理协同系统，打通采购、仓储、销售、运输以及承运商和客户等各环节，实现物流一体化管控，形成完整的、实时的、可监控的物流供应链业务在线作业闭环。如下图所示。

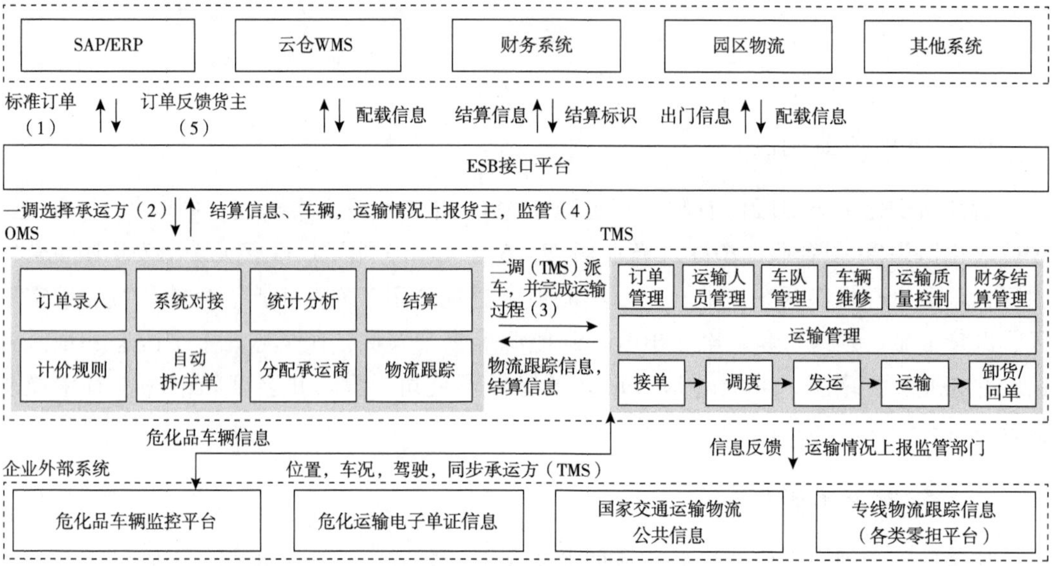

智能物流供应链管理协同系统

针对客户的需求痛点，围绕物流供应链的全场景管理，通过 GPS、电子围栏等技术，用二维码打破以前物流运输过程的黑匣子状态，其在各业务节点应用的便捷性受到了用户的青睐。

1. 系统自动下单

取代手动输入，减少人工干预，调度员仅需用扫枪扫描二维码即可自动收录单号，告别了原来人工操作的低效和高出错率。

2. 全程物流信息跟踪

司机、销售员、客户用移动端（微信）可实时查看订单当前状态及车辆当前位置。

3. 系统自动结算

结算规则自动化，一个模块搞定所有财务结算，告别以前流程长、对账难、手工开票和核对价格的状态；能支持单物料上浮、合单、保底等多种计费方式，减少核对工时 20 小时。

四、为客户创造的价值

1. 实现多系统连接、多角色协同、全场景覆盖

围绕生产制造企业的全业务流程，串联起“供应商、终端客户、承运商和司机”，打通企业内部的“采购、仓储、物流、营销”等部门各自孤立的信息系统，实现跨组织（权限）、多用户（角色）、多节点（流程端点）之间的业务协同，实现生产服务场景下

的“多系统连接、多角色协同、全场景覆盖”。

2. 实时监管、全网监控、全程可视

数字大屏实时监控，加强可视化物流跟踪与管理；各承运商业务数据实时统计分析，帮助企业高效管理。

3. 实现危化品电子路单实时上传和预警

在物流运输过程中，系统自动向国家交通运输物流公共信息平台上传危化品电子路单和货物状态，运输管理部门可监控物流订单在途状态，提前预警并科学安排应急措施。

4. 帮助企业规范业务流程和作业标准

通过对真实物流业务的现场观察与调研，重新梳理业务并提出优化方案，形成标准化业务流程；以智能物流系统为抓手，明确业务关键环节的流程和规则，实现业务自动流转、信息的实时传递，有效沉淀业务运作数据，为管理者提供数字化决策支持。

五、物流信息化主要效益分析与评估

1. 信息化实施前后的效益对比分析

信息化实施前后的效益对比分析如下表所示。

信息化实施前后的效益对比分析

项目实施前	项目实施后
订单管理过分依赖人力，作业规则不明确，订单处理效率低下且影响结算	订单处理自动化，平均订单执行时间从 17 小时降到 13 小时，实现物流供应链业务一单到底、高效流转
多信息系统割裂、管理传统低效，各部门之间无法实时共享信息，管理成本居高不下	打通企业内外部多个系统，实现业务全场景覆盖、多角色高效协同，信息实时共享，有效降低沟通成本和管理成本
货物在途跟踪困难，无法知晓货物实时状态，无法实现全程可视化管控	引入 GPS 定位、物联网技术，实现危化品运输过程严密监控、全程可视，实现危化品电子路单实时上传和预警
财务结算流程长、对账难、手工开票和核对价格，效率低且出错率高	结算处理时间从 1 周降为实时，实现财务结算自动化、精准化
缺乏全面客观的数据支撑，管理者无法全局掌控经营状况和趋势走向	业务数据有效沉淀，真实反映经营状况，大数据智能分析助力企业科学决策
无法满足客户对到货及时率的高要求	客户满意度从 86% 提升到 98%

2. 对企业带来的管理提升和变革

浙江智联慧通科技有限公司通过为客户提供咨询规划服务、智能物流技术服务（智能系统定制开发）一体化的物流供应链解决方案，打通了企业内外部与物流相关的各种信息系统，将单个数据孤岛和分散的信息系统进行连接，推动供应链上下游各环节主体之间数据信息的互联互通、资源共享，实现一单到底、全程可视，赋能企业提升供应链的整体协同效率，帮助企业提升对内管理水平和对外服务能力，实现降本增效和转型升级，有效提高企业的客户满意度和市场竞争力。

3. 荣获 2018 年中国化工物流金罐奖之“安全科技保障奖”

2018 年中国物流与采购联合会化工物流行业年会上，智联慧通公司总经理张中华代表传化智联应邀出席并分享了“数字供应链赋能化工企业生产制造”主题演讲；作为智联慧通公司打造危化品行业物流信息系统的标杆项目，新安化工智能物流信息化平台应用案例在大会上得到了重点推广；基于为中国化工物流行业所做出的贡献，智联慧通荣获 2018 年中国化工物流金罐奖之“安全科技保障奖”。

六、项目经验总结

（1）项目团队沟通。基于业务场景和客户需求，充分重视项目团队成员关于解决方案一致性的沟通及项目负责人之间的沟通。

（2）系统对管理的支持。系统需建立在管理的标准与规范上；管理需限制业务的操作并提供实时保障；系统对需求的响应及适应性。

（3）危化品与普货全场景理解。危化品等级及对车型的要求；危化品上报的途径与要求；普货多次中转的实现方式。

（4）新安化工物流业务理解。对自车与合同物流的深入理解；物流与生产及仓库的协同运作；对车辆及承运商管理的方式与方法。

（5）持续服务与管理效益体现。实现项目预期承诺；打造危化品行业运输物流信息系统标杆；促进双方经济价值与战略价值。

七、项目改进计划及展望

（1）一期功能深化：承运商考核、货物跟踪功能优化。

（2）配合 SAP 推广：在其他地区及城市实施推广物流系统。

（3）管理提升：管理需求处理，决策报表开发，移动应用、自车调度智能化、核算体系优化等。

八、客户评价及反馈

“化工行业对物流服务质量要求高，尤其是危化产品运输的安全性和过程管控更加重要。近几年企业业务规模不断扩大，集团公司对于物流服务质量的要求不断提高，使得物流服务部门的挑战和压力增大。但是压力也是动力，公司下定决心要通过物流信息化、智能化来提升物流运输的管理服务能力，增强业务全程的透明化管控。

通过综合考量，公司最终选择与浙江智联慧通科技有限公司合作定制开发智能化的物流管理系统。智联慧通项目组前期大量参与了实地调研、需求分析和方案设计，能深度理解企业物流供应链的痛点，对业务场景和业务细节把握清晰，风险点识别精准，提出了切实可行的供应链管理提升解决方案和建议。同时，智联慧通的技术研发实力处于行业领先水平，能快速响应公司的需求，成功将系统应用到业务当中。系统通过半年左右的运转，到货及时率和运输过程管控也不断提升，物流成本和人力成本显著降低，帮助企业实现了降本增效，同时赢得了客户的肯定。”

东莞驿道网络科技有限公司：运的易智慧生态综合物流平台

一、公司简介

河南卓逾物流有限责任公司，注册资金500万元，属于安阳市大型物流综合信息服务平台，公司目前在职员工100人左右，公司设有综合部、财务部、技术部、车后市场部、同城配送项目组、市场客服部等重要部门，地址位于安阳市文峰区交通运输大厦。2006年8月8日，由安阳市交通局组织牵头，在当地政府领导下正式成立，组织运营运的易智慧物流生态平台，平台以诚信为核心，以互联网为基础，融合自动控制、信息传感、云计算等技术，实现智慧物流、智能管车、诚信担保、车后市场、物流贸易等服务，为货主和运输车辆用户提供实时、高效、灵活的全程可控的个性化服务。河南卓逾物流有限责任公司于2016年12月积极响应国家无车承运人政策号召，参与无车承运人试点单位申报工作，同年获得国家交通部无车承运人试点资质认定，成为豫北地区唯一一家无车承运人试点单位。2017年3月，平台完成与交通部无车承运人监控平台的对接工作，并且在2017年度试点考核期间排名河南省第一。2018年5月，平台与国家税务总局金税系统实现对接，实现线上订单和资金流交易的全程监控。平台集物流、商贸、金融于一体，向各行各业开放交易平台，通过对历史订单等大数据进行分析，从供给侧改革实现资源优化配置，达到商品供需快速匹配，提供全方位的货运服务，为物流商贸提供完美解决方案。平台结合AI智能算法，推出“顺路捎带”的模式，根据线路、车型、载重，向车辆智能推送沿途货源信息，提升车辆运营效率。2019年2月，由市政支持成立安阳市绿色城配项目，目前已经在试运营阶段。

二、物流运输行业现状

1. 中国公路物流市场分析

公路物流是我国物流的最主要方式，公路货运量占我国整体货运量的75%，因此我国物流整体能力薄弱的一个重要原因便是公路物流效率的低下。

运输环节存在的突出问题是运输效率低下，涉及运力调配、运用等多个环节。一方面，我国货车平均每天有效行驶里程仅为300公里，而美国可以达到1000公里；另一方面，当前国内有1000多万辆营运货车，空载率达到40%以上，车辆停配货的间隔时平均长达72小时左右，其中大量的时间浪费在等货、配货环节。这造成了资源的极大浪费，导致运输成本居高不下。同时车辆空驶不仅加重了高速公路和城市道路的管理压力，尾气排放也加剧了大气污染。

2. 中国公路物流市场存在的问题

（1）受碎片化发展模式影响，中国公路物流行业集约化程度低，呈现“小、散、乱、差”四大特点。所谓“小”指的是经营主体规模小、数量多，根据交通部2013年的统计数据，全国道路货物运输经营业户为745.17万户，公路营运载货汽车1419.48万辆，平均每户拥有货车不到2辆；“散”指的是经营运作处于“散兵游勇”状态，产业的组织化水平很低，90%以上的运力掌握在个体运营司机手中，行业集中度非常之低；“乱”指的是市场秩序较乱，竞争行为不规范，诚信体系缺失，标准不统一；“差”指的是服务质量差，服务确定性差，经营效益差，信息化应用差。

（2）货运物流信息严重不对称，公路物流网络系统缺失，导致车货匹配效率低下，资源错配现象突出。其一，当前行业中缺少功能齐备的公路运输枢纽网络，以及统一且规模化的信息化服务平台；其二，在目前的货运物流服务链中，处于末端的是个体车主，由于从业人员参与门槛低、供过于求、组织水平低，这些个体车辆在货运交易中的博弈非常被动，除非产生特殊时段、特殊线路或特殊车辆需求等某些结构性原因，绝大多数个体车辆运输的货物来源和定价权往往掌握在托运人手中。

（3）公路物流业现存的问题急需系统能力的提升。①需要行业资源的整合，包括对市场参与主体的整合、运力资源的资源以及货物资源的整合，从而减少资源无谓的消耗和浪费，完善公路运输网络。②需要基础网络的完善，缺少功能齐备的公路运输枢纽网络为广大物流企业和个体货运司机及车辆提供集货、仓储、配货的平台，并为其提供相应的商务、生活及运输配套服务。③需要信息流环节的优化，通过物联网技术，将信息的传感设备和互联网进行结合，形成一个便于对供应链各个环节的关键信息进行管理的巨大网络；借助有形的服务节点形成“信息池”，以此为基础提供线下或线上的供需匹配、车货匹配等业务，提升供应链的运作效率。

三、痛点分析与解决方案

（一）项目目标用户

运的易旨在通过精准高效的信息匹配，撮合货源方和司机方交易，大幅提升货物运输效率，并整合开发后物流市场服务商，为司机提供更加方便、优质的服务。

目前在互联网的冲击下，货运平台及各种App遍地开花，由此挤压了物流信息部的生存空间，因此，运的易不发展货主直接入住，而是通过信息部的货源吸附司机运力，撮合交易，增强平台的黏性和活跃度。

1. 司机端

货车司机。

年龄：29~45岁，绝大部分为男性。

特性：遍布全国机动性强，当前“触网”程度较高，学历较低但能吃苦，群体规模约3000万人。

2. 货源端（信息部）

（1）货代。

年龄：18 岁以上，男性居多，总体性别差异不大。

特性：俗称“货运黄牛”“物流信息部”“货运站”等，企业规模较小，平均每家 2～3人甚至1人，主要承接货主发货需求，帮助货主、司机完成需求匹配，经过多年发展，货代服务水平显著提高，有逐步向第三方物流发展的趋势，由于角色特性，其对货物安全性有较高需求，因此对车辆管理有巨大市场需求。目前，在国内该群体约有 90 多万家小微企业。

（2）贸易交易商。

主要包括：运的易物流平台上的货主、货代、司机等角色。

特性：利用参与角色的特殊属性，基于物流交易延伸出商贸交易需求，进而迸发出更大的物流需求。

3. 后物流市场服务端

增值服务商家。

主要包括：金融服务提供商（以物流供应链金融为主）、保险服务提供商（以中国平安、中国人保、中国人寿为代表的物流保险服务商）、加油站商家、高速 ETC（电子不停车收费系统）收费服务商、维修商家、物流园服务商、餐饮商家、停车场服务商。

特性：总览物流服务供应链所有服务提供商，由于物流的地域性与运营主体卡车的流动性，基于 LBS（基于位置服务）等多种定位技术的互联网精准营销显得尤为重要。

（二）用户痛点分析

传统物流方式中间环节多、流程长、成本高，且过程难以监管控制。司机中短途运输空返率高，等待时间长，收入稳定性不高。

1. 司机端痛点

（1）每年平均 240 天寻找货源，导致司机的工作效率低，叠加累积，导致整体物流行业运行效率也非常低。

（2）司机对货主依赖程度高，信息不对称，行业投诉率相对高。

（3）空驶率高达 40%，而空驶率每降低 10%，一年就能节省油费 400 亿元。

（4）在物流运输过程中，容易引发货损、交通事故、车辆通行受阻等异常情况，造成严重的财产损失。

（5）物流市场运费结款周期相对漫长，行业链条下游的经纪人和卡车司机逾期拿不到运费的情况常见。

（6）货源真实性不高。目前很多配货平台的货源真实性不高，且多为过期信息，导致司机配货成功率不高。

（7）司机必须对该线路熟悉，才能报出符合货主需求的价格。

2. 物流信息部痛点

（1）互联网技术下，物流信息部的生存空间受到货运公共运力平台的挤压。

（2）找车难。物流信息部有长期合作的车辆，但有时会出现以下情况：①平常合作的司机已经接了别的货源，无法替自己运货；②某天的运货量大，平常合作的车不够装；③不想把鸡蛋放在一个篮子里，想找不同的车试着运输，使自己未来选择面更大。

（3）服务无标准。社会车辆的运输服务没有标准，司机接货不及时、临时提价、不愿意等待、送货不准点、野蛮装卸、与收货方争吵等。

（4）信息资源整合能力比较差，零担货物时效性太差。

（5）货物安全无保障。要担心货损货丢，更要操心货损货丢后的处理。

（三）解决方案

解决方案包括六种办法，如图1所示。

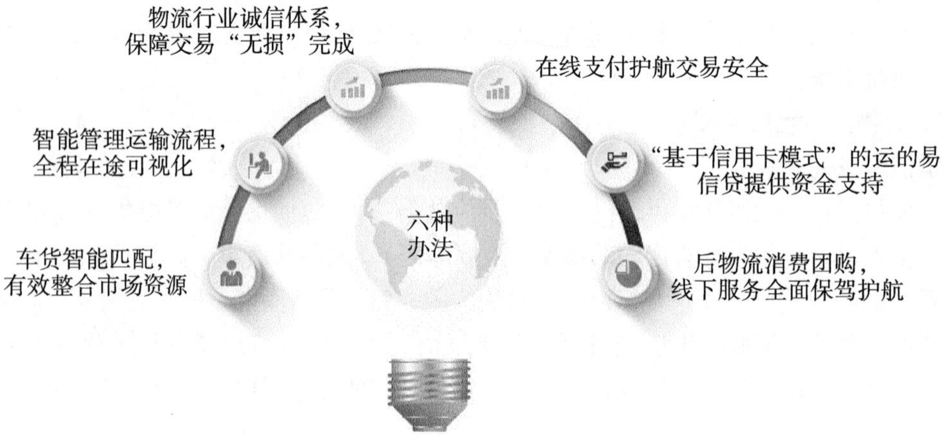

图1　解决方案

1. 车货智能匹配，有效整合市场资源

针对物流市场上“货车司机找货难、货主找司机难”的情况，运的易为货车司机与货主之间搭建了沟通平台，通过App系统终端，实现车货智能推送、实时连接。智能调度系统可以从货源信息中迅速提取，并推送给附近司机（如滴滴一样由平台给附近的司机派活）；而货主信息一经发布就自动匹配附近空闲车辆，并为司机规划好最省油的运输路径。运的易在智能推送上，做到时间、线量、货量匹配的三个优化。然后，平台根据供需双方的熟悉程度、双方的等级以及车辆的先后顺序，实现车货的智能匹配。同时采取报价模式，提升交易公平性。

运的易利用移动互联网技术，将碎片化的资源和碎片化的需求进行有效整合，从而解决信息不对称带来的高空驶率、高物流成本等问题。

2. 智能管理运输流程，全程在途可视化

运的易满足全链条可视化的需求，从货源客户角度出发，提供精准车辆位置，精准重载、空载和半空，订单轨道回放，重载货主实时跟踪等功能。让客户能自己查看货品位置，查询实时状态。让客户知道货在哪儿，将节省许多客服人员的时间，并且在异常情况发生时能及时处理，从而提升客户体验。

3. 物流行业诚信体系，保障交易“无损”完成

传统物流成交场景中，平均每发4票货，就有一次纠纷，行业的纠纷率是在26%。目前传统物流面临的一个很大的难题是，如何打造一个安全诚信的平台。为了让货主和

承运方都能够在平台上放心安全地交易，运的易设立了三道监控体系来保障平台交易的安全性，进而构筑平台的诚信体系。

第一道监控体系是事前监控。运的易建立实名认证备案体系，通过严格的资质审核机制和身份认证机制，确保平台推广的同时保证所有车、货信息的真实可靠。

第二道监控体系是在途监控。运的易负责整个运输过程的流程管理、呼叫、调度、运输过程跟踪监控、风险把控与承担、大额运费的融资协调与结算。

第三道监控体系则是事后监控。运的易与保险公司紧密合作，针对物流产业链中风险损失的最大可能性，创建城际之间干线运输风险规避的互联网物流保险，为货源端及司机端解决后顾之忧。

运的易分别对司机和货主两端建立的一系列平台运营规则，实行优胜劣汰制，司机与货主的交易完成之后，将由司机与货主双向评分，严重违规的用户，会被列入黑名单。通过采取保证金、平价等模式，杜绝不诚信交易，保障参与者正常的权益，尽可能将纠纷率降到2%左右。

4. 在线支付护航交易安全

针对物流代收货款、现金流监管等难题，运的易积极与银行、支付宝、微信等第三方支付平台合作，解决商户货款的安全问题，防范代收货款风险。

建立线上支付体系是打造物流货运闭环的重要环节，运的易平台有了第三方支付体系的支撑之后，使得运费结算内部化，确保交易安全性与及时性，为广大货主及司机解决货运运费的交易结算问题。运的易支付平台可提供充值、提现、授信等相关服务功能，可实现回单 24 小时现款结算，操作简单，一键提现，数据透明，对账明了。由此，司机端、货源端、商家端、平台端及银行构成封闭式资金链条，用技术手段实现了物流风险可防范、可预警。

此外，运的易平台发展到一定规模后，将形成自己的资金沉淀池，在这个资金沉淀池的基础上，可以开发出很多衍生的物流金融产品。运的易平台也的业务将更加多元化，前景更加光明。

5. “基于信用卡模式”的运的易信贷提供资金支持

运的易为中国物流货运行业提供基于用户场景与需求的一揽子金融解决方案，并以此为切入点，共建包括金融服务体系、支付结算体系以及信用体系在内的物流金融新生态。

创新、场景化、小额化的物流信贷服务能够为平台用户提供资金支持，让其灵活使用。以大数据为基础的物流金融生态将实现物流、资金流、信息流的高效传导和匹配，让物流人能够享受到线上的、高效的信贷和在线结算等服务。当金融需求得到满足，就会反过来促进这些从业者的发展，帮助他们扩大经营规模、提高经营收益，促进产业发展。

6. 后物流消费团购，线下服务全面保驾护航

“运的易”开启“增值服务团购”的运营模式，有效地嫁接货车司机直接对接后物流供应链模式，通过联合加油站、维修站、保险、高速收费、餐饮住宿等一系列物流服务商家，致力于为商贸服务端、司机端等相关方提供开放式、创新式、协同式的 O2O 线上

线下一体化服务，实现商流、信息流、资金流、物流的无缝对接。后物流消费团购不仅可以有效解决司机端与后物流服务端的需求对接，快速有效达成交易，充分降低双方的成本，还可以整合供应商、服务商及平台其他相关方的需求和供给资源，并依托先进的信息化体系，创新服务体系，以多层次的增值服务打造无边界的合作与创新生态圈。

运的易将实现全国省级范围后物流市场的全方位覆盖，让全国的货车司机都能获得更加便捷的服务，将智能物流应用带进更多货车司机的日常工作和生活。同时，通过评价体系让客户有选择服务提供商的权利，保证司机出门不再受到不公平对待。

四、优势分析与案例数据

1. 专业的运营管理团队

公司董事长常海丰先生拥有20多年的物流行业从业经验，运营的一点通全国信息网，占据国内95%以上的市场份额。2011年，应安阳市政府招商引资邀请，在安阳投资建设国际物流港，占地800多亩（1亩≈666.6平方米）。公司技术总监兰华，原中国邮政总部资深系统架构师，负责邮政银行结算系统、服务系统的搭建。团队成员均有着多年物流行业实操经验。

2. 运单数据的线上可视化操作，降低企业物流成本

运的易平台智慧物流系统，使得平台内会员车辆月行驶里程达1.2万公里，比传统货运模式提高了近50%，平均等货时间由2~3天缩短至8~10小时。运的易平台通过去中间化和扁平化交易流程，使得交易成本较传统货运模式降低6%~8%，对促进物流降本增效的作用初步显现。运的易平台与传统运输模式单车效益对比如表1所示。

表1　　运的易平台与传统运输模式单车效益对比

项目名称	传统运输模式	运的易平台
月均行驶里程（公里）	6000	12000
平均等货时间	2~3天	8~10小时
月均运单数（单）	8	14
月均信息费支出（元）	800	0
月均运费收益（元）	120000	210000

3. 银行支付系统对接，保障资金安全

运的易平台与中国建设银行、中信银行系统对接，由银行提供资金监管和支付通道，确保平台业务操作与资金操作的隔离，保障用户交易资金安全。同时，平台与银行征信系统对接，为货主提供运费贷金融产品，采用配比使用的方式，降低企业运费垫付压力。在车后消费环节，为司机提供消费贷金融产品，用于燃油、ETC等消费场景，随借随还，灵活方便，解决司机资金周转压力。

4. 货车后市场团购服务，降低车辆运输成本

全国12吨以上在运营货车数量近1400万辆，燃油、路桥、维修、保险等费用，占到车辆运营成本的60%以上，运的易平台整合社会货源及车辆资源，依托车后团购服务，

与中石油、中石化、山东高速等公司合作，构建智慧物流生态平台，为车主用户提供加油、保险、ETC 等优惠政策，据测算，运的易平台每年可降低单车经营成本近 124320 元。运的易平台与传统运输模式单车成本对比如表 2 所示。

表 2　运的易平台与传统运输模式单车成本对比　　单位：元

项目类别	传统运输模式		运的易平台	
	月均	年均	月均	年均
油耗	49000	588000	44100	529200
轮胎消耗	4800	57600	4560	54720
车辆保险费用	3000	36000	2100	25200
路桥费	43200	518400	38880	466560
合计	100000	1200000	89640	1075680

5. 平台用户数据统计

运的易平台以物流信息交易为核心，整合社会零散车源及货源，为交易双方提供信息撮合、运输管理、在线交易、金融服务等功能，整合物流各链条，为车主提供加油、轮胎、维修等车后市场服务，并且结合国家无车承运人政策要求，为货源企业提供税务解决方案。截至 2018 年 10 月，平台整合司机会员 68318 人，货主用户 13887 户，物流公司 5466 家（如图 2 所示）。

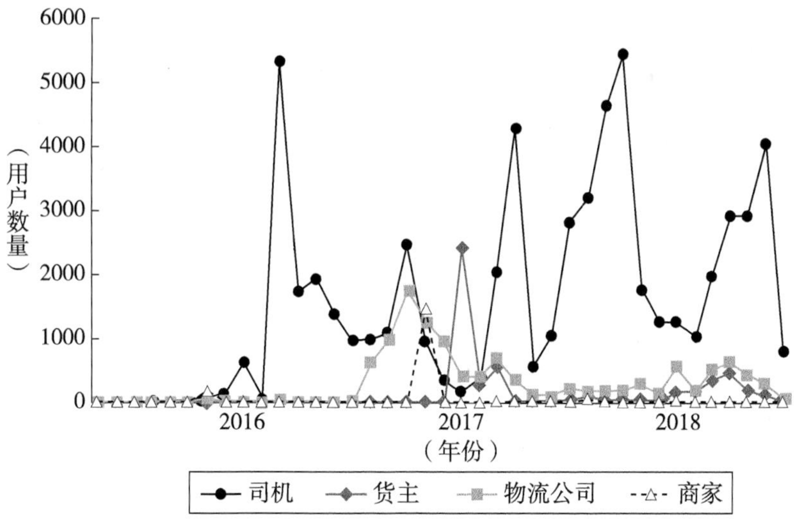

图 2　运的易用户增涨月报

随着物流行业的不断发展，“运的易”智慧物流生态平台的运营模式经受住了市场的严酷考验，特别是与国家无车承运人政策要求相结合，平台月度货主用户增长速率达到 60%（见图 3），车主用户月度新增用户增长速率达到 48%（见图 4），各类型车后市场服务商月度新增用户增长速率达到 22%，平台发展势头充足，赢得了广大用户的认可。

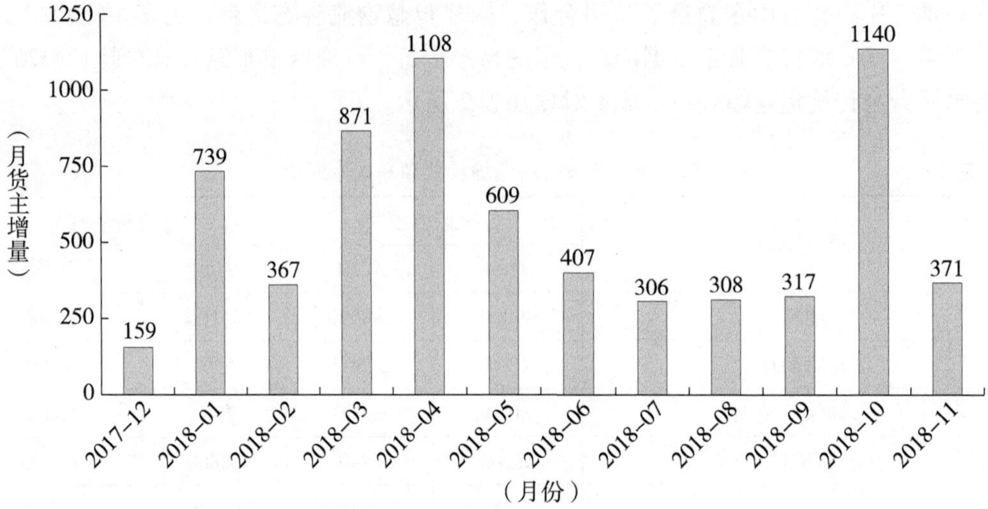

图3　月货主增量

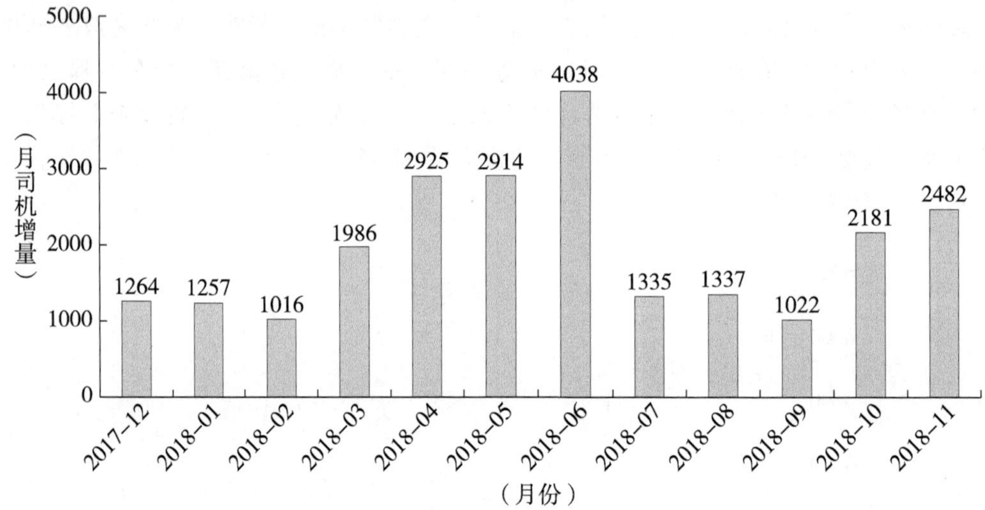

图4　月司机增量

6. 与无车承运人单位的对接

（1）运量统计分析。

运的易平台以安阳为试点，截至 2018 年 10 月，上报部无车承运人监测平台的运单总数为 21837 单，总运量为 607029. 953 吨，总运费为 9553. 53 万元，平均每单运量为 24. 63 吨，平均每单运费为 0. 32 万元。平台是试点运行期间，积极与当地税务系统进行对接，向税务系统提供真实可靠的运单数据，为税务机关的监测提供数据支撑。另外，为了保证用户线上资金结算的安全性，运的易平台与建行系统进行对接，由建行提供资金监管服务。运量统计如图 5 所示。

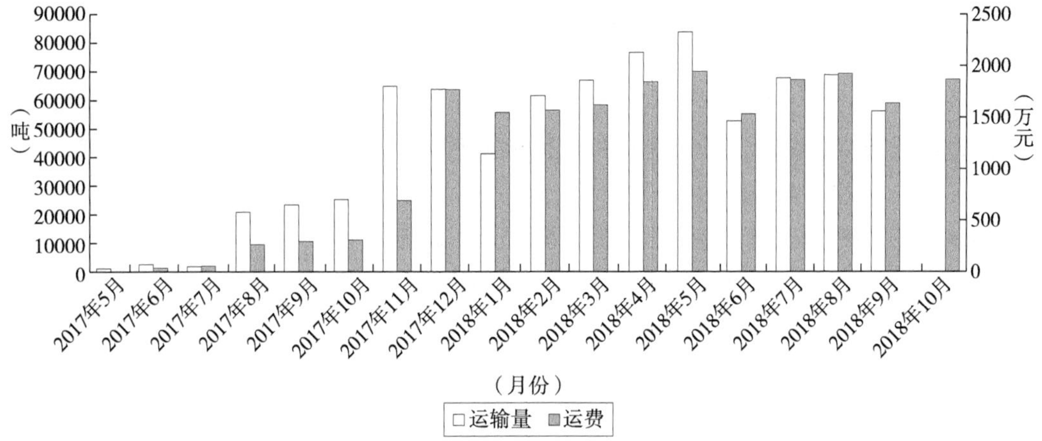

图5　运量统计

（2）接入异常率分析。

截至2018年10月，运的易平台安阳试点单位综合异常率达标情况全国排名第67名，全省排名第3名；上报运单量全国排名第54名，全省排名第2名。综合异常率0.3%，接入异常率0.63%，车辆资质异常率0.03%，车辆入网异常率0，平均接入异常率0.7%，远低于平均5%的考核要求。异常率情况如图6所示。

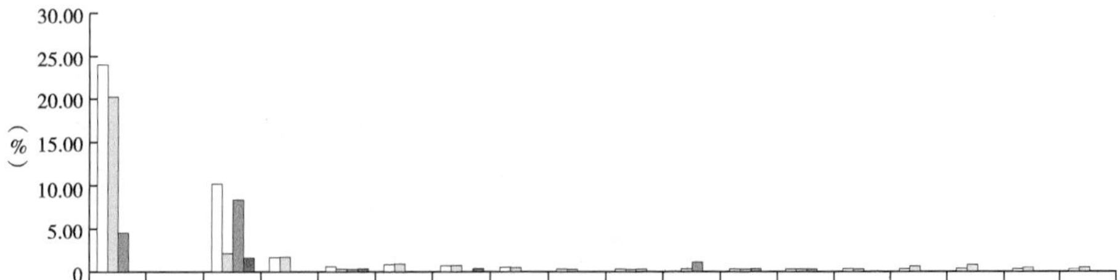

	2017年5月	2017年6月	2017年7月	2017年8月	2017年9月	2017年10月	2017年11月	2017年12月	2018年1月	2018年2月	2018年3月	2018年4月	2018年5月	2018年6月	2018年7月	2018年8月	2018年9月	2018年10月
□ 综合异常率	24.0%	0	10.3%	1.63%	0.56%	0.86%	0.76%	0.46%	0.11%	0.30%	0.21%	0.16%	0.14%	0.13%	0.11%	0.09%	0.07%	0.06%
■ 接入异常率	20.3%	0	2.06%	1.63%	0.34%	0.86%	0.72%	0.46%	0.10%	0.27%	0.16%	0.13%	0.12%	0.11%	0.72%	0.86%	0.46%	0.43%
■ 车辆资质异常率	4.56%	0	8.42%	0	0.11%	0	0	0	0	0.03%	1%	0	0.03%	0.02%	0	0	0	0
■ 车辆入网异常率	0	0	1.53%	0	0.24%	0	0.04%	0	0	0	0	0	0	0	0	0	0	0

图6　异常率情况

（3）安阳地区车辆及货源企业整合情况分析。

截至2018年10月，运的易平台各类产品整合安阳地区诚信车辆共计16128辆，共整合上游货源企业388家，物流公司会员用户86家，发货类型涉及大宗货物、电子产品、农产品和其他类别，通过公司自有平台，进行优质运力智能匹配，与运输公司合作，实行运力分包，服务网络以豫北地区为主，辐射山东、山西、河北、湖北、江西、江苏、南京、湖南、四川等省市。预计到2018年年底，通过“运的易”平台的承运服务，将累计减少空载行驶里程约23.15亿公里，节省约5.79亿升燃油，节省约40.53亿元燃油费；

累计减少排放二氧化硫约1875.96吨，一氧化碳约15633.64吨，铅化合物约903.24吨。

7. 车后服务商家

运的易平台整合中石化、中石油各地加油站，为车主用户提供物流全链条服务，用户在平台进行交易和结算，平台为用户提供团购价格，真正实现让车主“少花钱，多赚钱”的目标。随着合作站点和用户数量的增加，平台月订单数量逐步增加，华北地区合作加油站点已达到50多个，站点月均订单数达到2000单，平台日均加油订单金额达到52万元，而且平台引入评价系统，不断对平台内商户进行筛选考核，真正为车主用户提供物优价廉的车后服务项目（如图7所示）。

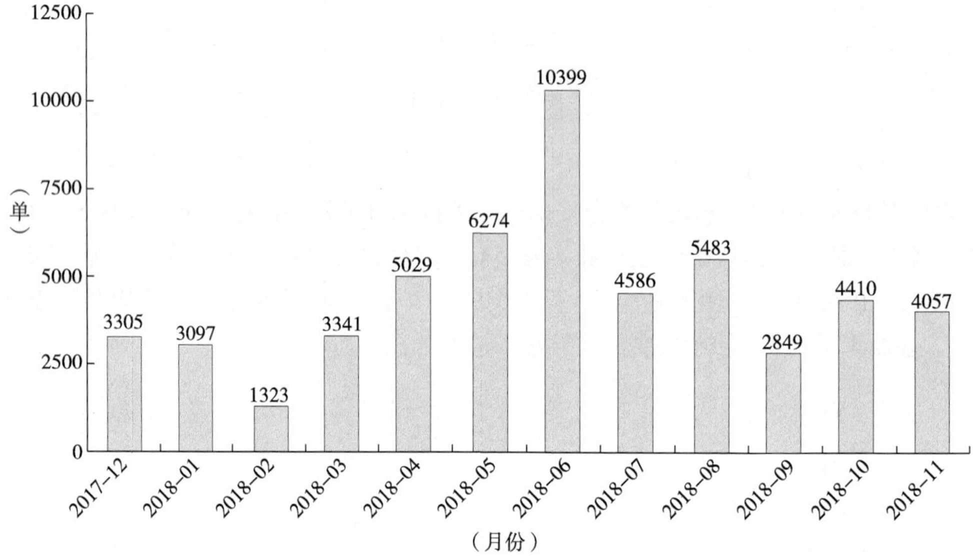

图7　月销售订单数

五、结语

立足时代需求，借力政策支撑，河南卓逾物流有限责任公司将进一步深耕物流市场，加快物流信息平台功能完善，积极拓展全国市场，以无车承运人试点工作为依托，推进“互联网+物流”新业态发展，为用户提供全方位、信息化、专业化的物流服务，整合物流市场及相关服务市场资源，为经济发展做出应有的贡献。

长沙争渡网络科技有限公司：争渡物流供应链协同管理平台

一、公司基本情况

（一）公司介绍

长沙争渡网络科技有限公司，注册资金1000万元，是商务部重点支持的科技物流企业，专业致力于智慧物流生态系统的运营，以物联网、大数据，云计算为基础，结合移动互联网平台技术，开展物流领域的大数据挖掘和系统创新的研究。

公司利用互联网平台对物流行业上下游全链条进行产业协同、资源共享、管理优化和大数据分析工作，通过自主研发的渡友物流协同管理平台来整合上游生产制造业的物流订单和需求，以此驱动下游中小物流企业和物流相关资源方，实现供应链上下游企业资源的优化配置和全流程信息化透明管理，帮助物流供应链上下游企业降低成本，提升效率，规避管理风险，增强竞争力。

（二）经营概况

公司自2017年3月成立以来，自主研发了基于北斗的争渡物流供应链协同管理平台。作为国内唯一基于北斗定位的无车承运人平台系统，争渡利用自身的开发能力，为客户和合作伙伴提供全流程，全方位的物流综合解决方案。

同时，完备的API接口技术，实现与合作伙伴已有的WMS、ERP等系统实现信息系统的无缝对接。在运输过程中，系统利用传感器对运输过程中的速度、温度、车辆行驶状态数据以及其他用户关注的信息进行采集，实现物流全过程信息透明化动态监控和管理。为运输过程的诚信机制和货物的安全、时效提供了系统性的保障。

二、项目建设的背景和必要性

（一）项目背景

长期以来，我国的物流行业一直处于“多、乱、散、小”的状态，物流偏于碎片化。我国传统物流企业信息化、标准化程度低，仍以手工作业为主，没有协同的信息化网络，缺乏优化调度、有效配置，物流组织效率低，管理水平差，从业人员综合素质较低，配送成本高，客户满意度差，营利能力低，等问题困扰着物流业的发展，造成了资源的严重浪费，制约了物流行业的整体发展。

随着物流业的快速发展，以信息化推动标准化为手段提高服务质量，迫切需要实现物流服务的规范化管理。争渡物流供应链协同管理平台作为一种新型的物流业态，不仅是物流、商流、信息流、资金流的重要渠道和支撑平台，对改变物流现状和痛点，实施高效化标准化的物流作业更是具有天然优势。

（二）项目建设必要性

在经济全球化的大趋势下，随着物流供应链信息技术的迅速发展和竞争环境的日益严峻，要大幅度降低企业的物流成本，增强企业的竞争力，就必须以信息技术和信息化管理来带动物流行业的全面发展，这就迫切需要物流信息化在信息资源上实现共享化、在信息网络上实现一体化、在供应链流程管理上实现协同化。

争渡物流供应链协同物流管理信息平台融合了先进的互联网技术及云计算技术、传感器技术和卫星定位技术，为供应链中的采购商及其供应商、物流商搭建起多用户一体化的业务协同平台。平台以准时供货为核心要求，以专业性、安全性和集成性为技术特征，以供应链信息集成和业务协同为主要功能，在资源规划、采购决策、订单管理、库存查询、物流跟踪、统计分析等关键环节的业务协同上提供应用支撑；在保证物流、资金流、信息流畅通的前提下，提高效率、降低成本，达到优化供应链资源配置、提高供应链效率的目的。同时拓展和发挥生产企业、商贸流通企业和物流企业的现有信息系统的整体作用，提升供应链协同水平和采购管理效率，对生产流通企业有着非常重大的意义。

同时，平台解决了目前企业供应链管理主要存在的信息系统集成问题和物流管理问题。因此，争渡物流供应链协同管理系统平台项目的建设和推广对生产和流通相衔接存在巨大的现实和商业意义，是非常必要的。

三、建设内容

争渡物流供应链协同管理平台是以大数据处理技术和云计算等新兴高科技为基础，结合北斗 GIS 地理信息技术以及传感器技术开发的基于北斗卫星定位的物流供应链管理 SaaS 服务平台，它以“协同”和“透明”为理念，以云服务为形式，以智能传感器为感知，通过信息化集成能力与平台服务形成资源及效益的再优化，为制造商、商贸流通企业、承运商、收货人等打造包括内外部数据交互、业务服务、订单处理、车辆调度、网点中转、在途运输、配送、计费、结算等在内的物流业务协同和物流管理信息化平台。

平台采用了“SaaS 平台 + 移动 App + 短信”的模式连接运输的各个环节。有效将货主、平台、运输公司、司机和收货人无缝互联，通过信息共享和供应链协作，对关键节点信息进行实时更新，同时全天候对业务订单的运作异常情况进行动态监测。从技术上完美实现生产发货、物流招标、业务分包、中转、库存、调度、在途、签收、结算等全过程的物流协作互通，帮助上下游企业实现高效的协同物流，有效整合上下游资源，提升平台参与方的信息化和物流标准化程度，专业的分工，有利于运输效率的提升以及运输服务的规范，解决物流行业管理效率低、信息不对称、物流服务标准缺失、综合成本高的问题，能够有效优化物流市场格局，规范市场主体经营行为，推动传统物流行业转型升级。

（一）系统架构

采用云技术架构，对争渡物流供应链协同管理平台进行构架，基础采用基于 Openstack 和 Ceph 的云管理平台，采用基于“ESB + HDFS”的大数据服务体系，以服务中心为业务支撑，应用中心为服务提供，通过统一管理体系进行整体平台管理的思路来实现，其总体架构如图 1 所示。

图 1　平台总体架构

（二）平台应用场景

（1）平台服务对象：想要改善物流运营效率、提升效益的生产企业，以及商贸流通企业、电子商务企业、运输企业。

（2）适用场景：平台的具体应用场景如图 2 所示。

（三）平台关键技术

1. 实时事件流分析与处理

当运输量达到一定规模，每时每刻都有大量运输执行相关的数据通过网络推送到平台。需要建立实时事件流的处理平台，对关键业务数据在存储前做出分析，并根据业务逻辑触发相关的业务处理流程。

实时事件流分析技术在金融领域（如外汇交易、期货交易）较早获得应用，但在运输领域的应用尚属先例。实时事件流处理模块需要重点解决以下几方面的问题：

（1）易用性：流分析支持简单的声明性查询模型，用于描述各种转换。为了优化易用性，流分析使用 T－SQL 变量，简化应用开发过程。可以便捷地实现时序查询，包括临时

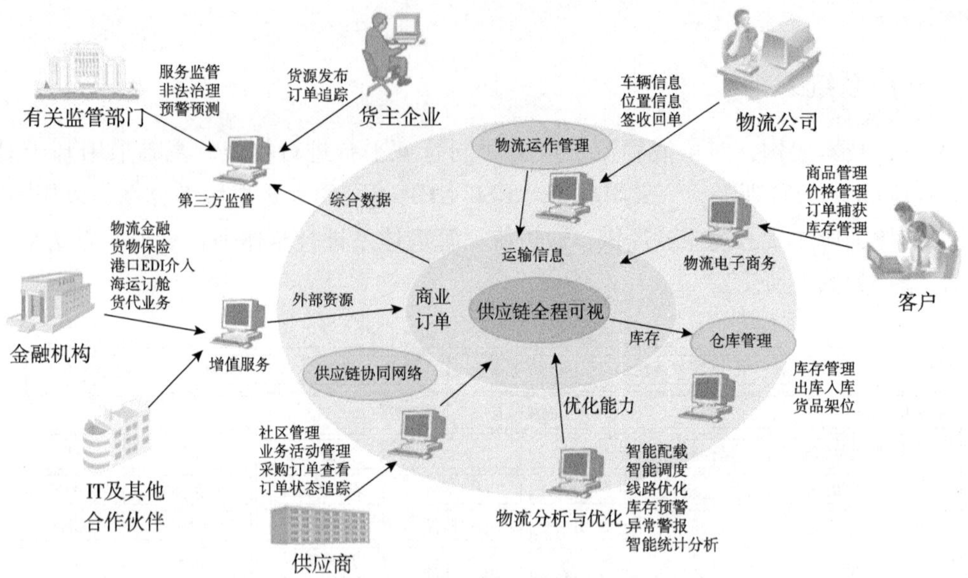

图2　平台应用场景

连接、开窗聚合、临时筛选器，以及其他常见的操作（例如连接、聚合、投影和筛选）。此外，依据示例数据文件进行浏览器内查询测试还可实现快速、迭代的开发。

（2）可伸缩性：流分析具有很强的事件吞吐量处理能力，最大应对100万台载具同时执行运输业务的数据吞吐量。将利用事件中心的分区功能，每个分区独立承担相应的吞吐量，实现压力的分摊。

（3）可靠性、可重复性和快速恢复：流分析是云中的一种托管服务，可在发生故障时，通过内置的恢复功能防止数据丢失并确保业务连续性。由于能够在内部维持相关状态，因此服务提供的可重复结果确保可以对事件进行存档并在未来重新处理，始终获得相同的结果。

（4）低成本：作为一种云服务，只需很少的成本即可运行和维护各种实时分析解决方案。服务经过构建，可以根据流式处理单元使用量和系统处理的数据量实现现用现付。使用情况取决于已处理事件的数量，以及在群集中预配的处理相应流分析作业所需的计算能力。

（5）引用数据：可以通过流分析来指定和使用引用数据。这些引用数据可以是历史数据，也可以只是在一段时间内更改次数较少的非流式处理数据。简化引用数据的使用，将其视同其他传入事件流，可以与其他实时引入的事件流进行连接以执行各种转换。

（6）连接性：流分析可以直接连接到事件中心进行流引入，并可以连接到历史数据服务进行历史数据引入。使用事件中心时，可以将多个流分析与其他数据源和处理引擎组合在一起，而不会失去计算的流处理本质。

2. 开放技术平台（Open API）

Open API 即开放 API，也称开放平台。将争渡物流供应链协同管理平台的若干业务服务封装成一系列 API 开放出去，供第三方开发者使用。

Open API 平台遵循 REST 风格设计和实现；基于 http 协议和 json 数据交换格式；支持浏览器、App，及众多智能硬件的接入。通过 Open API 和既有的 IT 系统、硬件设备的无缝集成，实现销售、仓储、运输和财务的全流程自动化。

3. 跨平台多终端位置服务接入

争渡物流供应链协同管理平台主要依赖社会化物流企业及载具实现运输的执行。从位置服务终端的类型上，本项目需要接入车载定位设备、智能移动终端设备（智能手机、车载电脑）；从定位技术上，包括基于北斗系统的定位、智能移动应用 App 的定位以及基于电信运营商基站定位，和 AIS 岸基定位系统。

（四）平台的创新点

1. 多层交易关系的业务设计

平台采用 B2B2B2C（“3B2C”）的交易结构，争渡是第二个“B”，向上游货主企业提供物流整体解决方案，聚合下游优质的承运商企业完成具体的运输执行。

（1）争渡作为承运主体，向上游收取运输费用，承担承运责任与义务，把订单委托给下游实际承运商，并向下游支付运输费用，争渡作为中立的第三方，给上游货主提供整体运输解决方案及提供标准化的物流服务，给下游承运企业输出业务，管理，和资金支持，争渡不赚钱一分钱运输差价，在整个链条中做服务，做标准，做流程。

（2）争渡平台有严格的准入机制，下游承运商及司机在平台提交资质，平台后台审核，确认资质无误后再实地考察，确保平台的实际承运商都是优质的。平台有完善的信用体系，会根据实际业务数据进行多维度动态的客观评价和基于客户打分的主观评价。

（3）B2B2B2C 的交易链条，两两之间的交易关系设计。实现了市场参与主体的网状交易关系的建立；

（4）业务开展商业模式的技术设计，将销售 CRM（客户关系管理）系统与 TMS 实现完美结合，保证互联网平台的开放性和扩展性，同时为平台拓展货运业务提供了可靠的技术保障。

（5）相比较传统物流企业，平台更具备规模化、网络化的运力调度能力优势。

2. 基于智能硬件数据采集的运输智能

RFID、GPS、GIS（地理信息系统）等技术与物流行业应用深度融合，推进物流平台网络的互联互通，建立完善的追溯体系。平台利用北斗定位系统、智能硬件对物流过程中的车辆形式数据和人员驾驶数据进行采集，在数据处理和分析的基础上，通过电子围栏等技术逻辑的引入，对装货地、签收地进行核查，从业务上实现防止串货的能力；对在途载具超速、交通阻塞等对运输合同执行相关的业务事件的实时监测，以及提前介入干预；通过对线路和装载实况的优化，保证车辆的运营效率以及驾驶人员的驾驶行为安全。

3. 实时的事件流分析和处理

当运输量达到一定规模，每时刻都有大量运输执行相关的数据通过网络推送到平台。需要建立实时事件流的处理平台，对关键业务数据在存储前做出分析，并根据业务逻辑触发相关的业务处理流程。

实时事件流分析技术在金融领域（如外汇交易、期货交易）较早获得应用，但在运输领域的应用尚属先例。是在物流信息化软件基础上，结合北斗 GIS 地理信息技术以及传感器技术，大数据处理技术和云计算等新兴高科技开发的基于北斗联网联控的供应链管理 Saas 服务平台，它以“协同”和“透明”为理念，以云服务为形式，以智能传感器为感知，为物流上下游企业提供全方位的信息管理支撑。

4. 基于平台的科学规范的作业流程

注重互联网创新和物流实际业务的操作相结合，以平台为载体，智能传感技术的创新应用为手段，实施物流运作体系标准化。严格的承运人审核机制，保障了物流服务的质量；全流程的运输执行管控，实现物流操作流程规范和标准化，保证了货物运输的安全和高效率。

5. 基于信息系统的评价与诚信体系建设

星级评价机制以及基于翔实的业务数据，争渡网络从实际承运人的服务态度、实力，经济，效率，质量，安全等若干个维度的若干指标，统计分析，做出系统、科学、客观的动态评价。通过信用建设来推动服务标准化的形成，提升物流行业的整体服务水平。

6. 相对封闭却又开放、协同的跨企业合作

既相对封闭以保护企业的经营数据，又能通过 API 开放接口和平台大数据分析的方式，将上游客户以及下游实际承运人有机整合起来，通过 App、微信公众号以及短信的方式制造管理强连接性，实现上游至末端的全过程订单透明管理以及运输过程动态监控管理，提高合作各方的信息化管理水平，保证物流运输的安全和效率，同时大大提高了合作方的客户的物流体验 。

7. 物流信息标准化建设，实现降本增效

以管理为入口，采用 SaaS 平台服务的形式，把运输过程各参与方，通过信息共享和平台协作，更好地连接起来，促进物流的专业分工，实现共享、协同、增值，提升物流运作效率降低管理成本和交易成本。同时完备的 API 标准接口技术实现与合作伙伴已有的 WMS、ERP 等系统实现信息系统的无缝对接，提升管理效率。

（五）平台功能

平台面向货主、物流商、司机等不同类型的企业的业务情况设计了具有针对功能的系统，总体功能如下表所示。

平台功能及说明

模块	功能	说明
基本功能	数据交换功能	主要是指电子单证的翻译、转换和通信，客户与配送企业业务往来等与信息系统连接的用户之间的信息交换
	信息发布查询	企业只要链接到信息平台 Web 站点上，就可以获取站点上提供的物流信息。这类信息包括运输价格体系、新闻和公告、货源和运力、空车配载、平台增值服务等

续 表

模块	功能	说明
资源匹配	在线发布 在线报价 在线委托	双方可发布和查询供需信息，可以将订单推送至分包商，要求分包商竞价，可选择最优价格进行订单委托
订单处理	在线下单 在线接单 在线查询	建立接口系统，接入合作伙伴信息、客户信息系统及业务管理系统，实行订单管理、物流服务查询及物流信息处理与反馈 支持 Excel 表格批量导入订单，可提供标准 API 接口支持与企业 ERP/SAP 等系统对接，可推送至系统下单
运输执行	智能调度 智能配载 线路规划 线路优化	根据订单情况，平台智能调度车辆 利用智能算法对配载进行指导 利用智能算法对线路进行规划和优化
在途跟踪	货物状态、车辆状态、货物位置	基于北斗定位的可视化追踪，系统提供短信、微信、App 消息功能，将货物的关键点及状态发送给收件人
库存管理	实施监控提醒	链接 WMS，实现出入库、盘点、调拨的信息化管理
智能预警	异常监控 到达预警 中央预警	图形化展示，对订单整体的执行全过程监控，并对订单的流向、调度、货物在途情况、异常报警进行监控
财务管理	在线对账 结算管理	精准的上下游财务对账，每一笔订单自动生成财务凭证
系统设置	包含基础数据的录入设置及偏好设置	自定义进行系统的设置
统计报表	各类业务数据统计报表分析及承运商 KPI	各类业务数据的积累形成报表并进行分析。可通过接单时效、调度时效、到达时效、异常率、破损率、货差率等统计分析出承运商的 KPI

四、业务运营

（一）运营模式

依托自主开发的争渡物流供应链协同管理平台，从合同制物流切入，以提升物流服务标准和交付体验目标，通过聚集企业用户，形成平台的核心需求优势，以订单和需求为驱动，聚合下游企业，下沉到物流各环节，实现物流资源的优化配置及对物流全过程的标准化和流程化的改造，从而帮助上下游企业实现降本增效和客户体验的提升。平台通过 SaaS 软件服务，智能硬件、金融、保险、物流设施设备、大数据分析咨询等服务来盈利。

争渡物流供应链协同管理平台自 2017 年启动以来，在长达两年的商业模式探讨和研究实践的过程中，争渡积累了丰富的经验，并逐步形成了以争渡物流供应链协同管理平台为货源和运力组织基础，以争渡运营团队和科学管理流程为保障，以知识输出和管理咨询为切入点的组织形式，极大地丰富了作为国内少有的物流平台型企业的商业模式。争渡从合同制物流切入，做以大客户为核心主体客户结构的无车承运业务，为上游货主企业提供全方位定制化的物流优化解决方案，提供物流管理各个环节的综合服务，组织业务精英团队开发生产或贸易型企业的一手货源，经过近几个月的积累，平台先后与多家生产贸易企业和物流企业发生业务运营往来，并已和亘晟门窗、固尔邦门窗、童年记食品、泰嘉新材料、天福连锁超市、猴急送物流、润民城配、诚则达物流、超车道冷链运输、新永联物流等多家大型生产、商贸流通企业和传统运输企业达成战略合作，线上以争渡物流供应链协同管理平台为基础，建立物流资源数据库，业务流向数据库，车辆信息数据库，交易数据库，通过大数据，云计算等创新技术，实现资源合理配置，线下以传统物流公司为运输主体，共同搭建了覆盖湖南省的物流流通网络，实现了线上与线下深度完美融合，把众多的物流需求方、物流公司、货运车辆等实际运作方连接起来，更好地实现了共享、协同和增值，和童年记、亘盛、泰嘉的合作更是在食品、建材、新材料行业上建立了标杆。2018 年至 2019 年，与争渡合作的货主企业有 20 家，物流企业有 50 家，意向合同近 2000 多万元，预计到 2020 年年底，将有超过 100 家合同制货主企业和 500 家具备运营实力的物流企业入驻平台，预计平台业务达到 5 亿元，后续发力非常强劲。

（二）平台在生产企业端合作案例

1. 合作方存在问题

童年记食品有限公司成立于 2001 年 8 月 9 日，主要生产炒货、坚果类食品。日产量 170 吨，年销售额人民币 7 亿元，其中物流费用 2000 万元。目前公司大力发展电商业务，在电商业务突飞猛进的同时，传统中小型企业在物流方面所遇到的瓶颈也随之凸显。

经过争渡网络物流运营团队深入企业内部调研，与企业电商、物流、生产负责人沟通交流各部门相关情况，发现公司在物流方面主要存在以下问题：

（1）物流信息化程度为零，效率低下。

公司内各部门信息不共享，存在信息孤岛，消息传递不畅通，协作难度大。仓储信息、运输信息严重滞后并且不准确，造成采购计划、生产计划以及销售计划所需的参考信息无法及时获得，从而导致采购、生产数量不准确，造成浪费。尤其是销售环节，由于各品类库存数量不准确和不及时，造成部分产品缺货，在“双 11”等促销活动中，严重影响产品交付，从而对销售造成损失，甚至对公司的品牌造成影响。

（2）运输过程无法管控，管理混乱。

跟 50 多家专线物流合作，各家物流公司操作流程和系统应用不同，且部分物流公司没有信息化系统，无法做到统一化的承运商管理，承运商管理难度大且成本高；运输订单通过微信、电话传达，无法及时获取货物的在途信息，且信息传递常出现误差，导致服务无法精准高效贯彻；且部分线路因运输量不大而采取运费现结方式。

(3) 传统手工作业方式，造成订单错发率高。

由于出库量太大，为了不影响出库效率，无数据台账和订单验核，无法把控订单的出入库，造成部分大量订单丢失、错发、漏发。而这些问题只能通过客户投诉反馈，极大影响品牌的信誉度。

(4) 场内货物采用纸箱周转，零售订单发货时需要拆箱重新打包，造成纸箱、人力的严重浪费。

2. 合作目标

(1) 以争渡物流协同平台为基础，通过仓配一体化平台实现物流数据信息化帮助企业各部门之间的沟通协调零障碍，从而使计划更合理、及时，部门间协作更高效。

(2) 梳理物流各环节流程，使入库、库存管理、出库、发运、在途、结算等流程更加清晰、高效，降低由于流程不科学导致的错误和损失。

(3) 利用争渡平台资源优势，为公司引入服务更规范、更有保障且更具经济性的供应商，同时实现统一管理，提升服务质量，降低物流成本。

3. 争渡解决方案

(1) 实施争渡物流协同管理系统中的 WMS 及 TMS 模块。

考虑到公司现有的流程和人员结构，过于复杂的系统和对流程的大幅改变会造成实施困难。因此必须考虑系统实施的幅度和程度。

通过 WMS 能够实现仓库出入库管理、盘点、调拨的信息化管理，日常处理数据可即时在系统中体现，而 SaaS 系统的特性使得信息的共享变得非常方便。只需注册一个账号，用户便可随时通过电脑、手机浏览器查询库存状况。方便采购部、生产部以及销售部门通过即时的库存数据调整相应计划，从而大大提高计划的准确性和科学性。

而 TMS 的实施，一方面可以大大减少数据录入的工作量，提高数据的准确性，另一方面更是可以极大减少与 50 家承运商频繁沟通带来的工作量和错误率。所有操作在系统中进行，承运商可通过同一系统获取订单数据并反馈运输执行情况，令整个过程清晰透明。

通过 TMS 的实施，运费结算工作将变得轻而易举，运输订单、回单、运费计算都在系统中实时提现，无须额外的统计工作。

(2) 仓储管理和运输流程改善。

由于之前系统的缺失和对出库效率的高要求，导致为了出库效率牺牲了库存的准确性和可控性，实际上是得不偿失的。为了在不牺牲效率的前提下，提高出入库数据的准确性、实现订单处理过程的可控，我们提出了以下的流程方案：

①颜色防错。通过对 20 余个主要发货品种进行颜色标识，使得拣配过程不再需要通过产品名称辨别产品，而是通过颜色代码。通过这种方式，能降低误读产品名称所产生的拣配错误，同时能提高拣配效率。

②扫码出库。通过新增手持式扫描枪扫描快递单号，通过快递单号查询到对应的订单号实现产品的自动出库。此方式可在完全不改变现有单据且不增加较多工作量的前提下在系统基础上实现自动出库。使得系统库存数据能通过扫码及时更新，解决因效率问题无法准确记录库存的问题。

③订单拦截。由于系统的缺失，无法及时获得客户取消订单的信息。导致客户取消订单并退款后，仓库依然发货，造成订单损失。实施系统后，通过扫描终端的声音提示，使操作员能及时获知订单取消的信息，从而杜绝仓库发出已取消的订单。

（3）使用可折叠式标准塑料周转箱。

通过平台资源引入的600×400可折叠塑料周转箱代替纸箱，每年可直接节约纸箱使用成本97万元。这其中还不包括打包纸箱所需的人工浪费和胶带的浪费。

另外，塑料周转箱的使用可以进一步提高补货效率，使原来15秒/箱的补货速度直接提高至5秒/箱。

4. 合作成果

通过该项目的实施，帮助童年记食品有限公司在物流管理方面获得了非常大的效益。具体体现在：

（1）标准的API接口打通客户现有ERP及电商销售系统，通过使用争渡协同物流管理系统实现信息化管理及流程改善，漏单、错单概率降至0.001%，极大地提升了客户满意度。

（2）通过争渡WMS管理仓库出入库，极大提高库存准确率和仓库管理效率，各部门的业务协作能力得到了大的提升，也为采购、生产和销售部门提供了准确及时的参考数据。

（3）根据使用争渡TMS系统管理运输订单，并使用争渡平台推荐承运商及相关管理标准，极大降低承运商管理难度，提高运输服务质量和运输服务效率。通过大大降低了物流成本，同时运费结算采用月结代替现结，大大降低了童年记的资金成本，据统计，通过争渡一体化运输管控，至少帮助童年记实现物流降本10%。

（4）使用标准托盘及塑料可折叠周转箱，装卸效率提高2倍，仓库利用率也大大提升，同时每年节省包装材料成本97万元。

（三）平台在下游物流企业端合作案例

1. 合作方存在问题

长沙润民供应链管理有限公司（以下简称“润民城配”）是一家专注于同城配送于区域配送服务的平台公司。公司成立于2014年，目前拥有各类合作车辆100多台，通过整合海量优质的司机资源，使用现代化的运管体系，为长沙及周边1000多家客户提供专业的配送解决方案及标准化服务流程。

经过争渡网络物流运营团队深入企业内部调研，与其调度人员，司机和财务结算人员的沟通，发现该公司的物流业务运作方面主要存在以下问题：

（1）接单。通过电话，微信接单，电子表格记录运单信息。平均处理时间为10~20分钟/单，平均一个订单专员一天只能接收处理15~20个订单。

（2）调度。通过G7系统了解车辆位置，通过电话、微信调度分配车辆，并记录相关信息。调度一个订单需要约10分钟，并且容易出错。

（3）司机管理。司机需要通过频繁使用电话、微信获取收发货人信息，反馈在途信息。容易产生安全隐患，并经常应信息不准确导致车辆放空，造成运力资源浪费。

（4）回单管理。司机完成签收后需要收集回单，并将回单整理后交回发货人。整理回单花费较多时间，并且因回单缺失导致运费结算纠纷时有发生。发货人和承运商需要花费 2 ~3 天时间完成对账。

2. 合作目标

（1）以争渡物流协同平台为基础，通过平台实现物流数据信息化帮助企业从接单到结算系统流程一体化。提升客户体验和服务水平。

（2）通过平台资源为物流公司提供货源，帮助其业务扩张。

3. 争渡解决方案

（1）实施争渡物流供应链协同管理平台中的 TMS 模块。

通过 TMS 的运用，可以帮助物流公司在接单、车辆调度、车辆管理、人员管理、在途跟踪、司机接单、回单、运费结算、线路优化等方面提供系统支持。同时，通过系统的实施可帮助物流公司进一步优化现有流程，提高沟通效率。

（2）引入争渡管理标准，提升物流公司整体竞争力。

争渡物流协同管理系统不仅面向物流公司，更面向货主企业。争渡在为货主建立运力池的同时，也在为承运商建立货源池。通过为润民引入货主企业亘晟门窗，并针对亘晟门窗对物流运输的需求制定了争渡物流管理标准，向物流企业实施该标准，通过货源的吸引，帮助其提升物流管理和服务水平，从而提高整体竞争力。

4. 合作成果

通过该项目的实施，帮助润民城配在效率和业务上实现了较大提升，具体体现在：

（1）接单：客户下单后直接在平台接受订单，从而不需要额外的订单专员，订单直接流转至调度进行分配，减少 2 名订单处理岗位人员，从而直接降低订单处理成本约 10 万元/年。

（2）调度：获取订单后直接通过平台调配车辆。平台实时显示车辆位置、驾驶员是否可接单，从而使调度时间从 10 分钟/单降至 1 分钟/单。

（3）司机管理：系统实时推送订单信息至司机端，司机根据在接单、完成装车和签收节点通过 App 更新信息，大大减少沟通时间，降低安全事故的发生率。杜绝因信息不准确造成的运力浪费，降低空驶率至 1%。

（4）结算：发货方和承运商在系统中共同确认运费金额，系统自动上传电子回单，发货人可直接在系统核对回单。杜绝了因回单问题产生的纠纷，同时使对账时间缩短至 2 小时。

（5）业务扩张：争渡物流供应链协同管理平台通过分析润民的运营数据，找出润民城配公司的优势资源，有针对性给润民引进数家业务稳定的优质上游生产企业客户，合同金额上百万元，占润民城配公司业务的 1/10，帮助其实现优质业务扩张。

五、平台效益分析

1. 利用平台聚合优势，为企业至少降低 10% 的物流成本

争渡网络高质量的物流服务，强大的调度能力，执行过程的信息标准化、透明化，可信的服务质量保证，规范化的运作流程，专业化的物流团队得到了客户的高度认可，

到目前为止，现已和食品龙头企业童年记食品有限公司，上市公司湖南泰嘉新材料科技股份有限公司、门窗行业前三固尔邦门窗，亘晟门窗、海大门窗，步步高旗下的猴急送物流、新五丰旗下的新永联物流公司、湖南省最大的城市配送公司润民供应链管理公司、超车道（冷链）物流公司、诚则达物流公司等多家大型生产、商贸流通企业和运输企业达成战略合作。公司将运费利润让利给客户，不收差价，为上游客户降低了物流成本。同时通过管理流程的优化，以及利用组织模式的创新和平台的集采优势直接为其平台上的上下游企业至少降低10%的物流成本。

2. 标准化信息平台和物流设备设施的推广应用，帮助产业链条上的企业大大提升运营效率

争渡依托自主研发的基于北斗卫星定位的供应链协同管理SaaS系统，以此为基础，连接上游大型生产、商贸流通企业，聚集下游小微物流企业作为公司的实际承运合作单位，线上以平台为基础，建立物流资源数据库，业务流向数据库，车辆信息数据库，交易数据库，通过大数据，云计算等创新技术，实现资源合理配置，线下以传统物流公司为运输主体，共同搭建物流流通网络，充分发挥“互联网+高效物流”的整体规模优势，开展“互联网+”物流业务，实现线上线下深度完美融合，把众多的物流需求方、物流公司、货运车辆等实际运作方更好连接起来，更好地实现了共享、协同和增值从而极大地提升资源效率、降低交易成本和管理成本。

据不完全统计，协同物流信息系统的应用，使得物流后台服务人员减少了60%的工作量，效率提升2倍，同时随着一些标准化设施设备的应用，尤其是周转箱和托盘的应用帮助物流装卸效率至少提升2倍。

3. 智能传感硬件的创新应用，提升管理效率，货物的安全和时效提升到99.9%

平台把北斗融合进来，采用实时跟踪定位技术，通过电子围栏等技术逻辑的引入，对装货地、签收地进行核查，从业务上实现防止串货的能力；利用传感器对运输过程中的速度、温度、车辆行驶状态数据以及其他用户关注的信息进行采集，对在途载具超速、冷链车辆温度失控，交通阻塞等对运输合同执行相关的业务事件进行实时监测，提前介入干预，极大地降低了货物的运输安全隐患，提高了运输的安全保障和时效。平台运行以来，运输安全指数达100%，有效到车率100%，到货准点率达99.9%。

4. 促进节能减排，推动物流业的健康发展

平台能够实现生产贸易企业运输需求与物流运输信息的高效精准匹配，提高物流运输效率，提高社会运能资源的整体规划和安排，提升社会物流资源的共享，减少车辆、仓储、人力等资源的重复冗余使用，实现行业的节能减排。同时，平台拥有较强的低成本扩张能力，能够快速扩大其在物流市场的辐射范围。可以更大范围内整合资源，提高物流效率，提高物流行业的产品和服务质量，推动物流业的转型升级，促进物流业的繁荣发展。

5. 提高物流行业专业化水平及抗风险能力

传统物流模式其有限的精力投入“运输”环节，而本平台工作重点是关注市场需求、货源资源和有组织调配市场资源，实现资源的高效应用，进一步促进了社会分工，提高了物流专业化水平。平台及时有效地掌握了市场信息，对于市场有较强的反应能力，在

物流行业中抗风险能力较强。平台系统基于客户的评星评价和翔实业务数据的客观动态评价是运输市场诚信体系建设的基础，大大提升了物流的抗风险能力。平台对运输的每个订单，都自动形成数据记录，不再需要使用大量人工统计繁杂的数据，通过分析各类数据报表。为客户运行现状，提供专业化的优化管理意见，极大地提高了客户的效率和体验度。同时，平台通过整合、分析不同发货地、不同货物的信息数据，逐步建立相关行业标准和货物运输标准，提升了运营效率和风险控制以及风险承受能力。

中国物流股份有限公司：SO56 物流信息平台在城市电商配送业务中的应用

一、SO56 平台介绍

SO56 平台是中国物流股份有限公司为满足现代物流仓、干、配一体化业务而打造的服务于第三方物流企业的现代物流信息管理平台。它主要包括客户关系管理系统、订单管理系统、仓储管理系统、运输管理系统、财务结算系统、数据分析系统等模块，各个模块既可以关联使用，也可以单独服务于特定用户，如图 1 所示。

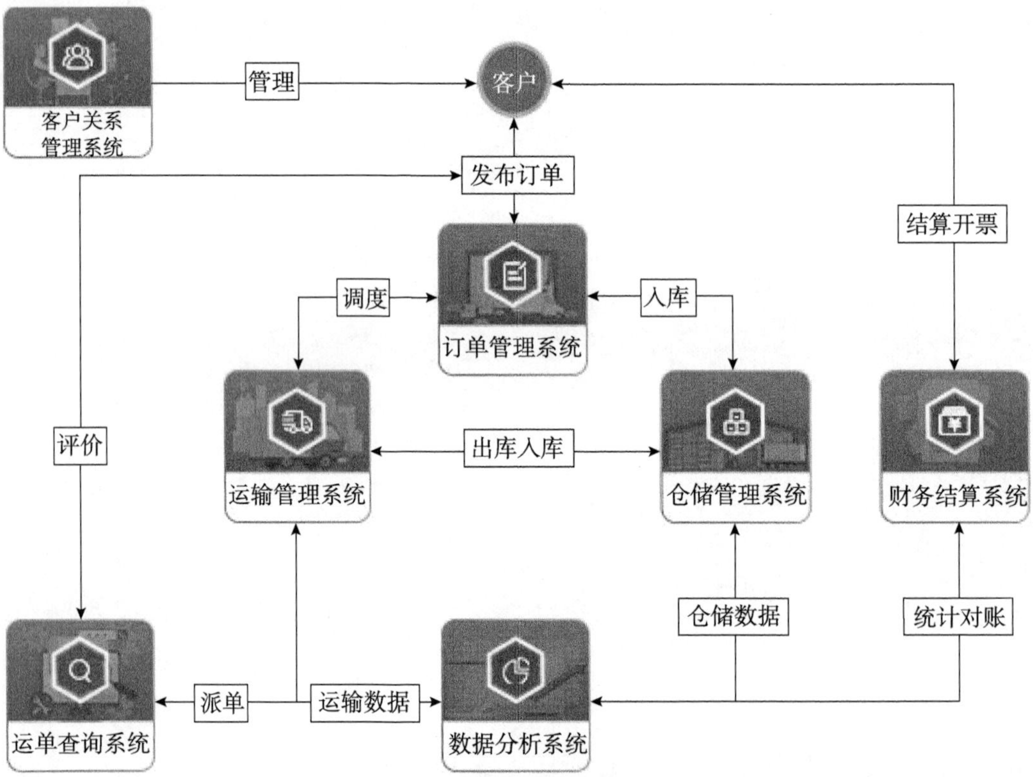

图 1　SO56 平台各个模块

在这个案例中，核心部分是 SO56 平台的运输管理模块。它是基于城市配送业务开发，同时也满足物流干线运输业务的管理要求；既适用于新能源物流车辆，也可以应用于传统物流车辆；在车辆位置跟踪上，既可以使用车载终端，包括新能源车载终端和交通部标准终端，也可以使用手机 LBS（基于位置服务）进行定位。

TMS 模块遵循国家无车承运人标准开发，一方面接入运输企业，承载各类运输车辆进入平台“运力池”中，另一方面引入各行业的托运企业。通过平台实现运输组织、货物分拨、运输方式和运输线路的选择管控等工作。对物流配送过程中的指令接收、调度排线、指令下达、到仓装货、在途送货、到达清点、运费核算等各个节点进行优化，通过自动化、信息化、网络化等手段对原有操作流程进行升级。

平台通过定制化的新能源物流车服务于城配新零售业务，利用 NB - IoT（窄带物联网）、北斗/GPS，GPRS（通用分组无线服务），LBS 等技术实现对车辆以及高价值商品的跟踪管控，通过数字地图等技术实现大批量运单的智能调度。

平台打通了发货人、配送企业、收货人之间的信息壁垒，帮助使用者有效管控运输过程。同时平台内部建立“运力池”，提高车辆集配能力，提升车辆使用效率。

SO56 平台不仅仅是一个信息记录、数据流转的系统，同时，它通过采用位置管控、无线数据传输、图像采集等技术手段保证了业务操作的规范化和业务流程的一致性，通过信息技术促进管理和业务服务水平的提升。

二、应用企业介绍

中国物流股份有限公司（以下简称“中国物流”）是国务院国资委所属中国诚通集团的成员企业。诚通集团是国有资本运营试点企业，在资本运营、综合物流服务、纸浆生产、黑色有色金属贸易等方面都有成功的商业模式和较高的市场份额，在国有企业结构调整中发挥着重要作用。中国物流作为集团发展现代物流代表企业，是汇聚公铁运输、多式联运、国际货代、仓储配送、生产销售、供应链金融、黑色有色金属贸易等服务于一体的物流产业集团。

中国物流成立于 1988 年，于 2016 年 9 月完成股份制改造工作。经过近 30 年的发展，公司在全国设有分支机构 68 家，在 30 余个枢纽城市建立了大型物流园区，员工 3000 余人、土地资源 10000 余亩、仓储面积约 200 万平方米。公司拥有 10 余个海关监管库和堆场，建有 2 座内河码头，整合各类社会运力资源，配备起重装卸设备 500 余台，建设铁路专用线 31 条，全长 21.927 千米。为实现园区的产业聚集与价值叠加功能，提升其规范化管理，中国物流提出了“园区 +”战略，即“互联网思维 + 业务功能”模块布局，为国内外广大客户提供一站式物流服务。

伴随着公司对物流业务的拓展，物流运输网点还会继续保持稳定的增长。未来的发展趋势需要更加完善的针对货主及大中型物流企业的高效物流系统，降本增效，实现承运商在线管理、绩效考核、运费结算等全程可视，提升与供应链上下游间的协同能力。因此，公司对能够适用于多种物流运输业态管理的信息平台需求变得日益紧迫。

无论是从公司成长发展需求的角度，还是公司内部协同管理以及公司整合需求的角度，中国物流股份有限公司有效的物流运输过程管控必须依靠信息技术的支持和各环节间信息的即时共享来实现。实现对物流运输全程的业务信息共享和有效调度，消除各种原因造成的“信息孤岛”及“信息差异”协同作业，适用于多种物流业态，并具备对运输过程多视角多维度监管的运输管理信息平台是成功的保障。

三、项目介绍

“小区乐”以全国社区为服务对象，形成地方规模化的采购，集中化管理，所有生鲜水果、熟食均来源于格家优质供应链或者批发商（本地生活）。项目主打应季果蔬肉等生鲜食品，精选本地直供食材，缩短运输链路和时间，全程保鲜、可追溯，提供高品质的生鲜产品，辅以更加智能的定价模型，打掉中间链路成本、打掉中间层加价、打掉中间层损耗，彻底让利，比精选商超更优质、更省钱、更省心，好货不贵，给消费者、生产者和组织者都提供了利润空间，实现了三方共赢。真正的最后一公里，不是直接送到小区快递点，而是送到小区用户的手中，新鲜产品直达。

“小区乐”项目最早落地城市是长沙市，中国物流长沙公司承接了它的市内配送业务。“小区乐”的系统每天晚上 20：30 截单，然后将订单传给长沙公司，长沙公司按照订单量、商品数、小区长数分配车辆，生成线路和派车单及运单，库房根据运单分拣出库装车，次日清晨车辆出发送货。

基本模式如图 2 所示。

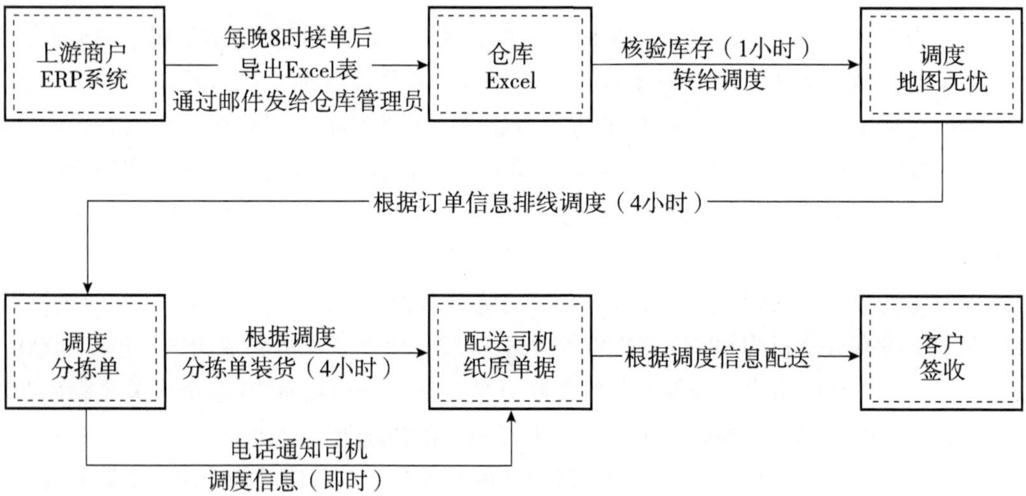

图 2　基本模式

在部署和应用了 SO56 平台之后，客户订单直接通过接口对接到平台，平台将收货人的地址、货物信息标注在地图上，调度人员根据地图显示的信息匹配合适的车辆，分配线路，并根据调度结果生成分拣单、运单、交接单等多种单据，调度时间比未采用系统时缩短了 4 小时以上。同时，平台打通了客户、仓库、司机、收货人之间的信息沟通渠道，每一步操作都会及时通知相应人员（如图 3 所示）。

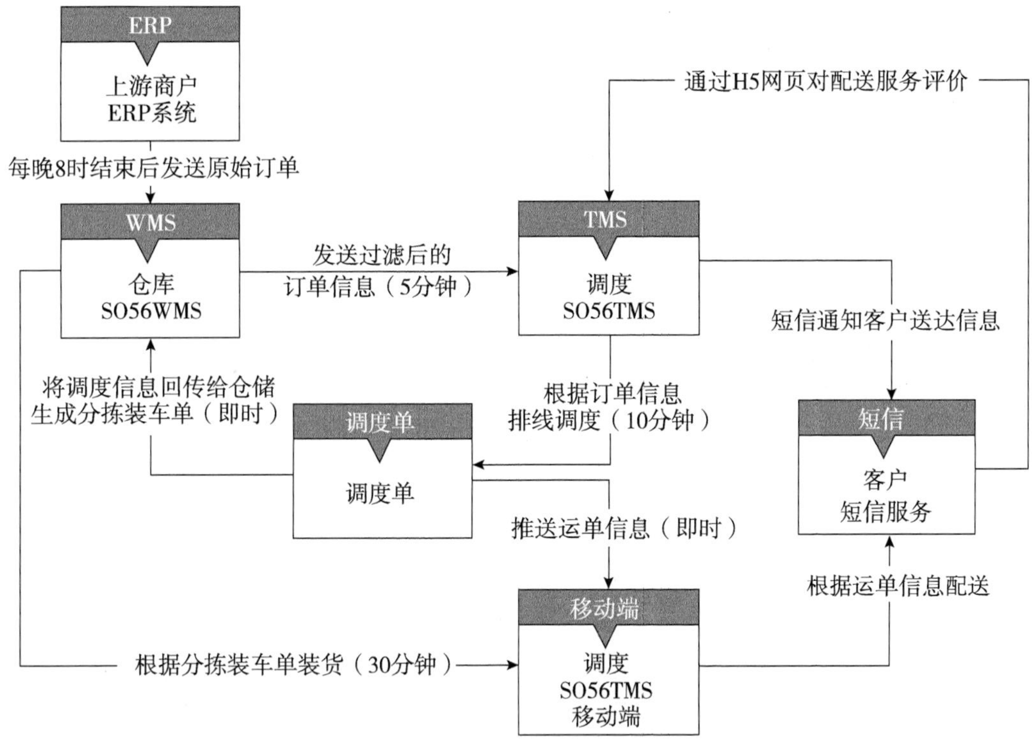

图3　客户订单处理

四、平台应用细节

1. 平台基本架构

平台使用Java开发，可以跨平台使用，采用B/S结构，用户不需要安装客户端或者插件，开通账号即可使用。

系统采用三层设计，包括数据层、应用服务层（业务逻辑层）和用户界面层，支持PC端、移动端访问。同时，提供标准结构向第三方提供数据，此外，还可以通过接口获取外部数据，包括订单数据、身份审核数据、定位数据等。

2. 本案例中使用到的基本功能如下

（1）身份识别及审核。业务操作用，使用到了大量外部运力，平台遵循无车承运人标准开发，对外部运力进行存档和审核，包括承运人、驾驶员、车辆等信息。

（2）数据导入功能。系统通过数据接口与“小区乐”销售系统对接，定时导入订单数据。

（3）车辆调度功能。城市配送业务存在业务时效要求高、多地址、多品类的特点，把正确的商品在正确的时间送到正确的用户手中，是最基本的要求。在满足客户需求的同时，还需要提高车辆使用率、装载率来提升盈利水平。但装载率并不能随意提高，必须考虑到送货时间、配送人员劳动强度等因素。

在这个项目中，我们使用自动派单（如图4所示）、线路派单（如图5所示）、区域派单（如图6所示）等功能，通过客户地址，经过反地理编码后将收货人标注在电子地图上，同时包含有商品信息，根据车辆装载率、车型等信息进行调度。

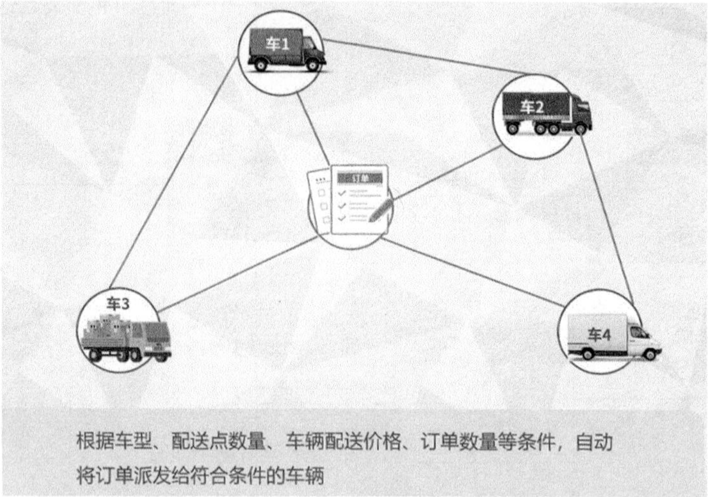

图4　自动派发订单

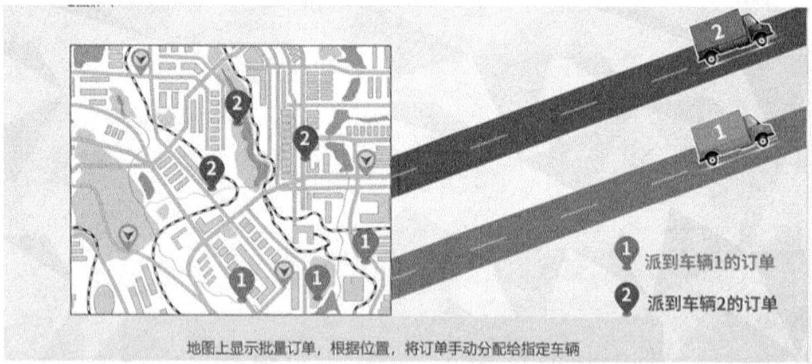

图5　按指定线路派发订单

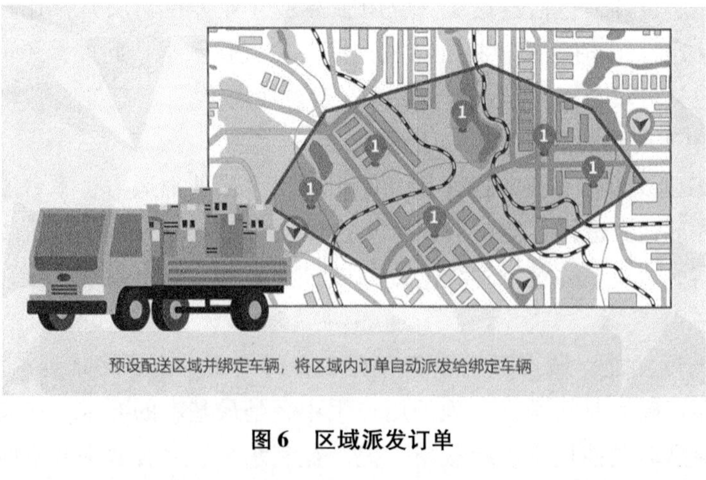

图6　区域派发订单

（4）运单全程跟踪。驾驶员通过手机 App 接收运单，在指定时间到指定仓库装货后进行派送。车辆位置通过车载定位终端、LBS 等方式进行监控。同时，送货确认及回执单实时回传到平台，并且送货过程中的异议等也可以及时提交给相关人员。业务的参与各方可以通过 SO56 官网查询到运单完成的整个过程，包括车辆行驶轨迹。

（5）财务结算及数据统计功能。平台可以自动生成对账单，包括与客户和外部运力的结算凭据，提高结算效率。同时对各种数据进行统计分析。平台定制了多种格式的单据，用户可以下载保存或者打印存档。

3. 系统安全性设计

（1）用户管理。平台用户分两级管理，承运人、客户由系统审核后分配账号，用户不能自行注册；驾驶员则需要通过手机 App 提交身份证、驾驶证、从业资格证等资料审核后，通过手机注册账号，通过对用户的严格审核保证运输安全。

（2）系统安全。数据通过每日增量备份和定期完全备份保证信息不会丢失，用户接入有 IP 接入控制、日志审核等手段保证身份合法有效。数据接口采用 Token 控制，访问过程中均需要提供 Token，同时数据进行加密传输。服务器部署在云平台上，业务系统和数据部署在不同的服务器上，保证数据安全。每个信息系统使用者只能访问经授权的信息，未经授权访问的任何信息均不可能被访问到。系统访问权限的授予方式是需要才授予，未经授予访问权限的功能对信息系统使用者来说根本不可见。

五、项目难点

1. 订单数量大、商品品类多、数量小，操作窗口时间短

“小区乐”项目在长沙落地后，订单数量快速放大，由最初的每日几千条订单快速增长到上万条，在促销日的时候，甚至会达到接近十万条。而线路也由最初的 10 余条线路增加到 50 余条，每辆车每天要完成 1000 余个订单，需将商品配送到 20 余个小区长手中。

SO56 平台优化了数据处理流程，提升订单分配能力，可以将订单快速分类处理，生成运单并派发到驾驶员手中。

2. 外部运力调度困难

由于订单数量在平日与促销日相差过大，外部车辆的调用也存在巨大的难题，临时调用车辆会导致企业运营成本增高。

SO56 平台建立了“运力池”，将合作过的承运商和车辆存档，除了固定服务“小区乐”项目的车辆，在高峰期可以从“运力池”中调度合作过的车辆弥补运力不足，降低调度人员的工作量，同时也降低了企业运营成本。

3. 业务操作不标准

“小区乐”虽然不是长沙公司服务的第一家城配电商客户，但是“小区乐”业务增长较快，信息系统介入较深，所以对长沙公司的服务能力提出了一些新的挑战。

SO56 平台的实施顾问和系统开发人员进行驻点开发，帮助长沙公司的工作制定了 SOP 手册，规范了操作流程，统一了报表格式，培养了项目实施人才。

六、项目实施效益分析

信息系统的使用不能给企业带来直接的经济效益，但是可以通过系统的应用，提高工作效率，降低人力成本，提升用户满意度。同时，SO56 平台在“小区乐”项目上的应用，提高了中国物流下属企业服务城配电商客户的能力。

1. 提高操作效率，降低人力成本，间接提升了企业效益

（1）减少数据对接时间。SO56 平台是以面向接口模式开发的数字信息化管理平台，不但采用了更为先进的开发理念，本身也具备着良好的数据接口对接能力，不但有能力降低平台各部分系统功能的相互依赖，提高组成单元的内聚性，降低组成单元间的耦合程度，对外也提升了平台扩展性，有能力快速对接第三方系统数据，极大地节约了用户使用平台的数据对接时间和对接精力。SO56 平台提供了针对不同类型的企业或用户需要的数据导入方式，如新增订单、复制订单、匹配导入、模板导入、接口导入等多种导入方式，针对性比较强，可以逐一进入去根据自身需求，选择对应的方式进行对接，用方便快捷的方式尽可能完善的保存用户的原始数据。另外，除了自身的数据外，来自合作伙伴的各类 API 数据也是经过慎重的筛选，接口的质量和稳定性也比较好。

（2）提升调度效率，降低调度人员工作压力。SO56 平台为满足各种企业调度服务场景，也提供了包括指定车辆派单、线路派单、区域派单、地图派单等多种调度方式，并通过使用大数据分析技术、机器学习技术、模型预测技术、数据结果可视化呈现技术以及 SO56 开发团队自主开发的调度核心算法，对传统依赖人力、经验、时间的订单排线调度工作进行了优化改进，平台通过系统自动匹配、自动派单、自动生成分拣单、自动生成派车单等方式，使操作人员可以直观地在 SO56 系统只需要执行简单的操作步骤，就可以完成调度派单工作，极大地减少了调度派单所耗时间。

（3）数据全向透明，降低沟通成本。SO56 平台的工作业务流程中，从订单导入到生成派单完成用户评价的整个过程中都会完整的记录每一条订单的动向，在平台中可全方位监控每一条订单，数据全程可视化，业务各环节操作可追溯。业务数据由平台根据业务场景自动触发推送信息、短信通知，使发货人、承运人、配送员、收货人随时可以了解业务订单的最新状态和配送进度。

2. 培养针对城配电商客户的服务能力

中国物流的业务过去主要集中在仓储服务、干线运输、园区服务、生产物流等大宗物流服务上，对中小企业，尤其是城市电商的服务是偏弱的。“小区乐”项目的顺利实施，为中国物流提供了城配业务操作经验，尤其是信息系统辅助下的物流服务，培养了从分拣人员、调度人员、配送人员的一体化服务体系。

3. 直接经济效益评价

实施 SO56 平台后年资金回报（节约）如下表所示。

实施 SO56 平台后年资金回报（节约）

	分析指标	年度资金回报（元）
直接经济效益指标	调度员人数节约	144000
	调度员效率提升	40500
	调度沟通时间缩减	9000
	客户沟通时间减少	7896
	系统对接时间折算	13500
	运费自动化折算	81000
	报表分析折算	52364
	总额	348260

七、项目意义

本项目的实施解决了中国物流长沙公司在服务“小区乐”项目时面对的数据量大、商品品类多、客单价低、人工无法处理海量订单等问题，尤其是突发的订单数量成倍上升，调度人员工作压力大，容易出错。

通过 SO56 平台，尤其是运输管理模块的应用，打通了与客户系统的数据级对接；通过将订单地址数字化并显示在电子地图上，使得调度人员可以直观地查看各个区域的订单数和商品数，合理调度车辆和配送人员的工作压力；运力池的应用，使得调度人员可以轻松应对突发的订单暴增；配送过程向客户、调度人员、最后收货人全向透明，提高用户满意度，减少投诉量；实时生成的对账单，方便与上下游的结算。

SO56 平台的应用，使得中国物流可以以更高的标准服务于城配电商客户，一方面培养了平台的使用者，另一方面配合系统推出的各种 SOP 手册，也为中国物流培训了城配业务操作人员，对中国物流丰富业态、提升客户满意度提供了巨大的帮助。

广州车快链科技发展有限公司："管好车"物流车队数字化赋能管理平台

一、应用企业简况

广州车快链科技发展有限公司，是聚焦提供车队管理赋能型工具与服务的物流互联网科技公司，以"让中国10万家中小车队活得更好"为己任，运用物联网、移动互联网、大数据、人工智能、区块链等先进技术，为全国物流车队提供运力管控、后服集采、财税合规、数据分析等一站式运营管理解决方案。

公司集结BAT（百度公司、阿里巴巴集团、腾讯公司）、物流供应链、保险金融等多领域高端实战人才，秉承"为客户利益而努力创新"的使命，率先打造中国首家集管车、结算、财税、后服、金融等五位一体的车辆运营管理服务工具平台，贯通人—车—线路—业务—消费等车队运营全流程，在车队细分领域首个实现商流、物流、信息流、资金流"四流合一"，助力物流车队规范业务运营、提升信息化管理水平、优化运力资源、连接增值服务，降本增效。

公司是"全国优秀智慧物流信息化平台""3A级信用企业"，拥有软著商标等多项自主知识产权，通过"管好车"管理工具，为行业提供全流程的运营过程管控、全自动的智能结算体系、优质的后服资源链接、专业的财税合规解决方案等核心服务，正成为中国最专业的物流车队运营管理服务的领跑者。

公司在"华南、华北、华东、西南"设立了区域事业部，并建立了全国客服中心，服务网络覆盖23省176市。公司建立了以信息化应用为载体，车后市场服务和金融服务为支撑，运营售后无缝接驳的营销管理体系，为物流企业提供全方位量身定制的车队运营管理系列产品和解决方案。目前每月交易流水超2亿元，并呈快速上升趋势，服务中小车队合作客户超2000家，合作车辆30万台，合作司机40万个，合作后服供应商200多家。

二、项目介绍

"管好车"物流车队数字化赋能管理平台（以下简称"管好车"），起源于国内某巨头干线物流公司的内部运营管理系统，产品设计整合TMS、CRM、eHR（人力资源管理电子解决方案），基于1100台车演练迭代2年和市场沉淀，率先开创行业首家聚焦定位于中小车队，提供集管车、结算、财税、后服、金融一站式服务为一体的车辆运营管理服务平台。旨在为物流车队赋能，轻松解决财务清晰、运营管控、车队司机管理、成本管控等难题，降本增效，持续盈利发展！

平台拥有完整的产品线，包含车队作业网站、司机 App、微信小程序（服务商）、微信小程序（车队）、运营管理 BI 后台（车老板），覆盖订单、运输、跟踪、支付、结算、后服、金融等车队运营全流程，是国内唯一实现商流、物流、信息流、资金流“四流合一”的全面信息化管理工具，保证资金、票据、税务的一致性！

平台聚焦客户业务数据、资金数据、诚信数据等，为合作伙伴提供信息化、智能化、风控评估、诚信服务以及系列车后服务产品、数据资产佐证等服务，建立稳定的可持续盈利模式。以行业先发的精准定位和全流程的运力管控能力、全自动的结算体系、强大的资源链接能力、专业的财税解决方案等优势，正迅速占领全国市场，用户中 B 端客户占比 60%，个人用户占比 40%，头部客户包括德邦物流、赤湾东方物流等龙头企业。目前每月交易流水超 2 亿元，并呈快速上升趋势。

三、项目关键要素

（一）项目背景

随着当前电商和互联网的蓬勃发展，国内公路货运行业的运力和货运量也日益增长。据国家统计局官方数据，2005 年，重卡日均里程为 300 公里，全国公路货运需求为 102 亿吨；到 2017 年，重卡日均里程为 532 公里，全国公路货运需求达到 368 亿吨；预计到 2020 年，重卡日均里程将达到 600 公里，全国公路货运需求将增长到 405 吨。从指数上看，2005 年，单车日运输货量指数为 4.26；到 2020 年，单车日运输货量指数预计为 40.1。由此可见，中国公路货运市场发展空间和潜力庞大，运力将呈现 10 倍的猛增，运输货量将增长 4 倍。

然而，对于公路货运行业的主要承载者——物流车队而言，市场空间虽大，但随着信息越来越透明，竞争日趋加大，市场回归理性，从前生意很好做的时代正逐渐演变为薄利/洗牌时代。据官方数据统计，2017 年中国干线物流行业毛利率为 10.9%，净利率仅为 4.7%。以前 10 来台车，每年赚个 100 万轻轻松松，而现在 50 台车，反而没钱可赚。物流行业明显出现了利润逐步压缩的趋势，物流行业进入了微利时代。

微利时代的大背景下，除了利润微薄这一痛中之痛，物流车队普遍面临管理粗放、效率低下、融资困难、财务混乱等问题：

（1）管理粗放：中小车队司机大部分为车老板亲属，依靠家庭式亲情管理，利润薄弱。

（2）效率低下：可视化管理难以实现，中小车队陷入管车难、管司机难的境况，车辆运行效率及人均产值低下。

（3）融资困难：中小车队信用资质较差，金融机构贷款门槛较高，民间借贷融资利率达 20% 以上。

（4）财务混乱：加油、违章、保养、维修、补胎、黄油、信息费、客户收款、黄牛收款、时效罚款等琐碎工作繁乱，对账难、报表乱、费用不透明，财务是物流公司的普遍弱点。

由此可见，随着业务量不断增加，公司规模在由小到大的过程中，对管理的需求、产能的需求、资金的需求也越来越高，中国急需专业卡车经营管理及数据分析智能化平台来帮助车队解决上述种种痛点，提高管理效率，降低成本，实现利润最大化，从而在激烈的市场竞争中脱颖而出，扩大规模，长期发展。

在此背景下，中国首家集管车、结算、财税、后服、融资一站式服务的物流车队数字化赋能运营管理平台——“管好车”应运而生！

（二）项目调研分析

车快链公司通过前期的深入市场调研，了解物流车队的实际业务运作和经营管理过程中的普遍痛点，结合物流企业的业务流程和经营管理者的诉求，梳理出项目需要解决的关键问题包括：开单中转、车辆调度、驻场拉货、离场跟踪、驻场卸货、费用结算方式、订单管理，异常处理、财务报表、司机管理、成本管控、运营分析等。最终将该项目的关键要素大致概括为 4 个板块：整合物流、实时物流、数字化物流、车后市场服务。具体细分为以下 6 点：

（1）整合优质运力资源。

（2）高效进行车辆调度。

（3）订单自动流转、全程可视。

（4）数字化赋能。

（5）物流、商流、信息流、资金流四流合一。

（6）后服金融加持。

在系统的数据结构、技术架构、扩展能力、耦合等方面，此次项目按照高标准考虑和实施，以车快链战略发展规划为基础，为公司未来业务规模的不断扩大提供系统保障和支持，通过管好车项目建设进一步提升车快链在物流车队运营管理领域的总体服务水平。

同时，引进多家无车承运平台合作，为客户提供合理合法的财税解决方案；与 GPS/GIS、移动终端等多家定位平台的集成，实现对车辆运输关键节点信息的实时采集及在途信息的跟踪监控，达到运输过程全程可视化的目标。

其次，系统开放 API，打通多家油卡、ETC、金融机构等后服供应商，线上线下无缝对接，为客户提供集采价优的系列后服产品，不仅为物流企业降低采购成本，同时通过在线作业助力企业轻松做好过程管控，运营明细和分摊成本心中有数，为准确决策提供依据。

四、管好车项目整体解决方案

（一）项目系统架构

根据项目定位和需求，技术部门对该项目进行“车队作业网站云平台”“司机 App”“LOGBI 后台运营分析系统”以及“车队长微信小程序 + 供应商微信小程序”几大系统集成。

（1）车队作业网站：负责核心的物流运输作业管理，包括运单管理、车辆调度、在途跟踪、车辆管理、财务结算等。实现司机车辆严格登记审核，在线下单实时跟踪、财务对账报表分析、强大完善的后服管理、行政内务便捷管理等。

（2）司机 App：负责实现司机通过手机管理安排订单，提高效率、增加收入；司机在线提现和在线贷款，轻松解决现金流问题。同时一站式解决查里程、ETC、加油卡、办违章、维修保养等日常问题。

（3）服务商小程序：负责为商家管理产品与核销对账、提现预支等财务管理提供便捷，提高商家运营效率。同时实现一站式管理产品信息，随时动态调整产品，并能实时进行充值提现和营收统计。

（4）车队长小程序：负责实现车队快速开单与订单跟踪等业务管理、订单、借支等审核管理；业务订单、司机车辆全程实时监控，过程透明可视；异常情况实时感知，提前预警，保证任务时效和货物安全。移动办公，为车队提供业务行政一体化便捷服务，实现车队无忧经营。

（5）LOGBI 后台运营分析系统：负责为车老板提供用户、订单、成本、线路、利润等全面的物流运营数据挖掘分析和统计报表。

整个系统采用主流的 SOA 架构，通过服务组件及调用的方式进行服务调用及流程编排，以适应外系统多变、复杂的需求，灵活调整。

（二）具体的解决方案

1. 整合物流——车辆分类管理，诚信认证体系

（1）利用互联网技术，实施会员制度，允许社会车辆通过手机 App 端注册加入，提升企业的运力。

（2）管理员通过系统后台对注册会员提交的资料进行实名认证、审核通过。

（3）系统对会员司机、车辆进行分类分级标识，设置相应的权限、权益管理。

（4）同时建立电子合同约束机制，形成完善的诚信体系。

2. 实时物流——GPS 定位，在途跟踪

（1）利用移动互联技术，通过司机手机定位功能，实现车辆实时在途跟踪。

（2）管理人员可以使用系统内业务跟踪的地图显示功能，实时查看、监管车辆的在途信息。

（3）系统打通易流/G7/北斗等多家定位平台，同时支持司机手机 App 定位，可满足多种形式的在途跟踪定位，便于管理者随时获知货物状态、司机在途、是否偏离既定路线、是否产生延迟等异常情况，提高管理效率和货主服务质量。

3. 实时物流——操作节点，实时更新

（1）管理人员进行车辆调度后，司机即可同步通过 App 进行接单、抢单、竞价。

（2）司机靠近驻场，将会通过手机 GPS 触发系统自动推送抵达消息至驻场工作人员，提前做好上货、卸货的准备。

（3）签收完毕，司机上传电子回单，系统将同步显示、更新订单状态，即时进行回单审核，减少订单的周期时间。

（4）管理人员通过系统内的订单状态，可以随时获取订单的最新状态及所有操作历

史记录。

4. 数字化物流——业务流程化，管理透明化

（1）将订单运输全流程规范化、标准化，通过互联网技术实现业务从开单、调度、合同上传、预付款、装货、离台、运输、靠台、卸货、回单上传、支付尾款的全流程化统一管理。

（2）深入落实透明管理思想，对于各业务审核情况，如价格审核、异常审核、回单审核等，由下至上层级处理，各类数据清晰呈现，报表自动生成，便于管理者实时查看，掌握运营状态。

5. 数字化物流——智能调度，无须人工

（1）管好车系统根据物流车队业务情况，设置了完善的智能调度流程，可对自有车辆优先派单，对社会车辆进行竞单、抢单，实现资源最高配置，提高运输效率。

（2）指定派单，可选择指定某个司机，或者指定驻场工作人员进行派单。

（3）如果发货紧急，可选择抢单，四轮调价寻找最优运力，若最终无人抢单，则该订单将系统自动打回重新指定派单。

（4）如果发货不急，可选择竞单，寻找最优运力，若最终无人竞单，则系统自动竞单转抢单，抢单转指派。

（5）订单流转体系：租户创建订单后，有两种方式完成调度，分别是平台竞价抢单和指派。平台竞价抢单仅限于发单租户内的外调车资源和平台共享资源可参与（可见性），其他资源均不可参加。

指派又分为两种形式，包括指派租户和指派车辆。指派租户，将订单推送给选定的租户，被推送的租户可以接受，也可拒绝。若接受，租户需将订单转成成本订单，通过指派或者竞价抢单的方式完成调度；若不接受，则打回给开订单租户，重新调度。

指派车辆，直接将订单指派给具体的车牌，也分为三种情况。

①指派自有车，直接指派成功，按照自有车的方式结算。

②指派归属租户自有车（招商车/外调车），先将订单推送给车辆（自有车类型）归属的租户，被推送的租户可以接受，也可拒绝。若接受，租户需将订单转成成本订单，通过指派或者竞价抢单的方式完成调度；若不接受，则打回给开订单租户，重新调度。

③指派不归属任何租户的外调车（平台C用户），直接指派成功，按照外调车的方式结算。

6. 数字化物流——360°运营数据报表，提供决策支持

（1）通过系统内的订单报表，对司机进行KPI考核，建立良性生态链。

（2）通过系统内的运营明细报表，对成本、利润、线路、出货量等全方位报表分析，为未来市场战略方向提供决策支持。

（3）通过系统内的财务挂账报表、已付明细报表，对供应商、司机进行运费自动结算，实现财务轻松核算。

（4）通过系统每月5日自动生成6份专业财务报表，每一笔银行流水都能对应业务、每一张票据都匹配业务来源，管理者及时掌握每月成本利润，同时满足财税合规。

7. 车后服务——后服金融，增值加持

（1）系统打通油卡、ETC、维修保养、年检年审、违章、金融贷款等多家后服市场和金融机构，不仅解决物流车队订单运营的问题，更助力其解决成本管控、行政管理等综合性事务，以及金融融资等经营性难题。后服管理模块包括服务商档案、我的后服产品、共享后服产品、维修保养审核等子模块。

（2）通过系统内的服务商档案，可实现对服务商以及其子产品信息的新增、修改、审核、查询等。

（3）通过录入服务商以及其子产品信息，同步链接订单管理（开单）、财务管理（应付）等，实现对服务商以及其子产品进行有效管理。

（4）通过系统内的后服管理，实现加油、维修保养、违章等车后服务明细报表清晰展示，便于车队管控成本。

（5）业务流程：服务商（后服）可以由两种角色创建，分别是租户和平台。

①租户可以创建私有的服务商（后服）资源，专为租户自己的车辆会员消费服务。也可以将私有的后服资源共享成为平台的资源，为整个平台的车辆会员消费服务。服务商也可申请成为平台资源，需要平台审核（所有共享的服务商都需要平台审核）。

②平台创建的服务商（后服）平台所有的车辆会员都可以消费服务。

③租户与服务商之间支持线上结算和线下结算。

五、系统在建设过程中的难题与解决方法

（一）信息化实施面临的挑战与设计

1. 系统的先进性

该项目是面向全国物流车队日常业务运营管理必用的系统软件，因此，在运行速度及稳定性方面，该系统必须具有缓存技术、页面异步数据交换等最新的互联网技术来满足大量访问下的正常运行；另外，软件的安装、更新较为麻烦，也缺乏异地灵活操作，因此，在便捷性方面，该系统需要具有先进的技术架构。

2. 系统的安全性

由于该项目是将财务、业务、行政一体化，关于财务、运营、人员等企业核心数据都在该系统上，一旦丢失，将对企业造成不可挽回的损失。因此，在安全性能方面，对系统的要求极高，除了软件自身的各种安全措施外，还须提供可靠的硬件安全方案。

3. 系统的灵活性

这是一个全部门操作的系统，各个部门之间存在独立性，也存在相互协同性。于是，在系统配置方面，如格式、流程、表单、权限等，要求更加灵活。

（二）管好车的解决方法与实施

1. 系统技术架构

（1）产品开发平台使用当前主流技术——Ajax 构建，完全基于 B/S 结构，不需安装任何客户端，直接使用浏览器访问。

（2）系统基于主流的SOA服务架构，模块设计时，需要明确各中心之间的边界关系，通过中心间的解耦，做到中心服务化、简单化和组件化。

（3）系统采用多层结构（Web接入层、服务层、组件调用层、数据访问层）和开放式架构设计，确保系统具备良好的可扩展性，通过多层结构的分解，支持各层间系统架构的水平（横向）扩展，支持服务节点的动态伸缩。

（4）各层间都有缓存支持，通过本地缓存和远程缓存策略，提高系统运行效率。

（5）完善的发布机制，服务监测机制，实现DevOps开发模式。

2. 软件体系架构

（1）前后分离：将前端界面与后端业务逻辑进行解耦，实现前后端分离，前端侧重展示和客户体验，后端开放系统基础能力。

（2）接口标准：统一使用“http（s）+json”的主流开放协议标准进行设计。

（3）接入部分：该部分主要解决第三方系统接入问题，如安全问题，如何防止非法调用，涉及认证管理和权限管理；不同的第三方对同一个功能需求可能不一样，涉及差异化版本发布问题。

（4）服务管控：对接入的服务进行有效的管控。接入的服务可以向外直接提供，也可以通过组件化，流程编排形成新的能力向外提供。能力生命周期的管控提供了对能力的注册、发布、上线、下线、注销等管理。该部分还提供能力间的消息传递、异常处理、数据控制等机制，以保障能力中心的高效、可靠。

（5）基础管理：该部分作为一种底层框架支撑以屏蔽各个能力提供者之间系统差异，同时为整个能力平台提供统一的系统级管理，如统一缓存管理、事务管理、内部服务总线等。

（6）数据层：数据层主要提供数据的存储，该层除提供不同的数据库支撑和自身数据的存储外，还提要提供业务操作的日志留存，通过操作日志留存，支持业务记录能查找，问题反馈能追溯，关键业务能对账。

（三）项目的实施与推进

整个项目分成以下三个阶段。

（1）第一阶段：需求分析及设计阶段。需求分析、项目经理、产品经理、设计人员进场。

第一周前半周完成需求收集、需求整理、需求分析工作，产出物为需要规格说明书。设计人员参与需求分析，对需求的开发工作量、难度进行评估，并给出实现需求的思路。

第一周后半周到第二周上半周由设计人员、产品经理对主要功能界面出具产品原型，并进行评审。

第三周下半周由产品经理、设计人员根据评审结果对原型做出修改。并且设计人员、开发人员开始编写详细设计方案，并进行内部评审，产出物为详细设计说明书。同时就产品原型进行二次评审。

（2）第二阶段：开发测试阶段。整个开发分成三个迭代。

第一个迭代周期时间为一周。主要进行框架、基础功能开发，为下一阶段的开发打下基础。

第二个迭代周期时间为两周。进行订单管理功能、运价采集功能、其他功能开发及系统联调测试。

第三个迭代周期时间为两周。进行基础信息功能、系统管理功能、内部接口功能开发。

（3）第三阶段：实施上线阶段。

第一周前半周：进行系统培训及基础数据收集。

第一周后半周：进行基础数据初始及内部系统对接准备。

第二周前半周：进行系统试运行。

第二周后半周：进行系统正式运行。

六、信息化主要效益分析与评估

本项目的效益价值主要体现在人力成本、运营成本、运营收入的财务分析上，同时通过对人均效能的非财务分析，有效、客观地反映了该项目的投资回报情况，以某客户为例：

1. 节省人力成本

（1）数据统计人员节约。数据 BI 系统建立，运营质量监督、成本/利润、公司日/月/年度经营报表等系统自动生成。目前数据统计分析类人员由 75 名缩减至 2 名 BI 工程师。直接为某客户公司年度节省 394.2 万元人力成本，同时数据准确度大幅提升。

（2）财务人员节约。财务系统实现自动化处理，供应商及客户账单自动生成。公司预付/尾款批量审核由财务统一核销。财务审核人员由 68 人缩减至 30 人。直接为公司年度节省 205.2 万元人力成本。

2. 节省运营成本

司机通过 App 在一个公平、公开、公正的平台进行竞价、抢单。去除中间成本，使公司运输采购更接近市场价格。达到司机与公司双赢的理想情况，同时对后服市场推广提供良好的依托。

以 2 月 16—20 日广州到成都线的车价为例，通过平台调车，价格均值在 13800 元；通过人工调车，价格均值在 14060 元；平台调车价较之前人工调车价降低了 1.8%。

X 通达物流公司使用管好车前后数据对比如下。

（1）数据完整度：使用管好车前，车队出具财务报表 90 天，应收应付报表出具 N 天，财务账务出错率高达 3%。使用管好车后，财务报表每月 5 日准时出具，应收应付 0.5 小时出具，财务账务出错率 0。

（2）运营管控：使用管好车前，排班调度每趟最少需要 60 分钟，现在调一辆车只需要 10 分钟；使用前开一张单需要 10 分钟，现在只要 1 分钟。极大提高了工作效率。

（3）精细化管理：使用管好车前，司机报账需要 10 分钟，现在一单只需要 2 分钟。车辆跟踪在之前都是靠电话和微信，沟通成本很高；使用管好车后，车辆实时定位跟踪，可以和 G7/易流对接，也可 App 实时定位，异常实时告警，位置随时可查，车队老板放心。

（4）降本增效：传统手段管车，每个人最多管理5~8辆车，使用管好车后，每人可管理15~20辆车；油品采购，此前车队采购油品成本最少6.9元/升，使用管好车后，降低到6.6元/升。降本增效真正落到实处，不再是空话。

七、项目意义

本次项目的主要目标为通过物流车队运营管理整体解决方案的实施，融合业务系统、财务系统、eHR系统、GPS系统、消费数据等八大关键子系统，实现360度全面覆盖车辆运营管理各业务模块，线上打通业务管理全流程，实现车队自动化智能化运营，实现智慧化物流车队。同时融合大数据、人工智能技术，拥有行业最成熟完备的大数据风控，创新性地以大数据转化价值和企业盈利来源，为车队赋能，助力其解决经营过程中的管理、资金等难题，帮助企业持续经营、扩大规模，建立物流供应链生态圈。

同时，通过系统对业务流程化的实施，实现企业物流作业的标准化，提升作业效率及客户的满意度。另外，通过系统对运力资源的整合、配置，以及系统对信用体系的搭建，增强企业与供应链下游间的紧密协同能力，提升企业在供应链上游端的竞争力及话语权。

而此项目的成功对车快链公司具有重大意义，再一次从实践案例中证实了车快链公司在物流信息化应用中的技术实力，进一步奠定了车快链公司在物流平台供应领域的行业地位。

未来，公司将一直秉承“开放共享，协同共赢”的理念，集车队运营、司机管理、运力共享、资金结算、后服集采、金融共享等全渠道服务为一体，整合供应链上下游资源，线上集采、公开透明，凝聚形成以企业为中心的可控资源圈，实现资源最大化配置，构建“平台共享+应用智能+数据赋值+终端升级”的物流车队行业良性运营生态圈，为物流全行业的信息化、标准化建设贡献公司的绵薄之力。

深圳市敏思达信息技术有限公司：CRE 高铁快运 T3 综合物流信息平台

一、应用企业简况

中铁快运（CRE）是中铁快运股份有限公司的简称，成立于1997年，是中国铁路总公司直属现代物流企业，国家5A级物流企业。中铁快运设有18个区域分公司、13个省市分公司（中心营业部）和7个子公司，在全国322个城市设有3200多个营业机构，“门到门”服务网络覆盖全国2906个市、县。

中铁快运依托遍布全国的高铁列车（动车组）、旅客列车行李车、特快及快速货物班列、电商班列等铁路运输资源，综合运用铁路、公路、航空各类运输方式以及经营网络、仓储与配送网络和信息化平台、95572客户服务平台、电子商务平台，竭诚为广大客户提供高铁快运（当日达、次晨达、次日达、隔日达和经济快递、同城快递、车票快递）、普通货物快运（时限快运、标准快运、特色快运）、货物快运（铁路整车、零担、集装箱）和普通包裹代理（铁路车站行包房受理行李、包裹）等系列产品服务。根据客户个性化需求，提供运输、仓储、分拨、配送、包装、信息跟踪、保价保险、签单返回、异地调货、代收货款、电子商务等增值服务，为广大客户提供物流方案设计、供应链管理等全方位、“一站式”综合物流服务。

中铁快运自有公路运输及城市配送汽车近3000辆，每日定点、定线开行210条公路干支线班车，分拨、仓储场地面积约60万平方米，日均运输包裹约40多万件，年发运量约350多万吨。中铁快运拥有并在全国所有城市开通使用客户服务和短信息服务平台，建立起7×24全国统一客户服务体系和集信息追踪查询、电子商务（中铁快运官方微博、微信）于一体的服务平台。

二、通过平台解决的业务运营及经营管理问题

敏思达根据中铁快运高铁快运物流刚刚起步的经营情况及特点，个性化分阶段定制，为其研发了一套全新的高铁快运T3综合物流信息平台，在此平台建设的整体规划下，紧紧围绕高铁快运核心业务运营，依托高铁快运信息集成平台，基于高铁快运持续发展的迫切需求，在基础业务创新及业务管理的市场化运作模式上，打造并持续优化高铁快运系统，使之成为高度现代化、智能化，国内先进、国际领先的物流管理系统。系统的总体结构、应用系统功能、业务数据流程、关键业务处理和数据库结构等方面符合铁路总公司信息化建设技术标准和各项规范要求，系统设计逻辑清晰，论证充分，技术方案设计合理、可行，具有很强的适应性及可操作性，易于管理和系统实施。高铁快运系统在

总体上满足高铁快运业务作业功能需求的同时，也满足了铁路总公司信息系统深度融合战略，同时固化了高铁快运业务流程，对各铁路局开展高铁快运业务等工作提供信息支撑。

高铁快运系统项目建设主要包括高铁快运系统研发、前端业务受理系统、订单管理系统、智能配送系统、加盟体系管理、高铁极速达业务系统研发、电商及资源平台对接、安检互信、电子发票、外部资源整合系统、技术结构创新等，能满足高铁快运实际市场化运作的业务需求，同时也满足铁路总公司业务部门及信息部门技术融合需求，符合高铁快运业务的信息化管理需求，系统功能丰富，具有可操作性。以下罗列几个典型的模块进行阐述。

1. 订单处理平台

按照铁路货运改革的基本指导思想，结合公司改革后的业务推进情况，中铁快运不断拓展新的业务服务于社会，并由管理型企业转向服务型企业，越来越多的客户订单通过12306网站、95572网站、95572客服系统、微信、移动App等多种渠道汇集而来。

伴随着订单数量的不断增加和订单种类的日益丰富，中铁快运急需建立统一的订单处理中心对所有订单进行集中处理，并针对订单数据建立统一的对外接口体制，方便公司未来业务发展及系统建设。

订单处理平台是物流管理系统的一部分，通过对客户下达的订单进行管理及跟踪，动态掌握订单的进展和完成情况，提升物流过程中的作业效率，从而节省运作时间和作业成本，提高物流企业的市场竞争力。订单管理系统的主要功能是通过统一订单管理提供给用户整合的一站式供应链服务，订单管理以及订单跟踪管理能够使用户的全程物流服务需求得到满足。

目前公司内部产生订单有多种途径，而每一种途径、每一种产品类型所处理的过程都是一套独立的体系，不仅浪费了资源，也不方便管理，所以建设订单处理平台是十分必要且紧要的。

解决方案：建设满足业务需求的订单处理平台；订单信息在系统之间共享自动化；加强平台的可扩展性，为后期业务发展提供技术保障；提高平台功能自动化，兼顾用户操作便捷和数据处理效率。

2. 资源整合平台

由于中铁快运在各地基本都是采用加盟合作方式管理网络平台，因此涉及大量与物流、合作代理商之间的信息交流，物流公司及代理站点为减轻自身工作压力、提高货物运作管理效率，要求与中铁快运系统进行数据对接，实现物流指令及单据信息的自动传递。

解决方案：从加盟商使用的系统接收请求信息，接口通过判断数据的来源，执行不同的分支方法。如从T3接收订单信息，更新出入库作业、发票信息，并联动更新订单信息；从T3接收运输订单信息，更新配送作业，并联动更新订单信息；从T3接收派送订单信息，更新派送作业，并联动更新订单信息等。

实现合作商使用系统的重要业务数据的获取，持久化存储到T3数据库，并向上提供查询接口，适配T3业务数据发送机制。对于业务和异常报警提供数据接口，支撑T3的业务报警机制。基本功能包括基础数据同步、各种业务单据的发货及物流指令同步。采用多接口调用方式为物流公司提供服务，物流公司系统根据中铁快运提供的接口地址及接口函数调用规范对本接口进行调用，从而获取需要的数据。

3. 客户服务平台

按照铁路货运改革的基本指导思想，全面落实转变发展方式，创新经营机制，全力推进高铁快递、货物快运等新业务，大力开发市场，不断提升服务质量，加快信息化建设的工作。中铁快运在市场端进行开放式受理，提升客户市场体验，实现增量与增收。

增加用户体验度、减低公司人力投入成本，以提高客户服务理念为核心，辅以信息流、资金流管理，为客户提供物流业务咨询、办理、监控、结算等相关信息服务，通过计算机、移动终端设备、数据库最终实现提升客户服务质量、加强企业信息化管理、资金安全传递的管控过程即时客户服务平台，达到提升客户服务质量、提升品牌形象、提高核心竞争力的最终目的。

解决方案如下。

①客户服务质量管控：通过接收平台上使用在线客服功能用户提交的信息，及时响应用户的咨询和问题，建立标准服务流程，形成对在线客服的专业化处理机制；

②自助网上营业厅：主要向客户提供方便、快捷的下单模式，通过在网站上填写发货信息进行下单，同时也向批量客户提供导入订单功能，开放批量模板下载等功能；

③信息接入：客户服务平台为大型企业、电商平台打造的专属物流服务，快速对接外部订单等各种信息，实现货物源头与配送末端的无缝对接；

④全过程监控：实现客户对货物的下单、收寄、中转、签收的全过程监控；

⑤资金结算：实现与外部银联或支付接口的对接，实现客户即时下单，即时支付；

⑥决策分析：根据业务数据分析完成管理层所需的报表，实现直接数据分析、战略数据分析、数据深层挖掘等操作，明确管理决策的方向。

4. 安检管理

当收到物流企业交过来的货物后，按照“信用体系平台”的等级划分，对信用等级最高的物流企业，可提供直接装铁路车厢的服务政策。对其他信用等级的物流企业，按比例对货物进行抽检。抽检的种类包括重量抽检和 X 光机安全抽检。

解决方案如下。

①信息共享：中铁快件实时接收物流企业的条码、重量、图片、视频等数据及条码、重量、图片间的关联信息，中铁快运可对物流企业上传的安检图片进行全程查阅，以保障货物安全。接收物流企业装车完毕后操作场地信息、总件数、总重量、目的地、车次等信息，中铁快运的系统可核查物流企业上传明细和总数是否一致，也可以通过视频查阅物流企业的操作规范，最终能做到全程可监管、问题可追溯。中铁快运可提供相关的操作信息给物流企业，实现信息共享。

②布控：对安检有异常的货物，中铁快运相关系统可发送信息给物流企业，通知物流企业到货站抽检，同时将安检有异常的货物条码发到现场的巴枪，对货物复核重量或重过安检，对有异常的扣留并开箱检查。

③重量抽检：对抽查的整包货物进行称重，以实际称重数量对比物流企业提交的重

量信息。抽检过程中，如发现差异，将影响物流企业在中铁快运服务平台的信用。

④装车扫描：对要上铁路车厢的货物进行巴枪扫描操作，系统信息包含企业信息、中铁操作场地信息、操作类型（如铁路装车）、条码信息、扫描时间、操作员工号、车厢号。上述操作信息传送至物流企业，实现信息共享。

其他功能模板不再一一阐述。

项目自启动开始，通过加强标准化管理、整合产业链资源、推行战略合作，并通过互联网多渠道沟通，使高铁快运物流全链条形成了一个有机的整体，实现工作流程规范化、作业程序标准化、绩效考核量化，从而促进管理精细化、决策科学化，以适应现代化的市场竞争环境，使中铁快运在激烈的市场竞争中，通过不断打造自身的核心竞争能力，实现了以品牌为先导，并通过立足核心业务，面向全国电商平台及物流企业，以高铁快运物流为主导产品加多元化的增值服务，形成了高铁快运物流与物流及电商企业共同发展格局。

三、平台践行进程与遇到的困难、解决措施

高铁快运系统分步骤按计划逐步建设，一是将订单管理平台、订单调度系统、全国加盟代理系统、其他业务系统集成及现有业务管理创新等系统进一步整合；二是统一物流资源（电商平台、硬件设备、加盟站点等）管理，为形成高铁快运平台提供基础资源；三是实现智能配送，自动进行加盟站点匹配、线路规划的组合方案设计，优化资源利用，站点系统及其他业务系统集成等功能；四是将前端业务受理系统、高铁极速达系统、一票多件业务系统、安检互信系统、京东电商平台接入系统、电子发票功能系统、菜鸟网络业务对接等系统进一步整合成为高铁快运物流管理系统；五是统一物流资源（顺丰、京东、菜鸟等）对接管理，为形成高铁快运平台提供基础资源；六是实现上门取件、业务受理，自动进行线路规划的组合方案设计，优化资源利用，满足市场化运作。系统建设目标符合中铁快运改革的总体要求，贴近高铁快运业务市场化运作模式，符合铁路总公司对该系统建设的整体目标要求。

高铁快运系统优化功能设计合理，覆盖全面，从几方面解决了业务需求及技术需求，一是技术结构调整方面，主要涉及与物流企业合作的产品业务系统和其他物流资源平台的接入系统业务数据融合、基础数据融合、系统管理数据融合等；二是运营数据管理方面，主要涉及机构数据调整，满足多组织机构多层级的数据查询、过滤、筛选等；三是业务安全方面，涉及电子发票业务、安检互信业务等功能模块设计。

项目推动实施过程中也发现了一些问题和阻力。

在调研前期工作中发现了一些管理方面存在的问题：有些业务还是纯手工交接作业，增加了交接确认的人工成本；无信息前置，加大了后期操作的不可预知性；货物标签部分重要信息缺失，很大程度上降低了货物目的地、装车的识别效率，从而增加了人工成本；信息不能实时反馈给客户，客户体验较差；当下作业流程，只适合点对点的专线，当后续应对众多物流企业和不同线路目的地时，将无法开展业务。

中铁快运信息化践行过程中也遭遇了来自企业文化、部门利益、使用习惯、技术功能的多方挑战。中铁快运领导人作为项目负责人，对企业有充分了解，有很强的协调能

力，可以兼顾各部门利益，化解来自外部环境的阻力，同时又有较强的理论水平和内部组织能力，带领团队充分调研需求，深入研究业务流程，协助敏思达完成功能配对和开发，设计出符合使用者习惯、满足业务需求、适应未来发展趋势的功能和系统。对于一些项目干系人的消极抵触情绪充分理解，在功能和流程设计上充分考虑操作的便捷性和人性化，在原则问题上坚持立场，对于思想顽固或私下散播不良言论者坚决处理，对于项目团队中思想摇摆者及时纠正或替换，士气和信心决定了项目最终是否成功。

随着高铁快运综合物流系统的推进，外部环境的不断变化，中铁快运的高铁快运物流面临来自外部各种新的挑战。多接口、多项目、跨平台、跨组织是项目面临的新课题。传统的项目运作方式由于存在着管理手段单一，缺乏整体控制。由于管理复杂性的增加，迫切需要中铁快运进行专业化细分，通过管理创新，建立新的高效项目运作和管理机制。

系统实施的重点包括如下几个步骤。

1. 建立信息管理统一编码标准和基础平台

建立标准化的作业方式，是企业提供高质量产品、获取最大利润的最佳方式。而高铁快运由于行业的特点，不同于传统的制造业和服务业，为客户提供的是一种资源整合型服务，要建立标准化的管理是非常困难的。一体化平台的实施首先从平台的标准化入手，建立了统一的编码标准，如服务类型编码、项目编码、客户编码、计划任务编码、供应商编码等。这些统一的编码建立了各业务系统间共同的“语言”，为后续的系统间“对话”奠定了基础条件。

2. 规范工作流程，实现协同运营

二十年物流信息化平台开发的经验使敏思达公司认识到，要为客户提供最好的服务，在激烈的市场竞争中赢得先机，就必须先与合作企业建立良好的战略合作关系。对于高铁快运物流信息平台的开发，但由于专业化分工越来越细，电商平台、加盟企业、支付平台、三方物流公司等共同结成了团队。但由于缺乏高效的沟通平台，交流手段限于会议、电话、邮件等方式，各事项协调和审批的时间成本特别高。时间就是效益，解决这一矛盾的有效途径就是通过面对面沟通。

3. 以计划为龙头，实现对项目全生命周期的任务管理

要实现对全过程的管理，势必需要打破原有按职能分类管理的界限，建立跨职能的联动机制。通过平台固化工作流程，建立作业的标准程序，规范作业的标准化运作。通过建立以项目全生命周期为标尺的模板，搭建各项计划任务清单，建立起各项任务间的前后置关系，确立各项任务责任单位、责任人、计划及完成时间等属性，运用平台提供的即时消息提醒、工作事项审批流程及各类业务数据库的关联，最终建立起项目中各任务事项联动的统一载体。伴随着高铁快运系统的深化，全方位多元化管理作为一种为高铁快运企业提供服务的主要形式，已经成为项目开发工作计划任务的延伸。通过一体化平台集成项目管理、物流运营、服务产品管理，实现业务的关联，从而通过信息的传递实现了为客户提供持续的服务。

4. 依托网络资源，拓展业务沟通渠道

如何与合作伙伴一起共同为客户提供最优质的服务？敏思达在建设中不断思考着这一问题。在网络化的今天，建立与供应商、合作伙伴的网上沟通和业务渠道成为可能。

在与合作伙伴的业务合作中，逐渐推行网络化办公，为客户提供最好服务的基础上，实现合作双方的双赢。

系统实施方案设计科学合理，采用研发一部分上线一部分、迭代式研发和完善的模式，符合 CRE 在系统应用过程中，对铁路货运接取送达的管理要求逐步精细化的过程管理，实施方案考虑周全，实施阶段划分合理清晰，符合项目总体建设要求。

系统非功能设计方面能够体现高性能、高适用、高可靠性的特点，在安全设计上符合铁路总公司的总体安全设计要求，性能和可靠性方面设计科学合理，业务功能设计满足实际需求、系统接口设计符合公司技术标准。

该系统建设完成以后，能对公司的高铁快运开展提供很好的技术支撑，同时与外部信息平台的对接也有力地支撑了高铁快运业务敞开受理，满足高铁快运融合社会资源进行协同作业的要求，提升市场对接和资源整合能力，提升高铁快运全程物流服务水平和多元物流服务竞争力。

四、该系统平台的实施成效及意义

敏思达从高铁快运的产业链出发，为中铁快运建立覆盖高铁快运物流开发项目全生命周期的信息集成和管理系统，将全链条业务过程连为一体，实现对信息资源和业务过程的整合。通过这个平台，业务层可以完成对多业务运营联动处理，管理层可以及时掌握业务进展情况及资源需求，决策层可以根据项目运营分析和风险预警辅助决策，从而实现各项业务间横向联动、各层级间信息的有效传递和充分利用，为快速响应市场竞争提供了基础保障。

（1）服务和营运水平的提升：通过系统促进营运操作标准化，提高运营优化及运营规划能力，提升服务人员工作效率和规范化水平。

（2）资源利用和调度的优化：通过系统支持对车辆、关键运营设备的完整动态管理，提高可用性，降低运营维护水平，利用统一的调度系统对关键资源进行及时监控和调度，保障运营，探索对集中调度中心的支持，实现对资源利用和调度的高效支持，支持产品拓展和业务扩张，结合业务创新，利用技术手段为客户提供更方便的服务手段，提升客户体验。

（3）集中化：集中管理核心营运相关系统、后台管理系统的规划、实施、运营，集中管理基础设施的规划、实施、运营，建设集中的数据中心。

（4）集成化：实现业务信息、管理信息的数据源输入，保证信息的真实性、准确性、及时性，实现最大效益，通过营运相关系统与后台管理系统的集成，实现物流、资金流、信息流的高度集成，整合信息资源，支持企业快速而准确的决策支持分析。

平台的建设与实施对人员就业、社会经济发展都有积极正面的影响。

（1）提供就业机会、带动相关产业。该项目能提供 200 多个就业岗位，解决一定的就业问题。另外，高铁快运物流的发展将对第三产业的发展起到积极的促进作用。高铁快运的发展可推动、促进全国经济，带动其他行业的发展。物流项目管理平台的建设，带来商流、资金流、信息流、技术流的集聚，促进交通运输业、商贸业、金融业、信息业等多种产业的发展。

（2）提升物流水平。平台是集商流、物流、信息流、资金流为一体的综合性服务平台和现代物流模式。因此，该项目的建成，势必会提升整个国家的运输能力、仓储能力及操作效率，提高中国物流实力水平。

（3）缓解交通压力。项目的建设运营，通过信息共享，科学地配置运输能力，加强对运输的控制，通过制定科学的运输路线，采用合理的运输方式，组织共同配送、货物配载等运输方式，可减少车辆运行数量以及车辆空驶、迂回运输等现象，从而有效地解决由于运输的无序化造成的交通混乱、堵塞问题，降低交通事故发生率，缓解交通压力，从而获得良好的社会效益。

五、该系统平台的实施过程中的主要体会

高铁快运物流其业务覆盖面广，品种繁多，难易程度各异，涉及公司内部诸多部门和外部各类型客户，有些业务流程的实时性要求较高，有些业务涉及内外部重要事务确认，从管理角度出发，必须能够对各种类型业务进行事前指导、事中管理监控和事后审查分析，这就必须有强大而灵活的管理监控系统与之相适应，能够全过程管理业务，保证业务的合法性和合规性。高铁快运综合物流管理系统旨在建立一个保障系统，能够实现工作引导、要务提醒和实时合规监控，以便提高工作效率和实施承诺兑现，以及方便管理者和管理部门可以全局监控和管理各类型业务。

项目通过模块化业务涉及优化业务升级方式，以打造通用适配器实现不同业务的个性化定制，支持多种业务同步运营，该应用软件使物流企业可以进行开发式管理，实现用户端的在线升级更新。该平台推广和普及，将极大地减少用户端人工升级所产生的高成本、高耗时及高风险，节约了大量的人力，同时维护及升级简单易行，极大地缩短了操作周期，提高了程序的完善速度，促进用户端管理及应用程序规范化的进一步发展，提高物流服务的质量和服务水平，拓宽物流业务模式，推动我国物流事业的发展。

此外，通过平台将实现物流不同特色业务功能，支持多样化业务形态，实现物流供应链上全部角色的互联互通，在很大程度上推动移动互联网物流的快速健康发展，也为物流企业开拓更多的业务领域。

敏思达从中铁快运实际业务和管理需要出发，全局统筹、全新研发建立了高铁快运综合物流管理系统，为保证物流运作严格的风险管理和高效的运营管理，高铁快运综合物流全流程管理系统在此起到了很大的作用。

借助系统的自动化引导机制，提高了事务执行的计划性和各职能部门及人员的分工协作效率；通过建立自动任务派发、预警和催办机制，极大提高了服务的可达成性和及时性；完整记录了业务处理过程及关键节点，建立了业务生命周期档案，保证了运营过程信息的完备性和可回溯性；同时系统还支持手机移动办公，极大拓展了业务办理空间和时间，初步实现了“随时随地”办理的要求，大大提高了业务处理的畅通性。客户关系管理进一步拉近了企业与客户之间的距离，更好地了解客户需求，并为其提供个性化的定制服务，培养忠实客户，让这种客户关系为公司持续创造价值，实现了在信息时代的传承延续。

随着新的竞争格局的开始，经营与管理理念的领先，现代化工具的运用及综合实力

的比拼将成为高铁快运物流未来发展的前提。信息化应用的最终成果需要体现在对企业的经营目标价值贡献上，敏思达一直秉承这样的服务宗旨，力求通过信息化平台的建设与应用，提升企业管理水平，提高信息对决策支持的能力，提升企业对市场变化的反应能力，帮助企业领先一步，决胜未来！通过一体化信息管理平台的实施，体现了中铁快运面对激烈的市场，勇于改变，直面竞争的态度，这将为其今后发展提供源源不断的动力。

六、本系统下一步的改进方案

中铁快运发展高铁快运物流信息化的目的很明确，就是要通过信息化技术，整合外部资源和运营效率，降低经营成本，进一步提升客户服务能力，增强企业市场适应能力和核心竞争力。

中铁快运的运营模式经过实施以来的不断摸索与完善，已经基本形成了自己的独特的思路。公司以互联网技术为核心的信息技术作用于各个环节，以提高企业经营效率和经济效益、满足顾客需求和提高企业竞争力为目的。

项目发起主体中铁快运股份有限公司发展至今，积累了多项显著优势，可以保障和支撑本项目顺利实施 ：

（1）行业地位突出、品牌优势明显。

（2）技术实力突出、引领行业发展。

技术超前意识强是中铁快运股份有限公司又一特色，公司已经积累了一系列行业领先技术，为新产品开发和新技术应用提供了可靠支撑；此外公司在针对行业产品标准制订方面进行了深入的研究，标准的设立一方面可以加快新设备、新装置、新功能的产品应用过程，另一方面可以对行业应用起到规范作用，在某种程度上也会提升行业门槛。

目前的一个主要问题是系统很多，多业务操作系统和财务系统并存，影响了整体的系统协同，希望优化资源配置，实现一体化业务平台；提供统一管理与服务的方案建议，减少管理费用及成本费用；实行多层面的方便、快捷、高效、安全的系统运营。通过技术创新去推动公司业务创新。

随着互联网物流的发展，高铁快运的需求也会日益增多，我们会持续以市场需求为导向，不停地提升产品技术性能，不断地迭代推出高铁快运平台后续产品功能，满足中铁快运企业个性化的需求。

七、结语

技术易老，创新常新。

敏思达信息技术作为国内产品过硬、实施能力卓越的物流信息化领域领跑者，一直以快速的技术迭代和创新而闻名，我们一直努力通过系统的技术革新，帮助客户创新，创造新的市场机会。

中国物流新时代正随着新技术的不断进步而到来，并且日新月异。当前，中国物流产业正处在新技术、新业态、新模式的转型升级之际，敏思不忘初心，用工匠精神及不断创新的技术帮助物流企业做大、做强、做精、做细，在重塑中国物流价值链和物流产业新格局的道路上贡献自己的力量。

湖北物资流通技术研究所：生产物流仿真评估公共服务平台

一、单位概况

湖北物资流通技术研究所（以下简称“物流所”）成立于1974年，先后隶属于原物资部、国内贸易部，是目前国家批准的唯一一个综合性物流技术和服务的公益性研究机构，设有武汉、襄阳两个工作与研发基地。

依托物流所先后建立了高中初级物流师认证培训中心、湖北省物流工程技术研究中心、全国物流标准化技术委员会仓储技术与管理分技术委员会秘书处。物流所自建所以来一直把“创新物流科技、服务现代产业”作为宗旨，面向全国开展技术研究和公益服务。先后承担国家和省部项目200多项，地方项目94项，获得国家和省部级等奖48项，承担20多项国家与行业标准的研究与制定，组织全国相关单位制定国家与行业标准17项，并培训物流人才15000多名。

二、研发背景及创新方案

1. 项目背景

目前在制造业的生产经营过程中，生产物流的重复周转次数较多，生产物流占用企业运营资金较大，因此优化制造业企业内部生产物流的结构和流程，可以有效地减少企业不必要资源和时间的耗费，加快企业的产品生产速度，减少产品生产周期，最终加快企业内部资金周转和物料循环，提高企业的经营绩效。

2. 创新方案

生产物流仿真评估公共服务平台是分析生产线的各种物流标准，建立生产物流评价指标知识库，对生产物流流程进行建模仿真，对生产制造企业既定的生产物流网络和生产物流模式进行科学的评估和诊断，帮助生产企业对内部结构和流程进行优化及升级，实现内部生产物流网络的最优化配置，降低企业的生产成本，提高人、物料、设备等资源的利用率，提高运营效率。

三、生产物流仿真评估公共服务平台的设计

（一）平台研发遇到的难点

平台研发时遇到的难点主要有以下三点：

（1）如何构建生产物流评价指标体系。

（2）如何进行生产物流诊断。

（3）如何进行生产物流的仿真优化。

（二）解决措施

1. 生产物流评价体系构建

项目以汽车制造企业为例，根据汽车制造企业生产物流指标库的建立，构建汽车总装生产物流系统的评估体系。对汽车生产企业行业内的领先标杆企业进行专家考察论证，依据标杆企业的先进生产物流系统状况建立汽车总装生产物流评价标杆。评价标准如图 1 所示。

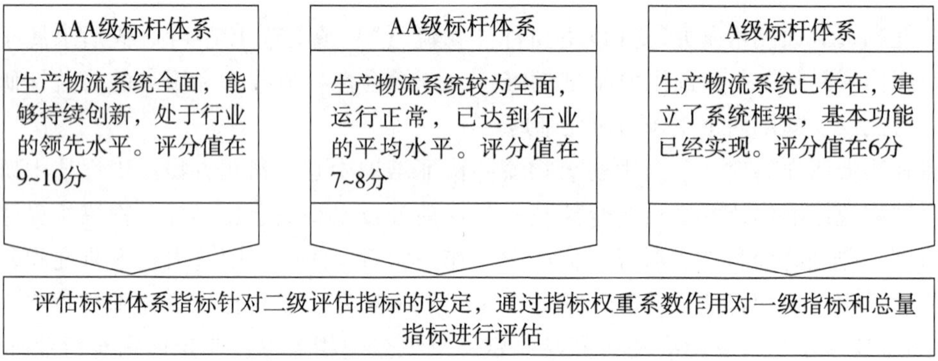

图 1　汽车总装生产物流评估体系

对汽车制造企业生产物流进行评估时，需要企业、评估单位或是专家组共同完成评估表，从而为下一步确立企业生产物流级别做出评估依据。

评估表由待评估企业和评估单位（物流所）共同完成。表格中生产物流的各项二级评估指标的现状由参评企业完成填写，评分由物流所根据评估体系各项指标标杆系评分准则给出评分，最终评估分值的决定交由平台的专家组讨论确定，专家组采用德尔菲评估法对企业生产系统评分进行多次反复讨论，最后对评分达成一致意见完成评估表。

平台根据生产物流的各项一级指标对企业生产物流的影响，制定相应的计算公式得出各项一级指标的权重系数；针对二级指标中各项指标对相应一级指标的影响设定二级指标权重系数，分别完成一级和二级指标权重系数表。

平台依据生产物流系统评估表和指标权重表对二级指标汇总加权求和得出相应的一级指标分数，然后将得出的一级指标分数和一级指标权重表相结合汇总得出企业生产物流系统总分，最后根据总分确定企业生产物流级别。平台生产物流评估体系建立流程如图 2 所示。

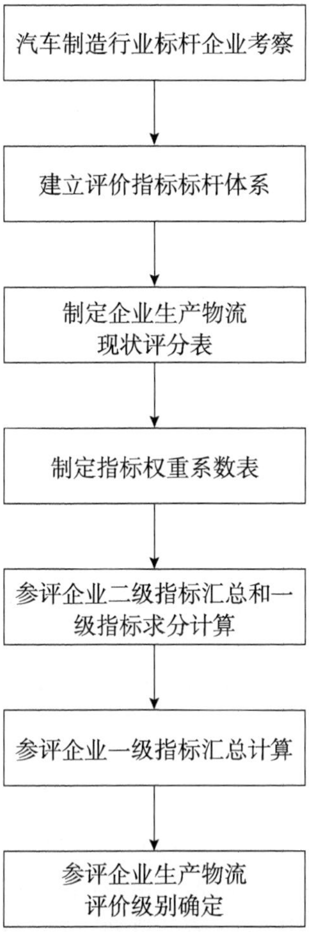

图2　生产物流评估建立流程

2. 生产物流诊断设计

生产物流系统的诊断将以汽车制造企业生产物流系统的评估作为诊断依据。根据二级指标和一级指标各项指标的得分状况，分别输出一级、二级指标的走势图。观察走势图，发现得分最低的指标，这些指标是生产物流系统的短板指标，也是生产物流系统存在问题和需要改进优化的突破点。

按照生产物流优化方法将物流改进项目分为：物流战略、物流信息化与流程、单元化、物流外包等项目，通过对短板指标的分析将短板指标归类至需要改进的物流项目中。物流项目的实施改进可以提高短板指标的等级分数，从而改善汽车企业的生产物流系统。

物流项目的改进进度和实施先后顺序对生产物流系统的优化影响程度不一，针对企业自身因素和现状，参考企业生产物流现状评分表，设定物流项目紧迫表，以便确立物流项目的改进和实施先后顺序。

根据物流项目紧迫表，将项目紧迫程度按总分排序；对短板指标中改进紧迫度进行分析定义，得分越高，改进紧迫度越高；综合考虑汽车制造企业现状和项目的紧迫度，制订生产物流改进计划，完成对企业生产物流的诊断优化。平台生产物流诊断流程如图3所示。

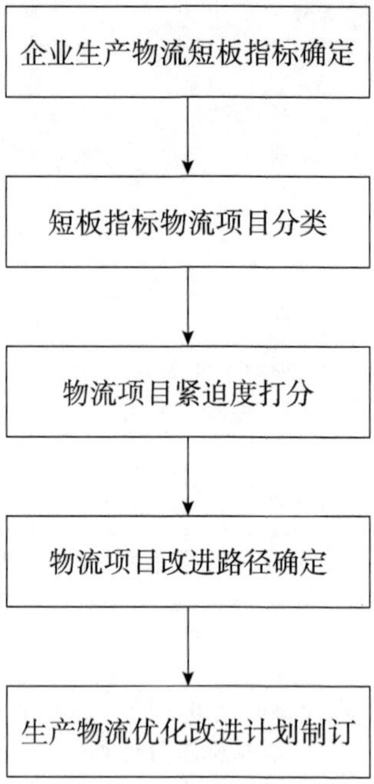

图3　生产物流诊断设计流程

3. 生产物流仿真设计

平台利用仿真软件 Dosimis 对汽车总装生产物流进行仿真优化。Dosimis 仿真软件在仿真过程中对每个控件的运行过程进行监控，仿真结束后，自动生成一系列数据结果；根据仿真结果查看生产物流系统运行情况是否得到改进，如果运行情况不符合生产物流系统与期望值不符，则要更改建模和仿真过程，直到改进后的模型达到优化期望值后，输出仿真结果，并将仿真结果运用到实际生产物流优化中。平台仿真流程如图 4 所示。

四、项目效益分析

湖北省拥有第二汽车制造厂、三环车桥制造厂、骆驼蓄电池厂等大型制造企业及为其提供零配件的众多中小型生产、仓储、配送企业，对生产物流仿真评估公共服务平台有极大的需求。平台的实施运行可以大大提高湖北省人、物料、设备等资源的利用率，降低制造业的运营成本，促进制造业、物流业等大批相关产业的发展，对湖北经济的发展具有极其重大的意义。

平台自 2018 年 7 月 30 日上线运营至 2019 年 4 月，注册企业已达 2026 家，服务企业 60 多家，为企业减低或减少成本近 1000 多万元。平台的运行满足了制造企业在优化生产结构和流程、降低生产成本的共性需求，增强企业的核心竞争力，提高企业的盈利能力，促进物流新技术、新产品的研究、推广和应用，五年内服务企业达到 100 家，实现年收入 3000 万元，年利润 300 万元。

五、项目推广意义

目前，国内尚无对生产物流进行仿真评估的公共服务平台，对企业的生产物流诊断

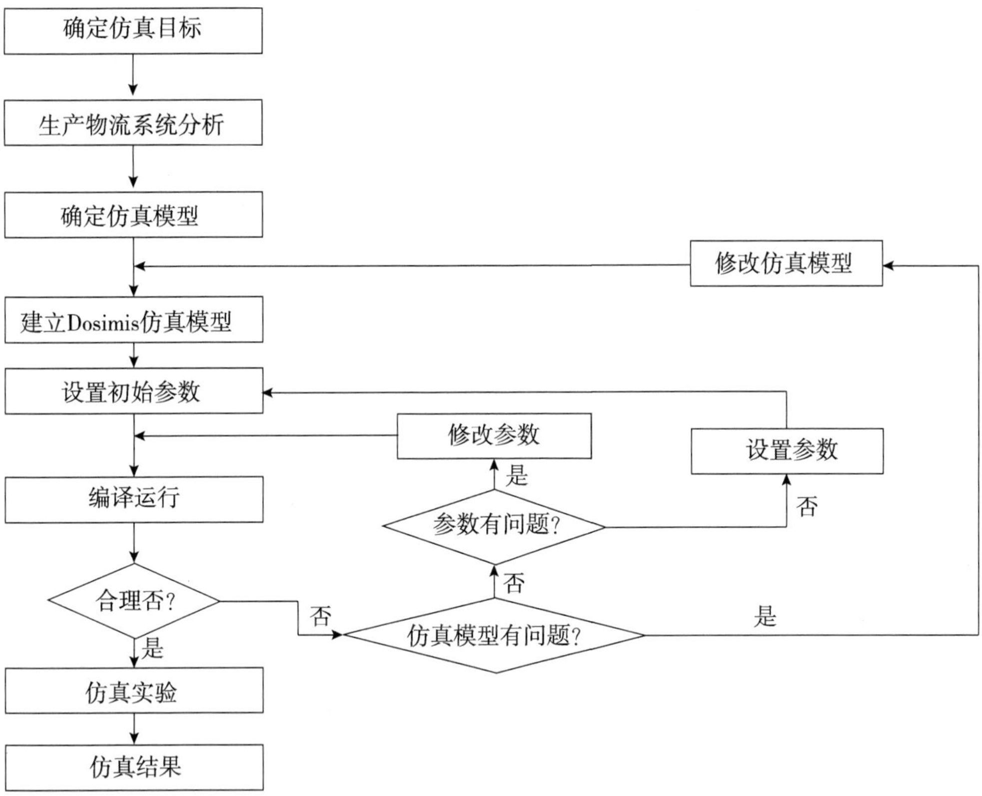

图 4　平台仿真流程

的机构也较少，同时生产物流的仿真软件价格比较昂贵，专业性比较强，（制造）企业难以通过购置仿真软件来对自身的结构和流程进行优化和升级（如图 4 所示）。本平台的实施能够填补国内生产物流进行仿真评估公共服务平台的空白，为（制造）企业提供仿真评估服务，降低企业生产成本，同时能够整合社会资源、避免重复投资造成资源浪费。

平台推广的意义在于：

（1）为（湖北省）制造业企业提供一套科学规范、长期有效的制造业物流生产物流系统评价及优化模型，对制造企业生产物流仿真评估优化制造业企业内部生产物流的结构和流程，有效地减少企业不必要的资源和时间耗费，加快企业的产品生产速度，减少产品生产周期，最终加快企业内部资金周转和物料循环，提高企业的经营绩效。

（2）将仿真技术和数据库技术结合物流技术服务平台推广应用在制造业生产物流方面，扩展了物流技术服务的范围，提高（湖北省）物流业整体管理水平，同时提升了企业竞争力。

（3）平台能够整合社会资源，减少不必要的资源和时间耗费，提高物流等资源的再利用率，保证社会长期可持续发展。

六、项目改进及展望

目前平台对生产物流流程的深度分析及优化尚需要专业人员在线下进行仿真诊断，后期还需要对生产流程的流程等进行再提取并构建专家诊断系统，进行深度的评估诊断优化企业的内部结构和流程，从而提高企业的生产效率。

近年来，各国都在纷纷利用仿真技术对生产物流进行仿真，从而对生产物流的流程进行更加合理的规划和设计，企业也加大投入对自身内部的结构和流程进行优化及升级。目前物流仿真软件有美国的 Flexsim、英国的 Witness（SDX）、德国的 Dosimis 等，而我国尚无物流仿真软件，未来我们将相应国家系统、软件国产化的号召研发自己的物流仿真软件。

曹妃甸港物联科技有限公司：基于港口特色的智能网络货运平台

一、应用企业概况

曹妃甸港物联科技有限公司（以下简称“曹港物联”）成立于2018年3月，是曹妃甸港集团为拓展港口功能、延伸产业链条、提升服务能力、加快港口转型升级而精心打造的科技型物流企业，公司采用混合所有制模式，由曹妃甸港集团控股，引进在港航、物流、金融以及互联网平台建设和运营方面经验丰富的团队，以“共享、链接、协同、开放”的理念，采用“互联网＋港口＋供应链”的模式，利用移动互联网、云计算、大数据、物联网等先进技术和理念，将互联网产业与传统港口物流业进行有效渗透与融合，自主研发了曹妃甸港智能网络货运平台——曹港物联平台，致力于搭建港口和工厂之间信息互联互通的桥梁，为客户提供集港口服务、汽运、火运、海运为一体的全程物流供应链整体解决方案，使物流运输业务全程透明化、规范化、标准化，形成“线上资源合理配置，线下物流高效运行”的新业态和新模式，在货源获取、运力共享、运输组织、在途监控、对账结算、税务管理等方面全方位、多角度提高物流服务的交易效率、运营效率、资金效率，为物流供应链上的各个角色赋能，打造“阳光物流、一站式服务”，从而提升对客户的服务质量，推动物流产业降本增效。

平台自2018年6月上线以来，整合了社会零散车辆15500多万台，承运货物455万吨，交易额实现3.6亿元，货品种类涵盖铁矿石、铝矾土、钢材、焦炭等十几种品类，服务区域涵盖河北、内蒙古、山东、山西、宁夏等省、市、自治区。

二、港口大宗商品物流行业现状

（一）业务运行模式

1. 腹地煤炭汽运业务流程

腹地煤炭汽运业务流程如图1所示。

2. 矿石疏港业务流程

矿石疏港业务流程如图2所示。

3. 业务分析

煤炭集港与矿石疏港方向相反，业务运作类型相似，可以通过船舶到港信息、堆场信息、车辆信息的对接进行统一调度，形成钟摆式运输，降低车辆空驶率，提升集疏港效率，降低成本缓解交通压力。

图 1　腹地煤炭汽运业务流程

图 2　矿石疏港业务流程

（二）行业存在的痛点

1. 货主找车成本高、效率低下

目前，对于没有自有运力的货主一般主要通过两种途径解决用车需求，一是通过社会上的运输公司、货运代理、信息部等运输中介寻找车辆；二是成立物流部，由专人联系物流公司或是去配载站寻找车辆。通过这两种方式获得的车辆价格普遍较高。另外，由于货主的用车需求和大宗散货价格存在随机性，当货主在紧急情况下（比如急等装船）需要用车时，往往要支付更高的代价。

2. 承运人找货成本高、效率低下

由于公路运输市场和港口集疏港运输市场呈现“车多货少”的情况，承运人特别是个体承运司机利润薄。承运司机目前主要通过去实体配货站或信息部找货，司机在配货站或信息部内的平均配货等待时间是 1 ~ 3 天，其间每天的吃住、停车、人员工资等花费数百元。这一方面增加了司机的额外支出与机会成本的浪费，另一方面前往配货站或信息部还造成了司机的迂回运输，从一定程度上影响了集疏港效率和交通顺畅通行。

3. 发票市场不规范

目前，中国公路货运业务量 80% 的业务是由个体司机承担的，而这部分司机又无法提供增值税专用运输发票。多数第三方物流企业在这种情况下，往往向司机收取过路、过桥、油票等用于抵扣，使得我国公路运输市场的发票体系十分混乱与不规范。

4. 管理及技术手段落后

大量货物及运力资源等信息依然依靠传统的手工录入的方式，错误率高，且实时变化无法及时传递，制约了运输效率和货物的及时交付；各企业及个体运输户分散经营，规模小，技术落后，物流运输规模达不到经济性。

5. 信息未能实现互联互通

运力资源信息、车辆调度信息、车辆在途信息等数据信息在货主与承运人之间未能实现有效交换，信息资源难以共享，大量数据不能实现充分挖掘与有效利用，难以为货主及承运人提供预测类、分析类的创造性物流服务。

三、基于港口特色的曹港物联平台建设思路和应用现状

(一) 构建港口货运生态圈

为解决行业痛点，完善集疏港体系建设，提高集疏港作业效率，打通曹妃甸港至内陆腹地的物流大通道，曹港物联平台以“无车承运”模式作为切入点，一方面，将货与车高效精准匹配，降低车辆空驶率，从而降低集疏港的物流成本，同时，将散落在各地的税源聚集到曹妃甸，增加税收收入；另一方面，推出了油气集采、轮胎销售、货车ETC、货运保险、金融租赁等增值服务，构建港口物流生态圈如图3所示。

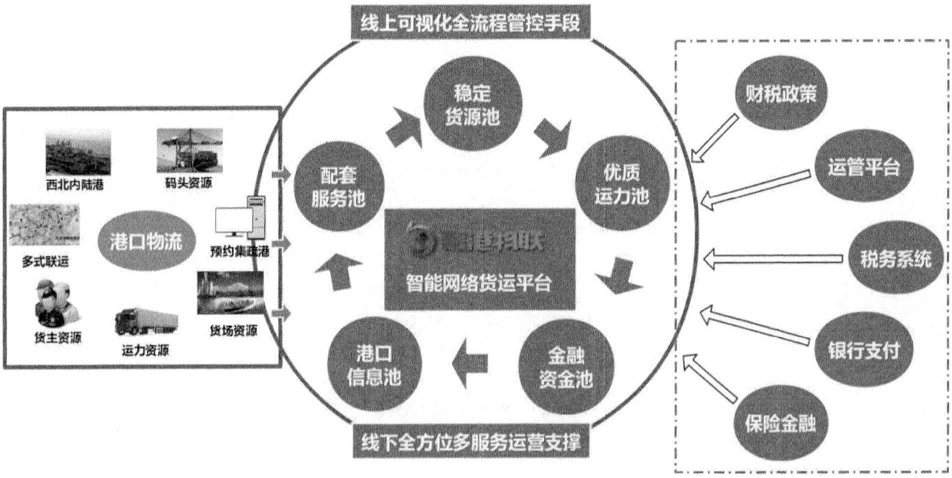

图3 港口物流生态圈

(二) 搭建港口与工厂之间信息互联互通的桥梁

曹港物联平台依托曹妃甸港口资源，将人、车、货、码头、货场、内陆港以及预约集疏港系统等资源快速集聚和整合，打造基础货源池、优质运力池、金融资金池、港口信息池和配套服务池，五池联动，线下资源为线上平台提供稳定的货源和运力，线上平台为线下物流提供管理手段和数据支撑，线上和线下相互依托，联动发展，从而构建港口和工厂之间信息互联互通的桥梁，为货主、物流公司、车队等产业链上的各个角色提供运力共享、智能调度、业务全程可视化管理、对账结算、税务管理等服务，实现集疏港业务的标准化、透明化、智能化，为货主企业降本增效，为物流企业赋能。

无车承运业务作为平台的切入点，一方面平台对接港口的码头生产管理系统，通过港口预约集疏港功能迅速整合社会运力，形成优质的运力池；另一方面，平台对接工厂的ERP或NC管理系统，将货主的采购订单自动发布至平台生成货源信息，通过运力数据的分析和计算，匹配最佳适运运力，进行智能化调度，为客户提供港口和工厂信息互

联互通、数据实时共享，运力全程监管，业务动态管控，财务结算透明的一体化的阳光物流。

四、平台建设内容

项目建设内容主要为门户 Portal、手机端 App 及微信端 Html 5、后台运营管理系统以及运营调度中心，具体功能架构分为以下五个部分（如图 4 所示）。

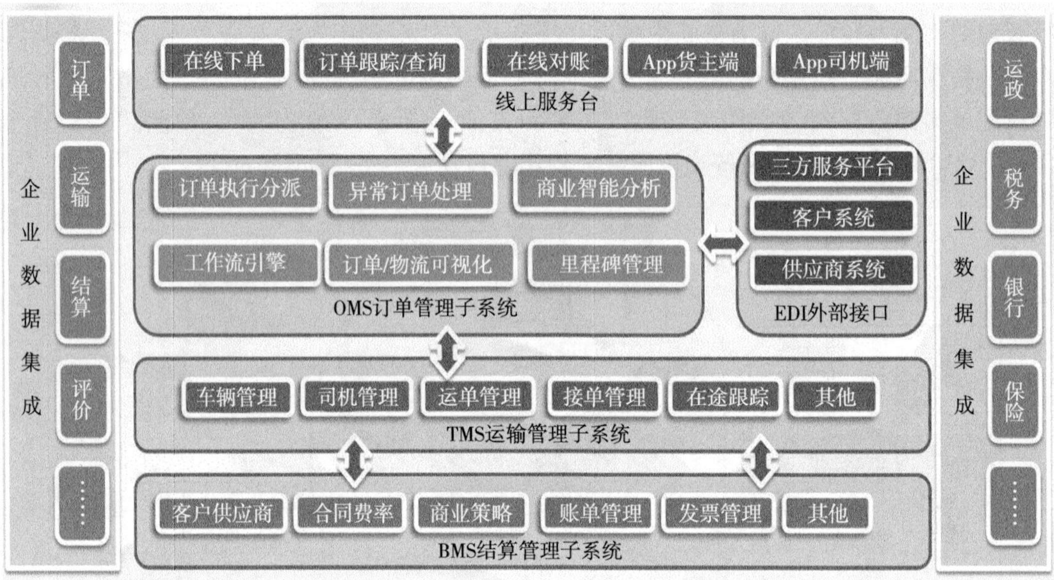

图 4　平台功能架构

1. 线上服务平台

主要是面向前端直接用户，分 PC 桌面端和 App 移动端，如托运人通过 PC 端网页进行注册、托运委托下单、订单运输调度动态、运单费用对账等，App 又分货主端和司机端，货主端主要针对订单的动态跟踪、订单关联的司机运单明细，运单的里程碑及轨迹回放等；App 司机端主要是司机移动端进行接单，接单后的提货交接、在途动态申报、交货签收的交接等，让司机通过 App 能在平台上方便快捷安全地处理运单任务。

2. OMS 订单管理子系统

主要是后台核心业务逻辑处理系统，供平台运营企业的商务、业务、结算、客服等人员使用。

3. TMS 运输管理子系统

主要针对下游加盟合作的承运企业开发开放的一整套符合无车承运平台运营标准、规范、安全、可控的车辆运输管理系统，只要是平台注册认证合法的承运商，都能免费使用 TMS 系统管理自己的车辆、司机、订单和运单。

4. BMS 结算管理子系统

主要是客户供应商的管理、合同费率的管理、账单和发票管理、商业策略管理等。

5. EDI 数据接口

主要是与第三方服务平台进行对接，比如第三方支付，客户的生产系统，运力供应商系统数据接口以及政府监管平台。

五、主要效益分析

1. 减少中间环节，降低集疏港物流成本

以内蒙古鑫恒集团 2018 年 10 月运费价格测算，内蒙古鑫恒集团委托物流公司运输的合同价格为 160 元，经过物流公司、车队、信息部，再到个体司机，司机拿到的价格是 120 元，中间有 40 元的差价，我们做了测算，垫资成本按照 12% 的年利率、开票成本按照 8 个点计算，成本在 16 元左右，如果通过曹港物联平台，可以让货主直采到车，降低中间费用 24 元，如下表所示。

曹港物联平台降低物流成本概算 单位：元

<table>
<tr><th rowspan="3">委托价格</th><th rowspan="3">司机承运价</th><th colspan="3">垫资成本</th><th colspan="2">开票成本</th><th rowspan="3">合计成本</th><th rowspan="3">中间费用</th></tr>
<tr><td>年利率（%）</td><td>垫资周期（天）</td><td>成本</td><td>税点（%）</td><td>成本</td></tr>
<tr><td>12</td><td>90</td><td>4</td><td>8</td><td>12</td></tr>
<tr><td>160</td><td>120</td><td></td><td></td><td></td><td></td><td></td><td>16</td><td>24</td></tr>
</table>

2. 提升物流效率和服务质量，优化物流产业结构

曹港物联将通过互联网技术和庞大的港口货源信息，整合和集成社会零散物流资源，实现线上资源优化配置，线下资源高效运行，线上和线下互为支撑，联动发展，实现物流的网络化和规模化运营，提高货运市场物流运作的整体效率和服务质量。

3. 提升港口综合服务能力和竞争力

曹港物联重点关注市场运力、货源信息和有组织调配市场资源，实现资源的高效应用，进一步促进了社会分工，提高了物流专业化水平，降低物流成本，曹妃甸港将以曹港物联平台作为有效抓手，拓展货源和物流货运市场，提高港口集疏运效率和服务质量，从而提高港口综合服务能力和竞争水平。

4. 吸引税源，增加地方税收

曹港物联以承运人的身份与货主签订运输合同，向货主开具 9% 的货物运输增值税专用发票，同时，以托运人的身份，与零散的车队和个体车辆签订运输合同，替零散车辆代扣代缴 3% 的货物运输增值税专用发票和个人所得税及相应的附税。所以，曹港物联平台将以自吸式的模式，将散货在各地的税源吸附到曹妃甸，增加地方收入。据初步测算和统计，平台计划三年内实现营业额 20 亿元，可纳税近亿元。

六、未来发展思路

下一步，我们将结合国家运输结构调整政策，链接产业链上的码头、场站、海运、火运等更多资源要素，增加无船承运、多式联运和供应链服务等功能，努力将“曹妃甸港智能网络货运平台”打造成“以多式联运物流服务为基础、供应链金融服务为核心、

信息及增值服务为延伸”的智慧供应链服务平台，为客户提供“多功能、全方位、一站式”的供应链综合服务，助力企业提升业务能力、降低经营成本、加速资金周转、扩大业务规模、解决行业痛点，助力港口转型升级，从而推动产业结构转型升级。

湖北九州云仓科技发展有限公司：九州云仓物流供应链生态平台建设

一、基本情况介绍

医药流通行业受政策严格监管，“两票制”的实施与CFDA（国家食品药品监督管理总局）高频次检查，使得我国医药流通监管力度达到了空前高度，医药流通环境呈现秩序化、规范化。行业集中度，集约化程度持续提高。九州通医药集团是行业“4+X”竞争格局的重要组成部分，集团战略由流通企业逐步转型专业医药供应链服务商，构建高效供应链体系。布局健康998电商集团在零售、电商服务模式不断创新，开启多元化竞争模式。

与医药流通配套的医药物流市场总额以每年8%速度增长，第三方医药物流市场日益放开，社会物流企业进入医药物流市场。集团以强力发展FBBC终端业务、提升终端掌控能力、构建物流与IT两大平台、物流三方化运营为战略指导，推动九州通物流向市场化、标准化、专业化服务，全国物流网络一体化、物流信息化与智能化方向的高速发展。

九州通物流定位于科技型、平台型、生态型物流企业。与医药流通行业对比，我们具备一支成熟的物流技术研发团队及垂直化管理架构的优势。与三方物流企业对比，我们具备覆盖全国95%以上的GSP（《药品经营质量管理规范》）仓库资源优势。抢抓时机，发挥优势，九州通物流于2018年全力打造九州云仓智慧物流供应链平台，利用平台将全国125个物流中心、1700余台运输车辆、700余家外部运力资源集中并网。平台让运营主体间信息互联互通，协同联动。以网络化、平台化的经营模式，垂直化、数字化的管控模式为医疗健康生产企业、商业企业、医疗机构、物流企业等提供仓储服务、配送服务、控温品仓储配送服务、院内物流等全国性物流供应链解决方案。

二、九州云仓全景数字智慧物流供应链模型

九州通物流全景数字智慧物流供应链理论，在物流行业引起了广泛关注。理论模型由角色、产品、监管、绩效的组织体系，由装备、软件、网络、平台的资源体系，由计划、调度、执行、交付的价值体系三大体系所构成。以数据驱动、开放融合、动态组织、一体协同、全景监管为核心思想，如下图所示。

模型着力于信息互联互通、资源并网集成、运作协同联合、过程链式监控、业财管控一体、主动风险防范、标准服务评价、数据驱动决策、生产能效提升九大核心内容。在组织体系达到职责权限明确、服务定义清晰、运作质量保证、运营持续改进机制保证的目标。在资源体系达到生产能效提升、管理降本增效、集成并网应用、开放融合赋能

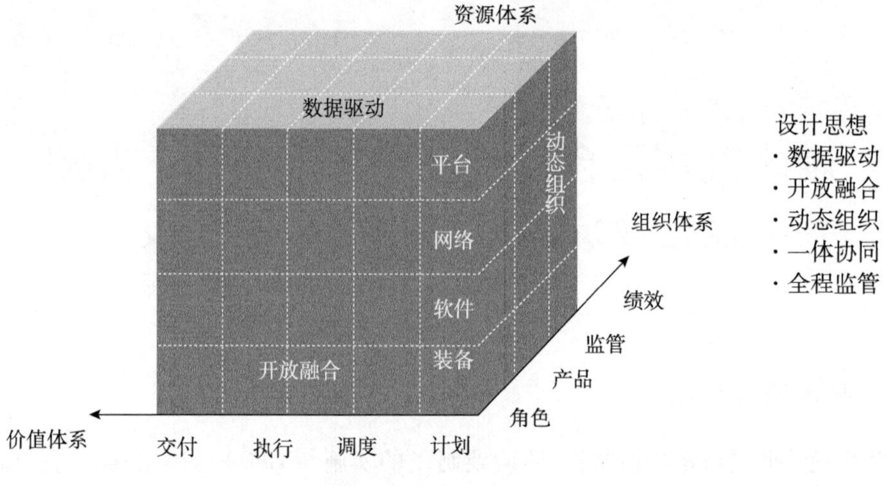

九州云仓全景数字智慧物流模型

的目标。在价值体系达到资源一体调度、运作深度协同、操作标准规范、客户满意体验的目标。

三、全国资源并网、信息互联互通

九州云仓物流供应链平台基于互联网、物联网与大数据的技术架构，研发实施全国物流主数据系统。集中物流资源数据、业务状态数据、运作过程数据、物联数据构建物流数据中台。研发全国物流管理平台（JLP）、全国物流业务管理平台（BMP）全国运配管理平台（TMP）、仓储管理平台（WMP）四大子平台构建物流服务中台。从资料导入、业务接入、调度组织、任务执行到客户交付等全链运作产品覆盖。从资源、产品、合同、核算、客服、绩效、监管预警、分析决策全线管理产品覆盖。

委托方利用物流平台与自有业务无缝对接，制订业务计划、跟踪订单执行情况，订单执行时效及物流配送车辆实时地理位置、冷链运输实时温度及获得实时运营报表。运营方利用平台进行权限、产品、合同、费用核算管理。进行业务订单、计划、任务调度功能进行运输、仓储任务的协同调度、监管与调配资源，组织任务执行。承运方利用平台获取承运任务，反馈执行结果。获取对应任务执行情况，评分情况与费用情况相关的运营报表。客户利用物流平台进行订单查询、在线客户等服务。进行订单实时信息查询、物流状态查询。问题反馈与服务投诉。

四、网络化平台化经营、数字化垂直化管控

平台的委托方、物流合伙人构成经营网络。平台的自有物流中心节点，运营网点构成仓储网络。平台的自有车辆与承运商构成运力网络。将三大要素融合布局，以运力干线与枢纽省级物流中心组建一级网络，以支线运力与地市级物流中心组建二级网络，以终端配送运力与前置仓或配送站组建三级网络。平台级运营商进行一级协同调度、枢纽级运营商进行二级协同调度。形成二级调度三级管控的网络体系。

平台实时响应接收委托方的全国物流订单数据，平台的各层级运营商实时监控订单

状态数据、资源状态数据、地理位置与温控、客服数据等物联数据。集约化与数字化调度指挥、平台评级的优质的外协运营方、承运方协作为客户全国范围一体化、网络化、平台化的物流供应链服务。

五、运营智慧调度，运作深度协同

调度指挥中心系统应用于各物流调度中心，实时监控计划情况、仓储任务，运输任务执行，车辆实时运营情况。实时监控车辆运营状态，监管车辆运行轨迹，到达配送点时效，配送任务执行进度。实时监控物流中心的流量、资源、作业效率情况。利用这些数据进行计划的调度决策，组织物流任务执行作业。

平台的路由调度动态考虑订单时效，库存资源，地理位置信息，物流中心流量，运力资源，运营成本等因素。利用调度指挥中心全局的数据视角，将端到端的任务转化为以物流中心为路由支点的多仓、多运段的协同任务。监管与组织优质资源以规模效应来降低单件成本。

物流中心运营中每天数以万计的终端配送业务订单排单难题。多名运输调度人员分区域分线路安排作业，造成不是全局的任务调度，装载率低、运输成本的高问题。多名运输调度人员要进行多次沟通协调确认，对调度人员工作经验依赖极强。平台的配载分组与路径规划调度解决合理的路线划分，最大装载率、行车线路与装车顺序的安排，追求最快交付与返回的难题。

九州通物流调度指挥中心配送调度员筛选当日需要配送的客户订单，使用“路径规划”功能，平台秒级自动推荐出车型、每个装车单的配送顺序。智能装载与路径规划，解放了运输调度人员日常烦琐的排车工作，同时也降低了对配送员的任职要求，大幅度地提升了配送质量，提高客户满意度。

六、智能装备集成，提质降本增效

智能装备在仓储作业的入库、存储、输送/搬运、分拣、扫码/复核、集货/配送作业环节全面集成使用。核心枢纽物流中心集成自动化立体仓库系统（AS/RS）、智能箱式穿梭车系统、自动输送分拣系统、智能拣选小车系统；运用了智能箱式穿梭车、拆零拣选小车、悬挂导轨牵引车、螺旋输送机；自动拆（合）盘输送机、自动码（拆）垛设备、自动条码复核设备、滑决分拣机、动态称重及外形检测设备、自动贴标机等多种物流装备。通过全国十大智能示范基地武汉物流中心分析，智能装备的投入实现作业同步性提升16%，作业准确率提升99.99%，日行走距离减少3.4%，作业时长缩短2小时，峰值出库能力提升3倍。

七、全程链式追踪，精益质量管控

医药的质量监管是物流供应链运营的生命线，医药的质量全程监管涉及生产，流通环节。利用企业智能物流信息平台实现全景信息透明化运营，多维数据监控，空间追溯及责任追究，为供应链各角色主体提供全链追溯数据。

在订单生命周期维度，接收订单计划，计划审核、调度运算、仓储作业、运输作业到签收回单订单完整生命周期的数据记录。数据具有实时性的特征，仓储作业从生成作业任务单，精细化到拣货、复核、包装、集货过程明细状态。运输作业从生成装车任务单，精细化起运、在途、交接、回单过程的明细状态。利用订单属性视角、状态视角、时间视角、作业人员、温控数据视角全景信息透明化运营。物流供应链中供应商及用户通过九州云仓官网、移动应用实时了解当前订单状态。物流商的运营方监控实时作业进度状态来指导调度。这些数据是追溯的基础数据，为问题跟踪、追溯事件、物流运营管理分析提供了保证。

在客户服务维度，通过平台提供的在线客服采集的运营问题，服务评价数据、投诉建议的信息进入客服运营平台。从问题管理到处理分配，问题处理回执、客户回执全程记录。向用户透明问题处理状态与处理意见，历史数据按类别进行统计分析，客观回溯阶段类服务质量，来持续改进作业流程、作业工艺、筛选合格的运作资源来达到保证药品安全的目的。

在物联监控与追溯维度，利用药品监管码、追溯码、生产企业自定义识别码等唯一识别标识，在流通过程中通过条码或 OCR 识别技术采集并进行信息加工。仓储库区都装备了温湿度采集仪，高频率的采集环境数据。非合格环境数据自动预警，采取应急措施，控制药品存储环境来保证药品品质。冷链配送配备了温湿度采集设备，在运输过程中采集实时的温湿度数据，根据阈值进行监控预警及紧急处理。车辆装备 GPS 物联设备，在运输过程中车辆实时坐标信息、速度、驾驶行为数据实时采集，行车路径与规划路径对比在地图上透明呈现进行安全管控。

八、结语

九州云仓智慧物流供应链生态平台利用物流供应链生态平台快速联合内外资源，形成物流供应链平台型能力，实现从生产、存储与流通、交付客户的物流供应链完整过程透明可视；从订单状态、作业状态到质量状态实时跟踪追溯；时间与空间过程全景回溯。应用大数据与 AI 人工智能技术，全面参与调度决策、运营管理数字化、运作过程协同化。有效降低成本、提高效率、保障质量。赋能各分子公司与合作伙伴的业务蓬勃发展。

九州云仓智慧物流供应链生态平台将不断优化迭代，利用技术驱动高效物流供应链，形成核心竞争力。为医药健康企业提供专业、安全、高性价比的物流服务！

智慧供应链应用案例

科捷智能装备有限公司：精细化工智能厂内物流系统集成案例

一、应用企业简介

上海家化联合股份有限公司（以下简称“上海家化”）是中国行业历史悠久的民族企业之一，前身是成立于1898年的香港广生行，于2001年在上海证券交易所上市，上海家化专注于美容护肤、个人护理、家居护理三大领域，以“研发先行、品牌驱动、渠道创新、供应保障”为经营方针，实行“创新领先、增长领先、品质领先”的发展战略。

上海家化通过根植中国文化，构建企业核心竞争力，采取差异化的经营战略在市场竞争中占据一席之地，并在众多细分市场建立了领导地位。旗下品牌佰草集凭借“汉方中草药、养生养美”概念和差异化的产品定位成功打入法国等欧洲发达国家的主流市场。

上海家化拥有国内同行业中最大的生产能力，是行业中通过国际质量认证ISO 9000最早的企业，也是中国化妆品行业国家标准的参与制定企业。上海家化以广阔的营销网络渠道覆盖了全国200多座一百万人口以上的城市。上海家化一直致力于帮助人们生活得更加美丽、健康与自信，作为中国日化行业的支柱企业，随着日化行业对外资全面开放，上海家化凭借其差异化的经营战略，在市场上创造了“六神”“佰草集”“美加净”“启初”“高夫”等诸多中国著名品牌，占据了众多关键细分市场的领导地位。

上海家化质量管理以追求顾客满意、遵守国家法律法规为原则，实行全面质量控制，包括新产品开发设计质量控制、原材料供应商的质量控制以及生产质量控制，保证产品质量长期稳定，产品质量深受消费者好评，得到了国家权威检测机构的无数次肯定，是行业标准的制定者之一。

本项目是在上海中央工厂青浦基地迁厂青浦工业园区的时候开始实施，为上海家化量身打造的关于生产控制管理和自动化物流集成的系统，通过实施应用该项目，使上海家化供应链生产过程敏捷而又符合标准。让上海家化成为整个中国化妆品行业数字化、透明化生产管理的标杆企业，并在国际上树立优秀的行业形象。

二、企业未实施信息化系统之前的现状分析

在本系统未实施之前，上海家化的业务流程如下。

首先是SAP下发一个订单，仓库管理员会查询当天车间称量间（称量间有物料暂存区域）是否够当天以及第二天生产所需，如果不够，会根据原料仓库现有物料生成配送单，原料配送人员会将原料和配送单一起送到称量间接收区，原料接收人员通过配送单与实物进行一一核对，数量和批次一致会将原料转移到称量间，称量人员根据称量单对

当天以及第二天配制所有用料进行称量，并记录每个原料的称量数量，并将所有称好的原料放到称量暂存区域，称量组组长按工单对称量后的物料进行拼车存放，并将称量单挂在小车上，然后每个工单的原料转移到配制间的原料暂存区。配制人员会对物料进行核对和接收，并转移到配制平台。配制人员再根据工艺流程指导文件进行配制操作，所有的投料操作都在称量单上打钩确认，通过这种方式来确保每步不漏投、不错投，配制完成将产出的半制品进行称量，配制工手写每桶半制品的重量信息，并将产出的半制品转移到半制品暂存间。

灌装人员在灌装前去半制品暂存间将半制品领出，包材材料管理员所做操作与上述原料接收操作一致。灌装人员根据纸质流转单中的批次和物料信息将班组信息手写批次号录入喷码机，接下来进行灌装和包装操作。

包装完成后在产线末端人工码垛，由叉车工将每垛的成品暂存到成品仓库或直接由物流货车拉走。

实施信息化系统前生产流程如图1所示。

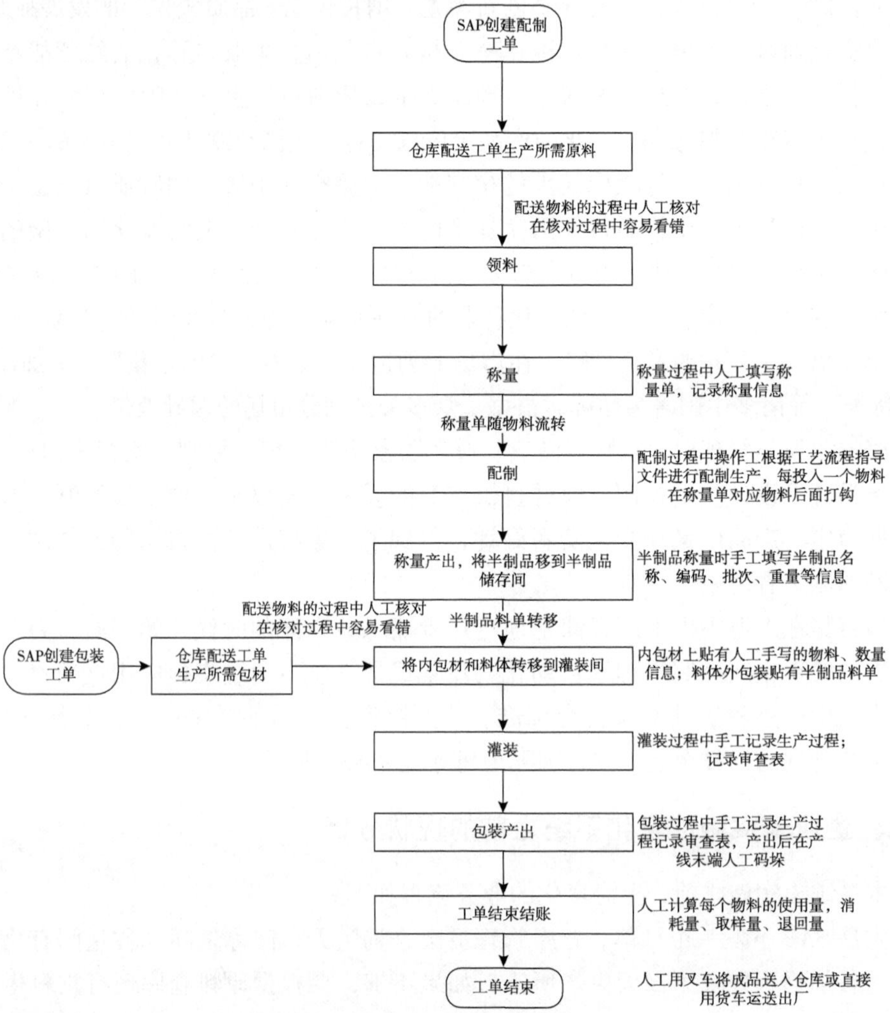

图1　实施信息化系统前生产流程

实施信息化系统之前车间存在的问题如下。

①纸质记录太多，信息传递既耗时又复杂。

②手工记录内容太多，记录过程中容易写错。

③追踪追溯流程过于繁杂，需要翻找之前的大量信息单。

④生产过程中大部分采用手工操作，很多的工作内容都靠人工来完成。

⑤车间生产与仓库以及物流衔接不够紧密，拖慢整个车间运转节奏。

⑥生产批次记录信息不完善，缺少一些必要的生产流程信息。

三、信息化进程

困难和问题如下。

该项目的实施车间为工厂的液洗车间，在徐泾镇的中央工厂只有膏霜的生产，因此新工厂的需求调研不是基于现场，更多来源于理论，这对我们的现场实施带来了很大的挑战，在真正的实施过程中有部分和之前的设想有出入的地方，一些业务流程的梳理和设计与工厂真正的业务流程上也有一些差异。

通过信息化的实施，一些操作过程中的习惯和操作方式与之前相比有了很大的区别。

SAP 下发订单后，仓库管理员会在 SAP 中跑一下 MRP，生成配送单信息，并将配送信息通过与 MES 的接口传输给 MES 系统，同时将所有需要配送的物料生成物料标签，将需要配送的物料送到称量间门口，领料人员在 MES 系统中通过条码枪对物料标签扫码识别进行收货，系统只允许接收通过接口传输过来的配送信息的物料，防止发错物料和物料批次。

在称量过程中，能管控到某一个料称了哪几个批次，每个批次分别称了多少，工单结束，MES 会反馈 SAP 每个物料批次的使用量，这个与之前是不同的，是按实际批次和数量来扣料，而没有 MES 之前是按计划量来扣料的。称量结束后，系统可以导出称量单，会记录哪个工单称了哪些物料的哪几个批次，数量分别是多少，而在上系统之前，这些都是员工手工记录的。系统支持拼车功能，即将同一称量站点称量的不同工单的原料进行区分，将属于同一工单的原料进行分类。

在配制过程中，确认物料使用条码枪进行识别，系统会识别出属于这个工单需要投料的物料和物料批次，所有操作流程在配方中预定义，同一产品同一产量的生产流程只需要定义一次，在没有更新的情况下可永久使用，配制工不需要在每次生产的时候都翻阅生产指导文件，也不需要怕投错料和投错顺序。在生产过程中，系统直接连接 DCS（分布式控制系统），可以和配制锅进行交互，下发启动和具体的参数指令（如加热到多少度），也可以接收 DCS 反馈的信息（如搅拌已完成、已经加热到多少度等），产出的时候系统直接连接地磅，直接获取地磅上的数量，不需要用户去看地磅上的数量并手写称量单。系统会生成成品标签包含产品、产品批次、产品数量等。

在灌包装过程中，系统主要是来替代之前过多的纸质单据和文件记录，如生产过程记录检查表等。在生产过程中会有电子看板实时显示产品信息、产线信息、生产进度。在产线末端集成了自动化物流，生产完成自动装箱并通过输送带进入自动化物流，自动化物流通过扫描条码对产品和批次进行识别分拣，将属于该产品的成品箱流入统一通道并在末端通过治具自动码垛，和托盘组合到一起。

实施信息化系统后生产流程如图 2 所示。

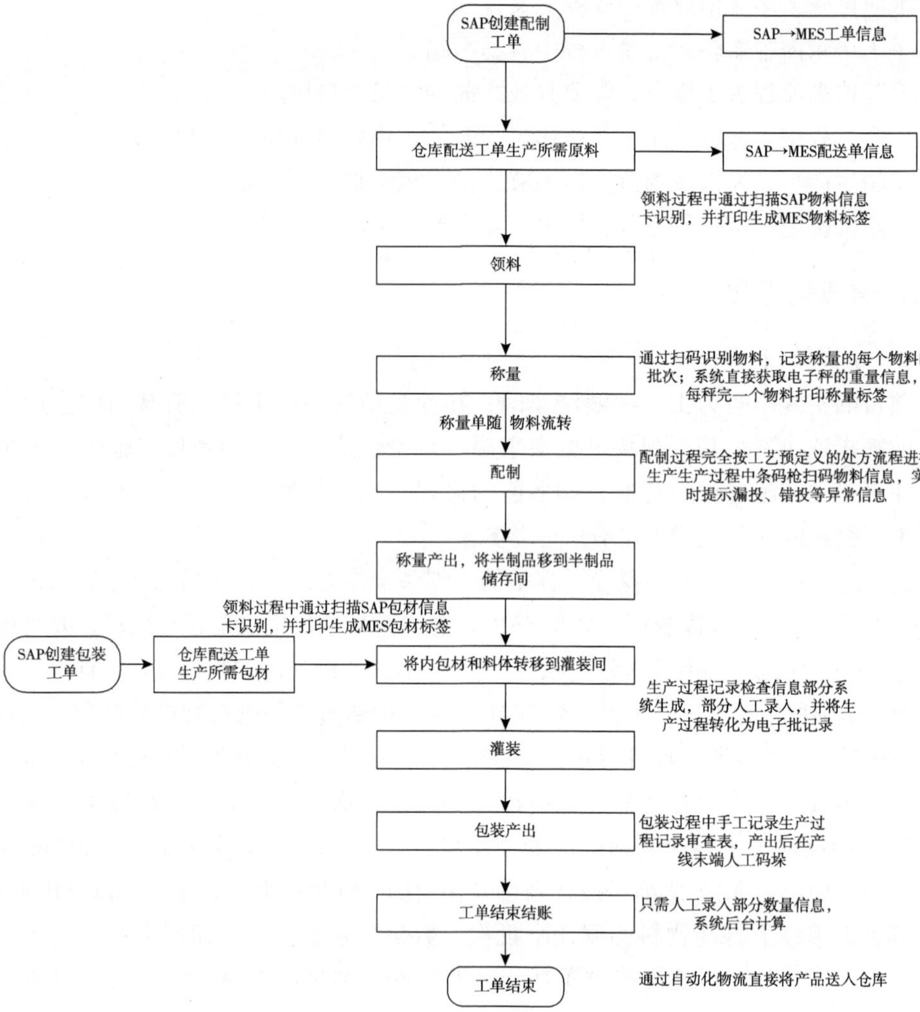

图 2　实施信息化系统后生产流程

MES 系统和自动化物流整合后的优势如下。

①操作流程更加规范：系统在一定程度上预定义配方流程，具有指导意义；

②智能化：系统可以和电子秤、配制锅等硬件连接，并获取大部分参数信息；

③无纸化：系统可以替代现场的称量单、半制品料单等纸张；

④追踪追溯：不仅可以通过一个原料追踪生产了哪个成品，而且可以通过一个成品追溯使用了哪些原料；

⑤精细化：系统可以记录到每个工单的每个物料具体使用了哪几个批次，直接对批次进行扣料，这与之前的批次扣料先进先出有很大的区别；

⑥电子批记录：系统可以将整个生产流程以工单为单位生成电子批记录；

⑦整合自动化物流：通过自动化和系统之间的集成可以减少车间的劳动力和工时，使车间和仓库之间的业务流程更加简单、业务衔接更加紧密；

⑧实时性：无论是车间生产还是自动化物流，MES 系统和自动化物流整合后信息传

递更加及时，信息内容更加丰富。

企业信息化推进流程如下。

1. 转变观念，重视生产流程控制和物流管理信息化

早前的上海家化股份管理往往只重视财务管理、生产管理、组织管理、市场营销等，在企业的运作过程中，只重视经营成本，而忽视了企业的运行过程，更没有从生产流程控制和自动化物流管理及其信息化的视角来分析和研究企业的运作和整合。2016 年上海家化股份重新审视现代物流管理的观念，正确认识生产流程控制管理和物流管理信息化对企业管理发展的重要影响。重新拟定公司的发展规划，并将物流管理信息化提上了公司日程进行严格落实。

2. 加大企业信息化建设的资金投入

上海家化股份自 2016 年起加大对公司信息化建设的资金投入，着力搭建企业级信息化综合运营平台，在为企业提供软件服务的同时，提供增值服务，加快物流生态圈的构建。这一举措有利于上海家化股份延展产业链条、优化战略布局、培养新业务增长点，全面实施信息化建设，对公司未来的发展有巨大的促进作用。企业在建设信息化平台时，采用定制化开发，逐步增加软件模块，开发人员从一开始就介入信息平台和决策支持的工作，由开发人员进行信息编码工作，逐步建立和完善反映信息的平台。

3. 大力培养公司 IT 人才

邀请行业专家、高级工程师、技术专家、高级工程专业人士等，全面执行企业信息化工作，牵头信息化团队组建工作。针对上海家化股份 IT 人才引进难的问题提出解决方案，通过改进招聘方式方法，提高薪资待遇，营造良好的工作氛围，2018 年上海家化股份信息化团队基本成形，信息化模块功能已经完成，信息化平台在 2018 年 12 月正式上线。

4. 规范企业领导管理，改革创新

2018 年上海家化股份管理层人员不断强化管理理念的创新，从实际出发，规范管理，标准化管理，信息化管理，制定合适的规划去实现企业信息化建设，分析企业现状进行整体规划，逐步实现信息化建设。在建设过程中注重监督员工和催办，旁敲侧击，不断地督促他们工作，从而提高了他们的工作效率，增加了公司效益。组织公司中高层管理人员不定期参加物流行业大型交流峰会，学习国内外知名物流企业前沿的物流信息化管理观念和技术，然后消化吸收，转化到企业信息化建设中。

四、信息化主要效益分析与评估

1. 信息化实施前后的效益指标对比、分析

在人力方面，之前的操作流程是在产线末端进行码垛，并由叉车司机将整托产品送入仓库。在信息化系统实施后，产线末端将产品通过自动化物流直接送入成品仓库。

从信息化前的人工堆垛、人工入库，到信息化后的自动分拣（根据产品的批次号进行分拣）、自动码垛，信息化不仅提升了入库效率，而且减少了人工和工时，更快、更准地了解当前库存。

2. 信息化实施对企业业务流程改造与创新模式的影响

通过对生产供应链的主要作业环节进行深入分析，把传统的价值链从生产与流通的角度进行再设计，将仅在内部物流活动有所体现的物流体系价值整合到供应链中，来提升供应链的核心竞争能力。如基于本平台，通过全流程的在线化和数据化，打破了整个生产供应链信息不对称的局面，有效消除了信息孤岛、减缓了相关延迟、实现了信息共享和作业协同、提升了快速响应的服务能力。

3. 信息化实施对提高企业竞争力的作用

企业核心竞争力的提升，一般来源于：一是完善的网络性保障机制；二是不断进行成本优化；三是IT信息化的个性化支撑等。在系统工程思想的指导下，以信息技术为核心，强化资源整合和物流全过程优化是现代物流的最本质特征，也是增强企业核心竞争力的有力方式。

通过此平台的建设，能纵观供应链的全貌。它将供应链所有环节与相关活动作为一个统一连贯、有机运行的整体，使相关资源得到了快速有效的匹配，运输计划与线路等环节更加优化，运输成本也不断降低，货物在途更加流畅及可视化。最终交付的效率和品质将更加有保障，客户满意度和服务体验也得到不断提升。

五、信息化实施过程中的主要体会、经验与教训，有何推广意义

MES信息化管理平台建设过程中，主要的经验体会有以下几个方面。

1. 信息化需求预测和明确

公司通过需求预测、需求调研、业务梳理，整合公司的膏霜车间和液洗车间等业务，将其搭建在一个平台系统上，推动公司整个运营过程中的生产流程控制以及自动化物流控制，公司通过需求预测，通过系统功能与内部和外部协作过程中获得新的稳定业务模式，避免在系统设计及实施期间，对相关组织生产的业务模式进行较大的调整，使得该项目能够顺利进行。

2. 系统要具备多种接口方案，使供应链中的各个节点予以集成

本平台作为生产控制和物料信息化平台，与上游的SAP系统、下游的SCADA系统、DCS控制系统进行集成，具备多种接口方案，使各个方案在供应链各个节点集成。其前期系统设计阶段一定要考虑系统接口，不提前考虑系统接口会给未来的系统升级造成巨大的麻烦。

3. 系统技术架构使得业务系统扩展，具有拓展性

随着业务的发展，可以将整个应用扩展到多台服务器，以满足业务增长和发展的需要。数据层、业务层、展现层可以完全分离并被部署在不同的服务器（硬件设备），实现磁盘阵列、负载均衡等。具备很好的安全性和海量数据的处理能力。在设计理念上充分考虑物流不同业务运作要求和实际运作水平等的差异，将客户的特殊需求和业务需求很快地在系统实现，同时满足信息化系统快速变化和业务要求。

4. 考虑未来系统的可配置性和扩展性

信息化系统不仅仅是需要根据公司的业务需求做一下开发，更多的是系统本身具备的延伸功能，以满足更多样的客户需求。可表现在以下几个方面：

（1）系统本身的可配置性。工厂新增设备只需要在系统配置就可以在生产中使用，如新增一个电子秤、配制锅等。

（2）报表的延伸功能。随着业务的增长和日新月异的变化，报表可以在原有的基础上进行延伸，或者新增报表。

（3）接口的可配置性。可以选择启动某几个接口，每个接口的启动间隔等。

（4）查询画面的灵活度。用户的查询界面条件多样化，用户可以根据自己的需要自由组合查询条件。

（5）客户化开发的方法。用户可以在系统平台的基础上，进行一些简单功能的开发或配置。

5. 系统推广意义

（1）可以获取厂区内原有的 DCS 系统的设备参数信息。

（2）可以获取立库和皮带机的设备运行状态和故障信息。

（3）可以直观显示立库的存货量，是生产计划的依据。

（4）可以控制操作系统的启停、单条线体启停、单个线体启停等。

（5）可以直观显示故障位置和信息，提高排查故障的效率。

（6）可以根据现场情况配置功能，实现高度集中控制。

（7）可以分析任何区域时间内的用电量、故障率、生产时间等信息。

（8）具备系统协同技术，大型复杂的自动化系统整体设计方案，统一操作界面和工程工具，实现一体化资产管理技术。

（9）给工厂一个由纸质化到数字化的转变，可以在不同的区域，根据用户不同的需求，客制化不同的页面，甚至我们系统会记录一些关键的生产数据和生产报告，并根据需要生成各式各样的报表。

六、系统下一步的改进方案、设想以及对物流信息化的建议

在目前上海家化的信息化系统中，仓储系统使用了 ERP 系统的一个功能模块，在后面的改进方案中，会考虑增加一个 WMS 系统，对原料仓和成品仓有一个更好的管理。将我们的信息化系统与 WMS 集成，使整个工厂的信息化系统更加智能化，更多地解放工厂的劳动力，使整个车间不止在自动化物流方面，甚至在智能制造方面、仓储方面都更具智能化、现代化、无纸化。

国网上海市电力公司：供应链智慧运营中心体系建设与应用实践

一、应用企业简况

上海电力股份有限公司（以下简称“上海电力”或“公司”）是国家电力投资集团公司最主要的上市公司之一，也是上海最主要的电力能源企业之一。百年上海电力是中国电力诞生的见证者，是中国电力大发展的参与者，是“奉献绿色能源，服务社会公众”的倡导者。

在保持火电主营业务可持续发展基础上，上海电力始终致力于清洁能源、新能源、现代电力服务业以及循环经济等领域的发展。目前，公司已成为集高参数、大容量的燃煤火力发电、燃气发电和风电、太阳能发电及分布式功能等新能源于一体的现代能源企业。产业布局遍及华东地区，并逐步向海外开拓。

二、企业通过信息化技术解决的突出问题

（一）企业信息化的背景

近年来，以移动互联、云计算、大数据、物联网、人工智能等为代表的新一代信息技术日趋成熟并得到广泛应用。习近平总书记在党的十九大报告中提出了打造“现代供应链”的新发展理念，国务院明确了“打造大数据支撑、网络化共享、智能化协作的智慧供应链体系”的工作要求。围绕公司“建设具有卓越全球竞争力的世界一流能源互联网企业”的战略目标，公司作为能源行业供应链的领导者，应用新技术驱动传统供应链向现代（智慧）供应链转型意义重大。

上海电力贯彻落实国网公司现代（智慧）供应链体系建设的工作要求，严格按照“体系建设方案”的总体目标和思路，紧紧围绕公司“争当建设具有卓越竞争力的世界一流能源互联网企业排头兵”的战略目标，力争在2020年率先建成国网系统内专业领先的现代（智慧）供应链体系，不断提升公司在国网系统供应链管理的引领作用和影响力。

（二）原有信息系统的问题分析

随着现代（智慧）供应链体系的全面建设，物力集约化模式下的专业化管理方式以及原信息化系统已无法满足现代（智慧）供应链对数字化转型、网络化共享、智能化运营的要求，具体问题诊断如下。

1. 计划与采购管理

·需求与采购计划编制智能化程度不高，效率较低。

·项目需求变化可控性不高，采购供应业务规则及智能策略系统亟待优化。

·数据自动采集程度差，对采购标准制定、选择好设备提供的支持较弱。

·电子标书数据结构化比率不高、智能选择水平不高。

2. 物流管理

·不能实时掌控全供应链（供应商）库存信息、生产能力，资源调配能力有局限。

·供货计划、生产供应周期、项目实际进度等信息间缺乏联动，自动预测、预警、智能动态调配程度较低。

·项目单位的工程进度信息、供应商生产信息和物资供应计划之间缺乏智能联动，应对变化能力较差。

·物联网技术在生产制造、运输配送、现场交付等环节应用不足，数字化程度、可视化程度、溯源能力和约束力不够。

3. 质量控制

·质量监督业务的大量数据，数字化、结构化程度有待提高，且主要依靠线下手工操作。

·质量、供应商数据挖掘和分析方面较为欠缺，管控策略优化缺乏数据分析支撑。

·部分物资的自主检测能力无法完全满足质量管控需求。

·质控业务管理的线上可视化程度有待提高。

·质量信息采集效率和智能化程度有待提升。

·缺乏有效的质量数据分析，以支撑质控策略制定。

·供应商评价的全面性及评价结果应用深度不足。

4. 供应链运营管理

·分析应用仅停留在指标统计、同业对标等数据初级分析应用，业务分析未成体系，尚未从公司全局角度开展跨专业高级应用，缺少整体性、高层次、前瞻性的智慧决策，制约了问题洞察、风险防范能力。

·现有管控指标架构相对简单，缺少体系化、针对性设计；业务策略分散管理，依靠人工线下维护难以迭代优化。

·系统数据无法进行实时分析统计，目前主要承担历史信息看板功能，未能支撑资源统筹。

·监控预警功能无法直接推送到业务系统，且各个部门指标监控的后台阈值设定与现行业务情况有差异，造成重复统计，增加了工作量。

·应急指挥主要依靠统一受理电话和相关的信息系统查询来开展工作，在现场指挥和过程跟踪调度方面技术管控手段比较单一。

三、信息化解决方案

（一）智慧运营中心的提出

为从公司全局角度开展跨专业高级应用，实现计划与采购、物流、质控的智慧化运营，全供应链角度的智慧化决策管理以及专业内外部协同，现代智慧供应链体系亟须一个具备强大资源智能调配、风险自动感知、全局实时监控和自我学习进化能力的中枢系统，即智慧运营中心。

（二）智慧运营中心解决方案

智慧运营中心通过培育数据支撑、智能应用与高效服务的核心能力，构建了服务灵活、轻应用、快迭代的智慧化平台，支撑智能采购、数字物流、全景质控、智慧运营与决策，保障供应链智慧运营新体系落地实施。具体措施内容如下。

1. 夯实数据支撑

· 实现数据采集、数据管理、数据挖掘、数据分析和数据展示的相关功能。

· 根据智慧运营平台业务需要及运营需要，对相关数据进行整合、统计、挖掘、分析和展现，并构建数据分析和决策支持体系。

· 建立数据交换标准和数据规范格式。

· 建立不同数据源之间的关联。

· 建立数据使用管理办法。

· 建立统一的数据集中管理平台，实现统一的数据服务引擎和统一的数据服务管理。

· 设计统一的集成架构和接口方案以实现协同和共享。

2. 开展智能应用

（1）功能板块划分。

智慧运营中心业务需基于现代（智慧）供应链体系总体架构，以采购、物流、质控三大业务链为基础，以物资监督为抓手、以供应链运营为核心，形成业务链运营板块、供应链运营板块和物资监督板块协同运营的模式，如图 1 所示。

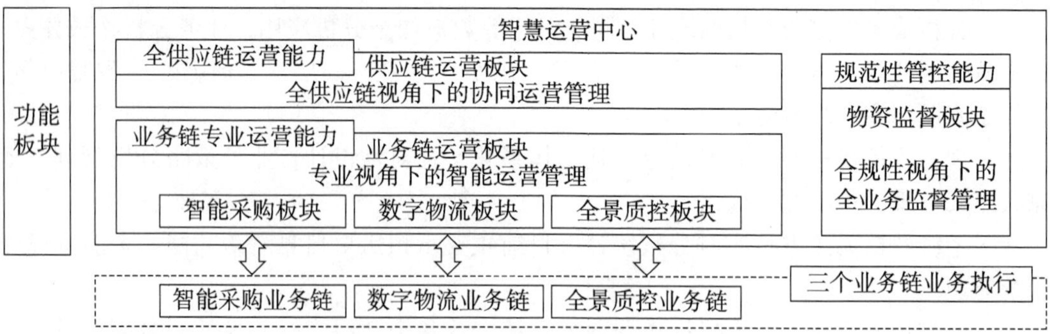

图 1　智慧运营中心功能板块划分

①三大业务链运营板块。

· 以三大业务链专业运作为基础。

· 实现业务链运营管理与作业执行分离。

· 充分发掘数据资产价值，着力提高业务链传统运营和智慧化运营两大能力。

· 从专业视角满足业务链运营管理需求。

②一个供应链运营板块。

· 以全供应链业务协同为基础。

· 全局掌握供应链资源，全面监控供应链状态，着力开展全链分析、预测、优化等工作。

· 解决业务痛点、协同堵点，从全供应链视角满足整体运营管理需求。

③一个物资监督板块。

· 以全供应链业务信息整合为基础。

· 实现对物资管理关键环节重点监督内容的实时监控。

· 完善异常风险点的指标监控能力，着力提高重点环节、突出问题的监督能力。

· 从合规性视角满足业务运营合规性管控要求。

（2）各板块功能。

各板块的功能层面，考虑智慧运营中心是供应链体系数字化、网络化和智能化本质内涵的再提升，监控预警、统计分析和指标管理三大传统运营职能需进行能力升级，同时新增业务预测和策略优化两大高阶功能，通过业务指令传递智慧决策信息，最终形成智慧运营中心统计分析、监控预警、业务预测、策略优化、指标管控与业务指令六大功能，如图 2 所示。

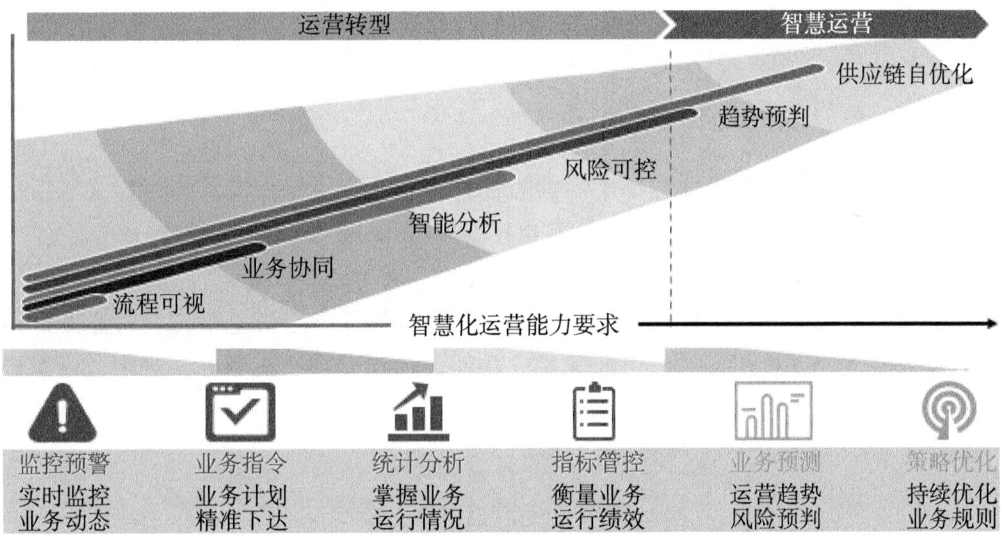

图 2　智慧运营中心各板块功能

①统计分析功能。

· 获取供应链各业务系统相关信息，支撑需求计划管理、采购管理、合同管理、仓储管理、配送管理、质量监督管理、供应商管理、废旧物资处置管理、应急物资管理的业务多维统计。

· 基于业务明细数据，对采购、供应、质控全流程数据进行根因、趋势、关联分析，加强供应链协同分析能力，掌握业务规律及瓶颈问题，为业务策略制定提供支撑和输入。

②监控预警功能。

· 获取供应链及相关信息，实现供应链业务实时可视化监控，集成供应链业务流信息，现场实物流信息，建设、运检等相关专业信息以及供应商等相关方信息，实现关键数据实时共享，业务流转状态可见。

·构建监控预警模型，通过设置监控预警策略与规则，调取监控规则库设置的业务规则及阈值控制要求，对产生的业务风险进行评估，计算判别业务状态，识别发现供应链运营过程中的异常状态及风险。

·遵循国网公司内外网管理办法，预警结果联动邮箱系统、短信平台、业务系统工作平台等渠道，实现预警信息推送。

③业务预测功能。

能通过大数据等新技术的应用，对关键指标等信息进行分析，预测供应链发展趋势，辅助形成供应链业务集成方案，为可能出现的业务场景和未发生的风险制订预案提供科学依据。

④策略优化功能。

·对策略库进行集中管理，以业务策略优化的自进化结果作为关键输入，后端连接各业务系统，实现业务策略统一管理、统一维护及分发。

·基于业务明细数据和分析结果，建立业务策略优化模型，通过系统自学习、自进化，对业务策略自动优化，并用优化结果更新预设业务策略库，实现策略集自学习。

·基于业务策略库，对异常报警事件进行业务场景模拟分析，自动计算调用最为匹配的推荐业务解决方案，指导后续业务计划制订。该功能可与异常报警的任务工单联动应用。

⑤指标管控功能。

根据业务特性和数据特性选择不同的指标管理方法，支持供应链指标定义、指标计算、指标监控、指标分析，形成业务运营指标的展示和分析。

⑥业务指令功能。

业务指令主要负责对接执行层与运营层，处理常规任务与应急事件，对业务链内指令与跨业务链指令进行传递。借由业务指令功能，计划安排物资业务，对物力资源进行统筹管理，并处理跨单位调拨申请。

3. 提供高效服务

（1）专业服务。

·提供“智能采购业务服务”“数字物流业务服务”“全景质控业务服务”等组成的各种专业微服务为前端的物资专业轻量级应用、各专业条线的数据及业务接口服务。

·提供“统计分析服务”“异常预警服务”“智能优化服务”“业务预测服务”“指标管控服务”等运营微服务为前端的统一运营数据接口。

（2）增值服务。

基于页面和权限集成方案，为物资采购业务、物资合同管理和物资结算业务提供内外部间协同办公通道。

（三）实施路线

智慧运营中心实施阶段按照“迭代建设，持续优化”的原则进行业务需求梳理以及功能场景建设。业务需求梳理按照四个批次滚动梳理，功能场景分统推、试点、推广等五个阶段进行迭代建设。业务需求梳理与功能场景建设分别实现每季度迭代更新，持续不断优化、完善系统功能。

四、信息化主要效益分析与评估

（一）信息化实施前后效益指标分析

1. 经济效益

·提升运营效率，降低供应链运营总成本。

·加强供应链协同运行能力，强化风险管控，提升响应速度及应急调配能力。

·提高需求侧服务水平和质量，降低供应链风险成本。

·有效帮助客户提高供应链运营效率，减少人员配置，节约人工成本，提高劳动生产率。

2. 管理效益

·提升供应链运营能力。

·支撑多元化供应链运营细分模式。

·助力综合能源服务等新业态发展。

·通过决策分析能力升级，为供应链战略转型提供支撑，为公司“建设具有卓越全球竞争力的世界一流能源互联网企业”贡献力量。

3. 社会效益

·通过智慧运营中心指导供应链高效运营，支撑公司接电服务水平，为提升上海营商环境做出贡献。

·通过智慧运营中心建设，树立能源及公用事业资产密集型企业智慧供应链决策中心典型范例与蓝本。

（二）信息化实施对企业业务流程改造与创新模式的影响

·业务管理基于既定的流程、策略和规则，构建业务自动智能处理自适应小循环。

·供应链运营以问题分析、数据分析、知识提炼为基础，持续优化完善流程、策略和规则，构建体系自进化大循环，为物资专业管理、公司价值实现、国家社会发展、战略资源投入提供决策支撑。

·智慧运营中心通过业务监控预警、异常智能处理、多维分析预测、策略智能优化等功能协同运作，形成智慧供应链闭环管理，助力供应链运营持续优化。

（三）信息化实施对提高企业竞争力的作用

·建成后的智慧运营中心将充分发挥其价值创造能力，保障工程建设物资供应，提升产业链整体运营效率。

·推动公司其他专业工作模式配套调整，增强快速响应需求能力，助力公司提供高效、快捷的电力服务，打造一流现代化配电网。

·增强设备全方位质量管理，支撑公司打造安全电网。

·强化基于量化数据驱动的精益管理提升，助力公司管理转型升级；提高产品质量，助力公司打造世界一流的能源互联网产业集群。

· 构建柔性敏捷的供应链运营系统，助力公司拓展市场化业务寻求新的利润增长点。

五、实施经验及推广意义

（一）实施经验

建立现代（智慧）供应链体系智慧运营中心，需对全供应链各部门、全流程各环节所需的信息进行梳理，系统性标准化、规范化数据管理，需要专业人员投入大量的时间和精力，梳理、规范化数据，设置统一的数据标准，工作量极大。因此，建设智慧运营中心需保障资源投入。

（二）推广意义

供应链智慧运营中心体系及其实践经验具有行业全面推广价值。

· 电力行业企业多为资产密集型企业，供应链管理是贯穿公司生产经营管理的主线业务，企业普遍存在供应链各环节孤立、缺乏有效全流程监控手段、供需不匹配、运营成本过高等方面的困扰及问题，供应链智慧运营中心体系是一套系统性解决方案，有机融合了管理理念、技术方法、信息手段，统筹资源配置，能够有效解决资产密集型企业供应链管理的通病与瓶颈。

· 国网上海市电力公司供应链智慧运营中心体系从企业全局视角出发，为电力企业提供合理可行、分步实施的路线图和行动计划，为供应链智慧化转型与升级提供了参考范本。

六、下一步改进方案及物流信息化建议

下一步核心工作是开展智慧化运营，应用体系建设成果，全面开展新体系、新模式的运作，评价体系运行效果，持续完善创新，打造央企及电力行业现代（智慧）供应链建设示范样板。具体工作及建议如下：

· 完成业务需求、功能场景建设的全部滚动迭代，确保上线系统同时满足传统运营需求与智慧化运营需求，全面实现业务自动化、数字化与智慧化。

· 展开体系运行效果的阶段评价，从质量、成本、效益、风险四个维度，建立现代（智慧）供应链成熟度评价模型，对各单位运行情况进行总体评价。

· 全面评价总结公司引领建设的能源行业现代（智慧）供应链体系的运营质量和效益，构建能源行业标准。

百世物流科技（中国）有限公司：百世旗下供应链智慧管理专家——百智会

一、企业简介

作为全球智慧供应链服务商的百世集团，结合互联网、信息技术和传统物流服务，不断创造新的商业模式，并提高效率和信息化的应用。百世集团自2007年成立以来，始终将“科技基因”贯穿其中。专业的互联网背景技术团队，自主研发日处理交易数千万级的系统集群，打造一站式的物流和供应链服务平台，互联网应用技术能力在不断提升，并以科技推动发展。百世秉承“成就商业，精彩生活”的使命，以“商业和生活”为服务核心，发展出八大事业部：百世云、百世供应链、百世快递、百世快运、百世金融、百世国际、百世店加、百世优货。经过不断努力，2017年9月20日，百世集团在美国纽约证券交易所挂牌上市，2018年全年总收入279.6亿元。

二、项目实施

百世凭借十几年的供应链实操经验以及深厚的IT实力，基于SaaS模式打造出供应链信息化管理系统——百智会。百智会“优赢、WMS、TNET”三大产品适用于品牌商、经销商、承运商和制造商等各类实体企业，助力企业在业务全流程、仓储和运输等方面实现智慧化管理，并提升供应链的单体及协同效应；同时，百智会将帮助企业打通商流数据链条，实现线上线下全渠道一盘货管理，实现降本增效，助力企业赢在新零售时代。

某世界500强快消巨头（品牌商），在中国每年销售体量约为线上100亿元、线下300亿元，在中国拥有近90家一级经销商，300多个仓。在市场越做越大，销量越来越高的同时，品牌商和经销商仓储管理并未科学化，库存并未一体化，数据并未打通和实现可视化，导致商品从工厂出货后，货品真正卖到消费者手中有多少，经销商端的库存有多少；哪些货品在哪些地方、场景的销量好，哪些地方、场景销量不好，这些信息不得而知。

这家品牌商需要通过线下多级经销商才能触达消费者的情况，经销商没有统一的信息系统，中间层无法做到数据共享，致使品牌商很难做精确的生产规划、营销规划以及基于全链路库存的物流规划，继而造成潜在的成本上升，影响消费者体验。2018年开始，这家品牌商与百世合作，百智会帮助部分渠道经销商全面提升供应链管理水平、降本增效的同时，开始逐渐将总部至经销商的供应链系统全面打通，大大提升上下游的供应链协同效率。

经销商原本没有仓储和运输管理系统，引入百智会后，建立了数字化的供应链管理系统，极大地提升了仓配运营和管理效率。同时，品牌商通过百智会与经销商系统链接，可以实时得到经销商库存数据和运输在途数据，从而得到真实可靠的销售数据，为品牌商优化经销商管理提供数据论据，为品牌商市场营销战略的制定提供数据支撑。通过百智会，品牌商真正建立了库存一体化、运输在途可视化和线下“一盘货”的供应链体系。

三、项目成果

（一）信息化实施前后的效益指标对比分析

1. 运输管理端

信息化实施前后运输管理端效益指标对比分析如表1所示。

表1　实施前后运输管理端效益指标对比分析

	货车数量（辆）	车辆满载率（%）	调度员效率（小时/天）	路径优化	车辆周转率	配送及时率报表	绩效管理方式
实施前	10	70	2	无	1天1趟	无	无
实施后	8	95	0.5	智能调度	1天2趟	系统化管理	系统化管理
比例	下降20%	上升25%	上升75%	从无到有	提高1倍	从无到有	从无到有

2. 仓储管理端

信息化实施前后仓储管理端效益指标对比分析如表2所示。

表2　实施前后仓储管理端效益指标对比分析

WMS提升点	入库效率（箱/小时×人）	拣货效率（箱/小时×人）	库存准确率（%）	先进先出（有或无）	仓库人员数量（人）
实施前	150	200	90	无	30
实施后	200	270	99.95	从无到有	24
比例	上升33%	上升35%	上升9.95%	从无到有	下降20%

从上述实施前后数据对比可以看出，百智会系统大幅提升了经销商的作业效率，大幅降低了供应链管理成本。

（二）信息化实施对提高企业竞争力的作用

（1）百智会帮助经销商实现业务转型升级，如百智会系统可支撑统仓共配业务，经销商可以经营线上B2B（企业对企业）业务。

（2）百智会帮助品牌商和经销商打通数据链，提升供应链协同效率，最终将提升终端消费者的体验和满意度。

四、信息化实施过程中的主要体会

（1）无论对大公司还是小企业而言，供应链改造都是牵一发而动全身的事情。每个客户原有作业流程以及人员素养有比较大的差别，对新流程接受程度也各有不同，需要根据客户实际情况，制订相应的实施方案，保证顺利渡过切换。

（2）在经销商端，需要通过过往的成功案例，让客户充分意识到系统应用的重要性，将系统进行实际应用，充分使用系统管理自己的业务，帮助提升操作效率，优化流程，降本增效。

五、下一步的改进方案

（1）做生态开放的供应链管理 SaaS 平台。百智会专注于供应链管理领域，未来将进一步做好生态开放，做好与市场上各类 ERP、CRM 等软件的接口对接，帮助客户降低时间成本。

（2）加强 BI 系统：根据公司管理者、仓储/配送经理、司机、仓管员等每个人员需要看到的信息，设计相应的 BI 系统，让仓库、配送全部可视化，为管理者以及仓储/配送经理决策提供数据支持。

杭州尚尚签网络科技有限公司：电子签约技术助力化工产业供应链智慧升级

一、上上签平台简介

上上签是中国电子签约云平台领跑者，为企业提供“实名认证”“在线签署”“意愿验证”“合同管理”“证据链保存”“诉讼保障”“保险赔付”等覆盖电子合同全生命周期的专业服务。企业可借助电脑、手机、平板等设备，随时随地与企业及个人用户完成线上电子合同的实时签署并确保其安全、合规、不可篡改。

上上签专注企业电子签约 SaaS 服务，利用“数字签名 + 时间戳技术”将纸质合同变为合法有效的电子合同，做到随时随地签约、区块链全程加密、云端合同管理，实现中国企业“互联网化办公”转型升级。

根据权威第三方智库机构“艾媒咨询”在 2018 年 7 月 5 日发布的《2017—2018 中国电子签约市场专题报告》，中国电子签约市场规模呈高增长率发展的态势，预计 2019 年，电子签约行业市场规模突破 30 亿元。其中，2017 年度，上上签以 33.6% 的市场份额稳居行业首位。截至 2019 年 3 月，上上签平台的日签约量突破 2100 万次，服务超过 235 万家企业客户。

二、B2B 供应链行业痛点

当前我国 B2B 供应链产业的发展严重滞后于消费互联网端（B2C，企业对顾客）。产业互联网是企业之间的经济行为，涉及的环节较多，传统的纸质合同签署方式存在快递物流成本高、签署周期长、异地签署身份难以核实、信用信息不对称，合同存放、查找与管理难度大等诸多痛点。

随着国家关于“供给侧结构性改革”“智慧供应链”等相关政策文件的相继出台，B2B 商业模式固有的“降本、提效、扩市场”的价值正在产业互联网浪潮中不断受到重视并验证成功。越来越多的企业开始引入电子签约 SaaS 技术，实现各类合同的电子化签署和线上智能管理，显著降本增效，优化供应链运转效率。以电子合同形成数字化工作流，让供应链运营走向智能化、协同化。与 B2C 相比，B2B 供应链领域仍需要一个培育和完善的过程。

三、上上签电子签约平台助力智慧供应链

在供应链领域的融资借贷、物流仓储、供货采买、经销分销等各个环节，以电子签约技术实现信息化、智能化升级已是大势所趋。其一是降本增效，加快信息传递速率的

同时，保证信息可靠度和真实度；其二是精准运营，实时掌握交易进度，降低企业风险，提高相关业务的安全性。

在B2B供应链领域，上上签平台为联想集团、南孚电池、欧普照明、顾家家居、光明乳业、永辉超市、爱玛电动车、富金通、找钢网、奇化网、比亚迪、美的金融、TCL金融等知名企业提供电子签约服务，助力企业高效对接供应链上下游，优化业务效率，加快信息化、智能化建设进程。

以奇化网为例，奇化网是中国乃至全球领先的化工产业电子交易与服务平台，其独创的B2P商业模式，将材料提供商、贸易商、品牌运营商、生产企业、渠道运营商、消费者等产业链上下游整合在一起，实现了化工知识、金融、贸易的一体化交易。

奇化网电商平台业务线众多且交易量巨大，由于公司合同审批采用的是“线上审批+线下盖章”的模式，每天都要处理大量纸质合同文件。为了适应日益增长的业务量需求，它们开始谋求科技创新，借助电子签约的方式来快速提升合同处理速度，提升与供应链上下游伙伴的对接速度。

与上上签平台达成战略合作后，奇化网将上上签电子签约技术集成到电商平台中，企业用户入驻平台并完成实名认证后即可开通电子签约功能。用户在平台进行采购、购销、白条等业务时，随时随地可通过电脑、手机等在线签署平台服务协议、在线订单、购销合同等各项电子文件，享受高效便捷的平台交易体验。每份合同签署时，上上签平台会加盖签署方的数字签名证书和源于国家授时中心可信时间源的时间戳证书，确保合同安全合法有效。同时对接公证处，为用户提供完整证据链的法律公证服务，保护多方利益。

上上签平台自主研发应用了区块链技术，为奇化网提供基于区块链技术的合同存管服务，保证合同数据安全、私密、无法篡改。签署方可随时一键检索、查看和下载。

“采用上上签电子签约服务后，原本单一合同线下签订所需的时间得以大幅缩减，极大提高了我们的业务效率，降低了人力成本。更重要的是，上上签平台帮助奇化网形成了完整的线上数据闭环，整体优化了我们对业务全流程的管理和运维。合同签署进度一目了然，业务流程全面可控。”奇化网相关负责人表示。

四、信息化主要效益分析与评估

上上签电子签约服务被应用到奇化网平台的采购合同、购销协议、验收单、白条服务协议等文件的签署场景中，根据业务统计，上上签平台帮助奇化网将供应链场景的合同费用降低了60%以上，上下游沟通效率提升50%以上，签约周期缩短95%以上。

对上上签平台的服务，奇化网CEO蒋剑豪表示：“如果说奇化网连接了化工产业链的上下游，那么上上签平台则帮助奇化网让这种连接更加紧密。不仅合同签署效率显著提升，也为不同业务线的信息化管理创造了条件。奇化网一定会继续推进电子合同的使用，助力化工产业链更加智慧化。”

五、推广意义

在当今中国互联网从“To C”转向“To B”的深度调整期，企业降本提效的需求被无限放大，其中对产业供应链效率的优化是最为重要，也是见效最显著的一环。在 B2B 供应链领域，上上签的电子签约服务帮助企业高效对接上下游各方伙伴，在融资借贷、仓储物流、供货采买、赊销保理等多方面业务中都有非常巨大的应用前景，能够有效解决合同签署效率低、管理难、双方信用信息不对称、发生纠纷难追责等问题。电子合同安全、合规、高效，有助于推动中国商业信用环境的全新生态。

六、改进方案与未来设想

未来，上上签还会继续加深“电子合同 SaaS + 区块链技术”的应用，联合产业上下游伙伴，打造完整的电子签约服务生态体系。引入 AI 技术，持续创新，为企业实现合同的全智能化管理，甚至在客户授权的情况下，使用 AI 法务助手为客户提供合同审查等功能，在保证合同数据安全性的前提下规避法律风险。

云南宝象物流集团有限公司：宝象智慧供应链云平台

一、企业简介

云南宝象物流集团有限公司（以下简称“宝象物流”）成立于2009年，国家5A级物流企业，注册资本77434.2万元，由昆明钢铁控股有限公司与云南资本昆明金润中湖投资中心共同出资。集团现有仓储面积约100万平方米，合作运输车辆近万辆，物流运输线路900余条，具备5000万吨/年专业物流服务能力，业务涵盖运输、仓储、城市配送、多式联运、燃油配售、电子商务、物流金融、园区运营、国内外贸易等多个领域。

历经十年的快速发展，宝象物流集团已完成“企业物流”向“物流企业”的重要转型，截至2018年年末，公司总资产34.49亿元，2018年集团实现销售收入111.13亿元，同比增加7.26亿元，增幅6.99%；利润2.01亿元，同比增加0.51亿元，增幅34%。

二、项目建设背景

1. 宝象物流信息化建设现状

目前，宝象物流已实施应用了ERP部分应用模块、协同办公、视频会议、综合物流管理平台、油品综合管理系统、北斗卫星监控平台、宝象大宗电商平台等项目，信息化应用取得了一定的效果。

同时，经过多年的积累与培养，宝象物流在信息化、电商发展的运维、服务能力及团队等方面都具有良好基础，具备为行业打造一站式的智慧物流和供应链服务、提供高效服务的平台运营能力。

2. 宝象智慧供应链云平台定位

基于宝象物流业务基础、发展要求、战略转型等多方面需要，宝象智慧供应链云平台应运而生。平台采用或建立物流行业数据标准和服务标准，旨在为生产、贸易和流通供应链上下游企业提供代理采购、代理销售、全供应链融资、仓储质押、运费保理等供应链金融服务，线上线下有机结合，实现集交易、仓储、运输、增值配套、结算支付、融资等全流程一体化的服务。平台通过整合各方资源和一批服务供应商，将物流核心业务及配套增值服务实现一体化集成，形成一个融合全业务、全流程、全信息的大集成互联网云平台，提升整个供应链用户价值，打造完整、高效的“交易+物流+金融”供应链共享经济生态圈。

三、项目实施情况

（一）平台系统功能构成

平台主要由现货交易平台、运力交易平台、智慧园区综合管理平台、智能云仓平台、智慧物流大数据平台以及配套商城服务平台和供应链金融服务平台等子系统构成。平台系统构架如图1所示。

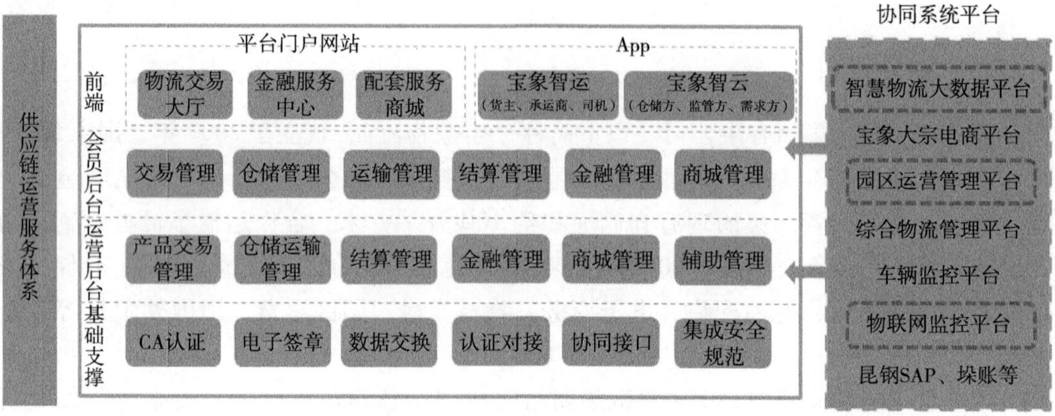

图1　宝象智慧供应链云平台功能

（二）重点上线板块（宝象运网）

作为首个上线板块，“宝象运网”于2018年正式上线，实现运输交易线上化，打通交易、结算、支付、商城、融资全流程服务。

1. 平台流程

宝象运网面向中小物流企业及司机，提供多种运力交易模式，实现运力高效配置、运价充分竞争、运输资源充分共享。同时，宝象运网协同各角色主体，满足订单及运输全流程可视化管理，提升物流效率；推出基于应收应付账款管理的产品“宝通”，打造以“宝通”为结算中心的融资体系，降低物流成本。宝象运网平台流程如图2所示。

2. 平台功能模块

（1）会员基础管理。

会员中心的应用对象主要是会员客户，潜在会员通过平台注册流程即可成为平台的普通会员，通过运营中心后台审核后可成为交易会员，根据不同的会员级别，可以开展和享受不同的业务服务。会员管理主要包含公司基本信息、资质证书、联系人管理、公司介绍、提供人地址以及交易员管理（基本信息、权限、密码等）等功能。

（2）运营中心后台。

运营后台是运营中心应用的管理平台，为运营中心不同岗位的人员提供支持，如为客服、营销、金融、商城、风控等岗位人员，提供会员审核、业务监控、业务审核、业务查询、数据分析等方面服务。

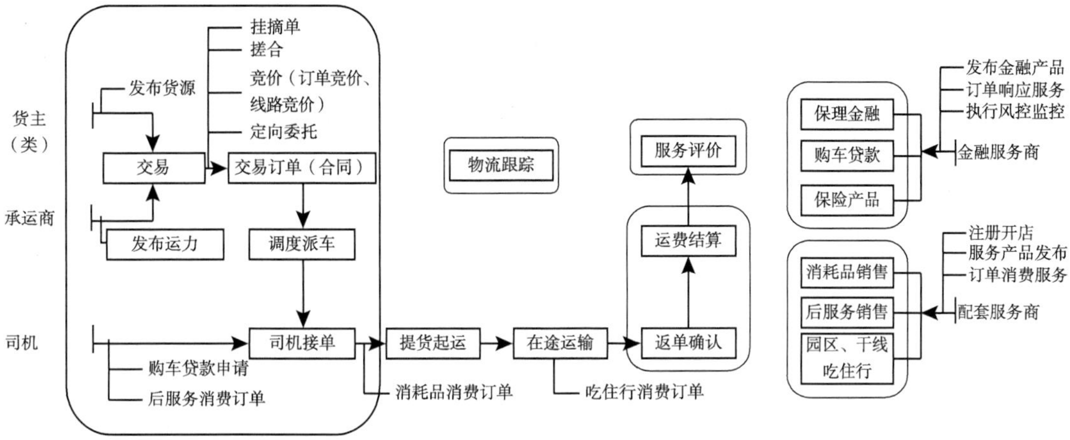

图 2　宝象运网平台流程

（3）多模式运力交易。

提供竞价、抢单个性服务，实现运力高效配置、运输资源共享，促进货源、车源和物流服务等信息的高效匹配，有效降低运输车辆空驶率，优化社会物流资源配置，对降低整合行业物流成本起到积极推动作用。

（4）运输全流程可视化管理。

满足客户全程物流动态跟踪的需求，实现运输全流程可视化管理，提供了覆盖物流全过程的跟踪服务，可向用户展示车辆的实时定位和运输历史轨迹跟踪，通过可视化管理进而提炼路径优化，为物流企业提升物流效率、降低物流成本，对动态货物做到实时监管、风险控制。

（5）统一结算支付。

在结算服务中，平台通过与中信银行合作建立主子账号，主要通过 2B、2C 的支付方式进行结算，提供与结算支付相关的功能，如资金账户查询、出入金审核、业务单据查询、费用单据管理、账单对账管理、账单支付管理、结算相关查询、结算基础管理等，满足会员对结算支付及资金管理相关的应用需求。其中结算基础管理可对结算周期、结算规则、账单生成模式、支付方式、服务费率等相关方案参数进行定制化设置。

（6）诚信服务评价。

平台将建立一套完善的客户诚信评价体系，客户的诚信积分来自交易数据的积累，客户诚信等级可影响信用金额度、平台融资授信额等方面。

（7）BI 报表。

BI 报表是对物流电商平台的运营情况进行报表统计和分析，如会员注册情况、车辆注册情况、运力交易情况、运费结算情况、出入金统计情况、运费保理金融统计、保险业务统计、商城销售统计等相关报表统计，报表应有灵活实用的查询过滤条件、简洁的数据表单和图表结合的直观展示方式。

（三）平台上线运营情况

宝象运网自 2018 年 1 月启动，7 月正式上线，截至目前，平台共注册货主 5 家，承运商45家，车辆注册16610辆，平台总运量已达368.14万吨，在线交易额达到32064.85万元。2018年7月至2019年4月总体运营情况如下表所示。

宝象运网2018年7月1日至2019年4月1日总体运营情况

会员注册（人）	车辆（辆）	运量（万吨）	运单数（万单）	交易额（万元）	发出宝通（万元）	配售宝通（万元）	融资宝通（万元）
45	16610	368.14	16.33	32064.85	32064.85	15176.93	5162.90

（四）平台产品优势

平台目前上线的有宝运、宝视、宝信、宝通、宝商和宝融六大功能产品，通过功能“六宝”将运输、结算、支付（2B/2C）、融资以及汽车后服务市场成功串联打通，为用户提供全流程服务。宝象运网平台功能如图3所示。

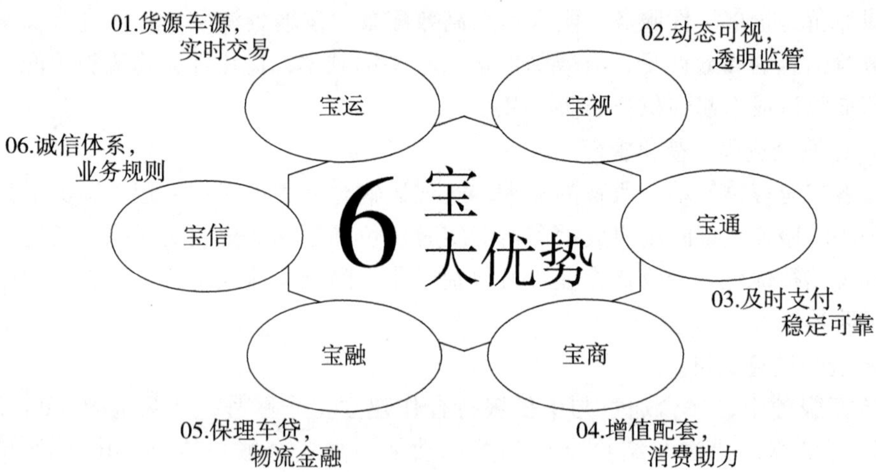

图3　宝象运网平台功能“六宝”

（1）宝运。

搭建多模式运力交易，贸易方可在运力服务中发布货源，承运方可发布运力，通过挂摘单、撮合、竞价（订单竞价、线路竞价）、定向委托等方式达成运输交易，并将订单分布给司机，启动运输过程。

（2）宝视。

运输过程的全流程可视化监管，通过北斗定位对每辆运输车辆的运输轨迹做到透明化、动态监管，对货物流向做到风险管控。目前平台综合定位成功率已达85%以上。

（3）宝通。

运输结算环节保证支付稳定可靠，做到及时支付，为用户解决运费结算的困难。

宝通服务作为平台支付手段，保证平台用户资金及时支付，截至目前，运量368.14万吨，运单数16.33万单，生成宝通32064.85万元，配售油宝通15176.93万元，已消费油宝通12710.18万元。

（4）宝商。

线上商城为运输过程提供配套增值服务，针对运输提供配套的油品、轮胎、保险、ETC及汽配件等服务，提供汽车后服务市场运输服务。

（5）宝融。

引入银行等金融机构，为中小型企业、资金困难的用户解决融资问题。目前，平台使用宝象物流作为资金方提供融资108次，共融资5162.9万元。

（6）宝信。

致力于打造平台诚信体系和业务规则，现有会员积分、交易积分、诚信积分规则，目前正准备宝象商城上线后的商家评价体系，保证平台在诚信体系正常运营和平台用户合理利益。

平台致力于通过“互联网+物流”改变传统物流行业模式，利用在线化的产品为需求客户和承运商之间提供物流匹配，提供物流执行过程的实时跟踪及在线物流结算。通过公司自身所拥有的信息技术、整合能力以及其他资源为客户提供一套完整的供应链解决方案，帮助大宗企业降低成本和有效整合资源。

四、项目成效

（一）经济效益

1. 直接经济效益

宝象智慧供应链云平台前期以运输板块为突破点，打通线上交易、结算、融资全流程，推出线上支付结算产品“宝通”。通过“宝通”这一支付手段，不但解决了长久以来物流运输行业运费支付的痛点，而且极大地调动了承运商和驾驶员的积极性，同时通过“宝通”账期的设定，延长了资金的时间和空间价值，增加了资金的使用效益。

目前，平台“宝通”账期120天，生成宝通32064.85万元，按资金成本年化8%计算，产生直接经济效益855.06万元。

除此之外，宝象物流在资金充足的情况下，作为平台的资金方为用户提供宝通融资服务，目前，平台使用宝象物流作为资金方提供融资108次，共融资5162.90万元。

2. 间接经济效益

根据平台总体运营模式和盈利模式，“宝通”分为资金宝通和配售宝通，其中资金宝通主要吸引外部资金方实现宝通的融资和兑现，平台与资金方根据融资成本差进行分润；配售宝通主要服务于成品油销售，利润体现在批零差价。

目前，资金宝通共发出16887.92万元，按4%成本差额计算，资金宝通产生的间接经济效益为225.17万元。

配售宝通15176.93万元，共配售柴油2193.19万升，按油品配售毛利率0.69元/升计算，宝通产生的间接经济效益为1513.30万元。

（二）社会效益

1. 降本增效提高企业竞争力

通过项目建设，将能利用现代信息技术及信息服务平台提升宝象物流信息化管理水平，通过线上商业模式的思考与运营，规范业务管理的同时提升宝象物流新的盈利点，提高企业核心竞争力，进而降低区域物流社会成本，提升物流服务效率，并最终带动云南省物流产业健康发展。

2. 构建供应链共享经济生态圈

通过运网的全流程贯通及“宝通”产品的推广，以智慧供应链云平台为核心，综合利用移动互联网、大数据、区块链、云计算等先进互联网信息技术，将业务延伸至面向企业的生产、贸易、加工和流通，提供贸易、金融和物流一体化服务，进而整合供应链上下游企业资源，最终打造集“交易+物流+金融”供应链共享经济生态圈。

五、未来规划

为物流行业的各类角色构建内部管理及外部协作、交易的信息化平台，提升整个物流供应链客户的价值，打造一个健康、高效的“物流+金融”共享经济生态圈，重塑行业价值。

（一）短期目标

1. 智慧园区

搭建宝象智慧园区平台，建设和完善园区物业综合管理（云）平台，全面提升园区物业管理水平、提高物业管理效率、降低物业管理成本。同时平台具备向第三方物流园区输出服务的能力，为其提供一套完整、标准、先进的园区物业管理体系。

通过提供先进的网络信息技术、高端的配套设施和优惠的园区财税政策，聚集人流、物流、资金流、信息流，利用电子商务行业的先进理念搭建四位一体仓储、交易、融资、物流平台，实现物流、金融、商贸和信息产业在园区内的协调发展，创新物流产业发展模式，实现物流园区的智能化、人性化、机械化和信息化。

2. 智慧云仓

智能仓储信息平台将根据产品类型、功能各异的产品，利用云计算等技术，依托仓储设施基础，搭建货物流通的全新物流仓储体系，达到仓内作业的高时效以及精细化的管理，同时，将自有以及外部仓储资源有效整合，实现为仓找货、为货找仓的功能。

3. 供应链金融

宝象智慧供应链云平台以生产、贸易和流通为核心，为供应链上下游企业提供仓储质押融资、运费结算融资、第三方支付等综合性的供应链金融服务。同时，通过大数据分析与挖掘，联合高校与研究机构，为链条上企业提供物流与供应链设计、管理咨询、信息共享、产学研合作等物流与供应链的增值服务。

（二）长期目标

1. 数据集成

以宝象智慧物流云平台为核心，把不同来源、格式、特点性质的数据在逻辑上或物理上进行数据集成，从而为企业提供全面的数据共享。充分利用现有的数据系统进行数据集成，降低数据整合的成本，加快数据整合的速度；从而降低企业内的信息系统存储数据、维护数据的成本；提高企业用户使用数据的效率，加快企业进行决策和运营的效率。

2. 线上交易、线下体验

通过宝象智慧供应链云平台，将互联网与线下实际业务完美结合起来，实现互联网落地。充分利用了互联网跨地域、无边界、海量信息、海量用户的优势，同时充分挖掘线下资源，进而促成线上用户与线下商品与服务的交易，使平台用户既可享受平台方便快捷的交易，又可体验线下贴身的服务。

3. 统一支付、结算

以宝象智慧供应链云平台线上交易为基础，为平台企业提供统一、集中式的支付结算服务平台。实现便利、快捷、安全、稳定的企业对外支付通道，方便企业及时掌握全部账户投存和收付信息，有效控制资金风险；加强企业对下属公司或机构的统一管理，增强控制力度，实现企业资金集中调配，自动归集与交易对账，降低企业财务成本；提高企业财务和资金支付效率，提升流动性管理能力，集约化管理企业资金余额与投资，拓展提高企业资金收益的途径。

六、结语

全球新一轮科技革命的到来，为产业转型升级创造了重大机遇，智慧物流正在成为物流业转型升级的重要源泉。宝象物流作为全国5A级物流企业、云南省大型综合性国有现代物流龙头企业，打造宝象智慧物流云平台不仅是转型发展的迫切需要和规范化标准化管理的必要手段，也是提升核心竞争力的必要途径。

宝象智慧供应链云平台通过对商流、物流、资金流以及信息流的整合和有效配置，做到“四流合一”，形成一个包含物流服务商、贸易服务商、技术服务商、金融服务商和服务供应商等整个产业链企业的融合全业务、全流程、全信息的大集成互联网平台。宝象智慧供应链云平台的建设将为企业带来巨大的经济效益和广泛的社会效益，实现全产业链企业的协同、共享、共赢。

锐特信息技术有限公司：蚁安居供应链一体化服务平台

一、应用企业简况

华耐家居集团是国内领先的家居服务及建材营销集团，旗下全资子公司蚁安居，着眼于家居建材领域，立足集团优势资源，借助十多年家居建材物流服务优势，率先整合一线家居品牌及线下专业物流配送、安装、维修团队，打造干（干线）、仓、配、装一体化供应链，提供专业技师、送装一体、全程维护的一站式家装家居服务。

蚁安居既能够为卫浴、瓷砖、吊顶、灯具、壁纸、地板、木门、家具等9大品类家居品牌及互联网家装企业等B端客户提供从产品出厂开始的干线、仓储、配送、安装、维修等一体化解决方案；也能够为C端客户消费者提供专业技师、送装一体、全程维护的一站式家装家居服务。

目前蚁安居已在全国拥有46个分部，业务覆盖各省、市、区、县，拥有长达20年的供应链服务经验和业内专业人士组成的核心管理团队，是家居建材行业专业的第三方服务平台。

二、关于锐特信息

锐特信息技术有限公司是业内知名的供应链一体化混合云解决方案服务商，借助云计算、大数据及人工智能等信息技术，为各行业的企业打造一体化、精细化、集约化、移动化的供应链混合云解决方案，包括CHAINWORK物流供应链一体化解决方案“（OMS，WMS，TMS，BMS，Cloud）”“CHAINLINK供应链协同平台”“CHAINPARK物流园管理平台”“CHAINFIN供应链金融服务平台”，以及“56n供应链智慧协同云平台”，为客户量身定制的混合云解决方案，被权威的国际性IT管理专业杂志CIO Advisor评选为的“亚太十大物流科技方案供应商”。

三、实施背景

2016年，蚁安居以一站式综合服务为切入点，以线上物流及服务平台+线下物流运营管理为核心，全力打造成为互联网时代家居行业最具竞争力的O2O（线上线下）物流服务平台，致力于成为中国家居供应链服务标杆，并利用最新的互联网技术，实现服务全过程的可视化，流程全节点可控，以确保客户服务的满意度。

锐特信息技术有限公司（Sino Services）是业界领先的物流供应链信息化服务商，蚁安居选择与锐特信息合作，上线锐特信息量身定制开发的家居供应链一体化服务系统，让商品的“信息流动”变得可视可控，满足了家居行业多种业态发展、复杂的消费场景对于智慧物流服务的需求。

四、企业信息化现状及存在的问题

在整体供应链建设中，针对蚁安居当前信息化现状如服务工单系统、仓储系统、运输系统、结算系统进行调研后，其信息化总体状况主要体现在以下几个方面：

（1）无法实现整个订单的生命周期全程可视化。

（2）信息系统之间对接不够紧密，导致操作烦琐，信息无法形成闭环。

（3）系统信息分散，不齐全，对数据分析影响较大。

（4）无法满足送装一体业务。

五、供应链一体化服务平台

锐特信息协助研发的家居行业智慧供应链一体化解决方案，是蚁安居家居服务生态平台的综合调度引擎，将移动互联技术与传统物流 IT 相结合，通过 App，结合订单管理系统（OMS）、仓储管理系统（WMS）、运输管理系统（TMS）、结算管理系统（BMS）和分销管理系统（DMS）等，打造了智慧的供应链一体化服务平台，构建了统一、先进、高效的家居供应链一体化物流服务平台，助力蚁安居构建家居服务生态体系核心竞争力（如图 1、图 2 所示）。

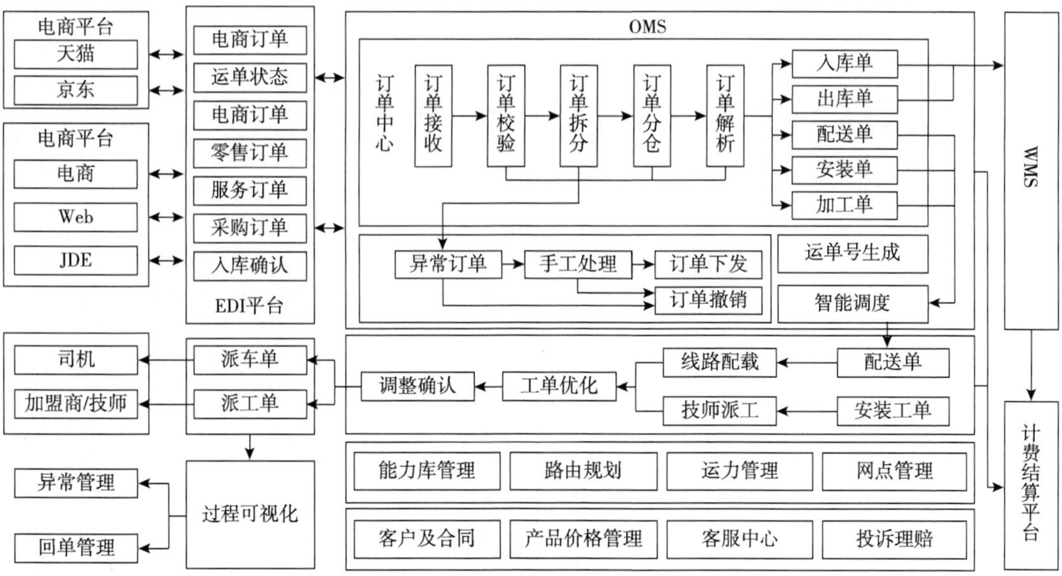

图 1　蚁安居系统应用架构

1. 完整的信息化流程建设

从订单接收、订单解析、订单分仓、分派生成不同的业务形态，如纯运输、送装一体、送装分离、维修、测量等单据；结合订单的全局库存，自动分配；建立整体订单一单到底，完整的信息化流程体系（如图 3 所示）。

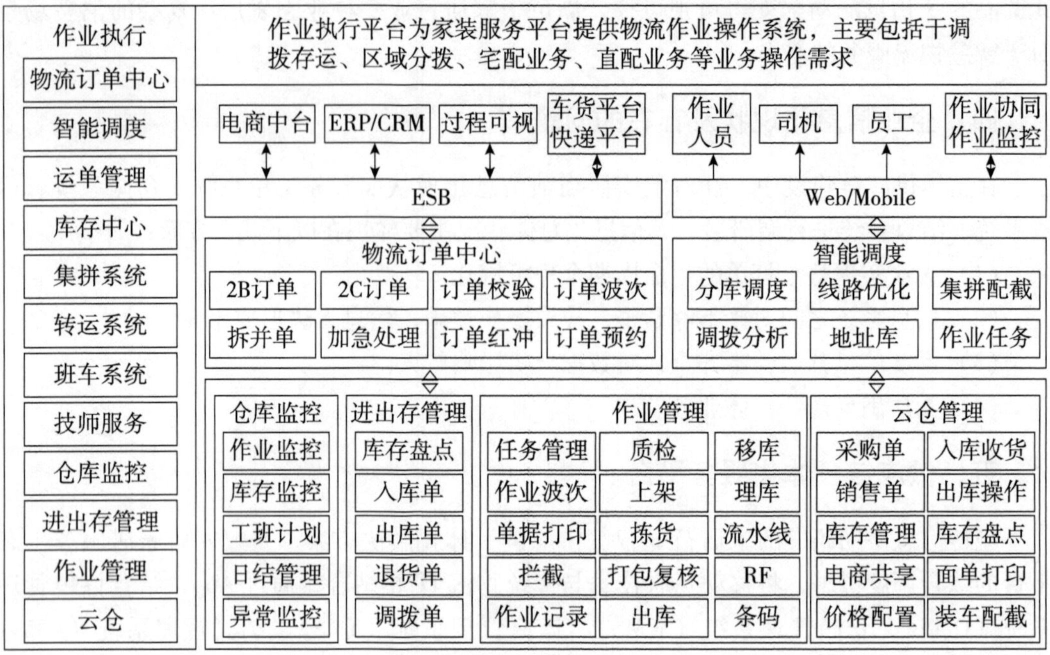

图2　蚁安居系统功能架构

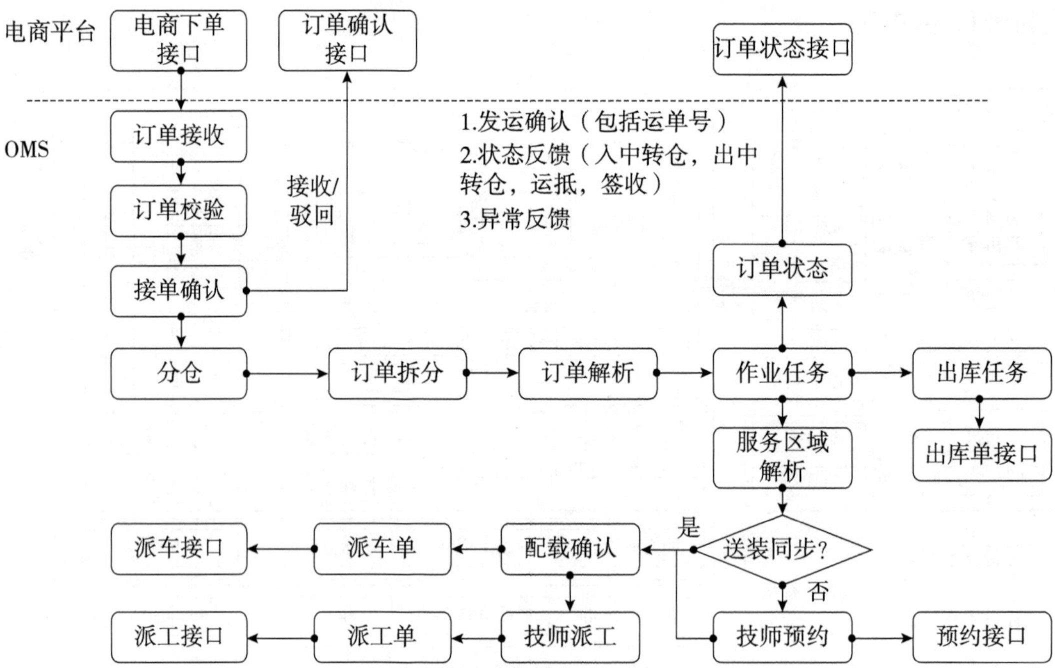

图3　信息化流程

2. 统一的供应链一体化服务系统

锐特信息为蚁安居打造的供应链一体化服务系统，打破原先供应链上下游信息孤立的局面，实现各系统间的数据的透明化及信息一体化操作。订单的自动分类归集及自动派发，提高操作效率，实现统一先进、高效的家居供应链一体化物流服务平台。不仅为B

端客户提供从产品出厂开始的“干线、仓储、配送、安装、维修”等全流程一体化解决方案，也能够为C端消费者提供专业技师先上门测量、送装一体、全程维护的一站式家装家居服务，进一步提升家居用户消费体验，并结合客户的特性和痛点，提供量身定制的差异化服务解决方案（如图4所示）。

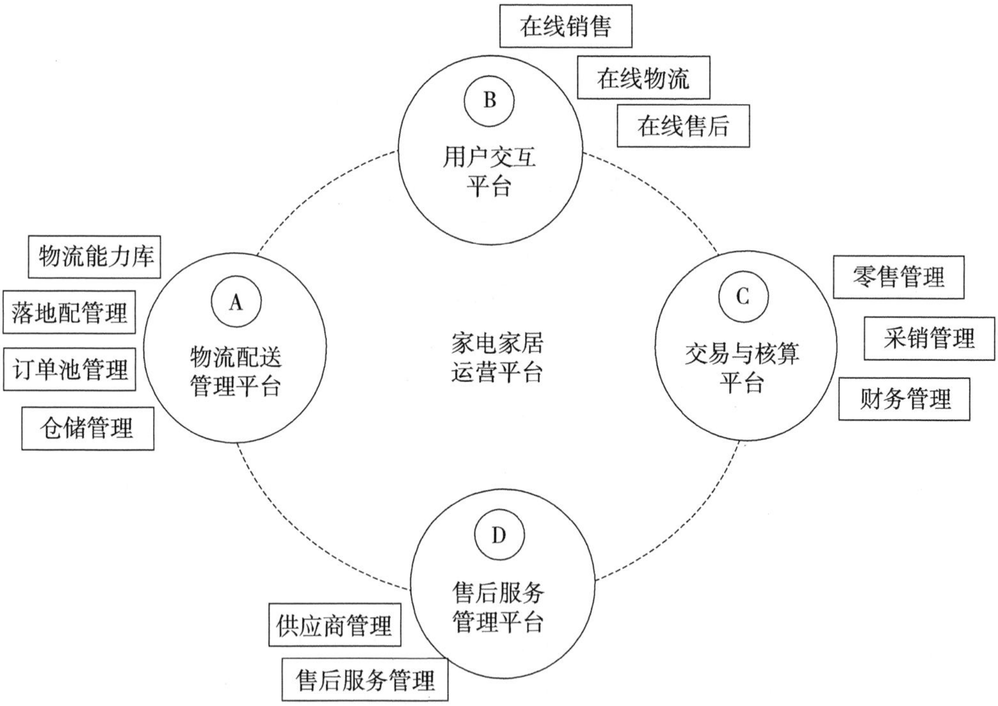

图4　锐特信息家居行业供应链解决方案

3. 智能化的信息服务系统

锐特信息家居供应链一体化服务系统，作为蚁安居家居服务生态平台的综合调度引擎，将移动互联技术与传统物流IT相结合，通过“App + OMS + WMS + TMS + DMS + BMS”供应链一体化服务平台，快速实现与各主流电商京东、天猫、苏宁、唯品会等平台订单无缝对接，实现线上订单的自动推送及供应链一体化服务平台的统一调度，实现订单的自动分类归集及自动派发，实现各环节全程可控和全节点可视，针对不同区域、不同服务网点、不同要求、不同产品实现快速接收与分配，高效管控及自动计费。

4. 强大的运营管控能力

目前，蚁安居在全国的46个分公司，拥有40多万平方米大型仓库，28家干线运输资源与200多条支线资源，覆盖全国300多个城市的干支线运输网络，全国3800余辆服务车辆，28000名员工的优秀服务队伍，在锐特信息家居供应链一体化服务系统的统一调度下，灵活调度全国仓储、干线、城配、安维等资源网络，实现对资源合理调配、协同、流程节点可视可控，成就蚁安居成为家居建材行业最具实力的第三方服务平台。

5. 多元化的增值服务体系建设与监管

当前行业家居领域，根据9大品类的划分，送装到家，会产生不同的增值服务，如区域范围的设定、产品类别的定义、零配件的管理、折扣及标准的制定等。费用的申报和监管及多元化的增值服务建设体系，给予了供应链一体化服务有力的支持（如图5所示）。

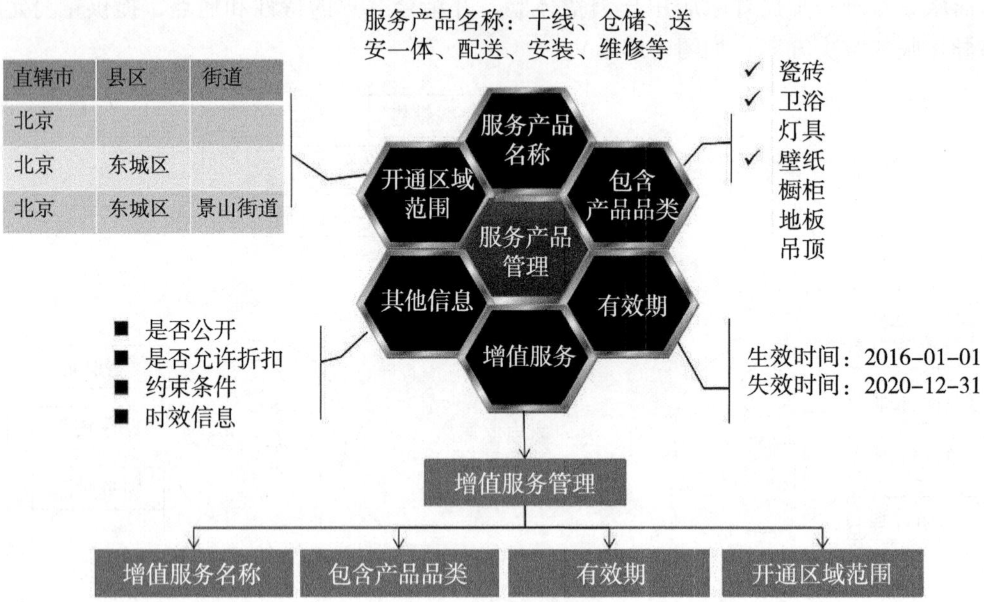

图5 增值服务体系

6. 定制化的物流调度与能力库

对于蚁安居的独有业务形态，制定多种规则，无论是不同品类、不同服务要求、不同时效、不同路线和类型、不同服务能力，都制定了多业务、多形态的规则和策略，有力地保障了应对现有及未来的业务挑战，达到高质量、低成本服务于客户的运作模式（如图6所示）。

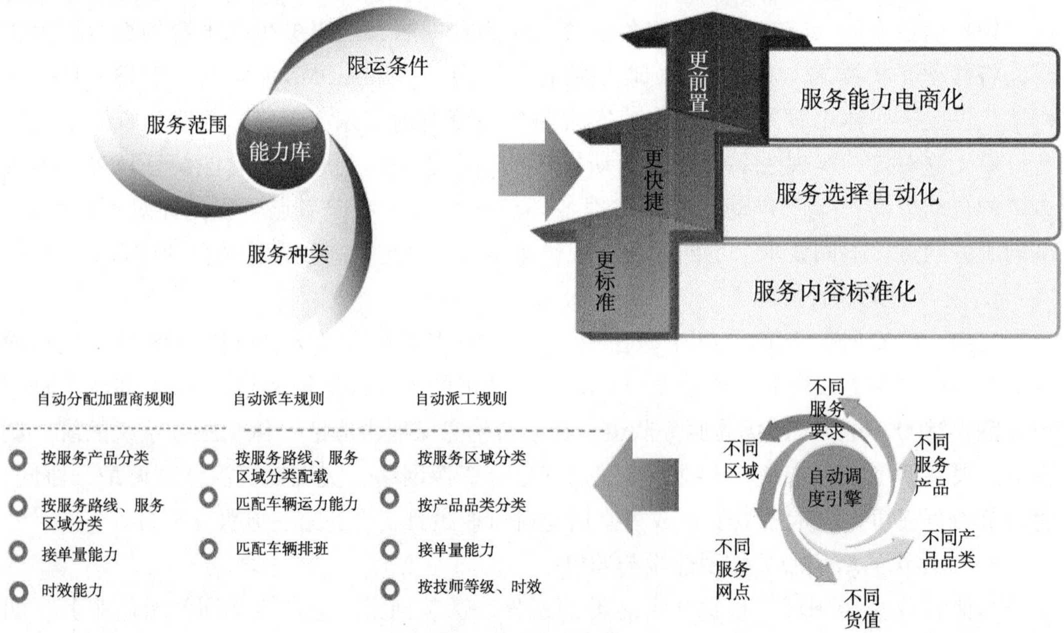

图6 定制化的能力库与物流调度

7. 多种运作模式的扩展与建设

通过对配送模式的划分和拆解，形成了不同的业务形态和运作体系，无论是接力配模式、送安分离模式、送装一体模式，均高效、精细化、应用到不同订单和场景中，使送、装、销完整地进行了量化和定义，更加高效地对资源、时效有力把控。

8. 项目整体建设里程碑

通过一期的建设和规划，以天津实施为标准，前面 46 个分公司同步推广，在为期 3 个月的上线支持与跟踪中，高质量、高标准顺利地完成了所有的上线切换工作。

六、解决方案应用效益

蚁安居通过供应链一体化服务平台的建设，实现线上线下融合、全网打通、业务财务一体化，服务全过程的可视化，流程全节点可控，有效提升物流效率、降低企业的成本，为客户提供了更专业、更舒适的服务体验。

（1）实现统一、先进、高效的家居供应链一体化物流服务平台。

（2）打破原先供应链上下游信息孤立的局面，实现各系统间的数据的透明化及信息一体化的操作。

（3）订单自动化处理，通过全国 46 个分公司的规则进行时效、库存、成本解析及分析，化烦琐为简约，并有力降低相应成本。

（4）对于送货上门及安装无法完全保证客户在家等问题，通过制定预约规则，并通过预约管理线上线下的反馈，保障作业有序，提升运作效率。

（5）制订不同的订单类型及时效策略，实现订单的自动分类归集及自动派发，减少人工操作及干预，提高操作效率。

（6）通过自动状态推送、扫码跟踪、“快递 100”链接查询等多维度方式，实现整个订单的生命周期全程可视化（如图 7 所示）。

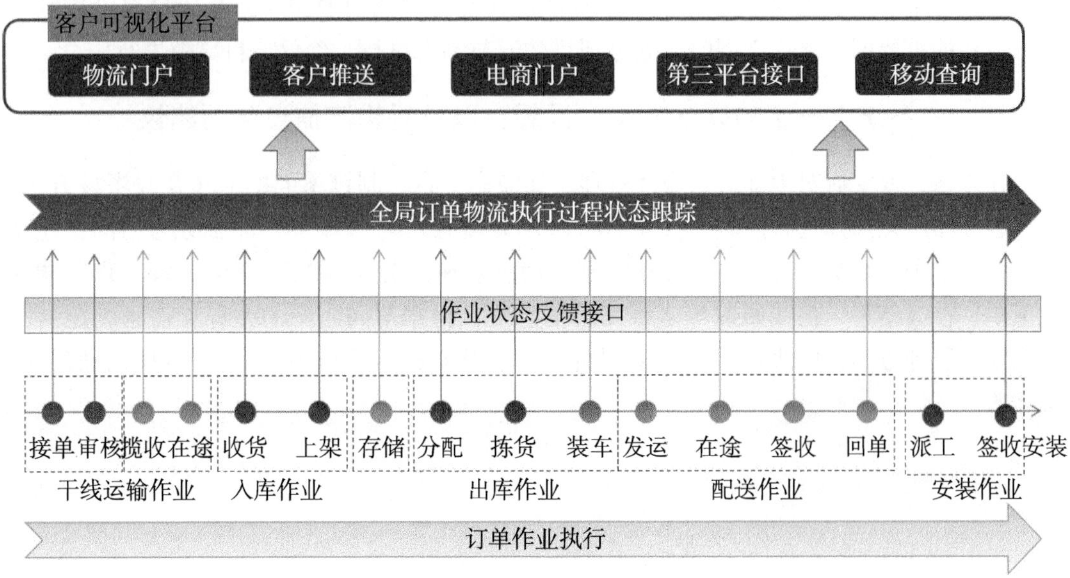

图 7　订单可视化平台

（7）通过对不同技师服务质量的考评及在线监管分析，对技师 9 大品类服务能力进行定义及限定，根据技师的服务能力、技师的服务工单量分析，提高调度配载及技术安装的时效性，通过专项专职质量分析及要求，高标准地服务于客户。

（8）通过对地理服务区域自定义，划分城、乡、镇、街道、小区等范围，优化技师服务范围、减少跨区域奔波、优化路线，提高整体服务效率。

（9）实行 9 大品类多维度的零配件管理，确保在上门服务前零配件充足，并对零配件扫码和拍照，确保每个零配件的使用可依、可查。

（10）通过技师上门服务，实现电子围栏的自动签到，完工后采用在线面单、实物拍照、扫码等多种电子回单方式，对技师上门费成本、服务质量等提供有力的数据支撑和监管。

七、实施主要体会及经验分享

蚁安居通过供应链一体化服务平台的建设，实现统一、先进高效的家居供应链一体化物流服务，大大提高物流配送服务质量和效率。通过以天津标准化推广为主，其他 45 个分公司迭代实施为辅，顺利在全国各分公司同步上线，并且 3 个月内稳步运行；项目组通过高标准、快响应、优服务的质量要求，通过定期培训、线上学习、热线答疑、视频连线等方式，实现各分公司试点稳定运行，顺利达到上线的标准和要求；同时在实现“6・18”“双 11”等购物狂欢节中，即使订单量“爆炸性”地增长，以 2016 年“双 11”6 万单，2017 年 10 万单为例，增长率高达 40%，通过线上线下的备战以及公司的动员大会，各部门均站好每一班岗位，蚁安居也能从容应对，提高了客户的满意度，极大地提高了家居服务生态体系核心竞争力。

项目的成功实施是多方力量的有效汇聚。供应链一体化服务平台涉及多个业务部门，与其他系统有不同程度的交互，同时与蚁安居上下游进行协同，因此领导层的支持和协助推进极为重要。关键用户需求和期望的管理以及项目范围的控制，是项目风险控制和项目成功的重要因素之一。同时，做好项目沟通与制度执行，确保项目高效进行。

八、本系统下一步的改进方案、设想，以及对物流信息化的建议

在未来，蚁安居对内部对供应商管理、加盟商平台，制订不同的 KPI 在线考核方案，进行服务品质化的筛选；同时，蚁安居将通过 B 端客户与 C 端客户的服务与协同，建立个人中心管理、会员管理、产品发布管理、消息管理，实现 B 端客户与 C 端客户终端在线下单、在线结算、在线跟踪等多维度的信息化；根据不同用户的差异化需求，定制个性化增值服务方案，解决用户日常家居难题，提升商家品牌口碑，优化用户家居服务消费体验。

德邻陆港（鞍山）有限责任公司：德邻陆港智慧供应链服务平台

一、应用企业简况

德邻陆港（鞍山）有限责任公司（以下简称“德邻陆港”）是由鞍山钢铁集团控股的一家现代物流企业，位于辽宁省鞍山市经济开发区鞍刘路3号，注册资金15366万元，总资产2.6亿元，净资产1.48亿元。

德邻陆港在鞍山市经济开发区达道湾工业园拥有2个现代化物流园区（36万平方米），各种大型工程机械50余台。其平台现已整合哈尔滨、长春、浙江、广东、湖南、四川、新疆、甘肃等省（自治区）的社会物流公司，开辟运输专线，年钢材配送量达1000余万吨。其运输线路以沈阳、鞍山、营口、朝阳、天津、青岛、郑州、上海、重庆等地为主，基本覆盖了国内主要大中城市；发运货物主要以钢材为主，还有成品油、各种机动车备品备件、轮胎、民用物资等。

德邻陆港体现了鞍山钢铁集团在做精、做强钢铁产品网上销售的同时，以延伸产业链、提升价值链为发展主线，构建新的战略支撑和效益增长点。德邻陆港秉承“智慧物流，绿色物流”的发展理念，通过整合原有鞍钢钢铁电子交易类资源，依托互联网、物联网、大数据、移动互联等全新技术手段，致力于打造线上线下深度融合的集物流运输、仓储配送、钢材加工及贸易、金融服务、物流方案策划、汽车商贸、油品经销、车辆维修、餐饮住宿等技术与产业特色服务于一体的互利共赢的生态型“钢铁行业服务生态圈”。

二、项目概述

德邻陆港智慧供应链服务平台现有十大服务产品，分别是德邻畅途、德邻智园、德邻云仓、德邻e宝、德邻玛特、德邻加工、德邻大数据、德邻钢铁、德邻化工及德邻循环。平台经过一年多的整合运营，通过德邻畅途平台共运输货物1848917.603吨，总计发车30157台次，运输区域遍及东北、华北、华东、中南地区；德邻云仓已在鞍山、沈阳、大连、哈尔滨、山东等物流园区上线运行，系统累计货物吞吐量1249万吨；德邻加工已拥有3条全自动剪切线，预计年加工能力60万吨，拥有独立仓储及开卷场地22776平方米，其中室外13896平方米，室内8880平方米；德邻e宝是以自身强大的融资能力为依托，为平台内的承运商和中小钢贸企业提供优质的贷款担保，为金融机构提供专业的供应链金融风险控制服务。目前，已获中国工商银行、中国建设银行、平安银行、葫芦岛银行共12亿元授信额度，同时为德邻畅途、德邻玛特、德邻云仓等平台提供在线支付服务；德邻钢铁平台注册用户1万多家，平台累计交易量2400多万吨，总成交金额累计超过1078亿元（含现货、期货）。现货销售交易形式多样化，提供挂牌销售、打包竞价、单卷竞价销售等销售交易模式。范围覆盖东北、华北、华东及华南地区，平台累计交易量700多万吨，总成交金额累计超过220多亿元。期货销售提供期货需求录入、生产订单跟踪、质保书查询下载、资金账目查询等服务，支持移动App应用服务，实现网上累计订货1029万吨，累计金额达500亿元。同时基于供应链服务，先后为一汽、美的、长城汽车等7家重点企业提供供应链协同服务（大客户通道）。

德邻陆港智慧供应链服务平台以供应链为框架，实践“互联网+物流”的理念，彻底改变传统物流模式中的不足，实现物流全链路的信息化、可视化、数字化、智能化。平台提供的精细化物流增值服务（如仓储服务、钢材加工、园区智能导航、物流运输轨迹跟踪、车辆实时定位、大数据分析展示等）体现了物流资源与要素的高效配置，促进了物流服务提质增效以及“互联网+物流”产业的良性互动，从供应链视角，以智能物流开创智慧物流增值服务运营新格局，实现了为企业及其供应链伙伴创造经济效益的同时，取得良好社会效益的目标。

三、项目设计方案

德邻陆港智慧供应链服务平台十大服务产品如图1所示。

图1　德邻陆港平台十大服务产品

德邻陆港智慧供应链服务平台整体技术特性有：高性能、可伸缩性和高安全性。

1. 德邻畅途：互联网+高效运输

德邻畅途以无车承运作为货源入口和业务管理平台，积极推进当地专线加盟与线下管理，可充分发挥互联网在客户体验、服务管理、资源整合方面的优势，是打造“共创、共赢、共享生态圈”的前沿阵地。

德邻畅途旗下的“德邻管家”“德邻之家”“德邻伴旅”，为货主、承运商、司机提供全方位移动端定制服务，货主和承运商可以追溯整个订单的运行轨迹，第一时间接收订单发货量、成交量等信息，实时监控货物在途运输情况，通过对从交易到合同，再到调度单、执行单、异常单的全面管控，进行业务的实时跟踪。使司机可以在移动端实时接单、提货、上传回单；为货主与承运商及司机之间打通高效沟通渠道，实现移动化办公；同时移动端也在积极探索人工智能领域，未来语音识别、人脸识别、指纹识别等更多应用将逐步在移动端部署，为用户带来更加优质的服务、更加便利的体验。

德邻畅途通过“提高车辆实载率”“减少货损货差”等手段实现降本增效。如结合系统资源，德邻畅途构建物流服务网络，形成货运物流的“实网”，在一定程度上减少车辆返空的现象，实现“重去重回”，降低单位运输成本。

德邻畅途运行的另一大亮点是通过完善的消息管理、预警机制、车辆定位、轨迹跟踪等手段，时刻关注车辆运输的各个环节，保证运输的安全性、运输过程的透明化，提升货主体验，切实维护好货主的利益；同时，德邻陆港有完整的承运商准入、奖惩考核机制，进一步确保平台的可靠性、运输的安全性、追偿的便捷性。

德邻畅途的系统业务架构和功能架构如图 2 和图 3 所示。

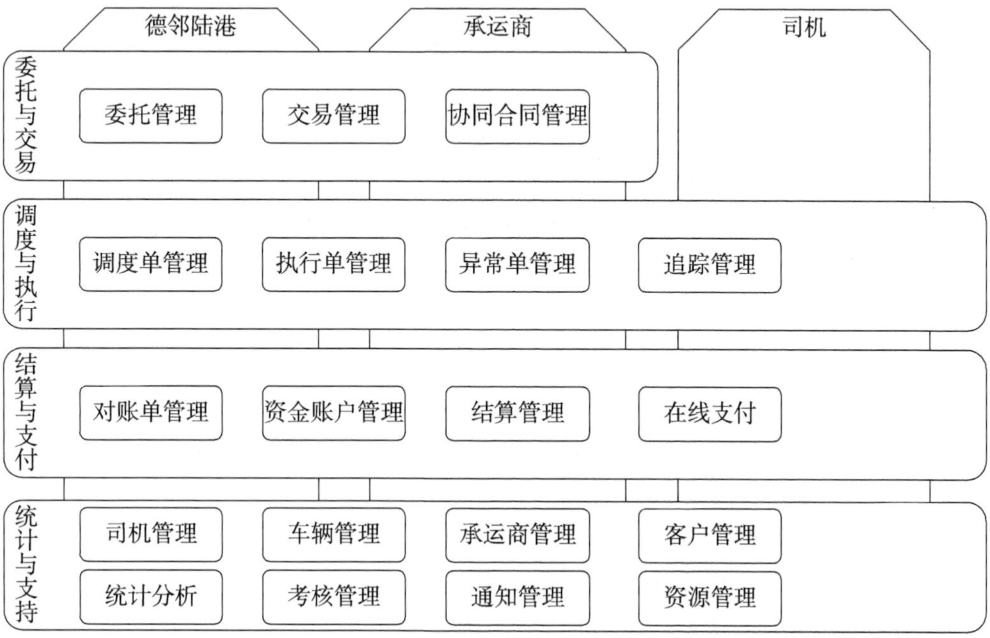

图 2　德邻畅途业务框架

2. 德邻云仓：互联网 + 智能仓储

德邻云仓运行以来，手机微信端收发货物、智能盘点、信息在线查询、远程智能监控等功能可随时为客户传递货物信息，客户可以足不出户就能实时了解货物的物流动态，让物流过程更加可视透明。

其中，“微信理货”功能体现在通过手机微信端，理货员可以快速扫码完成入库、出

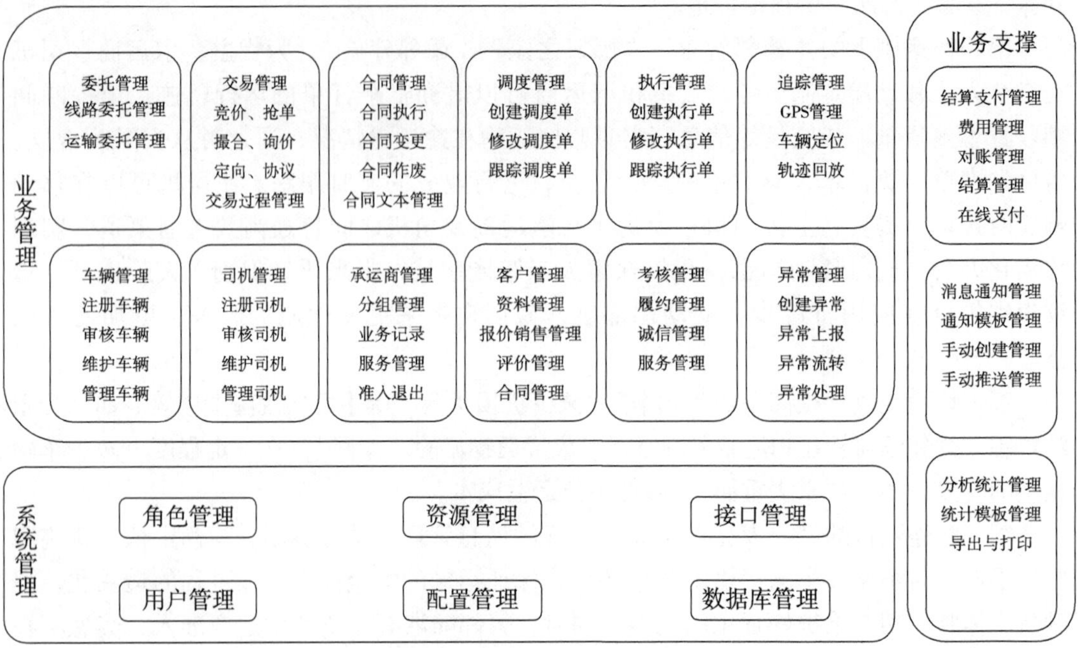

图3　德邻畅途功能架构

库、库存盘点等业务。例如，库存盘点，理货员只要输入库区、库位等信息，通过手机微信端即可查询系统中具体货物信息，可以与实物进行核对，快速完成库存盘点。出库操作同样通过手机扫描二维码，系统自动比对实物信息与出库指令是否符合，减少操作误差发生。

“大屏展示”功能体现在通过大屏直观展示所辖和加盟各仓库存储率、品类、客户等信息，实时掌控库位的使用情况、年吞吐量、客户数量、当日入库量、总库存量、配送量、当日出库量、当日吞吐量、库龄、库房利用率、品种占比、最受欢迎品种、库位利用率、订货单位分布图等信息。

“数码监控”功能体现在平台通过PC端、手机端为管理人员、货主及监管机构提供对物料的实时监控信息。

德邻云仓系统的微服务架构、应用平台运行视图、功能架构分别如图4、图5、图6所示。

3. 德邻智园：互联网+智慧园区

德邻陆港智慧园区，依靠在仓储管理行业积累的丰富经验，以“园区+互联网”为理念，融入社交、移动、大数据、云计算，运用现代计算机信息技术，结合智能硬件设备和物联网设备，对传统仓库进行全面信息化改造，集合了智能化现场管理、自动配单、仓容管理、在线预约、快速货位变更等业务和管理功能。实现24小时远程监控，对货物的流转进行全过程跟踪。经数字化、信息化、智能化改造后的智慧园区可使仓库管理更加标准化、精细化、透明化、智慧化。系统实现的功能有监控集成、智能到厂预约、智慧停车、智能闸口、综合服务大厅等全新功能。

根据德邻陆港建设智慧化、智能化园区的总体目标，并充分考虑实际需要，确定相关业务范围，具体包括智能闸口系统、车辆导引系统、数字化视频监控集成系统、业务预约系统、智能服务大厅系统、全链路应用保障系统、大数据采集与分析系统和统一智能管理平台。德邻智园系统总体业务蓝图设计如图7所示。

4. 德邻加工（云嘉）：互联网+钢材全自动剪切加工

德邻加工（云嘉）剪切加工流水线定位于服务钢铁产业链上的加工用钢终端用户群，为用户提供加工及制品交易服务和用材技术支持等一站式钢材加工服务。以质量求发展，以技术求生存，结合每位用户实际需求，利用先进的生产工艺为客户提供专业化的优质服务，实现来料加工、受托加工管理和加工合同签订及费用结算，实现加工生产计划下发、生产控制，实现加工物料进出入库、配送完美结合。

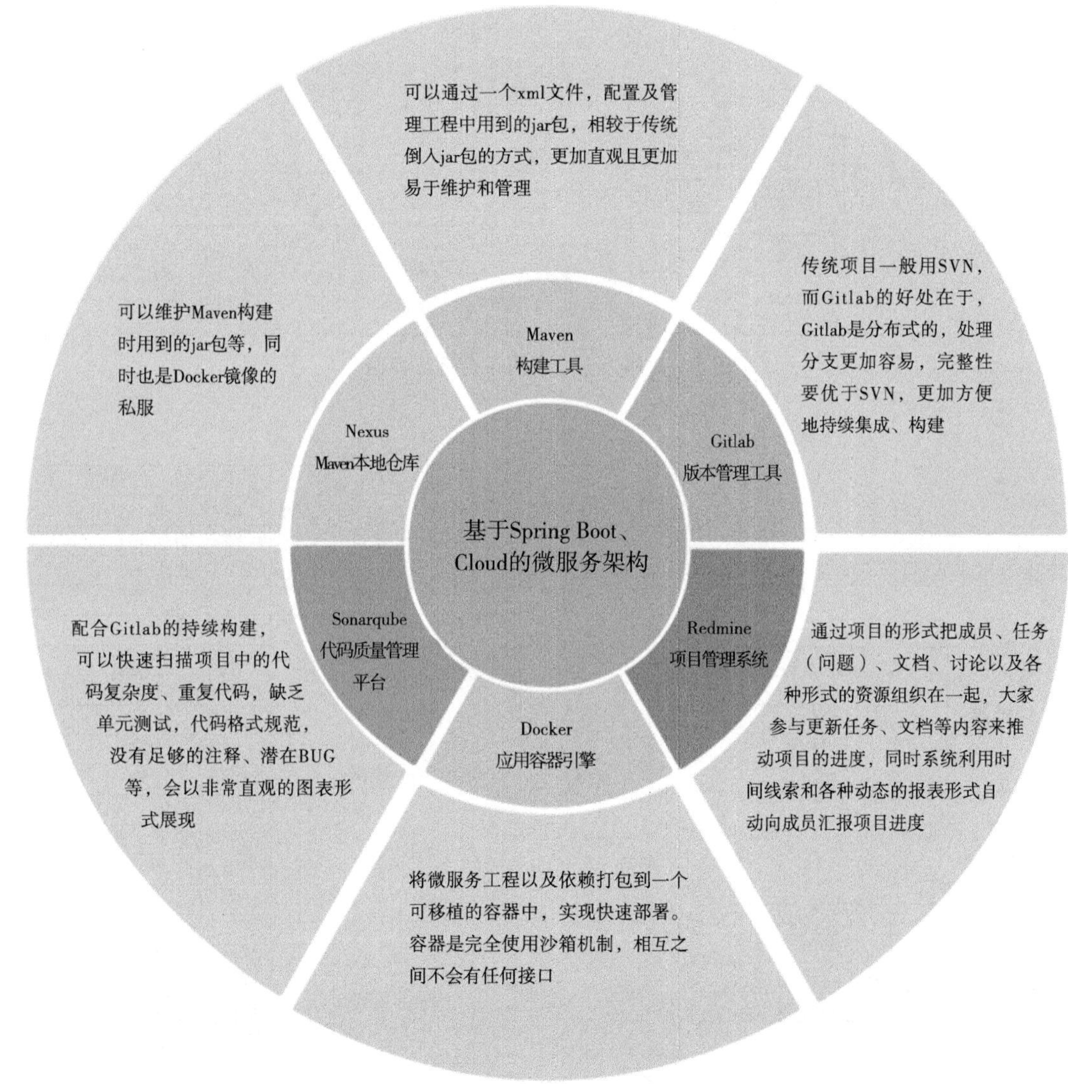

图4 德邻云仓的系统微服务架构

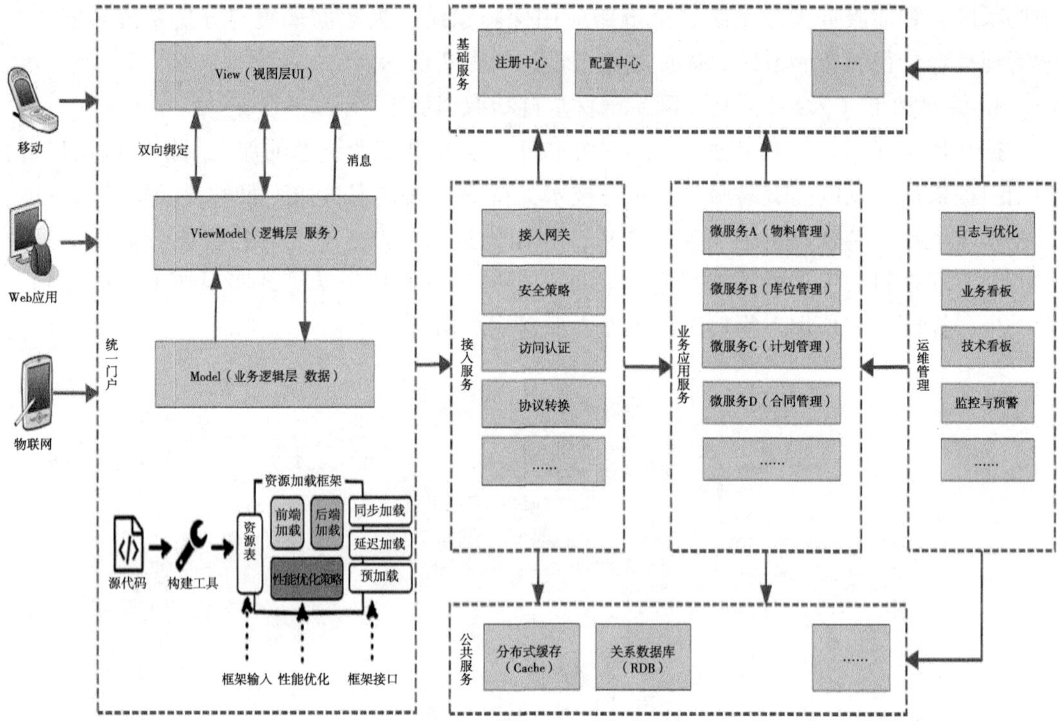

图5　德邻云仓的应用平台运行视图

移动端	微信	入库
		出库
		日盘
		月盘
		统计

智能+云	智能闸口
	司机调度屏幕显示
	园区监控集成
	大屏展示

仓储管理	入库管理	手工强制入库期货
		产线拉订单
		产线拉物料
		线下期货录入
		强制撤销入库
	出库管理	生成发货计划
		取消发货计划
		查询发货计划
		生成配车计划
		取消配车计划
		查询配车计划
		打印出库单
		发车实绩手工确认
		持出证打印
		出库信息查询
		发车实绩卸货
	存货管理	货位信息维护
		库位信息查询
		库存信息维护
		库存信息查询
	盘点	日盘
		月盘

图6　德邻云仓的功能架构

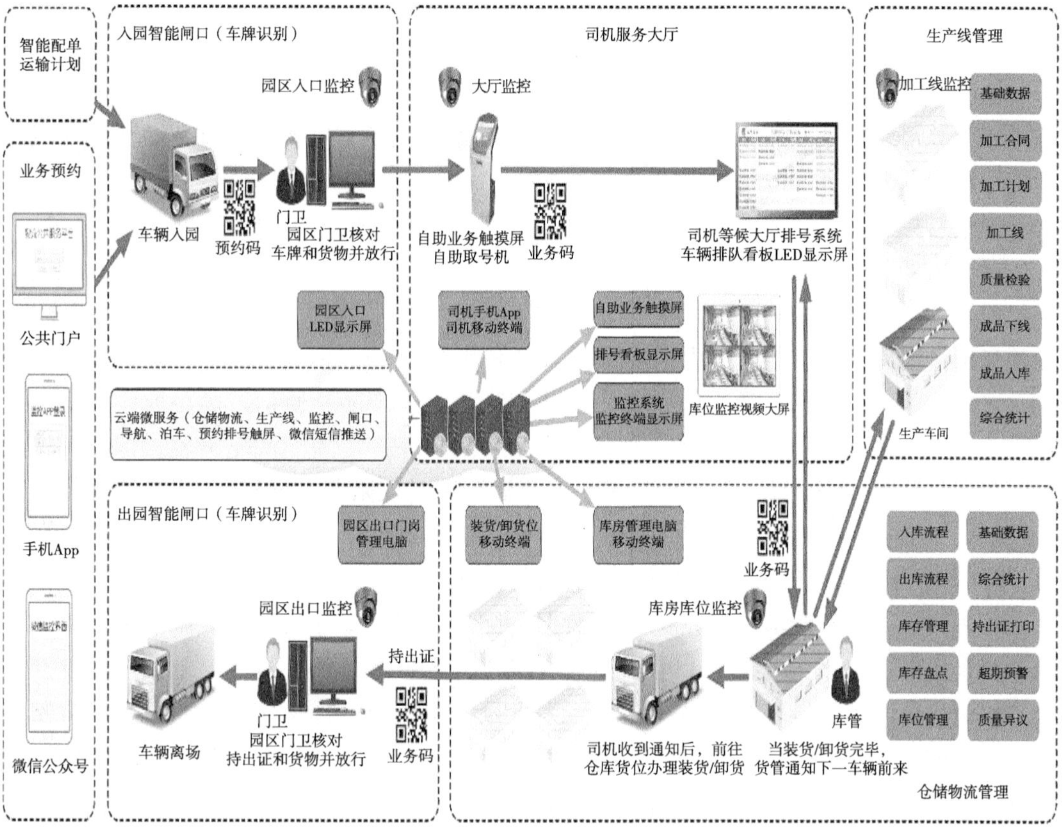

图7　德邻智园系统总体业务蓝图设计

5. 德邻 e 宝：互联网 + 供应链金融服务

德邻 e 宝是以德邻陆港为实体支撑，采用互联网手段探索产业链金融发展道路的产业链金融平台。同时为上下游客户提供在线支付、融资服务等多项业务。会员通过在德邻 e 宝平台注册个人用户或企业用户，同时完成自动开户，生成用户专属的虚拟子账户，用户通过绑定实体银行卡，可以完成基本的在线充值、转账、提现等操作；同时具备融资服务、理财等多元化的进阶服务，德邻 e 宝平台通过专线网络与银行系统直连，将通信报文直接发至银行系统，银行系统处理完成后，实时返回结果给德邻 e 宝平台。同时，德邻 e 宝可以提供优质的 SaaS 服务（软件即服务），为物流平台、采购平台、仓储平台提供货款的在线支付、退款等服务；目前德邻 e 宝已对接德邻畅途、德邻玛特，未来将继续拓宽市场，为更多的平台提供金融保障。

6. 德邻玛特：互联网 + 网上产品销售

（1）线上业务。

实现工业用品和办公用品的在线采购。目前采购商城与京东、领先未来、办公伙伴、震坤行等几家大型电商平台实现强强联手，可提供包括电气、紧固密封件、手工具、劳保等 26 大类工业品和电脑整机、电器设备等 13 大类共计几十万种商品。德邻玛特支持按需采购和按商品采购两种模式，采购组织可以通过平台实时发布采购委托、采购公告、开展询价工作，供应商根据自身实际公开报价、比价，系统保留询价痕迹，采购组织在线确定供应商，发布成交公告。同时，德邻玛特支持按商品采购模式，采购组织直接按明码标价在线下单直接采购，并可对供应商报价及供货情况进行评价等操作。

同时德邻玛特制定了严格的平台供应商准入及退出标准，严控商品质量、创新采购方式、提高采购效率、降低采购成本，同时通过德邻陆港自有物流提供“最后一公里”的配送服务，让各级采购组织体验高效、透明、快捷、省心的购物服务。

通过与德邻 e 宝对接，目前德邻玛特实现在线支付、退款等线上结算业务。

（2）线下业务发展。

通过线上线下深度结合，其线下业务范围包括：汽车销售、机动车配件批发兼零售、轮胎经销、房屋设备出租、工程机械修理（起重设备修理除外）、车辆维修、汽车装饰用品、日杂用品、电瓶、车载通信设备、音像制品、电子产品、通信产品、数码产品、皮具箱包、户外用品、家用电器、二手车（除报废汽车外）零售、洗车美容、汽车救援服务、餐饮、住宿、润滑油、防冻液销售、成品油零售（仅限分公司经营）、易燃液体批发（无储存）、煤焦油、粗苯、洗油、煤焦沥青等业务。

7. 德邻大数据：互联网 + 物流大数据挖掘、分析

德邻大数据对产业链上丰富的生产数据、交易数据、库存数据、物流数据、用户数据和资金数据进行采集、加工和分析，进一步提升数据的价值。对于上游钢厂，以产业大数据为指导，帮助传统企业从规模化、大批量的生产制造理念转化为小批量、定制化和专项化的服务，进而“两化融合”为物联网形态，最终实现生产服务化。对于下游经销商和终端客户，提供价格、运输、库存等趋势的预判，为下游用户的生产经营提供数据支撑。

目前提供的现货交易数据服务有销售情况分析、客户情况分析、销售区域流向分析等；物流数据服务有全国物流流向分析、当天/总发车统计、各品种运输占比 TOP10、线路运量 TOP10、车辆运输轨迹跟踪、在线成交统计等。

8. 德邻钢铁：互联网 + 钢材交易

德邻钢铁依托互联网手段，以钢材交易为基础，深入打通产业链上下游的数据信息，立足鞍钢、面向社会，销售范围覆盖东北、华北、华东、华南等地，打造诚信、便捷、高品质的第三方钢材现货交易平台。

德邻钢铁是鞍钢集团为支撑鞍钢总体发展战略，打造数字化鞍钢而构建的，与上游供应商、下游客户高效协同的电子商务平台。平台以鞍钢为核心企业，整合物流、仓储、金融、加工配送等资源，为上游供应商与下游客户提供面向服务的整体解决方案，将供应链服务能力向行业拓展，推动钢铁产业转型与发展，构建以鞍钢为核心的钢铁电子商务生态系统。

平台主要以鞍钢集团的现货销售和期货销售业务为主，随着业务的扩展，孵化出了化工、气体、采购商城等线上业务。

（1）现货销售平台。

现货销售平台主要以鞍钢的现有钢材产品交易为主。销售区域覆盖东北、华北、华东、华中以及华南地区。目前拥有注册客户 10000 多家，其中交易客户 3000 多家，累计实现销售额 200 多亿元。

目前平台销售的现货品种基本涵盖了大多数常用的钢材品种，包括热轧、冷轧、中厚板、型材、线材、无缝管等。

同时，根据不同的钢材类型与不同的销售时期，平台提供了多种销售模式进行销售，如单卷销售和打包销售，挂牌销售和竞价销售等。这样能够充分利用电子商务平台操作简洁、销售方式灵活的特点。对于有些价格比较透明的产品，可以采用定价销售的方式，让用户随用随买。对于一些市场价格变动比较大的产品或者是不好定价的产品，可以采用竞价的方式，实现货物价值的最大化。

平台操作简洁，用户只需像在淘宝网买东西一样，通过简单的几步操作，即可完成商品的购买。商品的展示页面给用户提供一些非常清晰、简洁的资源数据，让客户能够对于货物的属性、价格、仓库等信息一目了然。对于一些比较专业的客户，平台还提供更加详尽的质量信息，包括化学成分、检验性能等。

平台的货源及资源数据均来自系统对接，保证真实可靠。

在客户购买商品之后，平台为客户提供电子合同、电子质保书、电子出库单等电子单据，为用户提供更大的便利。电子出库单的实现，使司机只要凭身份证和手机验证码就可以到仓库打印提货单进行提货，既方便快捷，又保证了货物的安全。

热忱的服务态度、真实可靠的货源、集成化的数据、遍布全国的销售网点和仓库布局，一站式的便捷服务使鞍钢现货销售平台成为钢厂、销售商、仓库和客户之间的纽带，成为全国广大客户选购钢材的热门平台。

（2）期货销售平台。

期货销售平台主要是为在鞍钢订购期货的广大用户服务。期货平台对内打通了鞍钢的产销 ERP 系统，外部与云仓系统、港口物流系统、船讯网、德邻畅途汽运平台等诸多系统进行了流程和信息上的对接，为用户提供订货、订单查询跟踪、资金对账、物流跟踪、异议提报、电子单据下载等诸多功能。

目前期货平台所销售的钢材品种包括热轧、冷轧、镀锌、彩涂、线材、硅钢 6 个品种。客户可以在网上提报需求，在进行草约确认并付款后，即可生成正式的订单。在订单生产过程中，平台提供关键节点的生产进程跟踪、成品库存查询、离厂发货信息查询等功能，让用户可以较清晰地了解合同执行的进度。

订单发货后，平台通过与船讯网的信息集成，实现了实时可视的货物船运信息：通过平台，客户可以查询到船舶的实时位置和航行轨迹，并可以查询到每条船上的客户货物明细；通过与德邻畅途的信息集成，平台实现了对于汽运货物的跟踪和查询，可以查看运输货车的车辆信息、司机信息、预计到达时间、行驶轨迹等。

“质保书查询”为客户提供防伪质保书在线打印、在线下载功能。

“资金查询”能够为客户提供实时资金查询，账目、发票查询，并能够进行网上对账。

另外，平台为一汽、美的、长城汽车等重点客户提供定制化的数据协同服务（大客户通道）。提升业务协同能力和信息推送能力，以实现高效的协同和快速沟通。

9. 德邻化工：互联网 + 化工产品销售

德邻化工依托互联网手段，提供专业的化工产品资讯和多种方式的化工产品在线交易服务。

10. 德邻循环：互联网+循环物资再利用

平台立足于物尽其用的宗旨，借助“互联网+”，通过提供在线竞价、挂牌等多种销售模式，让每一循环物资发挥其最大价值。

四、项目的效益分析

1. 经济效益情况

项目实施带来的经济效益情况如下表所示。

经济效益情况

项目总投资额（万元）		2472	
年份	营业收入（亿元）	新增利润（万元）	新增税收（万元）
2017	20.92	1148.29	247.88
2018	22.74	4375.77	798.38
2019（预计）	30	5000	—

2. 社会效益情况

（1）德邻陆港通过开辟陆海、公铁等多式联运方式，为客户提供物流整体解决方案设计及实施服务。配送区域已覆盖华北、华东、东北等地，较好地满足了全国各地钢贸客户的需求，目前已具备以鞍山为中心300千米半径内24小时“门对门”送达能力。同时通过拓展此项业务，增强了整合社会资源能力，为钢铁企业的销售物流提效降本发挥重要作用。

（2）家用轿车已经走进千家万户，汽车后市场发展蕴藏巨大的商机。德邻陆港通过对市场的研判，果断采取行动，利用厂区闲置资源，建设了鞍钢广达汽车服务产业园，并与壳牌、米其林、龙膜、博世、中国人保等国际知名企业合作，全力打造了鞍山区域内专业、优质、高效的一站式汽车后市场服务基地。

（3）有效利用与中国重汽、中国一汽等大型汽车制造厂家多年的合作优势，开拓汽贸销售代理服务业务，依靠自身在维修技术和诚信经营方面所具有的优势，短短几年时间，便在辽南地区打开市场，现整车及配件销售业务已稳步开展。

（4）德邻陆港结合园区闲置厂房场地的实际情况，通过与鞍山市体育局、体育协会开展合作，商业化运营，相继开发建设了篮球馆、羽毛球馆、排球馆、乒乓球馆和室外小型足球场，承办多项鞍钢和地方的体育赛事。

（5）德邻陆港在信息化实施方面，以“互联网+”模式探索一种全新的增值服务商业模式，依托互联网、物联网、大数据、移动互联等全新技术手段，打造了集无车承运业务、仓储、加工配送、金融服务、大数据、资讯、技术、钢材销售、非钢销售与产业特色服务等功能为一体的，共赢互利的生态型钢铁服务生态圈。经过前期的快速发展，现已成为辽宁省无车承运人的领军企业。其德邻畅途平台有效提升了管理的精度，保证了货物在每个环节的状态实时透明；有效提升了供应链信息共享度、更快捷、更准确。

（6）依托于强大的德邻陆港智慧供应链服务平台，德邻陆港积极开展线下增值服务：汽车后市场服务业务、整车及配件销售业务、盘活闲置资源提供体育产业服务业务，真正做到了线上线下的深度融合，推动物流运输行业的组织化、规范化、集约化发展。实现“弯道超车”，打造先进的“互联网 + 物流联盟”运输模式。

五、项目实施的创新性

1. 创新性地引入微服务架构

平台在开发中兼具如下特性。

①敏捷性：按功能拆分，快速迭代；

②自主性：团队技术选型灵活，设计自主；

③可靠性：微服务故障只影响此服务应用者，而单体式应用会导致整个服务应用不可用；

④可扩展性：功能容易扩展，持续集成持续交付；

⑤虚拟化、容器化：提高物理资源的使用率。

研发先进的物流 SaaS 云服务技术，构建安全、自主的多租户物流 SaaS 云服务系统，包括云应用服务池和云应用引擎。云系统实现并聚合丰富的物流云应用，如 TMS（运输管理系统）、OMS（订单管理系统）、CRM（客户关系管理）、财务管理等，形成公开共享的云应用服务池，每个企业可以根据自身业务需求订阅、开通不同的业务应用，满足不同物流企业的业务管理需求。云应用引擎负责管理和运行用户订阅的云应用，并为每个用户分配独立的应用运行空间。此技术方案实施后，既可以满足不同用户的个性化业务管理需求，又可以让每个用户拥有独立的云应用空间和安全隔离的数据存储空间，确保用户业务和数据的安全性。

2. 轻资产运营模式

轻资产运营是指在资源有限的条件下以杠杆原理充分利用各种外界资源，减少自身投入，集中自身资源实现价值最大化的战略管理。从德邻陆港“无车承运人”实践看，其运营模式恰恰是轻资产运营的最好体现，首先，它本身不拥有车辆却能从事货物运输；其次，它通过对外部资源的有效整合以及多样化业务形式开展创新运作，以达到多方利益共赢的目的。相比于有车承运人来说，由于无车承运人无须购买运输车辆，其具有轻资产运营的特点，一方面降低了企业规模扩张的成本，另一方面企业可以将有限的资金高效地用于信息资源的获取环节，扩大无车承运业务的辐射范围，增强企业的核心竞争力。所以无车承运人模式的资产规模也会较小，资产投入会更少。

3. 敏捷快速的市场反应能力

德邻陆港凭借智慧供应链服务平台和技术支撑拥有了敏捷快速的市场反应能力，可以根据市场供需变化实时调整发展策略。一方面，德邻陆港主要利用互联网掌握庞大的货源信息，通过对实体资源的有机整合，减少中间环节，降低了货主的发货成本，极大提高了卡车与货物的匹配效率；另一方面，由于轻资产运营，德邻陆港无车承运人对设备的投入资金大量减少，能够集中精力发展核心竞争力，对市场进行快速反应以提高道路运输效率。

4. 运用结构完善的信息化网络平台可有效整合社会物流资源

现今社会物流成本居高不下，德邻陆港实行“无车承运人”模式可以通过降低资本投入，扩大业务的承运范围，来增强企业核心竞争力。同时在“互联网 +”的基础上，运用结构完善的信息化网络平台，建立线上线下虚实网络，实时掌握货物信息，通过对实体资源的有效整合，来提高道路运输的整体效率。

六、项目的可推广性

当随着社会经济的不断发展，市场的商业竞争也日益激烈，但商业竞争的方式已经从原本公司的竞争，转向了供应链之间的竞争。企业的商业成功也受到供应链管理水平和效率的重要影响。

传统的物流行业面临的一个重要困境即信息不对称，随着近几年智慧物流平台类企业的不断兴起，过去简单的信息不对称的时代已经渐渐远去。但是，一个新的问题浮出水面，供应链环节繁杂，分散的信息系统难以支持产业协同发展，物流交易该如何实现全链路的在线化?

德邻陆港为贯彻落实《国务院关于深化“互联网 + 先进制造业”发展工业互联网的指导意见》，推进“中国制造 2025”和“互联网 +”，通过本项目的建设，以供应链为框架实践“互联网 + 物流”的理念，彻底改变传统物流模式中的不足，实现物流全链路的信息化、可视化、数字化、智能化。

以“互联网 + 物流”为理念，融入物联网、云计算、人工智能、大数据等现代计算机技术，对传统物流园区进行全面信息化改造，集合了仓储管理、钢材加工管理、自动配单、仓容管理、在线预约、快速货位变更等业务的管理功能。降低运营成本、加快市场响应效率，提高客户满意度，建设智慧物流供应链服务平台。

七、项目下一步计划改进方案

（1）优化德邻钢铁平台与鞍钢 ERP 系统间的数据交互，提升数据的稳定性和及时性。

（2）应用新的架构打造第三方化的“德邻循环”平台，并推广循环物资在线交易业务。

（3）积极推进“德邻钢铁”“德邻玛特”与“德邻云仓”“德邻畅途”“德邻 e 宝”等平台的系统集成和数据交互。

（4）开拓创新并完善“德邻 e 宝”平台，以德邻陆港为实体支撑，采用互联网手段实现完善产业链金融发展道路的金融平台。同时为上下游客户提供在线支付、融资服务等多项供应链金融服务。

（5）积极推广“德邻云仓”和“德邻加工”系统，以其特有的 SaaS 服务特点为各级用户提供优质服务。

（6）建立特色的“大数据可视化平台”，完善“德邻大数据”平台，进而对产业链上丰富的生产数据、交易数据、库存数据、物流数据、用户数据、资金数据进行采集、加工和分析，进一步提升数据的价值。对于上游钢厂，以产业大数据为指导，帮助传统企业从规模化、大批量的生产制造理念转化为小批量、定制化和专项化的服务，进而“两化融合”为物联网形态，最终实现生产服务化。对于下游经销商和终端客户，提供价格、运输、库存等趋势的预判，为下游用户的生产经营提供数据支撑。

（7）通过智能化仓库管理、全链路钢材加工管理、智慧物流园区管理等业务功能的完善及推广，实现德邻陆港旗下各物流园区全流程闭环的信息化覆盖。

（8）通过深化移动互联网应用，与云平台业务流程深度交互，实现德邻陆港旗下各物流园区全流程透明化的信息协同、业务协同、人员协同，乃至供应链上的协同。

（9）通过大数据技术的引入，对业务活动数据进行采集、过滤、清洗、分析、共享，建立全流程透明可视化服务，并为优化业务流程提供量化依据。

（10）通过对微服务架构和容器云技术的深入应用，以及对业务的高度抽象化设计，使各平台更具“柔性”，能够通过简单定制实现快速复制，达到产品化 PaaS（平台即服务）的目标，为建立独立运营的 SaaS 做好准备。

准时达国际供应链管理有限公司：科技化驱动的BPO统包——智能简化复杂的工业制造供应链

一、项目背景介绍

C客户是世界500强科技集团的核心事业单位，主要从事精密模具设计制造，包括手机/平板/电脑产品机构件、自动化设备、自动化机器人、精密刀具、光学产品等的研发与制造。

随着国内人力成本的不断攀升，集团工业互联网的快速推进，C客户面临着招人难和人才结构调整的双重挑战，并希望不断通过科技手段来实现提质、增效、降本、减存的目标。这是千万家中国制造企业面临的共同现状。

《中国制造2025》提出：制造业是立国之本、兴国之器、强国之基。作为世界第一制造业大国，2017年，中国制造业总产值已是美国的2.58倍，在全世界的占比达到了35%。然而中国制造业从业人数却是美国的十余倍。大部分中国制造企业生产、运营等各环节信息化、自动化水平低，造成大量人力资源与财力资源的耗费；企业管理意识薄弱，导致供应链管理效率低下，这是造成巨大差异的主要原因。

放眼世界，随着市场竞争日益激烈，越来越多的国际知名领先型企业早已意识到无法包山包海、全盘兼顾。它们开始逐渐把企业的运营、管理，甚至前瞻到将规划、战略层面的业务外包，将专业的事交给专业的人，只关注自己的设计、研发等核心业务，将供应链打造成价值链，从而不断提升企业可持续发展的竞争实力（如图1所示）。

随着业务流程外包（Business Process Outsourcing，BPO）市场的成熟，美国、日本等发达国家社会供应链效率日益提升，物流费用占GDP的比重仅为5%~8%。

预计到2025年，全球BPO市场规模达3432亿美元，年符合增长率超过7.4%，供应链服务的占比将达到35%，这是一个需求潜力巨大的市场。但其中，亚太地区的贡献仅为6%。

回到中国，供应链和采购BPO占比只有8%。在供应链服务领域，BPO仍只停留在3PL（第三方物流）、LLP（领先/主导物流合作伙伴）或顶多是4PL（第四方物流）的物流业务外包层面。

二、客户挑战与诉求

作为中国制造业典型代表的C客户，在全国拥有七处保税工厂。除了外包部分国内、国际运输和VMI（供应商管理库存）仓储业务外，仍自营自控着厂内物流、关务、CMI（客户管理库存）仓储、线边仓等作业。相关人力将近500名，年度直接人力成本超过

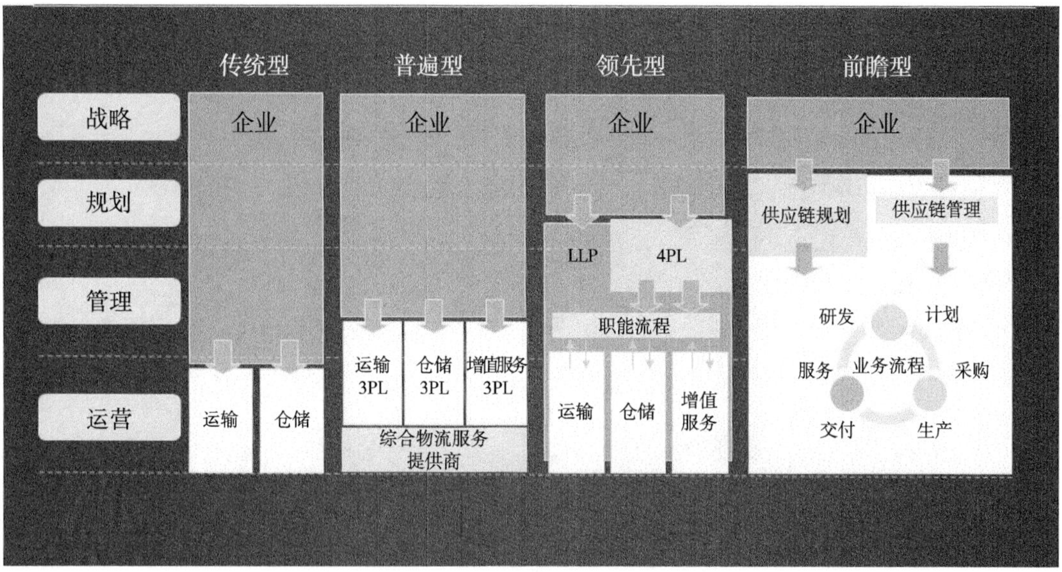

图1　市场发展趋势

5000 万元。

这是一笔不小的固定投入，业务量上升，人力成本会随之上升，但业务量下降，人力成本却并无多大变化。而且对于人员、设备、场地管理的边际成本也居高不下。

由于一直处于自营的状态，C 客户很多供应链管理模式和作业方法沿用已久，缺乏创新。入厂供应链、生产供应链、交付供应链、售后供应链等网络纷繁复杂。系统化程度低、流程冗繁，不但拖累了作业效率，偶尔的差错风险也给生产制造商带来了巨大的损失隐患。

目前，C 客户还面临着库内作业自动化、供应链管理系统升级改造的需求，这也将是一笔不小的投资。

准时达是富士康科技集团唯一授权的供应链管理平台服务公司，具备国家 5A 级综合型物流企业资质，拥有 AEO 企业高级认证、世界货运联盟等多项主要企业资质，是全球 C2M2C（端到端供应链服务，Component to Manufacture to Consumer）全程供应链整合服务先行者。

准时达的核心竞争优势是其面向工业制造型企业及 3C（中国强制性产品认证）制造商的“端到端”精益供应链管理服务实力，为客户提供“端到端”的全程供应链管理服务，为客户打通制造、供给、商贸的关键环节，形成从供应商、制造商、品牌商、经销商到客户的闭环供应链生态圈，准时达三网商业模式如图 2 所示。

因此，C 客户找到了准时达，希望准时达能够为其解决这一痛点。

三、准时达 BPO 解决方案

准时达在领先的制造业供应链管理基础上，以具有竞争力的增值服务、创新的供应链产品服务以及平台化的运营模式整合供应链生态圈资源，创新不同区域特色的产业集群服务体系，构建工业 4.0 科技时代下以 DT（数据处理技术，Data Technology）大数据

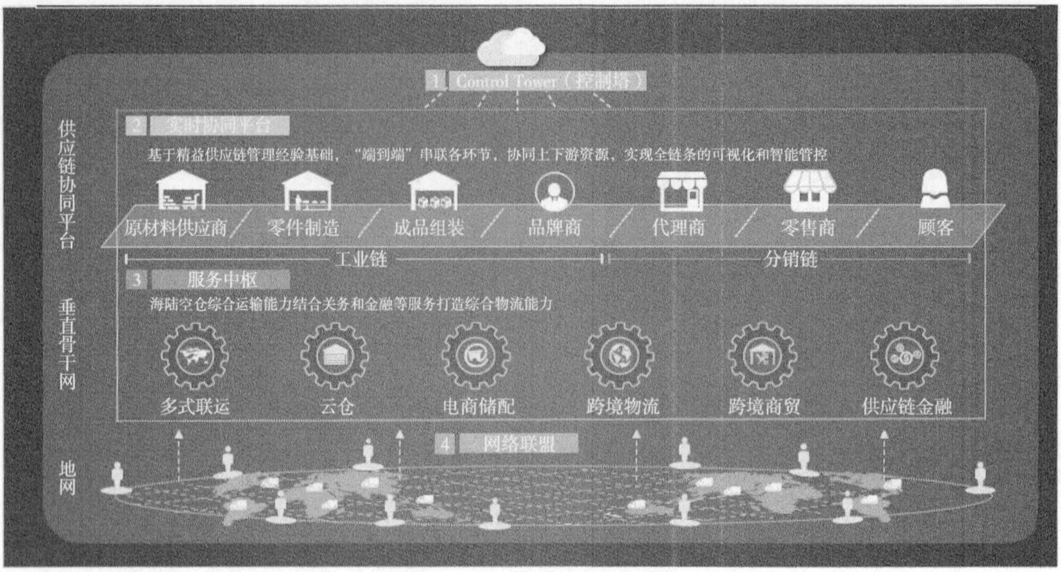

图2 准时达三网商业模式

运营为基础的智慧供应链实时协同平台。

基于成熟的天网、地网、垂直骨干网的布局，准时达为生产制造企业打造的 BPO "供应链业务统包解决方案" 完美契合了 C 客户的需求。

相对于 3PL 关注过程流的运营服务、4PL 关注物流资源整合的服务，准时达凭借服务制造业的丰富经验，通过 BPO 的供应链统包解决方案将供应链条上的角色和过程融为一体，以科技手段和信息技术，打造大数据驱动的 C2M2C 智能化供应链。准时达的 BPO 解决方案如图 3 所示。

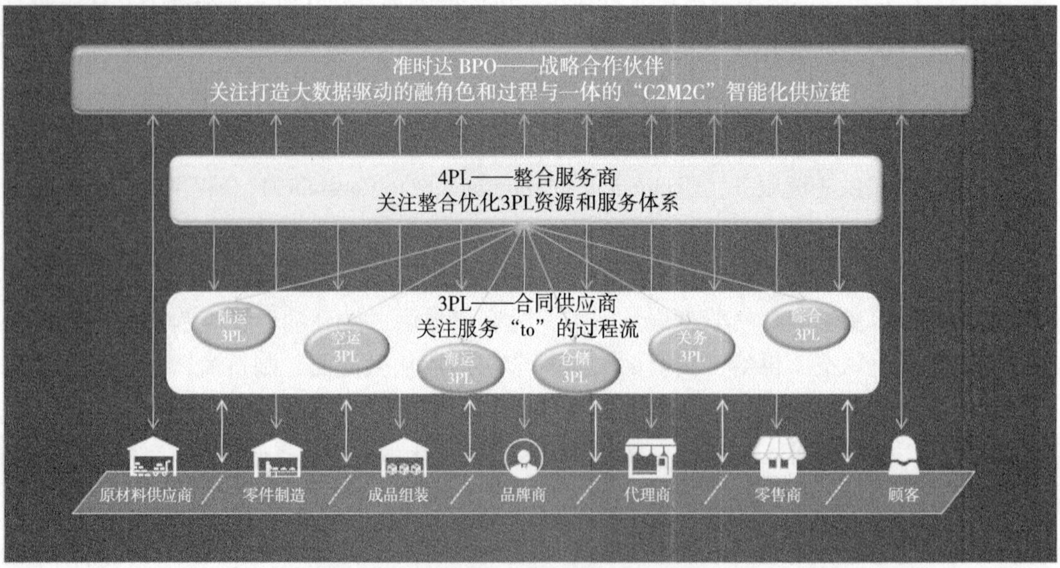

图3 准时达 BPO 解决方案：不仅是 4PL

准时达将其定位为企业的战略合作伙伴，其 BPO 统包供应链解决方案旨在简化复杂的供应链，相较于4PL概念更大，具体表现如下。

(1) 更全面：不但连接过程，更连接产业链条上的不同角色。

(2) 更透明：六流合一（人流、物流、过程流、信息流、资金流、技术流），数据更完整；"端到端"整合，可视化程度更高。

(3) 更智能：利用"供应链大数据+行业Know-How"，打造智能供应链。

准时达综合利用大数据分析、云平台建设、物联网信息系统集成应用于一体的综合信息网络，自主研发信息系统平台，为客户提供可视化、可共享、可集成、可监控的全网综合信息分析与处理服务，全面支持内部和外部客户的供应链管理和运营服务，实现"端到端"的全智能化系统平台协同运作。

依托平台化定位、全球化布局、一体化实力和科技化驱动，准时达围绕核心企业，连接上游供应商、下游客户，以及产业链上不同合作伙伴，打造客户制造业的供应链生态圈，借助供应链大数据，预测、预警、预判，实时协同，打造高效的智慧化供应链服务体系。

为了简化复杂的供应链，准时达用单一窗口对接C客户，为其提供供应链统包管理、六流合一、精益优化的BPO服务，如图4所示。

图4　准时达BPO解决方案：简化复杂的供应链

四、准时达统包方案推动

根据C客户的诉求，我们重新梳理了其C2M2C的供应链全景，并根据自身精益管理的经验和实力，提出了组织融合、系统整合、流程聚合的优化方向，具体如下。

(1) 组织融合：秉持"专业的事让专业的人干"原则，运用准时达既有的服务网络和组织，将C客户重复的职能岗位进行合并，使得C客户不再承担过多作业的人力，也将固定的人力成本转变为淡旺季可变可控的变动成本，优化企业管理。

(2) 系统整合：使用准时达成熟完善的智慧物流管理系统，并与C客户的ERP（企业资源计划）对接，尤其是其并不完善的仓储管理系统和关务操作系统，全方位采集人流、物流、过程流（三实），信息流、资金流、技术流（三虚）六流合一的运营和业务数据，实现实时可视。

（3）流程聚合：将现有作业流程进行精益优化和聚合再造，减少不同组织之间的重复作业和往复交接环节，提升运营效率，降低作业成本，提高服务质量。

业务层面具体表现如下。

（1）关务：导入准时达一站式关务系统平台，并与海关系统对接。通过系统基础数据的维护，最大限度减少纸质单证流转，系统化取代人力作业，提高作业效率和准确率。此外，借助准时达全球化网络布局和区域化深耕，还为其提供贸易合规政策咨询和规划服务。

（2）物流：有效契合产销协同，并提前锁定运力资源，利用准时达规模化采购，降低运力成本。同时，利用准时达控制塔，规划全球采购、交付和服务运输网络，根据订单需求，选择性价比最优的运输方式，并通过路由规划、配载规划等持续优化运作成本。

（3）仓储：整合 VMI（供应商管理库存）、CMI（客户管理库存）、线边仓等，通过系统管控物权及原物料、成品、服务备件等库存和订单。同时，将线边仓作业前置，直接送料上线，集中管理，集中作业，提升仓库和设备利用率，减少交接和重复作业，提升员工作业效率。另外，围绕仓储管理，向上延伸到供应商管理，提供采购执行、订单管理、最小/最大库存管控、结算管理等服务。

（4）系统：在实施智慧物流管理系统的基础上，逐步上线准时达实时供应链协同平台 SCCP（Supply Chain Collaboration Platform），对接供应商、生产制造、终端客户数据，打通制造链和分销链条中的信息孤岛，产生以 C 客户为核心的工业大数据，为推进工业互联网奠定基础。

为了保障 BPO 项目的有效推进，准时达在原本“调研、承接、上线、优化”四部曲的基础之上，将 BPO 服务升级至战略合作。为了保障客户 BPO 战略行之有效，准时达还提供了“组织划转”和“合资公司”的解决方案，具体如下。

（1）组织划转：依据企业供应链 BPO 的战略规划，准时达在 BPO 服务基础上，可以承接企业供应链/物流管理团队的适当组织划转。准时达专业管理供应链物流相关的人和业务，规模化提升个人贡献和效率，同时，让企业的固定成本变为随业务量起伏的变动成本，使成本更加可控。

（2）合资公司：依据企业供应链发展战略，准时达可以和企业成立合资公司，承接并保障供应链/物流 BPO 的有序推进。以此有效保障长期有序的战略合作和持续精益优化，规避 BPO 风险；并且可以叠加外部业务，将企业供应链/物流相关成本中心转型为利润中心。

在 C 客户的方案中，我们推介了组织划转方案。准时达使用 C 客户既有团队进行过渡承接，输出管理人力，并逐步进行组织融合和人力优化。最终，C 客户将原本供应链管理的冗余人力分流到生产制造，不但保障了其生产人力供给，还提供了组织汰换的优化机遇，如图 5 所示。

为了简化对账、结算流程，准时达 BPO 同样一改传统分服务段计费、分服务主体计

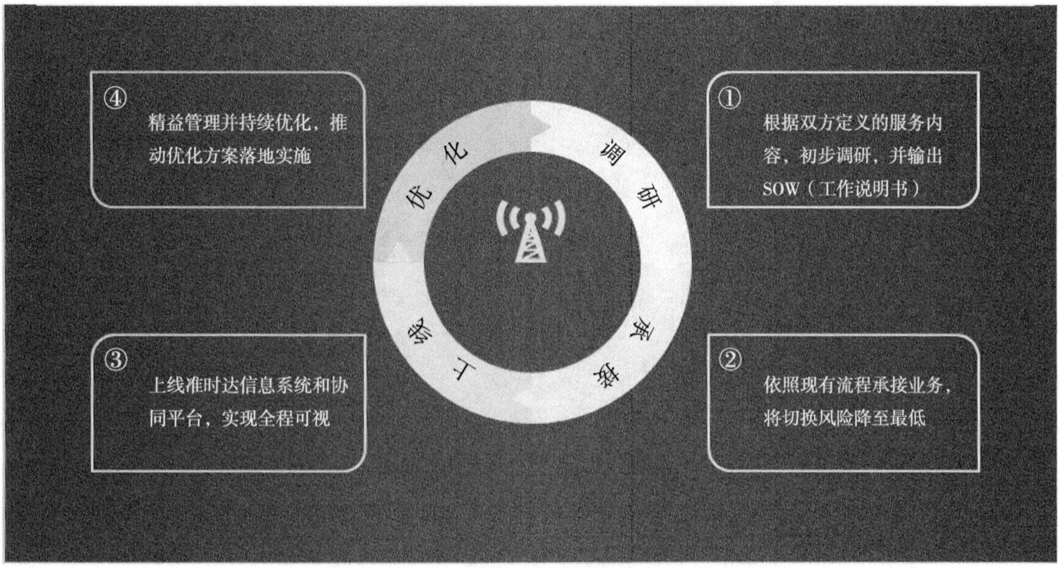

图5　准时达 BPO 方案推动

费、分服务/承运商计费、分服务内容计费、分报价格式计费等按流量计费的模式，转变为“固定管理费用+优化利润分享”的结果导向计费模式，提高了供应链管理服务成本的透明度，更提高了对账结算的效率，一扫之前隐藏成本高、结算流程长的问题。

五、准时达 MDS 解决方案

在供应链关务、仓储、运输业务统包的基础上，只能初步满足 C 客户降本增效的短期目标。为了契合其集团工业互联网的建设需要，准时达除了推介实时供应链协同平台外，还为其量身定制 IoT 自动化集成方案，帮助企业从标准化、数字化向全球化、平台化发展，并建立可持续优化的战略发展机制。

准时达拥有自己的智链实验室，专注 IoT 设备的研发和“硬件+软件”的自动化集成，以前沿科技提升供应链管理效率，从而打造智慧供应链。

科技实力本身就是准时达打造 BPO 服务的基础。以“实时供应链协同平台”为前台，“智能化+六流可视化”为中台，“数字化+自动化”为后台，准时达以生产制造企业的视角为主轴，打造了的“制造业数字化供应链解决方案”，即 MDS（Manufacturing Digital Supply Chain Management），如图 6 所示。

准时达作为工业互联网中顶尖智能供应链平台，旨在以便捷的商业模式赋能全球企业。MDS 更是精准定位，致力于为制造业，尤其是中小企业赋能。

MDS 是一个完整的体系，也可以模块化输出。客户只需关注协同平台的前台呈现，快速做出智能的商业决策。中台的运营管理和后台的操作执行，尽由准时达统筹完成。

针对 C 客户的 MDS 方案规划具体如下。

（1）后台（操作执行）：准时达根据 C 客户既有业务流程和服务资源，全盘承接仓储、关务、物流业务，渗透厂内制造物流，并通过系统实时和 IoT 设备规划，实现全流程数字化。

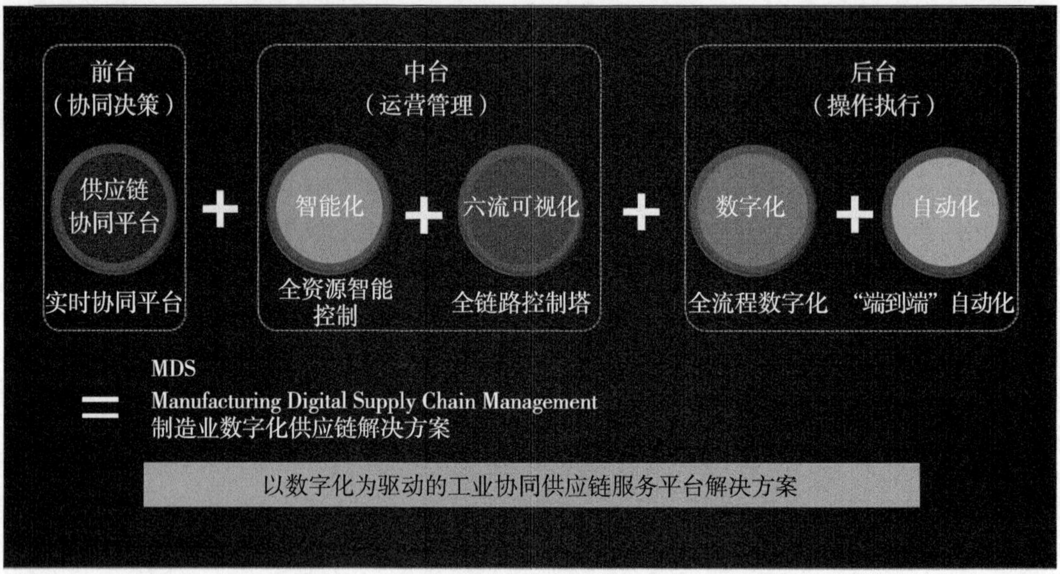

图 6　准时达 MDS 解决方案

（2）中台（运营管理）：准时达通过专案项目团队和控制塔统筹运营管理，单一窗口对接 C 客户，并延伸对接供应商、客户、承运商等。还通过网络优化、流程优化、库存优化等精益管理的持续优化理念，在智能可控的基础上，逐步规划并实施优化方案。

（3）前台（协同决策）：通过六流数据的采集，准时达实时供应链协同平台不但为 C 客户各级管理层定制化 Dashboard（商业智能仪表盘）和报表，还在数据协同的基础上，实现任务协同，实时解决并记录任何异常，实现全过程可追溯。

针对 C 客户业务情况，我们率先针对其原物料的采购执行环节上线了供应链协同平台。上线前，该部分业务由采购、供货商、货代、运输、关务、仓库等多方角色参与，包含 25 个不同作业环节，存在着诸多挑战，具体表现如下。

（1）人工操作环节较多，出错率高，工作效率低，人力成本高。

（2）邮件传输慢，有时甚至无法正常发送接收邮件，严重延迟作业。

（3）需要多次电话跟催各环节状况，浪费时间。

（4）信息不够透明化，作业时间较长。

准时达协同平台实施上线后，通过订单采购执行、运力协同、关务协同、资源协同，将流程节点压缩为 7 个，通过协同对接，在信息共享的基础上实现任务协同，并最大限度地无纸化、E 化（电子化）作业，客户获取了巨大收益，具体表现如下。

（1）跨系统对接，任务协同，信息共享，工作效率提高 60%。

（2）实现办公室无纸化作业，管理成本降低 30%。

（3）最大限度地 E 化作业流程，操作稳定性提升 70%。

（4）作业流程节点从 25 个优化到 7 个。

（5）节省了 40% 的人力，加快了 50% 的沟通效率。

（6）运力布局和网络节点可视化程度从 0 提升至全网可视、可查、可共享、可分析。

在此基础上，准时达还特意为 C 客户管理层部署“战情室”，通过“软件（供应链实时协同平台）+硬件（电子屏）”的结合，以及现场联合办公的模式，助力客户实时掌控供应链全貌，适时协同解决风险问题，高效体验六流合一的智慧供应链服务。

六、项目效益评估

凭借自身的优势，准时达提出的 BPO 供应链统包解决方案可谓占尽天时地利。

（1）丰富经验：准时达拥有长期服务于富士康、夏普等全球大型制造业的 BPO 供应链管理服务经验，可对标并赋能其他制造企业。

（2）专业人才：准时达拥有来自生产制造、供应链管理等领域的全球专业服务团队，有完善的行业知识体系。

（3）资源整合：准时达长期为制造企业提供一体化采购和管理服务，拥有完善的资源管理体系，甚至包括供应商管理（SRM）和客户关系管理（CRM）体系。

（4）科技实力：准时达拥有专业 MDS 服务平台，融数字化、自动化为一体，实现数据采集、集成与“端到端”可视化，打造智能化的供应链体系。

（5）全球网络：准时达自有可共享的全球网络，结合“4PL + 3PL”的服务模式，为整合资源管理做有效的补充和必要的应急。

（6）持续优化：准时达拥有制造业精益管理基因，专门做减法，杜绝浪费。与此同时，全球领先的专业供应链与物流解决方案能力也有效保障了持续优化的有效推进。

由此，让企业外包非核心业务，而聚焦其核心竞争力的发展，我们可以给客户供应链创造全方位的价值（如图 7 所示），具体表现如下。

（1）增加营收：通过提升服务质量和客户满意度、加速产品上市时间、保障产品供给等，助力企业增加盈利能力。

（2）降低成本：通过规模化降低采购成本、优化流程、提升效率等，降低直接作业成本。

（3）减少运营资本投入：通过降低库存（要货有货，不要货零库存）、压缩 Order - to - Cash（从订单到现金）周期、减少应收账款等，减少运营资本投入，提升企业现金流流动效率。

（4）减少固定资产投入：通过设备外包、资产转移、提高利用率和嫁动率等，减少企业固定资产投入。

在 C 客户的案例中，除了图中所示的价值主张外，准时达 BPO 带来的量化价值体现在如下几个方面。

（1）供应链服务人力成本优化 70%。

（2）物流采购成本优化超过 20%。

（3）作业和沟通效率提升 50%。

（4）订单交付时效提升约 30%。

（5）作业准确率提升至接近 100%。

七、项目意义总结

国内制造业普遍存在着以下几个问题。

图7　准时达 BPO 价值主张

（1）信息断层（信息不连贯、软硬件不连接）。

（2）工作节点复杂，大量重复性作业。

（3）牛鞭效应，供需失衡。

（4）可视化低，协同度差。

诸多有责任感的企业都以提升社会供应链服务效率、降低社会物流成本为己任。但实施起来却是难上加难。

准时达是少数拥有制造业 C2M2C 全程供应链服务经验和能力的企业（如图 8 所示）。经过验证，我们推出的 BPO 供应链统包解决方案，符合社会所需，满足企业所求，能一站式解决制造业供应链管理痛点。

图8　准时达 BPO 全流程服务

通过C客户的成功案例，准时达也意识到中国制造企业转型升级的强烈意愿。但仍有诸多企业意识依旧传统，没有找对方法，或没有找对资源。B2B供应链服务市场相对封闭，我们还需要时间来引导并培养制造企业的管理理念和供应链及BPO的正确消费观。诚如前文所提，包山包海、全盘兼顾已经成为过去，顺应经济发展，合作、共享才是大势所趋。

经过不断打磨，准时达BPO可以从研发、计划、采购、生产到交付、服务，全流程服务制造企业工业链和分销链。从企业管理的维度，我们更是从传统业务外包的运营、管理，上升至规划、战略，通过全方位支持，真正成为制造企业的战略合作伙伴，如图9所示。

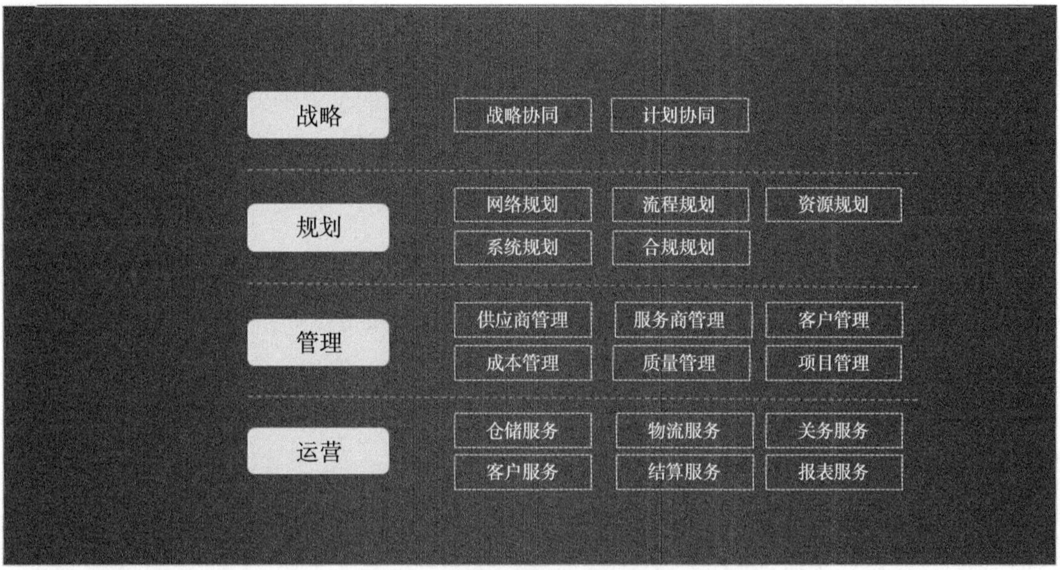

图9 准时达BPO全方位支持

我们希望，在准时达以科技驱动的供应链管理服务平台上，真正能实现“连接产业全局，超越企业所期”，以简化的BPO统包供应链管理服务模式兼善天下，为千万家中国制造企业赋能，将其供应链实力变成企业成功的强大驱动力，让中国从制造大国向制造强国全速迈进！

中国移动通信集团四川有限公司：构建营销类物资全生命周期管理体系的探索与实践

一、企业简况

中国移动通信集团四川有限公司（以下简称“四川移动”）于1999年7月28日正式组建，注册资本为74.83亿元，是中国移动通信集团公司的全资子公司之一。近年来，四川移动积极践行“提速降费”“宽带中国”要求，以创新驱动发展，运营收入连续创新高，目前服务客户超过5000万人，其中4G客户已超过3000万人次，客户份额持续保持行业主导地位。

四川移动秉承“成为卓越品质的创造者”，致力于高品质的创造与奉献“创无限通信世界，做信息社会栋梁”。在经济效益高速增长的同时，四川移动始终不忘自身承担的社会责任，诚心回报社会，已初步将公司打造为一个“有竞争力、有社会责任、有道德、有文化”的企业。

二、主要解决的问题

随着移动业务的不断拓展，各类物资特别是市场营销类物资使用规模日趋庞大，对相关物资能否高效精细化管理，直接影响业务市场的发展以及企业营收效率。这些物资在采购、物流、投放、账务及运维等业务环节涉及多个业务条线，由于缺乏完善的跨部门管理体系，各部门间存在管理壁垒导致职责分工不清晰，以及各部门业务管理维度不一致导致各支撑系统间数据维度不同，从而形成支撑系统的数据存在交互壁垒。物资管理从库存、领用、销售、下账全环节未精确到每台实物，从实物库存到领用出库到安装维护，各个业务环节流转过程中容易出现数据与实物差异，最终出现销售账实不一，库存账实不一，实物流、信息流、资金流分离等问题，所以，为进一步提升市场物资的全面精细化管理，形成“实物流、信息流、资金流”三位一体的物资管理模式，是目前企业促进精细化管理，达到“降本增效”业务管理的提升重点。市场物资管理业务涉及的管理系统如图1所示。

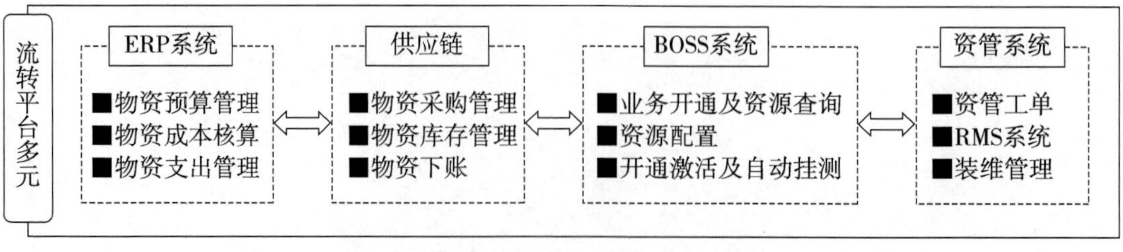

图1　市场物资管理业务涉及的管理系统

由于供应链系统、业务运营支撑系统（BOSS）、财务系统支撑的业务部门对物资管理维度不同，所以各支撑系统间数据维度不同，目前未实现数据自动交互及流程闭环管理，导致实物流、信息流、资金流出现差异，其主要难点表现如下。

（1）采购管理困难：当前管理维度上无法对进入装维环节的物资总量、类型、实物状态信息做到精准把控。

（2）库存管理困难：当前管理手段在对物资需求保障中无法实现对装维环节物资库存的精准管控，以及对物资流向的精准定位。

（3）审计风险：实物流与信息流的差异，会导致在物资管理审计中易出现账实不符的情况，致使各业务系统间数据对应困难，甚至出现业务管理系统中某些物资来源不明的情况，最终导致账账不相符的问题。

基于现在企业中的物资管理突出问题，围绕"降本增效、促进精细化管理"的指导思想，通过对企业物资业务管理流程进行精细化梳理，从物资仓储、领用、销售各个环节的管理细化入手，依托IT系统的支撑手段，建立交互基础数据标准，打通各管理系统间的数据障碍，全面实现信息流、资金流的全自动交互，建立实物流、信息流、资金流"三位一体"的管理机制，实现物资跨平台的全生命周期管理，为风险防控提供数据抓手。

三、项目推进过程

（一）配齐角色，明确分工

对于企业中繁杂的物资管理工作来说，有明确的职责和完整的工作分工，是推进物资全生命周期精细化管理的基础。从采购、库存、销售、安装、维护的全生命周期物资管理体系中，明确各部门管理职责，杜绝管理重叠和管理死角，创新完善跨部门、跨组织间的管理流程，能有效促进业务沟通、管理流程贯彻和问题跟进解决响应速度。

（二）完善制度，提升管理力度

建立完善管理制度和详细的业务操作规范，是提升物资管理力度的基础，也是物资精细化管理落实的前提。尤其是企业中跨组织、跨部门的业务协同，建立完善的物资管理体系和物资管理制度是加强物资管理的基础，对于管理制度的执行力度直接体现了管理制度的落实情况，以及在物资管理过程中的制度理解、制度执行、工作监督的实际成效。

（三）统一交互标准，推动系统融合

企业物资管理涵盖采购、储运、销售、装维全业务流程，在物资流转过程中，建立一套完整的业务支撑体系是确保实物流、信息流、资金流一致的基础。然而业务系统间的数据如何进行安全有效的交互？一套统一的基础数据和统一的交互标准是确保物资流转过程中各业务系统能有效对接的前提，同时也是形成物资管理全流程IT支撑、实现各支撑系统的业务数据无缝对接的必要条件。

推进业务系统融合需要对各业务场景出现的交互数据进行详细梳理和规范。物资从采购到订单，从发货到接收，从仓库到销售，从安装到维护，各部门间业务交互场景都需要进行细化，同时对各业务系统交互数据进行规范，确保业务流程无障碍，系统数据全面对接。

（1）统一系统间交互数据标准：建立系统间基础数据的自动同步机制，确保交互基础一致性。例如，物资的产品编码、物料编码、实物的唯一编码以及组织机构编码等。

（2）精细化订单管理：订单是业务发展的开端，物资精细化管理要从订单类别就开始进行细化，将订单分为正常购买、赠送订单两大类。建立物资的唯一编码管理机制，精确到采购的每台实物，从供应商发货到订单接收，对每台实物进行核实，确保实物流与信息流的一致性。

（3）统一入库来源：采购物资在地市入库时统一根据扫描接收进行系统间自动同步，仓库管理精确到实物串码级，确保系统间库存来源数据的一致性。当物资发生转移时，业务发生系统自动将转移数据信息自动同步到其他业务系统，确保实物流与数据流的一致性。

（4）实现省、市、县三级物资管理联动：从订单下达到省公司仓库接收，再从地市接收到区县领用形成物资管理流程优化，使实物流与信息流形成统一，有效提升物资的精细化管理，使物资管理业务健康发展。

（5）形成物资自动报备机制：根据业务流转，形成各支撑系统间的实物数据自动流转，为业务开展提供有力的数据支撑，更进一步达到提升物资精细化管理的目的。例如，市场物资在BOSS系统接收地市入库信息后，将串码信息自动传递到3A（认证、授权和计费安全服务平台）和易视讯平台进行自动报备。

（6）销售记录驱动下账操作，保证账实一致：物资发生销售业务后，在支撑系统中记录销售标记，并利用业务系统间数据自动交互，促使实物流、信息流和资金流实现一致性。例如，市场物资在BOSS系统完成销售标记后，BOSS系统将实物销售记录同步到供应链系统，供应链系统操作人员根据销售记录按地市进行下账操作，并将下账记录同步到ERP系统，确保账实一致。

（四）落实系统建设，形成全流程系统支撑体系

为提升企业对于物资管理的效率，达到“降本增效”的要求，在企业完善的管理体系和详细的操作规范的基础上，从物资采购到库存，从领用到装维，从装维到下账，所有业务环节支撑系统根据新业务流程管理规范、数据交互规范进行数据对接，形成企业物资管理全流程业务数据的封闭流转，为业务发展提供全面的系统支撑。物资管理相关系统间业务数据的交互情况如图2所示。

1. 从源头开始引入实物串码管控，保证发货接收实物一致

（1）基础数据配置：供应链系统根据业务要求将各类物资从物料维度配置为需要扫描，并进行物资类别的准确归集。

（2）订单：订单在供应链系统创建、审批完成后自动同步到ERP系统，同时将发货信息传供应商门户系统通知供应商发货。

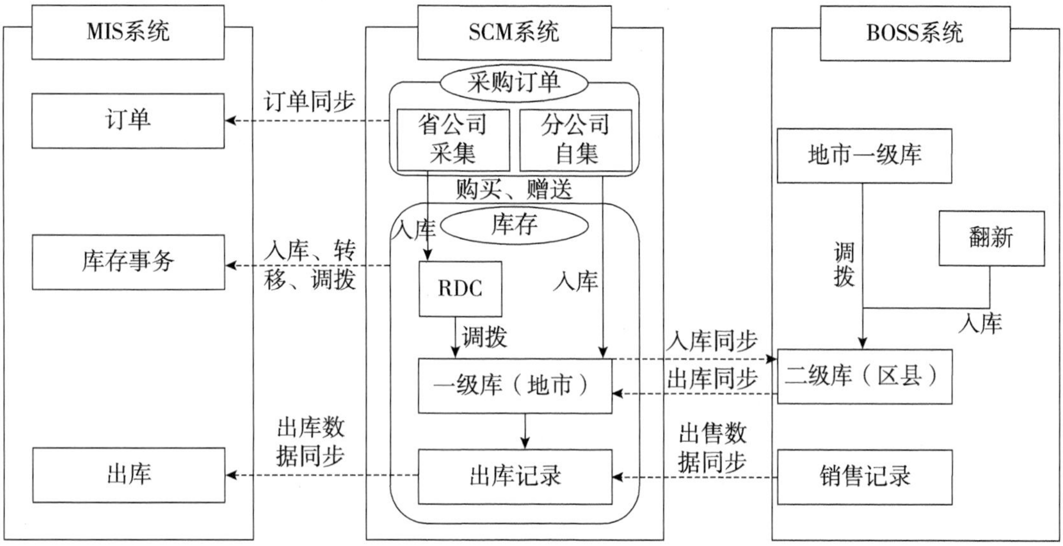

图2　物资管理相关系统间业务数据的交互情况

注：SCM，供应链管理系统；RDC，配送中心，区域分发中心。

（3）发货：供应商通过供应商门户系统对订单进行发货，对发货的物料从供应商开始精确到实物串码级，供应链系统完成对串码规范性、唯一性的验证，错误串码、重复串码不允许进入系统。

（4）接收：地市公司对物资接收时，对接收实物进行串码扫描，确保接收实物与供应商发货实物一致，同时对实物串码归属进行自动标记。

2. 多层级实物扫码验证，物资定位更精准

（1）从订单开始，联动供应商从发货环节由实物串码开始对物资进行精确管理。

（2）通过接收、领用、销售等环节对实物进行多次扫描验证，使实物流与信息流保持一致，物资流向全程可视。

3. 统一入库入口，实现按需领用

（1）从省、市、县三级联动实现按需领用，对库存进行合理分配。省库根据地市需求进行按需调拨，地市根据区县需求进行按需分发。

（2）供应链系统将扫描验证完成的实物串码自动同步到 BOSS 系统，作为 BOSS 系统家宽终端入库的唯一入口，确保物资来源可查可溯。

（3）各区县根据业务发展需要按需领用，并对领用实物进行串码扫描确认，确保实物转移与数据流转一致。

4. 多个系统数据封闭流转，确保账实一致

（1）物资在供应链系统扫描完成地市接收，供应链系统将扫描串码自动同步到 BOSS 系统作为 BOSS 地市库库存数据，成为市场运营部进行物资分配的数据依据。

（2）BOSS 系统根据地市入库的实物串码，自动将串码同步到 3A 平台进行串码报备。

（3）区县市场经营部门根据业务发展需要在 BOSS 系统发起物资领用，当收到实物时对实物进行扫描确认，BOSS 系统将已扫描确认的实物串码自动同步到供应链系统，供应链系统标记物资已从地市转移到区县。

（4）BOSS系统将地市一级库接收的数据自动同步到后向报备平台，物资销售安装完成后在报备平台进行自动激活。

（5）BOSS系统销售数据自动回传供应链系统，地市相应业务操作人员在供应链系统完成下账及稽核审批流程，并同步到ERP系统，实现实物流与信息流一致，确保销售与账务一致。

（五）建立完善的风险防控机制

企业全面落实贯彻“精细化管理”“降本增效”的管理思想，为防止多买物资形成库存积压，增加企业成本，通过建立科学的安全库存管理机制，依靠库存和销售数据形成科学的需求分析，形成有效的采购参考依据，保证物资库存量在一个合理的水平，在确保市场发展及时供应的基础上，杜绝库存积压。同时，在供应链管理各环节形成数据报表，及时了解分析订单、库存、销售业务发展情况，为采购决策提供有效数据依据。

1. 建立安全库存机制，实现精准管控和预警

建立省库和地市库两级安全库存管理机制。当省公司物资库存量不在安全库存范围内时，系统自动给相应的管理人员发起预警提示，以便及时采取措施调整库存物资。

对于每个地市库存量，通过精确到物料级的安全库存管理，设置安全库存上限和下限：当到达安全库存上限时，禁止下订单，禁止省公司调拨入地市；当达到安全库存下限时，给相关管理人员发起预警提示，以便及时进行库存补充。

地市库安全库存计算规则如下：

（1）安全库存下限预警：

（库存可用量+在途调拨数量/在途订单数量）≤安全库存下限

（2）安全库存上限预警：

（库存可用量+在途调拨数量/在途订单数量）≥安全库存上限

（3）安全库存上限计算逻辑：

A. 非甘孜、阿坝、凉山：两年季度同期日平均×20

B. 甘孜、阿坝、凉山：两年季度同期日平均×30

（4）安全库存下限计算逻辑：

两年季度同期日平均×7

2. 建立全面的数据报表，掌握物资库存情况

（1）从订单下达到库存扫描，从扫描入库到申领出库，建立全流程的数据展现和数据对比报表，实现从入库到终端入网、再到下账的全流程管理，覆盖所有业务环节，形成全业务的数据追踪分析，这有利于管理部门及时发现问题和准确分析问题。

（2）采用流程可视化管控原则，使实物数据在接收、转移、销售和下账的全流程中可视，这样一来，业务问题可以及时预知，风险也能提前防控。

（3）对于跨部门的系统对接，从供应链管理部、市场经营部、财务部、各地市分公司以及供应商各自的业务操作环节，通过多维度展现数据流处理情况，全面掌握业务环节中存在的管理问题，便于及时发现问题，改进流程规范，提升终端物资

管理效率。

（4）从在库物资的分布、库龄、周转率等维度呈现在库物资的扫描情况、周转情况和呆滞情况，有利于家宽终端采购计划的制订、库存管理办法的优化，也有利于提升库存管理效率、降低库存成本。

（5）通过可视化平台建立全省物资库存情况报表，展现地市物资的扫描情况，同步BOSS系统相关情况，便于及时了解地市公司库存管理中存在的问题。

四、效益分析

通过对物资管理进行全生命周期的梳理，从订单到库存、从领用到销售、从安装到维护形成全流程实物串码级的精细化管理，打通各业务系统的数据壁垒，形成系统数据全面对接和业务数据的自动流转，形成实物流、信息流、资金流的三位一体，提升采购准确度、库存周转率，降低库存成本，为市场销售提供有效的数据追踪和成本核算依据。通过设置安全库存范围，将库存保有量控制在适合市场发展的范围，满足市场需求的同时，有效降低库存积压。

以市场终端物资为例，效益统计如下：

（1）2018年累计保障光猫333万台，采购订单准确率提升2.6%。订单一次性正确率同比提升4%。

（2）通过建立安全库存管理机制和按需分配领用原则，家宽终端从需求到物资领用，供货周期从52天缩短为9天，供货时间缩短82.6%。

（3）2018年全省平均库存金额降低到8.705亿元。

（4）全省库存周转率稳步提升，2018年全省平均库存周转率从11.8%提升到14.4%，如图3所示。

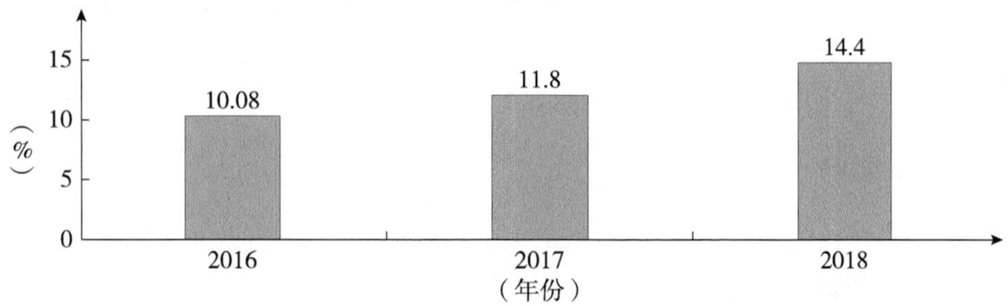

图3　2016—2018年全省平均库存周转率

（5）全省库存呆滞率逐年下降，2018年相对2017年，从10.4%降低到9.8%，如图4所示。

在市场销售方面，通过建立各业务系统间库存数据、销售数据的自动同步和报备，有效提升销售效率和降低人工成本。

（1）从原来的BOSS系统手工入库、手工报备，到系统间数据自动交互，有效减少了人工操作，有效规避了人工操作带来的风险。2018年人工入库、报备环节节约人工成本约3312万元。

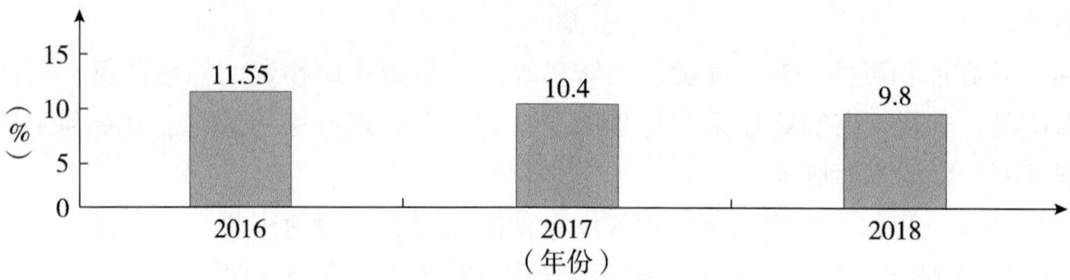

图 4　2016—2018 年全省库存呆滞率

（2）通过建立终端全流程实物串码管理机制，通过多层级的扫码验证，有效跟踪实物流转，为市场物资追踪提供了有效的技术手段，保证了库存数据与实物一致，记账内容与实物一致。

五、实施总结

在全面落实物资全生命周期精细化管理过程中，以市场营销类物资为突破口，从管理深化、流程互通、数据闭环等方面建立物资的全流程精细化管理规范，形成企业内部各部门对市场物资管理、沟通的统一语言，建立了市场物资管理项目的推动基础。

在市场物资管理过程中，通过跨组织跨部门间流程对接，建立全流程的业务对接和管理流程对接，形成管理互通和业务闭环，有效提升市场业务的沟通效率，降低了管理成本。同时，打破了业务管理支撑平台的数据壁垒，实现物资管理全流程数据的自动流转，形成封闭式的数据传递，为业务管理流程追溯、问题跟进提供有效的数据支撑。

物资全生命周期管理体系形成后，有效提升了采购准确率和仓储使用率，从而降低了四川移动的供应链成本，2018 年市场物资库存管理成本降低约 8. 705 亿元，采购订单准确度提升了 2. 6%。通过建立实物全流程跟踪机制，有效保障账账一致、账实一致，达到了降本增效、提升了企业市场竞争力的作用。物资全生命周期管理到目前取得了积极的效益，可作为具有相似业务企业管理的参考。

六、未来展望

企业物资全生命周期管理是四川移动公司践行精细化管理的典型案例，为公司降本增效提供了实际依据。但是管理需要不断提升，系统也需要不断优化，这样才能更有效地满足市场发展需要，为企业在市场竞争中处于有利地位提供保障。对于物资全流程管理在未来发展中需要进一步考虑的问题还有：

（1）继续深入末端管理，争取实现业务末梢的全面联动。从省公司到地市销售、装维末端，实现管理的进一步细化深入，有效提升管理执行力。

（2）进一步深化部门间、组织间业务管理和流程渗透，抓住重点环节，减少重复、累赘的业务审批流，进一步提升管理效能。

（3）加强支撑系统建设，体现系统智能化，使支撑系统更加智慧，减少终端不必要的人工干预，实现更智能化的认证、接收、报备等。

（4）进一步深化数据挖掘，提升数据利用价值。深入挖掘和利用业务数据，为业务发展、管理提升、效益提升提供更有效的服务。

物资精细化管理是企业内部降本增效、提升企业管理水平、增强企业竞争力的重要手段。促进精细化管理，提升企业效益永远在路上。

中国电信股份有限公司广东分公司、中捷通信有限公司：中捷物流智慧供应链平台建设

一、企业简介

中国电信股份有限公司广东分公司（以下简称“中国电信广东分公司”）是中国电信股份有限公司最大的省级分公司（收入占股份公司17%），基础网络与服务网点遍布广东城乡。截至2018年6月底，中国电信广东分公司用户总规模超过7400万户。其中，移动用户2750万户，有线宽带用户1900万户，天翼高清用户1050万户，固定电话用户1750万户。作为广东信息化建设的主力军，近年来中国电信广东分公司在抗击自然灾害、亚运大运信息通信服务保障、网络信息安全、扶贫济困等重大工作中，多次获得各级党委政府的奖励和表彰，先后被评为“中国农村信息化杰出贡献单位”“广东省通信发展突出贡献单位”“改革开放三十年广东标杆企业”“广东省自主创新标杆企业”“广东省最佳诚信企业”。

中捷通信有限公司（以下简称“中捷公司”）是中国通信服务股份有限公司的供应链服务专业公司。公司注册资金1.2亿元，收购并承接了广东省电信器材公司的优质资产和优良业务，是立足于信息通信业、面向现代大工业的商贸—物流—技术—贸易—拍卖综合供应链服务企业。公司业务跨越海内外，凭借遍布国内外的强大采购网络、分销网络和物流网络，为多家世界500强与国内100强企业，以及众多快速成长型企业，提供采购服务、产品分销、进出口服务、国际国内物流服务和技术支持等多项供应链综合服务，基于“全供应链服务”的理念，具有对供应链物资进行“全生命周期管理”的能力。中捷公司与中国电信、中国移动、中国联通等信息和媒体运营商结成多种业务战略合作关系，与众多国内外信息通信产业链上下游企业开展广泛业务合作，帮助用户与业务伙伴节约成本、提高效率、创造价值，得到了业界的高度认可。

中国电信广东分公司与中捷公司于2009年达成战略合作，由中捷公司全面承接供应链服务管理工作，提供涵盖采购管理、质量管理、供应商管理、物流管理等一系列物流及供应链运营管理服务，双方从硬件升级、标准化管理、信息化运营、省市一体化运营、服务窗口搭建等方面发力，融入平台化运营理念，共同计划、共享资源、共建智慧网络，提升物流体系整体效率，降低供应链运营成本，历经九年的摸索与提升，中国电信广东分公司供应链服务项目的运作模式已趋于成熟，智慧供应链建设也在持续推进。

二、实施背景

近年来，国际上都加紧进行5G研发及应用推进，国内三大运营商亦响应国家相关政

策的支持与推动，积极布局5G网络建设，随着5G技术的广泛运用，电信行业所需物资的供应链服务管理体系会越来越复杂。在此背景下，中国电信集团提出了适应智能化时代、通过智能牵引转型升级的3.0战略，着重推进网络智能化、业务生态化、运营智慧化，做领先的综合智能信息服务运营商，筑力网络强国，服务社会民生。中国电信广东分公司作为网络建设的“排头兵”，积极响应集团号召，摸索智慧供应链运营模式，希望与中捷公司共搭智慧供应链平台，实现智慧采购、智慧物流、智慧运营，助力网络强国建设。

中国电信广东分公司在持续深入践行倒三角支撑体系进程中，客户群体大规模扩容，采购服务考核压力向后传递，对提升供应链协同效率、供应链信息化水平以及保障持续供应提出了更高和更为迫切的诉求，而中捷公司从单一“订单信息服务”扩展为“供应链全流程管理”，工作量、工作难度及压力呈几何倍增，转变运营模式，提升服务质量迫在眉睫。在此情况下，信息化建设和智慧化应用成为集约化项目提升的关键突破点。

中国电信广东分公司与中捷公司结合目前供应链运作现状和痛点，充分利用中捷公司原有的物流基础设施和专业的服务团队，整合上下游供应链资源，在物联网、云计算、大数据和人工智能等相关技术的支持下，升级改造软硬件设施，打通供应链流程节点，全面打造辐射广东全省的智慧供应链平台，实现供应链的高效敏捷协同。

三、实施步骤及内容

中国电信广东分公司与中捷公司联合发力，从软硬件着手，升级改造供应链全流程硬件设施及信息系统，打造智慧物流园及智慧供应链数据管控平台，实现对供应链服务项目实物流与信息流的智慧管控。

硬件方面，打造全省视频监控平台，布设周界安全、电子巡更系统，建设车辆出入管理系统和无线地磁车位监控系统，实时监控实物流转状态；软件方面，打破多系统独立运行现状，整合原有的信息管理系统、物流配送系统、配送中心物流系统，构建智慧供应链数据管控平台，打通多个系统，实现需求全流程状态可视及预警。与此同时，完善物流供应链关键环节的服务流程和管理规范，建立标准化的管理制度和统一的数据管理规范，实现对采购、运输、仓储、配送、逆向物流等供应链全流程的信息化整合和统筹管控。

（一）智慧物流园建设

中捷智慧物流园位于广州白云区，占地3.5万平方米，仓储总面积为6.7万平方米，承担了中国电信广东分公司全省仓储及配送管控任务。为更有效支持供应链上下游其他节点，进一步降低物流费用并提高仓储效率，中捷公司投资建设兼具信息化、智慧化的现代物流智慧仓库（夏茅智慧仓），升级完善WMS系统（仓储管理系统），构建高效、敏捷的供应链协同系统，紧密衔接采购到仓储、运输、配送等全流程，并完善物流业务的标准化操作流程，满足中国电信广东分公司对业务的全过程智能监控，提高项目应急响应能力、生产调配能力、安全管控力度和现场作业效率，促进物流业务的专业化管理、集约化经营。

1. 搭建数据监控平台

通过打造数据监控平台，设立统一数据中心，监控全省仓储配送状态，汇集物流信息，并对信息进行分析，为用户提供视图处理。

数据监控平台通过分层建设，实现平台能力及应用的可成长、可扩充，创造面向未来的信息化管理系统框架。系统总体架构如图 1 所示。

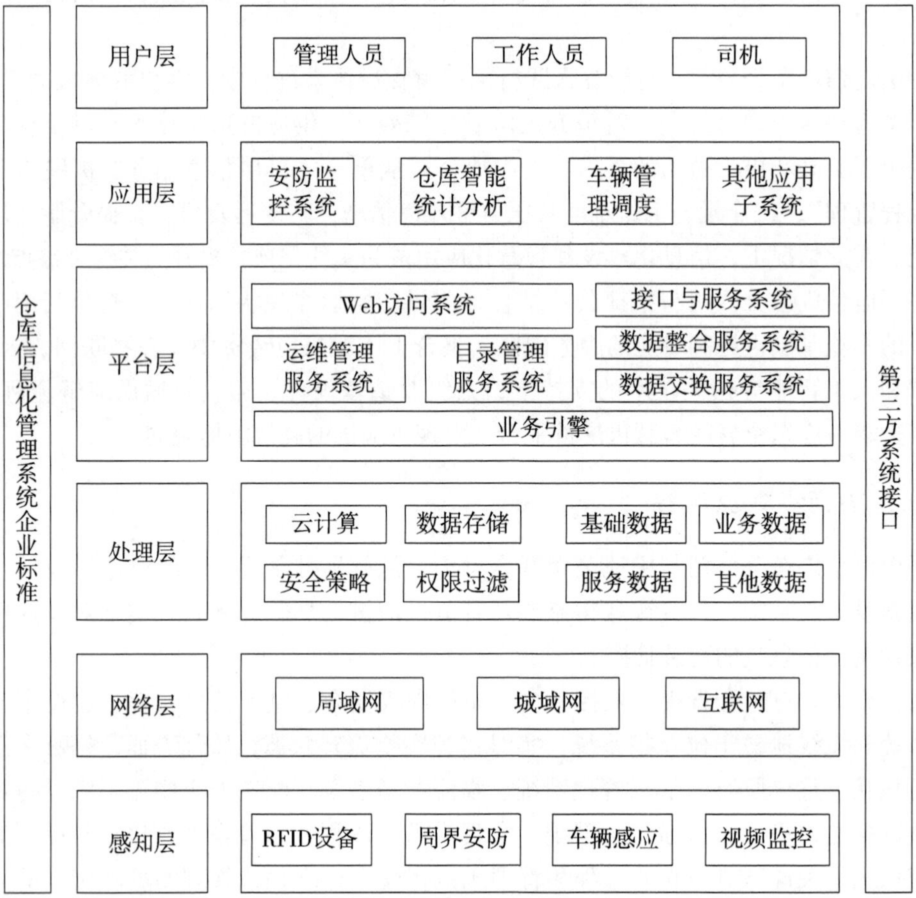

图 1 系统总体架构

数据监控平台汇集全供应链，所以系统数据包括：

（1）从中捷物流管理系统获取供应商信息、订单基础数据、仓储基础数据、出库信息等。

（2）从安防监控系统获取设备列表信息、设备访问授权信息、联动配置及报警通知信息等。

（3）用户绑定到相应的微信公众号，通过管理平台认证后获取平台提供的服务功能。

2. 升级全省监控系统，多渠道仓储可视化

在全省范围内的各个配送仓和中转仓布设高清网络摄像头，升级监控系统，并将所有安全监控数据信号都汇集到数据监控平台，通过数据监控平台实时监控所有网点和物资的安全。该监控设备的布设，对价值昂贵的工程物资管理起到了极其重要的作用。通

过中控室、微信端、PC（个人计算机）端多途径视频监控，可实现对全省各个配送中心进行实时视频监控，不但保障了货物配送和仓储管理的安全可控可查，更提高了仓储和配送人员的服务积极性。

3. 布设周界安全和电子巡更系统，提升安全管控力度

园区周界围墙总长约900米，四周是实体围墙或铁栏围墙。园区有两个铁栏围墙露天堆场。根据立体布防的设计要求，在周界围墙的顶部安装红外探测周界报警系统，在露天堆场铁栏围墙安装电子围栏，防止外来人员翻越潜入。根据地形和周界长度设定防区数量，防区可以通过联动设备与视频监控系统，进行相关报警联动。当有可疑人员入侵触发报警时，同时联动智能视频监控系统，从而迅速做出反应，制止犯罪发生。

针对保安巡逻、设备巡检布设电子巡更系统。系统采用数字化设计，可以根据巡更方案，在指定巡更路径的关键控制点安装电子信息源（巡更钮）。改变原先的手工巡更记录方式，经警每日在园区内定时定点巡逻，确保夜间安全巡查的及时性和有效性，使园区内安全隐患大大降低。

4. 车辆预约智能化，提升现场作业效率

园区内布设高速道闸、车牌识别一体摄像机、车辆检测器、收费计算机等设施设备，构建车辆管理系统，包括车辆出入管理系统和无线地磁车位监控系统，有效地控制车辆与人员的出入，通过记录所有详细资料并自动计算收费额度，实现对库内车辆存放和收费的安全管理。

车辆出入管理系统应用现代化机械电子及通信控制技术在停车区域的出入口处安装自动识别装置，通过非接触式卡或车牌识别来对出入此区域的来往车辆实施判断识别、准入/拒绝、引导、记录、收费、放行等智能化管理，实现入园车辆提前预约、已预约车辆自动放行、入园车辆自动引导等。同时，可对出入口车辆进行录入、牌照识别、布控管理、查询等操作。

无线地磁车位监控系统可通过接收和处理检测器的无线车辆数据信号，并对数据进行综合处理，实现区域的车位诱导、车位管理、计费、占用分析报告和停车位优化等功能。

（二）智慧供应链数据管控平台构建

中捷公司与中国电信广东分公司将管理战略从业务驱动转向数据驱动，从供应链管理角度进行智能化决策分析，共同梳理供应链服务项目业务，建设智慧供应链数据管控平台，对业务情况及数据进行整理、分析、挖掘，实现业务状态的全流程信息可视化，并提供精准、快捷、多维度的数据分析结果和智能预警，引导用户准确评估业务情况，提前采用合理的管控措施，降低物流运营的风险，实现供应链智慧化运营。

1. 搭建智慧供应链数据管控平台

智慧供应链数据管控平台，是汇集多个物流业务系统数据作为核心驱动的数据分析与流程监控平台。系统的核心功能是供应链全流程过程管理查询、异常情况的监控预警、运营数据的统计分析以及需求与库存备货关联分析。平台融合移动端、PC端、大屏端功能，可满足不同业务部门对供应链数据管控平台应用需求，实现有效管理、高效协作。架构如图2所示。

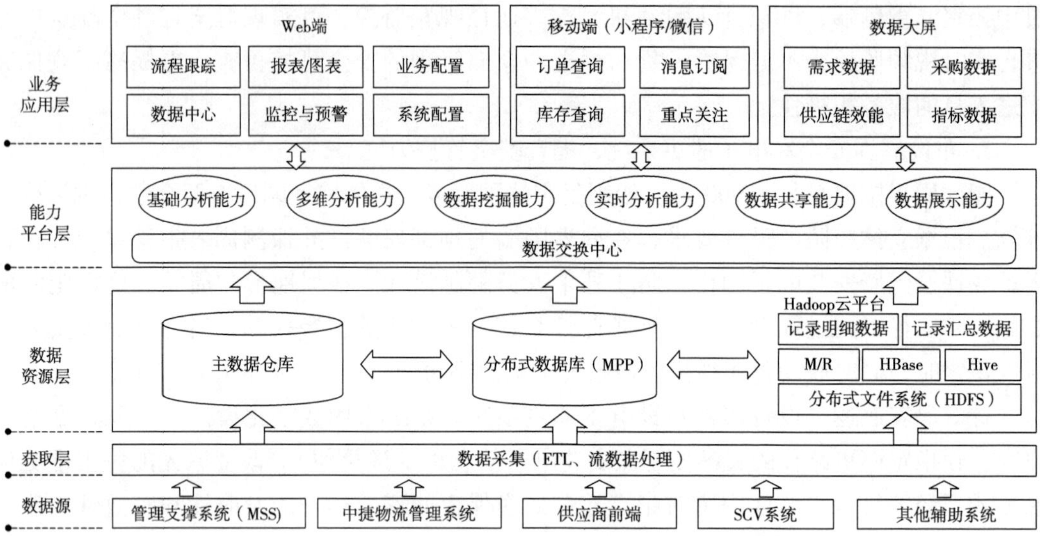

图2　数据管控平台功能架构

数据运营平台在收集到订单、库存、人员、运输、供应商的相关信息后，进行数据分析和运算，运用可视化的数据输出方式，通过大屏幕更直观地展现物流的运作和订单履行情况。可以动态查阅仓储配送情况变化趋势，为配送资源的调配和决策提供了数据上的支撑。订单履行情况数据实现可视化管理，实时监控订单的履行程度和库存的使用情况，并及时根据库存以及配送资源、未完成订单的情况进行决策管理。

2. 打造供应链全程可视化

运用智慧供应链数据管控平台，从各个业务系统抽取数据，清洗并汇聚到平台，通过多窗口向用户提供整体的、全链条的数据服务，同时通过对全流程节点的梳理及设定，实现订单全生命周期的透明化管控（如图3所示）。

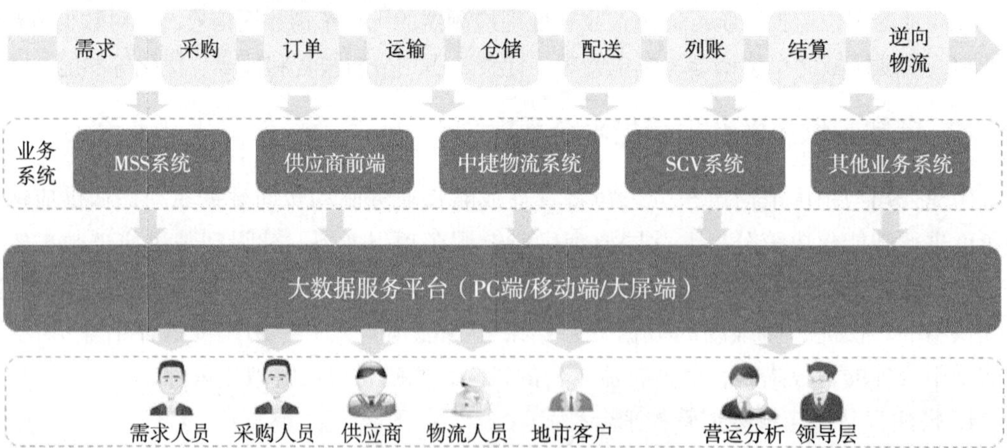

图3　需求全流程可视化全景

目前在电脑PC端可通过SCV供应链全程可视化管理平台、移动端可通过微信公众号来快速查询需求处理状态。通过项目信息、需求单号、采购订单号和物流订单号等多种单号，可快速查询需求处理进度及异常反馈；通过项目名称、项目负责人以及物资名称、物料、仓库、接收子库等，可快速查询实时库存状态。实现了全流程可视、节点可控，提升了客户满意度。

3. 打造信息精准智慧推送

通过多维度与多数据源如中捷物流系统、电信 MSS 系统、SCV 平台等系统取数，实现分析表头与分析规则的自定义配置，分析报表格式的自定义配置和分析报表的自定义推送。针对“已下单”“已到货”“异常情况”等需求状态，结合客户定制报表、报表推送时间、推送对象、推送频次等的订阅进行精准推送及预警。提高用户使用的便利性和服务满意度。

四、信息化主要效益分析与评估

中国电信广东分公司与中捷公司积极探索引入智慧化管理理念及新技术，以智慧物流园和智慧供应链数据管控平台为核心，对物流设施设备和信息系统进行升级改造，进一步推进供应链采购、仓储、运输配送和相关服务业务整合，带动项目供应链各节点间的协同管理，解决供需失衡、库存滞库、协同低效等问题，显著提升供应链的运营效率及服务满意度。

其中，智慧物流园不仅促使仓库现场作业效率、仓库应急响应及生产调配能力得到显著提升，而且保障了仓库及货物的安全。项目投入使用至今，车辆入场等待时间平均下降 15 分钟，高峰期车辆等待数量从 5 辆下降到 1 ~ 2 辆，现场协调疏导园区交通次数从每周 10 次下降到每周 1 次。有效规避了安全事故。智慧供应链数据管控平台，通过设计模型算法对数据进行整理、分析、挖掘，实现业务状态的全流程信息可视化，并提供精准、快捷、多维度的数据分析结果和智能预警，引导用户准确评估业务现状，提前采用合理的管控措施，保障年均数十亿级规模的物资采购，大大降低了公司集约化物流运营的风险，实现了供应链智慧化运营。

本项目符合通信产业发展，为行业以及其他生产制造业的高端生产服务业应用发展提供了示范效应。

五、信息化实施意义

当下通信产业变革加速，在新一轮科技和产业革命面前，各大通信运营商都在积极布局 5G 建设，改变竞争格局。面对通信运营商的转型，物流服务商亦需要提升自身的软硬实力，探索并掌握物流新技术的应用，助推通信运营商完成产业变革，赢得市场客户及份额。

中国电信广东分公司和中捷公司共同打造的智慧供应链平台属于高新技术产业，是智慧供应链的应用实例。创新项目在支撑中国电信广东分公司市场拓展、工程项目建设、项目资产保值、项目精细化管理的同时，也促使中捷公司提升服务能力及行业影响力。项目具有较高的复制推广价值，可复制到其他行业应用，推动产业发展。

六、下一步建设计划

下一步中国电信广东分公司和中捷公司将着重加大对智慧物流和智慧服务的研发投

入，计划在现有系统基础上实施驾驶舱建设，使数据能实时更新，让管理者更加直观地了解运营情况，并借助微信公众号媒介，建立智慧客服平台，将服务通用模块按业务类型分类解答，同时支持非通用问题在线提问及在线客服答疑，打通与客户和内部部门的沟通渠道。冀望树立电信供应链一体化项目的示范性样本，并借此探索、深挖其他行业物流供应链的细分市场，拓展全国区域的业务。

江苏飞力达国际物流股份有限公司：数字化突破成长瓶颈，为飞力达业务倍增换挡提速

一、飞力达简介

在物流行业里，年营收30多亿元的江苏飞力达国际物流股份有限公司（以下简称“飞力达”）作为专注于IT电子制造业一体化供应链的B2B物流公司，拥有40万平方米行业仓储，可称为“行业小巨头”。这家成立于1993年，依托江苏昆山的全球笔记本电脑制造基地飞速发展起来的国际物流公司，通过开发出针对大客户的专业化、定制化的特色物流外包服务，规模迅速扩张，已于2011年在深交所成功上市。随着企业不断发展，规模再上台阶的时候，飞力达也遇到了发展瓶颈，希望以信息化2.0建设为契机，尝试突破瓶颈从而打开新局面。

二、紧跟需求变化，获得长足发展

作为一家协助客户管理供应链的领先物流服务提供商，飞力达服务的客户群体以电子制造业为主，涵盖汽车行业、通信设备、快消品电商。电子制造业有着特殊性，特别是手机这类电子制造业是非常典型的流程制造，在电商促销季到来之前必须准备充足的货源。

举个例子，在OEM（自立加工）/ODM（自立设计）工厂做整机之前，需要将屏幕、外壳、CPU等各种零部件、电子料等上千种物料提前备好，但各种零部件产地分散、供货期不同，真正做到零库存很难实现。而飞力达的工作就是，按照客户的生产计划来检货、成套配送，甚至送到每个工位；产品加工完要从生产线交付到客户的渠道：总代甚至各地经销商。

从中可以发现，目前的供应链物流已经从传统的“厂商—渠道伙伴—供应商—中间商—第三方服务供应商/客户”模式转变为了将服务延展到生产线、客户的供应商、客户的客户的模式，致力于为客户提供一套完整的全流程解决方案服务商。挑战即机遇，飞力达紧跟客户需求变化，实现了在传统货代物流基础上的长足发展。如今，飞力达已经形成了四大业务板块：货代物流、供应链物流、特色物流和会展一体化物流解决方案。

三、突破发展瓶颈，实现业务成长

但与国内许多合同物流企业都存在相似的问题：在飞力达的公司达到一定规模后，业务增长遭遇瓶颈，难以实现进一步突破。从一些飞力达的数据就能发现问题—— 2011年上市以来，2012年飞力达营收实现20.21亿元，之后便长期徘徊在20亿元左右（2015年

为22.29亿元，2016年23.85亿元）。突破发展瓶颈，实现业务成长成为飞力达面临的重大挑战。

面对这样的情况，2016年，飞力达谋划了未来五年的发展方向，制订出了“业务倍增计划”。不过这个计划的核心举措就是要通过信息化建设，对外实现与客户的更好集成，服务好客户；对内提升内部管理，降本增效；在稳固的一体化平台基础上实现现有业务的加速增长并开拓新业务。

然而从1993年就开始进行信息化建设的飞力达并没有解决问题，不同执行人，不同业务需求，不同数据格式，不同需求口径，导致飞力达难以建立完善的制度、流程和系统，来支撑新的运作模式。这个情况在结算方面就能看出，飞力达希望能够做到更准、更快，这就需要IT系统基于业务信息、结算信息，进行具体分析，以便对症下药，然而看上去什么都有的系统，却在项目结算、数据分析的时候难以得到业务部门的认可。

事实上，消费电子市场的竞争日趋激烈，使得整个电子行业客户对供应链的要求越来越高。如何把全环节的数据串起来，形成整体的数据链提供给用户，成为飞力达必须考虑的问题。通过数据的融通，达到提升管理和运营效率、降低资源内耗成本和辅助决策的目的，飞力达需要对其信息化管理系统进行重新规划和研究。

大约从2015年开始，飞力达信息中心就重新对信息化的规划和项目进行了总结和反思。尤其是在公司制订了未来多元化发展战略之后，飞力达开始有了引进一个国际化的成熟管理体系的想法——借助国际化的成熟管理体系，将自身相对齐全的业务系统进行标准化、规范化整合，才能做好大数据分析，辅助决策，满足市场需求。而这一基础，就是各个业务系统之间，业务系统与财务系统之间，需要全部打通和集成对接。

四、深化协同、整合，实现一体化管理

在飞力达信息中心看来，自建系统和添加模块，都不是解决问题的最佳途径。公司相对齐全的业务系统，还是需要国际顶级的商业套件。为实现既定目标，飞力达需要从前台业务操作系统到后台管理的一体化方案来支撑搭建公司的整体平台，而SAP S/4HANA成了飞力达的首选：

（1）SAP在物流行业、物流价值链中有众多的业务实践，与行业的领先企业DHL、Schenker、泛亚班拿、招商物流、中远物流等有深度合作，这些商业实践贯穿运营模式、业务流程、管理体系等，对飞力达非常有帮助（如图1所示）。

（2）SAP S/4HANA是一套完善的管理体系，并已经推出了物流板块的应用模块，符合飞力达的管理理念和运营模式。

该系统使飞力达不仅可以更好地与各个供应商和客户进行对接；而且SAP系统的规范性和标准化，能够真正帮助飞力达建立流程化、规范化和制度化的管理机制，实现标准化、专业化、业财一体化的系统，使企业具备资源整合及运营协同的能力。

五、数字化转型，达成业务倍增目标

据了解，飞力达数字化建设过程中，总共动用了公司内部28名全职员工、上百名核心参与者，以及实施方IBM 20多人，涉及SAP的HR（人力资源管理）、TM（运输管

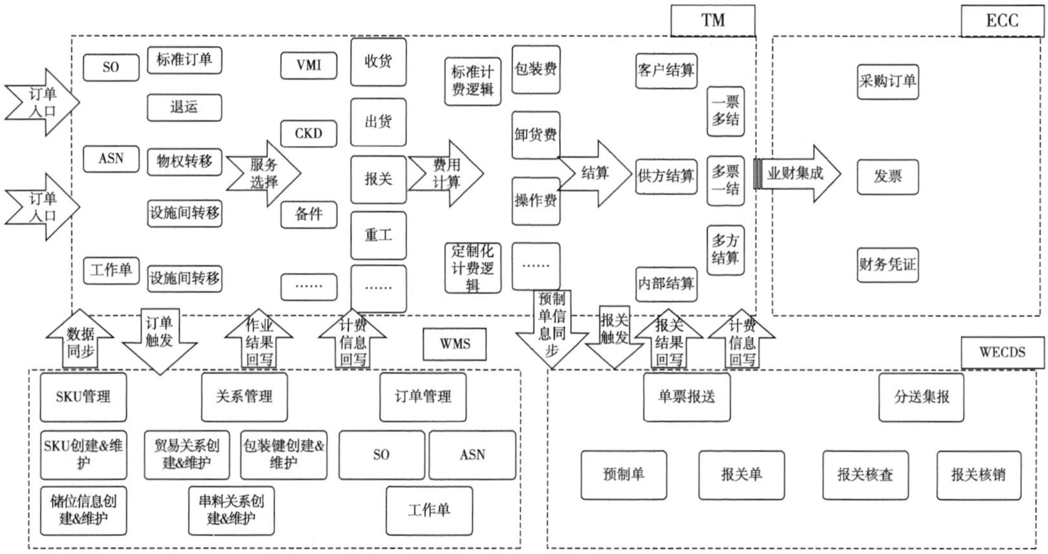

图1 供应链业务场景 SAP 解决方案概览

注：ECC，SAP 第二代 ERP 系统；WCDS/WECDS，飞力仓储关务系统；SO，舱位单；ASN，提前装船通知；CKD，全散件组装。

理）、EM（事件管理）、ERP、BI（商业智能分析）和数据仓库等众多模块系统一同上线，在将近 10 个月的时间内遍布飞力达 40 家下属企业；而财务系统甚至涉及包括分公司、分支机构在内多达 70 家企业。

飞力达信息中心助理总经理吴坤表示："我们用了 SAP TM 和 EM 去搭建业务执行及管理平台，首先通过数据集成把各个系统之间串接起来。我们做事首先要考虑数据的统一口径，包括数据从哪里来，最后要用到什么地方去，把我们从前端的业务一直到后端的财务在管理上打通。"飞力达营收数据如下表所示。

飞力达营收数据 单位：亿元

年份	2009	2010	2011	2012	2013	2014	2015	2016	2017
营收	6.56	10.78	12.44	20.21	23.66	27.41	22.29	23.85	30.65
净利	0.36	0.73	0.83	1	0.53	0.34	0.43	0.66	0.72
营收增速（%）	—	64.33	15.40	62.46	17.07	15.85	-18.68	7.00	28.51
净利增速（%）	—	102.78	13.70	20.48	-47.00	-35.85	26.47	53.49	9.09

借助 SAP S/4HANA 商务套件，飞力达于 2017 年营收突破 30 亿元，同时，借助 SAP Hybris 解决方案，飞力达整合了线上、线下的物流资源，成功打造无缝数字化体验的交易平台：

（1）数字化转型帮助飞力达稳固了原有的核心业务。统一的管理平台及先进的业务平台赋能飞力达完善全国布局并且进军新业务，无论是通过风投孵化新业务，还是为汽车等新行业提供行业化解决方案，都在助推飞力达实现业务倍增计划。

（2）财务业务一体化，做到结算有依据、存报价、录操作，形成自动化的业务操作，极大提升了效率，同时可以支撑数据分析和辅助决策，可以做很多项风险控制，对管理起到了很好的帮助作用。

（3）通过合理制定规则将费用的编制公式化、标准化，提升费用编制的精度和合理度，做到费用数据清晰透明，各层级的费用编制及人均情况一目了然，从而使费控系统的优势充分发挥，大幅度减少预算外费用的产生。

飞力达财务总监张亚丽表示“我们财务从核算角度讲都已经实现了全流程的自动化。飞力达通过 CRM 系统从前端客户引进商机，同时会把相应的信息输入，当落实合作的时候，建立合同是在系统里面完成的，经过系统审批之后，就会在 CRM 系统里面创建好相应信息，每天系统会自动传输到我们财务的模块当中。”

通过 SAP 集成系统，客户的业务信息会传到 TM 端，在接单的时候就能够自动带入，所有应收应付的费用录入随着协议而建立；和供应商之间的报价、相关费用的产生，可以根据协议自动生成，也可以通过手工插入或者外部访问集成。协议产生之后，信息在销售端会有一个审核的过程，而后提交到财务部门，查询、点击、过账，凭证便自动生成了——这就是财务业务一体化：做到结算有依据、存报价、录操作，而这些流程固化到 SAP 系统里面，就形成了自动化的业务操作，极大提升了效率，同时可以支撑数据分析和辅助决策，做多项风险控制，对管理起到了很好的帮助作用。

SAP 的预算及合并管理系统协助飞力达实现全面预算管理，财务部门能够将实际数和预算数集成在一个系统中，随时拉取实际数、预算数分析报告，甚至基于实际数的分析也可以通过 BPC 来完成，不需要将一张张分公司、子公司的报表数据进行整合和手工整理。

此外，SAP 还帮助飞力达做到了数据统一化，整个集团使用同一套数据。高层看到的每个数据，都是由底层人员的编制数据或者系统计算得来。通过合理制定规则将费用的编制公式化、标准化，提升费用编制的精度和合理度，做到费用数据清晰透明，各层级的费用编制及人均情况一目了然，从而使费控系统的优势充分发挥，大幅度减少预算外费用的产生，总体推动了飞力达财务从事务型会计向分析型会计转变。飞力达信息化架构如图 2 所示。

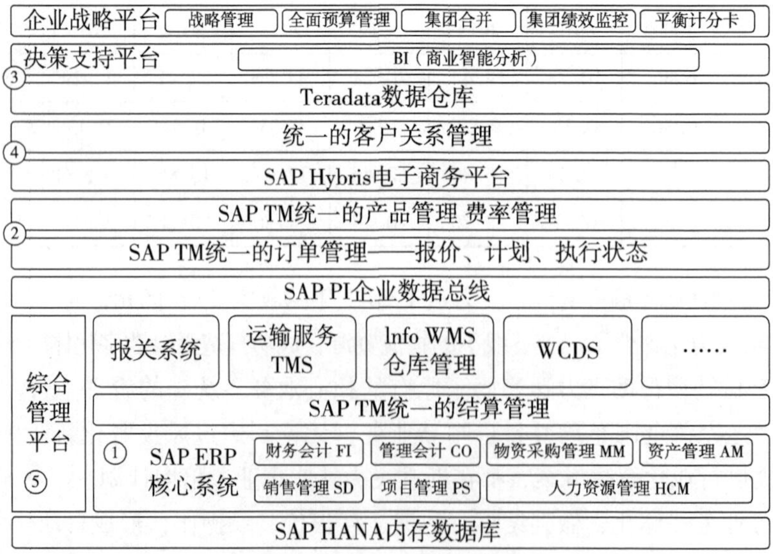

图 2　飞力达信息化架构

未来，飞力达将通过 SAP 的分析云及费控解决方案，实现管理层对在业务多元化，业务线快速增加的情况对业务的实时洞察，快速决策，实现业务的敏捷，快速增长；通过对费用的事前管理，费用与收入的联动分析实现资源的精准投放，帮助飞力达降本增效，在业务增长的同时提升盈利水平。

同时，飞力达将与 SAP 深化合作，在统一业务及管理平台基础上，结合行业特点，设计并提供可盈利、可执行的行业化端到端解决方案，从高科技、汽车等行业拓展到其他行业，进一步强化多行业服务能力，实现业务的跨行业快速复制与扩张。

此外，进一步实现服务及解决方案的标准化、产品化（如运输产品，供应链金融产品等），解决规模化与定制化之间的矛盾，推动业务快速增长；此外，在 IoT、AI、机器人新技术应用方面（如通过 AGV 等使用），提高仓储自动化水平；通过 AI、IoT 等实现对运输量的预测、车辆运行轨迹的实时采集，实现运输班车的动态调整，提高装载率，准时率等；通过 AI 等实现流程（如财务、采购等流程）自动化；整体提升供应链全流程、全生态的可视化。这些新技术的应用亦是未来的发展方向，加快了创新与业务转型的步伐，将为飞力达 2020 年业务倍增换挡提速。

中国移动通信集团广东有限公司：精密通信设备全流程精细化信息管理方案

一、企业概况

中国移动作为通信行业的一家大型上市央企，近几年在资本市场的巨大压力下，致力于通过开展企业管理信息化的探索，支撑公司高效低成本运营。高度信息化已成为中国移动运营企业管理模式的重要特征，它既包括网络平台、支撑系统的集中信息化建设，也包括财务、客服及物流集中信息化管理系统。

在采购物流领域，中国移动按照标准化、集中化和信息化的思路，目前在总部和各省市分别设立了专门负责集中采购物流工作的机构，建立了相应的工作流程和制度，各省已建立与财务 MIS 系统（管理信息系统）对接、覆盖所有地市网络建设和市场营销的物流管理信息系统（以下简称“LIS 系统”）。

中国移动通信集团广东有限公司（以下简称“广东移动”）于 1998 年 1 月正式注册成立，是中国移动（香港）有限公司在广东设立的全资子公司，近年公司业务收入超 800 亿元，纳税超百亿元。广东移动是我国信息通信行业中规模最大的省级公司，也是广东省最大的通信运营商，下设 21 个地级市分公司，省、市公司均设置采购物流管理专职机构，广东移动是中国移动关于供应链管理理念最先进、信息化程度最高的子公司之一，并多年荣获全集团供应链规划一等奖及供应链管理标杆称号。同时，广东移动还被中国物流与采购联合会评为中国物流信息化应用杰出企业、中国供应链管理最佳创新企业等。

二、案例介绍

（一）项目建设背景

随着通信市场人口红利消失、运营商同质化竞争激烈、互联网应用异质替代步伐加快、量收支出差异持续增大等，通信行业的竞争压力逐步加大，运营商的管理水平成为保持市场领先地位和稳定利润水平的核心竞争力。在此过程中，物流作为企业第三利润源，在降本增效方面发挥着极大的作用。近年来，运营商物流体系逐步由粗放式管理向精细化管理转变，不断提升物资供应各环节的管理要求和水平。

中国移动明确指出“要坚持集中化改革，推动管理精细化，加强诚信体系建设，提高管控效率，扎实推动公司精细化改革的全面实施”，在此大方向的指导下，广东移动积极组织开展省内采购物流精益管理提升活动，推进实施精细化管理。

在物流管理方面，账实相符作为最基本要求，是物资保管和供应过程中必须要遵守的铁律。然而在现实工作中，由于精密设备物资的复杂性，实物流与价值流的颗粒度难以匹配一致，在管理过程中“账实不一致”现象时有发生，整体处于一种粗放管理的状态，这也是当前全集团物资管理的疑难点和真空带。此外，由于精密设备账实核对困难，进而又引发出物资管理全流程中的各项问题：①映射困难，正式 MIS 订单、暂估 MIS 订单、实物装箱单三者之间无法对照转换；②资源内耗，精密设备按站点分箱包装，拣货出库时需大量开箱，资源内耗严重，且剩余物资价值不明、保管不易；③退库困难，工程剩余物资由于价值匹配不明确，实物退库困难，影响后续决算过程；④决算不易，由于正式 MIS 单包含大量低价值辅料，导致未出库辅料占用在库价值，决算时无法清零。

为提升精密设备物资管理及建设规范化，推动工程物资实现滚动订货、精准领货、规范施工、清晰退库，做到关键环节精细化管理，从源头上减少余料产生，广东移动公司与华为通信设备商进行了合作业务试点，提出了精密通信设备全流程精细化信息管理方案，力争提升全省工程物资管理及建设规范性。

（二）主要做法

精密设备“两单合一”方案的核心内涵是实物流与价值流匹配一致，实现正式 MIS 单与实物装箱单准确匹配。在实物维度上，以统一分类原则为基础，对精密设备物资进行合理分类，确定计价和非计价单元；在价值维度上，规范价值结构，明确暂估单与正式单结构，最终形成精密设备实物与价值的对照表，并在此基础上制作 MIS 订单，实现精密设备在“采、存、用、余”全过程中实物和价值的对照管理，解决长期以来精密设备物资实物流和价值流无法匹配的问题，进而实现物资全流程的精细化管理。

1. 主要做法一：梳理实物价值对照表，实现账实精准匹配

以统一分类原则为基础，对工程物资精密设备实物进行合理分类，确定计价和非计价单元，同时规范价值结构，明确暂估单与正式单结构，形成精密设备实物与价值的对照表，明确实物流与价值流走向，最终实现了正式 MIS 单与实物装箱单准确融合匹配，突破精密设备长期账实不一致的束缚。

2. 主要做法二：采用模块化包装模式，提升物料共享性

精密设备从“按站点整箱包装”模式全面转为“模块化包装”模式，包括按照计价物料（精密设备、高价值辅料等）单独包装和按照通用组合进行包装，工程建设部门按模块化（明细物料）提出出库申请需求，按需从仓库领料，仓库不需要再拆箱分拣。省仓库集中按模块拣货并一体化配送至地市仓，避免按站点领用产生大量剩余物资，如图 1 所示。

3. 主要做法三：明细申领分拣工作，提升物资分拣效率

在模块化包装的基础上，广东移动根据工程建设计划将精密设备物资批量调拨到地市仓，市公司则按工程建设实际需求实行“抓药式”精细分拣，按需拣选所需模块，提高物资分拣工作的效率和物资领用的精细化水平。

4. 主要做法四：精准核算余料价值，实现项目快速决算

在建立精密设备实物与正式 MIS 单映射关系的基础上，项目精密设备余料可根据该实物与价值对照表精准核算余料价值，实现退库后项目快速决算。工程余料在退库前，由工程建设部门牵头，邀请相关合作单位对余料进行鉴定，如果鉴定为有利旧价值，则

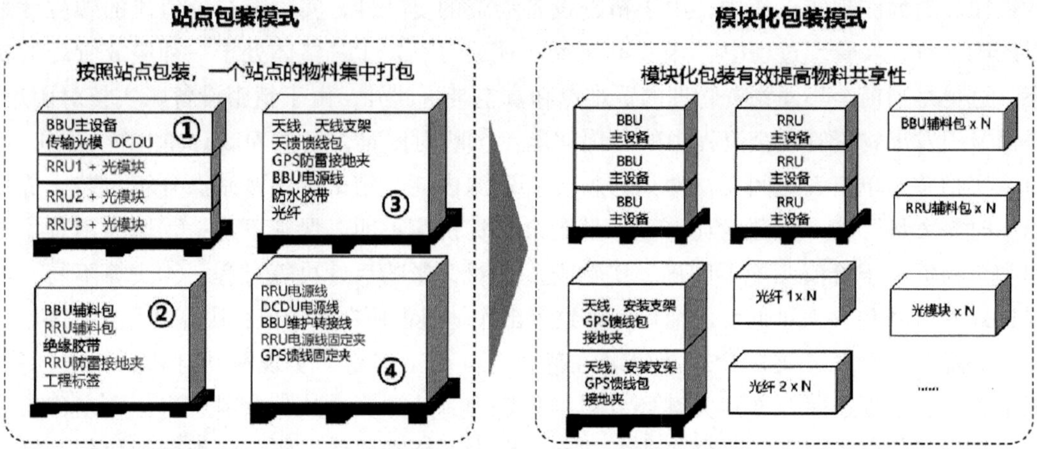

图1 包装模式转变示意

注：BBU，基带处理单元；RRU，射频拉远单元；DCDU，数据收集与分配器；GPS，全球定位系统。

根据相关实物前期出库所对应的 MIS 系统核算价值，共同认真核定余料剩余价值，在出具核定报告后，通过 LIS 系统“项目物资退库”方式申请退库；如果鉴定为无利旧价值，则应按相关管理办法办理物资报废申请手续（如图 2 所示）。

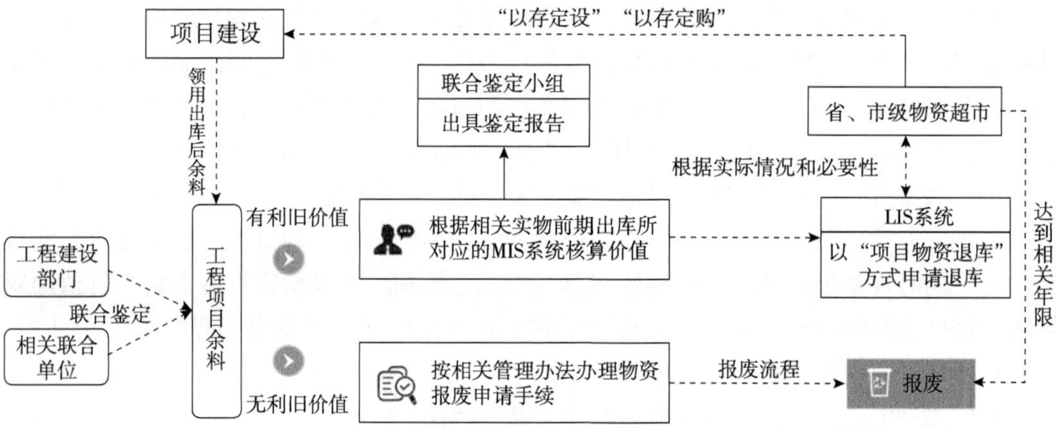

图2 余料价值核算示意

（三）主要创新点

基于统一分类原则对精密设备实物进行合理分类后，在“采、存、用、余”四大管控要素中分别融入“两单合一”新模式，形成实物流与价值流的精准对照，实现物资全流程的精细化管理。

1.“采”环节：精准采购 + 精准制单

由于实物和价值匹配准确，可精确开展库存核查，通过建立“配额、库存”双重核查机制，明确库存实物及其价值，根据现有库存确定采购内容，合理控制采购数量，实现精准采购，从源头上减少冗余产生。同时，实施“分批滚动订货”，并联合相关部门开展分批订货需求审核，建立精密设备物资关键环节监控表，管控订单、设计、安装等环节高价值物料使用情况，提高订货与建设实际的匹配度，实现精准制单。

2. “存”环节：精准接收

协同跟进到货进度，通过系统手段优化供应商到货批次和批量，在采购物资发货前，加强与需求部门、供应商的三方协同，根据物资需求部门使用量、按照“少批量多批次”原则控制物资到货量，从而减少仓储资源占用，提高物资周转率。通过明确装箱单、暂估 MIS 单、正式 MIS 单的表单映射关系，物资到货时，根据供应商提供的“两单合一”对照表精准接收到货物资。

3. “用”环节：精准出库

以正式 MIS 单与装箱单的合一为基础，根据工程计划按装箱单结构分批精准出库。同时，采用模块化包装模式，主要模块与价值一一对照。工程建设部门按模块化（明细物料）提出出库申请需求，按需从仓库领料，实现精细化管理和核算；仓库按模块化拣选发货，不再需要拆箱分拣，提高分拣效率。

4. “余”环节：精准退库

在“两单合一”模式下，以精密设备实物与价值有效匹配为依据，精准核算余料价值，库外余料可按实际情况及时准确退库，库内余料可准确核算并转入其他项目，决算前实现项目物资清零，从而加快决算进度。同时，由于精密设备余料价值明确，可纳入物资超市共享盘活，从而顺利实现余料再利用，充分挖掘物资使用价值。

三、案例价值分析

广东移动精密通信设备全流程精细化信息管理方案的应用，很好地解决了通信运营商长期以来精密设备实物流与价值流不一致的问题，为全国上千亿元通信精密设备全流程精细化管理提供了成功参考案例。实现了精密设备“采、存、用、余”全流程账实精准对照，优化了物资到货、在库管理、申领出库、余料退库、转资决算、余料利旧等各环节工作，取得了一系列显著成效。

1. 成效一：采购精细化

本项目按照精密设备、高价值辅料、安装耗材三大类确定计价单元和非计价单元，最终形成精密设备实物与价值的对照表，实现实物和价值的对照管理，使得物资采购过程中，明细、数据、价值等均有据可循，采购订单可精细对照和匹配，保障了通信运营商与设备供应商之间采购全流程的公开、透明、可视，确保了通信精密设备实物全流程管理规范化。

2. 成效二：供应协同化

“两单合一”模式精准匹配了供应商装箱单与暂估 MIS 单、正式 MIS 单所对应的实物和价值，为采购部门、需求部门、供应商三方协同打下良好基础，可实现供应商与仓库的分批供货，也方便了仓库及工程现场的核对接收。同时，精密设备到货确认环节得以提前，供应商回款提速，提高了供应商供货积极性，也有效支持了通信设备制造企业发展。

3. 成效三：领用精细化

按照实物与价值的对照表以及模块化包装方式，工程建设实现按设计一站一申领，按需领用物资模块，达成精细化管理和核算；同时，仓库按模块拣货出库，无须大量拆箱，显著提升分拣效率，也避免了按站点领用产生大量剩余物资的现象发生。

4. 成效四：退库规范化

在“两单合一”模式下，余料价值核算得以明确，项目剩余物料的价值可准确估算，解决了精密设备余料退库难问题。库外余料可按实际情况及时准确退库，库内余料准确核算并转入其他项目，决算前实现项目物资清零，从而加快决算进度。此外，由于精密设备余料价值明确，可纳入物资超市共享盘活，从而顺利实现余料再利用，充分挖掘物资使用价值。

四、实施中的体会及经验

目前基于精密通信设备全流程精细化信息管理工作方案已初步得到落实，取得了一定的经济和管理效益。同时，在实施过程中也发现后续仍需进一步加强管理，主要从以下几个方面进行展开：

1. 推进系统间互通

在 LIS 系统中开发相应模块接口，将精密设备“两单合一”对照表嵌入系统，并协同 MIS 系统实现实物与价值的自动匹配，实现“两单合一”工作全流程环节的自动化流转，在规范化和精确化的基础上实现精密设备物资管理的高效化（如图 3 所示）。

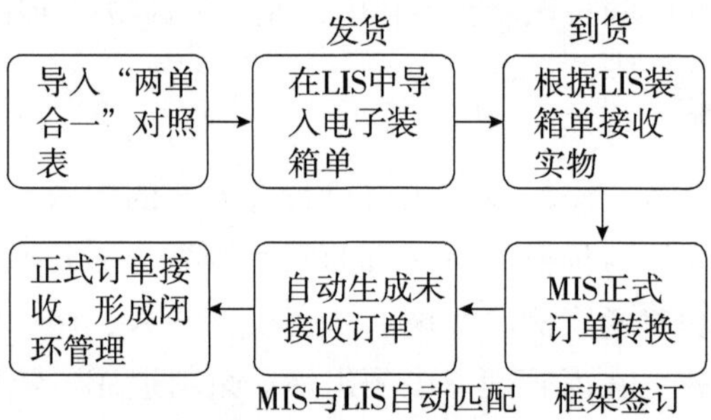

图 3　系统固化流程示意

2. 探索 VMI 模式

以华为技术有限公司为试点合作单位，共同探讨 VMI（供应商管理库存）库存模式，理顺物资补货流程，明确双方工作职责界面，深化与华为技术有限公司的战略合作，进一步推进库存管理协同化（如图 4 所示）。

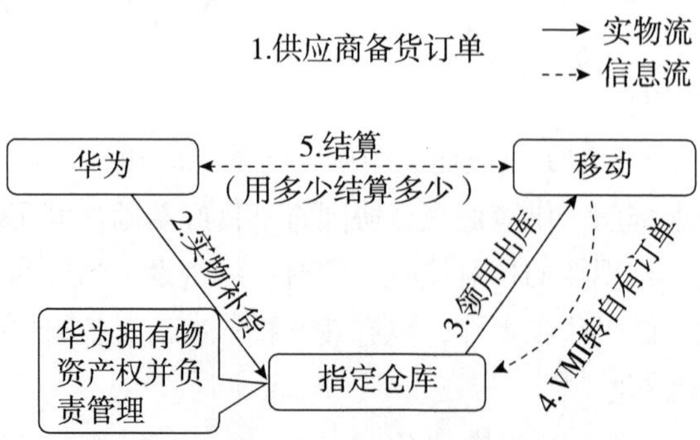

图 4　VMI 模式示意

3. 扩展应用范围

总结与华为技术有限公司开展本项目工作的相关经验，积极引导爱立信、中兴、大唐等其他精密设备厂家，结合各厂家自身业务特点，合理推广精密设备物资管理的应用范围，将应用对象从华为精密设备物资推广至所有精密设备物资，实现管理效益的最大化。

内蒙古亿兆华盛电子商务有限公司：亿兆通——助力搭建智慧供应链物流管理体系

近几年，以信息技术为引领的物流行业，以及以全球化竞争为趋势的供应链竞争管理不断步入主流渠道，在创新、协调、绿色、开放、共享的发展理念指导下，亿兆华盛公司依托在传统供应链领域耕耘多年的经验，借助互联网、云计算、大数据、物联网、移动互联网、区块链等先进技术，搭建了亿兆通大宗商品第四方物流 SaaS 协同管理云平台打通大宗商品物流业务线上协同场景，促进物流行业降本增效。

一、公司介绍

1. 公司基本情况

内蒙古亿兆华盛电子商务有限公司成立于 2017 年，在内蒙古自治区鄂尔多斯市空港物流园区注册。公司现有平台研发团队、市场营销团队，注册资金 1000 万元，专注于大宗商品物流运输业务。

公司自成立以来，秉承“互联网 + 大宗商品 + 供应链 + 物流”的发展理念，运用互联网、大数据、人工智能、云计算、物联网及区块链等前沿先进技术，搭建智慧高效的物流电商平台。为客户提供业务协同、在线交易、信息撮合、数据统计、物流融资及货车后市场服务，提高物流信息化、自动化、智能化水平，提升物流运输协同效率，降低行业综合成本，让物流运输业务中的各方参与者，共享电子商务带来的红利。

2. 公司背景

内蒙古亿兆华盛电子商务有限公司母公司为北京亿兆华盛股份有限公司（870453），由亿利集团下的上市公司亿利洁能（600277）控股。在母公司的支持下，亿兆通平台拥有得天独厚的资源优势和应用场景支持。

二、项目背景分析

物流行业按照配送方式、距离、货物种类等可划分为多种业务类别，亿兆通平台主要服务于大宗商品的公路运输。大宗商品以整车运输为主，多为计划性物流，运输距离较远，随着社会经济发展，产能不断提高，物流业务中部分问题逐步凸显。

首先，物流业务场景同时发生在企业与企业、企业与司机之间，牵扯层级多，而目前业务信息化程度低，管理手段原始，很多流程只能采用线下处理方式，协同效率低下。其次，行业内中小物流公司居多，资源分布散乱，行业发展慢。而且，自“营改增”以来，物流公司税务问题越发棘手，税收抵扣不规范，税务成本过高。随着问题积累，物流成本居高不下，以物流连接的整条供应链也极受影响。内蒙古亿兆华盛电子商务有限公司从供应链物流整体出发，通过搭建亿兆通平台，提供一套完整的智慧物流解决方案。

三、亿兆通平台介绍

1. 平台模式

亿兆通平台定位于第四方大宗商品物流 SaaS 协同管理云平台，从第四方角度出发，以 SaaS 模式构建，同时为物流业务中的货主企业、物流公司、司机以及后市场商户提供针对性服务。亿兆通生态圈如图 1 所示。

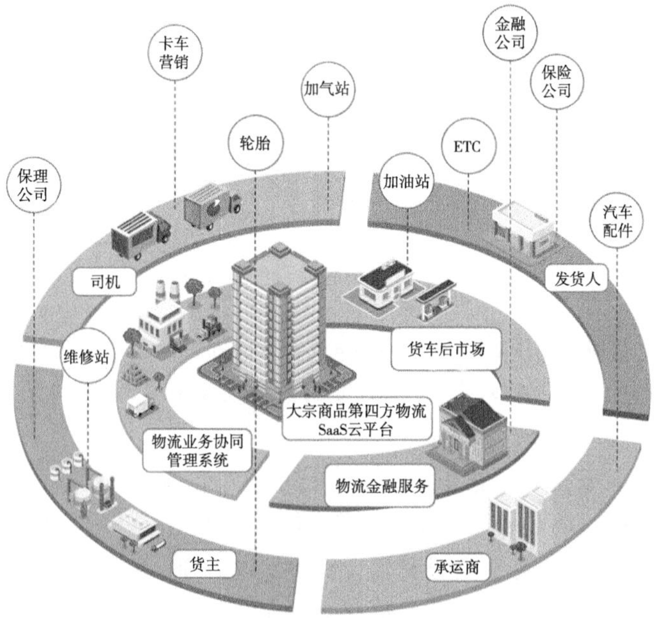

图 1　亿兆通生态圈

平台角色有货主企业、物流公司、司机、后市场商户。

（1）货主企业：物流业务中生产货源的企业，一般为大型生产制造工厂，亿兆通平台为其提供优质、稳定的承运方，辅助其进行物流管理工作。

（2）物流公司：一般为 3PL 公司第三方物流公司，物流业务中的关键枢纽，亿兆通平台为其提供大量货源、车源信息，帮助其进行车队管理、财务管理、税务筹划等。

（3）司机：物流业务中的实际承运人，亿兆通平台为其提供覆盖业务的全流程服务以及后市场的灵活服务。

（4）后市场商户：包含有加油站、加气站、保险、轮胎、ETC、货车维修等针对物流运输业务后市场服务商户，亿兆通平台以规模优势和平台技术优势为其提供便利。

2. 平台服务

平台根据业务场景不同，提供三大服务体系。

（1）物流 SaaS 协同系统。亿兆通平台提供一套完整的物流协同管理系统，货主企业、物流公司、司机等仅需在线注册即可使用，通过线上进行合同签订、发派车、智能进出厂、在途跟踪、在线支付结算、财务对账、数据统计等工作，打通物流业务线上流程，各参与方均可实现线上协同，业务处理更加高效（如图 2 所示）。

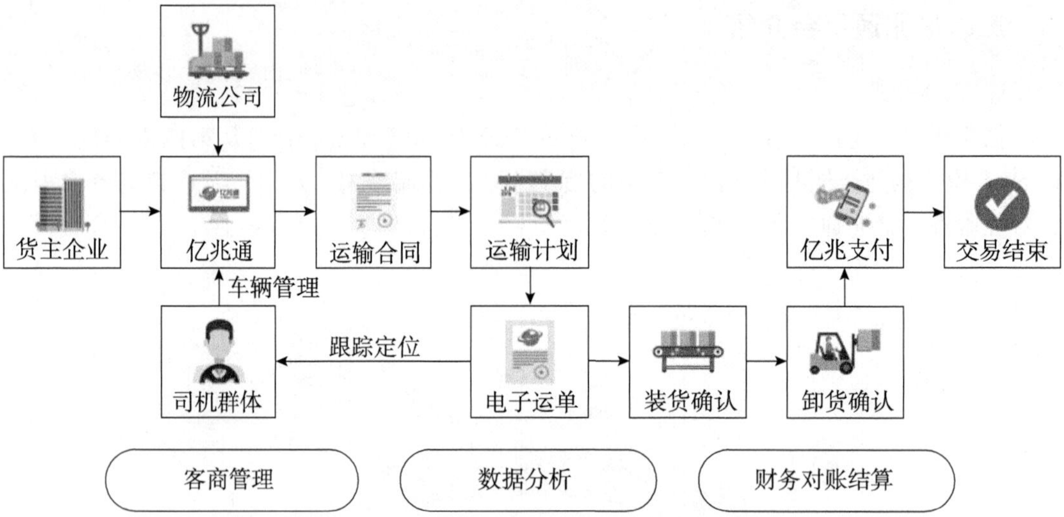

图 2　平台物流业务流程

（2）货车后市场服务。亿兆通与后市场商户进行战略合作，利用平台技术为商户搭建一套营销管理系统，或与商户的本身系统进行系统对接，便捷司机消费，帮助商户线下引流。

（3）物流金融服务。平台利用大数据、云计算、区块链等先进技术，积极与银行、P2P（点对点）、信托、产业基金等资金渠道合作，基于物流公司在平台实际发生的业务，为其提供多种类型的融资产品，解决其资金短缺问题，确保物流运输业务平稳流畅运行。

四、项目建设过程主要内容

1. 多点连接，建立人、车、系统、智能设备的网状连接

在研发过程，亿兆通平台打通多个节点，与客户形成网状连接，实现全方位互动。

（1）磅房系统连接。与工厂磅房系统连接，过磅数值自动抓取与推送。

（2）ERP、OA（办公自动化）系统连接。与企业内部审批系统连接，商流与审批流无缝对接，提高业务效率。

（3）厂区智能设备连接。与门禁、开票机等设备连接，建设无人值守智能设备，布局园区物联网体系。

（4）LBS（基于位置的服务）、GPS（全球定位系统）连接。人、车辆、手机信息连接，掌握在途信息。

（5）财务结算连接。快速财务对账，账目信息一目了然。

（6）业务数据连接。基于业务信息，生成平台大数据看板，以数据信息掌握市场动态。

2. 拓展服务，打通货车后市场加油加气、ETC、保险、货车维修等服务生态

通过增设后市场服务，为司机提供消费便利，帮助商户进行营销管理，同时，规范物流公司进项税管理。

（1）加油加气服务。与运输路途沿线的加油站、加气站进行合作，司机手持 App 即可查阅附近油气站位置、油品种类、价格等信息，进入站内扫码即可消费。

（2）ETC（不停车电子收费）服务。平台辅助司机办理 ETC 通行卡，对接票根网系统，避免司机过路过桥发票产生不必要的流失。

（3）保险服务。与保险公司对接，车险、货险、司乘险等多种险种公司业务人员线上购买。

（4）线下货车服务中心。在司机聚集地，建设亿兆通服务中心，提供轮胎、机油、汽车配件、货车维修等服务。

3. 完善风控，多维度考量，确保业务完成质量

规避风险，消除运输过程隐患，是保障物流业务顺利进行的重要基础和前提。平台首先从准入条件开始核查，确保公司注册信息真实，人车信息一致、货源信息无误，避免虚假信息传播；其次，通过在途跟踪定位，了解车辆运输路线，同时考虑到大宗商品运输的特殊性，在指定装卸货位置、事故常发生位置设立电子围栏，进行安全预警及强制执行措施；最后，平台还与保险公司合作，提供无车承运险、货险等多种险种。多重保证，确保货物安全、完整地运达。

4. 产融结合，组建长期战略合作，增强供应链核心竞争力

供应链上的每一环都对整体业务有着关键作用，物流公司常因即时支付司机运费，而与货主企业之间存在账期而出现资金缺口。亿兆通平台从全供应链角度出发，利用金融科技技术与资本方连接，基于供应链物流业务，对其发生时间、业务对象、订单金额、承运完成效率等多种业务信息进行分析整理，为物流公司提供多样化融资产品。

在产业与金融交织作用下，进一步规范业务流程，加强供应链上企业之间联系，逐步形成长时间的战略合作关系，降低整体金融成本，从全链角度出发发展供应链物流业务。

5. 建立智慧供应链数据中心，大数据助力行业发展

亿兆通平台通过采集平台业务信息，分析时间、项目、路线、客户、效率、货运量、价格、货物种类、环比、同比等多种因素，预测业务发生趋势，组建智慧大数据中心，辅助制定业务决策。

五、效益对比

1. 亿兆通平台上线使用后物流效益大幅提升

自平台上线以来，受到客户一致好评，目前平台已有多家物流公司及货主企业注册，并且建立了与中石化、中石油、平安保险、华泰保险等企业的合作，平台上各项物流管理指标均有所提升。

物流运输组织效率提升 50%，完成货主、物流公司、司机之间的高效对接，实现物流运输无纸化、协同化、智能化办公。

通过货车后市场服务，从源头解决物流公司进项筹划不规范问题，规范税务流程，减轻物流公司税负。

解决物流融资难、融资贵问题，提供新的融资渠道，降低融资成本 30%。

2. 亿兆通对企业信息化建设、创新升级的影响

在平台的推动下，企业及个人的信息化水平逐步提高，依托互联网、物联网、大数据、移动互联等全新技术手段，各项业务协同处理效率有了极大提升，涵盖业务种类更为丰富，大型企业信息系统趋于产业化，中小物流企业逐步形成信息化，为行业创新升级提供了先决条件。

3. 亿兆通实施对提高企业竞争力的作用

在使用亿兆通平台后，企业的物流业务效率得到提升，发展机遇得到拓宽。借助平台信息化管理，货主企业、物流公司、司机均在能够更高效地完成物流业务。同时，在“互联网+”的基础上，运用机构完善的网络平台，通过技术对接，获得更多发展机遇，提升企业综合竞争能力。

六、项目实施过程的体会和推广意义

1. 以互联网技术解决传统供应链问题，必须从行业本身出发

在解决传统供应链物流中的痛点难点问题时，网络技术首先是一种服务性工具，它必须贴合行业本身的业务场景。在数字化推广过程中，原有业务人员需要改变现有的工作模式、使用新工具、打破固有思维模式，这本就产生了较大阻力，如再背离实际场景，则很难继续推广。其次，平台需要及时赋能，在解决问题的同时提供多样化的增值服务，扩大产业生态，让各方参与者感受到切实福利。

2. 第四方平台具备先天的资源整合、互惠共赢的优势

第四方平台的建立是从全供应链角度出发，其盈利模式主要依靠同时为第一方物流、第二方物流以及第三方物流提供一套完整的供应链解决方案。在第四方平台搭建过程中，以平台拥有的信息技术，整合物流相关零散资源，包罗万象，采用合作协同而不是直接控制的方法。平台具备集约化、信息化优势，所提供的综合解决方案具备低成本，高收益的特点，主要目的是提升整条供应链的价值。

七、项目下一步发展方向

目前，亿兆通平台所提供大宗商品智慧物流解决方案已初有成效，能够满足货主企业、物流公司、司机及后市场商户业务要求，下一步平台将继续进行市场推广和流程标准化工作，同时建立云仓储体系、辅助搭建智慧物流园区、筹备开设多式联运业务、研发节能环保绿色物流解决方案，扩充平台生态，让物流各方参与者享受到电子商务的红利。

浙江物产金属集团有限公司：大宗物资流通行业的协同生态圈

一、企业简介

浙江物产金属集团有限公司（以下简称“公司”）成立于1963年，于2003年改制为国有控股型企业。公司于2018年位居世界500强270位，是中国大型的大宗商品流通服务集成商之一、浙江省政府直属的特大型国有企业物产中大集团股份有限公司的主要成员企业，母公司已于2015年完成上市。

目前，公司已发展成为以大宗商品流通为主，酒店经营、投融运营、资产管理、物业租赁等多元业务为补充的大型集团企业，总资产逾150亿元。2018年公司营业收入超800亿元，销售实物量超3000万吨，进出口总额超20亿美元。

经过多年的发展积累，公司已成为全国特大型钢材贸易流通企业以及具有较高知名度的铁矿砂流通商和燃料油批发商，是中国金属材料流通协会常务副会长单位和中国物流与采购联合会主要会员单位，并且连续多年被评为中国金属材料流通行业领军企业和AAA级信用优等企业。

二、信息化需求

“互联网+”时代下，传统的纸质、电话、手工等管理方式已极不适应社会快速发展的需要，大宗物资流通业企业面临着人工单据处理差错率大、物流全程信息透明度不足、关键环节信息获取难、客户服务感知度差等日益凸显的问题。

随着信息化技术的不断发展，公司产业链上下游关联企业均不同程度地建立了各自的信息系统。在系统使用过程中，各方都将大量的数据手工录入各自系统之中，其中很多数据互相重复录入并且差错率高。

企业间的数据传递仍旧以纸面单据传真、邮寄形式为主，存在以下弊端。

①传递效率低下；

②纸面的单据易于伪造，存在贸易风险。

随着订单量的逐年变大，物产金属公司对物流的重视程度也在不断提升，对供应链各环节的管控希望能通过信息化手段加强，通过与合作伙伴的系统对接，减少人工信息传递环节，降本增效。

三、遇到瓶颈

在与合作伙伴的系统对接中，公司遇到如下困难。

1. 对接标准难以制定

公司的业务丰富、类型复杂，与众多企业开展合作，因此与合作伙伴的系统对接标准制定困难，既要统筹兼顾，又要符合业务特征。

2. 多系统对接困难

与多个外部系统对接，不同系统由不同的供应商运维，要进行逐一对接，耗费大量的人力和时间。

3. 实施推广困难

逐一个性化开发无法满足众多不同企业的对接，无法形成可复制推广的模式。

四、解决方案

针对上述问题，公司应用国家综合物流信息平台的标准和交换服务，制订了全方位系统互联解决方案，实现公司产业链上下游关联企业间的系统协同，连通各信息孤岛，实现交易、物流信息全程可见、可控、可量化，以提升业务、物流精细化运作水平，打造大宗物资流通行业首创的协同生态圈。主要从如下几个方面展开。

（一）对接国家综合物流信息平台，构建数据交换基础

国家综合物流信息平台是国务院《物流业发展中长期规划（2014—2020 年）》的主要任务和重点工程，是由交通运输部和国家发改委牵头，由职能部门、科研院所、软件开发商、物流企业等多方参与共建的一个公益、开放、共享的公共物流信息服务网络，是一项政府主导的交通基础设施工程和物流信息化推进工程，是互联网时代政府创新服务、企业创造市场的有力实践。

本方案的主要框架是公司 ERP 通过国家综合物流信息平台与协同生态圈中各企业进行系统的互联互通，而非直联形式，采用这种框架有以下优势。

①在国家级数据交换通道中，数据传输稳定性、准确性高。

②在构建大宗物资流通业信息互联数据结构标准的过程中，国家综合物流平台以行业技术标准和工程技术规范为准绳，提供了重要的指导和规范作用。

③协同生态圈中各企业可有效获取国家综合物流平台提供的业务流中铁路、公路、水路、海关、运政、工商、国检等信息。

④借助国家综合物流信息平台不断加入的信息渠道，积极拓宽物产金属对接系统的应用和对接范围。

（二）应用国家综合物流信息平台的服务，实现与生态圈中各企业的系统对接，实现相关数据双向互通

大宗物资流通行业协同生态圈如下图所示。

1. 仓储类企业的系统对接，实现入库、出库数据双向互通

与合作仓库系统间出库、入库、过户等信息的交换，同时基于信息的对接，改变传统传真提货管控货方式，创新引入电子提单模式，一方面提高公司的业务效率，另一方面增加公司的货物安全。

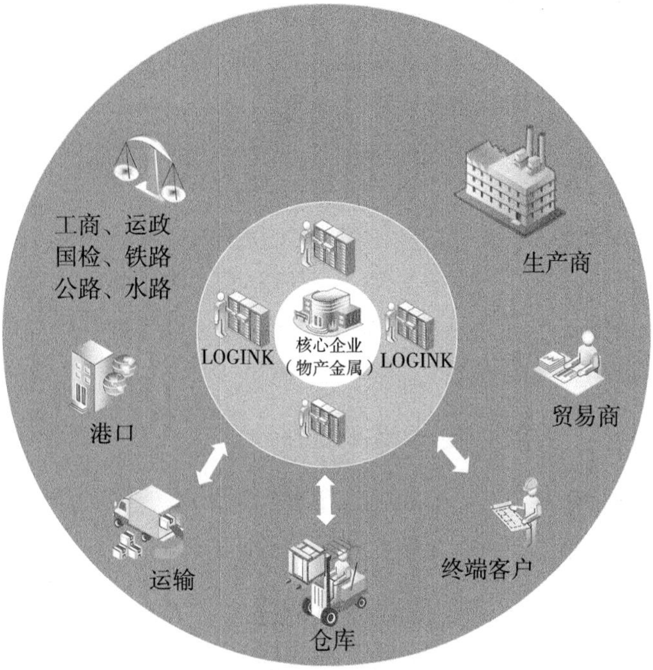

大宗物资流通行业协同生态圈

2. 与无车承运人平台对接，实现与汽运配送企业配送单据、结算单据的双向互通

通过与无车承运人平台——浙江运到网络科技有限公司的系统对接，实现合作汽运单位运输单据的线上操作和互联、车辆位置跟踪、汽运类费用在线核对与结算等功能。另外，通过与阿里云平台的系统对接，以获取配送业务过程中涉及的相关单据的电子照片，便利业务跟踪核对。

注："浙江运到"科技赋能传统行业的创新企业，为全国首批部级无车承运人单位。致力于数据中台深化应用的技术开发团队。提出"围绕大宗商品配送交易事件管理应用"的产品发展主线。团队以"大中型企业的现货配送交易场景化需求管理"为切入点，着眼于服务大宗商品配送市场的"交易过程管理"，积极开发大企业主自有平台系统互联共融的应用产品线。现已与世界500强企业积极开展战略合作，聚焦形成交易全流程和节点数据管理，实现物料订单信息、物流跟踪、结算、资金流监管等方面在系统产品上的"聚合价值"，为产业生态迭代发展不懈努力。

3. 与水运运输企业的系统对接，实现与水运运输单位船运单据、港口物资调配、船舶位置等信息的双向互通

通过公司集港平台的建设，实现水运单位集港、走船信息的线上操作与反馈，船舶的跟踪等功能。

五、实施效益

该方案的实施，帮助物产金属应用信息化手段，打造大宗物资生产商、贸易商、终端客户、运输单位、仓库、港口等要素智能互联的网状协同生态圈。从2016年正式上线至今，已实现仓储类信息交互24万条，运输类信息交互1.5万条，推动企业生产制造、

库存调拨、收货发货、仓储运输、货物追踪等业务流程信息流转的无缝对接，提升供应链信息透明度，降低运营管控风险，促进供应链运作协同高效，赋能于生态圈内各企业，提升企业间的业务黏性，以增强企业核心竞争力。

（一）在国家级数据交换通道内制定大宗物资流通业信息互联数据结构标准

本项目引入了国家综合物流信息平台作为互联枢纽，提供国家级数据交换通道。公司利用自身在金属、矿石、煤炭、木材贸易领域扎根多年的行业经验，通过对生产商、仓库、运输单位、终端客户等节点进行深入调研，构建对接数据模型，制定了大宗物资流通业信息互联数据结构标准。

（二）供应链协同互联各要素具备便利的延展性和可复制性

通过信息互联平台化建设、统一的互联数据结构标准，使供应链协同互联各要素具备便利的延展性和可复制性，可在短期内低成本迅速实现新节点的互联互通。

（三）推动无纸化办公和业务流程，促进全产业链创新升级

传统的纸质、电话传真、手工单据已经严重阻碍了业务的高效发展，电子提单、电子签收等无纸化办公和业务流程可有效地降低沟通成本、提高数据准确性，并且增强了单据安全性和货物安全性。

（四）利用全产业链物流信息闭环，推进区块链＋供应链金融业务

利用供应商→贸易商→客户业务流程中仓储和运输等物流信息的系统闭环，后续将与华夏银行、蚂蚁金服合作打造基于区块链技术供应链金融服务，简化确权程序，提高物产资金周转率。

六、信息化实施过程中的主要体会

通过本项目的实施，让企业深刻体会到“系统互联、标准先行”的重要性，有了统一的、有公信力的标准，不同企业系统的对接才有了基础。企业的信息化建设应结合自身的业务现状和发展规划开展，由易到难、由点及面，逐步构建能够覆盖整条产业链的结构化信息网状对接系统。

七、后期规划与展望

综上，是以公司为核心，已开展的多主体、多维度系统信息化互联建设，物流信息在互联生态圈内高效流转，大大提升了各方协调效率。后续，公司也将通过国家物流信息平台开展与其他合作对象的互联建设，丰富生态圈，形成信息闭环。

①与合作钢厂的系统对接，实现采购订单、生产信息、出厂信息的双向互通。

②与终端客户的系统对接，实现客户计划单、签收信息的双向互通。

③与银行、蚂蚁金服区块链平台的系统对接，实现金融结算信息的双向互通及分布式记账。

上海数牵数据科技有限公司：协同让产业链更高效

上海数牵数据科技有限公司成立于2017年7月，是致力于打造大宗商品供应链未来的互联网公司。面向大宗商品行业的生产制造企业、贸易流通商、终端用户、物流企业、电商平台及金融机构，提供供应链相关技术、运营及数据服务。

湖南三正电子商务有限公司运用“数牵智慧供应链管理平台”搭建了以产业链协同为核心的供应链业务体系，服务包括钢厂、贸易商、终端用户、物流企业、金融机构在内的两万余家会员单位，融合了钢铁B2B交易、供应链金融、云物流、大数据应用、资讯服务等业务板块。针对钢铁产业链普遍存在的业务节点多，参与者多，跨区域经营等特点，减少冗余环节，提升效率、降低成本。

一、数牵智慧供应链管理平台介绍

1. 行业痛点

目前资金是大宗商品产业流通企业的首要痛点，带来相关其他方面能力不足（如图1所示）。平台化、专业化、标准化才能解决市场痛点，产生集约效应，同时降低全链条成本，并产生新机会为贸易生态分享。

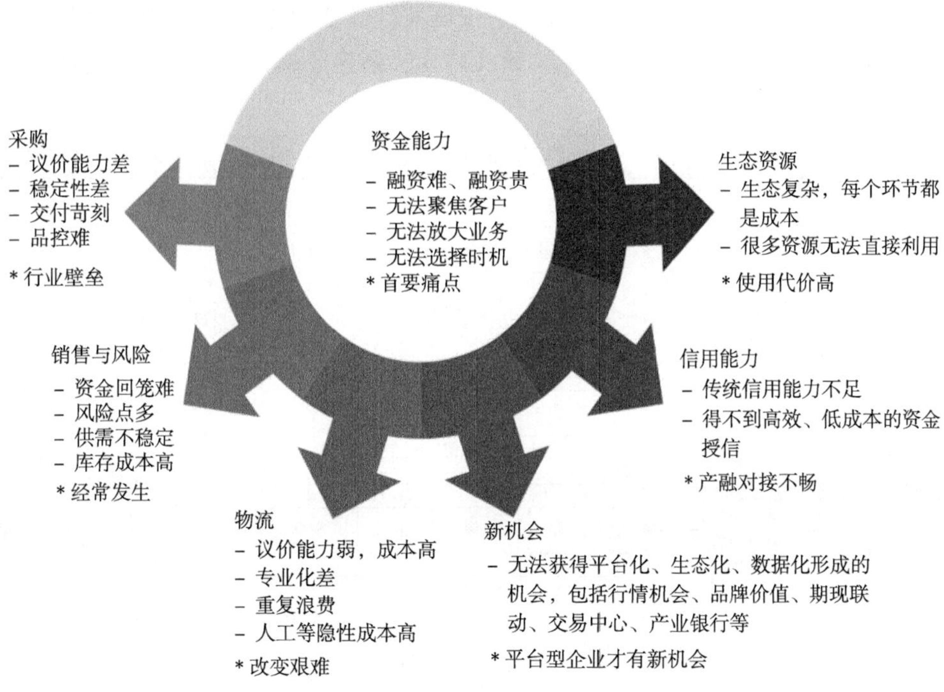

图1　行业痛点

针对产业痛点出现了各类产业互联网平台。而聚集订单和驱动业务放大的主要力量是金融，平台化和金融驱动才能使供应链聚集放大，产生集约效应和新机会（如图2所示）。

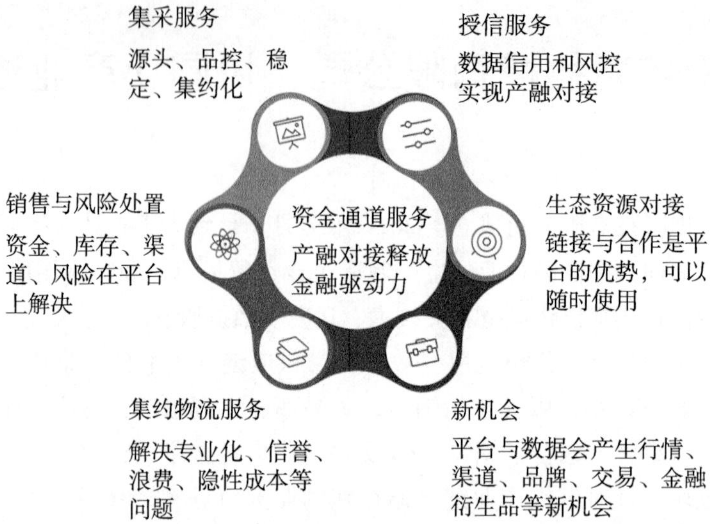

图2　金融驱动力

数牵面向产业互联网领域平台型企业/核心企业及其上下游客户群体提供产业互联网解决方案——数牵智慧供应链平台。

2. 数牵智慧供应链平台运营体系

构建一个以供应链协同为核心的智慧供应链平台。平台以用户需求为源头，供应链全流程封闭运行，可将生产企业、经销商、供应商、终端用户、仓储物流及金融机构都联系在一起，实现产业链的实时互动协同、资源共享（如图3所示）。在产业链金融创新上实现从传统“三表”向“三流”共享模式转变，搭建金融机构与产业链之间具有公信力的集成服务平台。

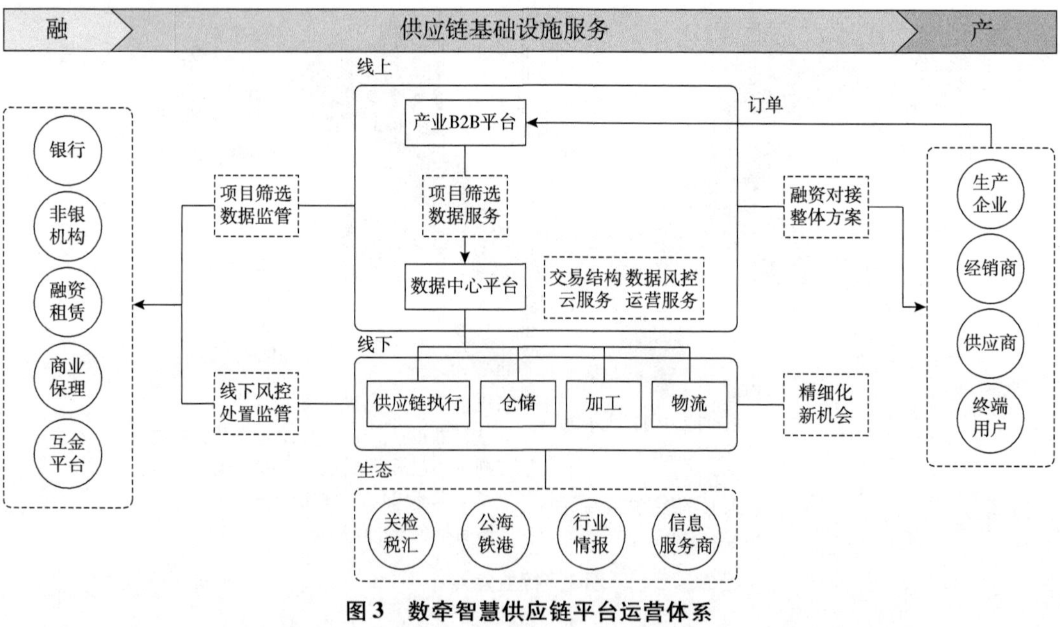

图3　数牵智慧供应链平台运营体系

3. 数牵智慧供应链平台功能介绍（如图 4、图 5 所示）

图 4　产品体系

图 5　功能全景

（1）供应链门户。

通过供应链门户进行各类交易信息和资讯信息的发布，包括物资交易、融资信息、运力匹配、集采招标信息、政策信息及各类资讯信息，并实现了有效的内容管理，使得平台各类信息发布及时高效，针对交易信息实现后续的交易管理。应用门户还需要实现用户身份认证、对平台各应用子系统的集成、对工作区和内容的灵活管理实现个性化。

①B2B 商城交易系统：包括交易工作台、资源管理、求购管理、报价管理、客户管理、订单管理、充值管理、对账管理、员工管理、店铺管理、业务报表等模块，支持商城、集市、店铺、招标等多种交易模式。商城交易系统与物流云平台及供应链协同平台无缝对接，有效保障交易的完整性和线下交割可靠性；同时便于与供应链金融平台联动，多方式高效快速解决买卖过程融资。

②在线支付系统：交易平台完整接入在线支付结算功能，包括会员保证金、在线直接支付（第三方支付、银联、企业网银）、分期支付、白条支付、后台对账，同时支持票交所“票付通”产品实现银票商票支付。

（2）供应链协同平台。

供应链协同平台是数牵智慧供应链平台的核心子平台，是基于 SaaS 的 ERP 信息化系统，同时支持企业间数据的全协同。包含采购、库存、报价、销售、应收应付、结算发票、报表决策等系统模块，适用于有金融属性的大宗交易业务。该协同平台不仅能够满足贸易企业部门之间的数据协同，而且以数据交换为核心，在制造商、经销商、供应商、终端等企业间实现采销协同、计划执行协同、资金结算协同。在系统层面，该协同平台作为中间核心平台，支撑相关的云平台（仓储物流平台、风控管理平台、数据服务平台、客户管理平台）之间的数据交互。

（3）物流云平台。

①WMS 云：基于 SaaS 技术的分布式、多租户的云仓管理系统，支持自营、租赁及合作等业务模式，提供云化及本地化服务。支持货物出入库、盘库、加工、出库、结算、人员绩效管理和决策支持报表，进行业务、成本、仓储、质量管理，同时兼具即时化、可视化。仓储现场采用 PDA 作业，与物流设备对接自动交互作业数据。

②TMS 云：系统可视化实时监控配送的各种作业进度，清晰快捷地显示配送业务的处理状态情况、车辆运行轨迹及状态、配送进出量等。系统分为业务管理和车辆管理。业务管理包括取货、理货、运输安排、路径优化、货物跟踪、目的地送货、收货和物流信息反馈管理；车辆管理包括入网验证、道路运输许可验证、套牌验证、轨迹查询、位置查询、异常离线提醒等。

（4）金融业务管理平台。

供应链金融平台产品覆盖应收、预付和存货多种类。

应收类产品包括传统贸易金融的保理产品和项目集采基于应收账款的金融产品，提供应收账款质押融资、账款自动收款、账款回款自动偿还融资、账款催收及提醒、合同管理、项目管理、项目监管等功能。

存货、预付类产品是基于货权质押产生的金融产品，提供货物权属管理、货物价格管理（自动更新货物价格、货物核价）、货物监管管理（库存检查、监管下限控制）、货物解押等功能，该产品与在线交易平台对接，使质押物进入再销售流程，提高货物变现能力。

（5）风控管理平台。

风控平台的核心是“信用评估 + 模型规则”，主要核心系统为金融 CRM、信用管理、风险预警。

金融 CRM 包括客户基础信息动态管理、客户交易行为信息管理（核心贸易方稳定性分析、采销规模分析、逾期分析等）、供应商准入管理、供应商动态考核等；信用管理包括信用评估模型、信用额度核定及调整、融资比例及准入等；风险预警包括交易订单监控、资金监控、还款提醒、违约及逾期预警等。

风控平台透过良好的产品及运营流程设计，并在各个操作环节皆有系统记录，来达到对操作系统的良好管控，利用交易、金融、物流平台上传的交易流水明细、融资还款行为数据、物流配送数据，实时获取供应链中的每一笔数据以对客户行为进行预警及调控。

（6）数据管理平台。

以交易、金融、物流数据为基础，抓取、挖掘、分析各类数据，用户可自定义（自配置）分析模型，建立库存、价格、供需等指数体系；形成覆盖产业链各环节的分析报告，迅速驱动用户进行商业决策。

4. 技术优势

（1）强大的供应链信息交互体系。

以供应链协同平台为核心实现了核心企业、上下游企业、仓储物流等多种数据实时协同，在提高效率的同时，又通过交叉验证保证了贸易数据的真实有效，对参与方的身份和贸易背景做到了强验证。

（2）区块链多层穿透。

利用区块链技术的可追溯性，实现电子凭证在上下游间的多层信用穿透。

（3）物联网。

“仓—车—货”智能监控：通过传感、导航、定位等技术方式，在仓储和货运环节来控制交易过程，提高供应链协同效率，验证交易的真实性。

（4）轻量化移动化。

将核心企业、供应商、经销商、仓储物流企业、金融机构等连接到平台，实现快速对接部署、最小化运营维护。在配送交货等环节，引入移动应用、集成身份识别等技术提高确权的法律效力和效率。

二、应用案例

1. 应用企业简况

湖南三正电子商务有限公司（以下简称“三正”或“湖南三正”）创立于 2013 年，是集电子商务、供应链金融服务、物资信息服务、物流存储配送和网络技术服务于一体的大型综合信息化服务企业。现有 20000 多家企业级会员，年交易量 100 多亿元，年金融服务发生额 60 多亿元，授信客户 101 家，是中西南地区最大的钢铁在线供应链服务平台。

2. 应用进程

三正电商以产业级上下游协同和“分布式云仓 + 相应的物流运输网络”为切入点，通过创新的协同供应链模式帮助客户企业降低流通成本，扩宽业务辐射范围，提升产业链效率，实现行业整体降本增效。

2017 年 8 月数牵科技与三正电商达成战略合作，携手打造三正“钢铁在线供应链服务平台”。

通过近两年的时间，从供应协同 SaaS 云研发起步，对商城、云仓及金融风控系统进行逐步升级，已构建出完善的“三端一云”钢铁产业互联网协同产品体系：交易端“一力钢铁网（elsteel. com. cn）”于 2018 年 4 月改版上线，充分融合了行业智慧和互联网技术，集钢铁 B2B、供应链服务、物流服务、资讯及大数据应用于一体；供应链服务端“三正协同供应链”融合了预付类、存货类、应收类、商业保理等各类供应链服务，并针对行业特点进行优化，为客户企业提供一站式钢铁供应链解决方案；物流端“钢速达 & 钢驿站”构建了高效的“公、铁、水”立体物流云仓网络，整合仓储、配送、分拨、多地域分销、加工及供应链服务为一体，已深入湖南、湖北、江苏、贵州等地。“三正 SaaS 云协同平台”使各参与方信息互联，整合物流、信息流和资金流，协同行业上下游与各参与方重构产业流通链条。

3. 效益分析

这里重点对三正协同供应链服务进行分析，该服务包括了预付类、存货类、应收类、商业保理及集采供应等供应链服务，根据行业特性和客户需求，湖南三正将其供应链服务重新进行了组合设计，并通过数牵供应链协同平台保障三款产品无缝对接，实现高效运转。譬如，可将企业的应收账款直接转化为企业在湖南三正平台的各类融资产品所需的保证金或费用，省去企业应收账款变现和融资申请多次重复审核的时间，体现了协同高效的钢铁供应链服务平台对钢铁产业的促进意义。

（1）应收账款保理（变现）效率的提升。

通过模式创新及信息化改造，供应商应收账款转让到与核心企业的应付账款确权、人行系统登记再到风控审批，核定授信额度等流程仅需 3 个工作日。对比在常规的应收账款保理（变现）的渠道平均需要 15 天（理想情况下），效率提升了 4 倍。

（2）预付业务效率的提升。

模式的创新及系统的支撑，保障了预付类融资业务与应收账款保理业务同步进行，核定授信额度完成即刻向钢厂进行采购，省去了二次审核、二次风控、二次授信的环节，使项目周期缩短了 5 ~ 10 天。

（3）用户融资总成本的降低。

在供应链协同平台中，项目和产业之间的衔接效率得到提升，项目周期的缩短同时意味着资金占用成本的减少，降低了供应商融资总成本。

4. 经验分享和推广意义

第一，供应链协同平台包含了完整的商贸 ERP 信息系统的功能，三正平台上的贸易企业，特别是为终端用户服务的中小贸易商通过该系统提升了内部管理，加强了对人财物信等方面的管理，降低了企业经营风险，同时通过订单协同、物流协同、对账协同提升了与上下游企业的沟通效率。

第二，一力钢铁网交易商城、集市及后续的物流协同、交易协同成为用户扩大生意的营销好工具，实现营销在线化，打通询价和跟单环节，为贸易商提供了整套的全网营销方案。

第三，通过供应链协同平台和物流云平台的实时协同，提升了平台上贸易企业对物流及时性和准确性的管理能力。

第四，钢铁行业是资金密集型的行业、贸易企业自身资金实力有限、融资难、资金周转压力大、垫资能力有限。而在三正供应链协同平台，整个交易透明可控，积累了大量业务数据，成为行业内最有效率的资金服务通道。

第五，对平台而言，可增强话语权和影响力。“优秀的企业是设置标准，制定规则，开创模式”的典范，用互联网协同来为钢铁产业、金融、产品和数据赋能，制定行业的创新标准和发展方向，开创全新的业务模式。在项目中，可起到为参与各方增信的作用，同时，由于平台在项目中提供和展现出来的价值，从而更容易在终端、钢厂、银行等获得话语权，更容易碰撞出有利于多方的合作模式。

5. 其他案例

（1）应用企业。

贵州贵安供应链科技有限公司，是国内供应链金融综合服务（“互联网+”）建设的领导者，领先的创新型技术服务提供商。公司主营业务涵盖新能源汽车全产业链、大宗商品交易供应链服务及绿色金融三大领域。具备“平台”+“服务”综合业务能力和强大的纵深服务优势。

在供应链管理及协同领域，贵安供应链秉承“互联网+”的理念，展开“供应链协同”战略布局。涵盖交易、物流、金融、保险、大数据、区块链等多个方向；在“供应链金融”领域，贵安供应链与全国多家机构建立合作，帮助企业不断提升供应链数据的价值，在多个行业广泛的开展，基于企业真实业务数据的融资解决方案，以核心企业为纽带，为中小企业发展提供帮助。

（2）新能源汽车供应链协同平台。

数牵科技为贵安供应链科技有限公司搭建了基于新特新能源汽车供应链服务的协同服务平台。数牵科技通过了解汽车行业特性，利用电子支付凭证媒介打通了以车厂为核心的上下游企业，从经销商到供应商，利用核心企业为原点多级穿透，将整个供应链，从产到销整体赋能（如图6所示）。

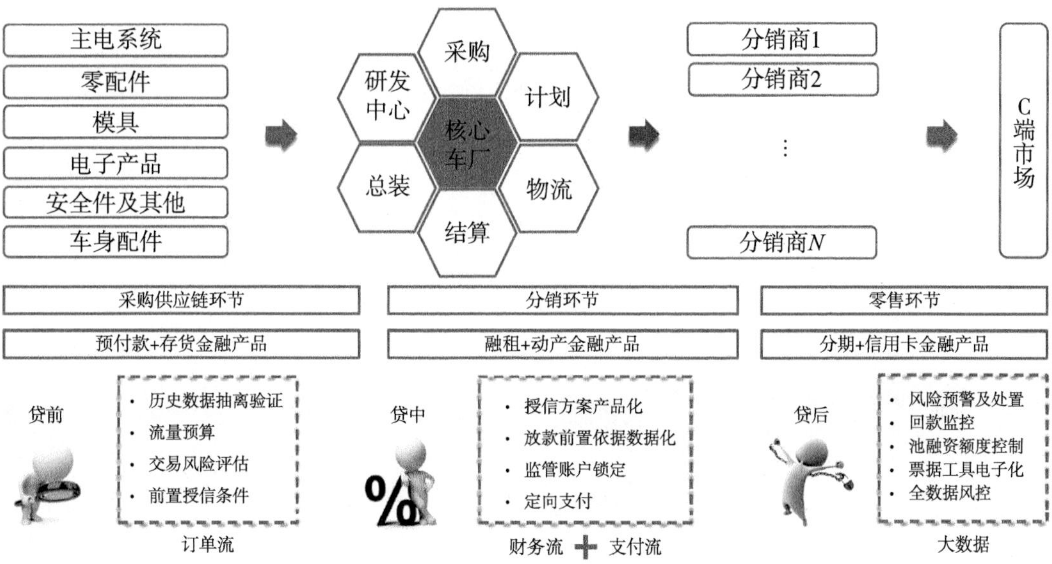

图6 新能源汽车供应链协同平台

三、未来的改进方案

系统未来建设方面，将采用数牵开放平台的模式，开放数牵云平台的接口服务，连接银行系统的信贷服务，实现直接的线上放款提升金融服务效率；对接第三方企业认证机构信息系统进行企业信息管理，为风控提供更多的数据源。在技术运用方面，将采用IoT连通第三方物联网智能运输平台，整合数据资源，构建产业链数据平台。

陕西医药控股集团派昂医药有限责任公司：智慧药房

一、企业简介

陕西医药控股集团派昂医药有限责任公司是陕药集团旗下主要子公司，是目前陕西省内经营业态最全、覆盖面最广、销售规模最大的药品流通企业，也是西北地区率先成为全国4A级医药物流企业、药品冷链物流运作规范国家标准的达标企业。公司自成立以来保持了高速的发展态势，自2009年以来，公司营业收入年均增幅21%，2018年实现销售收入75亿元，位列全国医药流通企业第28位。目前公司拥有资产总额约50亿元，二级、三级子公司10家、员工2000多名，仓储面积4万平方米，配送车106辆；经销药品品规2.4万个，拥有4000多家供应商和40000余家客户资源，与中国制药工业（销售）百强企业保持了良好的合作关系。

派昂医药的战略定位是医药供应链解决方案提供商和药品运营服务商，即成为陕西省唯一一家能够为上下游搭建平台，持续提供增值服务、差异化服务、专业服务和全面服务的药品流通企业。依托强大的网络覆盖、成熟的运行机制、专业的营销团队三大核心优势，确保良好的市场秩序及价值链各环节利益的合理分配，从而实现产品的有效运营。

派昂医药积极顺应政策导向，以创新为驱动，引领行业新模式发展。基于供应链服务延伸、供应链服务的解决方案、互联网、健康服务发展多种商业模式和服务模式，并在诸多领域都保持了较大的领先优势。在医药物流延伸服务领域，公司承建的西北妇女儿童医院智能化药品物流项目，填补了陕西省医药物流延伸服务领域的空白，极大地帮助了院方提高药事管理效率、改善患者用药体验。在医药电商领域，公司自主搭建的陕西医药电商平台于2017年6月上线运行，平台总开户数近万家，累计交易量达到2.84亿元。在第三方物流方面，公司通过美国强生亚太地区的遴选和考察，成为其西北地区唯一一家第三方物流服务合作伙伴。

二、案例项目概况

1. 项目简介

西安市第三医院是由西安市委、市政府全额出资按照三级甲等综合医院兴建的市级最大规模的公立医院，2016年12月15日开始试运行。医院占地面积150亩，建筑面积11.87万平方米，医院分东西两院，东院为门诊部，包括门诊药房、急诊药房、门诊药库；西院为住院部，包括中心药库、住院药房、静配中心。其日处方量2000张，药品品种 1500 种左右，设置床位数 1050 张。

派昂医药将为医院解决以下问题。

① 提高药品流通效率，降低运营费用；

② 减轻医院库存压力，合理配置库存结构；

③ 实现药品采购、流通各环节的全程可视化跟踪；

④ 院内物流模块实现对药品的准确、高效管理；

⑤ 实现特殊及冷链药品全程规范管理；

⑥ 优化医院人员配置，减轻工作量；

⑦ 提升医院的药品质量管理水平，全程保障患者用药安全。

2. 项目整体目标

以信息连接为纽带，把现代医药物流信息化系统、自动化技术和管理服务延伸到医院药库、药房流程中的各个环节，使医院药库实现药品出入库等各项操作流程化和信息化，确保药品流转全程中的安全性和可靠性的同时，提高医院在药品的采购、配送、院内流通、科室使用等各方面的整体效率。

（1）实现性能指标。

①供货时间由 8 小时缩短到 2 小时。

②快速发药系统处理速度：8 张处方/秒。

③智能存取系统处理速度：设备传送速度 8 ~ 10 米/分钟，处方处理速度 120 ~ 240 张处方/小时。

④实现所有进出药品全程追踪。

⑤整处方传输系统，采用自动地轨传送药品，缩小人员走动范围，药师人员一天的走动距离减少 60% ~70% 。

（2）提高效率指标。

①实现药品流通企业与医院药房信息互联互通，提高医药药品供应效率 75% 。

②建立快速发药系统和智能存取系统，提高药房发药效率 300% ，提高药房空间利用率 60% 。

③使用物联网技术对药品识别进行批次管理并可追溯，保证用药安全。

3. 医院药品物流管理流程

（1）药品采购：由医院药库负责人统一汇总门急诊药房、住院药房与药库采购计划，采购计划在系统中会以门诊、住院和药库进行区分，下发给派昂医药后统一进行药品配送。

（2）药品入库：派昂医药直接将门诊、住院常用药品分别配送到门诊、住院药房，但医院药库收货员在药库软件中仍需先将所有药品入库到药库软件系统中，然后在药库软件中出完成库到门诊和住院药房的操作，以便医院更好地进行药品物流、信息流、资金流管理，保证账实相符。

（3）药品请领：门诊、住院药房在软件系统中填制药品请领单后，再去中心库房直接进行请领；住院各科室在系统中请领药品，打印请领单去住院药房领药。

（4）药品退库/退货：门诊、住院药房将需要退库的药品在系统中填制药品退库单，并将药品实物退还给中心药库；中心药库将需要退货的药品在系统中填制药品退货单，再将药品退至派昂医药即可（如下图所示）。

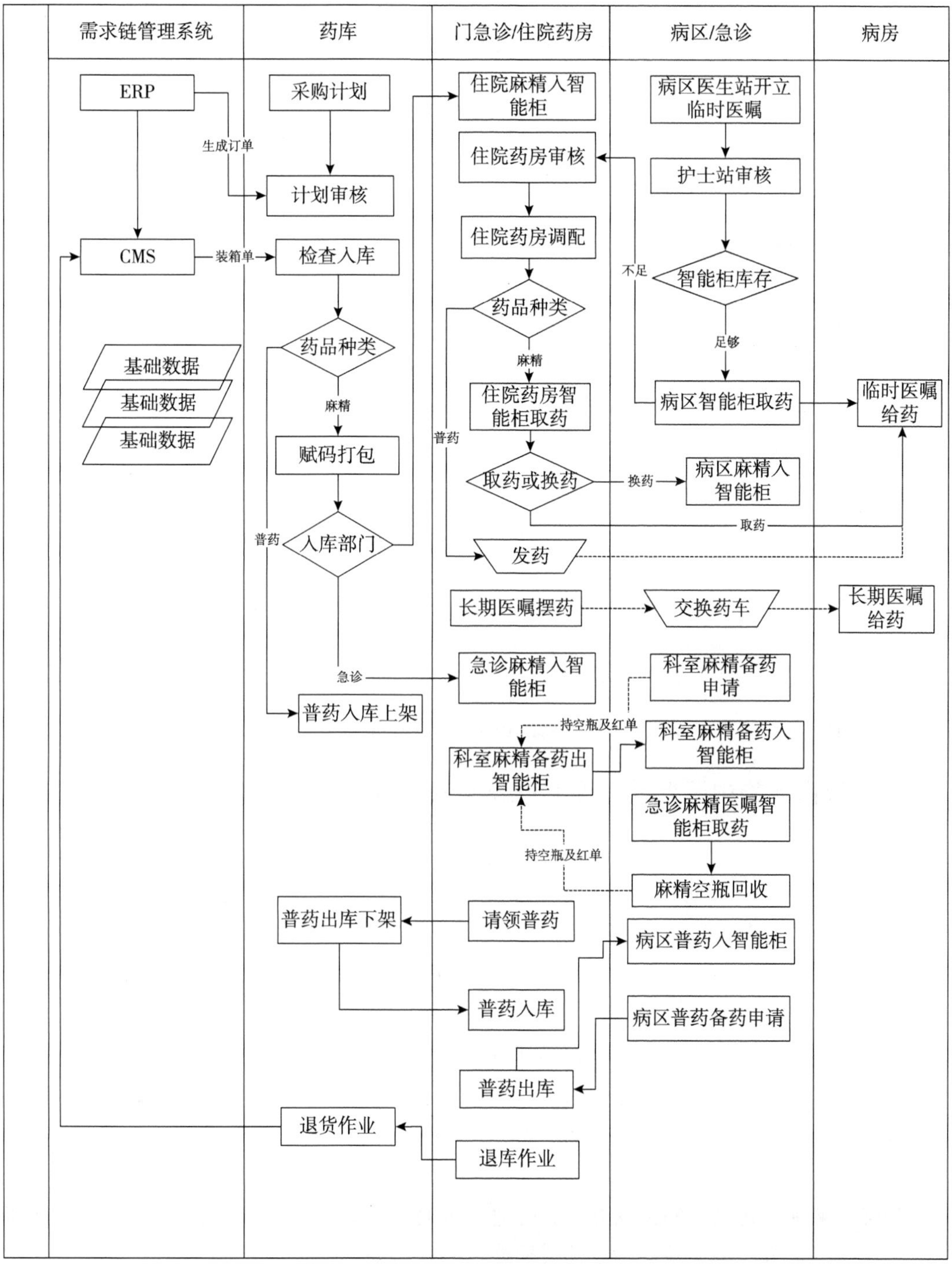

自动化设备药品管理主流程图

4. 药房、药库主要设计内容

（1）门诊药房及门诊二级库。

根据门诊药房常用品种数为 800 种、日均 2000 张处方量、高峰期占总处方量的

60%、高峰期时间为2小时计算，为门诊药房配置了包括快速发药机、智能存取系统、直发传输系统、麻精管理系统等先进发药智能设备满足医院发药需求。由于医院收费和发药分开进行，门诊药房采取预发模式，可以满足发药需求，提高患者取药效率。

储备能力方面，为门诊及二级库药品设计货架和托盘。

（2）急诊药房及库房。

急诊药房发药需要医师进入库房取药，库房面积有限，且急诊药品品种数不多。因此，急诊不使用智能发药设备，配置标准货架，实行标签统一管理便可满足医院需求。

（3）住院药房。

根据单台400型设备（可存放400个品种）可保障2000多张床位的三甲综合型医院正常药品的单剂量分包，因此配置单剂量摆药机可以满足医院需求。

（4）住院中心药库。

住院中心药库主要用于静配中心和住院药房的药品储备，设计了货架和托盘，加上住院药房的货架，基本上能储备15天药品，与门诊药房保持一致。

（5）静配中心。

将静配中心分为“肿瘤药物、抗生素配置（万级）”和“普通药配置（万级）”两大舱体，根据静配中心洁净度要求，万级标准进行抗菌装修。

（6）中药药房。

配置煎药机，可满足医院同时煎四服药的需求。

（7）血液浓度检测室。

为医院承建检测室，配置液质联用仪、高效液相色谱仪、高速冷冻离心机等全套设备可满足医院血液浓度检测要求，提高医院药事服务能力。

三、项目实施中遇到的主要困难及解决措施

1. 主要困难

（1）针对医院各方面需求，需要以专业角度分析及提出合理化建议，由于专业角度不同，在沟通方面存在理解性偏差。

（2）项目实施过程中，因为医院业务操作和思维习惯性问题，对于信息化项目实施和改造，在开始阶段存在抵触。

（3）医院需求变更多，项目实施范围比较难控制。

2. 解决措施

在项目的后续建设或其他项目推广中，一方面采用从上而下的方式，加强与医院相关领导的沟通，使其充分了解项目建设内容以及将为医院和相关部门带来的成效；另一方面加强了解项目建设中的关联方，做好建设沟通准备。如医院HIS（医院信息系统）提供方、设备提供方、医院基建方以及可能涉及的政府部门。

信息化建设与改革，会有“阵痛”，也是个漫长的过程，针对医院的抵触和不理解，我方一般是先从一个立竿见影或者见效比较快的点切入，让医院看到和体会到信息化建设带来的成果后，再逐步进行实施。

变更是每个项目建设过程中不可避免的问题，如何有效地控制变更，需要从顶层设

计着手，做好需求沟通和确认工作，通过制定严格的变更与确认流程，有效的沟通机制，将变更控制在预期范围内。

四、项目主要效益分析与评估

1. 项目实施前后效益指标对比分析

项目实施前后效益指标对比分析如下表所示。

项目实施前后效益指标对比分析表

项　目	使用前	使用后	说　明
一、时间			
处方处理速度	平均 30 秒处理一张处方	8～10 秒可处理一张处方	速度提高 3 倍
患者等待时间	平均等待 15 分钟	等待时间小于 3 分钟，基本实现零排队	系统中的自动叫号系统，自动分配取药窗口，实现零排队
用药指导时间	药师没有时间和机会进行用药指导	系统处理处方的效率很高，极大地减轻了药师的工作强度和压力，药师节省的时间和精力可用于用药指导，提高了医院的用药服务水平	
二、空间			
药品存放量	药架占地面积达 90% 以上	系统密集存储，占地面积 22 平方米的设备可存储 3 天以上用量	可以提高空间利用率 60% 以上
药房空间布局	只有工作区	除工作区外，没有休息区、学习区、保密咨询室、男女更衣室、办公室等	药房功能俱全
药房形象	药房较杂乱	药房整洁、美观	
药师工作环境	工作环境差	工作环境舒适	内部装修设计人性化，为药师营造一个良好的工作环境
三、管理			
药品管理	医院的 HIS 大多只实行金额管理	系统准确记录每天药房药品发放数量、现有库存数量、药品有效期等，实现信息化管理	自动化药房系统自带金额、数量、批号、先进先出、即时库存管理等功能

续 表

项　目	使用前	使用后	说　明
三、管理			
药品安全性	零散药盒摆放杂乱，缺药、丢药现象普遍存在	药品密封存储避免了药师与药品的直接接触，设备中的温湿度系统保证药品的存放质量	
调剂差错率	高峰期时，调剂差错率6.5%	系统自动调剂，零差错	实现药品调剂零差错
药品分析统计	几个窗口分开统计核算，不便于采购统计	药品信息化统计分析，为药品采购提高了方便的数据，有利于医院药品资金的统筹分配	减少了因药品报损、过期、压库等带来的资金压力
即时自动盘库	不能每天盘库，盘库工作量大	快速发药系统，即时自动盘库，随时随地准确查看实际库存	自动检测盘库，5 分钟内完成设备内全部药品统计

2. 项目实施的创新模式

（1）实现药品采购自动生成。

药库管理系统根据库存上下线自动生成最佳订购量，并且快速对接到商业 ERP 系统及医院的供应商系统，驱动商业公司及时发货。

（2）实现药品扫码验收入库。

药库人员通过手持枪扫描药品订单编码，使药品入库信息自动录入药库管理系统中，并能汇总每张发票金额。

（3）实现药品出库信息核减。

药库人员直接提取各科室药品请领信息，使用手持枪进行药品出库，智能药架自动核减库存数量。

（4）实现按批号效期管理。

系统自动按有效期优先出库，支持多批号效期管理，支持批次管理，对有问题药品可以进行批号冻结。

（5）实现药品库存管理。

系统对药库货位进行管理，按一定规则对货位编号，使药品盘点时可按库区、货架进行盘点，不轻易造成遗漏；出库拣货单能按货位进行打印，方便指导拣货。

3. 项目实施对提高企业竞争力的作用

派昂医药通过信息化手段将信息智能化技术延伸至医院药库、药房、科室直至病区，使医院的药品管理实现信息流、物流、资金流的整合，从而提高医院现代化管理水平，并为派昂医药提供了新的经营业态和商业模式。

（1）围绕核心业务进行延伸增值服务。

派昂医药将自身实践多年的信息技术、现代物流技术和管理方法相结合，形成专业化的医药物流服务管理体系延伸至医院，为医院提供专业化的增值服务，树立企业服务品牌。

（2）创造亮点，提供有竞争力的服务。

为项目设计创新亮点，并提供高质量的服务。通过在项目的实施与建设中沟通交流的机会，提高医院对派昂医药服务的满意度，增加医院与派昂医药的黏性，从而提高企业竞争力。

五、项目实施过程中的主要体会、经验与教训、推广意义

主要体会：信息化建设是一场“持久战”，需要有耐心，有恒心，有信心；处理问题，先找到利益相关方，并梳理清楚；需要决策的事项，建议以会议的形式进行讨论并形成会议纪要，相关方签字确认；信息化项目要充分考虑客户需求，做好顶层设计。

经验与教训：在项目建设过程中还需要注意以下事项。

①了解医院不同层级领导的核心需求及关注点。

②找准利益相关方，根据涉及的相关科室，了解其实际情况并为其提供增值服务。

③明确界定建设内容并让医院确认。

④建设过程中做好事项沟通，并让相关方确认。

⑤了解医院业务情况，做好突发事项的应急准备。

推广意义。

①国家政策提倡“互联网＋”医疗服务改革，鼓励智慧医院的建设。

②药品质量安全不仅是一项工作，而且是一种信念。医院通过信息化建设，按批次管理，先进先出，实现药品管理全流程追溯，确保质量安全，减少医患问题。

③信息便民，减少患者排队取药现象，提高患者服务满意度。

六、下一步的改进设想

1. 方案设计方面

结合现在医院考核和政策要求，需考虑药房发药预审方系统的嵌入，24 小时自助售药机的布局与设计，以及与处方流转平台的无缝对接，助力医院打造智慧药房。

2. 硬件方面

优化目前智能化设备及终端的布局和使用，比如智能存取机，它适用于空间小但须密集存储的药房，如果在大的药房，从发药效率考虑，会考虑使用智能抽屉柜代替它。

采用 PDA（手持终端）＋纸质标签货架代替电子价签货架：电子价签货架虽然科技赋能高，但是在实际业务处理时经常会由于信号接收和干扰问题，导致信息传递不准，并且对电子价签移动、维护都比较麻烦，成本也高。

3. 软件层面

界面设计和操作须更加贴合医院使用习惯。

上海爱姆意机电设备连锁有限公司：工业互联网环境下的供应链协同服务

一、公司简介

上海爱姆意机电设备连锁有限公司（以下简称“爱姆意”）是由上海市机电设备总公司转制而来的混合所有制企业，由上海物贸股份、沈阳机床股份、瓦轴股份等上市公司和上海机床厂、北京第一机床厂等国内著名工业企业共同出资组建的有限责任公司，公司成立于1998年10月。爱姆意是上海市电子商务行业协会会长单位、上海市物流行业协会副会长单位。

2018年4月，爱姆意荣膺中国国际进口博览会“6天+365天”常年展示交易平台，是30家获牌平台中唯一为制造业提供全品类展示、交易、服务的互联网平台。5月，爱姆意获得中国电子商务协会B2B行业分会颁发的“2018年度工业B2B行业前十强”。

目前，爱姆意服务的客户既有国内著名的制造企业，又有外资500强的品牌商用户，拥有宝武集团、振华重工、中船重工、上海电气集团、通用电气、ABB、德国汉高、法国索能达等一批在行业内具有较高知名度的企业作为长期战略合作用户。

二、业务模式简介

爱姆意作为生产性服务业的代表企业，针对制造业流通领域打造的第三方工业电子商务平台——爱姆意云商（www.365me.com），通过“互联网+供应链服务”，探索建立高效、阳光、低成本的工业品流通新模式，实现产业化和信息化的融合，推动制造业的转型升级。不仅提供制造企业供应链交易的网络协同平台，而且为供应链提供“端到端”服务的网络协同平台，协助企业解决传统制造业工业互联、网络协同的需求，服务更专业、更可靠、更安全、更快速、更节约。

三、市场背景与信息化建设的必要性

传统工业产品流通的库存管理都是各自为政的，整个流程各个环节中的每家企业或部门都有各自管理的库存：机电产品制造商有自己的库存，批发商有自己的库存，经销商也有自己的库存，最终用户还是有自己的库存，每个环节都有自己的库存控制策略。由于各自的库存控制策略的不同，因此不可避免地会产生需求的扭曲现象，也就是供应链上的“牛鞭效应”，增大工业产品流通链条上的整体库存量，并且无法及时响应市场需求。

1. 优化社会资源配置，形成供应链整合的服务体系

爱姆意云商把工业行业内的供应商、生产厂家、分销商、零售商等在一条链路上的

所有环节都联系起来进行优化，使工业产品以最快的速度，通过生产、分销环节变成增值的产品，到达有消费需求的消费者手中。不仅降低了成本，减少了社会库存，而且使社会资源得到优化配置，更重要的是通过信息网络、组织网络实现了生产及销售的有效连接和物流、信息流、资金流的合理流动。

在供应链中，上下游企业形成了战略联盟，因此它们的关系是相对稳定的。它们通过信息共享，形成双赢关系，实现社会资源的最佳配置，降低社会总的成本，避免了企业间的恶性竞争，提高了各企业和整个供应链及全社会的效益。

2. 引领商业模式创新，实现制造业和服务业的跨界融合

随着信息技术与工业领域的不断融合，“产业互联网”正逐步成为实体经济转型的新手段，将信息化深入制造企业的制造、供应、流通环节，实现制造业和服务业的跨界融合。

目前工业品的流通主要以实体店铺、专业市场、产品制造商订货系统、网上信息发布等形式为主，和国际上普遍的商业流通模式还有很大差距，由于“小而全”“大而全”“小而散”“独立性差”，导致在战略上缺乏国际化、综合化、现代化的思想，造成供应链管理模式落后，前端缺乏对资源的掌控和定价能力，后端分工不细、效率不高，阻碍了我国装备制造业智能化和现代化水平的提升。在价值链的定位上，由于缺乏技术创新和对客户需求的精准响应，造成品牌的价值度不高，大多数企业都在价值链低端，附加值低下。在经营模式上，电子商务、现代物流的应用还不足，亟须通过模式创新打造精准高效的现代流通平台和业务体系。在与金融的结合方面，尚缺乏流通资产证券化，缺乏对金融工具的创新性应用。

因此，需要打造一个全新的为国际装备制造业服务的工业品、工业设备、机械配件、各类工具等的交易市场商业模式，利用云计算、物联网、大数据、移动互联网等新一代互联网技术，创新生产资料流通的经营模式，打造透明、高效、绿色、环保、智能的商业模式。

中国不少工业品制造企业在物流上面临着以下三个方面的挑战：一是仓库作业缺乏先进的物流软件支持，无法进行精细化管控，错误率较高，作业效率低下。二是由于物料库存不准，生产排序上线难以形成有效管控。三是与上游供应商、下游经销商之间的供应链协同上存在不及时、不准确的问题。

3. 减少多余库存积压，降低制造业总体成本

目前“中国式采购”成本太高，不按需求采购使中国工业企业商品库存率一直居高不下，达到9.4%。如果全国库存下降1个百分点，每年可减少库存资金占用9100多亿元，如果降低到发达国家5%左右水平，则可节约库存成本4万多亿元。

先进制造业的不断发展要求制造企业专业化程度提高，剥离包括零部件采购在内的与主营不甚相关的功能，转而交由专业的企业负责代理，进行服务外包。如此一来，制造企业才能更好地集中精力进行生产和技术改造，提升自身的核心竞争力。随着信息化与工业化的融合，制造企业外包采购和库存业务，由专业的公司来提供高水平的专业服务，是完全可行的。

制造业采购主要可分为维护、维修、运行（MRO）备品备件的采购、直接物料

（BOM）和原材料采购。其中用于维修设备的 MRO 采购，往往是临时性的、缺乏计划，并且对交货要求十分严格，采购量少，但品类繁多，面向的供应商数量多。这些特性直接导致此类产品的采购专业性不强、流程复杂、人力成本高、采购成本高、管理成本高等问题。

将采购在内的与主营不甚相关的功能，转而交由专业的企业负责代理，进行服务外包，实现“一站式采购”。如此一来，制造企业才能更好地集中精力进行生产和技术改造，提升自身的核心竞争力。一方面，完善社会分工，提高供应链效率；另一方面，降低了物流成本，以及管理供应商的成本，实现了采购总成本的降低。

四、信息化建设进程

爱姆意云商是一个专注于工业品交易的第三方互联网平台，提供包括一站式工业品采购、全渠道分销管控、供应链金融服务、个性化定制服务等方面的互联网服务，支持制造业企业实现“互联网＋集中采购”和“互联网＋渠道分销”，帮助制造业上下游的企业之间实现互联网的连接，提高产业协同效率，降低供应链成本，提升企业应对市场变化的速度，推动传统工业制造业的“互联网＋”转型，构筑制造业企业的供应链竞争优势。

爱姆意云商通过互联网的创新模式，为制造业企业提供采购和分销的 SaaS 化云平台，把企业上下游间供应链信息流、资金流、物流数字化、网络化，做到可管理、可统计、可分析、可追溯。让制造业企业可以从零起步，无须自己配置服务器、配置 IT 人员和投入资金，只要通过浏览器，就可以实现快速拥抱产业互联网，在线管理采购商，在线服务经销商。尤其是在采购这样一个反腐倡廉的重点领域，爱姆意云商通过互联网平台帮助企业实现阳光化采购。

另外，爱姆意云商利用 SaaS 化云服务方式，打破现有的 B2B 电商平台只专注于交易的局限性，可以针对制造企业标准化的流程及差异化需求进行灵活的定制，提供个性化的互联网服务支撑。

目前，爱姆意云商服务的客户既有国内著名的制造企业，又有外资 500 强的制造业企业，拥有振华重工、中船重工、上海电气、德国汉高、法国海格曼等一批在行业内具有较高知名度的核心企业客户。

爱姆意云商在服务工业品流通领域的技术能力始终保持业内领先地位，平台上线产品包括机床及附件、机械部件、电控电工、磨料磨具金属焊接、仪器仪表、各类工具、存储/包装/搬运、劳防清洁及化学品八大领域，已上线 SKU 最小存货单位数过百万、超过 500 个工业品分类、实现数十亿元网上交易额，涵盖各类制造业工厂所需的工业设备零部件及耗材。

平台通过“互联网＋供应链”，探索建立高效、阳光的工业品流通新模式，推动上海乃至中国制造业的转型升级。

1. 供需有效对接

企业为了保证生产的连续与持续性，确保生产供应稳定，希望拥有充足的库存；另外，为了追求尽可能大的利润空间，希望资金流动尽可能快，不希望有任何形式的库存。

如何在两者中找到一个平衡点至关重要，互联网化背景下的供应与需求对接使其成为现实。

通过爱姆意云商，产品供应方与需求方能直接找到对方，在数据量足够大的情况下，选择余地大，可以在一个更开放和更为充分竞争的环境下获取更好的产品和服务，并且库存资源实时透明，制造厂商可以实现在不影响生产的前提下、尽可能少地备库存，利用电子商务平台的信息共享优势，提高操作效率。

2. 实现社会库存产品资源共享

对产品制造商提供了快速进入市场的渠道，提供高效、便捷、低成本、低风险、高可控性的商务模式使制造商具备对库存产品资源的集中管理、合理配备，对物权的绝对控制和调度的能力；具备了在应对市场变化时对产品的价格拥有统一而有效的调控手段和能力；具备了借助互联网的应用而建立起具有无限扩展前景的产品分销体系的条件；实现了社会库存产品资源的共享。

3. 实现零库存管控模式

（1）为行业内的分销商、经销商提供了高效、低成本、低风险的销售商务模式；实现分销商零库存，避免了库存积压或沉淀而造成的损失；实现了对庞大的社会库存产品资源的共享。

（2）供应商库存服务。大多制造企业备件品种多、采购批量小、消耗低且无规律，大部分备件从市场上众多零售商采购，造成备件质量无法保证，严重影响了企业的正常生产。

通过平台认证的集成服务商提供的供应商库存服务能够帮助客户实现真正的 JIT（准时制生产方式）库存管理，提高供货速度，减少缺货发生，降低企业的库存。

4. 实现制造商系统与平台的对接

提供第三方平台与制造企业 ERP 系统的无缝对接，实现信息实时传输和共享，提高自动化操作效率，深化制造企业的信息化应用。

5. 实现第三方物流商进入平台服务

通过集聚区域性的制造商入驻平台，带动区域范围内的集成服务商及物流商提供定向的仓储物流服务，直接对接用户与物流商，使社会物流资源得到最大利用。

6. 物流过程全程可视化

用户可登录平台查看订单配送情况，对于订单执行进度更有掌控感，实现线下服务线上展示的 O2O 融合，打破传统工业品流通行业物流信息闭塞、流程不透明的现状，实现物流过程全程可视化。

五、主要创新点

爱姆意云商在物流方面体现了供应链物流、信息流集成管理思想，其最核心的价值来源于各方通过合作来实现库存、资源的整体优化，最终为用户实现价值最大化。作为全国首创的工业品电商平台，为行业内的制造企业提供优质服务、助力经销企业实现转型。

工业品电商与消费品电商相比，有其行业的特殊性，必须以 O2O 实现线上和线下联动，线上功能与线下配套服务相结合，所以还没有成功的先例。爱姆意云商线上连接上游的工业品制造商和销售代理商、下游的工业品制造企业和经销商，线下提供供应链增值服务和物流集成等各项专业服务，此举不仅为国内制造业物流的外包探索出一条新路，也为传统的生产资料贸易企业向现代服务业转型树立了一个样板。

制造商的收益包括：

（1）有利于制造商打造统一供应商关系平台，实现战略采购管理。通过将非生产原料型的工业品外包给爱姆意认证的集成服务商，制造商可以从烦琐的工业品采购业务中脱身出来，专注于核心业务。其对非生产原料型工业品的采购也从传统的关注操作到专注于管理供应商等战略层次。因此，客户可以实现强化核心能力，实现战略采购管理。

（2）切实有效地降低采购成本。通过爱姆意批量采购，可以降低采购价格，减少采购次数；通过集中采购、集中配送，可以降低采购费用与配送费用。此外，采用平台也可以防止一些采购中的灰色行为的产生。

（3）实现非生产原料工业品零库存管理。通过有效的信息共享和高效配送，可以实现配送到车间、配送到工位，从而实现零库存管理。

六、信息化建设实施案例

1. 上海机床厂实施案例

由于传统采购模式导致上机厂的砂轮库存大量积压，占用大量流动资金，因此管理层考虑将这一部分工业品的采购采用更为先进的 VMI（供应商管理库存）模式，来替代传统的采购方式，必将大大降低采购费用。

经过双方充分沟通后，爱姆意上机厂 VMI 项目采用在上机厂内设立 VMI 仓库的方式。这一仓库的设置目的是能够有效降低上机厂的采购总成本；有效减少运输途中的物料损耗；更有效地为客户提供现场服务。

上机厂内的 VMI 仓库主要用于存放砂轮、轴承、电线电器等工业品。爱姆意根据上机厂的技术要求，在 VMI 仓库中进行初步的砂轮回转等工作，并根据上机厂的要求配送到工位，保证上机厂能够集中精力做好自己擅长的业务。

项目效果如下。

①仓库的管理费用下降：上机厂减少了仓库管理费用合计 30 万元/年。

②库存使用方式改善：从原本的按计划购买到实际要使用再领用产品，一方面减少了冗余库存，释放了多余资金；另一方面使得供货方能更合理地调配整体库存、效率提高。

③库存积压成本下降：对于上机厂来说，库存风险大幅度降低。假设 1000 万元的库存总额，如有 20% 的库存积压（按照原来的管理方式），就会有接近 200 万元的沉淀库存。通过 VMI 的管理模式，避免了这部分的损失。

④仓库管理水平提高：例如物料号减少的推进工作，原先上机厂标准件有 2000 余种物料号，减少至 132 种，效果显著。这将大大提高上机厂计划、采购、仓库的管理效率。

2. 汉高长尾经销商渠道分销管理案例

汉高将全国 200 余家长尾型经销商渠道的销售服务统一外包给平台上的授权集成服务

商。利用爱姆意云商平台，集成服务商负责这部分分销商的销售服务，实现统一备货、单件发货、快速响应、供应链金融、个性化服务等。在经销商层面实现了库存共享，不用再需要以往各自储备大量库存，而是根据其销售情况随时订货发货，且有专业的运营团队进行服务，经销商的活跃度和订货量都有明显提升。

利用互联网平台资源汇集的优势，在汉高现有的分销渠道之外，帮助汉高拓展更多的渠道分销商，扩大销售规模，提高经营业绩。

3. 康奈可 MRO 产品集中采购案例

爱姆意云商为康奈可总部提供了线上集中采购平台的服务，通过搭建连接采购商和供应商的第三方平台，打通企业间的数据链接，为企业基于数据驱动的业务优化、降本增效提供有力的互联网平台支撑。以往各个工厂分别向各自的供应商进行采购，现在通过平台实现了总部的统一供应商管控、价格管控，提高了供应链服务的总体效率。同时联合线下服务商利用爱姆意云商平台，提供部分类别产品的采购总集成的服务，统一备货、统一配送、统一结算、统一售后，实现对工厂的 JIT 服务。

4. 海格曼互联网分销运营服务案例

海格曼将业务占比 1/4 的渠道业务全部迁移到爱姆意云商平台上，利用互联网技术提升分销商协同和订单执行效率。在平台上，渠道分销商的价格管理得到了有效的管控。以往分销业务中销售定价参考因素多、随意性强，难以推行管控措施。利用平台的价格矩阵管理，做到了一客一价，有效规范了价格体系。平台通过与海格曼内部 ERP 系统的对接，实现了快速同步库存信息、价格信息，大大缩短了订单响应周期，提升了订单执行效率。平台提供的辅助运营服务，通过多达十二项用户行为数据，分析到店用户动作、路径、习惯，用于修正用户体验，提升留存和转化比。线上平台的渠道扁平化和信息高效对称使得同业的竞争更为直接和激烈，自身的产品和服务也随时暴露在所有竞争对手面前。爱姆意云商通过提供同业市场监测服务，为海格曼的在线业务价格、产品策略提供了即时的信息支撑，随时响应市场变化，避免在快速的市场竞争态势下处于劣势。

七、推广意义和经验价值

作为生产性服务业的模式创新，爱姆意云商的服务模式在国内还是首家，有利于在行业内实现工业和信息业的跨界融合，是转变经济增长方式、形成新的产业业态和经济增长点的有益探索，同时，利用互联网的创新手段，不断发掘传统产业链中的增值服务内容和机会，从而推动传统产业生态的升级和转型，促进制造业创新发展、转型升级。

上海作为经济、金融、航运、贸易四个中心，在消费互联网领域已经丢失领跑机会的时候，不能再丧失产业互联网发展机遇，要成为产业互联网的引领者。这将是上海“四新”经济的最好载体，是上海转型创新、转变经济增长方式的最好诠释，是上海打造世界有影响力的科技创新中心的有效举措。爱姆意致力于工业品产业互联网的打造，将形成模式，走出上海，走向全国，服务全国，成为上海的名片，成为国资国企混合所有制改革的又一成功范例。

山东京博物流股份有限公司：智慧物流供应链一体化

一、企业简介

山东京博物流股份有限公司成立于2002年，是一个以危化品物流为核心，集海上运输、铁路货运、公路汽运、管道运输、港口储运及电商物流、金融供应链物流、外贸物流、汽车后市场于一体，坚持“转方式、调结构、创新发展”的现代物流企业。公司下设浙江京博汇通物流有限公司、黄河三角洲滨南物流有限公司、滨州京博检测有限公司三个全资子公司，控股山东京博云商物流有限公司、龙口京港油品储运有限公司、山东联融物流股份有限公司、烟台联融仓储物流有限公司，参股寿光龙海油品仓储有限公司、日照港港达管道输油有限公司，主要服务于石油化工、热电煤炭、板材加工等制造业企业。

公司自有车辆500余辆，可调动各类社会车辆4000余辆；拥自主产权的铁路专用线8条，公路配送中心2处，油品罐区70余万平方米，危化品综合物流服务能力位居山东省前列。为进一步降低黄河三角区域生产制造业物流成本，提高其货物流通效率，增强核心竞争力，公司充分利用并放大自有铁路专用线、油品罐区的优势，联融港口、铁路、管输等资源，搭建港口进出海平台，发展港铁联运、管道输送、陆海联运、国际班列等多式联运模式，打造以降本增效为核心的“管家式”服务模式，实现物流方案的最优化。

二、项目背景

1. 行业背景

在我国物流业发展进程中，资源共享难、互联互通难、业务协同难等问题长期存在，政企间、部门间、行业间、区域以及国际间均存在“信息孤岛”现象，影响了信息资源的开发利用，制约了物流业整体运行效率的提升。在物流业转型升级的发展形势下，迫切需要建立综合平台，联合各方，解决单纯依靠市场力量难以解决的物流信息化发展难题。

随着我国互联网和供应链的蓬勃发展和互相渗透，物流业正经历从产业供应链、平台供应链到供应链生态圈的演进升级，供应链管理的模式不断创新，有力促进了商贸融通和实体经济发展。智慧物流将引领供应链变革，带动互联网深入产业链上下游，以用户需求推动产业链各环节强化联动和深度融合，助推“协同共享”生态体系加快形成。

2. 公司发展需求

山东京博物流作为有着近20年行业经验的企业，创新管理思维，迎合供应链发展，坚持高质量服务和总体低成本的最佳平衡是现代物流和供应链管理的原则之一。公司致力于用先进的物联网技术与专业的物流运输服务能力，打造新供应链生态圈，为物流行业提供高效公共服务，引领行业的发展。

公司以满足客户的需求为导向，深入企业客户的生产、采购、仓储、装卸、销售等产业全链条，整合企业内外部物流资源，为客户架起与世界各地无缝衔接、高效运转的海、铁、公、管等联运物流黄金通道，加强运营管理，做好服务保障，与大型地炼企业、生产制造企业、商贸流通企业及电商平台企业等合作伙伴，共同打造高效、灵敏、协同的一体化物流及供应链运营体系，进一步推动区域经济更好更快发展。

三、信息化建设

1. 平台介绍

智慧物流供应链一体化平台是以安全、风控为基础，以一站式服务和联融思维为核心，借助物联网 + 大数据 + 现代信息化手段，依托核心物流服务向供应链上下游扩展，建立国内领先的一站式“供应链一体化智慧平台”，实现对供应链信息流、物流、资金流、商流的整合，建设开放性的京博物流智慧物流生态体系。平台主要由以下三大系统组成：供应链电商平台、智慧物流平台（OTM）、“捷运互联”无车承运平台。

公司投资建设的 MRO 工业品电商平台，利用 O2O 模式，实现工业备品备件的集采、代理、自营、撮合等交易模式，同时建立供应商的生命周期管理及质量考核体系，以咨询行业资讯和维保服务为特色，配套线下展厅产品展示与技术交流场景，依托共享“仓储 + 物流配送 + 金融”的三角支撑，做区域最专业的制造业供应链整合与服务平台。

通过供应链电商平台形成从供应商渠道管理、寻源比价，到支付配送全流程的闭环交易，实现阳光采购；通过在线金融，结合自有资金、银行授信、投资金融机构等资金，便捷审批款放款流程，满足资金周转急用需求；打造行业数据库、提炼数据价值、实现智能分析，生成市场舆情预测，指导优化供销渠道，辅助市场决策；提供快速资讯服务，行业动态、重大新闻、产品专业知识、维保常识等应有尽有。

智慧物流平台（OTM）由三部分组成：智能调度中心、客户中心、承运中心。智能调度中心是平台的核心，以 OTM 系统为基础、以视频监控平台、主动安全防御平台结合车载终端，搭建涵盖物流全过程的信息平台，以 Hadoop 技术为核心建设大数据分析平台，承担运行数据收集、分析、运算及建模，使物流过程可视化，输出运输方案，进行车辆运行安全监控及分析，以 SaaS 云技术为核心建设客户和承运商模块，为它们提供便利的信息化工具。客户中心是客户的入口与门户，主要功能包括：发布需求，获取报价及运输方案，跟踪货物，进行供应链深度融合。承运中心是运输资源的入口，整合社会运力资源，为承运商提供管理工具以及汽车后市场等服务。

利用“捷运互联”无车承运平台整合车源，做精、做透大宗商品行业，推行全程物流服务，搭建物联网 + 金融商贸物流一体化的供应链物流生态圈，作为大宗商品“孵化器”，孕育煤炭、钢铁、纸张、粮油等大宗商品。基于客户提出的复杂、多元化的运输需求，系统通过对所有运输、仓储资源的监控和调配，自动生成最优运输方案，无缝处理复杂的运输线路，包括跨运输方式（陆、海、空，铁路，内河），降低人工成本和沟通成本。

2. 平台应用技术

采用虚拟化技术：虚拟架构使操作系统摆脱了和底层硬件驱动之间的紧耦合关系，操作系统和上层应用可在计算资源池内平滑迁移，为应用系统提供具有高性能计算能力、安全稳定、灵活的硬件承载平台。

采用负载均衡技术：可将系统请求进行平衡、分摊到多个应用虚拟服务器上，减少业务等待响应的时间，一旦某个应用服务器发生故障，能够保障系统服务正常访问。

标准API接口：结合国家物流信息平台，提供标准API接口，为物流链各主体之间数据交换共享提供“普通话”。接口向全社会开放，不局限于特定行业、特定作业环节和特定服务对象，解决跨国、跨区域、跨行业、跨部门之间信息系统互联对接不统一的问题，打破各类物流信息“孤岛”。

云服务：运用SaaS云平台技术，为中小型企业快速搭建物流服务平台，不需要安装软件和购买服务器即可实现不同网点的联网办公。平台支持全渠道接入，其中包括PC电脑端、移动App端、微信公众号、微信小程序，让用户不受空间和时间的限制，随时随地接入平台，实现运力优化。

3. 平台建设与推广

信息化顺利推进的前提是准确定位信息化，公司坚持“业务引领信息，信息促进业务”的基本原则，信息化工作就是为了支撑组织更好地运营发展而实现的提高信息效率的活动，其目标或绩效，就是看是否让企业运营发展所需要的各项能力在提升。

形成对信息化的统一认知。现在是互联网社会，社会在快速变化，组织的运营发展也在不断变化，所以组织内的员工尤其是关键岗位人员、领导层要不断地学习和提升，才能更好地适应社会环境的变化。而在学习过程中，信息化方面的学习应该是重要的一项内容。让组织内的每个关键岗位和人员，清楚其工作如何与互联网结合，如何更好地提升或变革，在此过程中如何利用信息化的手段和工具。

构建协同决策机制。在组织内部建立信息化相关工作委员会，赋予其流程改进、能力提升方面的权利。信息化委员会不只是讨论信息化工作，而是一起讨论决策组织内流程相关、组织能力提升相关、变革改进相关的工作。委员会形成例会机制，至少每月召开一次主题会议，以讨论组织综合能力建设、变革为主题，再配合能力建设或组织变革中的信息化手段的应用。每次会议要有结果，要有决策。会议的成果要落地跟踪，通过建立项目组，用项目管理的思想，保证决策能实施、能落地、有成果。

建立统一决策流程。该流程可以按照规划、立项、实施、验收、评估、改进（再立项）的步骤进行。在规划阶段，不是统一的规划信息系统，而是规划要进行哪方面的能力提升，如何提升，提升的路径，信息化手段如何应用等内容。立项，应根据规划的结果，讨论决策是否要实施某项工作，以投入、产出等综合评价为基础，决策是否立项。实施工作，成立临时项目组，由业务部门、综合部门、信息技术部门相关人员组成，采用敏捷工程等思想，保证项目实施成功。验收工作，可以分为技术验收、使用验收等环节，一是确认技术层面是否达到要求，二是在应用的效果上，看是否真正促进了能力的提升。在评估、改进层面，是要在1个季度或半年左右，对整体效果进行评估，查找不足，进行针对性改进。当然，改进方法有可能是新项目的立项。

另外，要让信息化工作切实落地，信息系统的管理、运维、安全也很重要，依据ITIL、ISO 20000、ISO 27000、信息安全等级保护、Prince2、Cobit等相关标准和制度，建立信息安全管理体系、运维管理体系、项目管理体系、规划和绩效评价体系等，保障信息技术应用的规范、高效、有序，为信息化提供基础保障。

4. 未来规划

充分利用公司资源优势，以安全、风控为基础，以一站式服务和联融思维为核心，借助物联网+大数据+现代信息化手段，依托核心物流服务向供应链上下游扩展，建立国内领先的一站式“供应链一体化智慧平台”，实现对供应链信息流、物流、资金流、商流的整合，汇集物流生态大数据，通过大数据分析技术，洞察客户需求，提供所需服务，实现供应链上下游的共享协同、供给侧分析预测、仓储布点及线路优化、用户信用评价、金融服务等，优化线下产业链，为企业提供各种供应链增值服务，从而打造一站式、开放性的京博物流智慧物流生态体系。

四、平台效益

1. 直击行业痛点，打破“信息孤岛”

智慧物流平台有效解决传统物流行业“小、散、乱、差”问题，使其管理、运输、协同都走上正轨，同时带来了大量的业务订单和共享车辆，从而更好地支持实体经济发展；通过互联网平台整合全国范围内的货源、运力资源，打破原有物流行业的“熟人经济”与“物流区域化”限制，形成覆盖全国的货源、运力资源池。

平台的发货、运单交易机制，使平台天然可以从源头上防止货车超载问题的发生。首先，平台对货物运输进行全程在途监控，货主、卡车司机均无法暗中进行货物加载。其次，平台向卡车司机结算运费时，也仅根据最初司机确认发货时所填写的货物数量进行结算，超载部分将无法结算运费。可以说平台将有效推动物流运输向标准化、智能化方向发展，可有效治理货车超载等难题。

此外，平台将个体司机不规范行为损耗的税收转成由企业集中缴纳，为规范国家运输市场发票和税源管理、增加税源提供方便。

2. 赋能降本增效，提升资源管理能力

公司创新地将“运费议价功能”与“无车承运人模式”结合，创造了集专业司机运力、全运途可视化监控、全流程规范化财务、全时段专业化客服于一体的物流运力交易共享平台，推动物流运输与管理标准化、智能化，降低公司产业运营成本，提升产业运行效率。

为满足货主以更优惠价格获取更好的交通工具和优质司机的需求，提升平台司机的运输效率，大数据专家团队为平台引入智能调度技术，为全国货主提供更为敏捷的运力保障服务。

通过整合供应链各环节物流信息、设备信息等资源，利用互联网对各种技术的融合应用、高度集成，打通各环节信息系统间的信息壁垒，最大限度地实现了供应链各环节信息共享，为货运行业的发展提供了精准化、智能化、系统化的解决方案，以技术创新拉动了传统物流企业的升级转型，提升了企业服务能力。

3. 提供优质服务与安全保障

智慧物流平台通过智能园区与车载智能终端系统集成，实现社会车辆集中调度管控，建设多维度监控中心，通过采集安全防御系统、GPS、各智能调度系统业务数据，实现运输环节全流程数据可视化、运输车辆集中管控、综合调度、预警展示，保证安全运行及高效生产。特别是对危险品物流的统一、规范的标准化管理，使得危险品运输更加安全、优化、准时。

基于平台拥有的大量会员对增值服务的需求，公司积极研发各类物流金融产品，在车后服务多个业务领域与货车融资租赁、场景化物流保险、运费贷、司机贷、车金融、ETC、油卡、汽车零配件等供应商企业达成战略合作，借助平台大数据积累，向行业内更多的合作伙伴开放共享，通过数据分析、流量共享、生态合作等方式，共建供应链功能生态圈和服务生态圈，为货运行业平台用户提供优质服务。

4. 降低社会物流成本，缓解城市交通的压力

平台成功运营后大大降低制造业、物流业等各行业的物流运输成本，提高企业的利润。利用信息平台对多个运输订单进行优化配送，根据路况、车辆健康情况、货物状况，合理安排运输路线，实现货运任务的最低运输成本，缓解城市交通的压力。承运人可以通过本平台获取可行的回程任务，有效降低车辆的空驶率，减少尾气排放，推进绿色环保产业发展，同时避免更多交通事故的发生。

5. 有利于促进地方经济增长

本地钢铁后加工产业集聚，综合产能占全国镀锌、彩涂板的40%以上，每年约有6000万吨的钢铁周转，目前运输市场散乱，制约了生产企业的周转效率。智慧物流平台针对本地集聚产业钢铁后加工的运输，打造以物流云为载体的区域货运打车平台，借助货源和车源的匹配计算，合理调度车辆、规划路线，将彻底改变物流难题，助力企业发展。

目前公司已整合社会车辆3万余辆。项目未来目标为：5年内集聚中小物流企业500多家，配套服务企业上百家，通过平台全网调度整合社会车辆120万辆，服务工商企业3万家，实现平台交易额200亿元。有利于促进地方经济增长。

6. 引领行业变革，促进新旧动能转换

平台突破了传统道路货运模式，利用互联网技术，与物流信息平台、物流枢纽（园区、服务区等）、电子商务、多式联运、重点物流领域、供应链管理等充分融合，形成运贸一体、多业融合的新运输组织结构模式。

随着物流平台大数据的沉淀，基于大数据的分析工具，结合企业自身的实体运作经验，创办物流企业培训机构产业，帮助物流企业提升管理水平。通过资源优势共享与互补，推动产业转型，聚焦更加精准的智慧物流生态圈，促进物流企业新旧动能转换，为实现物流行业高质量发展赋能。

7. 有助于构建社会诚信体系

以平台会员信用信息的记录、整合和应用为重点，对诚信行为实施多元化协同监管，设立举报响应热线，鼓励用户自主评价，积极、主动地监督诚信问题。大力推动信用信息在全国范围内的互联互通，充分发挥信用信息对失信行为的监督和约束作用，优化金融生态和信用环境，为社会诚信体系的构建提供信息支持。

陕西商储物流有限公司：智慧供应链体系建设及项目实施

陕西商储物流有限公司智慧供应链体系建设是公司近年来一项极其重要的工作。这个项目的建设，逐步提升了公司物流业务的信息化程度，推动了业务的创新发展，完善了供应链的服务种类，改善了业态环境，起到了降本增效的良好效果，使企业逐步与国际化物流行业接轨。

一、企业简介

陕西商储物流是具有70年历史的大型国有物流企业，隶属于陕西省物流集团的全资子公司，获得了ISO 9001质量管理体系认证证书，全国5A级物流企业、全国通用仓储企业14强等。现有仓储面积60万平方米、公路干支线运输车辆100余辆，形成了以西安为中心辐射西北、西南和中部大部分省区的物流配送网络。目前在西安主城区拥有四大物流基地，与海尔、苏宁、怡亚通等200多家许多大型制造、电子商务、零售、物流企业建立了战略合作关系。同时，陕西商储物流作为国有大型物流企业，承担着国家民政部和陕西省政府救灾物资储备和发运工作，具有较强的应急运作能力，在汶川、玉树、舟曲等地发生的重大自然灾害中，出色地完成了救灾物资的储运任务。同时，还承担着陕西省食糖储备任务，为陕西民生保障起到了重要的作用。

二、信息化技术在智慧供应链建设项目中的应用

公司不断提升信息化的应用程度，升级了仓储和运输过程中的管理系统。本次系统的升级，优化了管理系统的结构；增加了出入库拣货、盘库、运输单据的数字条码化；实现了运输过程的实时监控、即时反馈、立即回单的功能；丰富了管理人员方便快捷获取系统中的各类报表；提升了车辆装配、运输线路选择、多车排队的人工智能化技术；添加了仓单质押出库监管和控制功能；预留了自动拣货、立体库房自动化管理的对接接口等，使得整个物流过程更加科学、精确、高效和降本。我们在信息中心的建设，以及动产质押、金融物流、托盘和物流设备租赁、采购交易、分拣包装、流通加工等创新型业务中，不断提升信息化程度，以实现设备代人管，数据提精度，智能智慧贯穿全程的效果。

（1）信息化应用程度，在某种程度上是衡量一个物流企业效率和水平的重要标志。公司投入较大财力和人力，将已经使用多年的物流管理系统进行了升级。本次的升级，特别是将原来大量需要手工完成的工作，改为使用信息化设备和技术来完成，比如货物入库、出库、盘库由原来的手工记录改为使用把枪扫描条码，系统自动记录，托盘的存

放位置、货物入库总量或出库余量等均为系统实时查看和提示，甚至叉车司机在库房中的行驶路线，系统都给出了科学合理的建议，这些信息化的应用，极大地提高了仓库管理的效率，降低了人工的失误，达到了减员增效的良好效果。

（2）在运输管理工作中，系统的升级为管理工作提供了极大的方便。因为车辆的装载标准、吨位的要求、司机的资质、价格的不同等情况错综复杂，在原来人工管理过程中，总有不科学、不全面、时效差的情况大量存在，本次的系统升级，使得车辆的调配，调配过程根据货物的体积和重量选择车型和车辆数量，司机接单和完成订单的快速回传，司机的行驶线路，行驶过程中的实时监控和定位，异常情况的紧急处理等人工不能有效管理的工作，都通过系统实现了自动或半自动的智能化，使得供应链过程中的服务水平有了极大提高。

（3）为了保证信息数据的安全，本次系统升级过程中，将服务器由原来的自购自管网络设备，变更为云服务器，这样使得网络的维护管理更加专业化，也大大降低了公司的运营成本。

未来公司将逐步扩大供应链物流中的业务和服务，为更多中小型企业提供智慧供应链服务，同时提升在物流智慧供应链领域的综合能力。

三、智慧供应链建设中存在的问题及反思

智慧供应链在我们公司的建设，为企业的发展开拓了一个新的思路，主要还是为物流业，特别是供应链的建设开辟了一条崭新的线路，取得了较好的经济效益。但在建设的过程中，我们也发现了一些新的问题，可能需要解决。

（1）很多企业认识不到位，接受一些新的业务或新的思想总是慢半拍，致使创新业务推广较慢；或者因为原有的业务模式和人员结构暂时还无法适应新业务，这些都是制约和影响智慧供应链建设的一个重要因素。

（2）智慧供应链重在“智慧”，也就是说在建设过程中需要大量的信息和数据，但目前国内的情况是，公用的信息平台建设并不完善，只靠各家单打独斗成大器，难度太大，可靠性太差。

四、智慧供应链建设推动物流企业的发展

智慧供应链，也就是将传统的供应链业务，加入了现代化的信息化技术，运用了高科技的信息数据，采用了更快捷和更准确的信息设备而发展和升级的一种新思路和新服务。我们公司经过一年多时间智慧供应链的建设，使得我们各个板块的业务都有了一个新的改进和提高，因为通过信息技术的应用，不管是从节约人力、节省时间、提高准确率等多个方面，都为公司做了极大的贡献；这个项目的建设，极大地推动了我们物流企业必须朝着信息化建设的方向前进，更好、更快地与新兴物流业务并轨，也使得企业从多方面进行转型发展。

五、智慧供应链项目建设对我们工作的几点启发

智慧供应链建设和实施的过程，经历了艰难险阻，也收获了丰硕成果。总结过去，

展望未来，我们有以下两点启发：

（1）企业需要改革和开放。陈旧的思想会使我们墨守成规，使我们思维模式逐步僵化；老套的业务模式总是无法适应社会新的需求。新思想、新技术、新服务滚滚而来，我们必须解放思想，开放经营，引进创新企业，以服务客户为宗旨。

（2）携手同行，共建平台，共谋发展。当今的世界是合作的时代，一个功能健全、服务周到、业务能紧随时代的物流平台，必须靠大家合作共建，各显身手，齐聚力量共发展。如果只是靠少部分人的智慧，一家企业的财力、物力是很难成大事业，无法建设大平台。

人工智能技术、智能物流装备创新应用案例和车联网技术、智能商用车、后市场智能化创新应用案例

深圳市易流科技股份有限公司：基于 ADAS 技术的危险品车辆驾驶安全智能管控平台

一、应用企业简况

基于 ADAS 技术的危险品车辆驾驶安全智能管控平台是深圳市易流科技股份有限公司（以下简称“易流”）为深圳市深特工业气体有限公司搭建的危险品车辆驾驶安全智能管控系统平台。

深圳市深特工业气体有限公司创立于 20 世纪 90 年代初期，是一家专业工业气体有限公司，取得一般纳税人资格和危险货物进出口业务，公司成立了专业的危险运输车队，拥有 45 辆危险品运输车辆，可为客户提供 24 小时的危险品运输服务。公司通过一整套的产品、服务和解决方案，广泛服务于包括钢铁和化学工业、食品和制药工业、汽车和电子工业、医疗和环保工业在内的多个工业领域。

公司在长期的发展积累中发现，要想做大做强，做好优质品牌，安全是第一位。而危险品的物流安全管理不仅仅包括事故发生后的及时正确处置，更需要做到预防为主，需要企业具备从风险预估、预警处置、事故反应、科学管理等一整套科学管理思路和方法，同时需要对出车、在途、装卸全过程的安全管理，需要企业构建一套包含物流全过程的安全保障体系。

随着技术的发展，为这种需求实现带来可能，深圳市深特工业气体有限公司先后对物流运输安全管理进行了多次升级，现在公司所有运输车辆全部接入深圳市易流科技有限公司的物流运输安全透明管理服务。通过接受易流为其研发的危险品车辆驾驶安全智能监控系统，实现全天候 24 小时对运输车辆从出车检查、在途监控、风险预警、异常处置等整个过程的智能化管控，从而大大提高了车辆运输的安全系数，最大可能地降低了安全事故风险，把企业的安全管理规范化、标准化，实现了企业物流安全管理的系统升级，为企业的业务升级提供管理支撑和技术保障。

二、项目建设背景

（一）外部因素

我国道路交通事故频发，据数据统计显示，其中主要原因有三：一是司机不良驾驶，如超速、超载、疲劳驾驶、急加速减速、急刹车、急转弯、并线行驶、车道偏离等。二是路况不良引起，如急转弯、路面湿滑、路面不平、能见度不够、路牌标识不清、道路过窄、车流量过大等。三是车辆和货物自身因素。如车况不佳、中途刹车失灵、货物泄漏抛洒都可能造成交通事故。这还只是一般货物面临的道路交通安全风险。

如果是在危险品运输领域，情况就更加严重和复杂。因危险化学品较一般物品更严重的危害性和破坏力，如果一旦发生道路交通事故，极有可能引发严重甚至重大的交通安全事故。这种事情我们几乎每年都会面临，近年来，就新闻上已报道的重大危险品道路运输安全事故就超过 10 起，造成重大损失。

危险品运输车辆在途运输安全一直是上到政府监管部门下到每个企业管理部门最为重视的部分。但现实情况依然不容乐观，每年频发的道路交通事故无法让我们有丝毫放松，无论是对社会层面还是对企业层面，都会带来巨大的损失，许多时候，一次事故，就可以摧毁一家企业，可以说，安全是必须时时刻刻都需要关注和重视的头等大事。

（二）内部因素

公司在发展过程中发现，司机的驾驶行为是导致道路交通事故的主要原因。如司机的超速、疲劳驾驶、压线行驶、车距过近、急转弯、急加速减速、驾驶过程中打电话、抽烟、打哈欠、不系安全带、对路况不熟等行为都是引发安全事故的重要风险因素，需要特别关注。

这些因素虽然公司在尽力监管，但因为企业缺乏有效的监管思路和监管手段，致使管理效果一直无法满足企业要求。特别是，随着企业影响力的进一步提升和市场的不断成熟，企业对安全管理精细化、科学化管理的需求日益迫切，企业需要不仅知道哪里存在风险，还需要对风险进行定性和等级评价，建立低、中、高三级安全管控指标体系，让安全管理标准化，精细化，科学化。实现安全管理由以前的事后处理变成事前预判，把预防事故风险作为安全管理的重点，降低整个运输过程中的安全事故发生概率。

在建立三级安全指标体系之后，对安全风险进行等级区分，并针对不同等级设定对应的负责人制度，满足公司安全管理职责分级、细化，责任到人的管理实际，把管理精细化，提升管理效果和管理水平。

三、运输安全管理中遇到的问题

（一）驾驶安全风险影响因素众多，监管难度大

据有关部门数据统计，司机驾驶行为因素在道路安全事故原因中重要性超过 9 成。在危险品物流领域，司机驾驶行为如果不当，更容易引发严重的安全事故。所以，司机的架势行为规范和管理是企业安全管理的重要内容。

其中，司机的不良驾驶行为包括：司机的超速、疲劳驾驶、压线行驶、车距过近、急转弯、急加速减速、驾驶过程中打电话、抽烟、打哈欠、不系安全带、对路况不熟，抢道。以及影响司机驾驶行为的外部因素：道路路况、周边环境、交通状况、天气因素等。这些因素的某一个或者几个都有可能引发事故，这么多种可能性，监管起来难度可想而知。

（二）风险管控事后处置特性明显，事前预警性需要加强

安全管理的目的不仅仅是事故发生后的科学及时处置，尽量缩小影响范围，更重要

的是发现于未然，在风险还没有爆发之前，就通过我们的有效监管手段和管理制度把风险转化或者消灭。

该企业在长期的管理实践中，越来越意识到预防的重要性。逐渐开始注重事前预防的方法积累。从之前的重事后处置向现在的“事后处置、事前预判”并重发展。要实现事前预判，就要首先实现对事前行为数据的充分采集，并建立对应的分析和处置策略，提醒司机、管理者及时干预驾驶行为，降低安全风险。

（三）量化管控未完全实现，科学管理水平需要进一步提高

量化是科学管理的第一步。以司机驾驶行为为例，司机的超速、疲劳驾驶、偏道行驶、急加速减速、驾驶过程中打电话等行为，都应该以量化的形式来管理，以衡量司机的驾驶习惯，即明确要求速度超过多少是超速，驾驶时间多长属于疲劳驾驶，车辆偏离道路多少即为偏离，等等。

这样做的目的除便于管理外，更重要的是为公司的司机标准化管理奠定了基础。促进公司对司机管理的标准化进程，利于公司的规模化效应释放。本项目的意义就在于帮助公司建立对司机管理的科学化和规范化，让管理更加高效、能够促进公司的进一步发展需要。

当然，这些数据的获得现在可以采用多种传感设备加以辅助获取。如通过对司机的人脸识别，识别司机面部表情，看司机是否在打哈欠、在打电话、在打盹，即作为司机疲劳驾驶判断的依据。

四、问题解决方案

（一）方案描述

针对以上问题，深圳市易流科技股份有限公司专门为其量身打造解决方案——基于ADAS技术的危险品车辆驾驶安全智能管控平台。该平台利用北斗卫星导航、无线网络传输、地理信息系统、移动互联和云计算、人工智能等现代技术，通过司机人脸识别和道路路况监测等手段，把司机驾驶过程中超速、疲劳驾驶、压线行驶、车距过近、急转弯、急加速减速、驾驶过程中打电话、抽烟、打哈欠、不系安全带、道路路况信息动态识别，并建立起司机驾驶不良行为大数据分析模型，实现对每一个不良行为的精准预判和智能提醒。起到提前提醒和告知司机安全风险的目的，降低安全风险发生的概率（据权威部门发现，提前提醒司机注意安全风险，可以有效降低道路交通事故率九成以上）。该理念是用技术手段改造传统危险品物流行业驾驶安全的有效尝试，具有广阔的拓展空间。

基于ADAS技术的危险品车辆驾驶安全智能管控平台包括感知层、基础网络层、云平台和应用层四部分构成。感知层依靠各种智能传感终端和设备负责卫星信号和外设信号（包括经纬度、速度、里程、车速、司机面部表情、车况路况、交通状况等）的获取和接入；基础网络层即数据传输网络，本系统依靠联通3G/4G通信网络对接入的数据进行无线传输；云平台层负责把采集到的数据进行逻辑判断和处理，供应用层调用。

（二）问题解决思路

总体来说，该平台就是通过司机人脸识别和道路路况监测等手段，把司机驾驶过程中超速、疲劳驾驶、压线行驶、车距过近、急转弯、急加速减速、驾驶过程中打电话、抽烟、打哈欠、不系安全带、道路路况信息动态识别，并建立起司机驾驶不良行为大数据分析模型，实现对每一个不良行为的精准预判和智能提醒。

所以，首先，需要系统梳理司机的驾驶行为，并基于此以及企业管理实际，构建驾驶员驾驶行为数据综合处理平台；其次，需要在此基础上，建立包括司机行为在内的物流透明管控体系，实现对司机驾驶行为的透明可视化监管；最后，不仅仅要管控司机驾驶行为，对于车辆风险，道路环境变化也要关注，做到安全风险监管无死角。

1. 构建驾驶员驾驶行为数据综合处理平台，实现行为数据透明管控

首先，我们要搭建一个基于司机驾驶行为的数据综合处理平台。该平台由以下三部分构成：

第一部分，驾驶安全车载智能终端及其附属设备，以便采集司机的驾驶行为数据，作为数据的采集终端。该终端一方面与 GPS、北斗互联，采集位置信息、速度等基础信息；另一方面通过移动通信 4G 网络实现数据的传输，把采集到的信息传输，存储到指定的服务器。

第二部分，车辆和司机驾驶行为监控平台。这部分负责数据的存储、分发、处理、分析以及模型算法的搭建和逻辑程序处理。这部分最重要的是司机驾驶行为模型算法的搭建。该模型搭建的质量直接决定了企业数据判断的准确性，是企业管理的基础。该模型的搭建，需要通盘考虑危险品物流行业特性、本企业司机管理实际、危险品运输业务操作流程。

第三部分，运输企业用户端。我们以 SaaS 服务模式提供对企业用户多种操作方式，可以是电脑直接访问，也可以手机 App 访问。也可以开通微信访问功能，目前还在持续优化中。以上三部分之间的关系如图 1 所示。

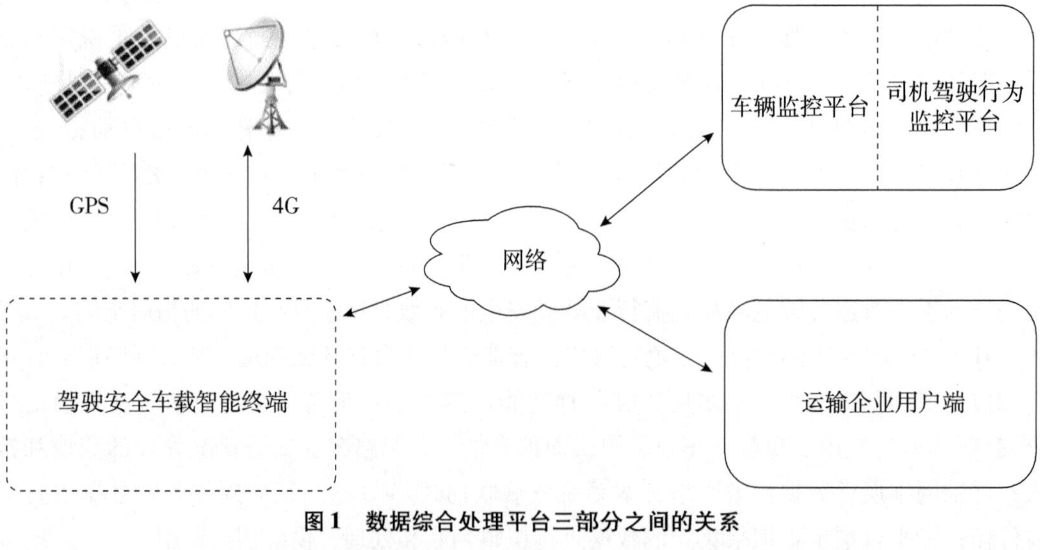

图 1　数据综合处理平台三部分之间的关系

在数据采集端，我们采用了丰富的硬件设备，用以采集不同类型和对象的数据。如采集驾驶员行为监测摄像头，采集司机的行为表情，如打哈欠、打电话、左右摇晃、闭眼、玩手机、呆滞、分心等；路况监测摄像头，用于监测车道、车距、弯道、路况、交通状况等数据。

最主要的硬件是驾驶安全终端主机，它采集以上两个摄像头的图片数据并存储，通过驾驶行为判断，给出初级的行为结果。该数据的准确性依赖于人脸识别技术的成熟度。本平台就是把该设备采集到的初级判断数据进行二次优化，提高判断的可用性。

2. 全方位梳理驾驶员驾驶行为风险，实施全过程透明可视化监管

（1）弯道提醒，提前减速，避免翻车。

危险品运输比较特殊，一般运载车辆重心比较高，车身和货物一般又比较重，如果车速再快，很容易发生侧翻事故，造成交通事故以及次生事故。所以，司机必须提前对车辆要经过的急转弯胸有成竹，了然于胸，但如果司机对线路不熟悉，不知道弯道位置，或者知道位置，但因为长时间驾驶，精神疲惫遗忘，而没有提前减速，在车辆经过时，极易发生车辆侧翻事故，如果再引发泄漏等次生危害，后果不堪设想。

所以，系统首先对司机要运输的线路进行提前规划约定车辆的形式线路，保障车辆走在路况较好，急转弯较少的路线上。如果实际情况没有其他路线选择，就把容易发生事故的急转弯位置在系统平台电子地图上提前标注，并设定车辆500米（1公里）预警距离，一旦车辆靠近急转弯路段，系统自动推送语音提醒司机注意急转弯路段，降速行驶，安全通过。这个方法实施以来，极大地降低了车辆的侧翻事故，非常有效。

（2）全程监控司机，防止疲劳驾驶、抽烟、打电话行为发生，降低安全风险。

平台通过人脸识别技术，对司机的面部表情进行抓取和分析，如发现长时间的打哈欠、打盹、眯眼或长时间的驾驶（单次超过4小时，全天超过12小时）等行为，就会语音提醒司机注意停车休息，避免疲劳驾驶。对司机的抽烟、打电话行为，系统只要抓取到，立即触发报警，提醒司机注意，并推送给监管部门，用以监督和约束司机，注意安全。

当然，并不是所有的打电话、打哈欠、抽烟系统都要报警，对于司机停车状态下的打电话，是被允许的。但对于特殊的危险品而言，如严禁烟火的危险品货物来说，司机什么情况下都不能抽烟。对于一些对静电要求严格的货品，打电话都是不被允许的，这些都要视情况而定，需要考虑到企业业务的特殊性。

（3）驾车车距、车道预警，防止碰撞等交通事故。

除过司机的以上驾驶行为之外，车距过近，偏离车道、不安规定路线行驶，不按规定的行驶要求（速度）行驶，都会增加事故的发生概率，必须加以管理。

对于车道偏离当前车道，容易造成车辆的剐蹭和碰撞事故，属于危险行为，必须加以制止。系统通过在车头安装路况监测摄像头，实时监测路况的变化，一旦发现车道偏离预定轨道，立即提醒司机，注意调整，避免事故发生。

这里需要区分实际情况，如果是实际道路情况要求司机必须进行偏离避让，就需要视情况进行纠正，不能作为司机违规行驶的记录，这也是本系统设计的难点所在，充分考虑实际情况，兼顾效率和公平，做出最合适的判断。

对于车前即将发生碰撞的行为进行预警，提醒司机尽量避让，保障安全。

对于车辆与前车距离，企业进行了严格的限制，司机需要留够足够的安全距离，特别是危化品车辆本省就比较重，惯性大，刹车距离长，更需要预留足够的反应距离，所以，一旦发现车辆与前车距离过近（小于限定距离），系统立即触发近距报警，提醒司机注意保持足够的安全距离。

（4）装卸点、阀门管理，确保安全装卸。

危险品是有特殊理化属性的物品，装卸需要严格的工艺流程，对环境有一定要求，所以，装卸点必须进行严格管理，确保既满足装卸工艺要求，又不对周边环境造成影响。对装卸场地进行监控，防止在规定以外的地方装卸，发生危险。除此之外，为防止在固定区域以外装卸，系统还对装卸料的阀门进行了电子铅封，只有指定的人凭借系统推送的电子密码才能打开，否则属于违规开启，要被系统摄像全程记录，并推送到监管部门。

3. 建立“司机＋车辆＋环境”三位一体安全管控体系，全方位保障安全

要保障运输安全，仅仅做到司机驾驶安全还远远不够，还需要兼顾运载车辆安全保护、驾驶环境、线路、周边环境的安全。特别是对于危险品而言，对车辆的装载工具，装载工艺，流程，运输过程中的停车点选择、停车时机，道路路况，交通状况等都需要通盘考虑。

本系统中，我们建立了基于司机、车辆、外部环境的三位一体安全保障体系。对于每一个节点，我们都进行了详细的监管。如对司机的身份识别、对疲劳驾驶的识别、超速等危险驾驶行为的识别等；对车辆的安全监管，具体内容有：超速、急加速、减速、急转弯，以及车体本身的安全属性（罐体压力压强、温度、密封性、危险品货物的理化属性，处置说明）；对外部运输环境的安全监管内容包括：前车安全距离提醒、车道偏离预警、车距过近预警、行人碰撞预警。

需要说明的是，对于货物理化属性变化的监控，我们平台目前还没有涉及，但这在企业的实际监管中很重要，及时地发现货物本身理化属性和载体本身的变化，对保障运输安全同样重要，这是我们平台下一步优化升级的重点关注领域。

五、信息化主要效益分析与评估

（一）信息化实施前后核心指标对比

1. 司机驾驶不良行为发生概率从之前的5%下降到不到1%

司机不良驾驶行为直接影响着驾驶安全，必须对司机的不良驾驶行为加以限制。系统通过“语音报警提醒＋数据备案约束”的方式来监管司机，系统对司机的每一个驾驶行为进行抓取、判断，每天统计不良事件的总个数来衡量司机的驾驶行为变化。

另外，通过对具体每一个驾驶行为的分门别类的数据统计，对比显示各个事件的变化趋势。通过数据统计我们发现，总事件个数总体明显呈现缩小的趋势，这表明对司机的行为监管是有效的和必要的。当然，随着数据的积累和丰富，这种趋势会更加明显。

2. 运单时效优质率由之前的25%提高到45%

系统设置的时效监控功能明确地记录了每一趟业务、每一个车次的真实运输状况，特别是对每一个节点时间数据的采集。如到每一个节点，系统都要记录到达时间、离开

时间、停留时间，等到业务成熟和线路熟悉后，就规定一个线路的时效标准规则，要求每一趟业务，司机都应当尽量达到，对于无法达到要说明理由。系统会自动采集时间，并与规则比对，做出时效判断，并以此作为考核司机的参考。

当然，这种管理手段有一个前提，就是安全。我们不能一味地为了保障时效而忘了安全这个根本。所以，这个管理仅针对一般情况的延误、绕路情况。比如，对司机驾驶线路的提前规划和导航，给司机最优化的道路建议，方便司机走在最安全、高效的线路上，做到时效与安全的兼顾，避免一些无故的绕路、停靠、等待行为，降低事故发生的可能性。

3. 整体运营成本降低5% ~10%

如果没有一个统一、标准的驾驶安全行为管理体系，而处于事故处置和应对的管理模式时，企业始终处于应对突发情况的焦虑中，难有精力去思考和优化企业的流程制度和服务品质，这就局限了企业的大力发展。所以，企业做强，必须实现系统管理，采取“主动防御 + 应急处置”结合的模式。本系统就采用技术化的手段，把企业固化的业务模式和管理手段通过自动化的方式加以管理，大大降低人在管理中的重复低效过程，把人解放出来进行更加有创造性的工作。

对企业整体运营情况的监控与展示，可以反映出当前企业的车辆运行情况，因此进一步反映出业务执行情况，比如，通过单日里程统计和车辆平均使用率，显示单位车辆的使用情况，然后作为企业后续车辆投放的依据和参考；企业根据车辆使用效率数据，可以清晰地指导每日车辆的具体使用效率和一周、一月周期变化规律，作为企业业务调度、车辆调拨的核心参考。

（二）信息化实施对企业业务流程改造与竞争模式的影响

1. 司机管理科学化，为企业规模效益提升奠定了基础

对司机的驾驶行为按照6个维度建立分析矩阵，把每一个日常行为都归类，统计每一个行为的发生次数，建立司机驾驶行为矩阵，进行数据雷达分析，最后，给出司机驾驶行为点评。例如：在10天的统计分析中，您的平均得分73.71分，属于中等驾驶水平。您的驾驶专注度和清醒度较高，极少有疲劳驾驶和分神的情况，再接再厉。您的驾驶平稳性很差，请注意急转弯、急加速和急刹车行为，很容易产生车辆侧翻危险。警惕度59分，请注意要系上安全带，也不要遮挡摄像头。

2. 企业安全管理实现“事前预防 + 事中干预 + 事后追溯”三位一体

系统通过5个策略实现对安全风险的全面管控（如图2所示）。对司机驾驶行为的动态危险识别和预警：通过实时判断和识别驾驶安全事件、司机不良行为、疲劳驾驶事件、实时提醒和预警，增强司机的安全防御意识。全程监控司机的驾驶行为，对异常情况及时预警。联动摄像头、抓拍取证作为后续管理依据。进行身份审验和识别，对司机驾驶时间进行限制。最后，依据大数据分析，进行司机画像和综合评比，实现管理科学化。

以上这5个步骤的实施，就是企业实践“预警 + 处置”的过程。在这其中，预警为主是最理想的状态，最好是企业所有的风险都能在充分的预警中提前得到处置，避免事故的发生。当然，这需要一个过程。需要企业管理和流程的持续优化。但预警必须作为

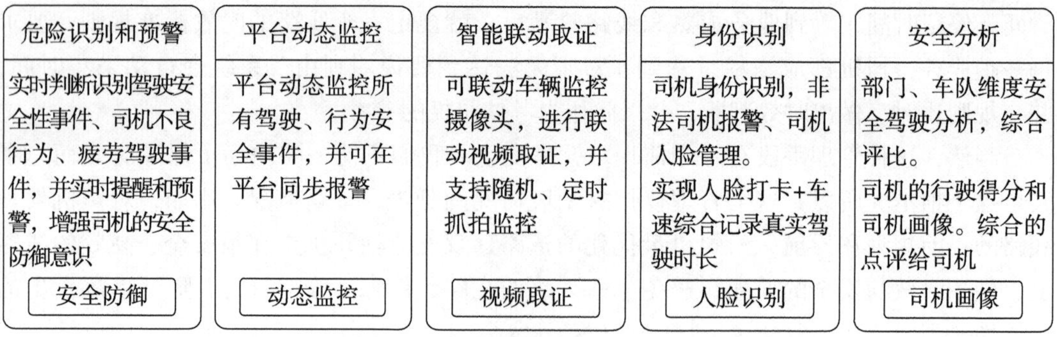

图2　系统管理安全风险的5个策略

管理的重心，应该占到日常工作的80%以上。处置只是对已经发生事情的及时干预，这虽然很重要，体现一个公司的服务水平和响应能力，但不能作为危险品物流公司工作的常态，更不能作为管理的核心，这一点管理者认识必须明确而统一。

对于异常情况的预警，可以作为企业管理的核心竞争力，怎么强调都不为过。及时、准确的预警可以极大降低事故的发生概率，也能从根本上降低企业的日常管理难度，也是企业降低日常运维成本的有效举措。为把预警机制落到实处，我们对每一个关键指标都制定了明确的预警策略，便于企业在日常管理中执行，把管理规范化和标准化。几种核心异常情况的预警策略如下表所示。

主动安全报警策略

序号	报警类型	告警定义	语言报警内容	说明
1	疲劳驾驶	司机持续低头、眯眼、闭眼超过5秒	危险请注意	默认速度为30千米/小时或以下不报警；30～50千米/小时为一级告警；50千米/小时以上为二级告警
2	分心驾驶	司机左右方向转头超过4秒	请注意路况	
3	打电话	司机将手机放耳边打电话超过7秒	请不要打电话	
4	吸烟	司机点燃香烟，放嘴上吸烟超过3秒	请勿吸烟	
5	驾驶员变更	变更驾驶员	驾驶员变更	
6	摄像头遮挡	摄像头遮挡持续10秒告警	请不要遮挡	
7	车道偏移	车道偏移	车道偏离	
8	前车近距	前车距离小于1.2秒（可调）乘以当前速度	请保持车距	
9	前车碰撞危险	前车距离小于0.8秒（可调）乘以当前速度	碰撞危险	

这其中不仅明确了异常情况的判断标准，也给出了一旦异常情况发生，后续的提醒策略和应对手段，给予司机以及企业监管部门明确的操作标准，便于司机掌握和处置，

可以尽快做出应对，最大限度地降低事故发生概率。（据数据统计，提前0.7～3秒提醒司机，可以使事故发生概率降低84%，是很有效的干预措施）

3. 通过安全事件大数据分析，打造司机管理智能化实施方案

（1）安全事件趋势分析。

对司机打电话、抽烟、疲劳驾驶行为的日监控和统计分析，可以看出企业千公里事件数最近一直处于低位，这可以很好地反映公司总体的安全管理手段是有效的。

（2）驾驶行为危险程度排名。

对驾驶行为危险程度进行排名，是一种有效的监管方式，可以快速发现哪些部门、车辆、个人属于危险分子。通过分析他们的共性，来区分哪些因素需要重点关注，仔细分析看是什么原因导致，把引发危险的主要因素找到并解决。系统可以对司机驾驶行为情况按照危险程度进行排名，具体到每一个车辆所发生的前三个具体事件以及各自事件的发生次数，可以大致了解车辆的驾驶习惯。

（3）车辆司机驾驶能力打分。

对每一个司机应用安全驾驶模型分析，从六个维度（满意度、警惕度、工作量、专注度、平稳性、操控性）进行驾驶能力评估，并量化打分，给予司机驾驶能力最直观的评价。

对司机的驾驶能力评分不是一成不变的，是处于动态变化中，系统每天都会对司机的驾驶能力按照以上六个维度进行打分，而每个维度的数据来源均来自司机每日的驾驶行为数据，可以说是司机每天的驾驶行为在给自己打分。

（三）信息化实施对提高企业竞争力的作用

1. 从保障运输安全到提供一体化安全保障方案的转变

作为危险品的承运商，实际上只要安全、高效、经济的把货主所托货物运到目的地，安全交给收货人任务就算完成。行业中，绝大部分的企业也是这么干的，无可厚非。做好自己的业务，为每一票货物的安全负责，是没有错的。

但是，自从公司实施了基于司机驾驶习惯的安全保障系统项目以来，最重要的是企业内逐渐自上而下形成了从物流全供应链视角审视问题的意识。开始思考从全局视角考虑以前业务过程中自己做得不够的地方，开始反思自有业务的黏性和边界价值。

现在，全公司上下逐渐从以前的单一物流服务商角色开始向供应链上下游延伸，开始注重自己在提供基础物流服务的同时，逐渐开始探索基于全供应链的安全服务保障。从之前的我只管运输保障，到现在的我不仅考虑运输安全，更考虑装卸、包装、仓储、运营一体的全产业安全保障服务。

2. 从提供安全保障提升到供应链效率提升方案提供商

危险品物流承运商存在的核心价值是什么？是保障货物物流安全吗？是但还远远不够。为什么这么说呢？这是因为，任何企业存在的价值归根结底是为别人创造价值，对危险品货主企业而言，如果仅仅只是提供基础的运输安全保障，做好运输保障，本质上并没有给企业创造价值，至少相比于其他物流提供商，并没有本质上的区别。

实际上，物流服务商存在的核心价值和核心竞争力，本质上应该是加速货物的周转

效率，能够在保障合适库存的基础上，尽量加速货物的流转速度，货物周转越快，货主企业才有可能多挣钱，才能多创造效益。

本系统的实施，从根本上打通了物流企业与相关供应链企业之间的信息通道，加速了彼此之间的信息流动，提升了信息的整体运行效率。信息效率的提升，大大促进了货主企业的业务流转速度，提升了公司的效益。

六、系统下一步的改进方案、设想

建立基于整个物流全链条的安全风控预警管控系统。不仅仅涵盖基于司机的驾驶行为管理，还有基于运输装备、车辆的风险管控，同时还包括对道路路况、周边环境、天气、交通，以及除司机以外的押运员、装卸员、检验员和参与整个物流过程的人员、装备、货物、仓储、场地等齐全物流要素的风险管控。

到时候，可能不仅仅用到人工智能，还可能用到大数据、物联网、智能传感、虚拟现实等技术和科技，全方位的数字化物流过程，实现物流过程的风险可视、可控，保证安全。

1. 扩展更多的数据接入能力，为物流全要素的数据接入做准备

扩展更多的外设接入能力。如在货物自身方面，根据货物的理化特性和存储环境要求，需要接入如湿度、浓度、压力、pH 值、腐蚀程度等等检测设备。在装载设备层面，如接入液体罐车的压力值、压强值、表面温度，罐内温度等重要参数采集设备。在人员的信息采集方面，如可以采集司机的血压、血氧含量、酒精浓度、睡眠质量、连续驾驶时间、驾龄、年龄、文化程度等数据。这些有些通过与已有系统对接即可获得，有些就需要安装相应的检测设备，这些数据都有了以后，就为后续的数据分析和挖掘提供了基础和可能。

2. 实现在手持设备、智能手机、平板电脑上的跨平台系统应用

未来必将是一个多屏的时代，多种平台的相互打通和协同是必须的。例如，在仓储领域，应用较多的可能是平板操作或者手持模式；货物在途，信息采集多采用车载智能终端以及手持设备、手机都有可能，在公司内部或者与供应链上下游的数据对接和共享多采用的是电脑操作。所以，就需要这套系统需要同时满足多种平台同时兼容，数据同步的能力。

3. 提高系统操作的便捷性和系统性能

下一步，针对司机的驾驶行为分析还需要进一步细化，数据不仅更加透明、准确、及时，还需要进一步满足业务化、场景化，能够促进业务的生长。系统的操作进一步智能化，自动化，便捷化，人的因素在管理中的作业进一步减弱，实现管理的标准化和科学化。

七、对物流信息化的建议

物流信息化是随着企业的发展而发展的，是随着企业业务的变化而变化的，必须能够促进业务的生长和创新才行，必须能够加速企业的整体效率才有价值。所以，任何企业的信息化都是一个阶段性的、都是一个逐渐完善的一个过程。不可能一蹴而就，也不

可能存在一种一劳永逸和解决任何问题的信息化系统。

所以，首先，需要建立起对信息化的正确认识。其次，任何信息化实施，都是一个系统工程，都需要配备必要的资源的人员以及配套群里和义务才行，所以，需要企业建立对信息化实施的一整套包括人员培训，管理规范，组织流程等在内的系统方案。也建议，企业能够高度重视信息化的重要性，能够建立信息化的独立部门和职责，把信息化作为企业竞争力的新引擎。

北京中交兴路信息科技有限公司：基于车联网大数据的保险风控 AI 云平台建设与实施

一、公司简介

北京中交兴路信息科技有限公司（以下简称“中交兴路”）是一家以数据为核心，为公路货运行业提供多元化产品与服务的科技创新企业，致力于打造中国领先的公路货运综合服务平台。数据积累覆盖全国 96% 以上重载货车的车辆，累计数据量超 10PB①，是行业唯一全量数据平台。

中交兴路一直坚持数据驱动、创新引领、开放合作三大发展原则，以数据平台为基础，围绕货运场景，提供数据开放、保险风控、定位服务等数据服务，油品、ETC（不停车电子收费系统）、运力等场景的交易服务和授信用油、ETC 记账卡、经营贷款等创新金融服务，推动新物流在降本增效提质方面飞速发展。在北京、重庆两地建有国家级车联网产业基地，拥有省级分支机构三十余家，业务范围覆盖全国。2018 年 12 月，中交兴路获蚂蚁金服领投、北京车联网产业发展基金跟投的 7 亿元 A 轮融资。

中交兴路经过多年深入实施创新发展战略，自主创新和自主发展能力显著增强。目前企业共申请专利 133 项，已授权专利 46 项，荣获国家货运物流行业相关的奖项逾 140 项，这些科技创新成果为公司发展提供了强劲动力，推动公司经营质量和效益稳步提升。

二、实施背景及内涵

（一）实施背景

1. 政策引导与技术创新下的商业车险费率改革必然要求

2015 年 2 月，《中国保监会关于深化商业车险条款费率管理制度改革的意见》的发布，骤然打开了我国商业车险费率改革的大门，施行多年的全国商业车险费率全行业统一的模式终于开始松动。基于车联网大数据技术的新一代车险定价模型呼之欲出。

2. 保险市场主体对一个涵盖全国范围车辆的风险管理云平台的迫切需要

一方面，重大事故频发，重载货车车险经营亏损；另一方面，货车行业“骗赔”“诈赔”以及人为扩大损失等欺诈行为频频发生。所以对于车险行业经营情况的整体改善需要一个覆盖全量市场的车联网平台，作为数据来源和管控基础，建立统一的风险识别与量化标准。通过技术手段的引入和业务模式的创新，扭转车险长期亏损的局面。

① PB：数据存储容量单位，1PB 等于 2 的 50 次方个字节，在数值上大约等于 1000 个 TB。

3. 防灾减损、提高道路安全管理水平的多赢选择

针对整个行业的风险水平改善方面，中交兴路积极拓展货运平台功能，为驾驶员和车主提供相关服务，确保平台长期、安全、稳定运行。与此同时，开发出重大交通事故实时侦测预警功能，对于重大交通事故第一时间通知保险公司、救援机构，迅速采取救援措施，从而实现有效降低财产损失、人员伤亡的社会效益。

（二）成果内涵

本项目将基于全国货运平台和以其为基础构建的车联网大数据平台，依托业内高级分析技术建立商用车风险管理 AI（人工智能）云平台，构建从承保端到理赔端的全流程风控闭环，向国内外的保险公司提供全方位的风险管理服务，包括车辆风险评测、运营安全管理、事故时预判及理赔调查支持等多种服务，有效帮助保险公司提高经营效益，进一步改善全社会商用车安全生产管理水平。

三、主要做法

（一）系统总体设计

基于丰富、海量的多种数据来源，本项目以“AI 安全大脑”为导向构建了保险风控 AI 云平台，主要实现风险智能评测、智能引擎提醒以及智能事故预警等保险科技服务，系统业务架构如图 1 所示。

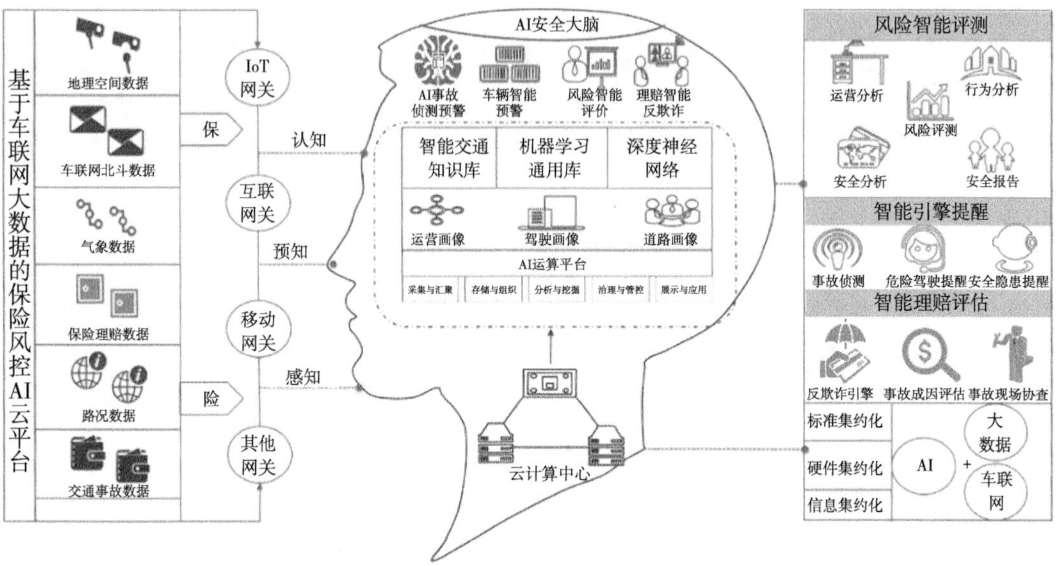

图 1　系统业务架构

保险风控大数据具有数据类型多样异构、数据体量大、实时性要求高等特性，为其采集、整合、存储管理以及相应的分析挖掘带来了巨大的挑战，首先，要求能够支持各种海量、异构（包括非结构化和半结构化数据）数据进行高效采集、清洗与全面整合；其次，巨大的数据量给数据的存储管理和处理等系统等都提出了新的要求，传统数据存

储和处理基础设施难以满足大数据要求；最后，面对海量的数据，需要深度挖掘其潜在价值，从其中提炼出有用信息，并借助神经网络、机器学习等构建算法模型建立智能系统使平台不断迭代演进。

基于以上原因，平台系统架构设计了感知、认知、预知的大数据智能云平台架构体系。大数据感知平台，实时采集、实时计算；大数据智能认知平台，智能分析工具，完成数据画像、风控因子、数据模型；大数据 AI 运算平台，提供完整的运算分析，涵盖 AI 事故侦测预警、理赔智能反欺诈、风险智能评价、车辆智能预警，从而实现针对货运车辆的保险风险控制。

（二）应用平台功能设计

应用平台主要分为业务支撑层、产品服务层和表示层，分别面向车主、司机、保险公司和大型运输企业提供线上及线下服务。AI 应用平台系统架构如图 2 所示。

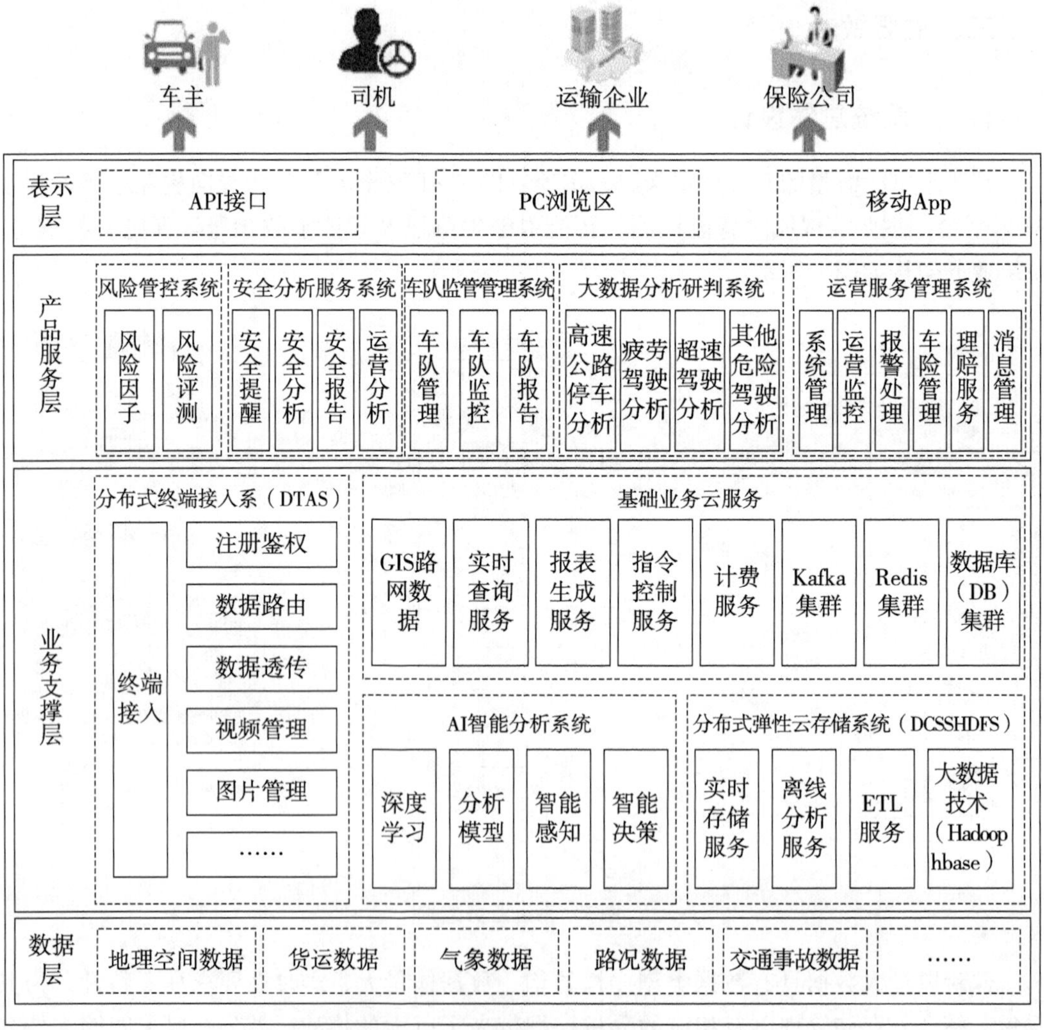

图 2　AI 应用平台系统架构

应用平台主要功能及其特点描述如下：

（1）风险评测功能：提供业务、运营、道路、驾驶四大类22项动态风控因子的实时查询服务，图表化展现查询结果。支持按单车、多车和车队维度输出评测结果，为单车和团车业务的风险水平提供科学、准确、快速的评测。

（2）实时安全提醒功能：对车辆的违规状态跟踪查看，并针对超速、疲劳等状况可发送车机、短信、人工电话提醒。

（3）行驶轨迹查询功能：车辆行驶过程中，系统对车辆的行驶情况进行定位，从车速、里程、时间三个维度反映车辆行驶路线实时查询。

（4）车辆驾驶行为汇总报告：对车辆进行驾驶数据信息汇总，生成报告，数据包括：车辆行驶总时长、总里程、报警总数、超速和疲劳车辆的数据等。

（5）违规统计报告：将一天按每两小时进行划分，直观展现所有监控车辆在各个时间段的疲劳违规行驶时间、超速违规行驶时间占比情况。

（6）车辆地域分布：对车辆运营地域分布情况进行统计，按照运营省份/城市分布车辆数、分布车辆数所占比例进行展示，可以反映出团车整体地域运营情况。

（7）保险理赔评估：可以查询车辆在指定时间点前、后12小时的运行轨迹，车辆所处经纬度。一方面，可以观察车辆在出险地点是否匹配，排查套牌可能；另一方面，对查询区间车辆历史各经停点详情、疑似事故点进行自动识别和判断，提供理赔欺诈以及道德风险排查。

（三）云平台资源配置方案

本项目单位已建立了初步的云IT硬件基础设施，建立了企业级的云平台，拥有处理大数据的能力和技术储备。本平台在现有基础IT资源上进行了合理的规划，利用项目单位已有的云计算节点，结合本项目云计算和大数据基础设施建设需求，进行了针对性的优化和扩容，最大化提高了设备的利用率。

保险风控AI云平台基础资源主要三个部分：大数据存储群组、大数据感知群组和AI分析群组。该资源配置方案基于虚拟化、分布式集群等技术构建的私有云服务，支持弹性扩容、防DDoS（分布式拒绝服务），容灾，满足高并发、高性能，高可用，为用户提供稳定高效的服务。

（四）关键技术

1. 基于GAM（广义可加模型）算法的保险风险成本预测模型

GAM在自变量x（车联网驾驶行为数据因子）与因变量y（保险风险）之间的关系不确定时，采用非参数拟合算法，使拟合后的曲线连续且至少具有二阶导数，并通过对惩罚系数的调节，调整曲线的平滑度，减缓过度拟合。

2. 基于循环神经网络（RNN）算法的交通事故实时预警模型

应用该模型算法，可将每一次车机上传的原始报点数据所包含的时间、位置、速度、方向等信息作为一层输入神经元，将前后连续的多个报点数据相连，形成循环神经网络结构，通过使用大量样本数据训练模型，使模型能够准确识别出车辆在发生交通事故时的独有特征。

3. 基于马尔科夫模型的车辆位置点道路匹配算法

道路匹配是一种基于软件技术的定位修正方法，其基本思想是将车辆定位轨迹与数字地图中的道路网信息联系起来，将行车轨迹的经纬度采样序列与数字地图路网匹配的过程，其本质上是平面线段序列的模式匹配问题，目的就是有效地提高车辆定位目标的精度，并保持定位结果的稳定性。

4. 基于 Mapreduce（大数据分布式计算框架）的并行计算模型

基于 4PB 的货运车辆相关历史行驶数据建立了 MapReduce 大数据在线与离线协同处理框架，涉及 500 多万辆货车和 800 多个数据字段，包括车辆类型、道路级别、交通状态、周边设施、车辆状态、车辆位置、速度等属性，建立目标导向的多维精准挖掘分析技术，实现个体到群体、过程到全程的实时预警分析能力，大大提升了平台实时分析效率。

5. 具有道路货运行业特色的专用地理信息系统引擎

本项目使用了项目单位自主研发的具有道路货运行业特色的专用地理信息系统引擎，该引擎有效地解决了海量基础地理数据、行业深度数据、货车行驶数据的融合问题，并在此基础上研发了一系列满足道路货运行业应用需求的特色功能。

该引擎具备高性能的海量移动目标可视化能力，支持二次开发；为道路货运行业应用开发、道路货运行业开放平台提供强大的空间数据管理能力。同时也为本课题的轨迹补齐、道路匹配、空间运算等技术提供必要的基础支撑。

（五）主要创新点

1. 国内首创运用车联网大数据建立重载货车保险风险预测模型

根据重载货车的日常行驶特征，将车联网大数据整理、加工成运营数据、道路数据、驾驶数据、业务数据四大类，具体包括运营率、日均行驶里程、高速公路行驶里程占比、夜间行驶里程占比、超速行驶时长占比、日均疲劳驾驶时长、常跑路线运营次数占比等数十项驾驶行为数据因子，结合中国保信所提供的商业车险承保、理赔数据，采用行业领先的 GAM 算法建立了保险风险预测模型，通过分析车辆过去的日常行驶特征，准确预测其未来的保险风险成本（如图 3 所示）。

模型有效地提高了保险公司对重载货车商业车险的核保能力，得到了保险行业主流大公司的一致认可，并被中国保信相关负责人评价为："是保险行业首次引入车联网从用动态数据因子，对整个保险行业具有重要的战略性、创新性意义！"

2. 国内首个基于 RNN 和 Hadoop 技术的交通事故侦测云平台

在海量车联网大数据基础上，本项目有效融合权威第三方的交通事故历史记录、车旺大卡 App（注册用户为 450 多万车主、司机用户，日活用户超过 200 万）位置信息乃至天气、路况等数据，形成多维度的车联网大数据，并根据车联网数据的动态性、时序性、复杂性等特征，我们创造性地将循环神经网络算法应用于多源数据融合后的车联网大数据，开发出基于车联网大数据的交通事故识别模型。同时采用流式计算等实时数据分析处理技术搭建了国内首个交通事故实时侦测云平台，实现对 500 多万辆货车驾驶行为的动

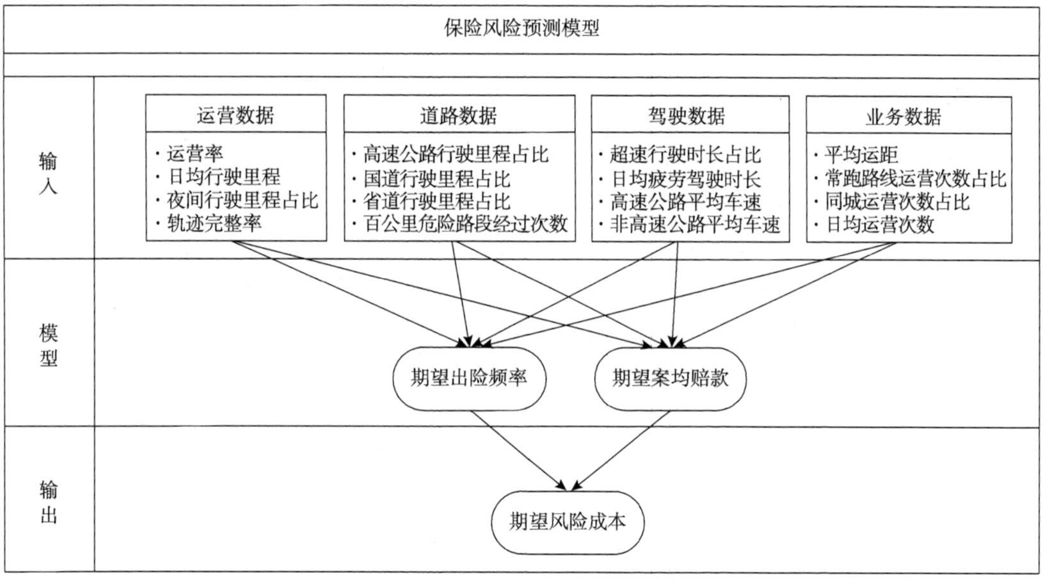

图3　保险风险预测模型

态监测与实时分析运算，第一时间准确地侦测出交通事故的发生，还原事故现场并及时通知救护人员，从而降低人身伤亡比率，形成积极的社会效益。

3. 基于多源数据融合技术首创商用车理赔反欺诈智能引擎

为了防范和识别保险欺诈行为，本项目创新性地引入车联网大数据和用户手机数据，着重进行多源数据融合研究和建模，从而在用户出险报警后，云平台及时分析出车辆是否有欺诈嫌疑。

本算法引擎的创新意义在于，根据匹配结果对用户上报的数据信息进行评分，并根据评分结果确定用户是否存在欺诈行为，包括：分别对第一数据信息的每个信息进行评分，并将总的评分结果和预设评分规则进行对应，根据对应的结果确定用户是否存在欺诈行为；或者，分别对第一数据信息的每个信息进行评分，并将每个信息的评分结果和预设评分规则进行对应，根据对应结果确定用户是否存在欺诈行为。

4. 首创基于道路匹配算法评估商用车运营安全系数

当前现有的核保政策主要针对车辆的车价、车型、车龄等自然属性以及上一年的出险次数，忽略了客户/司机的驾驶习惯、理赔成本等特征信息，基本没有综合考虑风险因素，因而不是对客户风险的全面评估，特别是对商用车的运营安全相关风险没有具体的评估方法和管控手段。

本项目创新性地将道路匹配算法和空间数据运算进行有效整合，通过确定每种道路的危险类型并对每种危险道路进行编号，然后综合保险公司出险记录以及全国货运平台的路段安全隐患统计结果确定危险道路的危险类型和危险程度，从而确定权重系数，然后根据货车途经危险道路编号的次数统计出货车途经每种道路类型危险的频次，最后通过对所频次求加权平均值的方式得出货车危险程度评分。

四、实施效果

（一）保前风险评测模型准确可靠，受到行业一致认可

相比于传统定价因子，车联网数据因子具有复杂性、连续性、动态性等诸多新特点，行业内普遍采用的 GLM 模型显然并不适用。为此，本项目研发团队与中国保信合作，结合美国斯坦福大学等名校的知名教授们所提出的全新理论，根据车联网数据独有的特征，创造性地建立了基于车联网数据的保险风险预测模型。该模型在技术水平上大大领先于行业，并且经过了人保财险、平安财险、大地财险等十余家大型保险公司总部的实际校验，模型评测结果相比传统车险定价模型有本质的提升。

模型预测结果与实际承保结果非常吻合，充分体现了模型的准确可靠性，并且每组之间的出险频率上升趋势明显，这也体现了模型的灵敏度。一般来说，传统保险定价模型的预测结果，风险最高组与风险最低组的差异（提升度）不会超过 3 倍，而加入了车联网数据因子后，本模型的提升度达到了 4. 3 倍，效果远超传统模型。

经过了前期充分的准备工作后，2018 年 8 月 10 日，项目组成功向全行业发布了首个面向保险行业风险管理应用的重载货车车联网数据服务产品。借助该服务，保险公司可以获取多维度的车辆动态从用数据因子和风险评分，精准识别车险运营风险，实现重载货车车险精准定价，并有效实施风险管控措施。

（二）保中风险管控有效降低了车辆的行驶风险，实现了司机、车队、保险主体多方共赢的局面

本平台结合大数据技术、智能分析、实时计算技术，对车辆行驶行为、驾驶员行为进行分析，并实时提醒，可有效纠正驾驶者的不良驾驶习惯，提高驾驶安全系数。

根据占全国货车保险市场份额 40% 以上的国内大型财产保险公司人保财险的数据分析报告显示，货运车辆出险率自 2013 年本平台提供危险驾驶行为实时提醒服务后持续降低，尤其是载重 10 吨以上的货车，降幅显著。如图 4 所示，2016 年，货运车辆总体出险率为 24. 9%，较 2013 年下降 1. 1 个百分点；载重吨位 10 吨以上货车出险率为 33. 4%，较 2013 年降低 6. 1 个百分点；载重吨位 10 吨以下出险率为 16. 8%，较 2013 年下降 0. 9 个百分点，由此可见，随着本平台保中提醒功能的完善和覆盖车辆范围的不断扩大，出险率有了显著地改善。

（三）智能理赔评估体系，有效协助保险公司进行赔案反欺诈排查

1. 理赔支持——轨迹查询功能

以国内某知名险企为例：2018 年 4 月至 8 月末，5 个月内有效查询次数 2339 次，直接减损数额 515. 74 万元，次均查询反欺诈减损 0. 22 万元，案均赔付成本降低 5% ~ 10%。结合实际使用情况发现，对车辆套牌、小案大作、虚假拼凑、换驾逃逸等典型类型事故能做到快速识别和排查指引，得到业内使用单位的一致认可。

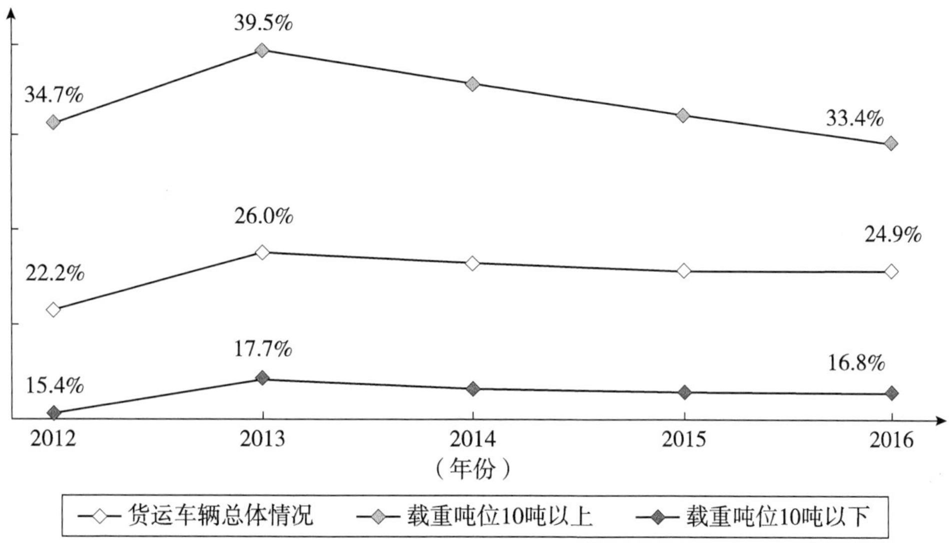

图 4　货运车辆出险率情况

2. 理赔支持——事故真实性回溯模型

对照险企历史车辆出险信息，通过模型算法自动对车辆特定时段在停靠区域、停靠时长、停运时长等事故特征因素进行数据调取、匹配校验后给予综合真实度评定。简化了原有人工核对、经办人现场核查的原始排查手段，将简易事故回溯定性排查时效缩短至分钟级，让险企在赔案审核上增加了 AI 手段，助力保险行业缩短赔付时效和提升客户服务感受。项目开发不足 1 个月的时间内，已帮助险企完成赔案回溯 1400 余笔，发现问题案件 20 余笔，反欺诈减损 170 余万元，成效斐然。

（四）实时发现重大交通事故

通过后台实时车辆运营数据的分析，对重大交通事故产生所具备的常规特征，例如：非常规减速度值、特定速度下的非常规制动距离值等核心数值进行实时抓取，再结合实时路段情况（拥堵与否、连续下坡、危险路段等）对比路过车辆的速度变化情况，采集点预警提示、驾驶员制动措施等一系列辅助手段综合进行事故实时判定，尤其重点关注高速公路恶性事故的实时发现。

目前日均发现并通过验证确认的事故数 30 余笔。事故实时发现的初衷是用最快的时间准确发现事故，为人员抢救、车辆施救、恢复交通尽可能地争取时间。验证过程中，很大一部分是早于车主知悉事故，该功能的实现和初衷，得到当事人的普遍认可。

五、总结与展望

保险风控 AI 云平台的建设和实施是中交兴路针对货运大数据的一次完整的价值应用旅程。在如今货运行业持续升级的时代，大数据已经成为助推行业向更高效、更便捷、更安全方向发展的有力武器。在人、车、企、货方面的风险预测、业务效率的提高、成本的降低、安全监管、事故发现、事故救援方面，以数据为基础、技术为核心的数据应用实现了实实在在的效果。不仅改善了保险行业的服务环境，提高保险公司业务提升，降低投保人员成本负担。同时在公共道路安全监管和服务方面，能够为政府单位、物流、货主、融资租赁等企业提供货运车辆、驾驶员等信息验证，实时可视化车辆在途监测，规范驾驶员不良驾驶行为，成功降低货车事故的发生比率，为中国道路运输管理工作加注更智能的安全防线。

在未来，中交兴路依然会在货运大数据的应用上，进行更加深入的开发和应用。围绕货运场景，包括用油、过路、保险、金融、运力、管车、找货等方面提供更加便捷、优惠、安全的一站式服务。为中国1400万营运车辆、3000万公路货运从业者及家庭提供生产、生活服务于保障。

中外运化工国际物流有限公司：物联网技术在危化品仓库中的集成应用

一、中外运化工国际物流有限公司简介

中外运化工国际物流有限公司（以下简称“中外运化工物流”），属于生产性服务业的货物运输、仓储服务类，是招商局集团旗下为化工行业客户提供综合化工供应链物流服务的专业子公司，国有制企业，拥有专业的化工物流团队、完备的资质和资源、完善的运营网络、先进的信息系统、严格的 HSEQ（健康、安全、环保、质量）管理体系以及完善的应急反应机制，秉承可持续发展理念，为化工行业客户提供绿色供应链解决方案。

中外运化工物流的网络覆盖全国及部分海外地区，近年来一直致力于东南亚海外通道的建设。形成了集国际国内海运、危险品道路班线运输、Tank 等液体物流服务、国内仓储与样品管理、水路及铁路多式联运、罐装线及危废运输等增值服务于一体的较为齐备的化工物流服务体系，积累了丰富的专业经验，为客户提供全程供应链整体解决方案。公司作为一家肩负重大社会责任的国有企业，先后通过了 ISO 9001，ISO 14001，OHSAS 18001 和 RSQAS 体系，建立完善的 HSEQ 管理体系，并率先在国内建立全国救援网络，为客户提供安全高效的物流服务。

自 2008 年以来，公司与主要大客户建立了战略合作伙伴关系，为适应战略合作的逐步推进，形成了事业部制矩阵式管控模式。未来公司将成为拥有核心成熟公共物流产品，具备专业核心资源网络优势，化工领域内全供应链运营平台型公司。

本案例中的技术实施单位为南通中外运化工物流有限公司（以下简称“南通中外运化工物流”），是中外运化工物流下属子公司。

二、企业通过信息化技术要解决的突出问题

仓储物流公司经营成本主要包括仓储、运输、管理三个部分，从数据看，我国物流的仓储和管理成本占比高，反映出的则是效率偏低。目前各国都通过降低库存的成本费用，加快周转速度，除了物流本身外，高新技术等产业的发展也成为促使物流成本降低的重要原因之一。

我国物流成本高、效率低，主要有以下因素制约着物流的发展。

（一）基础设施建设缓慢

我国现有物流仓储设施中，超过 70% 建设于 20 世纪 90 年代之前，不能满足现代化需要；目前 5.5 亿平方米物流仓储设施的供应量，达到国际化标准的，不足 1000 万平方

米；自动化程度低，多靠人工分拣搬运，自动化技术没有得到充分应用；物流信息网络平台建设进度缓慢，物流信息共享困难。

（二）体制和政策不完善

物流企业各自为政，都有一套自己的标准，使得物流标准化推进困难，短时间内体系难以完善；在法律层面缺乏监管和管控，不正当竞争难以避免；政策层面没有给予足够的便利性，税收、交通、海关存在很多政策性障碍。

（三）企业运营效率低

我国的物流企业超过30万家，小、散、弱，彼此缺乏合作是长期存在的问题，有整合、链式管理能力的第三方和第四方物流企业少。企业自身从物流设施、管理、技术、人员等方面都有待提升，同时生产要素、逆向物流等成本持续增长。

（四）运输成本高

我国的货物运输主要依靠公路，2016年的调查数据显示，中国公路运输承担了76.4%的运输量。而公路货运个体户居多，行业分散、无系统、信息度低，同时空载率高，还有过路费、罚款等，也是造成运输成本高昂的原因。

目前，“互联网+”的运营管理模式正推动各个传统行业的经济形态不断地发生演变，为企业的改革、创新、发展提供了广阔的网络平台。而数字化管理作为“互联网+”的基础，则是当代企业必须经历的变革。

南通中外运化工物流地处南通市经济技术开发区。开发区四周江河海连成一体，紧靠南通港和南通兴东机场，海陆空运输便捷，具有十分优越的交通物流条件。依托中外运的专业优势及化工仓储的强势资源，南通中外运化工致力于为区内企业提供标准化、专业化、智能化的化工供应链服务平台。公司先后投入建设了监控、消防、安防、智能出入口道闸、WMS仓储系统等多套智能化管理平台及应用软件，与传统的人工管理相比，在安全管控也业务管控方面有了明显提高。

然而在日常经营管理方面，公司仍需投入不少人力去管理各个平台和应用软件。各管理系统数据相对独立，不能进行联动分析达到综合管理的目标。并没有达到建设初期预想“1+1>2”的成效，仍有以下几点亟须改善。

需要继续加强对日常巡检及检查情况的监管力度。检查结果需要专人复核，同时设置检查疏漏提醒。

货物禁忌性的人为控制缺乏有效监管。通过货物禁忌性计算，确保所有货物分区域放置，避免因发生化学反应引发事故。

手工记录存在滞后性，数据正确性暂未达到百分之百。需通过各个步骤实施的记录，确保进出库作业的每个步骤都能做到有效控制，从而降低操作风险。

员工具体工作量统计不准确。需系统性地记录仓库内部入库、上架、出货、调拨、移库、盘点等作业的完整历史，建立对人员绩效的完整记录，以实现准确的人员绩效考核。

货物存储动态监测难。

现场人员定位及独立作业区域内人员数量统计难。

三、企业信息化进程

1. 实施中遇到的主要困难、问题

由于传统仓储作业主要依赖单证和现场人员的经验，差错率高。现场作业人员任务由于缺乏对作业量的统筹分析导致分配不均衡。没有可靠的仓储信息数据进行分析，使得经营策略得不到优化。另外，化工物流又是高度重视安全生产的一个行业，各类事故处理及隐患的排查和预警亟须灵活快速的控制。面对目前实际运营中的难点，公司先后投入 WMS、综合安防平台、综合消防平台等信息化管理系统。然而由于系统数量多，专业性强，使得管理成本居高不下。另外，各系统管理数据相对独立，使得业务、资源、安全的综合分析相对片面。

在仓储日常运营中，合理的资源调配在降本增效层面显得尤为重要。从人员调配、车辆调度、作业量分配、风险控制等，都需要科学统一的规划。通过一年多的仓储运营，公司各部门集中分析了目前生产管理的风险和难点，最终着手考虑集成各管理系统，将各环节的管理统一并制定出标准化管理流程。从而实现从车辆入场到完成作业离场，一整套作业步骤均能做到风险预控、责任到人、操作量化、确保闭环。

2. 信息化实施方案

在项目实施前期，各部门进行了多次需求沟通，整理并确认了各部门实际需要，成立了以仓储部牵头，各部门协同配合的信息化推进工作小组，汇集各部门业务骨干和技术专家等进行核心问题的攻坚，并且主要业务部门指定信息化过程中的对接人员，保证及时有效地推进项目。由于信息化专业性特征比较明显，公司与行业内著名的 IT 企业相互合作探讨，在系统设计阶段就让系统开发服务商参与项目，让专业人做专业事。在采购技术方面也积极探索当前流行的最新技术，在打造智慧园区集成管理平台时采取模块化、简约化设计，傻瓜式的操作流程，降低操作难度，减少推广的复杂性。

信息技术并不能彻底解决物流最底层的问题，即货物的搬运。线上可以完成单据流转和商务流程，但实际物品的流转则需要线下科技的支撑。中外运化工物流解决这个问题的思路是与物联网技术的深度融合。在线下高效运营技术方面采用的物联网创新技术如下。

条码技术，将传统物流跟踪到单的模式转变为物品最小包装单位；

各类传感器，目前在 GPS 设备的基础上扩展 3G 视频，主动安全防范设备及温度记录仪；

中转场站配置自动化设备来提升作业效率和确保安全保障。如智能叉车和自动传送履带设备等。

本项目通过各系统集成管理，较原设施新增以下几项主要核心功能。

手机 App 培训考试模块：对司机库违规进行分类量化统计，一方面可为供应商考核提供依据，另一方面在外来人员风险上实现针对性预防。

WMS 预约管理模块：解决现场车辆到场时间不可控的问题。通过有序的排班，使得现场作业有条不紊，人员分配更加科学，作业效率大幅提升。

WMS 订单管理模块：提供实时、宏观的仓储业务数据，摒弃了在 WMS 中导出数据列表的传统统计方式，使得管理者能更直观地分析并调整管理策略。

3D（三维）仿真式货位管理模块：提供直观的仓库货位实时情况，并在库存管理方面提供准确的宏观数据，为仓储策略、化学品禁忌管控提供有效依据。

智慧消防管理模块：通过为所有消防设施绑定唯一的二维码的方式，在后台建立独立的设施巡检记录数据库，并按巡检记录分析设施状态。做到设施状态的实时监测和巡检工作的量化管理。

出入口管理模块：通过接入企业的门禁系统、车牌识别系统、车辆检查系统、访客系统，能够实现外来人员数据、车辆信息的查询与统计。

事故应急指挥调度模块：提供强大的应急业务管理和应急智能决策能力，在突发事故时，能够对应急救援工作提供支持信息。其次还满足了企业日常应急资源管理、应急培训演练的需要。

GIS（地理信息系统）模型仿真展示模块：等比例将仓库现场地图以 3D 模型展示。并集成消防、安防等设备的位置信息。实时监测各系统报警信号，一旦发生报警或设备故障，均能在地图模型中给予直观的警告。

四、信息化主要效益分析与评估

1. 信息化实施前后的效益指标对比分析

信息化实施前后的效益指标对比分析如下表所示。

信息化实施前后的效益指标对比分析

	项目实施前	项目实施后	提升效果
订单准确率	92%	99%	提高 7 个百分点
计划时效性	—	—	整体误差 1 小时以内
货位准确性	90%	97%	提高 7 个百分点
拣货准确率	95%	99%	提高 4 个百分点
日均装车量	13 辆	18 辆	提高 38 个百分点
外来车辆平均等待时间	3 小时	1 小时	减少 67 个百分点
单车货物上架均时	45 分钟	30 分钟	减少 33 个百分点
单车货物拣货均时	60 分钟	40 分钟	减少 33 个百分点
安全预警时效性	—	1 分钟	报警信息实时接收
客户投诉率	—	—	整体下降 70 个百分点

2. 信息化实施对企业业务流程改造与竞争模式的影响

随着全球互联网技术、信息技术的发展，仓储行业也进入了创新发展的新时代。信息技术是优秀的生产力，仓储企业也应该与时俱进，重视信息化改造和建设为企业带来的红利。

通过定制化电子单据、量化工作内容、各系统数据接驳等技术手段，逐步淘汰纸质单据、人工表格、数据传递等传统的业务管理方式，运用信息化手段优化传统业务流程。目前整套管理流程减少了人工录入、计算的次数，作业过程全程监控，增加了纠错的及时预警功能，整体上各环节都规避了因人为因素带来的错误和风险，大大降低了管理成本，提高了人均作业效率。

3. 信息化实施对提高企业竞争力的作用

项目的建设通过信息化技术手段切实做到提质增效，不仅易于管理，同时能有效提高工作效率，降低人工成本的使用，节省人力、物力、财力，进而取得较大的经济效益；安全管理联动消防、安防等平台，做到事前预警，从而做到提前发现隐患，从根本上杜绝事故发生。

目前在化工物流领域，由于安全要求远远高于传统物流行业，导致3C设备成本相对高昂，因此业内企业总体信息化水平普遍不高。此次智慧园区集成管理平台的落地在行业内也是为数不多的信息化管理案例，对企业形象宣传，大客户体验均有很大空间的提升。

五、信息化实施过程的反思与推广意义

1. 主要体会、经验与教训

信息化建设不能照搬别人的成果，必须从自身实际出发，通过长期经营和总结，找到切合实际的需求，由点及面地解决问题。

公司初期针对实际问题点投入多套系统，确实也实际解决了管理上的难题。然而在统筹规划上有所缺失，导致信息化建设不能全面覆盖公司整体的经营和管理。通过这次集成化管理平台项目的落实，切实有效地实现全方面、全流程的信息化管理，能实时、精准掌握企业相关的经营、市场、技术、质量信息，全面提高了企业的社会效益和经济效益。

2. 推广意义

传统行业进行信息化改造是大势所趋。从管理层面，信息系统甚至信息本身，已经不再仅仅支撑企业战略，更有助于决定企业的发展战略。从操作层面，未来依靠信息技术规范、量化操作流程，规避因人的差异导致结果不可控的局面也会彻底消失。

面对不可回避的信息化改革，只有在行业内走在前列，才会赢得更大的市场。本次公司集成平台的实施，已在南通市场得到客户的肯定和青睐。未来，公司也将依托成熟的信息化管理平台，在化工物流行业内树立优质、高效的企业品牌形象。

六、本系统下一步的改进方案、设想，以及对物流信息化的建议等

下一阶段的建设和发展设想如下：

1. 扩大技术投入

随着RFID技术和各类定位技术的日趋成熟，公司结合实际需求，初步咨询了市场上该技术成熟的公司，拟订了未来的建设计划。目前整个化工物流行业对这些技术的应用仍是空白。公司秉承走在行业前端的经营理念，旨在更精准地把握仓储作业中人和货的

信息，从安全、质量两个角度，将管理做到进一步的提升。

2. 业务模式多元化

目前化工物流市场正从传统的 B2B 向 B2C 转型。出库作业散件、零单越来越多。后期将针对这种零单、散件的出库设计作业流程，并投入自动化分拣流水线提高出库效率和准确率。

北京科捷物流有限公司：高密度存储智能机器人货到人方案

一、应用企业简况

北京科捷物流有限公司于2003年在北京正式成立，注册资金1亿元，是中国具有深厚积淀的整合：信息技术（IT）服务提供商——神州控股的全资子公司，隶属于供应链服务集团。科捷物流践行“仓+大数据+人工智能”的新物流核心战略，基于遍布全国的231个仓储中心，依托自主知识产权的物流管理系统和供应链大数据应用平台X-DATA，为客户提供定制化的一站式供应链服务，仓储面积超100万平方米，年运送货值超5000亿元，日发送包裹超40万个。在IT、通信及电商物流领域有深厚的积淀。

二、企业通过信息化技术要解决的突出问题

中国电商发展给物流行业带来了广阔的市场和巨大的挑战，订单多表现为多品类少批量，而物流仓库多为传统人工操作模式，SKU多、拣选面积大、拣选路径长，需要大量拣选人力，导致人力成本高、人员管理难度大、拣选效率低，尤其是电商行业弹性比很大，如“6·18”“双11”等大促活动，其单量为平时的10~100倍，为了更快地将快递包裹送到客户手中，提高客户体验感，活动期间需要补充大量临时工，人满为患、人员管理将是一巨大挑战，也是电商行业面临的通病。

2012年，亚马逊收购Kiva systems公司的机器人项目，在仓库里利用机器人货到人拣选完成海量订单拣选工作，人工只需在工作站处等待，由机器人完成智能搬运。随后国内外也掀起一股仓储搬运机器人的热潮，新科技的使用为传统物流行业带来了新的春天，且在新物流生态下新科技的应用也成为物流企业从传统物流转型为新物流的关键评判标准之一。

目前，北京科捷物流重庆仓内是集B2B和B2C两种业务模式共存的仓库，为传统模式的人工仓，分为两个团队分别进行操作。现有人工操作模式存在如下问题：

（1）B2C业务拣选复杂，需要较多下架人员，拣选效率低；

（2）仓容不足，存储均采用托盘地堆存储，属于爆仓状态。

因此，为了改善仓库运营状态，提高仓库存储率、减少人力成本、提高企业竞争力，我们在科捷武清仓及平谷仓“人机共舞1.0”和“人机共舞2.0”自动化方案的基础上进行优化改进，提出适用于B2B和B2C共用场景的定制化智能自动化方案“人机共舞3.0”：高密度存储货到人仓储机器人方案。由机器人代替人工进行机械化的搬运，作业效率高；人员集中在工作台区完成入库、出库、盘点、补货功能，易于管理；采用高密

度存储方案，仓容利用率高。

三、企业信息化发展进程

在科技、人工智能（AI）快速发展的时代，新物流模式下，为提高仓库自动化水平、改善管理模式、提高客户服务水平，科捷重庆业务端提出自动化相关需求。随后，科捷自动化规划部门成立项目组，即时着手进行业务调研、方案规划设计。针对科捷该仓为B2B及B2C两种业务共存，且目前处于爆仓状态，最终确定方案为“高密度存储货到人方案”，其中，B2B业务使用单层货架，B2C业务使用五层货架，两种业务分区存放，自动导引车（Automated Guided Vehicle，AGV）两区复用，如图1所示。

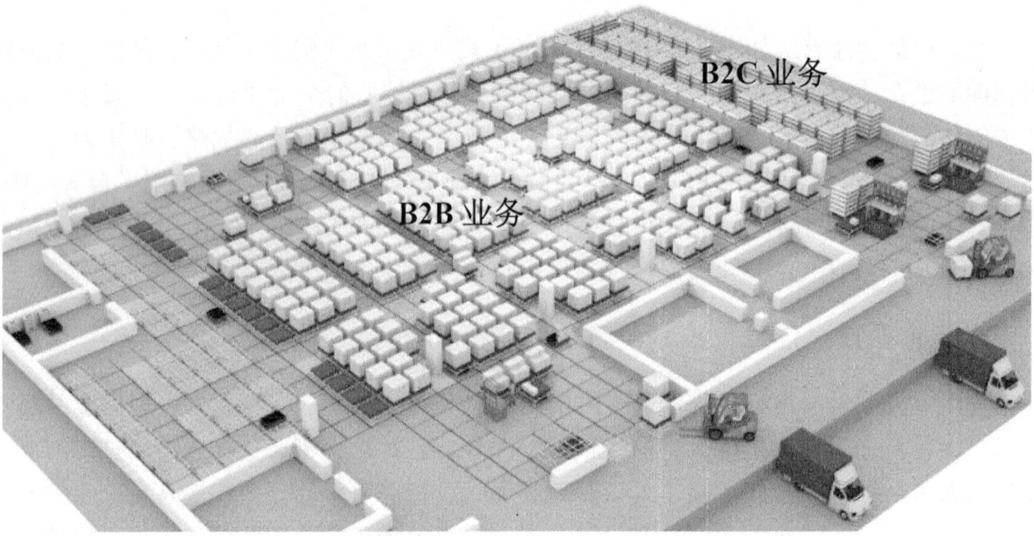

图1　高密度存储智能机器人货到人方案效果

因此次项目为高密度存储、且B2B、B2C两种业务并存需复用AGV，致使其调度逻辑比较复杂，调度系统定制开发比较困难。为确保调度系统严格匹配业务流程，科捷决定针对此次项目自主研发AGV调度系统。项目组随即组织技术部门及业务部门商定系统流程，针对B2B、B2C不同的业务类型设计不同的调度方案（如图2~图4所示）。

项目实施期间，项目组规划人员和开发人员均前往现场支持，结合调试运行情况和业务端使用反馈，针对方案细节进行及时调整，保证项目顺利上线。

此次重庆AGV项目，方案规划及调度系统开发均由科捷物流自主完成，体现了科捷在智能物流领域深厚的技术实力。“高密度存储货到人方案”为科捷在利用自动化技术解决B2B、B2C合并业务场景实际问题提供了宝贵的经验，是科捷在智能物流领域的又一次重要探索。

四、信息化主要效益分析与评估

1. 信息化实施前后的效益指标对比、分析

机器人区面积为1200平方米，投入6台AGV机器人，能同时完成B2B终端和B2C手机业务的出入库作业流程，项目直接经济效益主要为节省企业人力成本，日常节省人力4人，

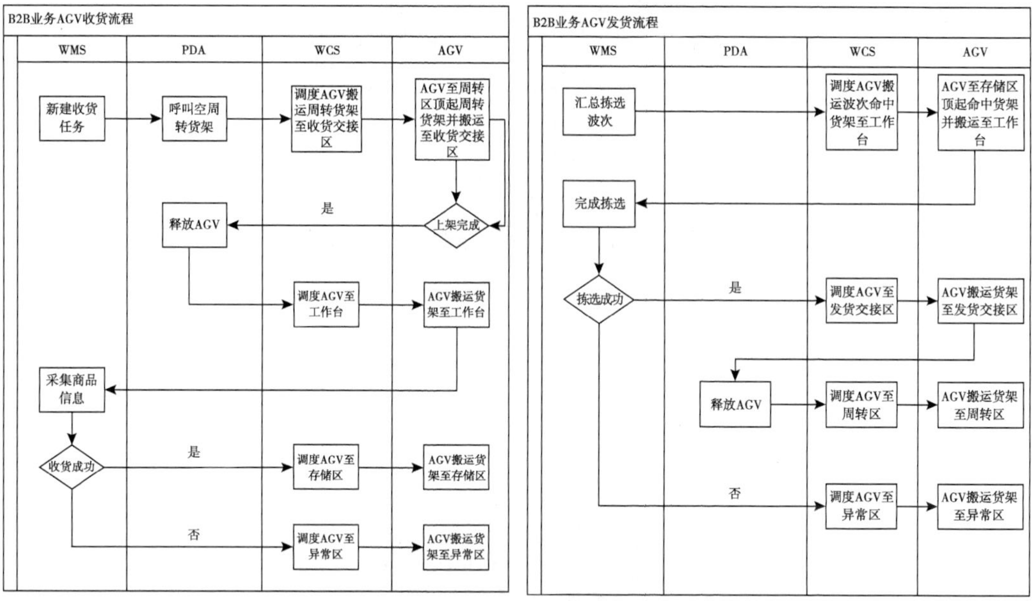

图 2　B2B 业务收发货流程

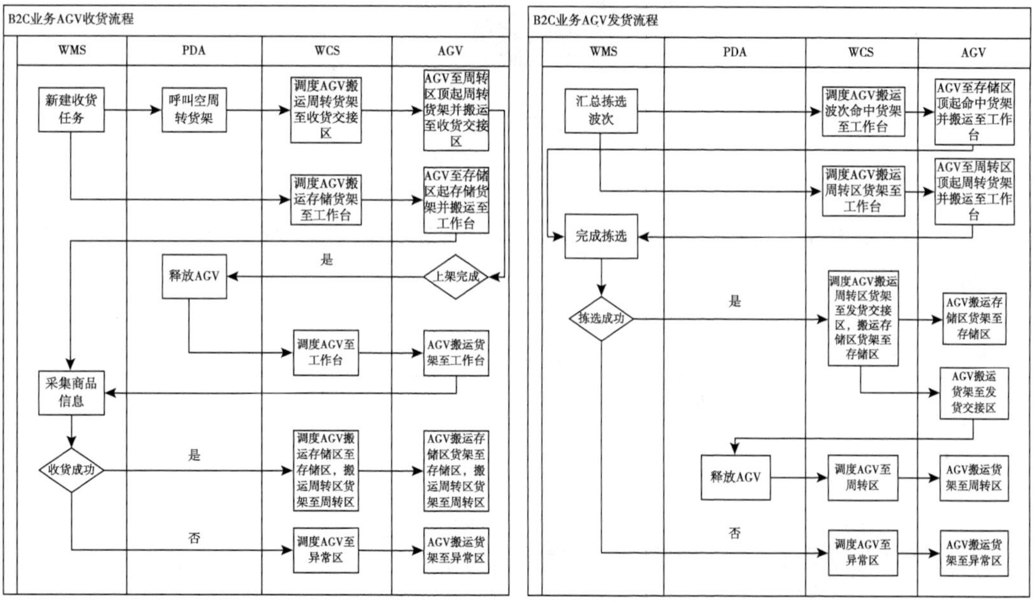

图 3　B2C 业务收发货流程

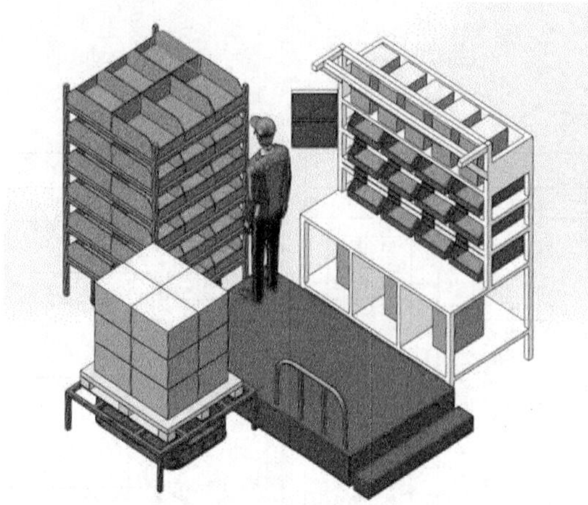

B2C 业务

B2B 业务

图 4　B2C 业务与 B2B 业务工作台

以 7 万元/人/年为标准计算，一年节省 28 万元，一次性投入共 94 万元，3.3 年可收回成本（如表 1 所示）。

表 1　经济效益分析

<table>
<tr><td colspan="3">高密度存储机器人</td><td>人工模式</td></tr>
<tr><td>项目总投入（万元）</td><td colspan="2">94</td><td>0</td></tr>
<tr><td rowspan="4">人工成本（万元）</td><td>人工/人</td><td>5</td><td>9</td></tr>
<tr><td>成本/1 年/1 人</td><td>7</td><td>7</td></tr>
<tr><td>总成本</td><td>35</td><td>63</td></tr>
<tr><td>节省成本</td><td colspan="2">28</td></tr>
<tr><td>回收期（年）</td><td colspan="2">3.3</td><td>—</td></tr>
</table>

2. 信息化实施对企业业务流程改造与创新模式的影响

改用高密度存储机器人方案后，两个业务流程统一，虽分为两个物理分区，但均为货到人模式，两区 AGV 复用完成该区域的货架搬运；人员管理规范化，人只需在工作台区域（收货的叉车司机在月台）即可。

AGV 通常用在 B2C 业务中，处理客单件中等、SKU 多、拣选难度大的业务。且通常的货到人是采用 2 +1 模式（两排货架一条通道），为了提高仓储效率，此次方案采用 4 + 1 模式，存储效率提高了 12%。该方案的成功实施运行营也为以后 B2B 业务使用智能化提供标杆。

3. 信息化实施对提高企业竞争力的作用

新物流时代，各企业争做“智慧物流”，新科技、人工智能的应用成为企业在激烈的竞争中成功的关键标准之一。信息自动化的应用，首先，企业技术实力的体现；其次，信息自动化使得物流作业流程更规范、库存及人员等管理规范化；再次，客户服务体验感也会更好，俗话说客户即上帝，规范、紧追时代发展、以发展的眼光看世界的合作伙伴总会赢得客户的信任；最后，信息自动化的过程也是我们挖掘新技术的源泉，在自动化项目进程中，我们发现并书写了相关学术论文一篇、相关技术专利 11 项，专利具体内容如表 2 所示。

表 2 专利汇总

序号	国别	申请号	专利号	项目名称
1	中国	201820926426.3	ZL201820926426.3	一种具有电子标签的可移动式机器人货架
2	中国	201820926366.5	ZL201820926366.5	带有电子显示屏可移动式自扫码播种墙
3	中国	201820922051.3	ZL201820922051.3	一种具有电子标签和摄像头的可移动式机器人货架
4	中国	201830304767.2	ZL201830304767.2	流利式播种墙
5	中国	201830305110.8	ZL201830305110.8	播种墙（一）
6	中国	201830305109.5	ZL201830305109.5	播种墙（二）
7	中国	201830304474.4	ZL201830304474.4	播种墙（三）
8	中国	201830305108.0	ZL201830305108.0	带有电子标签的可移动式机器人货架
9	中国	201830305100.4	ZL201830305100.4	带有电子标签和摄像头的可移动式机器人货架
10	中国	201830387802.1	ZL201830387802.1	一体式播种墙（二）
11	中国	201830387785.1	ZL201830387785.1	一体式播种墙（一）

表 3 学术论文汇总

序号	标题	期刊	状态
1	适用于 B2B 业务的“货到人”密集存储布局研究	制造业自动化	接收
2	物流机器人拣选流程仿真研究	计算机应用与软件	在投

五、信息化实施过程中的主要体会、经验与教训

一个项目的成功是多方协调配合的结果。在项目规划设计阶段需要做好项目调研，准确把握业务端真实需求，布局和流程设计要切合业务实际。项目实施期间，需重点把控项目进度及质量，遇到问题及时沟通解决。信息自动化的推广有利于仓库流程规范化、标准化管理，也是科捷仓储自动化的又一标杆仓，有助于提高企业竞争力，提高客户服务水平，紧随科技发展的脚步。

六、改进方案、设想及建议

重庆 AGV 项目一期规划阶段已考虑到系统后期扩展问题，选用较为柔性的 AGV 货到人模式，并在此次实施期间对全仓进行了强弱电改造，预留了部分强弱电点位。随着重庆仓业务的不断扩展，二期需扩大系统规模时，只需直接粘贴地码并添置 AGV 及货架即可。此次调度系统为科捷自主研发，后续规模扩展及定制化需求开发也可以快速响应。

北京长久物流股份有限公司：物联网打造物流新业态

中国物流企业逐步开始走向全球，在海外拓展，建立仓储物流基地，打造面向全球的现代物流网络体系。物联网技术（IoT）已成为智慧物流最重要技术之一，给传统物流插上了数字化升级的翅膀，带领全球物流行业进入新的时代。

随着服务链条变长，需要物流与供应链全流程的优化整合设计能力，需要考虑与本土化企业的生态联动，物联网技术无处不在。物联网不是孤立的技术，而是叠加机器学习和人工智能、机器视觉、实时计算、柔性自动化、区块链等技术形成物流行业的巨大商业价值。在智慧物流信息传输体系方面，将呈现由“互联网 +”向“物联网 +”进化趋势。北京长久物流股份有限公司（以下简称“长久物流”）深知在这个时代就要去适应它，否则必将淘汰。公司结合自身业务发展和行业经验，大胆创新，在创新中勇于实践，大力建设物联网等数字物流基础设施，自主研发位置服务平台，加快物流要素全面连接，融合发展。

一、企业简介

北京长久物流股份有限公司系吉林省长久实业集团有限公司核心子公司，总部设立在北京，注册资本 5.6 亿元。2016 年在上海证券交易所主板挂牌上市，这标志着公司正式登陆了中国资本市场。公司涵盖汽车供应链中的整车物流、零部件物流、国际物流、多式联运及供应链金融业务，提供汽车行业专业的物流规划、运输、仓储、配送等相关服务。长久物流在全国设有多家全资、控股子公司，业务网点 40 余处，形成以东北、华北、华东、华中、西北、华南、西南为基地的全国大循环汽车物流资源网络布局。乘用车和商用车综合运输能力超 310 万辆，服务团队数千人，年产值超过 49 亿元。经过二十多年的专业积累，长久物流通过一整套严谨、科学的物流管理体系和运营流程，在业内赢得了广大客户的高度赞誉。

二、汽车物流现状

我国的物流业是从传统的计划经济体制下，经过二十余年的改革开放，向现代电子商务、快递物流及其他细分领域发展的，汽车物流就是行业细分领域，同时面临着很多发展的问题。目前我国汽车物流运输空驶率达 39%，企业自营车资源有 60% 处于限制状态，导致企业生产成本增加。空驶又分为调空行程和空载行程，车辆载重行程与总行程之比称为车辆行程利用率，如何降低空驶提高车辆利用率是传统物流企业发展面临的普遍问题。汽车物流行业还存在订单数据难以追踪，车货人安全无法保障，信息流不能互联互通的状况，物流订单不能“一单到底”，各环节货物交接订单杂乱，物流全链条流程难以数字化等问题。问题主要集中在企业信息化水平低、调度指挥能力较差、组织管理不到位和市场运输需求和运力信息不对称，因此不能形成循环的物流运输网络。

解决物流运营效率问题是一个系统工程，核心是物流信息化系统建设，位置服务及调度管理是核心。系统可以按照科学、合理的运输线路规划方法安排车辆运行和配载，杜绝自由运行状态。为此，长久结合汽车物流业务发展需要，成功研发完成位置服务平台，对运力进行实时监控，平台还与 OTM 运输管理系统对接，合理的调整运力结构，保持运力与运量的协调与平衡，形成合理的运输秩序，从而保证所有车辆都能达到最大的利用效率。

三、项目介绍

我们知道传统的物流系统，硬件是硬件，软件是软件，硬件没有智能。随着智慧物流发展，软件系统也成为物流硬件的大脑，软件与硬件结合成为智能硬件发展方向，其中软件进化将是硬件系统的进化重要特征。软件在硬件的排列、组合、管理、调度、控制上将居于主导地位。

基于此思想，2018 年长久物流结合业务需要，自主研发完成了位置服务平台，并成功上线运营，成为行业领先拥有位置服务平台的汽车物流公司。平台将 AI 与 IoT 结合，应用 EDI（电子数据交换）、GPS（全球定位系统）、RFID（射频识别技术）、GIS（地理信息系统）、大数据等信息技术。采集多维物流运输在途数据，基于司机、运输工具、道路 3 个维度和疲劳驾驶、超速、车道偏离等 38 个危险场景进行智能风险预警，实现对物流运输过程中的异常识别和自动处理。

1. 平台智能化自主决策

通过车载终端把温度传感器、GPS、识别卡等传感器数据汇聚，通过网络将回传至平台，系统进行数据分析，实现运输信息实时的畅享，业务数字化实现物流运输全过程透明可追溯，以数据驱动决策与执行，基于全局优化的智能算法，调度整个物流系统中各参与方高效分工协作。通过大数据、云计算与人工智能构建物流大脑，在感知中决策，在执行中学习，在学习中优化，在物流实际运作中不断升级和学习提升。对企业来说，可以提升日常运输过程中的运行效率，能够洞察先机，不断调整营运方案，进而实现物流资源的高效协同和优化。对客户而言，重视信誉度及可靠性，平台物流信息会让客户对服务充满信心，让一切都如期进行。

2. 互联互通数据驱动

平台与各个业务系统对接，加强对信息数据的挖掘利用，充分发挥出各项信息资源和物资的作用，实现整个物流生态的“智慧”驱动，使货主可以预测订单晚发/晚到预警提醒。货主收到订单后，根据车辆实时位置监控、站点信息、车速、距离、历史数据等各个维度进行晚发/晚到风险计算，并及时提醒给管理人员进行干预，从业务交付的视角实现先知先觉。

3. 深度协同高效执行

平台对外提供车辆共享服务，能将本单位的运力共享给需要的机构，反之机构能将车辆闲置运力共享出来。功能包含了共享出的车辆管理和收到共享车辆的管理，共享出车辆功能包含新增共享车辆、批量共享、共享机构和共享期限等。创新思维和先进技术的应用使物流过程变得智能，物流环节变得更加高效简单，减少人员依赖。

4. 标准化服务

平台支持交通部《道路运输车辆卫星定位系统终端通讯协议及数据格式》和《道路运输车辆卫星定位系统平台数据交换》通信协议，可与第三方系统互联互通，享受平台的定位信息服务。

四、效益分析

1. 经济效益分析

项目投入运行后，进行业务重组，去除烦琐多余的流程，有效地控制货物的流向。将减少安全事故发生率 40%，企业收入有望提高 5% ~20%，空驶情况也将逐步得到改善。未来随着平台运行稳定以及系统进一步优化完善，公司的销售收入会逐年递增，进而利润也将大幅增长。

长久物流一直致力于物流运输信息化建设，加快企业信息化转型升级，鼓励智慧物流创新发展，重视人才和研发投入，公司从营收至少拿出 1% 以上继续增加科技投入，借力科技促进企业转型，实现科技转型，即向平台化企业转型，运营数字化转型。长久位置服务平台的成功上线，实现物流信息化覆盖率达 95%，系统建设成功率 100%，引导推动模式创新、组织创新、业态创新，使长久物流规模化、集约化发展，提高服务能力和水平。

利用大数据分析可提供公路运输综合型解决方案，用最先进的“AI + IoT”技术，获取在途多维度数据，通过对数据的分析，帮助管理者优化管理，保证运输安全和效率提升。同时，通过提高公司的无形资产价值和品牌知名度来提升品牌价值。

2. 社会效益分析

平台通过 ADAS 智能硬件识别前向碰撞、车道偏离、车距过近、行人碰撞等不安全因素并对司机进行提醒，利用 DSM 智能硬件及 AI 模式判断，能够及时识别司机的不安全驾驶行为，并及时提醒管理人员进行干预和处理，保障了整个货运运输安全，有效降低物流成本。平台将货物、司机以及车辆驾驶情况等信息高效地结合起来，提高运输效率、降低货物损耗、清楚地了解运输过程中的一切情况，极大地降低安全事故的发生，对于物流运输安全具有非常重要的意义，进而推动汽车产业持续快速稳定健康发展。

本项目定义为可公开对外的汽车物流服务平台，公司愿意将最新的研究成果贡献给社会，与同行分享成功经验，带动和促进产业发展，积极承担起社会责任。

五、汽车物流信息化建设的未来

未来长久物流将技术与场景深度融合，让物流自动化系统更柔性和更智能。区块链技术的应用将落地，与业务相关的上下游企业建立联盟链，物流信息、账户账务、用户信用等方向的区块链进行尝试。另外将 AI 技术与各业务系统结合，进行数据进行整体分析，在原有基础上进行更高层次的决策分析，如智能线路规划、客户增长或流失率分析决策体系、航运高峰预警等。实现物流系统的状态感知、实时分析、精准执行，进一步达到自主决策和学习提升，实现拥有智慧操控能力的现代物流体系。

浙江菜鸟供应链管理有限公司：菜鸟智能视频云监控助力“双11”物流

一、企业简况

菜鸟网络科技有限公司（以下简称“菜鸟网络”）于2013年由阿里巴巴集团牵头成立。

菜鸟是一家互联网科技公司，专注于搭建四通八达的物流网络，打通物流骨干网和毛细血管，提供智慧供应链服务。

通过技术创新和高效协同，菜鸟与合作伙伴一起提高物流效率，降低社会物流成本，提升消费者的物流体验，为制造业创造更大利润空间。

菜鸟的目标是与物流合作伙伴一道，加快实现“全国24小时，全球72小时必达”。为此，我们正在推进“一横两纵”战略，建设整个物流行业的数字化基础设施，搭建面向未来的、基于新零售的智慧物流供应链解决方案，打造一张全球化的物流网络。

二、现状与挑战

目前各家快递公司，在全国都存在众多的分拨中心和网点，且每个中转场基于管理、安防及消防等需求，都已部署了众多的视频监控设备。

这些监控摄像头的现状如下：

（1）安防需求，只做场地内异常问题回溯。

（2）设备型号复杂、数量庞大，全国接入成本高昂。

（3）人员盯屏，效率较低，无法准确、实时发现问题。

在管理上面临的挑战如下：

（1）分拨、网点分布全国，无法实时了解现场操作。

（2）视频监控夜间值守成本高，管理难度大。

（3）集中化管理成本高昂。

尤其是在每年的“双11”大促活动期间，包裹量陡增，对分拨和网点有很大的压力。

三、智能视频云监控

（一）架构

菜鸟物流云的智能视频云监控（以下简称“菜鸟天眼”），通过对海量视频数据进行特定机器视觉算法学习，将这部分此前并无有效利用的视频数据加以利用，对整个环节的人、车、货、场进行分析，对操作不规范等异常情况实时告警，协助合作伙伴进行决策分析、突发事件的应急指挥，进而提升全链路的全域优化管理以及安全生产。

菜鸟天眼系统架构如图1所示。接入菜鸟天眼不需要更换设备和增加带宽，只需安装边缘计算设备，就可以将视频流变成视频切片，存储在云端，通过智能算法，针对不同场景进行分析。

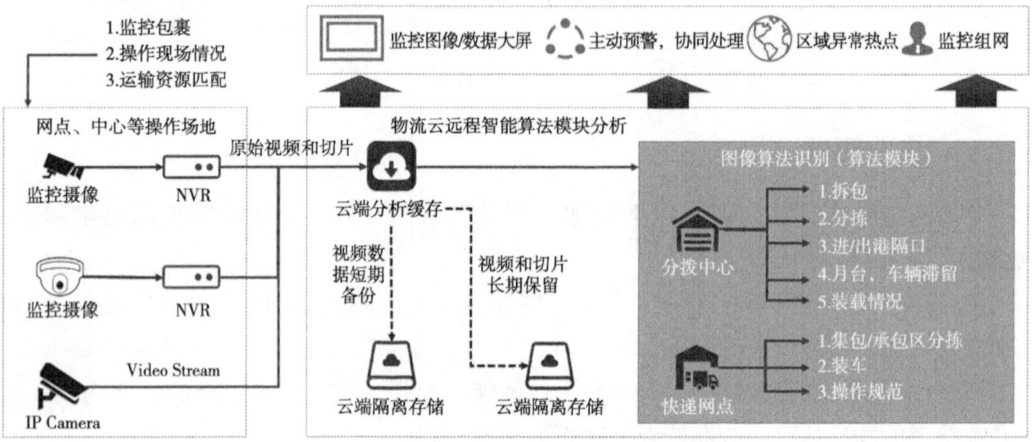

图1　菜鸟天眼系统架构

面对数以万计的计算量，菜鸟天眼采用了计算资源弹性伸缩技术并使用机器学习，保证算法准确率的基础上，还可以自主学习识别业务异常场景，不断进化。

主要的视觉算法识别能力包括：人员检测、车辆检测、货物检测。

在“双11”期间，菜鸟天眼的核心目标是中心、网点包裹交接协同。具体业务流程如图2所示。

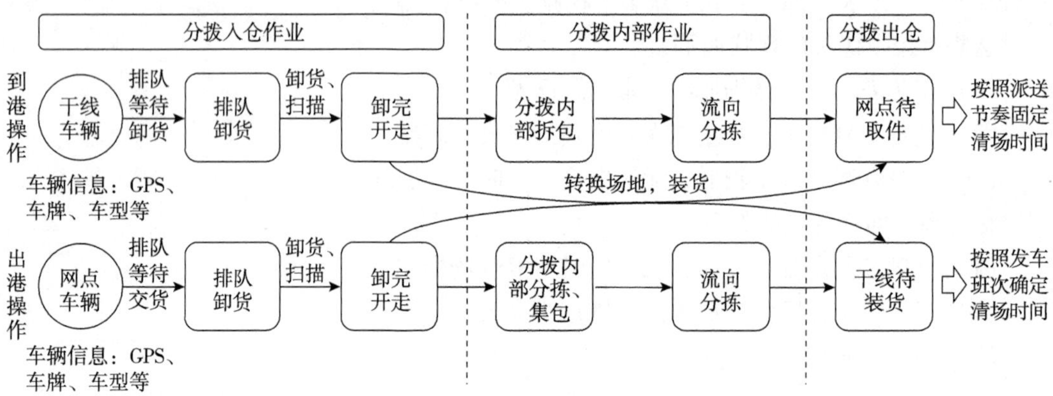

图2　菜鸟天眼业务流程

针对分拨场景，主要分为分拨入仓作业、分拨内部作业和分拨出仓三部分。

从流向上，分为到港操作和出港操作两个流向。

（1）到港操作：干线车辆到港后排队卸货，卸完开走，然后等待装货，最终装货完成并发车；包裹拆包分拣后，堆放在相关隔口，网点车辆过来取件并拉回网点。

（2）出港操作：网点车辆将收到的包裹拉到分拨中心，排队等待交货，卸货完成后开走；包裹分拣集包后，装上干线车辆，发车。

菜鸟天眼通过人工智能技术，对上述全流程的视频数据进行识别分析，按照预先定制好的业务规则和阈值进行逻辑判断，将异常的情况及时告警呈现给相关运营人员。

（二）场景

1. 分拨中心

分拨中心是在途物流作业中的一个重要环节，是多级供应链中连接上下游的节点，其运作流畅性直接关系到整个供应链的运作顺畅性。

在菜鸟天眼控制台，从全国的视角看，异常的使用红色来标注，点击后，可以查看全国所有的分拨中心的实时情况。

2. 网点

在快递公司的网点，重点会关注揽件区和派件区的实时情况，并根据设定好的业务规则进行分析：

菜鸟天眼不仅提供了基础的 SaaS 化控制台，还提供了标准 API 接口，用户可以根据自身的业务特点，自行开发前台系统，通过 API 方式调用后台核心的算法分析能力。

通过与合作伙伴的合作，为用户提供更加定制化的数据展现方案，经过数据指标梳理、加工、展现，打造更加酷炫的可视化展示大屏。

四、效益分析与评估

2018 年“双 11”期间，菜鸟天眼覆盖六大快递公司：韵达、圆通、中通、申通、百世、德邦。横跨 24 个城市，7386 个摄像头接入在线，边缘计算设备 260 台，识别完成率 99.95%。

车位占用算法计算约 1189 万次，平均 RT（响应时间）为 45.38ms；堆积度算法计算约 1134 万次，平均 RT 为 67.48ms；行人检测算法计算约 1134 万次，平均 RT 为 58.94ms。

对于隔口和车位异常分析 2709 万次，站点异常分析 162 万次，这在以往通过人力来完成是不可能的。

“双 11”期间，菜鸟天眼和周边系统协同，识别出重要异常数十次，及时发现并协助合作伙伴解决多个异常问题，助力合作伙伴更加高效地完成 10.42 亿元物流订单的履约。

五、主要体会与推广意义

物流领域的数字化、智能化程度还很低，越来越多的企业也在选择新的技术改提升效率和降低成本。视频监控作为安防领域的基本要求，是各企业的基础设施。通过菜鸟天眼有效地将摄像头联网，在线化，数字化，智能化。并依托菜鸟强大的技术实力和对行业持续的积累，高效迭代优化算法，丰富的业务场景，为合作伙伴带来长期持续的投资回报。

六、下一步的改进方案与设想

“双 11”期间菜鸟天眼有力地协助主要快递公司的分拨中心和网点的协同运营。下一步将会打造更加完善的天眼中台能力，包括账号权限体系，业务规则管理，算法引擎等，扩展视频接入的场景。不断提升自身的整体能力，才能更好地服务好合作伙伴，为提升社会化物流体系效率做出更多的贡献。

广东时捷物流有限公司：零售物流自动化分拣系统

一、应用企业简况

广东时捷物流有限公司创立于2002年9月，是东莞市糖酒集团有限公司控股公司之一，是一家为客户提供集物流规划、物流管理、综合服务为一体的第三方物流企业。总部位于东莞市东城区，分别在东莞茶山、广东佛山、广东中山、广东惠州、江西南昌、重庆巴南、福建厦门、贵州龙里县等地区设有分支机构。企业注册资本5500万元，现有物流园区总面积近30万平方米，配送车辆600多台，员工总人数2300余人。目前配送网络覆盖广东全省，辐射华南、西南地区，业务涵盖便利店、生产制造业和分销行业、汽车零配件、家具电器等多个领域。

公司为“中国便利店之王”、全国最大规模的便利店连锁企业——“美宜佳”承担广东全省常温商品的物流服务保障。2012年在广东莞茶山镇投建时捷茶山物流中心，采用了自动化立体仓库、高速分拣输送线、电子标签拣货系统等物流设备，并在FLUX WMS智能引擎统一指挥下，目前实现日均达20多万箱的分拣发货能力。

二、信息化实施之前存在的问题

2012年，时捷物流支持美宜佳门店数量已达数千家，随着业务的不断扩张，为了支持企业的发展和经营，满足日益增长的业务需求，同时考虑减少人员依赖性，降低劳动强度，改善作业环境等因素，建设自动化物流中心被提上日程。

集团以及公司高层经过前期在国内外多地的考察和对比筛选，最终选择瑞仕格（Swisslog）为该项目的集成商，为时捷茶山物流中心（一期）提供系统的设计与实施，上海富勒（FLUX）为WMS和TMS的系统供应商。

三、信息化进程实施中遇到的主要困难

时捷茶山物流中心位于东莞市东18公里的茶山镇，总占地面积65894平方米、总建筑面积为90000平方米，其中仓库面积为76800平方米。按照规划，该物流中心拟分两期建设，建成后将能够支持美宜佳公司未来12000家便利店的配送业务，并可以为其他客户企业提供物流服务。

该项目是国内建设难度最大的零售业物流项目之一，由于业务体量较大，且项目对效率的要求极高，加上是国内同类业态首个使用众多自动化设备，作业的动态平衡成为最大难点。例如：整件拣选在3个区域进行，最后汇流到主线由分拣机进行分拣，每个拣

选区域效率不同，即每个汇流口的流量是动态且不平均的，需要极高的软件的控制调度能力和软硬件协同能力。再如，由于拣选作业人员的效率不同，WMS 下发给各拣货站台的补货任务，需要实时的、动态的且是不平均的，才能发挥出最大效率。

在公司与瑞仕格、富勒公司的通力合作下，这些难点不仅都得以顺利解决，且三方联手共同打造了连锁零售行业自动化物流中心的标杆项目。

四、物流中心的信息化应用

经过两年多的规划建设，项目于 2016 年 10 月投入试运行。作为国内零售行业信息化程度和运作效率最高的大型物流中心之一，时捷茶山物流中心配备了先进的自动化物流设备，主要包括：一座有 2 万多个托盘货位的自动立体仓库 ASRS，库内的 16 台堆垛机全部采用瑞仕格欧洲进口产品；完善的整箱和拆零拣选系统，配备长达 3000 米的箱式输送线，分拣能力高达每小时 17000 个纸箱和 6000 个周转箱的高速分拣系统。

1. 整件商品的存储和拣选 ASRS 应用

项目集成一座近 2 万个托盘货位的自动化立体（ASRS）仓库，库内的 16 台堆垛机全部采用瑞仕格欧洲进口产品，采用多层存放货物的高架仓库系统。在存储上，组合应用了 A/B/C 分类，收货区就近，重货在下轻货在上，同批号库存巷道均衡分布和堆垛机作业负载均衡等算法规则，做到 ASRS 在存储空间利用率和作业效率上最合理的使用。

FLUX WMS 结合运输调度计划、分拣口箱量均衡、波次平衡、新店铺货等因素，进行门店订单的切分。对于波次内不同门店对某类商品的需求量进行汇总，对于放满整托盘的拣选任务由堆垛机设备完成拣选。单个门店需求量满整托盘的，直接通过单独的出口送到集货区。对于波次内门店提总量不满整托盘的订单需求的，在尾盘拣选区采用分区批量打印拣货标签、电子标签拣货确认的作业方法。WMS 以作业路径最短作为拣货任务调度的准则，对拣选位的库存进行实时监控，及时触发补货任务。

物流中心还应用了两条高速滑块式分拣线作业，为了保证波次作业切换（清线）时间最短，WMS 在分拣口分配上以任务均衡为基本原则。结合对 A/B/C 三类商品三个区域的合理规划及 WMS 系统的优化调度算法，使得整件拣选达到了近 17000 箱/小时的拣选能力。

2. 整件商品播种和集货

通过分拣口出线的箱子标签上清晰地标明了每个箱子对应的门店和分货库位，分拣口作业人员按照标签的指示将箱子播种到各个分货位的笼车里。WMS 根据箱子数量计算每家门店所需的笼车数。在播种完成的分拣口，作业人员按照标签的指示完成笼车集货任务。物流中心规划了 3 万多个集货位，按照 TMS 运输调度的计划对集货位进行循环使用。

3. 拆零商品电子标签拣选

对于拆零货物，在拆零拣货区采用流利式货架、一对一电子标签拣选流水线，以保证拣货效率和准确率，并减少作业人员。物流中心每天需要完成高达几十万次的拆零拣选。目前，可以做到大约 7 秒完成一个门店全部订单商品的拆零拣选作业。

4. FLUX TMS 集中调度，全流程管控

运输执行实现了全程可视，如下图所示。

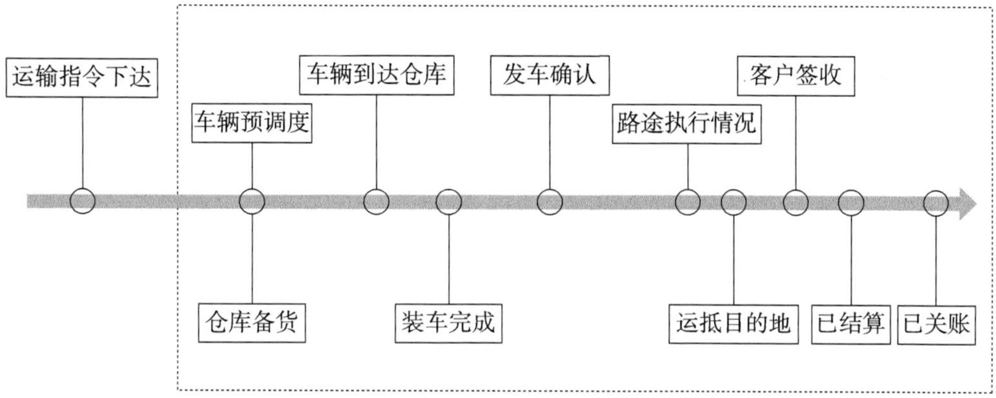

运输执行的全程可视化

物流中心完成分拣的订单，在 FLUX TMS 的统一调度下，实现 600 多台营运车辆管理、路线规划、装车配载、在途跟踪、门店签收和回单管理等全流程的管控，物流中心日均吞吐量约 4800 吨/天。

五、信息化主要效益分析与评估

茶山物流中心的建成，不仅更好地支撑了美宜佳业务的快速扩张，也给企业带来良好的效益。

1. ASRS 提高了空间利用率，大幅增加了仓库容量

相对以往平库分仓的模式，支撑同等业务量需要开设 4 个平面分仓，使用 ASRS 大幅增加了仓库容量，节省土地资源 46%，仓库空间利用率提升 55 %。

2. 降低作业难度与人工成本，提高准确率

自动化物流系统实现了整件货物动态拣选与自动补货，减少了人员行走距离，劳动强度大大降低，降低了人员的作业难度，提高了作业效率，同时也对人员体能要求相应降低，从而减少了对人力的依赖；减少人员及劳动力 35%，人员流失率降低 50%。整件拣选从摘果式改为播种式，作业准确率也提高了。

3. 提升企业核心竞争力，树立良好的名牌形象

自动化物流设备系统的引用，是运用物流技术的再度升级，不仅提升了企业的核心竞争能力，为其今后拓展新业务、服务新客户树立良好的企业形象。

上海燕汐软件信息科技有限公司：无人送货车

一、应用企业简况

随着科技发展的日新月异，无人驾驶技术的飞速发展，越来越多的科技成果也被用到了快递业上，在快递业的成本构成中，人力成本约占总成本的 50%，随着快递行业的快速增长，企业业务量逐渐增加，人手短缺，快递员业务加重，夜间无人收派的问题普遍存在。

为探索解决快递行业的痛点，2018 年 6 月德邦总部园区推出无人送货车——德邦小 D，希望通过德邦小 D 无人派送的一小步，实现末端效率的一大步提升，从而助力最后一公里。德邦小 D 共 34 个柜子（16 个小；18 个大），24 小时全天候园区循环；具备区域式无人驾驶功能，全方位实时监控，多功能防撞避障。通过 24 小时无人收派，用户取寄件零等待的模式，从而提升收派效率与用户满意度，节省了用户和快递员大量时间，降低了快递运输派送成本。

二、德邦小 D 快递收派产品特点

现有的收派系统类似丰巢快递柜和快递员上门收件，传统的收派系统和体系受到工作时间，工作人员，硬件设施等限制。快递员工作时间限制，在工作时间外无法发快递，对于上班族很不方便。丰巢快递柜固定在小区或其他各种较为隐蔽阴暗的角落，且对于大部分人来说路程较远，且快递员收件时间长，影响快递效率。

无人车德邦小 D 收派系统可在夜间于楼下进行收派快递，实现用户随时随地取/寄件。

1. 德邦小 D 无人车运行设定

基于业务形态的创新模式，德邦小 D 无人车对于业务行驶过程具备以下路线设定：

（1）固定线路运行：当没有用户选择提货点时，无人车沿着固定线路运行，用户可实时查看无人车的实时轨迹并自行前往提货点取/寄件。

（2）用户自选提货点线路：当用户预约了提货点与提货时间后，无人车在预约时间到达提货点并通知用户取件。

2. 业务系统化流程

最后一公里快递收派业务，由德邦小 D 无人车自主运行替代原来的人工操作派送，系统自主收派流程如下图所示。

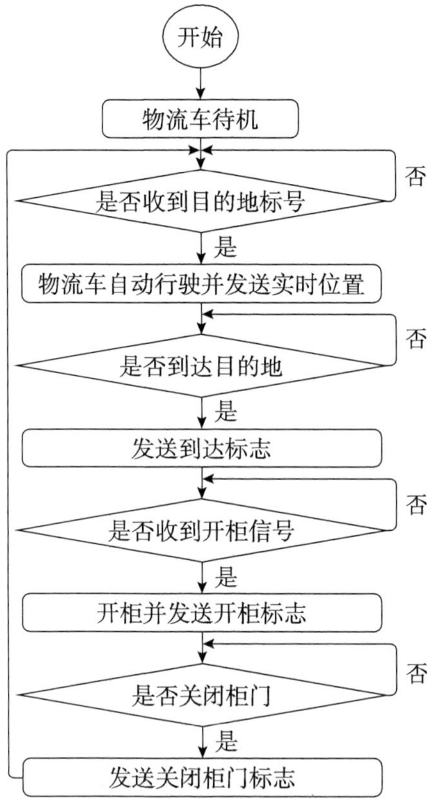

德邦小 D 无人车自主运行替代人工完成收派流程

（1）开始运营，无人车启动完毕，等待德邦后台发送命令前往到达点。

（2）德邦后台发送补货点地址，例如，发出补货点地址为自提点 A 楼，德邦系统发送补货地址到 A 楼，无人车则根据时间和地点执行指令。

（3）物流平台收到地址后，无人车自动行驶，并发送实时位置（地图图像坐标，用于地图显示），到达指定点停止，并发送到达指令给德邦后台。

（4）德邦快递系统将货物信息同步传送到德邦后台，德邦后台判断哪个货物柜能够打开，并将命令发给物流车平台，物流车打开相应的货物柜，并将打开状态发送给德邦后台，便于德邦后台判断货物柜情况。例如，物流车全空，德邦后台默认全空，快件信息录入后，德邦后台发送命令让 1 号柜打开，1 号柜打开后发送 1 号柜打开标志给德邦后台，物流人员将货物放入 1 号柜，关门或 10 秒内箱门自动关闭，门自动上锁。再将下一快件信息录入，由于德邦后台已知 1 号柜被打开过，发送剩余柜中的开柜命令，如 2 号柜，2 号柜门打开后发送 2 号柜打开标志给德邦后台，物流人员将货物放入 2 号柜，关门，门自动上锁，以此类推。

（5）德邦后台将收货人信息与货柜柜号绑定，根据收件人信息，系统匹配至收货人推送“快件取件通知”信息，收货人点击详情链接页面，收件人选择“提货点”“预约取件时间”，单击“确定”按钮，德邦后台生成取货码后发给收件人。

（6）物流人员将车装满后，车停在补货点，等待用户的取件或预约时间和地点。无人车根据指令自动执行。

（7）根据取货时间以及送货距离判断无人车出发时间，系统根据速度/路程预算出无人车出发时间，同时后台实时显示无人车预计到达时间。

（8）德邦后台发信息给取货人，车辆到达系统发送到达通知，提醒取货，并告知等待时间。

（9）取货人扫描车触摸屏上二维码或输入取货码，德邦后台校验通过后，将发送相应的柜门开门命令给物流车平台。

（10）物流车开启相应柜门，并将开柜标志发送给德邦后台。

（11）取件人取走货物后，关闭柜门或 10 秒后柜门自动关闭，物流车平台将柜门关闭标志发送给德邦后台。

（12）德邦后台收到柜门关闭标志后，发送下一取货点地址（地点标号）。

（13）物流车平台接到地址后，物流车自动行驶，并发送实时位置，到达送货点停止，并发送到达指令给德邦后台。

（14）德邦后台发信息给取货人，提醒取货，并告知等待时间。德邦后台会在预约取货时间增加 15 分钟后发送下一取货点地址。

（15）依照步骤（7）~（14），进行送货。

（16）物流平台实时发送货柜状态至德邦后台，只要有空柜，物流人员可在提货点上随时进行补货操作。

（17）按照步骤（4），进行补货。若有未取走的货物，德邦后台可以将该货物的取货码发给物流人员，或物流人员拥有相应权限点击柜门，物流人员可取出货物将货物放到滞留件指定位置，也可当作新件重新派送。取件时要用新的取货码进行收件。

（18）重复步骤（5）~（18）直到当天运营结束，若出现电量不足，物流平台可发送无人车剩余电量，德邦后台根据电量发送收车更换电池指令，无人车自动触发前往收车点。

3. “最后一公里”收派信息一体化

现有收派业务信息查询用户通过短信查询基础快递收派通知与快递地理位置，现有的发送短信系统大部分为固定模板内容，简单地发送验证码，取件码等，没有快递状态修改，无针对异常情况下用户的反馈操作，如用户临时无法取件，或想要更改寄/件时间，都是依赖电话沟通，大部分情况都是不予理睬，等待快递员主动联系，当快递员主动联系时，快递已经按照正常流程到达目的地，通常这样的处理方法都是寄存其他地方（存在丢件风险）、快递员待回（无效派送只能返程带回）存在较大缺陷。

基于现有流程缺陷，无人车德邦小 D 根据自身业务形态推出一套完整且多渠道的短信通信方式。根据快递状态和无人车柜门状态，无人车位置信息触发不同的短信发送接口，根据快递状态和无人车柜门状态，无人车位置信息发送不同的内容信息传递告知客户，客户可通过短信对快递状态进行修改（加急/改日送），系统会根据用户操作同步至快递员，快递员可对相应用户的快递做更改处理，有效地实现最后一公里效率提升且收派过程自动化。

4. 德邦小 D 快递配送提升方面

（1）德邦小 D 无人收派作业无人车收派的推行，可以帮助企业减少对人员的依赖和员工上班时间的限制。尤其在上班族集中居住的小区区域环境下，快递员因工作时间限制，夜间不派送。通过德邦小 D 无人车自主收派作业与管理，有效提升派件效率与用户满意度。

（2）德邦小 D 无人收派管理 2018 年 9 月德邦总部推出无人调度平台，通过调度平台从数据、画面多维度远程监控/预警无人车运行情况。帮助管理人员远程对无人车的管理，更加有效合理地利用车身传感资源把控业务每个环节，提升收派业务的运营水平和安全水平。

三、德邦小 D 无人车探索进程

德邦小 D 无人车产品历程，就德邦小 D 无人车而言，发展历程为以下几个阶段：

（1）德邦小 D 初级版本通过业务流程的数字化与自动化改变快递员人工补货。

（2）德邦小 D 初级版本升级通过无人车运行与环境适配，完成从快递员到用户的收派作业。

（3）德邦小 D 2.0 版本推出，完成性能业务流程简化、优化。

（4）德邦小 D 调度平台推出，实现远程监控预警无人车收派运行情况。

（5）德邦小 D Plus 推出，实现多场景多模式下（封闭式、半开放式、开放式）的收派作业。

四、德邦小 D 无人车实施的成效

德邦小 D 无人车收派系统实施后，通过一段时间的磨合和应用，产生了比较明显的效益和提升。主要分成两个方面，可量化的收派效率与用户体验和业务模式改变及竞争力的提升。

1. 信息化实施前后的效益指标对比、分析

（1）实施前快递员日均派件量 60 票；实施后日均派件量达 106 票，日均派件效率提升 43. 39%。

（2）实施前收派运营时间段为：8：00—18：00；实施后 24 小时不间断运营。

（3）实施前寄件响应时效承诺为 2 小时以内；实施后寄件响应时效承诺缩减为 10 分钟以内。

2. 信息化实施对企业业务流程改造与创新模式的影响

实施前，派件时由快递员电话沟通或定点存放等待用户寄取件且夜间不派/寄件，通常用户不在或出差等，导致快递返程滞留；寄件时用户寄件无法马上下单马上投递，需要等待快递员上门。

实施后，用户可一键呼叫提前预约取/寄件时间与地点，无人车可根据用户预约时间与地点运行至预约处等待用户取/寄件，达到用户零等待。用户凭验证信息，一键扫码开箱存/取件。

五、实施体会、推广意义及下一步改进方案、设想

信息化实施对提高企业竞争力有重要作用，能有效提升部分区域快递收派效率，同

时提升用户满意度。

1. 信息化实施过程中的主要体会、经验教训与推广意义

我们的信息化技术手段是为了解决业务的痛点，我们调研到派件环节中快递员派件时客户由于种种原因无法取件，或在快递员正常工作时间外才能取件，而丰巢快递柜等代收机器经常爆满且位于小区不安全的偏僻地段，这种现象普遍存在，严重影响了快递派送效率，并且造成了客户的困扰。因此我们采用了无人送货车来解决问题。让无人送货车能帮助快递员提效，为客户提供便捷安全的服务，甚至改变所有客户的取件习惯，是我们研发推广新技术的意义所在。

2. 本系统下一步的改进方案、设想以及对物流信息化的建议

搭建多场景多模式下的“无人车接驳 + 无人车区域”式收派运营模式。实现从上流快递站点到用户手里的整个收派环节四个化：高效化、自动化、安全化、透明化。

（1）德邦小 D 无人车与智能快递柜对接，打通德邦小 D 无人车与最后一公里货物配送的每个方式。

（2）德邦小 D 与对应的楼宇对接，实现无人车上楼，用户存取件零距离。

（3）增加人脸识别开箱存取货，使流程更加便捷更加安全。

（4）增加 5G 通信网络结合，推出无人化多场景下的远程管理统一。

北京华力方元科技有限公司：基于北斗的集装箱位置服务平台解决方案

一、公司简介

北京华力方元科技有限公司成立于2016年，是深交所上市公司北京华力创通科技股份有限公司（证券代码：300045）旗下专门从事轨道交通行业业务的国家高新技术企业，公司坚持创新驱动、合作共赢，致力于为轨道交通行业提供先进技术、解决方案及服务。

公司业务聚焦卫星应用、基础设施监测、智能装备，涉及仿真测试、虚拟现实、云计算、大数据等领域，目前公司已通过高新技术企业认证、ISO 9001认证、进出口权备案，技术上不断积累，拥有多项软件著作权。

二、项目建设背景和解决的问题

（一）建设背景

自2008年中欧班列首次试运行，至2018年10月中旬统计，中欧班列已经累计开行了1.1万列，累计运送货物92万标准箱，运行线路已达65条，覆盖了欧洲15个国家的44个城市，产生了巨大的社会效益。随着中欧班列开行线路的增加和欧洲回程货流市场的培育成长，使得更多城市能通过铁路直通欧亚国家，但在市场容量有限的情况下，多条线路必将产生同质竞争、重量轻质和去回失衡等问题，严重阻碍了各地中欧班列的资源共享、互联互通、货运接续和运输组织优化。

近年来，国家发改委、交通部等部门先后出台了一系列支持多式联运发展政策措施，以铁水联运、国际联运为重点，积极推进多式联运示范项目、工程建设。2017年4月国家发改委、交通运输部、中国铁路总公司印发的《"十三五"铁路集装箱多式联运发展规划》中明确提出，要构建信息共享服务平台，加强物联网、云计算、大数据、RFID、EDI、TMIS（铁路运输管理信息系统）等技术应用，加快集装箱铁水联运公共信息服务平台、全程货物追踪信息系统建设，实现集装箱多式联运物流信息交换、开放、共享。

（二）解决的问题

过去，铁路集装箱管理所使用的全路集装箱管理信息系统主要依托铁路车号自动识别系统，实现了集装箱在运输途中节点式追踪管理，但该系统目前存在很大的局限性：

一是不能连续动态对集装箱进行追踪，车号系统采用节点式追踪方法，通过某些固定位置时才会通过铁路线路上预设的识别装置识读到车载标签，进而得到车辆或箱子的位置。

二是集装箱位置信息相对滞后，绝大多数情况下箱子的位置不能及时更新，特别是集装箱位于堆场内堆放或者未经过识别地点时，就无法实时掌握集装箱在站堆存情况，影响集装箱周转。

三是无法追踪公铁、水铁联运及中欧班列境外集装箱位置信息，对铁路集装箱的资产管理来说是非常不利的。

四是集装箱在站场管理依靠人工录入、导致箱车匹配信息差错率高。

三、系统推进过程

（一）方案论证

集装箱定位监控系统是为一带一路中欧班列运输的集装箱而提出的综合性的解决方案。该系统中的定位终端相较于市面上其他产品，重点要突破的有：一是适应“一带一路”线路上众多国家通信制式的限制；二是适应亚欧大陆从城市到平原、从沙漠到草原、从山区高高原等多样的环境；三是在任何恶劣情况下，不管是寒冷地区、高温地区、潮湿地区，设备都能稳定的工作；四是设备既要功耗低而且还得结实耐用，在不更换电源的情况下要至少保证 5 年以上的正常运行时间。

国内外在集装箱追踪方面用到的技术主要有人工识别、图像识别、RFID 识别、有源定位等多种方式，其中人工识别无须外部设备，但是人力成本高、出错率也高，不适合作业量较大的集装箱堆场；图像识别、RFID 扫描识别等非接触类的技术，适合作业量较大的场站，适合做出入场识别，建设周期长、场站改造费用高，并且对于物流来说只能做节点式追踪；有源主动定位建设工程量少，周期短、见效快，但需要更换电池。

随着低功耗芯片技术、节能控制技术、高性能电池技术的进步，以及我国北斗卫星大规模商业化推广运用，追踪器的稳定性更好、工作时间更长、价格成本更进一步降低，使得大规模运用成为可能。综合以上各种因素，最终选定了“4G 全网通 + 多频点 GNSS”的解决方案。

（二）技术验证

在确定地位终端基本思路后，公司研发团队快速搭建了测试软件系统、并定制开发了定位终端产品的原型样机，随即展开了一系列的试验：

（1）为了在“一带一路”沿线的各个国家设备采集的数据均可以稳定可靠地回传给数据中心，项目组还开展了一带一路沿线国家网络制式、频段、信号强度等一系列的测试试验，最终确定的通信方案可以满足亚欧大陆绝大部分地区的数据要求，支持未来 5 ~ 10 年内移动通信制式的升级。

（2）考虑到设备随箱运输，要在各种恶劣环境下使用 5 年以上，除了在实验室内模拟各种恶劣环境进行测试外，公司还通过真实的中欧班列运输环境，在实际线路上进行了多批多次的实际检验，证明了产品各项指标均能很好地满足要求。

（三）系统实现

集装箱定位系统架构如下图所示。

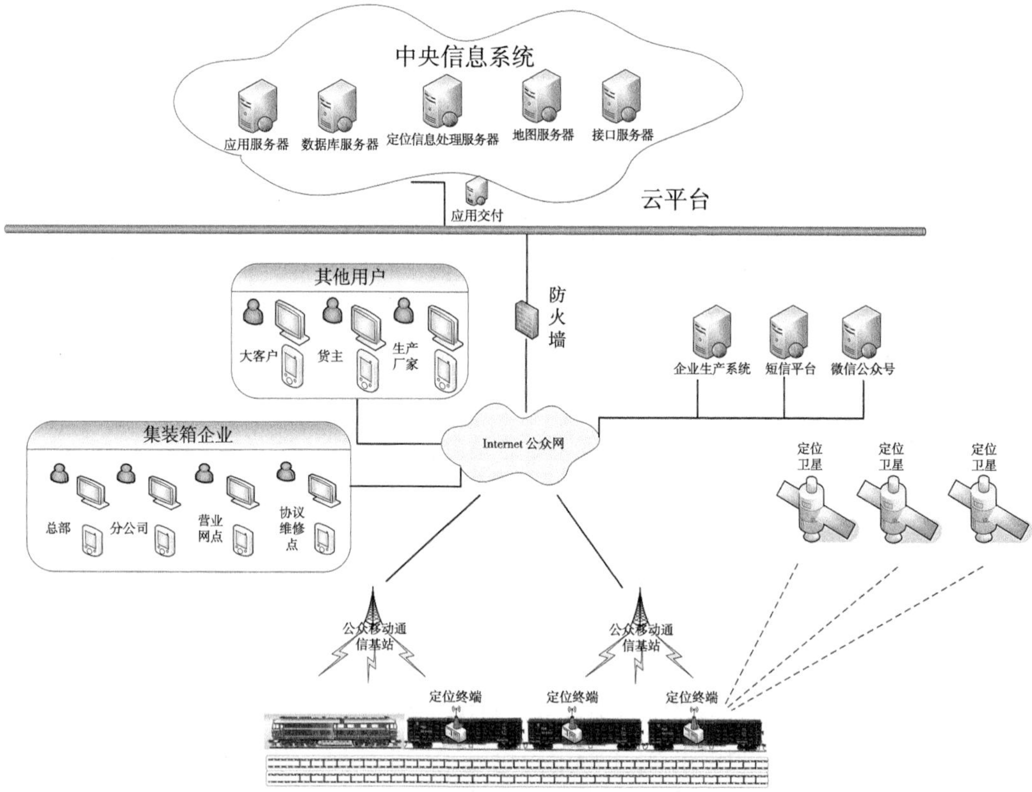

集装箱定位系统架构

结合设备的基本功能，云端系统实现了从设备生产、配送、领用、装箱、维修、报废等各个过程的管理，解决了设备远程控制和远程监管的难题，系统主要特点有：

（1）使用低功耗、高性能、高可靠的物料设计产品，包括 MCU、电源管理 PMIC、2G/3G/4G 全网通通信模组等，实现 uA 级待机电流及较低的工作电流。

（2）硬件架构采用高性能的物联网电池包，选用高容量、大脉冲电流、低自放电率的容量型物联网电池。

（3）集成 GIS 技术，提供一张图位置服务，方便终端用户使用。

（4）从设备生产、出厂、运输、装箱、维修、报废整个过程，系统均提供了相应的管理功能，实现产品全生命周期的管理。

（5）根据集装箱运动状态、网络信号、箱子 GPS 位置等动态调整集装箱定位终端的工作状态，同时还会将上述信息主动上报给云端系统。

（6）基于定位信息的运营大数据分析，方便使用者按地域、按辖区、按状态等不同维度进行统计分析，生成运营大数据，方便箱资产管理决策。

（7）提供更严格的安装及更换流程管理，系统通过多种手段严格控制设备安装和拆卸的流程，避免错号乱号现象发生。

（8）系统存储采用缓存库、临时库、归档库多种机制，对数据进行分级存储管理，提升了系统的效率。

（9）软硬件通信采用特有的数据加密和解析机制，采用非阻塞式多线程多队列设计等，极大地提升了系统的安全性和可靠性。

（10）提供与第三方软件平台的 API 接口，方便系统对接。

四、主要效益分析与评估

（1）提高铁路集装箱运输市场竞争力：提供盯控技术手段，保证货物运到时限，提前推断货物到达时间，提前安排装卸及生产，提高客户满意度。

（2）提升集装箱资产管理水平：提供位置查询、轨迹回放、区域分布、监控报警、流量流向分析等功能，防止集装箱丢失。

（3）掌握场站集装箱保有量，提高调拨效率：实现位置信息自动采集，可根据需要及时将集装箱调拨到有需要的最近场站。

（4）准确掌握集装箱路外停留时间，加速站外周转效率：通过定位信息，自动判断集装箱路外滞留时间，有效督促货主及时还箱。

（5）促进集装箱国际联运和多式联运发展：追踪公铁联运、水铁联运及离开国境的集装箱位置进行，满足了国际联运、多式联运和现代物流对货物实时追踪的要求。

五、系统下一步改进方向

当前，中欧铁路合作日益紧密，中欧班列快速发展，已累计开行超过 14000 列，覆盖中国 60 个城市与欧洲 15 个国家 50 个城市，成为“一带一路”建设的标志性成果，可以预计的是未来集装箱运输将会进一步扩大规模。

近年来，大数据、云计算、移动互联网和物联网的兴起及发展进一步颠覆了以往通行近百年的资源配置优化的传统，数字技术开始脱颖而出，数字技术带来的信息完整性和决策支持给多式联运带来了新的思路。作为智能集装箱配套系统生产厂商，华力方元将紧跟时代步伐，在当前技术产品基础上进一步挖掘信息化潜力：

（1）继续挖掘智能硬件的潜力，打造多元化产品线，除了普通箱外将继续扩展针对其他罐箱、冷藏箱等特种集装箱的信息化支持能力。

（2）结合大数据、云计算、人工智能等技术，进一步扩展平台支持能力，将最大限度地满足集装箱企业业务链及业务系统的对接需求，为集装箱多式联运提供快速、准确的时空位置信息支持。

浙江数链科技有限公司：苏州传化公路港智能化园区升级项目

一、应用企业简况

传化集团（产品开发方）创建于1986年，从制造业起步，历经三十余年持续快速发展，已成长为涵盖化工、物流、农业、科技城、投资五大事业板块，横跨第一、第二、第三产业的多元化现代企业集团，现有员工14000余名。集团现拥有“传化智联”“新安股份”两家上市公司，以及八家国家高新技术企业，业务覆盖全球80多个国家和地区。名列中国企业500强、中国民营企业500强。

传化智联以建设中国智能物流网（以下简称“传化网”）作为首要发展目标，并协同发展化工业务，实现战略资源的有效协同。通过平台化运营，以全国化城市物流中心、互联网供应链金融服务平台、智能系统为三大基础，一张覆盖全国的传化智能物流网已基本形成。

其中，分布全国的公路港城市物流中心是传化网的实体网络基座。一方面，集聚各类物流资源，为城市打造专业化的智能物流产业园区，补足城市公路物流基础设施短板；另一方面，通过平台化运营，为各类制造业企业提供集、分、储、运、配的物流供应链服务。如今，传化公路港城市物流中心已布局全国100多个城市，正逐步贯通“三纵四横”交通大通道，有效服务全国七大经济带生产生活资料的高效流通。

在国家物流网络中，以物流中枢节点地位存在的物流园区，是物流行业发展的重点形式。

数链科技是上市公司传化智联旗下子公司。专注于打造一套服务供应链的智能系统，通过打造贯穿上下游企业的供应链服务体系为生产制造型企业提供供应链服务。本案例展示的是智慧园区系统帮助苏州传化公路港通过信息化、智能化手段，实现园区运营管理与服务的互联互通，全面提升园区的管理和运营能力。

二、企业通过信息化技术要解决的突出问题

苏州传化公路港是传化智联在全国布局的重要物流枢纽公路港之一。苏州传化公路港位于苏州市姑苏区，临近苏州重要的交通道和产业聚集区，其辐射了苏州及周边的重要物流运力。苏州传化公路港占地588亩（1亩≈666.67平方米），是一个综合性大型物流园区，内部有零担区、仓储区、交易区、办公区、三产区、停车场区等，入驻了2000家以上的物流专线、金融服务、生活配套服务及供应链企业，每天车流量达13000辆次以上，每天人流量达50000人次以上。苏州市90%以上的零担物流均由苏州中转。苏州传

化公路港是独立经营的子公司，主营业务包括租赁、停车、交易服务、开票服务、工商注册、财务代理等服务，其中租赁、停车服务占总收入的80%以上。目前公路港的收入增长已经处在瓶颈期，公路港正以经营模式改变和智能化技术创新探索新的收入模式。

根据中国物流与采购联合会、中国物流学会编制的《第五次全国物流园区（基地）调查报告（2018）》显示，全国物流园区数量近2000家，快速发展的同时，主要存在区域分布不均衡，能力利用不充分，园区之间缺少联系机制等问题。这是物流园区普遍存在的问题。

数链科技通过解决三方面问题，升级智能园区，通过智能技术，帮助苏州公路港降本增效。

1. 信息化水平低，管理全靠人

目前，物流园区的信息化管理水平普遍低下，基本上主要是靠人力进行管理。工作绩效十分依赖人员的培训效果，工作经验等，管理上的人力成本投入较大。苏州传化公路港也是存在这个问题，尤其是安保方面，以人力管理为主。

2. 入驻企业真实经营状况难掌握

园区入驻企业管理难以到位。小型园区有几百家入驻企业，大型园区有上千家。入驻企业的基本信息，通过租赁入驻可以掌握，但其日常的真实经营状态，如员工信息，车辆信息，每月的经营状态，业务流量，客户流量等都没有较好的方法获得。传统的通过走访调查的方式，不但耗费人力，而且入驻企业一般不愿意提供准确的、实时的信息。没有掌握企业真实运营信息，园区管理者和当地政府都无法制定有针对性的政策和为企业提供增值服务。

3. 园区发展遇瓶颈，转型困难

目前园区之间竞争激烈，园区在物业服务，租金收入等方面已无提升空间，无法获得更多的收入，必须发掘新的增值业务，如开票服务、财务服务、政策对接服务等。但这些增值服务在没有获得入驻企业真实信息的前提下，所增加的服务种类和对应增加的收入也是有限的。每一种增值服务在没有较好的管理和信息化系统的支持下，并不能获得较好的效果。

三、企业信息化发展进程

为了解决以上三方面的问题与困难，数链科技通过智慧园区系统以信息化为主要手段，集合苏州传化公路港的特性和需求，与线下公路港组织管理模式、人员配置、制度流程等相结合，定制数字化、智能化的新管理模式，分步实施上线智慧园区平台，获得了成功应用。

通过将物联网IoT应用到园区的管理创新中，实现园区的人、车、货、场、企等各种资源的数字化，感知、识别、互联到上层，汇聚到云端，实现园区数字资源的运算分析，业务场景化。通过专家经验规则，制定AI智能算法，从分散独立的数据中，发掘各数据之间的关联，实现自动化数据关联、业务分析，发现数据与业务运行之间的效率问题，找到新的业务运营和管理提升的方法。同时，发掘出新的业务需求。云端的业务数据，将转化成一个个信息化、智能化的应用软件或平台，为园区入驻企业提供更加高效的系统服务，大大提升园区运营管理效率和客户服务体验，实现园区从传统业务驱动的管理模式，到数据驱动的服务模式的转化，从而实现园区的转型升级（如下图所示）。

公路港信息化蓝图

在公路港的发展过程中，充分利用物联网、云计算、AI 人工智能的先进技术，建立完善的园区服务平台，实现“云—管—端”三位一体的智慧型园区。在“端”中实现物联网化，在“管”中实现高速网络的接入，在“云”上实现数据的全云化，客户服务的云端化，从而实现园区全面、快速的转型与发展。总体分为以下几个阶段。

目前已经完成了管理信息化，与智能化数字化的阶段，具体分为以下两步：

1. 园区信息化

实现园区管理的线上信息化，建立信息管理平台，为园区管理人员提供高效的管理工具或软件，改变线下低效、混乱、高风险的管理方式。信息化管理系统软件包括传统园区的租赁、水电、物业等业务，也包括汽修汽配、金融支付等新兴业务。在实现信息化的同时，制定并输出园区管理的信息化标准。

实现园区客户服务的信息化，为公路港内客户的生产和生活提供综合服务平台，改变完全线下靠业务员人员招商、拉业务、客户服务等，利用互联网软件技术，提供包括在线租赁，在线缴费，代理开票，财务代理，线上注册等快捷、安全的线上服务。

2. 园区智能化

利用物联网 IoT，打通线上线下数据，采集园区内仓库、货物、车辆、人流分布与运行状态，实现智能化安防、无感停车，园区内各资源的数字化、互联互通，实现统一管理、统一调度、优化配置。同时，为线上信息管理系统提供高价值的实体业务数据，促进园区信息化管理的智能化，从而减少园区人力投入。

（1）设备改造：增加或建立物联网设备，在园区的停车场、仓库区，办公室区、零担区等区域增加智能视频、无线宽带、车载 GPS、人脸识别、各种设备传感器等智能物联网设备，建设完善的物联网感知网络。

（2）平台建设：建设智能化运营平台，将园区感知边缘计算的数据送到物联网运营平台中，实现感知互联和数据场景化，实现智能安防，智慧停车、智能仓储、智慧物业等智能化系统，提升信息化管理和客户服务效率。

（3）团队建设：建设智能化运营管理团队，为团队培训智能化系统，提高工作效率。利用智能化技术的自动化、自适应、主动安全，事前预测、人机互能等能力，缩减人员，提高单人工作范围和效能。

四、信息化主要效益分析与评估

智慧园区信息化系统的实施，为公路港提供完整的一套智能化，数字化的园区运营管理和客户服务产品体系。目前苏州传化公路港已成为应用的标杆公路港，已实现了全面从传统公路港向数字化、智能化、平台化的转型。

通过智慧园区系统的一体化物业管理，如慧眼智能监控、无感停车、线上支付服务等，提高了园区运营管理效率和园区入驻客户的服务体验，实现园区运营管理的降本增效和园区资源的数字化沉淀，从而构建了全数字化的公路港。为政府提供了精准的物流数据，助力当地政府构建绿色、安全、高效的城市物流生态。

以下是智慧园区系统各子系统上线的投入产出与效益分项说明。

1. 慧眼系统（暂定名）

苏州传化公路港项目于2018年5月立项启动，2019年1月设备安装完成。含鹰眼、人脸抓拍、车辆抓拍、监控探头、AI脸谱服务器等设备，共有约60个监控点位。目前公路港每日进出车辆13000辆以上，进出人员50000余人，已经实现了AR（增强现实技术）全景监控、车辆拥堵、违规停车、人车黑名单管理、非正常热源等安防事件的报警，实时对园区全面管理。系统上线以来，将传统的安防升级为智能安防，劳力安防升级为AI机器安防，安防整体效率提升30%，人员从原来的41人减少到34人，每年节约人力成本约40万元。同时，慧眼系统计划还将部分功能对入驻物流企业有偿使用，物流企业可以通过系统对车辆、仓库、人员进行智能管理，提前预知车辆进出、停车情况，提前安排货物出仓，疏通月台，提升物流运作效率。

2. 无感停车

车道上增加车牌识别或者RFID识别设备，车辆进出公路港，司机不需要停车、不需要支付现金、甚至不用拿出手机。司机只需要在系统上绑定车牌号，进出场时，系统自动识别，自动扣款。通过无感停车进出场的车辆占车辆总数的30%，通行时间从原来的15秒减少到了4秒。同时可以让客户成为会员，预先充值，苏州公路港一个月会员支付的费用大约30万元，约占总费用的25%。

3. 智能电表

使用远程控制的智能电表，客户只要在传化钱包上绑定电表，就可以实现自助查看余额、自助充值。电表充值作为一个黏性极强的产品，不但减少了公路港一个充值岗位，还可以极快地推广传化钱包的应用，进一步植入公司需要推广的其他产品。作为预付费产品，也可以提高现金流。

4. 电子发票

客户使用钱包交款后，可直接在 App 里申请开具电子票。通过系统直接把电子发票发送到指定邮箱里，无须再到现场提交开票资料，为此可节约0.5 个人力。目前，普票都可以开电子票，专票以后也会逐步放开，此举将进一步提高效率。

5. 在线财税（云票）服务

以前帮客户代开票每次都需要找对应的税控盘，插到电脑上，再开票，开完再把盘拔下收起来，一是烦琐，二是设备容易坏。使用云票后，客户所有的税控盘都插到了云盘上，开票无须再插拔税控盘，直接在系统上开具，大大减少了工作量。目前公路港已经陆续有 100 多家迁移到了云票上，上传数据的时候可以一键导出，不需要在月初专门安排 2 个人几天进行一个一个盘的数据导出了，大大减少了工作量。

6. 总结

以上的几个系统是智能化、物联网带来的典型应用，智慧园区系统还包括租赁管理、资产管理、财务管理、业财一体等一系列内部管理的应用，全面实现公路港的业务数字化，在提高工作效率的同时也为经营分析提供了准确的信息化途径。

智慧园区系统每年能省人员 6 ~ 8 人，按人均成本 7 万元/年计算，人力成本可以降低 50 万元左右。

五、信息化实施过程中的主要经验

苏州传化公路港作为有代表性的成熟运营的中型物流园区，在信息化的转型与发展过程中遇到如实施困难、改造困难、信息化接受程度不高等问题。

在信息化过程中，数链科技采取了以下几方面的措施。

（1）提供完整的信息化改造方案，向园区管理层说明信息化改造的意义和价值，特别是升级后所能带来的实际效益，如降本增效，收入增加等。

（2）总体实行自上而下的推广方式，由管理层下达具体的信息化目标，与每个阶段的实施任务，对每个信息化模块指定责任人。每个阶段执行完成后，由管理层对最终效果进行全面的评估，再进入下一阶段的信息化。

（3）在每阶段实施过程中形成完整的培训体系，输出操作手册、培训手册等，集中时间对相关使用人员进行系统的培训，并对培训效果与使用效果进行跟踪评估，安排实施团队，对每个阶段的系统使用进行落实。

目前，智慧园区系统已经在传化 65 个物流园区快速推广，并在浙江、江苏、山西等省的物流园区，产业园区进行方案的推行。

六、下一步的改进方案、设想及建议

按照总体数字化，智能化园区的蓝图规划，数链科技将为物流园区继续提供云平台互联互通和最终智慧化的改造。

1. 园区云平台化

建立园区数字化资源运营管理系统，综合客户服务平台的云端平台，实现园区上云，充分利用云端计算的可维护性和强大的计算能力，减少园区信息化维护成本。建立云端的专家经验库，为云端数据共享、分析、应用提供 AI 智能化应用系统。

建立基于 IaaS（基础设施即服务），PaaS（平台即服务）和 DaaS（数据即服务）的服务化的开放式软件应用服务平台 SaaS（软件即服务），建立统一的开发接口平台，制定开放标准，与园区合作的服务企业、政府、外部区域资源对接，提供统一，标准化的数据与服务接口，实现政府与各企业的云端资源安全和高效的共享，帮助政府实时掌控园区运营和安全状态，为政策的制定提供数据支撑。

2. 园区互联互通

在实现各园区信息化与业务标准化后，联通各园区，构建线上互联互通信息平台，为线下业务的互联互通提供线上统一管理、调度与资源的最大优化配置。各物流园区企业之间的业务互通与能力互补，建立区域园区或企业联盟，合作共赢，实现共同的快速发展。

3. 园区智慧化

利用大数据技术，物联网技术，AR/VR（虚拟现实技术）等，全面实现园区管理、运营、服务的智慧化，通过构建园区运营管理的智慧中枢大脑，依托数字化资源和 AI 人工智能等技术，打造自动化、自适应、无人化、可视化、绿色节能的智慧型园区。

天津所托瑞安汽车科技有限公司：所托瑞安主动安全解决方案

一、企业简介

天津所托瑞安汽车科技有限公司（以下简称“所托瑞安”）于 2014 年 6 月成立于天津市空港经济区。所托瑞安专注于高精度感知系统、智能自适应制动系统以及驾驶安全云控平台的研发和产业化应用。公司研发团队拥有多位国内外专家，并联合中国科学院、美国普林斯顿大学、中国人民公安大学、北京理工大学合作成立了“汽车主动安全联合实验室”共同推动技术革新。所托瑞安拥有国家级高新技术企业认证、IATF—16949 质量管理体系认证和多项发明及实用新型专利。

公司主打智能防碰撞产品和智能驾驶安全云控平台，区别于市面上绝大多数的预警产品，防碰撞系统可以在碰撞发生前自动减速和刹车，从根源上避免事故的发生，减少人员伤亡和经济损失。智能驾驶安全云控平台可实时采集车辆行驶数据及行驶环境的定量数据，并将该数据实时地发送至云控平台。从而实现对车辆及行驶环境数字化、可视化、智能化的管理；同时对实时数据进行及时的汇总、分析和挖掘，为运营企业提供了有效的风险控制工具，提高了运营企业的安全管理水平，降低了运营成本。

公司产品严格按照国内外相关标准生产，产品功能性符合 JT/T 883—2014、JT/T 1242—2019、ECER 131 和 GB/T 26773—2011 标准，并通过中国汽车技术研究中心检验；产品可靠性通过 GB/T 17619—1998、GB/T 21437—2008、GB/T 28046—2011、GB/T 4208—2008、GB/T 4942—2006 等标准认证，并符合 ISO 26262、ISO 15623 和 ISO 17361 等国际标准。

所托瑞安产品应用覆盖近百款车型，累计实际道路运行里程超 3.5 亿公里。已安装车辆的事故率下降约 70%，经济损失减少约 90%，并通过云控平台丰富了企业的安全管理手段。取得了良好的经济效益和社会效益。

二、物流企业面临的主要问题

1. 时效性要求增加安全风险

交通事故主要原因大多是驾驶人员违章，驾驶状态不清醒、开车途中精力不集中、分神驾驶和疲劳驾驶，近年来随着电商的崛起，对物流企业的时效性管理又提出了更高的要求，这一要求变相增加了驾驶员连续在途驾驶时间和平均行驶车速，尤其是近期盛行的甩挂模式，更是将疲劳驾驶的概率提高到一个新的量级，因此时效性要求不仅对要求企业提升运营管理水平，更对物流企业安全管理提出了新的挑战。而物流重卡又一直是重大恶性交通事故的多发区，据公安部交管局的统计数据显示：全国每年发生货车责任道路交通事故5万余起，造成约2.5万人死亡、4.68万人受伤，分别占汽车责任事故总量的30.5%、48.23%和27.81%，远高于货车保有量占汽车总量的比例，并且货车事故危害性特别大，大部分重大交通事故、群死群伤事故都少不了货车的身影，这也让货车背上了“祸车”的恶名。

2. 驾驶员老龄化

目前A照考取难度大、周期长，物流行业风险高、从业环境差等原因导致如今40~50岁的老龄化司机居多，20多岁的年轻司机越来越少，甚至不少地方出现货车司机紧缺、甚至断层的现象。据业内人士透露，仅广东省珠三角大车司机（持有A类驾照司机，即大客司机、大货车司机）缺口过万，其中广州缺口就达到9000人。大龄驾驶员因自身身体机能下降，使得疲劳耐受度逐年降低，在企业追求时效性的大环境下，更加剧了车辆行驶途中因疲劳驾驶导致交通事故的风险。

3. 安全管理手段缺失

目前企业对于驾驶员管理主要采用的是加强驾驶安全教育和加大事故处罚力度，对于驾驶员驾驶习惯和在途实际驾驶状况缺乏管理手段，技术层面也只能通过部标机针对驾驶员超速和偏离路线进行实时监控。整体安全管理仍处于被动处理事故的阶段。

综上所述，安全运营和安全管理已成为当前物流企业需要急需解决的重大问题，安全水平的提升，能够直接企业提升盈利水平，降低企业运营成本。

三、所托瑞安安全解决方案

所托瑞安主动安全系统包含商用车智能防碰撞系统（AEBS）和智能驾驶安全云控平台。该系统在提升运营车辆主动安全性能的同时，通过软件平台实现运营车辆的在线实时监控、车辆运行轨迹追溯、驾驶员行为信息统计分析和智能防碰撞系统运行信息统计分析，为物流企业提供数字化、可视化、智能化的安全管理手段。

1. 智能防碰撞系统简介

所托瑞安智能防碰撞系统基于所托瑞安融合预警系统和自适应制动控制算法，当监测到前向碰撞风险且驾驶员未操作时，主动降低车速，保持安全车距，避免碰撞发生或降低碰撞强度，从而避免或降低碰撞造成的人员伤害和财产损失。

2. 智能驾驶安全云控平台简介

智能驾驶安全云控平台以所托瑞安车辆智能防碰撞系统为基础，通过数据采集器每20毫秒采集一次车辆行驶数据、驾驶员行为数据及防碰撞系统运行数据，并将数据实时发送至云控平台，从而实现对车辆及驾驶行为数字化、可视化、智能化的管理。让企业管理者可随时随地查看到车辆位置、运行轨迹、车辆报警和驾驶行为等信息。同时对大数据进行汇总、分析和挖掘，为企业提供有效的风险控制工具，提高企业安全管理水平，降低运营成本。

（1）车辆在线监控。包含车辆定位、实时车速、转向灯状态、双闪状态、刹车踏板状态、预警系统和AEB（自动制动系统）工作状态、预警类型、障碍物信息（距离、相对速度、角度等）、制动力信息、驾驶员行为（急加速、急减速、紧急制动、疲劳驾驶等）、车辆运行环境信息。

（2）车辆预警数据追溯。通过该功能可自定义时间区间查询历史预警信息、车辆轨迹，实现数据的可追溯性。

（3）预警信息统计分析。为车辆运行安全风险提供数据化支持，企业用户可针对性制订安全管理方案，针对高危驾驶员加强安全教育和培训等。降低或消除安全运行风险，提高企业安全管理水平，降低企业安全支出。

四、企业经济效益分析

1. 所托瑞安主动安全系统应用成果如表 1、表 2 所示

表 1　所托瑞安 2018 年应用数据统计

预警次数		启动减速次数		启动紧急制动次数	
合计	平均（次）	合计	平均（次）	合计	平均（次）
1278 万次	27.9 公里	249 万次	143.1 公里	24.7 万次	1441.4 公里

表 2　驾驶员驾驶行为 2018 年大数据分析　单位：次数

超速	急加速	急减速	疲劳驾驶	驾驶员主动紧急制动	急转弯
208614	26299872	20292300	390684	1099500	64044

2. 企业安全运营成本效益分析如表 3 所示

表 3　2017 年与 2018 年安全指标对比情况

年份	2018	2017	同比变化（%）
百万车公里事故宗数（宗）	0.28	1.13	-75
百万车公里事故受伤率（人）	0.04	0.11	-63.6
百万车公里事故死亡、重伤率（人）	0	0.12	-100
百万产值事故损失（万元）	0.38	0.75	-49.3

通过所托瑞安主动安全系统的应用，大大降低了事故数量和事故造成的经济损失，同时通过云控平台为车队安全管理提供了数据支持，为针对性制订驾驶员安全驾驶规范文件和安全教育起到了巨大的作用。

3. 对提高企业核心竞争力的作用

（1）经济效益提升：①有效降低事故率和事故损失，降低企业运营成本；②通过主动安全产品吸引更多车辆加入运营平台，提升运力和企业赢利水平；③通过平台车辆数量增加，提高与保险公司议价能力，获取更优惠保险折扣，降低企业运营成本。

（2）管理效益提升：①保障驾驶员行车安全，大幅降低人员伤亡导致的企业法律风险；②通过云控平台获得车辆运行安全风险数据化支持，针对性制订车辆和驾驶员安全管理方案，降低或消除安全运行风险，提高企业安全管理水平。

（3）社会效益提升：①降低事故发生率，建立行业安全运营标杆，增强品牌影响力；②保障道路行驶安全，减少对其他车辆、行人及道路技术设施的破坏；③规范驾驶员驾驶行为，引导正确合理的驾驶习惯，创建安全和谐行车环境。

五、系统未来发展展望

随着5G技术的成熟和应用，物流行业也将迎来智慧物流的时代。所托瑞安将充分利用5G的优势优化产品和平台，实现基于云端的制动数据的制动策略动态优化方法，利用地图以及驾驶环境数据进行分析，对历史驾驶行为以及制动行为进行对比分，对驾驶风险进行分析预测，实时给出最佳制动方案，以为本地制动策略进行互补，实现实时动态的优化。

同时，升级后的云控平台可依据云端对大数据进行更深程度的应用和运算，充分发挥大数据统计分析的功效，通过对海量真实道路驾驶环境数据进行分析、挖掘，建立驾驶风险预测模型，有效避免交通事故的发生，带来良好的经济和社会效益。

另外，所托瑞安即将推出的驾驶员管理App，可实现：

（1）驾驶员驾驶行为的实时监控，并通过实时语音和消息实现安全监管人员对驾驶员和车辆的实时监管。

（2）实时分析危险驾驶行为并建立完善的安全驾驶能力评价计制，保证司机安全驾驶能力的成长性。

（3）通过积分或实物奖励等社区功能激励驾驶员提高安全驾驶意识。

无车承运平台应用案例、共享共建创新应用案例和大数据、云服务、区块链创新应用案例

圆通全球集运有限公司：全球集运平台助力上海圆汇“无车承运人”服务升级

一、企业简介

圆通全球集运有限公司（以下简称“全球集运”）成立于2017年2月，是上海圆通蛟龙投资发展（集团）有限公司旗下全资子公司，也是由圆通速递有限公司承建的“物流信息互通共享技术及应用国家工程实验室”中物流信息互通共享平台项目的实际运营主体。公司旨在通过对物流产业的深度研究，结合先进技术的研发与应用搭建覆盖全国乃至国际业务的物流服务平台，支撑开展物流数据融合和分析、物流数据共享与开放、物流仓储运输配送智能协作等技术的研发和工程化，建设覆盖全国的大规模、高度信息化、高品质、多种运输方式并存的示范性物流服务平台。

全球集运现已整合实际承运商近140家，车辆14万余辆，司机21万余人，线路10万多条，累计运单量196万单，网络覆盖全国31个省份和120个城市，业务辐射全国重点区域。

自成立之日起，全球集运团队即参与上海圆汇技术有限公司的信息化建设，结合实际业务需求和未来发展需要，为其打造优质、高效、安全、智能的无车承运平台。

上海圆汇技术有限公司（以下简称“上海圆汇”）于2014年9月在中国（上海）自由贸易试验区创立，注册资金1亿元，与全球集运同为上海圆通蛟龙投资发展（集团）有限公司旗下子公司，连续两年入选交通部“无车承运人”试点企业，并在最新公布的无车承运试点企业综合监测评估排名中位列上海市第一。

二、项目背景

以公路货运物流为代表的传统货运物流历来存在“小、散、乱、差”的情况，物流信息化程度不高、物流供需匹配效率较低、物流资源未能优化配置、物流服务质量不佳等一系列问题尤为显著。近年来，在“互联网+”的大背景下，虚拟车货匹配公司陆续出现，利用线上平台整合货主、车主需求信息并进行交易撮合，一定程度上提高了车货匹配效率。但多数货运平台未能真正做到物流全流程服务，缺乏规范的运输监管体系和有效的风险防控能力。

根据2018年9月发布的《交通运输部办公厅关于无车承运人试点综合监测评估情况的通报》（交办运函〔2018〕1398号）显示，部分试点企业仍存在未实现真正意义上的无车承运、未承担全程运输责任，车辆定位异常率高，车辆资质审核不严格的问题。对于需要承担运输责任的无车承运人而言，提供全套供应链的优化、方案设计，提升整体运输效率和安全性，是承运人必须解决的问题和义不容辞的责任。

三、建设内容

上海圆汇以“互联网＋物流”的创新经营模式，运用移动互联网、大数据、物联网、云计算等先进技术，结合圆通在快递物流行业的丰富实践经验，集约整合和科学调度货源、车辆、站场等零担物流资源，打通供应链各个环节，实现供应链端到端一单到底的业务场景，有效提升运输组织效率、运输服务能力和水平。全球集运在公司自有平台的基础上，为上海圆汇实现定制化服务，满足其个性化需求，搭建运盟集运平台。

运盟集运平台以实现货物全链路的业务需求为出发点，横向联通物流上下游企业，提供订单入口、运力协同管理、运输监控、结算管理，并扩展金融保险、加油及 ETC 优惠等增值服务；纵向开展精细化营运，关注车辆管理、安全管理、合同履约、客户关系处理等营运细节，提供核心数据实时、精准获取，车辆运行轨迹、车辆异常信息、驾驶员操作数据实时反馈等功能。

（一）平台架构

运盟集运平台主要由服务应用系统层、核心组件层、设备及应用接入存储模块、数据分析挖掘模块组成。整体采用前后分离的模式，客户端与服务端分离，保证了平台系统服务的持续性、稳定性。其中服务端采用 MVC 架构模式，作为常用的敏捷开发框架之一，具备高可用性、高可维护性、应用普遍等特点。客户端包含了系统控制中心（平台方）、用户 Web 端与 App 移动端。基础框架如下图所示。

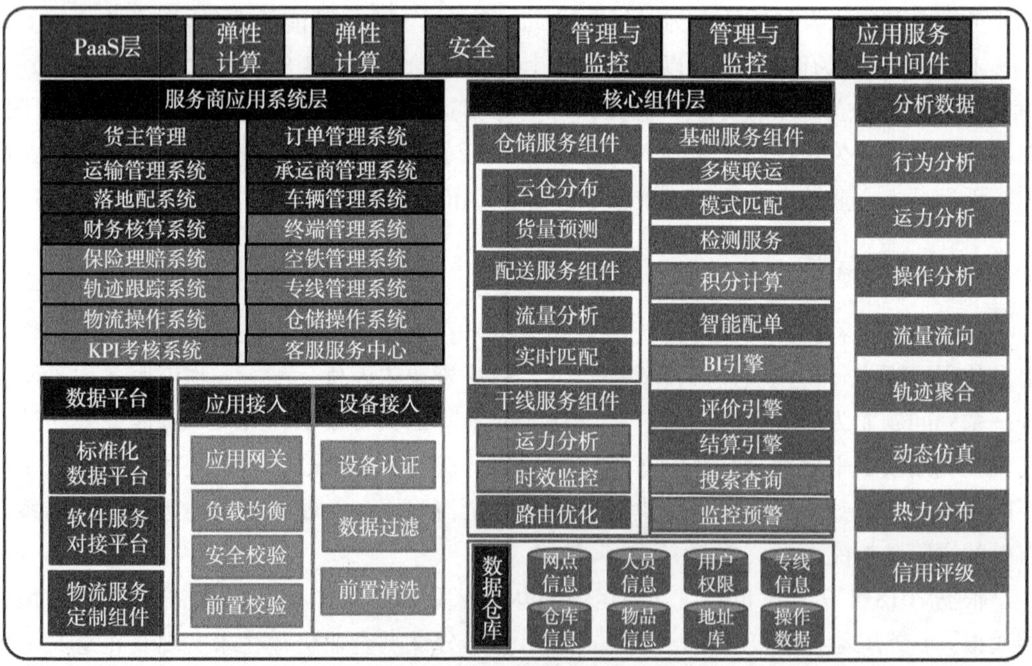

运盟集运平台基础框架

（二）功能介绍

运盟集运平台现已搭建订单管理系统、承运商管理系统、运输管理系统、运输监控系统以及结算管理系统等多个子系统，实现了货物运输的交易透明化，运输过程可视化，费用结算系统化。

1. 订单管理系统

订单管理系统包括货主模块、承运商模块。其中货主模块具有订单创建、订单取消、车辆异常上报、订单搜索、订单列表等功能。承运商模块具有线上运力匹配功能、订单搜索、接单、派车等功能。

订单创建功能改变了传统的线下电话、邮件、腾讯 QQ 等方式的订单需求下发方式，解决了传统模式下订单信息传递单向、滞后问题。

订单列表功能可以实时展示订单数量，有效记录交易行为，解决了传统模式下货主与实际承运人之间产生纠纷后的责任界定问题。

通过订单取消功能可以实时取消订单，并将取消信息第一时间反馈至承运商，以便承运商及时取消运力匹配。

车辆异常上报功能通过在线反馈，可有效解决实际到达车辆与订单需求不符带来的纠纷问题。

2. 承运商管理系统

承运商管理系统包括承运商管理、车辆管理两个模块。承运商管理模块通过线上的招标、投标、竞标的方式，筛选出符合货主要求的实际承运人，并对实际承运人的营业执照、组织机构代码、税务登记证、道路运输许可证、物流责任险保单、企业法人信息、银行开户许可、税务报表及审计报告进行严格的审核，为平台储备优质的运力建立第一道保障。

车辆管理模块重点对实际承运人所提供的车辆基本信息、车辆登记证、车辆行驶证、车辆道路运输许可证、车辆保险、车辆附加设备进行审核，审核通过的车辆才可以调用。与此同时，车辆管理模块还具有黑名单功能，对严重违反平台运输规则的车辆将不再调用。车辆管理模块为平台储备优质运力建立第二道保障。

承运商管理系统正逐渐建立运力提供质量、车辆准点率、车辆事故率、旺季临时运力供应情况等多个维度的承运商评估体系，为平台储备优质运力建立第三道保障。

3. 运输管理系统

运输管理系统包括调度端、司机端。运输管理系统调度端包括电子营运单创建、运单查询、信息备注、运输日志查看、数据报表导出等功能。司机端包括运单的实时接单、电子围栏到发车签到、在途异常实时上报等功能。

运输管理系统实现了由纸质单向电子营运单的转变，增加了准确性和便捷性的同时，降低了成本投入。实际业务开展过程中当结算车型或运行线路需要临时变更时，可通过信息备注功能进行备注。

运输日志查看功能便于平台调度人员实时掌握车辆在途情况，更好地进行后续运输组织工作。

运单的实时接收功能让司机及时获取运输任务，做好运输准备。

电子围栏到发车签到功能通过获取手机定位，实现系统自动签到。为司机的发、到车及时率考核提供准确依据。

在途异常实时上报功能，实现司机异常问题的及时有效报备。

4. 运输监控系统

运输监控系统包括车辆监控模块与报表导出模块。

车辆监控模块包括异常情况警报提醒、车辆实时位置查询、车载定位轨迹跟踪等功能。异常情况警报提醒基于大数据统筹分析，为运输计划提供指导、优化意见。车辆实时位置查询功能基于车载物联网技术、北斗定位技术、移动互联网及云计算等技术，实现车辆运输过程的全程可视。车载定位轨迹跟踪可实现车辆历史轨迹回放查询。

5. 结算管理系统

结算系统包括结算单管理、成本预计、结算计费、在线支付等核心模块。

结算单生成功能通过结算子系统与运输管理子系统之间的信息传递、数据共享，有效获取上游运单信息后，系统实时生成结算单（依据运单状态可分为发车结算单、完结结算单），并提供结算单合并功能，支持人工合并结算单，解决了实际结算需求与系统生成结算单不符的问题。

成本预计模块根据起止点、里程区间、结算车型、基准油价、结算方式等设置标准价格，结合活动价格、基准价格、车型系数、真实油价等建立价格体系模型，进行运输前期的成本预估等。

平台建设过程中深耕运输时效、运输安全保障功能细节。仅以电子围栏到发车签到功能为例，为解决运输时效延误时的判责、司机到发车准时率考核等问题，平台在司机端通过手机 App 获取定位，调用百度鹰眼的定位与电子围栏触发功能，结合车辆 GPS 定位终端采集车辆轨迹验证，以及部分发货、收货点的发到车扫码签到信息，实时获取多方数据，按照一定的业务规则取终值，并为平台客服人员处理异议时提供数据支撑。而正是因为深入业务前线，针对细节进行打磨，才使运盟集运平台作为真正的承运平台落地实施，运行通畅。

（三）业务运营

基于“物流信息平台 + 无车承运人”模式的深入认识，平台逐步促成了以流程信息化、服务标准化、管理规范化、运营数据化、业务多元化、注重风险防控为特点的业务运营模式。

1. 流程信息化

运盟集运平台作为第三方无车承运物流平台，运用互联网信息技术对运力、货源、场站等物流资源进行在线管理，集中整合和调度，实现了各类物流资源的优化配置。实现了货主运输需求到平台运力需求、承运商运力需求到司机运输确认等环节的信息在线传递，有效提升了运输组织效率。平台的承运商里程利用率、平均等货时间和交易成本等指标都得到明显改善。

2. 服务标准化

运盟集运平台基于线下多年的实操经验，依托大数据沉淀与分析，针对整个运输过程的所有环节建立了严格的服务标准。包括收货标准、货物包装标准、装卸车标准、中心到车接车标准、配送标准、收费标准、结算标准、客服标准等，厘清了从订单产生到配送完成各个环节的运输参与人的责任边界，规范了参与人的物流行为，最大限度地保障了运输质量。

运盟集运平台在实际业务开展过程中，通过对客服排班、响应时长、交接班质量、工作内容、异常登记、反馈、处理流程、客服话术等多个方面建立的标准化客服工作体系，实现整个业务链路线上线下全覆盖、细分工的客服服务标准化，提升工作效率的同时降低了用户的投诉率。

3. 管理规范化

运盟集运平台通过建立物流全链路各参与要素的管理体系，实现了对实际承运人运营质量的有效管控。

平台通过线上的招标、投标、竞标等方式，并重点审核实际承运人营业执照、道路运输许可证、物流责任险保单、企业法人或司机信息、税务报表及审计报告等资质信息，初步建立运力池。

运输过程中借助北斗定位、车载物联网、百度鹰眼、移动互联网及云计算技术，对司机的驾驶行为、车辆的运行状态、车辆的运行轨迹进行实时有效的监控，并对可能出现的风险进行及时预警。

运输过程结束后，从安全事故、车辆故障、服务质量、投诉举报、社会信用等多维度对实际承运人进行考评，优胜劣汰，逐步完善运力供应商考核标准。

4. 运营数据化

运盟集运平台的数据分析挖掘模块，帮助上海圆汇从评价过去、优化现在、预测未来三个方面展开数据化建设工作。借助信息技术手段，对运输过程的每个环节、各个参与要素的行为或状态进行单节点、多节点衔接监控，获取承运商信息数据、车辆状态数据、司机信息数据、路由数据、装载数据、时效数据等。通过大数据沉淀与处理，平台一方面可对现有无车承运业务的实际情况进行客观评价，宏观把控整体运营状况；另一方面可进行服务质量数据分析，找出问题出现的根源并针对性优化改善，提升平台服务质量。同时为企业组织战略、业务流程、岗位职责等的制订和优化提供参考。

5. 业务多元化

以无车承运人的运输业务为基础，向上下游产业进行延伸，通过打通上下游产业中各类企业的业务关联，实现了业务升级和全链路各参与要素的共赢。

基于与下游产业（如制造业企业、商贸企业）的承运服务，同时提供仓储、包装等增值服务和订单管理系统、仓储管理系统等技术服务，通过集约化、专业化的操作，降低的单个企业的物流操作成本和物流管理成本，使得上游企业更加专注于生产和销售环节，实现资源的合理配置，从而降低下游企业的经营成本。

基于与实际承运人的委托运输服务，同时提供园区租赁、服务标准优化提升、线路优化、工商代办、加油及ETC优惠等增值服务和运输管理系统等技术服务，并促使实际承运人与上游行业中的运输工具制造企业、物流园、物流设备企业、物流金融企业等以更低的成本建立业务关系，进一步提升优质承运商的竞争力。

6. 注重风险防控

运盟集运平台十分重视风险防控，风控覆盖货物交付承运人到货物送抵收货人整个过程，着重从无车承运人自身风险、下游承运人风险、上游托运人风险、托运货物风险、承运托运关系风险 5 个维度建立了基于二分类 Logit 的封闭式风险防控模型体系，确保无车承运平台业务平稳顺利开展。

为最大限度地规避运输风险，运盟集运平台还注重偿付能力制度建设，积极与平安、人寿等保险公司建立合作，共同探索创新适合无车承运运营特点的保险产品，如无车承运人责任保险、平台资金账户安全险、司机免责险、放空险、延误险等。

四、效益分析

1. 信息化实施前后的效益指标对比、分析

运盟集运平台的实施大大提升了无车承运业务的整体运行效率，降低了运输成本，同时增加了运输业务的安全保障。

系统实施前订单响应及时率约为 58%，实施后提高至 99.9%；平台基于货量预测模型结合实际运输业务开展，提升调度工作效率可达 80%；平均每吨运输费用较之前降低约 17%，同时大大提高了平台计费的真实性和有效性。此外根据交通运输部无车承运人试点综合监测平台数据推算，试点期间运盟集运平台车辆定位正常率提升约 29.63 个百分点，车辆资质符合率、单据接入正常率、运单和资金流水匹配正常率连续一年达 100%。

2. 信息化实施对企业业务流程改造与创新模式的影响

运盟集运平台对于促成上海圆汇无车承运业务的流程信息化、服务标准化、管理规范化、运营数据化、业务多元化，以及提升风险防控水平，都起到了关键性作用。仅以承运商资质认证为例，实施前从承运商提供资质材料到认证完成，平均耗时约为 5 个工作日，平台上线后平均认证耗时仅需 1 个工作日。通过移动互联网、物联网、大数据及云计算等信息化技术手段，降低企业运营成本，提高业务运行效率，同时保障了客户服务质量。

3. 信息化实施对提高企业竞争力的作用

运盟集运平台严格按照交通运输部无车承运试点相关工作要求，一方面努力建设完善物流标准化、信息化平台的搭建；另一方面通过加强平台构建实现一站式运输服务，并基于现有业务不断拓展增值服务，打通上下游产业的业务关联，实现业务升级。在最新公布无车承运人试点综合监测评估排名中取得上海市第一的好成绩，货运总量上也大幅增加，企业竞争力得到明显提升。

五、经验总结

物流行业的竞争正在从“价格战”逐步转向“服务战”，如何充分发挥无车承运人模式的优势，为货主、实际承运人提供更广泛、更专业的服务，是各个无车承运平台提高企业竞争力的关键因素。

在推进无车承运平台物流信息化与标准化的建设过程中，运盟集运平台逐步实现了交易、运输、结算等各环节透明化，建立健全运输安全、服务质量、用户诚信及事故赔付等管理机制；依托信息化平台，加强了上下游供应商的沟通反馈，实现一站式运输服务的同时，与货主方、车源方、下游分销商甚至最终客户形成了一条以信息平台为核心的无车承运供应链；逐步发展了物流金融服务、物流方案咨询服务、物流信息服务与保险服务，满足多元化的用户需求。

六、未来展望

未来运盟集运平台将继续秉承着创新、协调、共享的发展理念，进一步完善平台功能、优化运营团队，通过全链路业务信息化系统的搭建、科学高效的运营管理方式，实现对平台现有服务产品和运营模式的创新。

1. 完善信息系统，增加科技竞争力

通过敏捷开发的方式，针对无车承运起步晚、业务模式多元化等特点，就数据采集、异常监测、异常处理、统计分析、公共数据查询等方面快速迭代和优化信息系统，提高系统兼容性、完整性、准确性、及时性。

2. 加强平台运营，以服务换市场

进一步提升运营管理团队专业化水平，加强平台运营能力，实现系统价值最大化。在平台的建设、优化，前端的行为分析、数据挖掘、流程优化，相关活动策划等方面提供优质服务，获取市场的认可。如通过用户行为分析，刻画用户画像，从中挖掘更优质的资源；加大司机培训力度，提高司机信息反馈能力，实现无车承运全程监控的可行性；提升客户服务能力，提高客户体验，增强用户黏性。

3. 发掘业务亮点，扩大平台影响力

在服务标准化方面，做好信息开放、无碍沟通、运力货源双向评级、流程跟踪；在吸引运力方面，提供稳定的货源、合理的价格；落实无车承运相关税务政策，提供可操作的进项抵扣实施方案，切实解决道路货运行业运输业务外包模式下进项抵扣不足、实际税负加重等实际问题。在给货主提供优质服务、为车主争取合理收入之间寻求平衡点，攻克行业痛点。

中原大易科技有限公司：大易物流“无车（无船）承运人服务平台”

一、应用企业概况

中原大易科技有限公司（以下简称“大易科技”）成立于2016年9月，2017年7月正式运营，注册资本1.5亿元，是国家首批无车承运试点企业，无船承运企业，国家综合4A级物流企业，2018年中国物流十佳成长型企业，中国物流与采购联合会理事单位，河南物流企业50强，河南省物流协会常务理事单位，2019年3月被列为我省重点科创板上市后备企业。主要从事铸造、水泥、煤电、铝业、矿产品等大宗原材料及产成品专业整车运输管理运营、软件开发、销售、互联网信息服务、货运场站服务、货运代理、物流服务、仓储服务、货运车辆租赁等服务。

大易科技布局以河南为平台运营中心，目前运输业务覆盖到河南、山东、辽宁、陕西、山西、内蒙古、江苏、天津等20多个省、直辖市、自治区，在焦作、平顶山、郑州、南阳、三门峡、商丘、阜阳、巩义、江苏邳州、乌鲁木齐、石家庄、山西运城等地设立分公司和办事处，同时与300多家大型货主型企业集团、570家承运商建立合作关系。

大易科技组建专业的信息技术研发团队，在河南郑州、汝州设立双研发中心，公司自主研发，建设并运营在国内具有领先地位的大易物流平台，集物流服务、物流过程管理和协作流程对接为一体的“互联网+物流”平台。

大易科技成立至今，一直秉承“自动化、可视化、可控化、智能化、网络化、便利化”的企业理念，以“创造行业价值，实现企业发展”为宗旨，引领、推动中国物流行业的转型升级。

二、企业发展理念及平台运营模式

（一）企业发展理念

大易科技依托传统货主企业区域、资源优势，巩固优化供应链上下游的协作关系，以货源运输需求为切入点，利用信息技术支撑，以货带车推动运输货源车源整合，创新经营发展模式，先整合后发展，线上线下运营相结合，为整个供应链经营体系的上下游客户提供“物流+互联网”的高效透明、多元化、综合性的服务，提升客户黏性，为客户降本增效提供更大的帮助，以服务为宗旨，创新发展大易科技独有的运营模式，优化运输结构，拓展线上线下交易、金融、保险、理财、融资租赁、轮胎批发等相关服务，积极发展多式联运、甩挂等运输组织方式，打造围绕实体企业为主线，构建立体化的供应链物流生态圈，超常规发展，力争 3 ~5 年把公司打造成为国内“互联网 + 物流”行业的知名企业。

（二）平台运营模式

1. 社会运力资源整合

大易物流平台是采用轻资产业务模式，推动无车承运“网络货运平台”标杆建设。通过 IT 系统整合运力和货主资源，从而达到对货主运输管控的提升、行业、区域运力的增值应用。截至 2018 年年底，平台累计总运量达 4297 万多吨，已拥有合作车辆 14 万余辆，合作用户 15 万余人，平台资源不仅具备高度的业务活跃度，同时经过长期的业务合作具有更高的诚信度和运输能力。平台标准化的货运管理服务，不仅帮助货主制订不同的发货计划，同时能够充分利用回程车资源，降低空载率，帮助承运司机获得线路预报，平台依托整合的运力资源，为客户提供运力撮合与交易服务。

货主通过平台发布货源计划，利用货源资源吸引，将散乱的车辆信息汇集于平台，形成平台运力池。货运信息直达车主，大大提高了货与车的高效匹配，同时利用第三方支付通道，实现货主签收自动联动司机收款，将实际物流交易业务产生的信息流、商流、资金流、车流归集与平台，真正做到车与货相结合、业务与资金相结合、信息与人相结合。闭环一体化应用创新如图 1 所示。

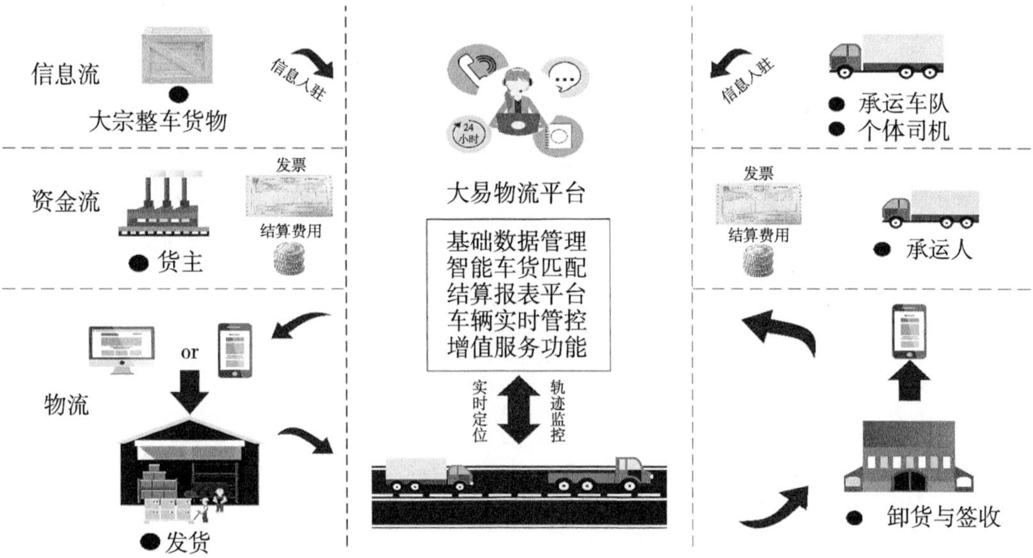

图 1　闭环一体化应用创新

2. 自助注册对账开票流程线上化

将车辆相关数据、司机身份证、驾驶证信息、银行卡信息等进行系统简易标准化，方便注册司机用户点选输入并结合自动识别技术，将信息便利、快捷地录入系统，并利用第三方的多元素认证和交通部开放车辆、驾驶证双重验证审核，可以自主方便进行过期档案的变更，手机号码、银行卡的更换，同时结合大宗货物的特殊性，签收回单与实际结算的偏差，利用平台技术与企业 ERP（企业资源计划）、供应链、计量系统衔接，实现回单数据与计量数据的自动对账，实现对账的自主自动化，并将权限下发到货主企业，其可以自助进行付款及开票申请（如图 2 所示），大易科技后端客服人员审核后自动传递到税务平台进行发票的打印，实现了对账开票的自助自动化（如图 3 所示）。

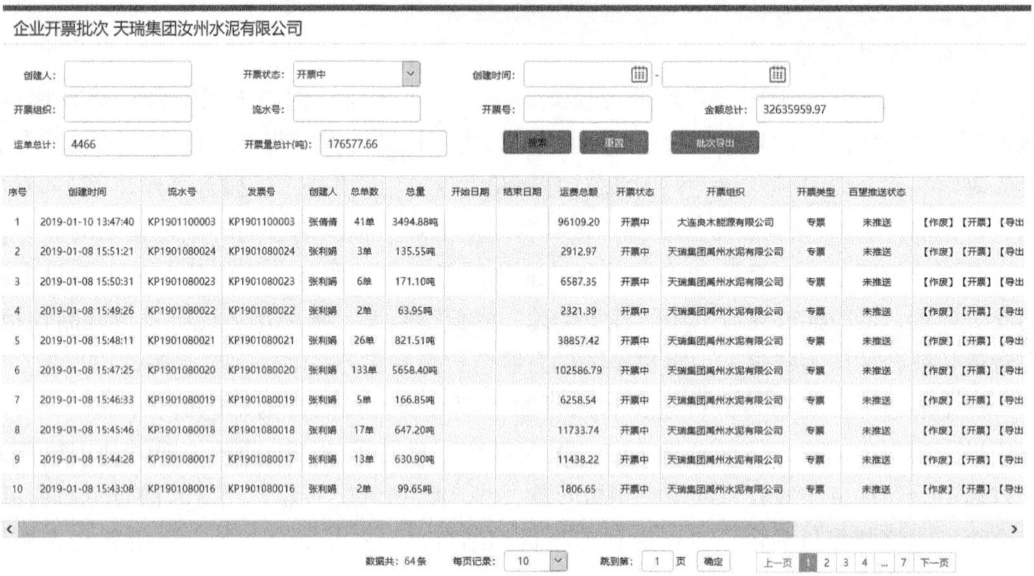

企业开票批次 天瑞集团汝州水泥有限公司

创建人：　开票状态：开票中　创建时间：
开票组织：　流水号：　开票号：　金额总计：32635959.97
运单总计：4466　开票量总计(吨)：176577.66　搜索　重置　批次导出

序号	创建时间	流水号	发票号	创建人	总单数	总量	开始日期	结束日期	运费总额	开票状态	开票组织	开票类型	百望推送状态	
1	2019-01-10 13:47:40	KP1901100003	KP1901100003	张倩倩	41单	3494.88吨			96109.20	开票中	大连良木能源有限公司	专票	未推送	【作废】【开票】【导出
2	2019-01-08 15:51:21	KP1901080024	KP1901080024	张利娟	3单	135.55吨			2912.97	开票中	天瑞集团禹州水泥有限公司	专票	未推送	【作废】【开票】【导出
3	2019-01-08 15:50:31	KP1901080023	KP1901080023	张利娟	6单	171.10吨			6587.35	开票中	天瑞集团禹州水泥有限公司	专票	未推送	【作废】【开票】【导出
4	2019-01-08 15:49:26	KP1901080022	KP1901080022	张利娟	2单	63.95吨			2321.39	开票中	天瑞集团禹州水泥有限公司	专票	未推送	【作废】【开票】【导出
5	2019-01-08 15:48:11	KP1901080021	KP1901080021	张利娟	26单	821.51吨			38857.42	开票中	天瑞集团禹州水泥有限公司	专票	未推送	【作废】【开票】【导出
6	2019-01-08 15:47:25	KP1901080020	KP1901080020	张利娟	133单	5658.40吨			102586.79	开票中	天瑞集团禹州水泥有限公司	专票	未推送	【作废】【开票】【导出
7	2019-01-08 15:46:33	KP1901080019	KP1901080019	张利娟	5单	166.85吨			6258.54	开票中	天瑞集团禹州水泥有限公司	专票	未推送	【作废】【开票】【导出
8	2019-01-08 15:45:46	KP1901080018	KP1901080018	张利娟	17单	647.20吨			11733.74	开票中	天瑞集团禹州水泥有限公司	专票	未推送	【作废】【开票】【导出
9	2019-01-08 15:44:28	KP1901080017	KP1901080017	张利娟	13单	630.90吨			11438.22	开票中	天瑞集团禹州水泥有限公司	专票	未推送	【作废】【开票】【导出
10	2019-01-08 15:43:08	KP1901080016	KP1901080016	张利娟	2单	99.65吨			1806.65	开票中	天瑞集团禹州水泥有限公司	专票	未推送	【作废】【开票】【导出

数据共：64条　每页记录：10　跳到第：1 页　确定　上一页 1 2 3 4 … 7 下一页

图 2　开票申请、开票的自助一体化

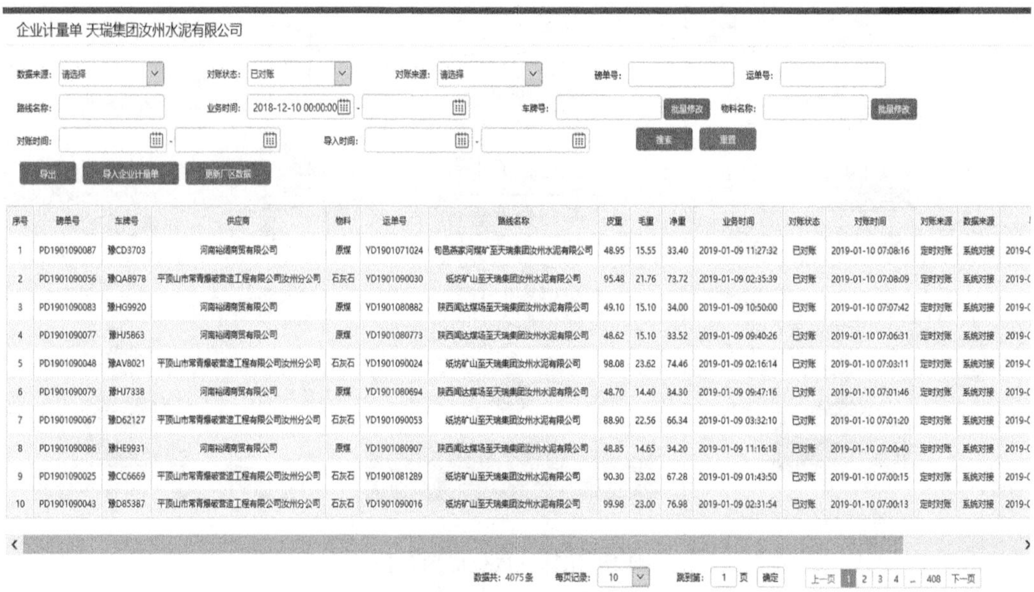

企业计量单 天瑞集团汝州水泥有限公司

数据来源：请选择　对账状态：已对账　对账来源：请选择　磅单号：　运单号：
路线名称：　业务时间：2018-12-10 00:00:00 -　车牌号：　批量修改　物料名称：　批量修改
对账时间： -　导入时间： -　搜索　重置
导出　导入企业计量单　更新厂区数据

序号	磅单号	车牌号	供应商	物料	运单号	路线名称	皮重	毛重	净重	业务时间	对账状态	对账时间	对账来源	数据来源	
1	PD1901090087	豫CD3703	河南裕阔商贸有限公司	原煤	YD1901071024	旬邑燕家河煤矿至天瑞集团汝州水泥有限公司	48.95	15.55	33.40	2019-01-09 11:27:32	已对账	2019-01-10 07:08:16	定时对账	系统对接	2019-(
2	PD1901090056	豫QA8978	平顶山市常青爆破营造工程有限公司汝州分公司	石灰石	YD1901090030	纸坊矿山至天瑞集团汝州水泥有限公司	95.48	21.76	73.72	2019-01-09 02:35:39	已对账	2019-01-10 07:08:09	定时对账	系统对接	2019-(
3	PD1901090083	豫HG9920	河南裕阔商贸有限公司	原煤	YD1901080882	陕西闻达煤场至天瑞集团汝州水泥有限公司	49.10	15.10	34.00	2019-01-09 10:50:00	已对账	2019-01-10 07:07:42	定时对账	系统对接	2019-(
4	PD1901090077	豫HJ5863	河南裕阔商贸有限公司	原煤	YD1901080773	陕西闻达煤场至天瑞集团汝州水泥有限公司	48.62	15.10	33.52	2019-01-09 09:40:26	已对账	2019-01-10 07:06:31	定时对账	系统对接	2019-(
5	PD1901090048	豫AV8021	平顶山市常青爆破营造工程有限公司汝州分公司	石灰石	YD1901090024	纸坊矿山至天瑞集团汝州水泥有限公司	98.08	23.62	74.46	2019-01-09 02:16:14	已对账	2019-01-10 07:03:11	定时对账	系统对接	2019-(
6	PD1901090079	豫HJ7338	河南裕阔商贸有限公司	原煤	YD1901080694	陕西闻达煤场至天瑞集团汝州水泥有限公司	48.70	14.40	34.30	2019-01-09 09:47:16	已对账	2019-01-10 07:01:46	定时对账	系统对接	2019-(
7	PD1901090067	豫D62127	平顶山市常青爆破营造工程有限公司汝州分公司	石灰石	YD1901090053	纸坊矿山至天瑞集团汝州水泥有限公司	88.90	22.56	66.34	2019-01-09 03:32:10	已对账	2019-01-10 07:01:20	定时对账	系统对接	2019-(
8	PD1901090086	豫HE9931	河南裕阔商贸有限公司	原煤	YD1901080907	陕西闻达煤场至天瑞集团汝州水泥有限公司	48.85	14.65	34.20	2019-01-09 11:16:18	已对账	2019-01-10 07:00:40	定时对账	系统对接	2019-(
9	PD1901090025	豫CC6669	平顶山市常青爆破营造工程有限公司汝州分公司	石灰石	YD1901081289	纸坊矿山至天瑞集团汝州水泥有限公司	90.30	23.02	67.28	2019-01-09 01:43:50	已对账	2019-01-10 07:00:15	定时对账	系统对接	2019-(
10	PD1901090043	豫D85387	平顶山市常青爆破营造工程有限公司汝州分公司	石灰石	YD1901090016	纸坊矿山至天瑞集团汝州水泥有限公司	99.98	23.00	76.98	2019-01-09 02:31:54	已对账	2019-01-10 07:00:13	定时对账	系统对接	2019-(

数据共：4075条　每页记录：10　跳到第：1 页　确定　上一页 1 2 3 4 … 408 下一页

图 3　对账自动化

3. 服务上游货主能力的提升，利用大数据分析技术，对运营全过程进行监控

大易物流平台利用北斗、手机 GPS 定位技术连接上下游，实现业务的全程可视化、可控化跟踪，通过连接发货企业单位、实际承运人，打通消息流，对车辆、司机进行全程监控，发货单位可通过大易物流平台为各单位分配的账号，下载手机端 App 进行派单发货、对运输运单的在途监控等需求管理。平台同时根据所在位置进行货、车的高

效匹配，通过自动预警功能，向承运司机发送轨迹定位异常提醒，货主可通过手机随时查看货物运输状态，无须时时通过电话跟踪货物运输情况，大易物流后台智能分析系统，并针对各环节所需要的内容提供服务，用户可根据业务全流程运单的节点状态、车辆位置、付款进度、开票进度等情况，针对异常运单情况，在系统后台根据运单进行在途车辆实时监控及历史轨迹回放，对脱离监控的司机预警并予以纠正。如图 4 所示。

图 4　轨迹异常预警自动通知司机

4. 平台安全教育及路况新闻发布

利用平台进行司机的安全教育宣传、路况，可实时对平台的数万名司机推送信息，方便高效地开展安全教育（见图 5）、新闻宣传（见图 6）、路况提醒（见图 7）等便利功能。

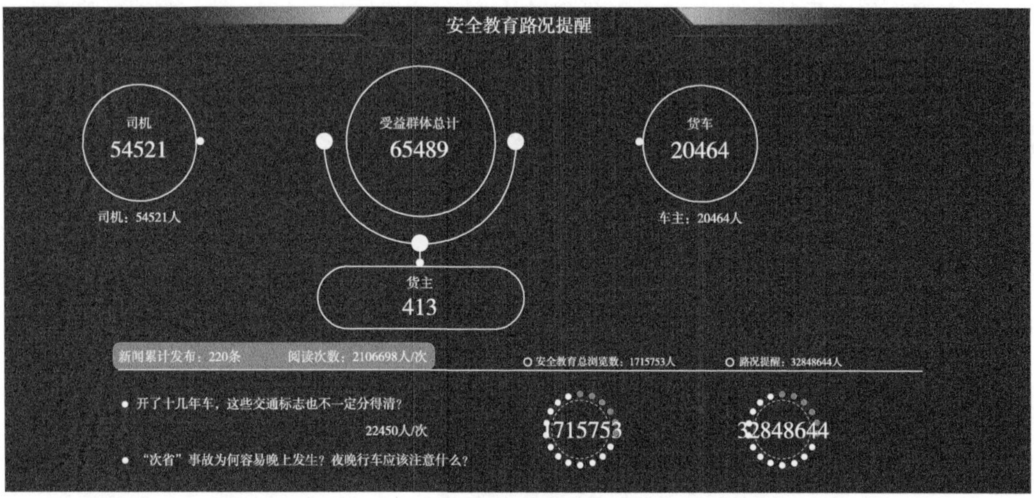

图 5　安全教育

5. 依托线上商城对保险、油料、保理、交易等金融服务体系进行支撑

大易科技将依托物流平台优势，结合物流互联网产品及其他金融服务，建立基于互

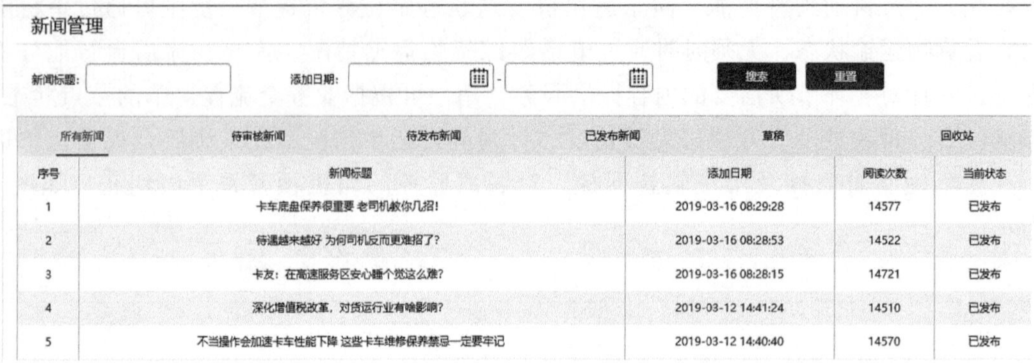

图 6　新闻宣传

图 7　路况提醒

联网运营的保险经纪业务平台、运费垫付平台、油料运营平台、商城交易平台。通过此平台，实现为物流及其内外部客户提供保险方案、询价报价、投保、协商售后保全与理赔的保险经济业务模式，同时结合既有物流企业、货车司机资源开展保险代理销售业务，公司将与各大保险公司密切合作以快速切入保险市场，构建物流保险生态圈，后期将融入更多异业合作模式，丰富产品范围、拓宽合作渠道，增进在新领域的竞争能力。

为切实服务货主和实际承运人，大易科技已与中石油、中石化、中海油、安联程通、中物联、山东高速、中交兴路、中国联通、阿里云、中国人保、百望、宝付等单位在支付、油料、路桥费、通信等方面达成战略合作，最大限度地为客户提供增值服务，降低税负成本。

（三）平台的功能及业务开展基本流程

平台采用 Java 作为基本开发语言，开发工具有 Myeclips2014、Android Studio、Webstorm8、Xcode、Photoshop 等，整体架构由 Nginx 代理服务来完成动态和静态资源的分离，对基础数据和静态资源单独处理，为了提高系统性能，采用 Redis 缓存技术来极大提高系统响应，在网络流畅的情况下，保证用户请求在 1 ~5 秒内得到响应。

应对高并发的方案主要是采用软负载均衡即 Nginx 来实现，根据平台技术方案，平台具有高度可扩展性及弹性，平台通过 Nginx 的智能分发机制分散压力到后端应用系统，Nginx 支持上万台服务器的集群应用，相应的处理在互联网平台已经属于成熟技术解决方案。

针对高压力下动态扩展，在技术架构有效支撑前提下，只需应用方提前扩展应用服务器数量，按照每应用服务器支撑小于 200 并发来计算所需应用服务器（虚机）数量。

平台通过将身份证、驾驶证、手机号、银行卡、车辆信息与第三方平台身份证银行卡多元素、交通部数据进行实时校验认证，只有校验通过的才能参与运营和支付结算，同时货主或实际承运人注册平台时需与公司分别签订协议，利用平台技术优势，注册车辆电子加盟协议约定托运方与实际承运方职责车辆相关，发货单、收货回单、货运合同电子化的线上运营明确双方责任和义务，实现从线下到线上的无缝衔接。平台业务流程如图 8 所示。

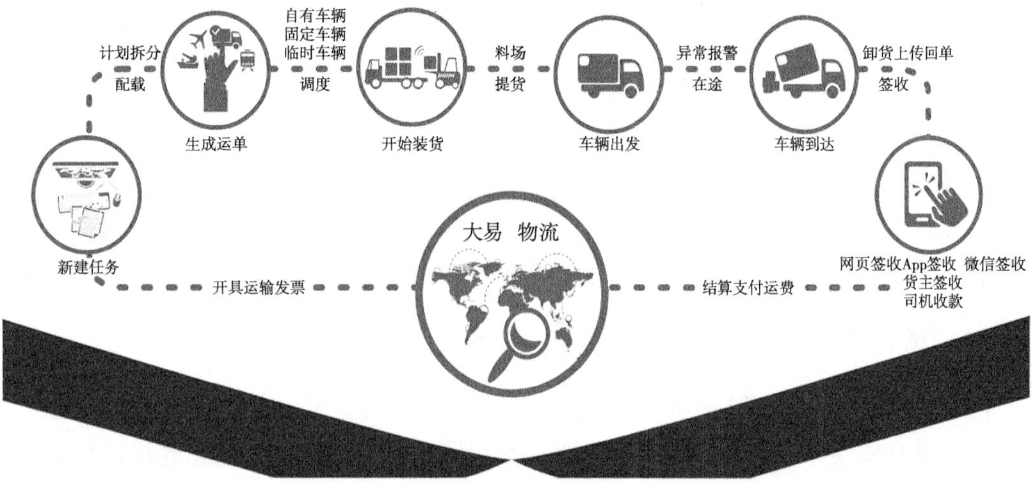

图 8　平台业务流程

平台依实名制为交易对象，在日常的线上运营中，必须货主发布线上计划，司机线上接单，在接单过程中要进行提货、卸货、回单签收几个主要动作且必须上传对应的照片，运输过程有北斗、GPS 定位证明运输业务的真实，货主签收后，直接进行在线支付，司机即可收到款项，为保证货物的安全，与中财险合作，提货即自动生成保单，保证了运输过程的安全，实行货主签收评价，有信用问题的司机将不能参与平台运输。

大易科技开通全国统一客服电话、App 端以及微信公众号接受货主、收货人、承运商和司机的各类问题咨询、运单信息查询以及服务质量投诉。

三、无车承运业务成效

（一）经济效益

货主可通过平台进行全过程的可视监控，通过手机即可随时查询货物状态及历史状态回放，同时为货主提供车辆管理、运单管理、财务自助对账开票申请，提升了效率，节省了人力成本和管理效益，对司机来说利用平台的快速撮合匹配，等装货时间大大缩短，多拉快跑，降本增效，从平台积累几年的数据分析来看，车辆实载率提升到68%，配载时间降低至10小时内，运输成本抛除市场环境因素降低了3%～6%，司机收入降低货主企业运输成本。

为企业降本增效。以陕西铜川到汝州某水泥厂数据为例，此线路运输里程约600公里，在平台没上线之前月均运价为165元/吨，车辆平均装卸车时间在12小时以上，通过平台运营后连续6个月数据分析，装卸车等待时间降低到8小时以内，单车月转趟数从3趟提升到5趟，车辆利用率提升了20%，月有效工作天数增加了4天，运费也从165元/吨降低到150元/吨。

（二）社会效益

利用平台定位技术、电子运单，线上支付保证运输过程的真实有效，为税务部门提供无缝数据权限，对运输过程实时掌控，把控税收风险。

政府部门通过大易物流平台优化了政务管理体系，扩大应税基数，增加财政收入，稳定收入来源，协助地方政府及交通主管部门着力打造交通领域大数据项目，在驾驶员安全教育、政府监管方面提供数据支撑和辅助手段。

大易物流平台符合国家相关政策，具有合法性、合理性和可行性，对于促进和保障当地社会经济发展以及企业自身的壮大都具有重要意义，大易物流平台充分发挥管理优势、资金优势、人才优势和技术优势，带动地方经济发展，增加就业岗位，保持社会稳定。

四、项目实施过程中的主要体会、经验、教训

随着无车（无船）承运服务项目实施，公司在无车（无船）承运服务领域的建设和发展已经卓有成效。回顾整个无车（无船）承运服务业务及物流信息化建设过程，主要的经验体会有以下几方面。

1. 提升公司的服务水平

公司管理经验丰富，货物资源丰富，且有运用信息化的基础，管理模式已获得多方认可。物流管理参考大量同行经验，并进行了适当调整。对于系统功能设计及流程设计，业务部门和调度人员都欣然接受且很快熟练操作。虽然无车（无船）承运人系统是一个新项目，但通过改进项目，能很大程度上提升公司各方面的服务水平。

2. 逐步打破传统物流运输业务模式，引导客户进行转变

中国传统物流运输业务模式在大部分企业中根深蒂固，对于无车（无船）承运服务新的物流运输模式还处于尝试阶段，并没有完全接纳，所以在项目实施过程中存在一定的阻力，对于企业引进无车（无船）承运服务模式时，应分步实施、循序渐进、逐步转变传统物流运输业务模式，让企业能够有时间、有空间去适应新的无车（无船）服务模式。

3. 紧密围绕用户需求是平台成功的基础

在业务快速拓展下，项目实施时，公司项目团队共同对用户需求进行提炼，并综合考虑未来业务增长可能发生的变化，从而在设计系统时进行全方位的衡量，使系统的功能设计、操作流程能够满足客户需求，系统界面设计简洁、操作简易，且具有拓展性。在系统运营时，体现出良好、稳定的性能，获得广大用户的高度好评。

五矿物流集团有限公司："五链运"平台项目

一、应用单位的基本情况

五矿物流集团有限公司（以下简称"五矿物流"）始建于1950年，是中国五矿集团公司依据全球金属矿产领域打造的全产业链优势，以金属矿产品产业价值链优化为核心，打造的所属专业化物流企业。

五矿物流总部设在北京，总部设立航运事业部、保险事业部等五个事业部门；同时下设五矿物流集团天津货运有限公司（以下简称"五矿物流天津公司"）等16家口岸公司，并在大连、天津、青岛、南京、上海、宁波、广州、等沿海及内陆口岸拥有50余家分支机构，形成了以北京总部为中心，各分支机构为依托的物流服务网络，是物流与采购联合评定的5A级物流企业。

五矿物流天津公司成立于1993年4月，是五矿物流设立在天津的全资子公司。公司经过多年的诚信运营，在业内具有良好的口碑和影响，是天津市国际货运代理协会副会长单位、天津市报关协会副会长单位、天津市商检协会正式会员、天津市百强物流先进企业。

2017年，五矿物流天津公司取得了国家级无车承运人试点企业的资质，成为天津市首批11家试点企业之一，并开始建立"五链运"操作平台，在无车承运人方面进行了全面的尝试和探索，取得了不错的经济效益和社会效应。2018年2月12日，通过了交通部对全国无车承运人企业的考核和资质认定，提高了行业影响力和认知度。

二、无车承运人项目出现的行业背景

由于汽车运输行业准入门槛过低，长期以来存在着行业集中度低，组织化程度弱，运输效率低下，有效资源提供短缺且组织整合货源困难，经营分散，难以形成规模效应。

同时货运物流业缺乏运输担保机制，许多实力不足及靠挂靠形成规模的实际承运人发生事故后无力承担赔偿责任，实际承运人跑路事件时有发生，故对货主而言可选择的有效运输供给不足，并严重扰乱了市场的正常经营秩序。

三、无车承运人项目运作模式的产生

鉴于此，随着近年来，"互联网＋技术"与货运物流行业深度融合，针对上述行业现状和存在的问题，货运物流市场涌现出了无车承运人等新的经营模式，形成新的业态。

"五链运"平台是五矿物流天津公司依据其无车承运人资质，从其角色和业务需求实际出发，依托移动互联网等技术搭建物流信息平台，通过管理和组织模式的创新，集约整合和科学调度车辆、站场、货源等零散物流资源，有效提升运输组织效率，优化物流市场格局，试图规范市场主体经营行为，推动货运物流行业转型升级。

“五链运”平台从许可准入、运营监管、诚信考核、税收征管、运营服务等方面，根据无车承运人角色定位，从业务操作实际出发，组织建设并运行管理，使其成为具备能够承接货运产业链上下游，具有货源组织、可以进行信息交互和大数据处理、能够对货主和实际承运人负责、具有相应风险责任抵御能力的无车承运人，在市场竞争中将脱颖而出。

四、无车承运人平台“五链运”建设思路及内容

（一）“五链运”平台建设思路

五矿物流天津公司从事货运代理业务20多年，拥有稳定的客户群体和大量的货源信息；在为客户群体提供服务中，由于自有运力不足，故与市场上能够提供服务的各类运输企业和实际承运人进行了广泛了解与接触，对其良莠不齐的现状知之甚深。在获得“无车承运人”资质后，如何把我们深耕行业、服务客户中了解到的客户需求痛点及对运输市场现状的深度了解的优势发挥出来，利用我们积累所获的资质条件和运行管理优势，开发业务、拓展市场、树立品牌。为此，在业务实践中我们旨在利用日益成熟的信息技术和积累的运营管理经验，建立沟通运输市场两端的信息交流和业务运作的运行平台——“五链运”。通过对实体资源的有效整合，实现线上与线下、虚拟与实体网络的有效结合，定位为金属行业、矿业所需散货、件杂货提供综合运输服务，逐步实现物流的网络化和规范化运营，在扩大行业影响力的同时，提高物流运作的整体效率与效益。

1. 搭建信息平台解决需求瓶颈

“五链运”平台依托成熟的互联网信息获取与交流等技术搭建物流信息平台，除将我们多年积累的运输两端的资源信息推送之外，还组建专门的部门与团队，集约整合社会闲散车辆、站场、货源等零散物流资源；同时，沟通协调需求两端，提升运输组织效率，优化物流市场格局，规范市场主体经营活动，带动传统物流向物流链服务延伸，通过接入其他物流服务信息（如船货代、航运、仓储等），打破点式服务模式并向链式服务模式转型。

2. 解决需求痛点保障规范运营

在解决运输需求方痛点方面，“五链运”平台不仅根据其运输需求提供匹配信息推介，其中根据数据分析确定的VIP客户还可以享受贴身“定制”服务；在“五链运”享受的运输服务，将是平台作为受托方，并与之签订委托代理协议，承担货物运输风险；结算在平台实时进行，发票由平台解决。为此，“五链运”平台依据信息技术建立了业务运行模块，客户从中完成信息发布（询问）—匹配（人工或承运人抢单）—确认签约—运输跟踪（含问题实时解决）—结算—发票业务全过程的操作（VIP客户可由平台代为操作），不仅高效安全，更使客户安心、舒心。

各运输单位和其他承运人方面，一旦通过平台的资质准入，就将纳入平台承运人信息库，享受平台货源信息推送、参与货源匹配及抢单等服务；其只要关注平台并在上进行注册—通过资质审核并纳入资源库—发布运力信息—抢单或参与资源匹配—签约—实际承运并接受监管—结算运费—提供或委托平台代其开具发票—获取评价信息的系列操作，就可使其扩展业务渠道，免除业务及收入风险。

3. 建立防范、评价体系树立诚信经营

在运营风险防范上，“五链运”平台针对实际承运人的经营资质、车辆行驶证和道路运输证，以及驾驶员机动车驾驶证、身份证进行审核，并与交通部监测平台实行数据交互验证，验证证件真实性、有效性，保证提供服务的驾驶员和运输车辆的合法性，确保运输服务质量。并通过运力保障及时性、“五链运”平台监管数据分析结果及过程监管配合度、货主评价等多维度的考核，实行动态管理，筛选信誉度高、履约率强的实际承运人进行合作，确保诚信交易，健康运营。

同时，针对货源企业，对其货源真实性、备货及时性、履约率、付款及时性等指标进行数据分析评价，动态选择合作对象，保障平台货源信息的真实稳定，维护平台的信誉度和美誉度。

在实际运输过程中，“五链运”平台具备实际承运车辆位置轨迹跟踪和查询、大数据的整合和分析功能，对运输过程中的责任认定、纠纷解决、评价的真实有效性提供依据，保障货物运输安全的同时，提高了工作效率。

实践过程中，五矿物流天津公司在项目初期是从现有的客户群体中挑选资信良好、合作多年、诚信度高的客户提供运输服务，从而规避了运输费用的回收风险。在平台各项功能平稳之后，逐步开发吸引社会上其他有运输需求的客户，为规避风险，在操作中货源方对于这部分客户采取了预收运费、部分承运方收取保证金的方式。

4. 解决结算安全，保障“丰产丰收”

在结算环节，“五链运”平台通过银行通道方式进行运费结算，对货主方，依据委托运输协议公对公账户结算；对实际承运人通过运单价格与收货方确认的卸货数量，“五链运”平台调用与银行通道的接口进行结算。

“五链运”平台拥有无车承运人的资质，可对货物委托方直接开具适用运输企业税率的运输发票，进项票可以由实际承运人提供运输发票，也可以通过替实际承运人从税务局代开发票的方式获得。

以上操作从根本上解决了运输双方的风险顾虑，在解决它们需求的同时，也促进了我们业务的规模发展，不仅保障各方利益，也提升了效率与效益。

通过以上的管理运作和模式创新，我们设置了“五链运”平台的功能架构（如图1所示）。

“五链运”平台通过货主 PC 端与司机 App 端、收货人 App 端的设置，共同完成货物的发布、抢单、运输直至运费支付的整个过程。“五链运”平台实现功能如图 2 所示。

“五链运”平台已经实现的功能包括：业务订单发布→业务订单派单→司机通过 App 抢单→客户实时订单查询→最终结算。

为完成“五链运”各种功能，后台需要经过业务审批人员、平台管理员、运营团队、客户服务和用户沟通的大量工作。

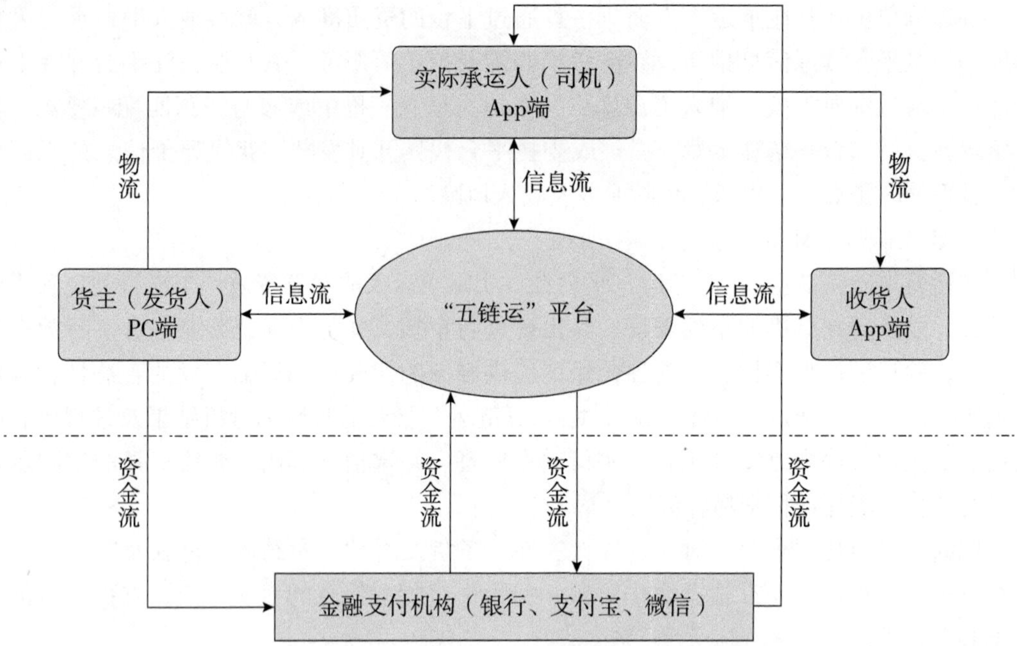

图1　“五链运”平台的功能架构

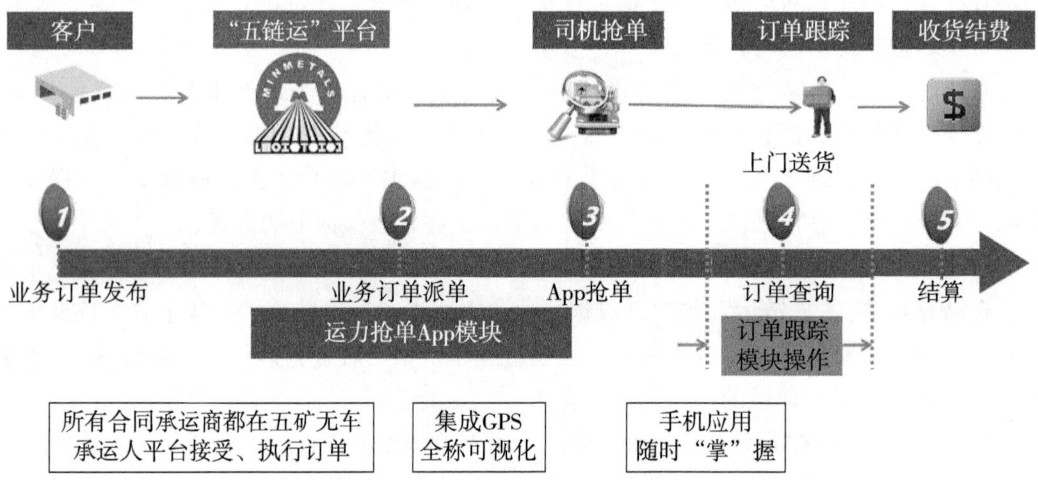

图2　“五链运”平台实现功能

（二）“五链运”平台的技术运用

“五链运”平台基于服务与模块化设计思想，采用“Linux + Apache + MySQL + PHP”架构，PHP具有开源性、跨平台性强、面向过程和面向对象并用、运行高效性及数据库连接的广泛性等特点，可运行在包括主流操作系统Windows、Linux及UNIX上，并且支持多数主流浏览器访问；服务器采用三级等保的云服务器，提供7×24小时技术服务，保证数据、系统及服务器安全；司机端App适用于主流两大移动端系统（iOS及Android），基本涵盖了市面上的应用手机；在此基础上运用GPS及基站定位技术，后台调用百度地图API管理电子地图，利用百度地图提供的功能，实现电子地图放大、缩小、图层控制等基本操作，实现了运输车辆运输轨迹的精准查询及追踪。

“五链运”平台是采用 PC 端与司机端 App（iOS 版和 Android 版）软件相结合的物流运输平台。运输订单信息在平台发布，司机端 App 实时更新，接抢运输订单，完成运输任务，平台支付运费。“五链运”的存储服务器采用拥有三级等保的电信供应商，保障平台运作安全。

五、经济效益和社会效益分析

五矿物流天津公司的无车承运人“五链运”项目通过加强内部管理，优化线上线下流程，提升服务水平，为运输业务的开展提供管理、技术及数据支撑，也为货源企业及其管理层安排生产与经营提供真实可靠的数据依据。同时通过其数据报表分析功能可以为相关政府和行业管理部门提供决策依据。小可为单独企业提供定制化接口服务，大可为促进多种运输方式信息平台对接、数据共享服务。

自 2017 年取得无车承运人试点企业资质以来，“五链运”平台共注册车辆 8853 部，累计运输车次 48635 次，运量超过 142 万吨，运费总额超过 2 亿元，取得了良好的经济效益。

2018 年 10 月 9 日，据国家交通运输部办公厅关于无车承运人试点综合监测评估情况的通报，五矿物流天津公司无车承运人取得了全国排名第 15 名，天津市第一名的成绩，获得了非常良好的社会效应。

六、经验体会及推广意义

（一）信息化实施的经验体会

1. 业务形式的创新

随着社会的进步及信息化水平不断提高，传统的、一成不变的业务模式和思维势必不能满足企业及行业发展需要。企业要想可持续发展，离不开管理手段创新、业务模式创新、技术创新和制度创新，做出适应信息化要求的相应变革，抛弃传统物流思维，顺应时代要求，才能在物流信息化浪潮中立于不败之地。

五矿物流天津公司作为一家传统的货代型企业，在激烈的市场竞争中，将传统的“点式”货代服务转化提升为“链式”物流服务已是势在必行的趋势，无车承运人“五链运”平台在这种形势下应运而生。公司通过“五链运”平台为客户提供优质的运输和信息服务，将服务链条不断延伸，最终形成“门到门”的全程物流服务。在“五链运”平台投入运营之后，不但为企业已有的客户群体提供了货运代理之外，更提供了全面优质的运输服务，同时还吸引了许多有运输需求的新客户，为公司业务的进一步拓展起到了很好的推动作用。

2. 信息服务及应用水平的提升

通过信息化的实施，客户量的提升，在平台运营过程中带来更多需求、更多问题，这对公司的信息服务提出了严峻挑战。公司的服务团队在不断解决问题的过程中，提高了专业性与服务意识。截至目前，公司无车承运人团队已发展至 10 余人，从行业趋势、互联网技术应用及无车承运人相关政策导向方面，一直坚持针对新问题开展业务培训，整体服务水平得以不断提升。

（二）推广意义

五矿物流天津公司的“五链运”平台是随时代进步应运而生的产物，该项目正确把握了政策导向，满足了市场需求，具有广阔的发展前景。平台的建成和运营实践成果，将打破一些传统的物流领域的商业模式，激发群体效应，逐步解决物流多层次需求与能满足需求的可选资源匹配之间的矛盾，为实现产业链协同运作、利益共享、提升效率、降低成本奠定坚实的基础。

平台的创新、高效的运营模式，将吸引更多的人加入平台，助力业务运行模式转型升级，为社会经济发展提供安全、高效、绿色的物流运输保障；在为政府决策、企业应用提供大数据支撑的同时，也为行业向现代化迈进做出应有的贡献。

七、“五链运”平台下一步的改进思路

通过不断地摸索、实践和学习，历时近两年运行的“五链运”平台已经颇具规模，对五矿物流天津公司汽车运输业务的开展起到了重要的支撑作用。随着业务的不断拓展，对信息化要求的不断提高，需要对“五链运”平台进一步升级与改进，并在总结经验的前提下将业务拓展至五矿物流旗下各所属公司。

（1）与优秀的网络开发公司进行合作，借鉴同类领先的无车承运人平台先进经验，依托互联网和物联网技术，进一步加强对“五链运”操作平台的后续开发与技术提升，进一步开发人脸和证照识别功能，加强“五链运”平台的安全性。

（2）在运输业务的整个过程中，港口、堆场等相关企业的业务动态信息对运输的开展有重要的作用，我们计划在“五链运”平台中开放端口，尝试与港口、堆场等操作平台进行相关业务动态数据的对接与共享，以进一步提高运营效率。

同时，随着国家各部委相关政策的不断出台和完善，公司也会不断调整工作思路，紧跟政策导向，进一步发挥无车承运人的优势，整合各种社会资源，促进无车承运人业务的持续稳定健康发展。

山西快成物流科技有限公司：大宗商品智慧物流·供应链管理平台

一、公司简介

山西快成物流科技有限公司（以下简称“快成物流”）成立于2017年1月，为北京快成物流科技股份公司全资子公司，是快成物流的运营总部。公司位于山西综改示范区，2017年3月申请成为国家首批“无车承运人”试点企业，并于2018年12月被认定为山西省高新技术企业，于2019年1月被评为全国4A级物流企业。

二、平台简介

此次，快成物流参选的案例为“大宗商品智慧物流·供应链管理平台”，属于无车承运人应用案例类别。该平台是快成物流依托于无车承运人平台的基础上所组织搭建的，融入供应链管理理念，形成物流生态链闭环系统，服务内容更为全面，服务体验更为优质。

平台立足于大宗商品物流行业，依托于“无车承运人”平台，运用互联网、物联网、大数据等技术所搭建，并可为物流行业上下游提供衍生增值服务。目前，平台可提供运输服务、管理服务、消费服务、金融服务、咨询服务这五大服务。

1. 运输服务

公司针对运输业务的上下游，自主研发货主版应用“快成物流”（Android移动端、iOS移动端、PC端）与司机版应用“快成司机”（Android移动端、iOS移动端），从发单、接单、装卸货、在途监控、运费结算等流程上为货主企业、信息部、运输公司、司机等提供便捷、安全、高效的线上服务，货主企业也可通过运输管理系统进行总体分配与调度，实时监控货物运输情况，便于计划生产调度，同时快成物流可为企业提供合法合规的增值税发票，降低企业税务风险，完善企业的运输规范化运作。

2. 管理服务

公司针对大宗商品相关企业的业务特点，自主研发“快慧通”智慧物流管理系统，利用“硬件设备+软件平台”的方式对厂内外物流进行精准控制与管理，产品包含合同、客商、排队、磅房、仓储、化验、结算七大管理模块，为企业实现物流全流程的无纸化办公，形成商流、物流、数据流、资金流、票据流的五重闭环管理，为企业提供了完整的智慧物流信息化解决方案。

3. 消费服务

公司基于物流运输产业链为平台司机和车辆提供包括加油、加气、轮胎、ETC、保险、维修、食宿、道路救援等方面的后市场消费服务。公司目前自主研发“快福宝”App及商户管理系统，为平台上的油气站、饭店、汽配店等商户提供在线销售渠道，同时也为店内进出管理提供信息化管理方式。公司推出了“云库”（轮胎无人零售方案）、橇装站（自助加油设备）、油气站联盟、快成流动服务车（为车辆自助换胎、换机油等服务）、ETC在线办理及充值、保险代理服务、油气集中采购等项目，为物流全产业链提供完整服务。

4. 金融服务

公司针对平台用户（包括企业和个人）进行资金需求调研及分析，与银行、保险、租赁公司等金融机构进行深度合作，共同为用户提供融资租赁、运费保理、消费贷款等金融服务，利用金融工具为物流产业链注入活力，提升物流行业运作效率，为整个行业进行降本增效。

5. 咨询服务

公司依托平台大数据进行数据挖掘与分析，为企业提供煤炭及物流咨询服务，可为企业提供最佳运输方案达到降本增效的目标，同时可为企业提供公路运价指数、煤焦市场现货与期货研究、洗配煤等服务，增强平台在行业内的服务能力和品牌影响力。

三、平台信息化背景

平台的信息化建设过程，充分结合大宗商品物流行业的特点和发展中存在的问题，考虑大宗商品的产地特点，以解决大宗商品物流行业发展中的难点问题为主要目标，推动企业转型发展，助力物流高效发展。

大宗商品物流行业长期存在着物流成本高、行业信息化水平低、行业监管缺失、增值服务不全面等问题，制约着大宗商品物流行业朝着集约化、规模化的方向发展。快成物流针对行业在发展过程中的遇到的这些问题，不断做出探索，以期通过信息化技术来变革大宗商品物流行业的发展模式，推动大宗商品物流行业朝着智慧物流方向发展。

（一）货运行业物流成本高

2018年，全国社会物流总额达到283.1万亿元，增长速度在6.4%左右。中国虽然已成为物流大国，但并不是物流强国，物流绩效并不理想。据国家发展改革委、国家统计局等部门联合发布的数据显示，2018年全国社会物流总费用为13.3万亿元，同比增长9.8%；社会物流总费用与GDP的比率为14.8%，比上年回升0.2个百分点，仍然远高于发达国家，中国物流发展具有很大的上升空间。物流成本过高成为运输企业发展的最大困局。由于缺乏有效的先进的运营组织模式，货运企业小、散、弱，这种高度分散的货运市场经营模式是无法带来规模化的经济效益的，同时，受基础设施建设、信息化水平的影响，货主及车主之间不能互通消息，货车空驶率高，使得区域内车辆和运力得不到有效调控，既浪费了资源，又增大了运输成本。

（二）物流企业信息化程度低

大宗商品物流企业一直以来采用传统的运输组织管理模式，信息化水平较低，业务流程多数依靠线下人工记录数据，耗费人力成本的同时伴随着准确率低、纸质凭证难保存、难统计、易损毁等弊端。由于大宗商品物流企业信息水平低，致使整个业务操作和管理协同上存在以下问题：①人工成本高，多节点需要人为监管，人力成本费用高，而且易出错；②纸质化严重，榜单、合同等数据纸质化严重，存在着共享难、查找难、录入难等问题；③企业管理信息化程度低，为后期的核对、统计带来了诸多不便，造成信息的孤岛化；④结算周期长，运费、合同费用等财务结算周期长，无法满足用户对效率的要求，而且有时存在着较大人为误差。

（三）货运行业碎片化经营

公路货物运输主要是个体经营，往往一人一车或几人一车，这构成了公路运输经营系统中基本的运营单位，也是目前公路运输企业中普遍采用的单车承包经营方式。这种方式由承包者或所有人对自己的车辆负全面的经济责任，自己管理，自己组货，自己营运，均是独立的个体，行业整体处于碎片化经营状态。这种经营模式直接导致难以统筹建设、难以引入新的技术手段、难以发展先进货运模式，信息化程度自然无法满足新时代对货运行业的发展要求。

（四）行业监管缺失，行业信誉低

道路货物运输行业一直存在着行业信誉低的问题，货物的安全性、付款的及时性、事故的真实性等问题都无法完全保证，行业信用度较低。

个体运输户无固定办公场所，分散性经营，集约化程度低，自己管理，自己组货，自己营运，道路货物运输主体安全监管难。尽管目前部分道路危险货物运输企业可通过物流运输平台实现从业人员、车辆及技术数据信息有效应用，以及从业人员、车辆紧密连接，从而规范企业运输组织管理。但是承运企业合作车辆较多，从业人员流动性较大，危险货物托运人不规范运作，导致车辆违法承运、超速运行、疲劳驾驶等情况依然存在。

另外，货运从业人员整体素质不高，因驾驶员队伍整体收入不高且不稳定，除非发生安全事故，一般难以严格落实动态监管及退出措施。

四、平台信息化进程

当前，国家积极倡导互联网与各行业的深度融合，互联网 + 货运新业态也在不断推进，以期借助互联网、大数据、云计算等技术手段，推进物流行业向信息化、智能化、数字化方向转型发展，实现物流行业的高效发展。

快成物流深知大宗商品物流行业发展的痛点和难点，大宗商品物流行业必须变革传统的运输组织管理模式，将互联网与物流行业深度融合，实现行业的转型升级发展。改变原来物流行业的碎片化经营状态，让物流行业朝着高质量、高效率方向发展的主要解决途径：一要依靠日新月异的互联网和物联网技术；二要在物流业中推行集约化发展。无车承运人正是这种思想的高度提炼和表达。在国家政策的倡导支持下，快成物流申请并成功成为国家首批无车承运人试点企业，采用先进的运输组织方式，促进行业的转型发展。

快成物流依托于无车承运人平台，始终坚持技术创新，聘请高精尖的研发专家，组建专业的研发团队，研发出多款物流软件产品，包括快成物流、快成司机、快福宝、快慧通、快成金服、客商管理系统、快乐驾等，精准实现了车货匹配，降低了物流成本，同时为大宗商品相关企业提供信息化管理服务以及多项增值服务，实现了企业的转型升级发展，同时助力行业降本增效，推动行业的高质量、高效发展。

主要产品如下。

“快成物流”——为货主端量身打造的移动互联网软件产品，帮助上游企业进行货源发布、运单管理、运费结算。

“快成司机”——一款专为货物承运端量身打造的移动互联网软件产品，帮助司机免费寻找最优货单，为司机提供订单查询、运费合算、违章查询、车辆维护、加油加气等多样化服务。

“快福宝”——油气、轮胎、维修等商家入驻快成商户平台，便利司机在线消费，并给一定优惠。

“快慧通”——由合同管理、磅房管理、仓储管理、化验管理、财务管理等集成化企业信息化管理系统，给企业提供物流信息化解决方案。

“快成金服”——主要做融资租赁、商业保理、授信贷款、消费金融等。

“客商管理系统”——用于解决企业物流运输任务的总体分配与调度，实时监控货物运输情况，便于下一步货物的生产与调度。

“快乐驾”——与北斗完全融合，可实现货物跟踪，呼叫对讲、订单实时查询等功能。

此外，快成物流积极布局汽车后市场、企业物流管理、金融等各项业务和服务，发展完善大宗商品智慧物流·供应链管理平台，形成了完整的物流生态链闭环系统。①汽车后市场业务包括加油加气、轮胎智能云库、ETC 卡、橇装加油站、车辆融资租赁等在内的业务全面开启；②公司针对大宗商品企业特点，推出“快慧通”企业智慧物流管理系统，为企业量身定制智慧化、信息化的智慧物流信息管理平台，推动大宗商品物流行业转型发展；③在金融方面，公司则与中国平安合作推出保险业务，与包含中国农业银行、中远海运等金融机构取得了合作。同时，共同为用户提供融资租赁、运费保理、消费贷款等金融服务。

五、平台信息化效益评估

（一）效益指标

目前，快成物流加盟公司和分公司已有百余家，主要分布在山西、内蒙古、陕西等主要煤源地和山东、河北、河南、江苏、华南等煤炭消费地。

经济效益指标：截至 2018 年 12 月，快成物流主要运营数据：总运量 8400 万吨，总交易额 83 亿元，车辆注册量 22 万辆，全国运单数 273 万单。根据国家交通部公布的 229 家无车承运人数据统计情况，快成物流在平台总交易额和全国运单数等方面名列前茅，综合排名一直位列山西省第一。

社会效益指标：公司在迅速发展的过程中，对社会经济发展和生态文明建设也做出巨大贡献。按照目前平台注册运输车辆计算，平台可帮助运输车辆全年减少1亿公里空载里程，并节省燃油费2亿元、减排 CO_2（二氧化碳）8万吨。平台的建设还提高了公里里程利用率近50%，降低了司机拉运的等货时间，降低货主的运营成本，解决社会就业，增加了当地政府税收。

（二）创新模式影响

随着信息技术的发展，尤其是物联网技术的快速发展与普及，物流业也逐步朝着信息化、网络化、自动化的现代物流方向发展。现代物流技术的发展既改变着人们的生活，也对企业提供了机遇和调整。企业的各项生产活动都必须要计划、组织、协调和控制，而这一系列的工作可以从现代物流技术发展的角度出发，企业要不断对生产物流管理进行优化和创新，实现对计划、组织、协调和控制这一系列工作的管控，也实现公司各项生产活动的管控，不断优化企业物流生产效率，以适应现代物流发展的需要。

在这样的背景下，物流企业已经不能满足于陈旧落后的运营模式，必须进行技术创新和组织管理变革。企业不仅要求货物运输高效便捷，还对物流管理的精细化、智能化提出了更高的要求。企业需要智慧化、智能化的管理系统连接货运两端，使大宗商品物流企业能够更好地适应时代发展的要求。

平台为大宗商品物流企业所打造的智慧物流管理系统解决方案，采用“2+7+1”的管理模式，通过移动端和企业物流管理系统相关联，将厂外任务分配、车辆运输监控、货物监控以及运费结算的管理，与厂内七大管理模块相互协同，形成商流、物流、数据流、资金流、票据流的五重闭环管理，帮助大宗商品企业管理实现了数据化、信息化、智能化、电子化，为企业提供了完整的智慧物流信息化解决方案。

（三）竞争力

快成物流在发展过程中取得了良好的经济效益，业务范围不断扩大，交易额不断攀升，加盟公司以及分公司遍及10多个省市自治区，囊括华北、西北、西南等各区域。快成物流凭借自身的努力，实现了公司的快速发展，其发展能力和发展前景赢得各界的肯定。2018年5月，国家交通部副部长刘小明一行对吕梁分公司进行了实地考察，并给予积极的指导意见。2018年6月，快成物流完成了由睿嘉资产领投的亿元级pre-A轮融资。2018年8月19日，快成物流与吕梁市离石区政府签署大数据建设的战略合作协议，共同打造大宗商品（吕梁）大数据中心。2018年10月，成为山西省资源型经济转型促进会会员单位。2018年12月，与山西省资源型经济转型促进会签署战略合作协议。

六、平台信息化的意义

在平台信息化实施过程中，快成物流在无车承运人、企业信息化管理等方面积累了丰富的经验，对企业信息化实施具有重要意义。

（一）主要经验

物流与供应链信息化过程就是其与互联网、物联网深度融合的过程，通过数据支撑、网络化共享、智能化协作来共同实现，涉及互联网、物联网、大数据、区块链等多种先进技术，应坚持技术创新，深挖数据资源，共同打造智慧物流、智慧供应链，并积极推进智慧物流与智慧供应链的应用领域。

1. 采用先进的技术是实现信息化的前提

企业的信息化离不开先进技术的支持，实现信息化必须保证技术的先进性。快成物流密切关注物流行业的技术革新，将互联网与物流行业相结合，采用物联网、大数据、云计算等技术，搭建出大宗商品智慧物流·供应链管理平台。

就物流业务流程信息化而言，平台借助计算机技术、网络技术、电子数据交换技术、条码技术、全球卫星定位系统等多种信息技术，构建物流管理信息系统，使得物流管理的自动化、高效化、可视化得以实现，物流变得更加智慧化。

2. 坚持技术创新是实现信息化的保证

快成物流坚持技术创新，通过高薪聘请研发工程师，组建了上百人的研发团队，自主研发多款物流软件产品，包括快成物流、快成司机、快福宝、快慧通、快乐驾等产品。技术上的创新发展保证了快成物流在物流业务信息化的实施，使得包括货源发布、车货匹配、订单管理、轨迹跟踪等在内的业务全面智能化管理，大幅提升了公司的运营效率和管理水平。

3. 构建物流大数据是信息化深入发展的关键

在如今激烈竞争的经济环境下，大数据的价值不言而喻。在国家政策的推动下，快成物流成为率先开展物流行业的互联网转型发展的企业之一，在数据采集方面具有一定的优势。快成物流不断加强大数据分析体系的建设，夯实平台在数据分析与应用方面的竞争力，以数据驱动智慧物流的发展。

4. 智慧物流是信息化的最终目标

智慧物流是物流行业发展的主要方向，将物流变得智能化是各个物流企业的终极目标。快成物流在发展过程中，将智慧物流应用于多个领域，已取得了较好的效益。

（1）智慧物流与运输管理相结合。快成物流目前已借助智慧物流的相关技术，实现了运输管理的可视化。通过采用网络、RFID、GPS 等技术，运输过程中的数据可实时传送给平台，实现了对运输货物、运输路线、运输时间的可视化跟踪管理，货主、司机可登录平台及时掌握运输过程中的关键信息点，并且基于平台可实现运输任务的调度分配、运输信息统计、自动结算等一系列功能。随着智慧物流的进一步升级发展，运输管理也将会更加的智能化。

（2）智慧物流与企业管理相结合。针对大宗商品相关企业的业务特点，自主研发“快慧通”智慧物流管理系统，利用“硬件设备 + 软件平台”的方式对厂内外物流进行精准控制与管理，产品包含合同、客商、排队、磅房、仓储、化验、结算七大管理模块，为企业实现物流全流程的无纸化办公，形成商流、物流、数据流、资金流、票据流的五重闭环管理，为企业提供了完整的智慧物流信息化解决方案。智慧物流与企业信息化管理相结合，两者协同发展，助力整个行业的高速发展。

（3）智慧物流与供应链管理相结合。根据智慧物流平台的数据资源，快成物流对供应链的上下游企业进行分析，针对不同用户的需求，提供差异化定制化服务，增强其对平台的黏性。同时，快成物流将供应链管理与智慧物流相结合，将两者紧密地结合在一起，通过网络的统一管理和调度数据资源，实现整条供应链的信息传递和信息共享，有效提高整个供应链系统的运作效率，实现供应链上下游企业之间的良性互动，降低物流成本。

（二）重要意义

1. 通过信息化实施，实现企业的转型升级发展

快成物流在探索发展过程中，将互联网与物流行业相结合，借助无车承运人平台，自主研发多款物流软件产品，实现企业业务的信息化，实现企业向互联网企业的转型发展。

2. 通过信息化实施，提高企业的信息化管理水平

快成物流针对大宗商品相关企业的业务特点，自主研发“快慧通”智慧物流管理系统，为企业实现物流全流程的无纸化办公，形成商流、物流、数据流、资金流、票据流的五重闭环管理，为企业提供了完整的智慧物流信息化解决方案，提高了企业的信息化管理水平。

3. 通过信息化实施，带来明显的经济与社会效益

快成物流自从实施信息化战略以来，客户量与业务量节节攀升，企业取得了良好的经济效益，并且解决了社会的就业压力，为政府带来了税收。同时，通过降低车辆的空载率，减少燃油使用量，减少了车辆CO_2的排放量，对保护大气环境具有积极的作用。

4. 通过信息化实施，助力物流行业高质量发展

快成物流在大力推进信息化建设的过程中，充分地整合社会运力，拥有较强的货源组织能力，对整个物流行业向着规模化、集约化发展做出了一定的贡献。同时，信息化的实现降低了车辆的空载率，多项增值服务为用户降低了成本，对整个物流行业降本增效具有重要意义。

七、平台信息化的建议

随着信息技术的快速发展，信息化建设对于企业未来发展与生存具有重要的作用。企业应充分利用现代信息技术，积极开发信息资源，并将其应用于企业业务流程、企业现代管理等方面，提升企业的业务水平，进而推动行业的快速发展。就目前平台的信息化建设情况来看，还有许多需要完善的地方，尤其是随着大数据时代的到来，能够在竞争激烈的行业环境中抢先拥有数据优势对于企业的发展尤为关键。快成物流“大宗商品智慧物流·供应链管理平台”在不断完善发展的基础上，应着力于物流大数据中心的建设。

（一）增强运力供应链服务能力

无车承运人经过两年的探索发展，取得了良好的成绩。但是，无车承运人目前在直接服务货主企业、供应链企业的能力上，有很大的提升空间。

互联网的普及催生出了大量的平台型物流企业，在做好货运平台的基础上，物流平

台企业的下一个着力点应该是运力供应链服务，形成更为完整地针对运力的供应链服务。完善精准物流服务生态圈与供应链功能生态圈，发力物流管理系统、重卡租赁、供应链金融服务、ETC、加油加气、车辆救援维保等多个方面，链接全产业链不同的业态，让每一个参与者都能够受益于智能大数据技术进步所带来的效能提升。

（二）提升平台风险防控能力

目前，相较于一般的信息撮合平台而言，大宗商品智慧物流供应链管理平台应当承担全程的运输责任和风险，这也和网约车管理办法有异曲同工之处。未来，快成物流应对线上服务能力提出更高的要求，加强各方面信息的监管，并通过一定的途径来提升风险防控能力。

（三）物流大数据分析体系建立

在“互联网+”赋能下，平台逐步呈现出规模化、标准化的趋势，已有一大批企业率先抢占了物流大数据这块“大蛋糕”。平台实时、大量的交易为企业与行业研究提供了大量的物流数据，不断积累的数据资料形成了大数据体系。

在如今激烈竞争的经济环境下，大数据的价值不言而喻。在国家政策的推动下，快成物流成为率先开展物流行业的互联网转型发展的企业之一，在数据采集方面具有一定的优势。未来，应加强大数据分析体系的建设，夯实平台在数据分析与应用方面的竞争力，以数据驱动平台、智慧物流的发展，为整个物流行业提供数字化的公共服务。

门到门信息技术有限公司：门到门无车承运智慧物流系统

一、应用企业简况

门到门信息技术有限公司成立于2015年4月，是奇辉集团下属企业，注册资本人民币5000万元，经营范围以物流信息咨询、物流运输服务、物流领域软硬件研发和服务为主，是国家首批无车承运人试点企业。

公司现有员工及加盟网点人员1800余人，自有分拨中心130000平方米。经过快速发展和模式复制，门到门信息技术有限公司已在沈阳、大连、长春、哈尔滨、成都、上海、天津、青岛、石家庄以及江西等地设立多家子公司及办事处。目前已形成一个成熟的集公路零担和整车运输多种业务的公铁水多式联运运营体系及覆盖东北、华北、华中、华南等区域的“干线＋支线”的运输网络布局。

门到门信息技术有限公司自创立起就将提供一站式物流综合解决方案作为立足点，以公铁水多式联运作为业务核心，通过综合价格、时效的“公铁水一单制”的物流方案，帮助发货人降低物流成本，提高运输效率。作业流程如图1所示。

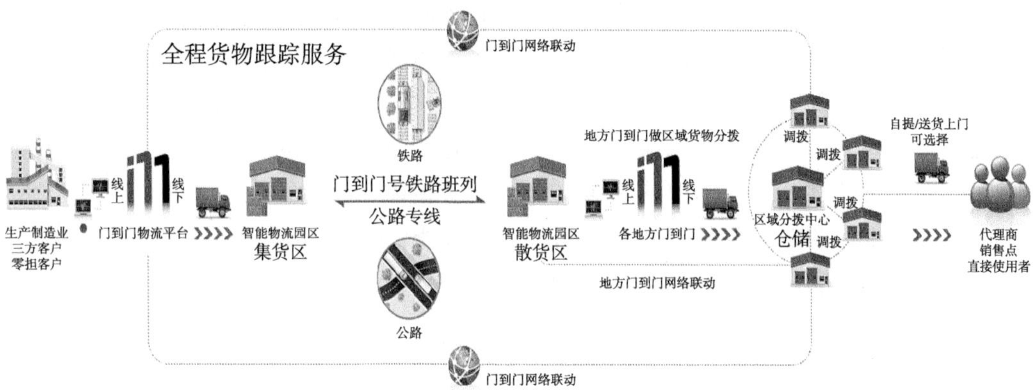

图1　作业流程

二、企业通过信息化技术要解决的问题

我国物流行业单项成本其实并不高，如单个仓储、单个运输，有的甚至比国外低，但由于没有信息化的调度，造成物流时间过长，持有成本陡增。据初步测算，沈阳市装备制造业集聚区的物流成本占总成本的20%左右，是发达国家的2～3倍，物流时间也高出很多，缺乏连接制造商、零售商和客户的信息系统，造成整个产业链过长，进而导致

集中采购的效率十分低下。

目前，大部分物流企业采用传统的运作方式，完善的物流信息系统、电子数据交换和货物跟踪系统等尚未广泛应用。各物流业务相关部门之间缺乏联动，物流企业不能与其信息系统互联互通，影响了通关效率；车辆配送调度、运输路径规划的不合理导致迂回运输和来回空车率的提高；信息系统更新不及时，物料信息资源获取缓慢和无法掌握运输仓储动态；无法准确掌握动态信息，不能向顾客提供物流已经具体运输到哪里、是否已经配送完毕等信息。信息传输的速度和准确性得不到较大提高，同时单据处理成本、库存成本、差错成本、人力成本也不能得到有效控制，大大影响了物流管理水平和服务质量的提高。

智慧物流是物流业降低成本、提质增效、转型发展的新动能，发展智慧物流是物流业的大趋势。智慧物流最重要的特征是信息化。“智慧物流”就是以互联网、大数据、云计算等现代信息技术为引导实现物流信息联通、物流资源共享以及物流行业自动化。“智慧物流”综合运用大数据、物联网等现代信息技术，建设智慧物流系统对于促进产业结构调整、转变经济发展方式、降低物流成本，提高物流能效，助力物流行业发展、节能减排、降低能耗，实现经济可持续发展、信息互联共享、资源优化配置，推动产业融合、协同发展等都具有重要意义。

三、企业信息化进程

无车承运业务是公司的核心业务，而信息平台是向各类用户提供信息交换与共享服务的开放式的网络信息系统，是推进物流信息化建设、提升物流信息化水平的重要载体。企业物流信息化前期建设滞后，使得物流信息分散、条块分割，信息不能共享，从而导致信息资源不能有效整合，早期信息化整体规划能力较低进而影响无车承运业务快速开展。

门到门信息技术有限公司成立之初，企业信息化尚未形成长期发展战略体系，标准化工作发展较慢，同时对自身的信息化建设也缺乏规划。为了解决这些问题，公司加强了物流信息化建设，不断提升物流信息化水平，有效整合行业资源，实现行业资源交互和共享，充分发挥物流行业的整体优势，从根本上整体提升物流服务水平。按照公司物流信息化的要求，调整组织结构和企业内部分工体系，减少中间管理层次，充分发挥信息化的综合效能，提高企业的管理效率。将企业信息化建设与强化企业基础管理相结合，同时引进先进的管理理念，坚持从企业实际出发，统筹规划，突出重点。公司建立的智慧物流系统采用多维度用户画像技术建立高强度数据安全机制和模型，形成以互联网为基础的创新商业模式。系统涉及的关键技术包括：海量轨迹数据的存储和检索机制、海量轨迹数据的压缩算法、多源数据融合的大数据处理、多维度用户画像技术（见图 2）、信用评价模型、智能交易撮合模型、企业信贷风险评估模型、数据信息安全模型。

门到门智慧物流系统包括的子系统有：运力管理、客户关系管理、业务管理、运单管理、结算管理、仓库管理、组织机构管理、字典管理和系统管理。系统主要用于托运商、承运商、三方中间商之间协同运作的操作系统，主要针对的用户群体为第三方用户及承运商，为维护客户关系管理、跟踪运单状态、相关财务数据分析提供便利。平台商业模式示意如图 3 所示。

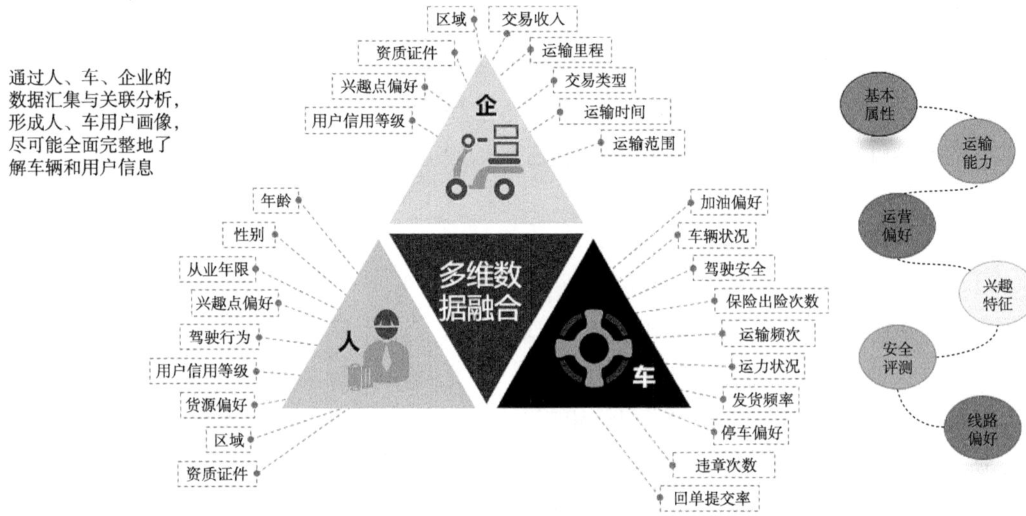

图 2　多维度用户画像技术

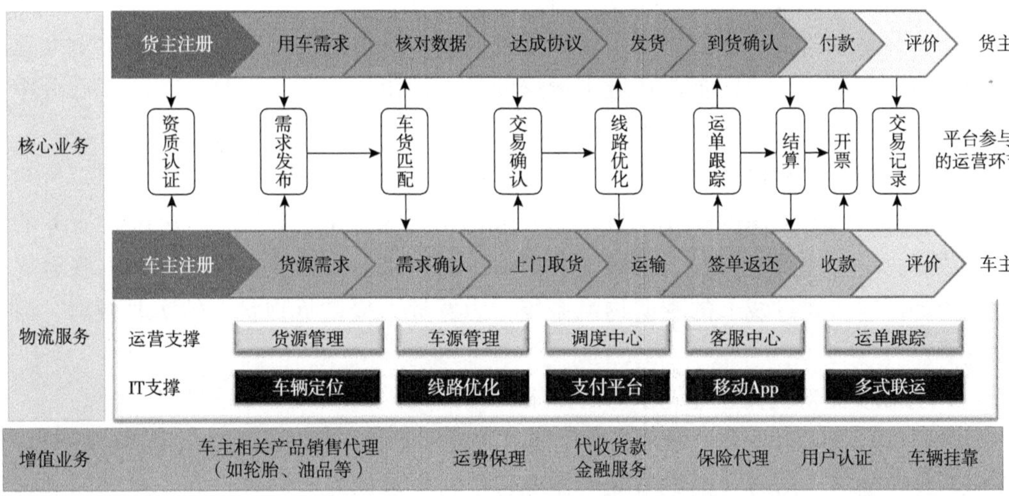

图 3　平台商业模式示意

门到门信息技术有限公司通过信息化技术来促进企业的快速发展，快速推广无车承运业务，以带动制造业的产业升级。目前大多数物流企业只能提供简单的运输和仓储服务，很难满足一体化物流服务的需要。物流的落后已经成为区内制造业企业转变生产方式和区外制造业企业向区内转移的制约因素。

在业务流程和经营管理中，企业通过信息化技术，在车辆调度系统为车辆进行位置跟踪、实时沟通、指挥调度，可以更加准确、及时、快速地管理运输车辆，降低车辆空载率，节省资源，提高利润率，降低节能减排，真正实现绿色物流，并对车辆所在位置推送货源信息，增进企业与车辆间信息互通，能够让企业与车辆之间产生信息的直接交流，对促进传统产业结构调整和改造升级起到了巨大的推进作用。满足一体化物流服务的需要，真正提高了工业企业车辆调度效率，对车辆实时监控，降低车辆的空载率，降低物流总成本。

同时，也制订了适合公司自身的信息化发展规划，明确了物流信息化发展的目标在于构建信息优势。依据信息技术的发展趋势和现代物流的整体需求，依托物流公共信息化建设，根据国家和区域现代物流发展规划，制订了物流信息化发展规划，确立物流信息化建设目标和实施方案。处理好技术的成熟性和领先性之间的矛盾，使物流信息化具备良好的兼容性和持续升级能力，立足先进技术，超前开发设计。

四、信息化主要效益分析与评估

1. 信息化实施前后的效益指标对比、分析

自公司2018年建立自有信息平台以来，无车承运业务得到了快速的发展，累计完成运单数66000单，零担业务完全覆盖辽宁省，大宗商品已辐射全国各省主要大中城市；2018年较上一年累计整合车辆增幅达350%，司机人数增长300%；服务的中小企业累计突破1万家；公司业务逐渐涵盖零担和大宗商品运输，单车平均配货时间由原来的8小时提高到6小时左右；车辆利用率由55%提高至80%。除此之外公司在货损率、货差率、货物交付及时率、投诉率、投诉处理率始终控制在极低的水平，各项指标均远低于1%。

2. 信息化实施对企业业务流程改造与创新模式的影响

由于信息平台的推广和使用，企业严格按照生产管理制度经营，从未发生重大道路交通安全责任事故。今年，企业在城市配送业务方面也取得重大发展，解决了部分中小企业主“最后一公里”的烦恼，被沈阳市政府列为沈阳市城市配送试点单位。

门到门信息技术有限公司开展无车承运业务的目标是通过将精准运力利用平台与发货人对接，实现运力资源的优化配置，提升可视化、网络化、规模化、标准化服务的能力，提供运力一体化解决方案，以满足大型货主的需求。公司通过线下公铁水联运提供最优运力的同时，通过线上的透明物流系统，为发货人提供货物状态的实时查询，保障货物安全。

3. 信息化实施对提高企业竞争力的作用

门到门信息技术有限公司通过信息化技术实现了降低车辆空载率、节能减排的目的，真正实现绿色物流。同时，根据车辆所在位置推送货源信息，增进企业与车辆间信息互通，让企业与车辆之间产生信息的直接交流，真正提高工业企业车辆调度效率，降低物流总成本，提升企业利润。

物流信息化的发展一方面促进全省社会经济产业结构调整，另一方面促进企业组织结构调整，同时也将带动一批第三产业相关的行业发展，从而带动整个第三产业在总经济结构中的份额。有利于企业节约流通资金，引入或开发高新技术，优化整体产业结构。同时，以链条效应带动如物流设备制造业、物流咨询公司、物流通信器材等相关产业发展。

本系统在实施过程中对提高公司的竞争力可以起到一定作用方面。通过互联网作为支撑的供应链间货物流动管理信息交换中心概念很容易被货主及承运人接受。最初的公共性的物流信息化是单一的水平化、开放式的市场，即货主在互联网的公告板上输入托运单，让承运人为这些托运单竞标。通过本系统逐步实现的物流信息化手段，许多物流服务提供商将具备为客户提供“门到门”服务的能力，所以信息化促使公司符合了现代流通发展趋势，适应了我国物流信息服务业发展的需要，同时满足了门到门信息技术有限公司发展战略的需要。

五、信息化实施过程中的主要体会、经验与教训

门到门智慧物流系统研发项目在产生巨大经济利益的同时，其社会意义非常明显，在提高整个物流行业效率、促进网络科技普及、降低能源消耗、建设节约型社会等方面产生积极的推动作用。在自身成为纳税大户的同时，加速东北老工业基地改造，为振兴东北经济建设做出贡献。

公司现已充分意识到研发是信息化的重中之重，项目所用的知识产权在转化过程中没有面临技术问题和壁垒，所以说要做好物流信息化企业一定要有自身的核心技术和团队作为支撑。公司现有研发团队从事物流系统研发工作多年，有着丰富的研发经验，基本可满足技术开发和升级需求。

智慧物流系统的升级目前在技术上正在不断完善，但在信息互通阶段进展还稍显缓慢，设备的采购时间和研发成本的提供时间与预期存在一定距离。另外，通过市场团队在市场开拓的过程中获得的用户体验与反馈，要不断完善结构和功能，按照用户需求不断迭代更新产品功能和用户体验性。应提高信息化建设层次，尽量升级信息系统以此来优化企业流程，在建立健全企业决策机制的基础上，结合企业实际建立与完善市场经营管理体系、生产管理体系、科研和产品质量管理体系、物流管理体系、财务管理与核算管理体系、人力资源等一系列的现代化管理体系和推广应用现代化管理方法。公司按照“项目管理”现代方法与手段，制订各部门的管理规划、目标、实施程序、考核标准和制约机制与分配机制等，确保公司决策，方针、目标、计划的实现。

工业企业发货物流运输需要发布的新渠道，解决企业找不到合适运力的问题，工业企业配套服务需要做好信息发布保障，通过本系统发布物流信息，对应运力及时反馈，达成物流交易。企业在通过车辆调度系统为车辆进行位置跟踪、实时沟通、指挥调度功能。通过此举降低车辆空载率，降低节能减排，真正实现绿色物流，并对车辆所在位置推送货源信息，增进企业与车辆间信息互通。

此外，货物状态的可跟踪、可监控不仅对于发货企业十分重要，对于收货企业同样重要，发货企业对货物运输过程和货物状态的安全性、时效性的需求往往来源于下游企业的需求，因此，工业品运输跟踪系统为工业企业的工业品运输提供安全保障，对工业品运输进行在途在仓跟踪，保证货物在可监控的范围内，实现货物运输的透明化，提高货物运输安全性，降低货物运输过程丢货风险尤为重要。

六、本系统下一步的改进方案与设想

虽然公司在信息化的道路上取得了一定的突破，但绝不能因此而停滞不前。所以公司要求研发团队通过与业内资深专家和科研院校学者沟通交流，对我国物流产业下一步发展领域进行技术研究和储备。主要从以下几方面深入研究。

（1）研究物流企业画像技术，基于车货交易系统采集的交易数据，采用模糊评估、时序预测、稀疏矩阵等数据挖掘算法构建物流企业的用户画像，对企业进行信用评级和智能交易撮合，为提升交易安全和效率，推进行业诚信建设不断深入提供有力的技术支撑。

（2）研究运输车辆画像技术，基于车联网系统采集的车辆运行轨迹数据，采用神经

网络、灰度预测、遗传基因等时空大数据挖掘算法构建车辆运行用户画像，将车辆轨迹转换为新型征信数据，对金融机构量化评估企业盈利能力、运营安全能力提供可靠的风险评估依据。

（3）研究企业信贷风险模型，通过先进的统计计量模型来更加准确地描述多种金融资产价格波动的关联性，同时对大量的企业经营风险因子的相关性进行描述、估测和模拟，以便测算企业信贷违约风险系数，为金融信贷业务提供强有力的技术支撑。

（4）研究智能交易撮合模型，基于价格、承运商信誉、货运资源优化程度等因素的综合判断，实现货主、承运商、货物的智能匹配，为提高车货交易效率提供技术支撑。

（5）研究智慧物流综合大数据系统，运用大数据技术融合企业、人、车辆多维度数据，对政府监管部门全方位量化评估企业经营能力、司机安全驾驶能力、车辆运输效率提供强有力的技术支撑，为金融机构提供可靠的风险评估依据。

（6）研究高强度数据安全机制和模型，综合利用消息摘要算法、密钥交换算法、非对称加密算法和透明数据加密算法等现代加密技术体系，实现互联网运营系统数据安全和存储安全防护体系。数据安全模型示意如图4所示。

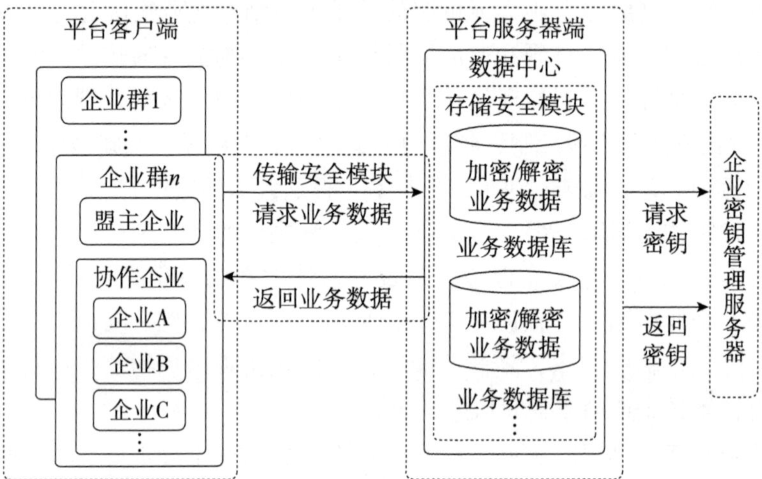

图4　数据安全模型

此外，公司下一步将加强物流公共信息平台建设，不断提升物流信息化水平，可以有效整合行业资源，实现行业资源交互和共享，从根本上提高物流服务水平。坚持以需求为主线，不断提升现代物流信息化水平，对顾客需求、企业与消费者等不断变化的情况随时监测，提升企业物流关系管理水平。最终将实现保证货物运送的准时性，提高交货可靠性，提高对用户需求的响应性，提高政府行业管理部门工作的协同性，提高资源配置的合理化。

发展物流信息化需要应用先进的物流技术，积极推动公共的物流信息化，通过信息化将相应的物流资源进行统一调控，争取用最低的成本提供最好的服务，提供给客户个性化物流服务以及全面的物流信息。加强建设信息化，提高物流信息化建设层次，一是与客户信息系统进行对接，将信息化作为关键的工具来提高竞争能力；二是信息的采集和交换，主要以内部资源的整合和流程为主要目的，从而实现标准化、低成本和通畅；三是信息的加工和挖掘，主要是以优化决策为目的，将信息转化为知识，提供决策的依据。

河北新武安钢铁集团物流有限公司：安霖云智运无车承运

河北新武安钢铁集团物流有限公司投资建设，全省首家B型保税物流中心，总投资26.3亿元，规划占地1600亩，分两期建设。一期建设海关监管区、内贸物流区，二期建设综合服务区、金融行政区。项目具备保税物流、内陆口岸、多式联运、物流金融和金融物流服务、内贸物流加工、跨境电子商务“六大功能”。项目全部建成运营后，可实现年销售收入80亿元，利润3.5亿元，税金1.6亿元，直接从业人员5000余人。

一、无车承运国内发展现状

“无车承运”作为一种轻资产、技术密集的业务模式，在行业转型和政策的同步推进下，近3年获得了快速发展，产业形态逐渐清晰。试点覆盖了公路货运的各个领域，无车承运主体企业主要包括以下四类。

（1）传统物流企业：依靠自身强大的车辆资源，在货源信息不对称、车辆信息供过于求，以及营改增政策的影响下，转型做无车承运人模式。

（2）信息平台企业：利用“互联网+物流各细分领域”，通过提供全运输流程管控和跟踪等服务，增加客户黏性，积累客户资源。

（3）三方物流企业：选择放弃自有车辆，建立整合社会运输资源的信息系统，从而掌握服务的定价话语权，以便占领无车承运人市场。

（4）物流园区企业：掌握丰富的线下资源优势，具有大量的货物及车辆资源，是园区当地的物流枢纽，具有发展无车承运的天然优势。

二、河北省无车承运试点建设情况

河北省第一批无车承运人试点企业共10家，其中邯郸有2家，分别是：河北万合物流股份有限公司和邯郸市邯钢集团安达物流有限公司。河北省道路运输管理局从全省26家无车承运储备企业中择优选择20家左右成为第二批省级无车承运人试点企业，试点时间为2019年1—12月。

三、武安建设无车承运平台的必要性

（一）生产企业集中

以武安为中心，半径200千米内，有钢铁、焦化、电力企业在内的大型生产企业80余家，形成了以煤炭、焦炭、铁矿、钢材、设备等大宗物资为主的年运输达3亿吨，产值

300多亿元的物流运输网络。

（二）运输车辆集中

河北省为钢铁大省，同样也是大宗物资运输大省，以武安为中心，方圆500千米内，形成了以山西煤炭东出、港口铁矿西进、企业钢材外运的闭环物流运输网络，闲散运输车辆达到10万余辆。

（三）区位优势明显

武安地处晋冀鲁豫四省通衢之地。以这里为圆心，200千米半径涵盖晋冀鲁豫4个省会，是多个国家级发展战略区域的重要节点；毗邻黄骅港、天津港、曹妃甸港、青岛港、日照港和烟台港，紧邻青兰高速、京深高速、太行高速；经邯长铁路，可与邯黄铁路、京广铁路接轨。河北新武安钢铁集团物流有限公司地理位置优越，并且处于企业、港口以及运输车辆的中间纽带，是供应链上下游的核心位置，货运资源整合能力最强。

（四）多式联运将成为特色

无车承运人模式的发展势在必行，全国已建设了多种模式的无车承运平台。未来无车承运生态圈也将更加丰富，业务模式更加多样化。多式联运将成为无车承运人业务拓展和竞争力提升的努力方向。公司目前有铁路专用线2条，正在筹建中有7条，铁路专用线至各工厂的终端配送亦成为公路运输的突破点。

四、公司战略规划

重点建设以业财一体化管理和人力资源管理为支撑，以供应链管理和保税物流为基础，建设“天网”“地网”两大平台，实现资源共享、智慧数据的大数据管理平台。“天网”即跨境电商和大宗商品交易电商平台，“地网”即无车承运和绿色城配平台（如图1所示）。

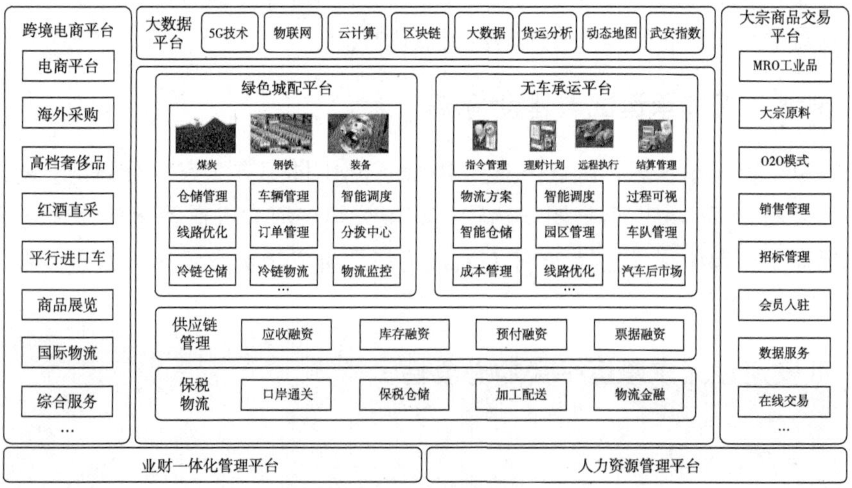

图1 公司战略规划

五、建设目标

“安霖云智运”物流电商平台旨在建设一个连接供应链上下游，以上游大宗物资运输为基础，汇集下游闲散运力资源，能够实现“物”与“流”双汇集的无车承运平台。同时融汽车销售、担保、加油、保险、借贷等后市场金融服务于一体，以冀南地区为核心，以周边6大港口为支点，将平台打造成为辐射晋、冀、鲁、豫的高度专业、互通互联、服务优先、开放共赢的物流供应链生态圈。

构建“三平台、一中心”的立体式无车承运发展模式，形成三大闭环链条。如图2所示。

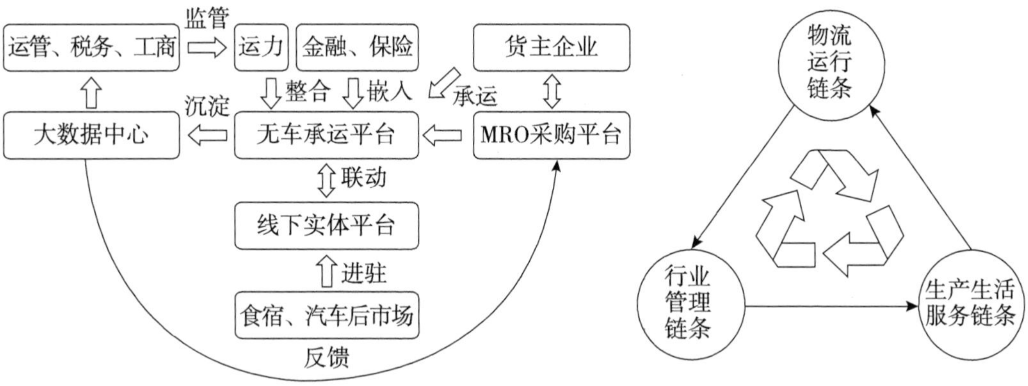

图2 “三平台、一中心”的发展模式和三大闭环链条

(1)“上游企业—无车承运平台—个体司机”的物流运行闭环链条。

(2)“政府部门—无车承运平台—个体司机”的行业管理闭环链条。

(3)“个体司机—无车承运平台/线下实体平台—汽车后市场”的生产生活服务闭环链条。

六、业务架构

利用平台整合制造业、配货站、货代公司等货主进行加盟，吸引社会车辆和公司加入。通过抢单/竞价和自动撮合等多种交易模式，更好地满足车主和货主的需求，解决车货不匹配、过程无监管、交易无担保等问题，形成加盟型的第四方物流平台。让小货主享有大货主同样的服务，让社会车辆可在平台上找到货源，让货主可以找到性价比更高的车源。如图3所示。

七、功能架构

基础数据模块：该模块将会提供人车户基本信息的全面管理与认证，为业务开展提供数据支撑，同时预制多个字段用于后续业务的扩展。丰富权限管理体系，从功能、数据两方面实现权限的多层配置。加大证照档案的管理力度，提高平台用户的准入要求，为车辆的安全运输打下牢固基础。开发数据管理模块，实现数据的上传管理和监控。

货源发布模块：该模块主要负责发布货源。货源发布是无车承运人模式进行订单匹

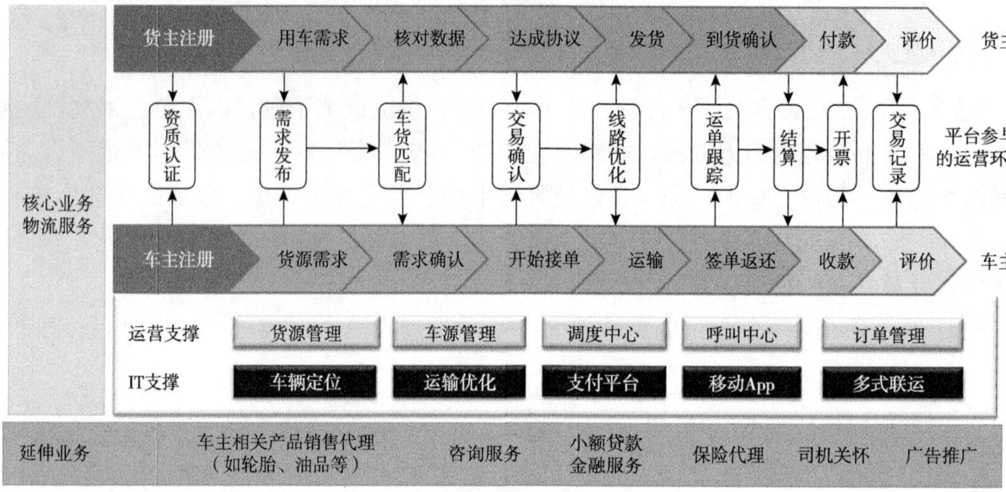

图3　业务架构

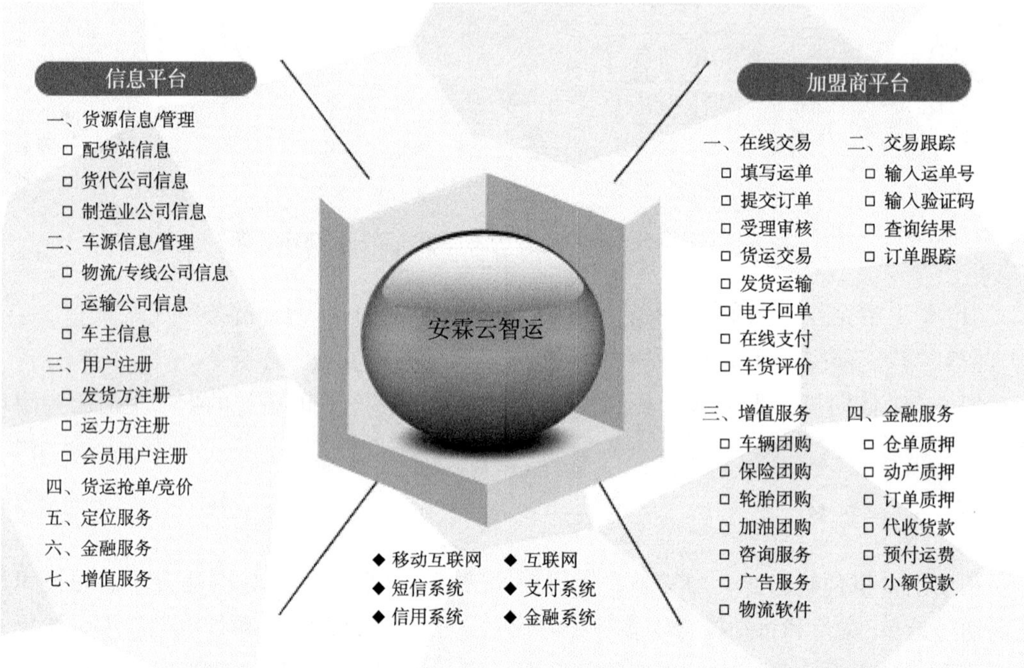

图4　功能架构

配的基础，从货源发布到业务沟通，再到订单状态跟踪，最终到支付，平台提供全过程的货源管理功能，通过大数据沉淀，平台对货源地区、货源属性、运输要求、价格智能计算等角度做出汇总分析，更好地为货主用户服务提供数据依据。

运输管理模块：该模块主要负责对运输过程的管控，通过多张业务单据的相互传递与交互，打通整个物流运输过程，通过现代信息技术对运输业务全流程和实际承运人的车辆运营情况进行全过程管理。

调度模块：该模块将会负责对运输订单的调度、改派、多地卸货等业务的处理，通过灵活的软件功能，提高对复杂多变业务的处理能力。

智能交易撮合：通过半径搜索算法和区域划分法，实现车源、货源的智能撮合。

安全监控：该模块将会通过先进的互联网技术，从订单状态、车辆位置、运输轨迹等多方面进行运输过程的监控，运输过程完全透明化，面向社会提供“人、车、货”等基本信息的查询服务。

在途跟踪：通过车载定位设备，实时记录订单在途状态、运输记录等，保障货物安全。

会员信用体系：采用信用评价指标体系结构，结合多层模糊综合评价模型作为客户信用评价模型。

电子运单模式：平台提供电子运单服务，提高结算沟通效率，降低对账成本。

大数据分析：订单分析、运价分析、货源分析、车辆分析、网点分析、运营分析、渠道分析、物流分析、营销分析等，充分运用大数据分析来优化业务线路。

在线支付模块：该模块主要负责结算业务的流程管控，全面精确的结算支付体系，包括应收应付、收付调整、结算对账、收款付款等功能通过在线支付，平台为货主会员、车主会员资金安全保驾护航。

诚信模块：该模块将会结合本公司的信用体系，量化承运商的考核指标，实现对承运商的信用考核管理（如图5所示）。

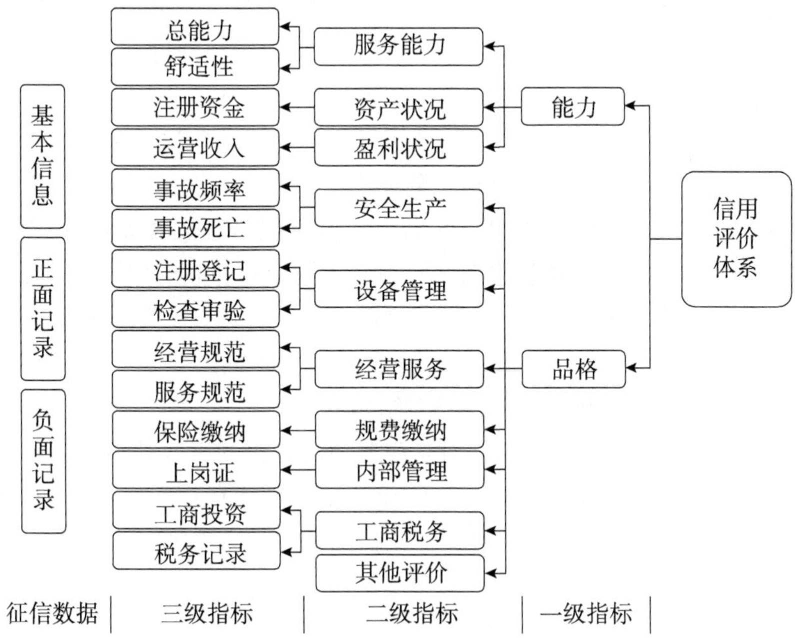

图5　信用评价体系

移动运用：本公司无车承运人平台的移动产品，能实现电脑端、手机端的互动。实现互联网物流的核心需求：随时掌握货物动向，运输过程全程监控、电子回单一键上传、重要节点预警提醒、结算对账支付安全简便等。

安霖打造一个以大宗煤炭物流业为载体，商贸业、金融业、保险业和其他服务业共同参与的平台，构建一个互通互联、协同分享、相互融合、共生共赢的社会生态圈。安霖作为运用“物流＋互联网”的理念打造的O2O线上物流服务平台，通过在线竞价成交、透明交易，满足货主安全、高质、低价的需求，安霖不仅免费提供物流资源信息交互服务，还针对货主方提供物流保姆式的服务，同时在司机方可实现司机的轻松找货与实时结算，并实行全过程动态监控，保证全部交易流程安全可靠。

八、组织架构

为有效落实无车承运平台的落地及运营推广，公司组建了无车承运平台4大事业部，具体如下：

（1）市场中心：能够保障车源。

（2）供应链事业部：能够保障货源。

（3）信息化事业部：是IT技术保障。

（4）运营中心：负责运营平台建设与维护，保障运营。

九、企业效益

（一）管理效益

1. 强化企业整合能力，助力物流业转型升级

安霖云物流推进道路运输无车承运业务，打造针对目前公路物流市场现状的物流业线上平台，打破了物流企业对零散运力、货源的集约组织和深度整合的制度约束，充分发挥武安地区作为龙头物流企业的带动作用，推进邯郸市物流业从分散发展向集约发展、从粗放管理向集约管理、从低效运行向高效运行、从无序经营向规范经营的转型升级。

2. 提升物流服务水平，助力实体经济降成本

秉承“为制造业发展搭建物流服务平台”的共享经济理念和先进的“云+网+端”技术，为产业链条上的不同主体提供普惠、开放、统一标准的公共服务，将产业集群各要素空间布局及协作效率优化配置，为实体经济发展完善运输保障，降低企业物流成本，支撑企业提高产品增加值、品牌价值，从而平稳、有序地向产业链中高端跃迁。

3. 完善现代物流体系，助力区域经济调结构

安霖云物流开展无车承运业务，是对京津冀物流供给的有效补给，能够形成多层次、开放式、社会化的现代物流体系，强化物流业和区域经济在空间布局上的协调、在服务层次上的匹配，从而加快京津冀一体化产业结构调整和布局优化。

（二）经济效益

（1）通过对货运市场的统一管理，可为武安市代征巨额的税金，避免税收的大量外流。

（2）物流企业增效，解决了社会车货不匹配的矛盾，提高了公司资源整合能力，业务可面向全国开展，为物流企业创造更多的效益。

（3）规避税务风险，解决物流企业代开票问题。

（4）提高整个物流环节的运作效率，为货主企业大大降低了物流运输成本，平均运输成本降低16.8%，全过程可节约物流运输成本2亿元。

（5）通过平台化运营提高车辆运输效率，优化货运资源配置，缩短配货时间，提高平均里程利用率，为车辆创造更多的利益。

（三）社会效益

（1）加强政府监管，建立平台统一管理机制，完善诚信体系建设，降低货运交易风险。

（2）整合社会货运资源，降低车辆空驶率，节省大量燃油，减少碳排放，大大降低了空气污染，避免了更多交通事故的发生。

（3）增强了司机的归属感，改变过去司机缺乏尊重，不受重视，无组织，处于弱势群体的面貌。

吉林省掌控物流科技有限公司：以无车承运平台推动汽车物流行业向智慧物流转型升级

一、企业概况

吉林省掌控物流科技有限公司（以下简称“掌控物流”），成立于2015年1月，注册资本金2000万元人民币，是A股上市公司北京长久物流股份有限公司的全资子公司，是一家致力于实现物流行业数字化、智能化、集约化的民营互联网科技公司。

公司坚持以“专注打造商品车物流行业无车承运平台”为企业发展理念，依托北京长久物流股份有限公司丰富的产业链资源和商品车物流上下游资源整合能力，立足“科技长久、人才长久、创新长久”的公司定位，持续以“ABCD”（人工智能+区块链+云计算+大数据）赋能中小承运商，推动商品车物流行业向智慧物流转型升级。

自2018年8月初商品车运输业务上线试运营以来，截至2019年3月31日，平台已整合运力资源6564辆，运单发运总量112409单，运费总额58938.94万元。

商品车物流无车承运服务平台向上游商品车物流承运商企业提供开放式运力资源调度系统PaaS服务，为商品车物流承运商企业提供无车承运服务。截至目前，公司已经为吉林省长久联合物流有限公司、吉林省博瑞祥物流有限公司、成都京昌物流有限公司等数十家商品车物流发运企业提供了无车承运业务服务。

平台通过对接个体/挂靠车辆等下游资源的整合，解决行业普遍存在的个体运输经营户配货难、接货效率低下、在途监管难、结算难、回单难、返程难的行业痛点问题，推动行业向智慧物流发展并实现物流行业降本增效。

二、商品车物流行业发展的突出问题

1. 结算难

商品车物流行业中，普遍存在个体运输经营者因时间不足、专业性不足、车籍挂靠、车辆联营、经营合伙等原因，无法向商品车物流承运商提供小规模运输发票的问题，行业普遍存在取票难问题。

2. 运输大数据采集难

传统承运商在车辆信息管理和调度工作中缺乏高效的技术手段，商品车物流行业针对实际承运人在途情况，尤其是准确的装卸货时间及地点等数据无法做到有效采集。

3. 在途监管难

大多数中小承运商对于实际承运车辆擅自更改行驶线路，驾驶异常等行为无法做到实时监管，造成承运企业需承担额外运输风险。

4. 返程难，空驶率居高不下

中小承运商企业由于不能形成对流效应，空驶率居高不下，返程车配载问题一直是中小承运商的痛点问题。

5. 信贷难

中小承运商为重资产运营，资产采购过程中已普遍使用金融信贷，无法再次取得信贷业务；同时，金融机构普遍缺乏对中小承运商运力数据、业务数据、轨迹数据、资金数据等信息真实性认证，导致信贷业务难以开展。

三、平台助力解决行业痛点问题

1. 解决结算难

平台与交通部运管系统、交通部无车承运监测平台、税务总局监测平台实现数据对接。通过平台将货物信息、司机认证信息、资金流水单、GPS 轨迹信息等数字化的实时数据，即认证流、轨迹流、资金流、业务流等真实有效信息传送至监管部门。实现税务部门通过无车承运大数据，向监管部门申报并取票，解决平台发运企业委托个体司机发运后的结算及发票抵扣问题，推动行业无车承运合规化发展。

2. 解决数据采集难

掌控物流与改装车厂进行深度合作，将专用车装载状态传感器和 GPS 设备进行系统集成，实时采集装、卸货时间地点大数据，利用物联网技术实现运输数据全程透明化、数字化、可视化。

3. 解决在途监管难

掌控物流无车承运平台与油品公司、ETC 公司、银行银企直联系统接口对接，利用长久车载 GPS、长久中置轴专用车载货状态传感器、加油卡、ETC 卡、采集的运输过程大数据，精准建立车辆在途监管模型，推出 PaaS 数字化管车服务产品，包括 ETC 异常报警、油品异常报警、驾驶行为异常报警、防刮顶报警等监管工具，实时监管和稽查各类非正常运输行为和驾驶行为，保证运输过程安全性，解决监管难问题。

4. 解决返程难，空驶率高等问题

利用平台返程资源，向中小承运商企业提供既定规则的资源匹配服务，形成业务批量化、碎片化的智能配载和运力对流，提高单车装载率，降低空驶率，大幅降本增效，提高承运商和司机的经济效益。

5. 解决信贷难

“商品车物流无车承运平台”无缝对接了资金流（银行、信贷公司、支付企业等）、轨迹流（GPS 服务商）、业务流（上下游企业）和认证流（交通、税务部门），打通了企业与政府管理部门、上下游企业与金融机构的隔断，建立起了信息、数据、流通的桥梁，真正实现商流、物流，资金流和信息流的高度集成。通过对于大数据的分析和整合，做到信息透明，全程管控，通过提供物流评估信息，大大提高金融机构的审贷效率，降低物流金融信贷风险。真正解决承运商融资难、融资慢等行业痛点问题。

本系统总体架构主要由业务应用层、API 接口层、数据资源层、基础设施层四大层面以及信息安全保障体系、标准规范保障体系和建设与运营保障体系三大配套体系构成。

（1）业务应用层。

业务应用层主要包括本项目建设的四大应用系统，即“连连运”App 服务端管理系统、“连连运”物流企业后台管理系统、“连连运”Web 派单系统、“连连运”返程车资源交易系统。

（2）API 接口层。

API 接口层包括为本项目 App 客户提供的业务 API 接口、推送服务接口、短信验证接口、IBS 定位接口、身份证验证接口、支付接口、保险接口等。

（3）数据资源层。

数据资源层主要用于存储来源稳定、格式稳定、数据量相对稳定的各类数据资源，支撑各系统应用。包括本项目拟建设的 App 主业务数据库、App 基础信息数据库、在途跟踪信息数据库、支付账目数据库等。

（4）基础设施层。

基础设施层是提供本项目数据传输的物理通道和应用系统运行的主机存储环境，互联网云服务提供的主机、网络环境也属于基础设施。基础设施层包括正式环境和测试开发环境使用的基础设施。

系统保障体系主要包括信息安全保障体系、标准规范保障体系、建设与运营保障体系三大保障体系：

①信息安全保障体系是指采用相应技术、管理手段，充分保证信息安全；②标准规范保障体系是按照本项目建设中各个层面应遵守的相应的国家、吉林省掌控物流科技有限公司部相关技术标准；③建设与运营保障体系是本项目得以顺利开展与建设成果得以巩固发展的重要保障，主要通过制定一套科学的长效运行机制，包括数据采集、交换相关的制度、系统运行维护制度等，保障信息系统的长期稳定运行与可持续发展。

系统功能具体如下。

（1）“油品，ETC，司机运费实时结算功能”。提供实时分油、预付/结算 ETC，并解决司机运费及司机在途无票费用结算，解决财务结算成本高、周期长、买票冲账不合规等问题，降低承运商运营成本。本平台与税务总局个体运输经营户互联网代征接口、国有银行银企直联接口、交通部无车承运监测平台等系统实现联网，通过“个体司机互联网认证实时报备 + 运单回单数据实时报备 + 车载 GPS 轨迹数据实时报备 + 银行资金流水回单数据实时报备”，实现司机运费业务的在线认证和实时上报，以数据佐证还原真实运输业务场景，并由平台作为担保取票结算。有效解决承运商企业调用联营、挂靠、租赁、融资租赁或外协车辆成本入账的问题，从而为承运商企业降低运营成本，提升利润空间。

（2）返程车资源交易中心。长久物流将提供部分的资源，包括二手车的发运资源、电动车的发运资源等，通过一部分资源来拉动汽车整车物流体系内解决空驶率高、返程难的问题。平台在物联网基础上采集大数据，在大数据的基础上通过财务成本的模型和测算，最后实现智能调度和配载。平台依托长久物流的发运资源，助力承运商取得返程车资源。这样就实现了发运方和实际承运方的互补，利用规模效应和网络效应，最终实现集约效应。

（3）集采功能。平台依据承运商业务流量规模，按比例对承运商设定集采额度，降低承运商采购成本，集采功能目前采购项目包括：润滑油、尿素、司机团意险等。

（4）司机考核扣款功能。当个体司机在运输过程中造成的质损、交付延期、主机厂考核处罚等产生扣款时，司机需要先行缴纳考核扣款才能进行此运单总运费的结算，实现了司机收支两条线，从根本上解决了司机扣款难和直接扣司机运费造成的司机运费部分不能足额取票的问题。

（5）运单 ETC 智能预算功能。平台根据承运车辆类型，运输里程，途径公路段收费标准、车货总重量等联网智能计算出该运单 ETC 预算金额，并能监控警告 ETC 超预算（绕道、拉私活）等，加强成本管理降本增效。

（6）互联网金融功能。新增“一键借贷、随借随还”功能，根据承运商在平台的无车承运业务流量数据，平台可为承运商提供快捷的、个性化、低成本的平台借款服务。

平台应用情况如下。

截至 2019 年 3 月 31 日（2018 年 8 月商品车物流业务正式上线），吉林省掌控物流科技有限公司无车承运人平台已整合商品车运输车辆 6564 台，运单发运总量 112409 单，运费总额 58938.94 万元。降低货车等货平均时间 24 小时以上，增加实际承运人收入 30% 以上，客户平均满意度达 95% 以上。

四、无车承运业务成效分析与评估

1. 经济效益对比分析

在提升物流运输组织效率方面，掌控物流根据数据调查分析出，平台整合车辆里程利用率较传统运输企业提高 40% ~50%，平均等货时间由 3 ~4 天缩短至 2 ~3 天，交易成本下降 6% ~8%。

2. 社会效益对比分析

通过信息化手段，将单车效率由平均 6000 公里/月，提升至 8000 公里/月以上；发货方成本降低 3.5%，平台实际承运人平均增加收入 8% 以上，大幅提升客户满意度。与此同时，无车承运人平台的推广和使用，可大幅降低运输车辆空驶率，降低无效运输车次，节约燃油消耗，减少碳排放，也可以节省大量社会配载市场土地占用，有效解决与规范运输市场的发票、税收管理等顽症。

典型案例：以某主机厂物流承运商顺德发运中心的某运输车为例，在整合进入平台之前，该车单次运输行驶里程约为 800 公里，月平均行驶里程为 4000 ~5000 公里，月平均运输次数为 5 ~6 趟，进入平台后，由于平台智能调度系统可以实时跟踪运输车辆状态，提前对运输车辆进行调度，节省了调度时间，提高了运输效率。据统计，进入平台后，该运输车月平均里程提高为 8000 公里，月平均运输次数提高为 10 趟，平台整合车辆里程利用率较传统运输企业提高 40% ~50%，实际承运人业务收入增加 40% 以上，大幅提升客户满意度。

以某拼板发运车辆为例，在整合进入平台之前，该车平均等货时间为 3 ~4 天，在整合进入平台以后，平均等货时间减少 1 天以上，可降低为 2 ~3 天，该拼板车利用率较比之前采用传统调度方式的利用率提升了 30%，实际承运人业务收入增加 30% 以上。

3. 平台对传统物流业务流程的改造及创新模式的影响

数字化监管：对拟入驻平台承运商的个体/挂靠车辆信息进行严格审核，包括实际承运司机从业资格、健康状况、相关职业技能、重大交通责任事故记录等；确保实际承运车辆的车况良好、手续齐全、无重大安全隐患、安全设施齐备等，保证个体/挂靠车辆上传至平台的信息真实有效。通过平台对物流行业上下游企业/个体/挂靠车辆的审核后，上述信息将上传至交通部无车承运监测平台，形成认证流，最终确保平台发出的运单、上下游认证信息和最终所产生的业务流数据真实有效，从而加强了对实际承运司机的管控，提高承运商管理效率。

信用监督：平台对实际承运人资质进行线上、线下对比认证，推送到交通部运管系统验证，确保承运人符合承运资质条件；平台对运输全程实时监管，托运人可以通过 App 端对订单情况、车辆实时位置进行快速查看，平台管理人员可通过后台管理系统对订单状态、车辆轨迹、车辆配载情况的结算操作进行燃油费、路桥费的支出状况及司机运费的全程监管。同时，平台实现与吉林省监管平台和国家监管平台对接，便于政府部门对承运商进行监管。

考核评价：平台构建了无车承运人司机画像和诚信服务评价体系，承运服务结束后，系统通过对实际承运人的线路熟悉度、安全驾驶行为、历史质损数据、从业年限等数据采集，形成司机画像大数据。有利于提升承运商对司机的有效管控，提升承运商的运输服务质量。

五、平台运营过程中的经验、教训及相关措施

在平台运营期间，有时会有物流公司调度和司机对系统的使用反馈信息，这其中大多是由于应用者未经过培训和阅读产品手册造成的，我公司适时的提供了平台操作视频，以及更新了使用手册，力求以通俗易懂的方式，使平台的具体使用者能够准确、快速地了解基本操作，正确地使用平台上的各项功能。

六、平台下一步的改进方案

1. 积极开展“多式联运 + 智慧物流”创新模式

掌控物流母公司长久物流目前正在积极开展多式联运模式，长久物流作为多式联运经营人，通过不断完善综合运输网络，增强运力运能，打造多式联运枢纽节点，创新联运设备设施，搭建信息平台系统，建立管理体系，为客户提供专业、系统、完善的多式联运服务产品。掌控物流将积极推进多式联运业务管理实现智能化、平台化、可视化，使商品车物流在信息平台、系统对接、数据交换等方面积极探索，最终实现传统物流向智慧物流的升级转型。

2. 资源交易中心

平台即将上线的资源交易中心，对于待拼板或运输中未满载的车辆，结合自营或外协车辆的当前位置、车辆目的地流向、空载数量，向未满载的车辆匹配和推送顺线路的运单，提高车辆装载率，缩短压板、拼板时间。

同时，返程交易业务的交易记录，使承运商对返程资源发包和返程车承运管理更加

透明化，有效解决了外协车辆结算无票导致的成本高、周期长、买票冲账不合规等财税问题，降低财务成本。

此外，掌控物流还将深度融合长久物流相关业务，将陆续上线相关保险服务、联合维修网点、拓展金融服务等增值服务，为主机厂实现全网物流可视化、区块链品控管理、碎片化即时发运等创新业务，不断优化和提升商品车物流供应链管理水平。

“商品车物流无车承运平台”将依托北京长久物流股份有限公司丰富的产业链资源和全面的上下游资源整合能力，秉承长久物流“至诚、志专、致远”的核心价值观，始终以满足用户需求为己任，持续拓展物流服务内涵，引领行业发展方向，成为商品车物流无车承运行业的领军企业。

武汉小码大众科技有限公司：微仓配——您的专属冷链小管家

一、企业简介

武汉小码大众科技有限公司（以下简称“小码大众”）成立于2015年10月，成立之初受到了投资美团、E代驾等成功案例的英诺基金青睐，进行了第一轮天使轮投资。其后，在2017年年初和2018年年初，由全球物流地产巨头普洛斯和永辉创始股东拓峰资本进行了第二轮和第三轮投资。

小码大众定位于分布式共仓共配新冷链物流第一品牌，秉承“让食品服务更容易”的企业使命和“客户第一、伙伴成长、追求卓越、结果导向”的企业价值观。

小码大众成立之初定位于互联网平台型物流公司，线下以城市网格冷链公交车形式为基础，线上以互联网和信息化为手段，在长尾订单中创造规则及建设服务标准，提供城市和区域的冷链配送交付服务，以产品型物流的特点在行业内独树一帜。

在2016年的半年时间里，小码大众旗下的码尚配平台为8000多家客户提供了冷链公交车的服务，但是对于客户来说，单纯的运输远远满足不了他们的需求，他们渴望小码大众可以提供仓配一体的解决方案。

小码大众秉承着这样的光荣使命，2017年年初开始从互联网平台型物流公司往第三方冷链物流服务商转型，由“轻”到“重”。让食品服务更容易的初心始终未改。

目前小码大众服务于华东、华南和华北区域近8000位B2B客户，未来三年内通过直营和生态加盟的模式覆盖全国的每一座城市，实现中国冷链物流智能服务网络，支持客户一箱货冷链覆盖全中国。

二、行业背景

据中物联冷链委2018年年初发布的数据显示，2017年中国冷链物流100强企业营业总收入为225亿元，同年国内冷链物流市场规模已达到2550亿元，百强企业市场份额依旧占整个冷链市场份额的不到10%左右，冷链第三方服务企业呈现集中度不高、专注于合同物流、很难形成标准化、服务及价格不统一等特征。

国内超过95%的冷链物流第三方服务企业只专注于为大型和中型客户做定制化的物流解决方案。众多的定制化服务、交付的场景和VAS（增值服务）造成第三方冷链服务企业无法从中形成真正的共享经济、成本节约和效率优化，使得最终无法形成在冷链行业三足鼎立的局面，没办法形成单个公司的规模、“壁垒”或是“护城河”。

显然，冷链的合同物流市场一直是兵家必争之地，绝对的红海。冷链有蓝海吗？蓝海是什么？回答是肯定的，其实有一块市场是大家想碰却不敢碰的：中小微客户。为什么不敢碰？有几点考虑，首先是中小微客户分布不集中，获取客户的金钱和时间成本高；其次，中小微客户的量太小且积累过程太慢、时间太长。为什么又想碰呢？很显然，中小微客户的议价能力弱，毛利高，竞争少是独一无二的。

基于以上的行业和商业背景，小码大众推出了国内冷链行业内的首款仓配一体化标准产品——微仓配。

三、微仓配的价值

分布式全网、标准价格、出入便捷、数据实时查询、MOQ（Minimum Order Quantity）最小起订量，是新食材、新品类和新型供应链等中小微食品服务企业的几大核心痛点，依托于小码大众的全国冷库网络，创建标准化全网冷链共享仓配产品，提供全网便捷、标准和稳定的冷链仓配及数据服务是微仓配的定位与核心价值。

微仓配的出现打破了在冷链服务行业里面没有标准价格、标准服务的先例，解决了中小微客户找库难、找车难、签约难、下单难、对账难、查询难、服务难的各种痛点。

微仓配目前已经服务了上千家冷链食品类型客户，在我们获得成长的同时，我们也真正帮助了客户减少物流成本、提升物流服务体验，真正地让客户做生意更容易，让食品服务更容易，这也是微仓配的企业责任与使命。

微仓配目前服务于上海、北京和武汉，在这里我们有现代化高标准的立体冷库与冷链车队，他们都采用了全球领先的制冷技术和监控系统，我们有从事冷链行业十余年的运营管理团队，所有的这一切只为让客户的货物储存和运输更加安全、可靠、品质如一。

四、信息化说明

小码信息系统由小码 WMS（SaaS 版）和小码 TMS（SaaS 版）组成，各个运营节点的数据在 SaaS 中独立运作，互不干扰。最后信息流汇总流入小码 OMS 中，形成小码冷链云。微仓配依托于小码冷链云，为客户提供实时快捷的下单及查询服务（如图 1 所示）。

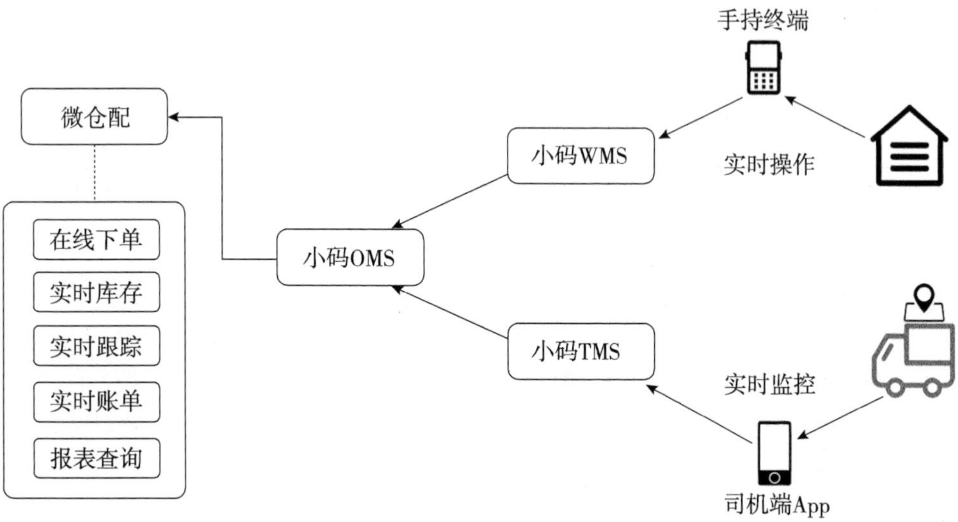

图 1　小码信息系统

（1）通过手机下达实时的出入库指令，出入库指令通过小码 OMS 的智能分单系统，实时下达至对应的运营节点的 WMS 及 TMS，仓库工作人员及车辆调度人员可即时收到信息，进行资源调配。

（2）手机实时查询库存状态，即时掌握自己的库存状态及分布情况。

（3）出入库单状态及运输单的实时跟踪推送，即时掌握出入库订单状态及配送信息。

（4）账单实时生成，并且有在线充值入口，历史账单可查，一目了然。

（5）丰富的实时报表查询模块，方便了解每日，每周，每月的出入库详情。

五、微仓配的服务

微仓配为客户提供的服务包括：一托起租；一箱起运；五天免仓租；全程冷链；城市冷链公交车；免费 ERP 系统，支持各种终端的进销存报表实时查询；线上查询账单；线上实时追踪、查询仓储及运输信息；全年标准、固定价格；7×24 小时服务；365 天不间断服务。

微仓配与传统冷链物流服务对比如下表所示。

微仓配与传统冷链物流服务对比

<table>
<tr><th>项目</th><th>传统冷链物流服务</th><th>微仓配会员服务</th></tr>
<tr><td>冷库起租面积</td><td>50～100 托起租</td><td rowspan="2">5 天免仓租；
1 托起租；
1 天起租；
每托每天 4 元</td></tr>
<tr><td>冷库起租时间</td><td>半年</td></tr>
<tr><td>装卸费</td><td rowspan="3">最低操作量要求；
操作单价高；
得不到及时服务，甚至得不到服务</td><td rowspan="3">每箱 2 元；
365 天标准价格；
365 天稳定服务；
服务时效好；
提供贴标服务</td></tr>
<tr><td>处置费</td></tr>
<tr><td>分拣、拆零、换包装</td></tr>
<tr><td>贴标</td><td>无</td><td>打印标签；
贴内标、外标；
撕内标、外标</td></tr>
<tr><td>出入库扫码</td><td>无</td><td>提供出入库扫码</td></tr>
<tr><td>库存查询</td><td>中小客户得不到服务</td><td>随时随地“SaaS＋终端”</td></tr>
<tr><td>市内配送</td><td>单车最低运费 450 元</td><td>单点 55 元（5 箱内）</td></tr>
<tr><td>区域配送</td><td>时效差，成本高</td><td>每周班车，价格标准</td></tr>
<tr><td>配送时效</td><td>时效不确定</td><td>次日达，每天班车</td></tr>
<tr><td>客服追踪回馈</td><td>得不到回馈</td><td>各种终端客服 QA 日报</td></tr>
<tr><td>下单方式</td><td>电话＋传真</td><td>各种终端下单</td></tr>
<tr><td>账单查询</td><td>时效、分类、准确差</td><td>随时随地终端查询</td></tr>
<tr><td>信息化支持</td><td>手工＋WMS</td><td>随时随地“SaaS＋终端”</td></tr>
<tr><td>数据支持</td><td>无</td><td>多维度、多终端查询</td></tr>
</table>

六、微仓配的功能

基于移动互联网端的微仓配，客户可以在手机上轻松实现入库下单、出库配送下单、库存查询、账单查询、历史出入库报表、SKU 管理、供应商管理、客户管理等功能（如图 2 所示）。

图 2　手机端微仓配界面

由此，实现了客户自主、随时查询及下单，仓库的无纸化运作和信息化全系统全链路的打通，其中出库流程如图 3 所示。

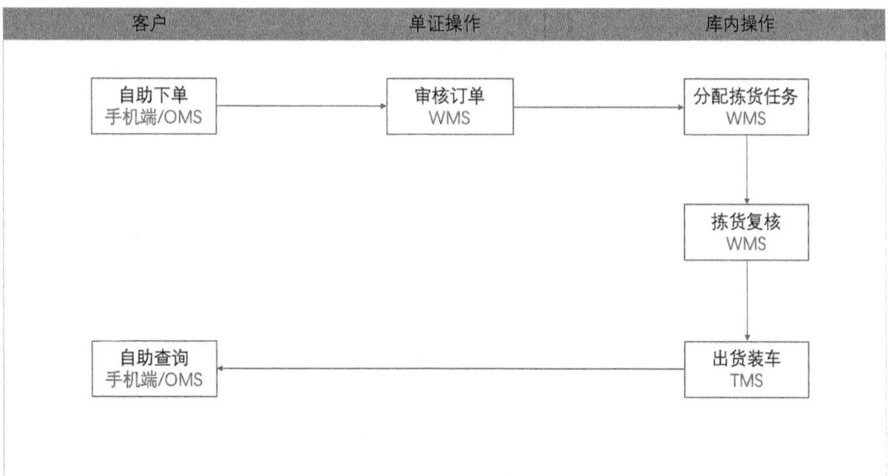

图 3　微仓配出库流程

在此过程中，信息流全部由手机端/OMS、WMS、TMS 系统自动推送和交互，客户与我们之间以前频繁邮件、电话、微信的情景不再出现，极大地提高了沟通的效率和订单的准确性。

微仓配为客户提供的库存查询功能，方便了客户随时掌握可用库存、临期库存等一系列库存信息，支持客户更好地做好订存、减少备货和提高销售频率。

中国外运华北有限公司：平行进口汽车区块链服务平台案例

一、应用企业公司介绍

中国外运天津有限公司隶属于中国外运股份有限公司，是以具有六十多年经营历史的中国外运天津集团有限公司为基础，经过重组改制，于2002年12月成立的一家集国际货运代理、船舶代理、国际多式联运、集装箱场站、汽车运输、报关报验等物流服务为一体的现代化、综合性的大型物流企业。公司集中订舱平台可以为客户提供天津新港到世界各地60多个基本港的航线订舱服务，结合公司操作平台、关务平台，可为客户提供海洋运输、租船、订舱、口岸交接、报关、报检、海空联运、铁海联运、无船承运、液体罐箱运输、拼箱集运等服务。

公司在天津港区内拥有40万平方米的自营集装箱场站、4.3万平方米高标准物流仓库、近千米的铁路专用线以及两座码头，5个5000吨级泊位，配备有45吨正面吊、40吨固定式吊机等现代化的集装箱堆存、码头装卸、货物处理设施60余台。另外，作为天津海关指定的查验堆场，海关在公司设有查验中心，为客户提供全方位的服务。

二、平行进口汽车区块链服务平台建设背景

（一）平行进口汽车市场现状

我国于2015年8月开放了平行进口车政策。随着国家政策以及相关法规的逐年完善和平行进口车独特的优势，平行进口车市场在秩序井然的前提下越发蓬勃发展。

目前我国平行进口汽车主要来自天津港、大连港、青岛港、张家港、上海港、宁波港、福州港以及黄埔港。截至2019年2月初，全国平行进口汽车试点企业新增42家，合计149家，主要集中在天津及东部沿海地区。2017年天津港的平行进口车数量已达全国总量的80%。

平行进口车交易的迅猛发展和市场的不断变化，给传统管理机制与市场风险的把控带来新的挑战。同时面临的管理难度也同步增长，该平台主要解决平行进口车在海外到国内流通过程中的车辆监控及风险控制问题，降低平行进口车交易的风险。

（二）平行进口汽车市场问题

平行进口汽车发展面临的瓶颈：交易环节多，信息不对称、不透明，消费投诉量急增。

1. 散、乱、小的平行进口经销商

深圳一平行进口车经营商倒闭，56 宗投诉总价近 2000 万元。2019 年天津市重拳治理平行进口车乱象，破案 128 起，抓获犯罪嫌疑人 60 人；市场管理部门加强了对平行进口车市场的巡查密度，已有 20 家未获资质的平行进口车销售商被依法取缔关停。

2. 售卖过程存在着大量拼缝环节

消费者有时会通过一个拼缝公司甚至多个拼缝公司接力式介绍后购车，由于中间环节过多，且签合同公司、收钱公司、开票公司都不相同，导致出现汽车质量问题或服务问题时，扯皮推诿现象严重。

3. 消费者缺乏清晰判别的有效手段

消费者对采购源、运输过程、经销商合规性等信息难以准确掌握。天津从事平行进口汽车的保税库就有 45 个，大的车城 3 个，日均现车超过 3 万辆，是中国最早起源做“进口车”的集散地。然而，天津港“水深”“骗子多”成了全国各地都“明白”的事。

三、平行进口汽车区块链服务平台搭建过程

（一）系统概况

项目基于区块链技术的可信计算，利用共识机制达成信息透明，并可溯源，而且数据分布式存储，结合公私钥进行信息安全防护，大大加强了平行进口车行业国内外消费者、经销商、物流企业甚至海关及跨境金融的协作风险。一方面解决了传统货代公司自身各个环节的责任转移可信，及可追溯；另一方面解决了货代机构与上下游消费者、经销商及合作物流机构等相关方的责任转移不可抵赖，进而拓展更多参与者，推动相关业务可持续发展。

平行进口车服务平台主要通过技术手段对平行进口车辆在海外仓、海运、国内清关、国内仓储等平行进口车进口流通各环节进行流程把控、信息跟踪、操作留痕等，配合物联网设备、区块链技术、移动办公等多种方式增加物流企业在整个平行进口车业务链条中的风险控制能力，为客户提供实时可查的准确物流信息，促进平行进口车市场的可持续发展。

平行进口车服务平台主要由海外仓管理系统、海运系统、清关系统、国内仓管理系统及其相关功能模块构成，通过物联网设备、区块链技术、移动应用 App 以及各相关系统数据接口的配合，为客户提供高效、安全、可靠的服务。

（二）系统特点

系统功能一览如图 1 所示。

1. 物联网与区块链的结合是本项目的特点

物联设备将车辆的相关信息实时传输到系统中，系统再将数据同步到区块链服务器；每次上传的信息都是作为不可修改的新记录存储。

2. 车辆属性的真实性是车辆交易中的重点

在全流程中车辆的属性在重要环节记录在案，一旦两次信息有一丝不同，系统后台

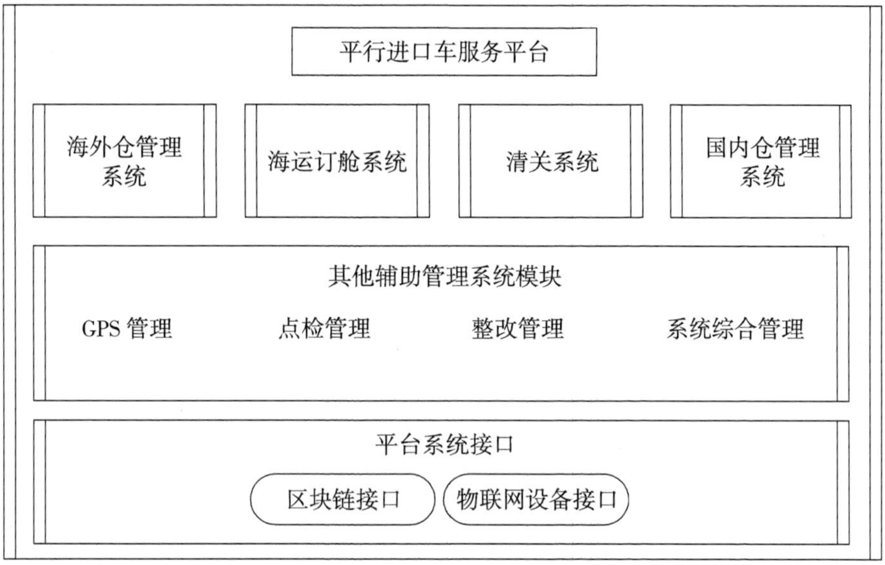

图 1　系统功能一览

就会发现，保证了车辆的属性不会被恶意修改，让货主能够更安心。

3. 业务全程的信息监控

订舱信息与清关信息也被上传区块链服务器，保证车辆在物流与报关环节的相关信息真实性和不可修改的特性；并且系统可实时监控车辆在全流程中的车辆处理状态。

4. 系统全业务流程节点建立

根据业务规划平行进口车区块链服务平台将从经销商海外采购订车、海外仓收车点检、GPS 全程定位、国际运输订舱运输、国内保税点检、清关、缴税、车辆销售以及质保辅助销售等全流程的贸易业务服务。如图 2 所示。

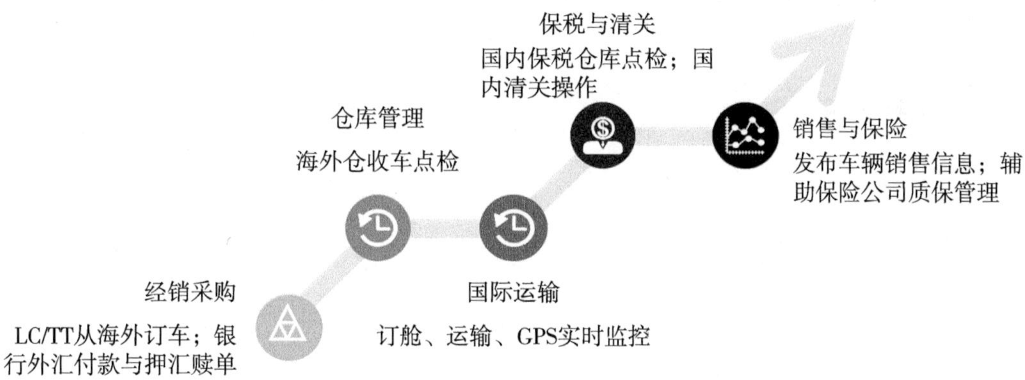

图 2　业务节点说明

5. 系统海外仓建立

实现对平行进口车在海外阶段的入库、查验管理、物联网设备的安装初始化管理、仓内日常管理、出库管理等管理工作。如图 3 所示。

6. 系统国内仓建立

对到港车辆在国内仓的入库、点检管理、仓内日常管理、车辆临时外出管理（车辆

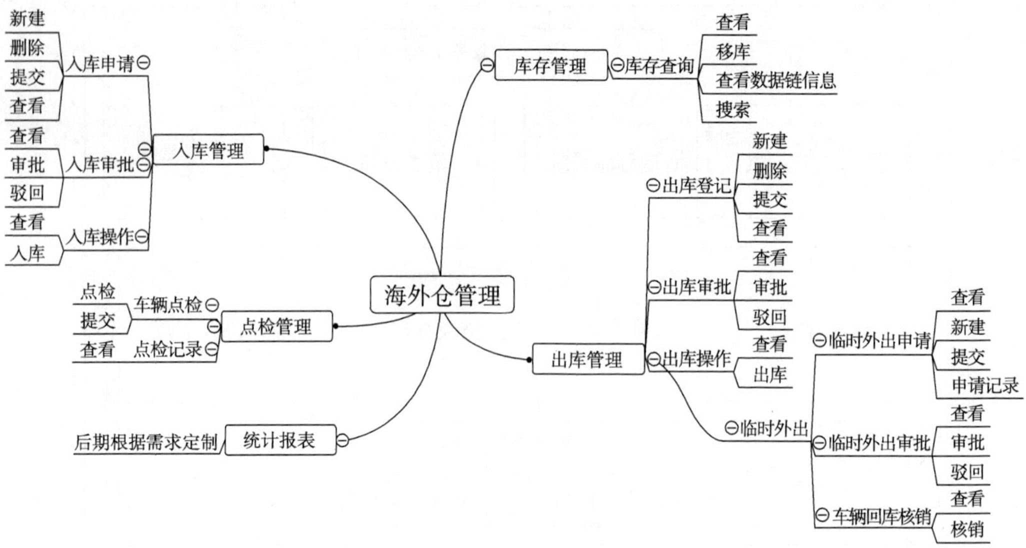

图3　海外仓功能规划

上线等）、车辆整改管理和出库管理等车辆在国内仓储、清关过程中信息同步的管理把控，降低纠纷出现概率，降低管理风险，增强平行进口车市场交易的信任度，提升物流综合竞争力。如图4所示。

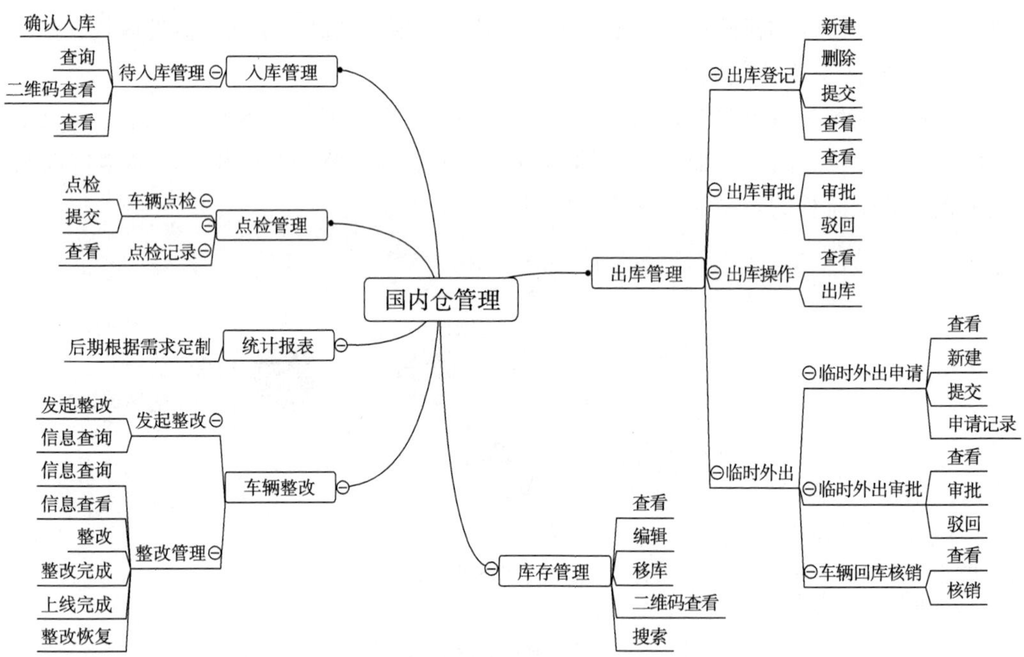

图4　国内仓功能规划

7. 系统点检管理建立

系统在海外仓就为用户进行了全方位的车辆点检操作，点检工作人员根据系统预设的点检项目对车辆进行实际点检操作，并记录点检结果。根据仓库实际作业环境，推荐使用pad等大尺寸移动设备进行车辆点检操作；并且在车辆到达国内保税区后，在进入国内仓时将再次进行点检操作，来确认车辆信息的准确性。

8. 系统整改管理建立

包含平行进口车的整改申请、整改确认、上线完成、整改恢复等操作，确保通关车辆的上线整改过程中信息得以保存。如图 5 所示。

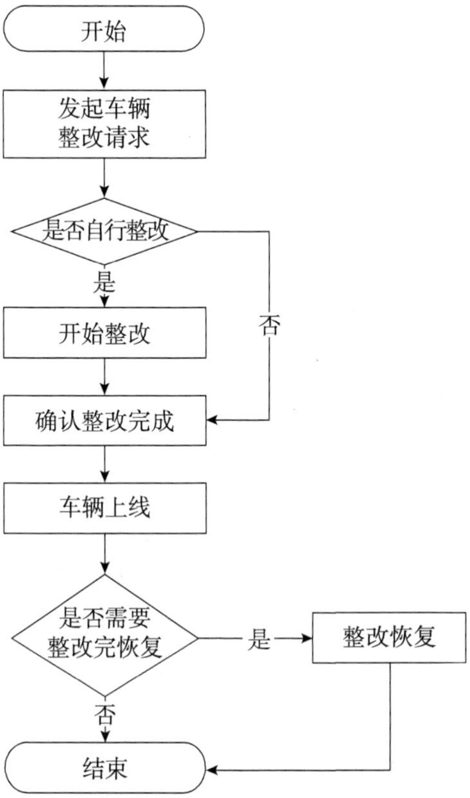

图 5　车辆整改上线业务说明

9. 物联网设备管理建立

借助第三方物联网设备将 GPS 设备与客户车辆进行绑定，系统通过全球精确的经纬度坐标将位置锁定在地图上，实现海外和国内车辆定位，实现车辆在海运过程中全程可监控，提供风险控制能力。

10. 系统跟踪管理建立

该功能集合了车辆从海外仓入库到国内仓出库全过程中的数据集合，信息内容包含车辆基本信息、车辆所属客户信息、车辆海外仓入出库相关信息、车辆清关相关信息、车辆国内仓入出库相关信息、车辆全流程业务办理进度情况、车辆海运过程中的运输轨迹信息等。

11. 系统区块链技术应用

系统在全流程中的重要步骤如海外仓点检、国内仓点检、全程业务主流程信息内容都进行区块链服务器信息上传。保障信息在全流程中不会被任何人进行修改。

12. 系统大屏监控建立

系统可通过大屏幕进行综合信息监控。

（1）经营总览。

①仓储量排行：各地仓库实时库存量排行榜，显示各个仓库名称、仓库中车辆存储数量及各库仓储数量占总库存的比重。

②仓储监控：显示当前总库存数量、当日总库存的入库数量汇总、当日总库存的出库数量汇总情况。

③年度实时库存：显示当前总库存量，以世界地图为背景，标记各地仓库位置及名称，鼠标悬停时显示当前悬停仓库的仓储数量；标记图标根据仓储数量多少显示图标大小。

④不同类型车辆仓储数量展示：根据车辆类型汇总仓储数量进行车辆类型分类显示数量。

⑤仓储费营收走势：按月份进行汇总仓储费用进行信息展示，从而直观观察各月仓储费用情况。

⑥车辆仓储量排行：统计仓储车辆的车型情况，给更深一步的数据分析及业务开展提供数据依据。

⑦仓储费营收合计：汇总当年年度各地仓储费营收合计。

（2）业务进度总览。

①海外仓仓库分布：以地图方式显示海外仓各地仓库位置及仓储数量。

②海外仓出入库情况概览：显示海外仓各库当日入库数量汇总、当日出库数量汇总、当日申请入库车辆数量汇总、当日申请出库车辆数量汇总。

③库存车型类型汇总：全库存主要类型车辆的汇总数据展示。

④全年区块链上链情况趋势：将计划上链节点和实际上链节点按月份进行汇总，然后通过柱状图形式显示各月计划与实际上链数据的对比情况。

⑤全年业务申请量走势：按国外仓及国内仓进行分类统计，以月份为显示单位展示国外仓及国内仓的各月业务申请量走势图。

⑥国内仓仓库分布：以地图方式显示国内仓各地仓库位置及仓储数量。

⑦国内仓出入库情况概览：显示国内仓各库当日入库数量汇总、当日出库数量汇总、当日申请入库车辆数量汇总、当日申请出库车辆数量汇总。

（3）轨迹追踪。

输入车架号点击查询可以显示该车辆相关信息，点击显示运行轨迹，可以在地图中直观展示该车辆从海外仓到国内仓的运输轨迹情况（车辆运输轨迹显示功能依托于放置在车辆上的 GPS 定位设备，该设备与车辆进行绑定）。

（4）上链数据总览。

①区块信息汇总：显示区块生成高度信息、历史交易数据，即区块生成次数、当日区块生成高度信息、当日新增车辆信息汇总、区块生成平均用时、区块生成参与用户汇总信息等。

②区块生成列表：区块生成信息汇总展示，显示每次生成的时间、高度、区块大小、区块 Hash 值等主要信息。

③区块生成详细信息：点击列表中数据，显示该区块生成的详细信息。

13. 客户车辆辅助销售建立

车辆在国内保税仓入库后系统就为车辆生产一个唯一的二维码，客户可以通过传播并扫描二维码查看车辆图片和车辆详细信息。

14. App 协调建立

移动互联网应用是当前业务系统的一种管理延伸，可以在特定使用场景中弥补 PC 端操作的诸多不便利，提供更好的使用体验，平台规划建设配套 App 应用，在配套 App 中，实现业务数据的即时同步。

15. 物联网设备接口

根据业务需要，在物联网设备供应商接口支持的前提下，通过接口可实现查询车辆位置信息、设备终端数据查询、车辆绑定、车辆解绑等相关功能。并确保车辆在途过程中位置能够实时跟踪。

16. 单一窗口接口

根据平台系统规划，在各方面条件成熟及政策支持下，本平台将遵循单一窗口接口规则与单一窗口系统建立数据接口，实现车辆的快速申报、快速放行。

17. 商务委接口

根据平台系统规划，在各方面条件成熟及政策支持下，本平台将与商务委直接建立数据接口，根据相关部门要求将平台业务数据与商务委同步、实现信息共享。

18. 海运订舱系统接口

平台建成后将可以集成股份公司现有的海运系统，对订舱、海外清关、海运环节的信息进行同步，通过系统接口对接实现业务信息无缝衔接，增加业务数据的多重验证，扩大整个业务办理过程的监管力度。

19. 国内清关系统接口

平台对接现有国内清关系统，通过系统接口对接，可将业务数据直接导入清关系统，实现到港车辆的快速申报，减少此过程中的重复人工录入，减少数据出错环节，实现业务全程数据的一致性。

四、平行进口汽车区块链服务平台的上线能效分析

（一）车辆入库模式能效分析

1. 提高工作效率，节省时间成本

车辆入库功能模块的信息化，使世界各地客户通过服务人员在线上提交车辆入库申请，申请时即可根据各仓库容量选择就近仓库，通过总部中心集中审批后将入库申请单划拨到对应仓库中，实际仓储中心接到车辆入库申请后，完成车辆入库实际操作，线上信息及时流转大幅提高了工作效率，业务处理时间成本大幅降低。

2. 优化业务流程，全程可视化

服务平台车辆入库模块的信息化，将整个车辆（海外/国内）入库环节进行系统固化，全流程可视。系统记录入库环节每个节点且互相制约，规范了业务操作，加强了风险防控。有效保存了各环节电子档案，提升了状态查询的及时性。

（二）车辆点检能效分析

平台上线后将采用无线设备线上点检方式进行车辆点检操作，入库车辆自动生成待点检车辆列表，根据实际点检情况线上登记即可，平台会汇总过去车辆点检使用情况预设部分车型的点检细节，避免重复劳动出现，点检完成后由平台自动生成点检报告，根据业务单号及车架号关联关系进行自动存档，方便随时调取、查阅、下载、传递。相比较传统手工记录点检结果，平台线上点检方式在人工成本、报告存储方式、业务专业性、客户体验等方面都有较大改善。

（三）国内仓车辆出库能效分析

服务平台车辆出库模块信息化，用户可在线进行车辆放行申请，申请时勾选需要放行的车辆提交即可，无须顾忌车辆此刻实时状态，车辆业务状态办理与车辆出库操作不同线程进行异步处理，互不干涉，提高业务处理能力，平台会在出库审批节点汇总出库申请车辆的所有状态，及时反馈欠款及业务办理进度情况，减少人工判断误差，对于未结清费用的车辆出库，自动生成相应账单进入后续催收账款环节，有效进行风险防控。

（四）单据无纸化能效分析

通过高拍仪将纸质提单等文件逐页拍摄存入平台系统，将原先需要挨票扫描并进行实物存储的工作省略了，这样既节省了大量的纸张，实现了无纸化作业流程，又节省了实际文档存储场地的占用，特别是后续需要检索查阅跟踪过往业务记录时，能从平台系统快速检索定位，并调出单据电子图片，全流程跟踪车辆平行进口过程中的单据追溯。

（五）客户信控管理能效分析

将原来传统的所有业务人员共享一张大的客户业务管理 Excel 表格的模式转为平台线上统一管理的模式，摒弃了原先各结算人员变更客户信息记录时，需要靠线下广播的方式，通知其他业务人员进行更新，容易造成数据的篡改、误改、无痕、无追溯、低效、不及时等困扰，实现了客户信息向业务处理各环节的及时传导，大大提升运转效率，高效控制客户处理信息风险。

五、系统应用分析

（一）平台社会效益分析

平台将促进平行进口车在整个生态链上的信息共享、安全可靠，一方面，将有利于优化汽车供给模式，规范和增强进口汽车市场活力，带动汽车相关产业的转型升级；另一方面，为“一带一路”互联互通、落实“三互”大通关、推进国际物流大通道建设、促进经贸产业合作等提供重要支撑。

通过区块链技术的实践，既带动天津市物流优势技术、物流管理产品、物流标准输出，又推动中国外运天津有限公司提升技术创新能力、拓展境外发展空间，实现跨越式发展。

（二）平台系统数据分析

平台初步估计建成投产运行能支撑大致4000台平行进口车的年度进口量，通过经销商广告投放，买家定金沉淀，经销商信用证开具代理，税金垫付收益，总收入2000万元，扣除各项运营成本费用，利润100万元，如果增加自营业务，利润率会达到10%，平台业务开始的5年会按100%增长率成长，2022年将占平行进口车市场业务量的10%。

六、项目实施推广预期

平台一期软件开发：在本次专项研发周期内，将研发完成“基于区块链技术的平行进口车海外仓全球信息管理平台（一期）”，重点实现对车源信息、经销商信息、物流信息的采集、管理、服务；草拟区块链技术在平行进口车物流领域的技术标准。

项目实施采用自营模式，通过前期金融代理服务的积淀，掌握境外市场资源，直接进行境外合作；建立海外公司或者办事处，拓展境外业务，与境内业务进行更好的联动 。项目平台推广采用以天津为突破口，创设经销商标准化运营，逐步发展国内重点地区经销商数量，形成全国性经销商供应链体系。口岸将成为越来越多的进口汽车企业的选择。再加上海外货源为优势，以宁波口岸为突破口，扩展内蒙古地区的经销商。

七、未来发展前景

本项目主要是服务于平行进口车的采购企业，解决企业的痛点，尤其是融资问题，在此环节中大多数企业是中小企业，其信用等级普遍较低。许多企业得不到信用评级，因此很难从银行或金融机构获得融资和贷款服务。所以需要区块链技术来提升信用等级，增加企业的流动资金，产生更多利润。

平台通过数据接口与海关单一窗口申报、商务委业务系统进行数据同步与共享，解决贸易便利化与业务数据同主管部门的实时同步问题，使整个业务管理更加高效、透明、可信，更好地做到风险提前预判与及时协同处理。

本项目大大加强了平行进口车行业国内外消费者、经销商、物流企业、甚至海关及跨境金融的协作风险。一方面，解决了传统货代公司自身各个环节的责任转移可信及可追溯；另一方面，解决了货代机构与上下游消费者、经销商及合作物流机构等相关方的责任转移不可抵赖，进而拓展更多参与者，推动相关业务可持续发展。

平台系统通过前期金融代理服务的信息积淀，掌握境外市场资源。并建立海外公司或者办事处，拓展境外业务，与境内业务进行更好的联动。

以天津为突破口，创设经销商标准化运营，逐步发展国内重点地区经销商数量，形成全国性经销商供应链体系。口岸将成为越来越多的进口汽车企业的选择。

未来平台利用区块链技术及物联网设备的优势，固化操作流程，把控业务风险，迎接新时代物流行业的新挑战，建立健全真正低成本、高能效的平行进口汽车领域的大物流体系。未来可以优化资源利用，压缩中间环节，提高产业整体效率；最终打造智慧物流。

东方驿站物流科技（武汉）有限公司：基于物联网和区块链技术的挂车联盟链应用

一、基本情况简介

甩挂运输作为一种先进的运输组织模式，已被广泛应用于世界各地。进入21世纪，我国的道路运输业得到了快速发展，在道路运输业发展同时也面临着节能减排、运输成本不断增高的巨大压力。

通过数据分析，甩挂运输是提升资产利用率的最佳方式。传统运输模式平均月单车公里数为1.8万公里，而甩挂运输平均月单车公里数为3.5万公里，大大提高了资产利用率。甩挂运输已经逐步为市场所认可，并具有成为主流组织形式的发展趋势。

据不完全统计，全社会牵引车的利用率约为60%。实施全社会的挂车租赁通借通还，则能从根本上解决因为中国区域货源不对等造成的运力资源浪费。开启真正的大规模甩挂运输组织模式变革。作为一种先进的生产方式，甩挂运输是道路货运业发展到一定程度的产物，对国家管理政策、企业组织化程度、货运站场功能、信息化水平、运输设备配备都有较高的要求，其中实现挂车的共享是关键，但是在挂车共享的过程中用户的征信问题是一大难点，只要挂车不实现共享就难以发挥甩挂运输的整体优势。为了营造适应甩挂运输发展的大环境，东方驿站应运而生，致力于赋能挂车，打造基于“区块链+智能挂车+电商平台”的全生命周期管理智能挂车。

从客户下单、征信审核、库存确认、装备交接、租赁过程透明化、到交易结算归还全流程，实现业务的数据化，将供应链和物流的全过程数字化，在线化，所有的过程实现透明，所有的节点、要素、环节连接起来。在此基础上，通过大数据的积累，实现数据的业务化，管理更智能。

东方驿站智能挂车平台旨在实现对租赁资产挂车、集装箱、轮胎的可视化监控管理、大数据商业分析预测及智能协同应用。保障资产的日常监测、线路统计、问题诊断、潜力挖掘及政策效果评价；降低数据采集人员的劳动强度，实现监控数据实时采集传输，提高数据采集传输及时性，在保证数据质量，科学分析测算评估的基础上，为公司和客户策略制定提供数据支持，全面提升公司智能挂车管理水平。

东方驿站平台采用区块链技术，在电商平台下单及智能挂车GPS、传感器等采集信息过程中使关于挂车的数据真实且无法篡改，在订单形成的过程中使牵引车与挂车的匹配效率提高。同时，利用区块链技术建立用户信用模型，司机信用、企业信用、车辆残值等问题可以直接去中介化。

基于区块链的完备可追溯、去中心化和去信用化的三大特点，满足甩挂运输资源共享过程中征信问题和数据隐私、数据安全需求，实现以下目标：

（1）解决甩挂运输装备租赁过程中的征信问题。

（2）基于区块链技术实现甩挂运输装备租赁订单电子化作业模式。

（3）实现基于电子订单的装备数据跟踪。

（4）基于电子订单的挂箱匹配衍生金融、保险、油品等增值服务。

二、创新点

1. 运营模式创新

装备租赁过程中，每个参与方都可以随时访问挂车集装箱从出发地到目的地的连续状态。从下单和归还的角度来看，没有人可以通过谎报装备是否归还，甚至是否存在私下转租来欺骗这个系统。

2. 管理模式创新

深入分析甩挂运输的各个业务场景，以及在不同业务场景中各个环节的作用，满足各个环节的交接问题。

3. 业务模式创新

业务关键信息以业务相关方共识的方式，加密保存于区块链平台，实现高效业务的同时，为希望获得金融服务的企业增信，金融机构作为平台参与方之一，可为其提供更便捷、更快速的相关服务。

三、项目对行业的贡献

基于区块链技术带来业务模式创新，将通过推广甩挂运输使物流行业车辆利用率提升20%以上，利润率提升10%以上。同时资产利率提高了，设备更环保了，可以减少碳排放20%以上，帮助解决道路货运对的行业性痛点，实现降本增效。

对整个社会而言，会使得牵引车投入下降，但是利用率会大大的提升，也使得社会资源的分配更为合理。先进的甩挂运输组织模式一旦普及，司机不再长时间等待、帮忙装卸货、盖篷布，降低劳动强度，提升工作满意度及社会地位，通过客户数据，司机平均流失率下降28%，能提升司机的幸福感。

重庆长安民生物流股份有限公司：长安民生汽车物流大数据云平台应用

一、应用企业简况

重庆长安民生物流股份有限公司（以下简称“长安民生”）成立于2001年8月，是一家极富专业精神的第三方汽车供应链物流综合服务商。2006年2月在香港联交所创业板上市，并于2013年7月成功由创业板转主板交易，主要股东为中国长安汽车集团股份有限公司、民生实业（集团）有限公司、新加坡美集物流有限公司。2017年长安民生在中国物流企业中排名第29位，在汽车物流企业中排名第3位。

长安民生已同长安汽车、长安福特、长安马自达、长安铃木、北奔重汽、德尔福、伟世通、西门子威迪欧、伟巴斯特、台湾六和、宝钢集团、正新轮胎、杜邦、本特勒、富士康等国内外近千家汽车制造商、零部件供应商及原材料供应商建立了长期合作关系，为客户提供国内外零部件集并运输、散杂货运输、大型设备运输、供应商仓储管理、生产配送、模块化分装、商品车仓储管理及发运、售后件仓储及发运、KD件包装、保税仓储、物流方案设计、物流咨询与培训等全程一体化物流服务。

长安民生在全国设立了27个分支机构，业务网点遍布全国，建立了8个仓储发运基地（VDC）、3个水运中转站/码头、4个铁路中转站、8个长安福特PDC、3个取货点，掌控整车公路运力近6000辆，水路滚装船29艘，零部件运输车辆超过1000辆，为实现未来全国网点间的多式联运、高效协同联动提供了可能。

长安民生是重庆市认定的企业技术中心、高新技术企业，通过了工信部两化融合认证。公司总计申报专利73项，已下证10项，已受理13项，初审合格9项，实审中18项，已授权23项；总计参与标准编制10项，已发布5项，即将实施1项，正在编制评审4项；总计获得软著25项，版权5项。“基于车载智能终端和大数据云平台的汽车物流鹰眼慧运地图运用”荣获2018年重庆市物联网十大应用案例。

二、企业通过信息化技术要解决的突出问题

（一）应用背景

物流是贯穿经济发展和社会生活全局的重要活动，是现代经济的核心之一，同时物流业是一个产生海量数据的行业，其联系着各大企业、公司、商家、家庭和个人，所涉及的数据量非常大且具有一定价值，因此大数据技术在物流行业的应用有着天然的土壤。2013年被称为大数据元年，2014年国家明确提出要以提高物流效率、降低物流成本为重

点。因此，把大数据技术运用到物流行业，给物流行业赋能，是一种必然趋势，是一种双赢的结果。

长安民生耕耘汽车物流18年，为汽车主机厂提供物流咨询、仓储运输业务和技术输出。信息化建设上100%覆盖人、车、货、仓、实现资金流、数据流、物流合三为一，沉淀非常多的高价值数据。

围绕国家领导精神和政策指引，全面贯彻落实集团公司和中国长安工作部署，以高质量发展为目标，深入实施“一体两翼”发展战略，为实现公司“数据驱动，在线管理”，打造了国内首个专注于汽车物流的大数据云平台，对内实现数据可视化、指导运营决策和业务创新，对外进行数据共享。

通过大数据云平台数据应用解决方案，将汽车物流作业中多维、分散、复杂数据和衔接碎片数据进行高效整合，端到端打通数据孤岛，构建企业数据湖，满足数据一体化、层次化、实时化、可视化要求。一方面通过数据驱动各类资源要素（人机料）进行优化和创新，降低闲置率、提高利用率，实现资源一体化管理；另一方面通过对各维度数据的深度挖掘分析，描绘客户画像、车队画像以及司机画像，形成透视成本结构、智能预测预警、客情监控、精准营销、业务运作管理等能力，助力企业快速高效地将数据资产转变为商业价值。

（二）需求痛点

完成三个一体化需求：数据一体化、建设一体化、资源一体化。大数据云平台的应用犹如添加一张天网，结合现有的地网（仓库、场站、码头、堆垛等）和人网（各节点上人员的协同和协作），解决需求者和生产者之间的供需关系，做好基于“货、车、人、仓”的精准匹配和自动化运营。

解决数据处理能力弱的痛点：传统物流企业数据存储采用FCSAN技术，总体并不具备大数据体量处理、治理和深度挖掘和AI算法能力。通过大数据云平台，实现数据和资源的整体管控和高效处理，为对经营情况、成本机构的透视管理、预测预警等高阶辅助决策能力提供数据支持。

三、信息化进程

在项目实施过程中，电子地图服务能力所需要的大数据技术能力定位是至关重要的，也是本项目的重点、难点之一。通过对百度地图、G7地图进行用户、地址、数据、监控等维度对比，明确了鹰眼电子地图能力要求，明确了大数据云平台的技术构建要求，如下表所示。

大数据云平台的技术创建要求

	百度地图	G7 地图	鹰眼地图
用户维度	使用位置搜索、导航线路等地图基础陆运服务的用户	使用基于地图基础服务叠加GPS、天眼等IoT数据服务的车队	汽车物流大三方，统一管理承运商车辆、轮船、铁路的运输监控； 承运商通过GPS、天眼等IoT数据管理自有车辆、轮船、铁路的运输； 经销商监控相关运单、订单的运输监控； 主机厂对接运输位置

续 表

	百度地图	G7 地图	鹰眼地图
地址维度	全国地址无侧重点	侧重车队的站点及停留点的管理； 自定义站点地址为中心的范围内的车辆（不区分空重载）	侧重长安民生的运输站点及停留点管理； 自定义站点地址为中心的范围内的可用及重载运力监控； 分类管理地址（长安民生管理要求的经销商、中转站、码头、火车站等分类），实现运输资源及站点的可视化一站式管理
数据维度	App 数据	GPS、天眼、EMS、温度、载重、超声波、安全设备等 IoT 数据 第三方 GPS 数据	GPS、天眼等 IoT 数据； App 数据； 手工定位数据； 第三方 GPS 数据； RFID 位置数据； 业务数据（订单、运单等）
监控维度	App 实时位置	GPS、天眼位置及相关事件数据（如电子围栏进出、停车） 运单到港大屏	GPS、天眼位置及相关事件数据（如电子围栏进出、停车），实现监控实时运力及趋势，为智能调度提供支持； 端到端多式联运大屏监控以及业务定义的滞留、晚到等预警

由于本项目对网络、大数据服务器、数据准确性、业务操作能力等都有较高的要求，在项目实施过程中，通过提前调研和部署，制定上线应急预案，保证项目正常实施和运行。如下图所示。

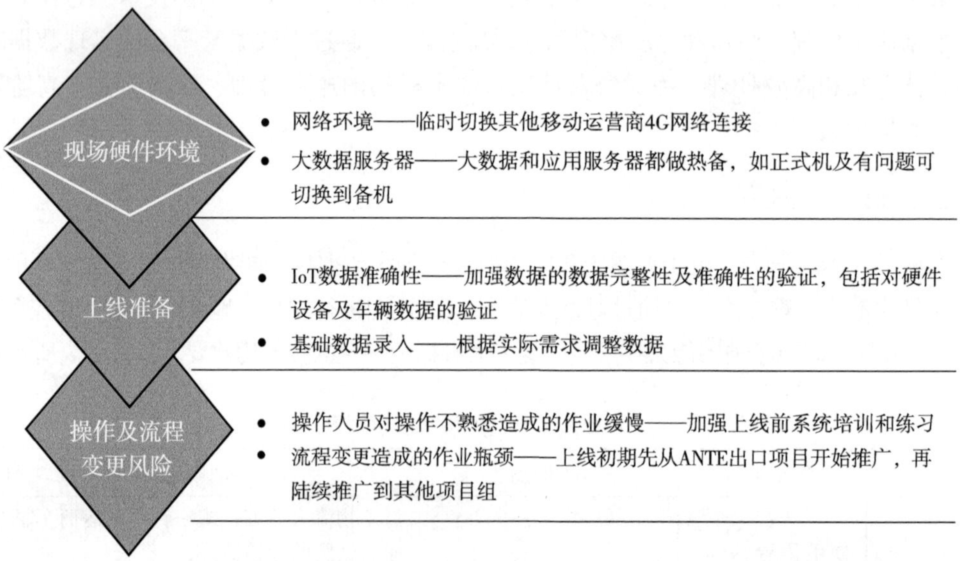

项目实施过程

四、信息化主要效益分析与评估

（一）信息化实施前后的效益指标对比、分析

1. 大数据云平台数据应用解决方案在鹰眼慧运地图中的可视化应用

电子地图对物流商至关重要，是在途过程可控、实施精细化变革的关键管理工具（通过位置/运单/承运商行为/事件等），同时可支撑成本分析、运营分析及相关规划工作。通过实时高效地将业务数据传递给主机厂、供应商、承运商及各类客户，为以长安民生为核心的物流生态圈提供全程透明可视、标准化、智能化、体验满意的专业物流地图服务。通过大数据云平台对物联终端实时采集的多维数据进行处理、整合，为长安民生鹰眼慧运地图前端可视化展示奠定了基础。

在未应用大数据云平台方案前，电子地图在实时数据方面响应慢，通常需要在统一时间集中调度 10～12 小时后才能查询使用，另外在对接物联数据方面，流程复杂，接口标准化差，定制化多，费用高，一般对接耗时需要 3～5 天；在应用大数据云平台方案后，基于高效的数据采集和存储调度能力，实时数据在前端展示查询等待时间缩短到 2 小时内，查询延迟≤10ms，同时在数据对接过程中采用了统一标准接口（目前有 11 个）和对接流程，使对接耗时缩短到 2 天内，大幅提升了鹰眼慧运地图数据应用的实时性和操作体验感。

（1）订单全景监控：将大数据云平台整合处理的运输车辆实时物联数据，在电子地图上进行直观、清晰的可视化展示。

（2）车辆实时轨迹跟踪：通过大数据云平台提供的运输车辆实时 GPS 数据，在电子地图完成运输作业的定位和历史轨迹展示。

（3）整车运输大数据看板：通过大数据云平台完成数据多维度整合，集中在看板上展示在途监控，运输报表，实时运力状态，在线车辆和异常分析等，有效提升运营能力。

2. 大数据云平台数据应用解决方案在整车运输 BI 可视化应用支撑

在未应用大数据云平台前，长安民生整车运输业务现主要面对长安自主品牌和福特品牌两大主机厂，日常所需报送的报表种类多，且不定期有新增需求，报表变更频繁，耗费大量的人力和时间（平均每张报表从数据提取到最终完成耗时人均 3～4 小时），且准确性、及时性得不到保障，特别在大规模数据提取、分析时遭遇瓶颈，无法有力支持整车的管理决策和迎合大数据时代对数据运用的要求。

为此，长安民生打造了 DDOM BI 项目，其中在应用大数据云平台应用方案后（大数据云平台 Hadoop 集群中数据提供到 BI 应用中使用），构建了高效的数据仓与 ETL 能力，15 个企业级数据仓库，调度任务 500 多个，聚类和分类算法共 20 多个场景应用。基于模型算法应用，将系统中各报表的平均处理时间缩短到 1 小时内，且完全由系统完成，减少人员成本，提高了报表数据准确性（准确率 100%），保证了前端可视化展示的实时性和高质量。

长安民生 DDOM－BI 前端数据应用部分包括整车发运量看板，仓储库存看板，整车 DTD 流程监控看板。通过大数据云平台对多业务系统和多场景数据的高效采集整合分析，

保证了 DDOM－BI 系统中各看板数据的及时性和准确性。

（二）信息化实施对企业业务流程改造与创新模式的影响

通过长安民生汽车物流大数据云平台应用，与业务流程的融合贯通，在流程模式上创新有以下三点。

（1）物联网＋大数据应用：基于直达一线的轿运车辆状态物联网数据，叠加 AI 算法和汽车物流垂直场景，对在途状态真实还原、积累大量样本数据，从而开发输出针对轿运场景的智能配板、运力预测、标准成本定价器等智能产品模块，首创性输出一系列汽车物流智能工具，并在行业内首次积累汽车物流垂直行业真实运输成本标准，均可对外变现商业价值。

（2）物联网大数据平台系统：IoT 与鹰眼慧运地图、与车队管理平台的组合，赋能降本增效和智慧体验，可对外私有部署或提供 SaaS 服务，从而获得产品服务销售收入。

（3）基于大数据的流程创新：通过大数据分析车辆常用的站点，包括起点、终点、途经点等，并且计算每两点之间的成本，时效属性，支撑路径规划，费用核算，自动围栏触发等核心物流场景。在物流运输管理领域，无论是干线运输、支线运输、还是城市配送，都需要对运输过程的核心和关键节点的时效和各类异常情况进行严格管理，对运输车辆的整体运行进度、中转时间、装卸货时间、停车时间、加油减油、路桥费等需要详细把控，以此提高运输的整体效率、降低运营成本。

（三）信息化实施对提高企业竞争力的作用

通过大数据云平台数据应用解决方案，将汽车物流作业中多维、分散、复杂数据和衔接碎片数据进行高效整合，端到端打通数据孤岛，构建企业数据湖，满足数据一体化，层次化，实时化，可视化要求。一方面通过数据驱动各类资源要素（人机料）进行优化和创新，降低闲置率，提高利用率，实现资源一体化管理；另一方面通过对各维度数据的深度挖掘分析，描绘客户画像、车队画像以及司机画像，形成透视成本结构、智能预测预警、客情监控、精准营销、业务运作管理等能力，助力企业快速高效地将数据资产转变为商业价值。并针对产业上下游和同行业进行细化需求调研，扩展当前系统的适应性，封装行业产品，由点及面，在全国范围推广，打造行业标杆，提升企业竞争力，推进行业共同进步。

五、推广意义

本项目在模式、运营管理、推广方案等都有创新提升，具备良好的推广示范意义：以大数据云平台为核心，支撑的电子地图应用系统，综合了整车、供应链和零部件三大业务板块的运输管理模式，使其覆盖了汽车领域的主要业务板块。同时在应用实施过程中，把干线运输、多式联运、循环取货、集装箱运输、零担/追货、数字园区六大模式的在途监控与分析标准化，使其具有快速复用推广的优点。目前该系统的应用及配套相关工作开展主要在公司内部进行，并已拟订计划，在系统产品成熟后，在行业中逐步进行推广应用，打造行业示范。

六、改进方案和设想

（一）下一步计划

（1）通过大数据平台不断集中并完善整个长安体系物流生态链数据，并基于数据的挖掘分析，进一步实现全国网布布局分析、线路及区域成本透明化，承运商绩效管理以及长安民生自有标准里程建设，达到数据驱生产，从而选择合适的承运商、设立精品线路进一步提升效率，降低成本。

（2）通过大数据云平台的数据载体——鹰眼电子地图，集成展示不同IoT生产设备数据，实现汽车物流端到端全链可视跟踪，并对滞留、晚到等事件及时预警、报警，对全国重要站点的可用运力实时监控及预测。目前，系统推广先从供应链ANTE出口项目以及整车重庆基地开始。

（二）对物流信息化的建议

（1）物流企业在实施信息化时，要同步考虑对流程的优化再造，不要拘泥于对传统流程的改善，应加入对先进生产方式、先进物流设备的思考，以实现信息化系统对企业未来发展的支持。

（2）在实施前信息化项目前，要站在行业的视角对信息化系统进行顶层设计，不局限于本企业，提高系统的技术领先性、可复制性，以打造行业级的信息化产品为目标，推动整个行业信息化能力提升和应用。

（3）在整个信息化建设过程中，要注意参照国家和行业标准进行设计应用，对未形成标准的需要协同相关方统一认知并形成标准，避免未来在多方协同应用过程中出现的数据不统一。

江西国磊供应链集团有限公司：国磊集团建设标准托盘循环共用平台

一、国磊集团概况

江西国磊供应链集团有限公司（以下简称“国磊集团”）成立于2009年，位于南昌市小蓝国家经济开发区汇仁大道908号，总占地120亩，其中60亩已于2009年投建并运营，仓库面积达21000平方米，二期41000平方米在建（丙二类）高台库，预计2019年6月交付营运。

国磊集团是经世界500强企业——百事可乐公司中国地区总部认可、百事南昌公司唯一配套的仓储和物流供应商。多年来，国磊集团通过整合现代物流、国内商贸、供应链金融服务、物流设备租赁四大产业资源，积极推进和加快现代物流体系建设。成为立足南昌、根植江西、辐射全国的供应链一体化解决方案综合服务商。

国磊集团目前为江西省交通与运输物流协会副会长单位、中国仓储协会会员单位、中国仓储协会金牌服务企业、中国仓储协会五星级通用仓库、中国物流与采购联合会国家级4A物流企业、国家商务部第一批智慧物流示范企业、江西第四批省级重点商贸物流企业。通过ISO 9001质量体系认证、获评南昌市第一家担保存货管理资质企业。国磊集团总资产约1.2亿元，净资产约3500万元。

2016年，为响应国家和南昌市物流标准化试点的要求，国磊集团积极申报南昌市标准托盘公共平台项目，入选为第三批全国物流标准化试点企业。

二、托盘循环共用平台推出的背景

据测算，商品从供应链上游的生产企业到供应链末端的销售门店大约要经历16个步骤，途中不断重复着耗时、耗力、耗财的人工装卸作业，效率极其低下。目前，我国供应链上下游企业较少使用托盘，即使使用了托盘，也是根据自己的实际情况分开采购，尺寸不统一，更谈不上托盘的循环利用。近年来，国家相关部门在积极推动标准化托盘的循环共用，旨在实现降本增效。但是，目前我国标准化托盘的市场占有率还很低，物流体系标准化水平低。因此，推动托盘标准化以及标准化托盘的循环共用成为当下降低物流成本、提高物流效率的最佳途径。托盘虽然仅仅是物流当中的一项基础设备，但它在整个物流运输中非常关键。从标准化托盘共用到循环推广，对于物流标准化水平的提高具有非常重要的意义和贡献。

三、标准托盘循环共用平台的建设

国磊集团作为南昌市首家也是目前唯一一家标准托盘运营服务商，承担着南昌市物流标准化试点建设任务的重要使命。国磊托盘池本着“开放、共享、共赢”的经营理念，完全对外开放，动态运行，吸纳托盘生产厂商及托盘所有权的资源方联盟在一起，将江西省各地市具有托盘池资源的友商们整合在一起，充分发挥网络协同效应，盘活闲置库存，降低客户用板成本，随需而租、按需配置，逐步推进供应链上下游的带板运输及托盘共用。通过区域联动结盟，全省自建网络（全省 11 个地级市自建服务租赁网点），实现带托运输异地托盘的管理及交换业务，提高货品周转效率，降低破损及人工装卸费。

（一）标准托盘池的建立

国磊集团统一购买了 1.5 万片规格为 1200mm × 1000mm 的标准化托盘，采用国家标准进行单元化存储管理，静态载荷 6 吨、动态载荷 1.5 吨、货架载荷 1.2 吨。标准托盘既可以用于平面仓库地堆，又可用于货架存储。既适用手动液压车平地搬运，适合带托运输，对货物保护性高。

作为南昌市标准化试点企业，国磊集团采用不设保底租赁量和极具市场竞争力的租赁单价，为区域内客户提供托盘租赁运营服务，市场参考价格 0.15 ~ 0.25 元/片/天，国磊集团定价 0.10 ~ 0.20 元/天/片（含税）；同时从公司仓配服务客户中进行托盘需求挖掘，采取灵活的用板和退板模式，建立长期稳定的合作关系；充分利用“6 · 18”“双 11”等电商大促期间的用板需求与当地京东、天猫、菜鸟等科技物流公司对接，通过每年几次的大促销等活动助力上下游企业降本增效。

（二）托盘循环共用信息系统设计

在托盘池的建设中，如果没有与之配套的信息体系作为运营支撑，在托盘出入库、经营管理、流转交易等环节必然会出现严重的效率问题。例如，对入库库存和出库租赁的托盘需要及时记录、监测，实现随时的自动托盘盘点。当托盘流通于租赁者、经营者、生产者之间，需要清楚了解托盘最终的所有权和最终去向。

为此，国磊集团与托盘信息大公司普拉托合作，开发了南昌市标准托盘循环共用系统 1.0 版本，利用“互联网 + 托盘银行”理念，致力通过信息化串联起企业各部门的合作与配合，通过托盘循环共用节约社会资源，提升企业管理能力。实现业务参与人、租借业务、仓库业务等信息平台智能管理，助力现代物流的数据化管理。

（三）托盘循环共用租赁网点建设

国磊集团首先以南昌和九江及周边地区各类托盘需求方为服务对象，按照租赁合同对所供应托盘进行配送、维修、回收，根据客户需要提供托盘租赁后的回收、维护和更新的服务，加速托盘在商品生产和分销供应链中的循环，形成供应链各环节的带板运输，促进托盘联运和机械化作业，提高物流效率。其次，逐步推广全省 11 个地级市自建服务租赁网点，实现带托运输异地托盘的管理及交换业务，提高货品周转效率。随着仓库服务网点监控设备、监控数据中心的建立，托盘租赁公共信息平台可以追踪租赁后托盘使用状况，实现跨时空、跨领域管理。增加托盘池整体利用率，节约托盘池整体资金占用。

四、托盘循环共用平台产生的效益

三年来，伴随标准托盘租赁管理公共平台、仓配一体化系统、标准托盘租赁管理公共平台等信息技术手段的投入，在资产总额没有显著扩增，甚至固定资产资金占用率大幅度节约的情景下，国磊集团实现了净利润的翻倍，净资产收益率从2015年的9.58%提升到14.99%，增长将近三倍。同时，资产负债率也有明显降低，如下表所示。

国磊集团2015—2017年关键经济指标

年份	2015	2016	2017
资产总额（万元）	10627.77	10152.29	10674.14
固定资产净值（万元）	2845.43	2734.70	2173.46
净利润（万元）	284.98	546.84	567.61
资产负债率（%）	72.00	68.30	64.53
净资产收益率（%）	9.58	16.99	14.99

通过信息化作业，国磊摆脱大量的纸质单证和手工作业，跻身现代物流的无纸化作业行列，基于GIS的托盘跟踪信息监测技术和机制的引入，国磊实现了对托盘进行全视域实时监控，托盘的出库、摆放、装卸、运输等工作责任可以精确追溯到个人。经过统计，现场等各部门的运作效率提升5倍以上，运作成本降低60%以上。同时，通过托盘循环共用项目，积极推进了南昌市试点企业与商贸流通等企业与物流服务企业的上下互通互联，无须二次换板。提高了昌九地区企业的物流效率，促进供应链企业间的协同运作。根据商务部测算，使用标准化托盘联体运输产品，可提高装卸效率5倍以上，节约装卸成本60%以上，每年可为社会节约大量物流成本。

五、国磊集团的发展计划及设想

目前，国磊集团正在完善托盘循环共用系统中的回收机制，在相应的服务网点布局过程中，将标准化的托盘共用信息系统进行推广。

（1）在托盘信息管理系统方面，计划增加库存查询、服务网点分布查询、在线下单交易、在线委托运输功能。同时，订单交易完成后嵌入运营商审核机制，需要运营方确认托盘全部回收后核实是否有丢失或损坏，上传图片等证明依据赔偿标准结算赔偿费用。

（2）在系统推广方面，后期具备合规经营资质的任何企业注册后，都可将企业内可供租赁的标准托盘纳入公共托盘池，由托盘共用系统帮助其通过公共信息平台出租托盘，将闲置资源创造最大的经济效益。

（3）国磊集团目前的系统平台建设主要辐射南昌及江西省范围内，后期，各地区的公共信息平台可以融合对接，发展出国家级的、全领域的公共物流信息平台，进行各地区物流信息的互联互通和全国范围内物流托盘资源的优化配置。

（4）信息平台和信息系统的建设扩展速度快，后期推广的边际成本低，但在建设前期需要投入大量资金，所以区域内的物流信息平台建设方不宜过多，无须鼓励更多企业参与系统建设，而是择优推广。

（5）作为国民经济的重要产业，托盘共用系统涉及航空运输业、集装箱运输业、铁路运输业、公路运输业以及火车制造、车厢制造、货架制造等制造业，还有建筑业、服务业等众多行业。在制定标准时，要将所有同质企业纳入相同的管理体例中来，促进相同行业的标准化。

京东物流：基于区块链的可信单据签收平台（链上签）

一、京东物流介绍

京东集团自2007年开始自建物流，并于2017年4月25日宣布成立京东物流集团，以降低社会物流成本为使命，致力于将过去十余年积累的基础设施、管理经验、专业技术向社会全面开放，成为全球供应链基础设施服务商。

目前，京东物流是全球唯一拥有中小件、大件、冷链、B2B、跨境和众包（达达）六大物流网络的企业，京东物流的六大物流网络如图1所示。

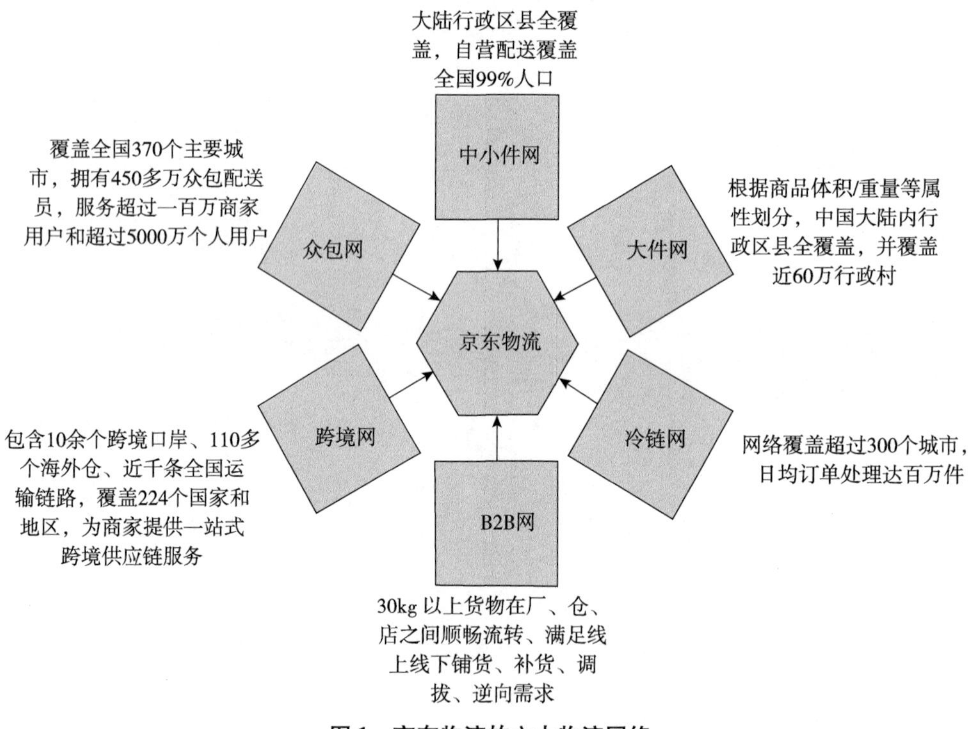

图1　京东物流的六大物流网络

截至2019年3月31日，京东物流在全国范围内运营超过550个大型仓库，运营20座大型智能化物流中心“亚洲一号”，物流基础设施面积约为1200万平方米。京东物流大件和中小件网络已实现大陆行政区县100%覆盖，自营配送服务覆盖了全国99%的人口，90%以上的自营订单可以在24小时内送达。通过十余年的努力，京东物流成功将物流成本（对比社会化物流）降低了50%以上，流通效率（对比社会化流通）提升了70%以上。

2019 年，京东物流明确了“体验为本、效率制胜”的核心发展战略，未来 5 年将携手社会各界共建全球智慧供应链基础网络（GSSC），围绕“信赖与速度”，为消费者提供“一键极速完成”的极致服务，为全球商家提供高品质、高性价比的全面的供应链解决方案，促进社会商业形态的转型升级，全面提升流通效率。

二、传统物流纸质单据所面临的问题

物流供应链中，企业与企业之间、个人与企业之间的信用签收凭证大部分还停留在纸质单据与手写签名的阶段，这些纸质单据不仅作为运营凭证使用，还作为结算凭证使用，纸质的单证会严重限制智慧物流的发展，以快运承运业务为例，目前纸质委托书导致的业务痛点有以下四个方面（如图 2 所示）。

1. 纸质单据拖累结算周期，导致承运商体验差

纸质单据一般是在线下传递会导致信息流与单据流不一致，过多的运营异常，导致对账差异大，结算周期长，严重影响了承运商的现金周转以及回款情况，双方需要花费一定时间在核定账目异常等具体事务上，造成了负面的用户体验。

2. 对账被动、账单回收率难控

纸质对账单发送和回收机制的不完善，而且不同承运商雇用社会上闲置司机资源，造成管理上的欠缺，经常会有纸质账单收不回来的情形出现，从而造成对账管理难度大，对账单的回收率和对账率难控。

3. 手工对账，对账覆盖面窄，准确性难以保障

纸质单据的线下化，迫使过多人工参与对账，人工对账存在较大的数据差异性，例如前后信息不一致、对账产生的差异需要花费大量时间和人力进行核查，准确性难以保障。

4. 有纸化办公带来的成本上管理上的浪费

由于传统内审外审的要求，造成有纸化对账单的存在，势必在材料成本和管理成本方面造成浪费，而通过无纸化可最大限度地避免这些浪费的产生。

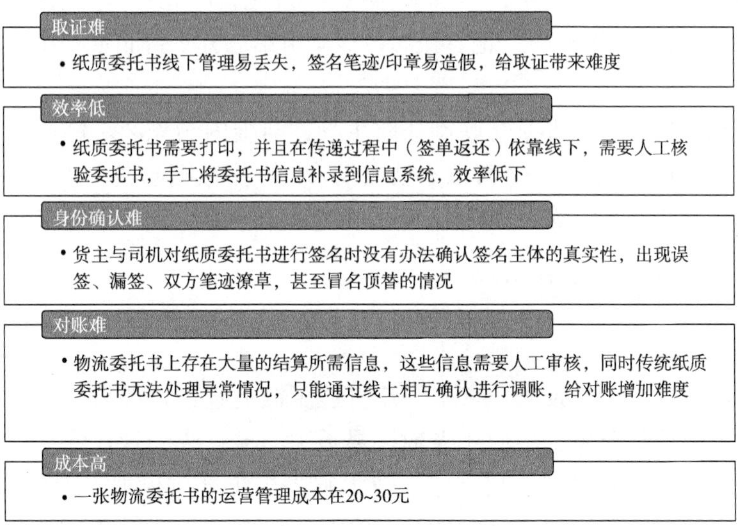

图 2　传统纸质单据问题

三、电子签名与区块链存证的法律效力

1. 电子签名

近年来，电子技术的飞速发展使得我们越来越依赖于电子技术产品、数字化通信网络和计算机等，使得信息载体的存储、传递、统计、发布等环节均实现无纸化。随着电子证据的证据价值在法学研究与法学实践中得到较为普遍的认可，这也使得讨论电子证据法律地位问题的时机日渐成熟。1999 年颁布实施的《中华人民共和国合同法》（以下简称“合同法”）及 2005 年颁布的《中华人民共和国电子签名法》（以下简称“电子签名法”）确立了电子签名的法律效力，电子签名法提出可靠的电子签名与手写签名或者盖章具有同等的法律效力，同时合同法中也有说明数据电文和纸面合同一样，是书面形式的一种，具备相同的法律效力。

2. 区块链存证

区块链作为新兴的技术也已经逐渐被司法机构认可，最高院出台《最高人民法院关于互联网法院审理案件若干问题的规定》（以下简称“规定”）。此规定对于实现“网上纠纷网上审理”、推动网络空间治理法治化具有重要的意义。规定共有 23 条，主要包括四个方面，即明确案件管辖范围、确立在线审理机制、搭建在线诉讼平台及完善在线诉讼规则。

其中，规定在第十一条中明确指出，当事人提交的电子数据，通过电子签名、可信时间戳、哈希值校验、区块链等证据收集、固定和防篡改的技术手段或者通过电子取证存证平台认证，能够证明其真实性的，互联网法院应当确认。

3. 区块链存证案例

2018 年 6 月 28 日，全国首例以区块链为存证的案件在杭州互联网法院一审宣判，法院支持了原告采用区块链作为存证方式，并认定了对应的侵权事实。

2018 年 9 月 9 日，北京互联网法院挂牌成立，该院电子诉讼平台正式对社会公众开放。而抖音短视频诉百度旗下伙拍小视频信息网络传播权纠纷案，成为北京互联网法院受理的第一案。《每日经济新闻》记者获悉，该案由第三方平台北京“中经天平”进行区块链取证。

2018 年 12 月 23 日，由北京互联网法院主导，与国内领先区块链产业企业共建的电子证据平台“天平链”，运行三个月以来已在线采集证据数据超过 100 万条。与北京高级人民法院、北京互联网法院等 17 家单位共同成为“天平链”上的数据存证节点。

四、链上签产品优势及价值

1. 产品优势

依托区块链和电子签名技术，京东物流打造了链上签这款产品，是基于区块链和电子签名技术解决传统纸质单据签收不及时、易丢失、易篡改和管理成本高的问题，实现单据流与信息流合一，同时利用数字签名技术解决传统纸质单据不能处理异常的问题，物流配送过程中发现异常能够及时修正，并实时将修改的数据上链，双方运营结算人员可以及时获取准确的数据，同时利用京东物流供应链优势、背靠已有的物流网络和技术，

打造基于区块链的可信单据签收平台，与传统手写签单相比拥有诸多优势。

（1）提升工作效率：电子合同的拟定、确认、审批、签署、发送等过程全部在线上完成，帮助企业节约大量时间，提升效率。

（2）体现价值环保：电子合同全部电子化，节省了大量纸张、油墨、电力、包装、运输资源，更加顺应当前社会节约能源、低碳环保的趋势。

（3）降低运营成本：电子合同无须用纸，签署后由第三方平台加密存管，为企业降低纸张打印、仓储存管、快递运输、结算对账等运营成本。

（4）弥补风控漏洞：电子签约流程环环相扣，共同形成完整证据链，有效规避冒名代签、私刻公章、合同篡改等风险。

（5）实现安全管理：电子合同经高强度加密存储在云端，有效避免因自然或人为因素导致的合同错配、丢失、损毁、外泄等情况。

2. 产品价值

链上签与传统电子签章产品不同，链上签是通过物流单据线上化助力智慧物流发展，利用区块链技术打造一个低成本、高信任的物流供应链协同平台，物流单证的线上化是解决运营标准化的难题，并且利用区块链分布式账本和数字签名技术可以为物流供应链内的企业构建一个低成本、高信任的协同关系。

链上签所使用的区块链平台是基于京东自主知识产权的区块链底层技术平台“JD Chain”的基础上构建的智链能力开放平台，强化区块链在客户实名、协约签署、管理、维护和合同保障方面的应用，为物流单证应用场景构造了很好的基石；同时京东物流作为“物流 + 区块链技术”应用联盟发起者，可以集结联盟企业构建行业标准，利用头部客户的优势快速将单据无纸化的标准进行推广落地（如图 3 所示）。

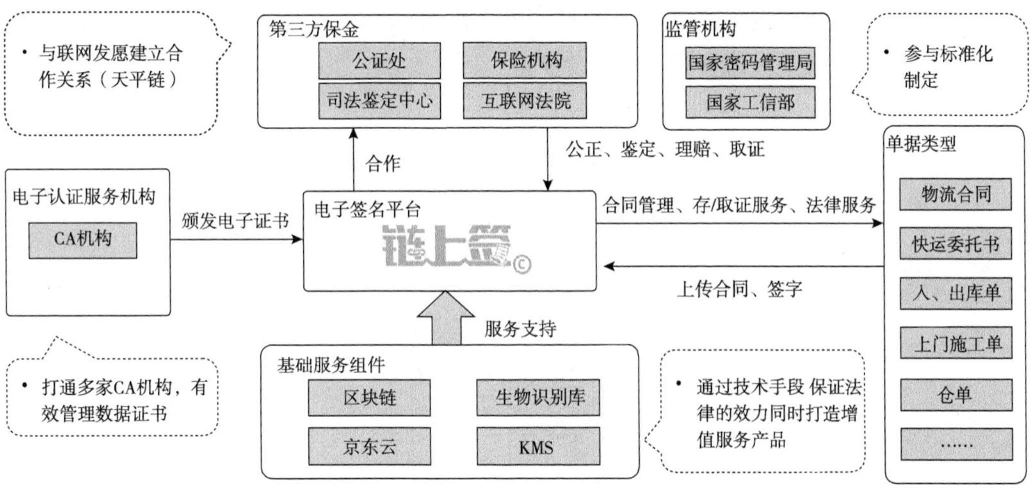

图 3　链上签：基于区块链的可信单据签收平台

五、链上签的应用场景

1. 基于链上签的快运对账平台

链上签的应用场景都是并围绕单证的数字化去解决物流过程中实际的运营问题，例如：物流对账过程主要解决核心企业和承运商之间的结算需求，物流承运过程一般需要经过下单、询价、承运、签收等诸多环节。结算双方企业需要通过系统接口对接的方式完成不同阶段数据的共享与流通，通过传统技术手段仅仅实现信息流互通，并不能解决双方的信任问题，信用签收还是依赖纸质运单，双方各有一套清结算数据，结算双方每个结算周期要进行对账，要人工审核大量的纸质单据，具有成本高、效率低，结算周期长的问题（如图4所示）。

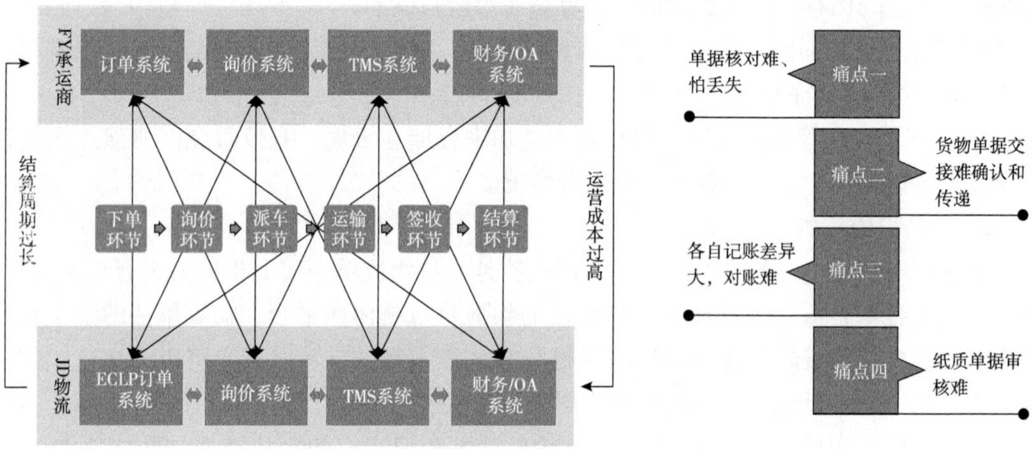

图4　传统对账过程效率低、成本高

链上签产品利用区块链公开透明、且不可篡改的可以实现结算双方共享数据的控制权，从订单生成环节就开始上链，从询价环节、报价环节、配送环节、妥投等环节，通过信用主体无纸化签收生成基于区块链的电子运输结算凭证，承运过程中通过 RFID 等物链网技术，确保物流配送过程数据收集的真实性，配合车载 GPS 系统收集位置数据，从而实现信息流和实物流一致性（如图5所示）。

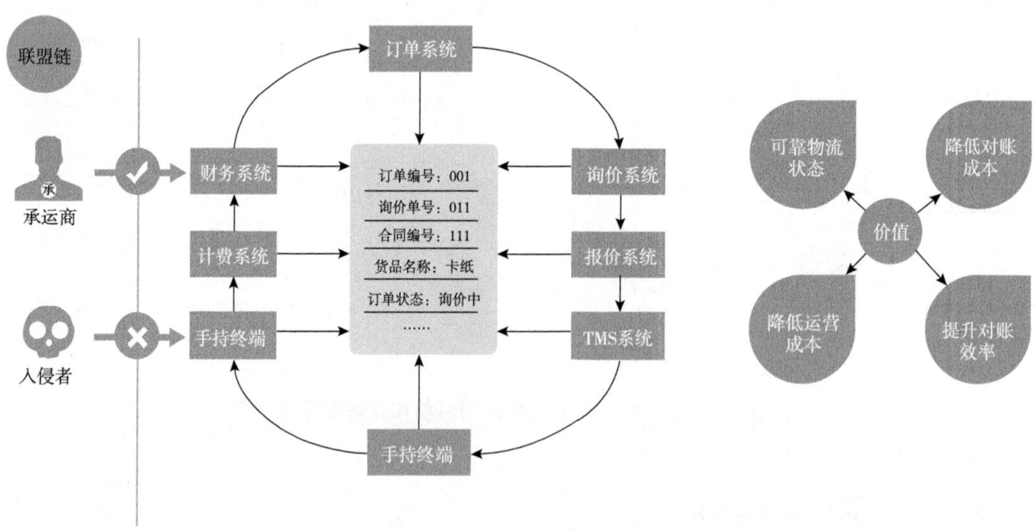

图5　基于链上签产品构建可信联盟链

基于链上签产品实现运营过程无纸化。首先，为联盟链的每个信用主体构建数字身份，结合权威 CA 认证结构为其信用主体颁发数字证书，通过生物特征的采集确保使用该设备进行签收动作的信用主体的真实性，最后将签收结果写入区块链存证，整个过程可以确保签收主体的真实可信、签收过程真实可靠，签收结果不可篡改、可验证。最后对账过程中双方利用链上可靠数据实现共同管理一笔账，减少对账成本，缩短结算账期。

2. 基于链上签的电子签单返还

签单返还作为增值服务，是快递公司额外收入的一种手段，但传统纸质的签单返还具有成本高、时效长、容易丢失，甚至是冒签等问题。商家对物流公司有纸质签单返还及电子拍照回传的需求时，需要把签单打印出来，客户签收后，还需要物流公司将纸质签单邮寄商家，同时会提供单据模板打印及纸质单据邮寄线上化和电子拍照回传，但拍照动作会给配送员增加额外的操作，也会出现拍照不清晰，OCR（光学字符识别）无法识别手写签名，无法验证签名人身份信息等问题。

基于链上签构建的电子签单返还产品，结合区块链智能合约技术和电子签名技术，将需要用签单返还单据无纸化替代传统的纸质签单返还，消除纸质签单返还的运输成本，利用区块链不可篡改、共识、去中心化等特性，确保已签名上链电子运单真实可靠防篡改，通过权威 CA 机构背书为签名人生成合法证书，确保已签收单据合法合规，客户可以直接通过链上签查验客户端获取签单返还的单据并完成验签、下载等动作，实时完成签单返还动作，消除人工对每张单据签收的核验成本。

六、链上签产品架构

链上签产品架构主要分为可信终端（手持终端）、应用服务、区块链账本服务，可信终端是链上签流量入口，是物流参与人员，包括收/发货人员所使用的移动操作终端，通过可信终端上的提供的 SaaS 服务，可快速构建信用主体，并使用权威 CA 机构颁发的数字证书进行背书。签单时通过身份证 + 手机号 + 姓名完成信用主体的认证，物流配送环节以电子运单为载体，通过信用主体的数字签名完成每个运输节点的信用签收。

应用服务层是将链上签核心产品通过 SDK（软件开发工具包）和 API（应用程序编程接口）的方式进行能力开放，结合实际运营情况，将物流场景服务标准化，减少终端开发工作量。主要功能有身份管理服务，信用主体认证、验证、服务；电子运单管理服务，运单创建，运单流转、运单取证服务；签名管理服务，支持多签、双签服务；业务数据获取服务，权限认证通过后，可获得链上指定数据。

区块链账本存放物流单据签收凭证，信用主体的身份信息，及每次交易过程中需要双方确权的关键数据。

七、链上签产品的核心收益

链上签产品已经被福佑等多家承运企业使用，实现双方所有交易数据已经上链，大型干支线的整车业务在业务、系统、技术层面全打通，形成了整体的方案解决模式。通过链上真实的交易数据实现共管一笔账；通过链上签电子签名能力，完成信用主体的建立和运单的电子化签收，替代纸质委托单和手写签名作为结算凭证。运营至今，一些技术和信任红利正在显现。

1. 形成去中心化的高效的对账平台

基于链上签实现物流单据电子化，通过链上可靠数据进行实时监管，区块链的智能合约机制自动核验结算凭证信息，有效防范坏账风险，缩短对账周期，及时发现差错，堵塞管理漏洞，提高对账质量。在此基础上，将对账信息发布到区块链，客户实时进行账单回签，对账效率和准确率都极大提高。

2. 账单生成管理符合三化趋势

账单生成管理三化，即“集中化、无纸化、智能化”。逐步弱化和取消纸质对账单，发货端、收货端、承运商、京东物流快运均基于智能合约账本进行；由“对账中心”通过智能对账平台，集中生成电子对账数据，并试试发布到区块链，由客户进行账单回签，财务核算与对账逐渐分离，从而实现集中对账、智能对账。

3. 对账范围参数化，付费规则集中管理

每期对账承运商范围、付费规则由对账管理人员确定，通过系统控制每期对账单生成数量、范围，提高对账单生成的覆盖率，对账单的生成从人工处理转换成为系统自动处理。这样，符合计费规则的账目，自动触发区块链进行记账。

4. 对账输入输出人机交互

通过构建移动应用等数据终端出入口，司机，报账员的效能大幅度提升，例如，干支线配送司机完成了单运输任务后，只需点击手机移动应用程序上的“确定”，即可完成本单的稽核、确认，将信息实时写入区块链账本，同步到承运商，发货收货的核心企业的不同节点，建立信任的前提下，大大提高了整体工作效率。

八、社会效益

京东物流携手承运商企业通过对现有业务流程规范化，从而降低供应商对账期，从目前的90天账期缩短至少60天账期，从而从承运商处可以获得更多的优惠条件，可大幅降低运营和管理成本，据不完全统计，按照全国每年20亿元的快运支出来计算，每年全国快运业务整体上至少可以有2亿~3亿元的成本节约，未来随着快运业务的迅猛发展，节省成本量会有更大的空间，同时利用联盟链技术和物流供应链核心企业优势，可以衍生出更多的应用场景，如利用区块链上可信的单据与交易数据，为供应链金融提供保理服务，解决中小企业融资难、融资成本高的问题。

武汉小象智云科技有限公司：物流联运平台建设与应用

一、小象智云科技介绍

武汉小象智云科技有限公司（以下简称“小象智云”），是一家提供物流信息化物流平台建设的科技型企业，提供集物流运输、互联网及物联网平台开发运营、金融服务等一体化的解决方案，为物流行业提供高效的解决方案及多样化增值服务。

小象智云将逐步构建完整的物流产业生产链，目前已成立“湖北小象物流服务有限公司”，自主研发小象物流联运系统，实时采集人、车、货全方位数据，实现异常状态预警、历史数据回溯，帮助物流企业提高管理效率，增强风控能力，降低运营成本。

二、应用企业情况介绍

应用企业是以公路货物运输为主，配送全国。现有车辆400余台，月运输量10万吨，员工200余人。公司的运输网络，以高速公路和国家高等级公路为依托，以站到站的运输方式根据客户需求，在全国建成了20多个中枢城市网点及遍布全国的信息化货运网络，为客户提供全方位一条龙服务。

三、应用企业面临的问题与需求

（一）应用企业面临的问题

1. 行业环境

在物资快速流通的现代社会，公路货物运输作为货物运输的重要形式之一，其重要性越发显现出来，应用企业需要利用现代信息化技术，建设公路运输信息化平台，这也是传统物流企业向现代物流企业转变的入场券。

2. 内部问题

应用企业成立以来一直非常重视对物流管理系统的研发与投入，但与国际先进水平相比，仍存在很大的差距，同时随着公司业务模式不断创新与规模的扩大，对信息化管理平台的需求更加细致，对功能要求也越来越高，管理越来越精益化，现有的物流信息管理体系就需要升级和完善。

（二）应用企业面临的需求

1. 业务拓展的需求

随着公司经营规模的壮大，对高效整合公司内部（货代、运力、仓储）、供应链上下游、政府公共服务与监管平台三方面资源的要求越来越高，目前的内部系统无法满足需求，当客户需要的服务涉及内部多个协作资源时，物流数据的共享与流转效率低，数据的错误率高。

2. 运单增加的需要

随着运输量的持续增加，对公司在运力调度、装载优化、路线优化、运途监控等方面提出了更高的需求，以提升车辆的运输效率、降低运输成本、增加运途的轨迹和可视化，而目前公司在这些方面还无法满足。

3. 运力管理的需要

随着业务的拓展，公司在强化自身运力的同时也引入了社会运力资源，但司机的核算周期长、沟通成本高等原因导致运力管理效率不高，司机黏性低，往往在业务高峰期时出现运力不足。

4. 业务规范的需求

社会运力的引入后业务合规性的管理就成为新的风控点，社会车主与公司之间的合作模式及符合法律的确权。票据规范的管理，车主劳务费及个税的申报也需要社会运力的配合。如何在合规的前提下高效便捷的运营将直接影响到公司未来的发展。

四、项目建设内容

（一）小象智云的原则和建设目标

小象智云本着提高物流服务水平、保障物流服务质量、提高物流服务效率、缩短物流流转周期、降低物流服务成本的原则，建设目标主要包括：①流程规范、过程透明；②信息共享，拓展竞价；③优化管理、直采到车；④实时监控，加强风控；⑤提高效率、提升服务。

（1）运力交易管理：包括社会运力的实时竞价、合同物流的招标。实现了从游货主取得的“承运订单”到分包给下游的“委托订单”的交易管理。

（2）运营过程管控：平台对承运商运输过程的管控，包括调度、定位、提货、磅单、在途、签收、回单的全过程管理和信息共享，同时还能够实现过程追溯。

（3）业务风控审核：平台对业务真实性的自证数据都做到的实时提取及风险提醒，包括合同、轨迹、票据、支付、保险等超过 100 项的风险评估规则。

（4）承运商管理：平台内建立了承运商准入、考核和淘汰的动态评价指标库，可以调整评价指标，为承运商管理提供客观依据。

（二）针对应用企业的建设内容

应用企业期望利用“互联网 +”物流的平台化模式，进行平台化管理，优化整车运输的运力组织形式。目标集中在五方面：①交易透明，打破内部交易潜规则；②联结外部资源，更广范围询比价；③直采到车，去中间层降低物流成本；④进行在途监控，形成销售路径数据，指导决策；⑤提高物流效率，提升客户服务。

小象智云根据企业需求，双方成立专项项目组，从管理体制、交易场景、风险控制等方面，共同梳理形成完整的、体系化的设计方案。

1. 通过平台化管理，形成可视化的运力采购管控体制

企业实行统一的物流业务平台化管理，对物流的运力资源采购进行集中可视化管理。

2. 建立在线化的交易平台运行机制，进行风险评估

以在线化、流程化为目标，建立专属询价通道，并对交易结果进行展示和追溯，接收监督。使用抢单竞价机制，充分公平竞争。

3. 基于末端连接的资源管理

结合小象智云的在线交易业务部署，使用运力管车助手，通过运单到车辆的绑定，实现对车辆资源的培育和可控，实现各业务节点数据的实时更新与共享。加强对交易中车辆的轨迹监控，数据分析评估，建立完善优质的云车库资源，为减少不合理、低附加值的中间层，直采到车做准备。

4. 互联互通的资源共享机制

通过小象智云连接多家社会运力资源平台，最大限度的实现外部资源互联，在充分询价比价的过程中持续优化资源，促进优质资源的引入，降低物流成本。另外帮助企业在新增业务线路和物流峰值期快速整合资源，为建立敏捷供应链，柔性制造奠定基础。

5. 建立无车承运私有云平台支撑，创新物流价值

通过小象智云平台积累数据，整合资源，扩充自己的运力池，形成云车库，为后期升级成为私有云平台做积累。建立私有平台后，为无车承运提供平台支撑，最终做到物流社会化，与集团企业剥离，创新物流价值。

6. 实现票据规范的管理，为无车承运的税务要求做准备

通过资金流对接业务数据，实现每笔交易数据均有详细的业务数据支撑，保证了数据的真实性、可追溯性。解决票据的归集与管理，系统依据车辆行驶轨迹提取 ETC 等电子票据。

五、项目方案设计

（一）应用企业现有资源业务合同物流流程上线方案

为应用企业设置平台委托方、承运方账号和配套的联运力管车助手账号，对下属分公司设置相对应的附属账号。将委托方和多个承运方账号进行合同绑定，进行线上操作发货，合同配货站通过联运力管车助手认证车辆信息，LBS 监控绑定，进行资源上线，促进企业运力库形成。

（二）互联互通资源共享机制方案

按照设置好的账号信息，对合同物流以外的临时物流发货进行平台绑定，经过精准对接，帮助应用企业连接了多家对口平台进行抢单竞价，保证资源补充及充分询比价。通过框架合同的方式统一运力平台的服务标准、违约赔偿责任，传递责任，保证风控，统一服务，统一结算，减少原有模式的复杂操作。

（三）应用企业深入末端资源连接和管控方案

通过平台方（承运方）配套的联运力管车助手账号，不断录入新的车辆信息，积累车辆资源，通过联运力管车助手对车辆形成有效的考核机制，把控风险，最终形成自己的运力池，建立企业云车库。

（四）无车承运私有云平台支撑

当企业剥离物流业务，形成社会化三方的物流企业进行服务时，将为企业部署私有云平台，借助私有云平台，聚集货源、整合车源，帮助企业成为平台生态的聚合者、平台商业模式的制定者、平台上最具成本优势的承运方。做到货源私有、平台私有、品牌私有、运力私有、生态私有等。通过私有平台建立平台生态，提供包括融资租赁、保险、金融、支付、加油、修车、集采等增值服务，为企业创收。

六、项目实施阶段

（一）理顺管理架构、修订完善制度、细化职责权限

为全面推进企业的物流资源采购平台化，需要建立配套执行制度、监督奖惩机制，统一责任和管控目标，改变流程不清、目标失控的局面。

（二）对原有业务工作流程、交易场景及资源层级进行梳理，规划部署上线

通过对原有业务的操作模式的梳理，通过 API 接口与其订单系统进行对接，直接物流发货，做到平台操作一体化，改变电话询价烦琐且易产生灰色收入的方式，使用平台形成承运方公平竞价体制。以管控承运方为目的，要求承运方运用联运力管车助手，扩大熟车数量，建立自己的运力池，通过定位系统，有效节省匹配车辆的时间，货物起运后，保证货物安全。

（三）对资源目标、管控目标、成本目标进行数据化分析展示，细化执行

（1）车源数据：通过联运力管车助手连接车辆为企业建立私有运力池，形成自己的车辆数据资源，可以有效把控常用车辆的运行比例及调度情况，为直采到车奠定基础。

（2）交易数据：使用平台交易数据导出，根据数据建立动态考核制度，实施资源管控，促进交易透明，优胜劣汰，另外根据交易价格数据，做到对运输市场价格及用车高低峰期的预判，掌握议价权。

（3）跟踪数据：在平台进行网络操作运输，通过平台订单转联运力助手的订单，并操作派车形成车辆跟踪数据，保证车辆、货物安全，防止串货情况的出现。

（4）税务优化：将原有的现金结算切换至平台，通过平台完成对司机费用的实时支付和开票，解决该企业直采到司机后，进项抵扣的票据难题。

（5）财务支撑：联合专业金融、保理机构，为企业提供互联网金融服务，以缓解企业的资金压力。以完整的交易业务数据链包括信息、交易、过程管理、结算、支付、发

票，以可追溯的真实性数据为主要依据完成授信，按单、按日计息。

（四）对企业物流从成本中心向利润中心的转化，创新价值

帮助企业剥离物流业务后转变为符合交通部要求的无车承运人企业，并通过平台生态获利，使企业物流从成本中心向利润中心转化。

七、项目效益分析

应用企业在平台上线后投诉率下降了80%，客服人员由以前的被动服务转为主动服务，平台对运单提示预警后，客户人员会主动联系用户，及时与客户沟通解决问题。

物流准时交付率由平台实施前的92%上升到98%，系统会根据路线及不同时间周期、动力资源空闲指数来给出一个运达参考日期，以保证交付时间的合理性。

资金流转率提升60%，通过和银行、第三方支付通道的互联，实现了运费的实时和周期性在线结算，对不同业务类型的计费规则设定，以及不同的价格策略支持，在不增加管理人员的前提下提高了资金的利用，为公司整体的发展提供支持。

基于实时定位和轨迹的可视化管理系统的使用，进一步确保了货物的准点率，提高客户的满意度，增加用户对公司的信任度，从而增加公司的业务量。

八、项目经验总结

2016年以来，国家各部委发布的关于物流行业的发展相关政策文件超过100份，2018年全国229家无车承运人试点企业整合了社会运力135万辆，完成了货运量3.7亿吨，车辆利用率提高了50%，在物流行业的发展变革之际物流的发展面临着新的机遇与挑战，企业核心资源数字化，掌握资源越丰富，信息质量越高，统计分析模型越精确的企业将掌握市场话语权；组织结构向开放、联结、互联、互利发展，运营效率越高，成本管理越趋合理；技术的发展和迭代周期越来越快，建立以大数分析模型为基础的决策、认识体系将引导行业的发展方向。

经过多年的努力，物流联运平台为物流管理公司的生产经营提供了有力的支持，在项目的实施中主要有以下几点经验：

（1）领导的鼎力支持是项目成功的最有力保障。

（2）深入了解客户的实际应用场景和实际体会，形成明晰的业务流程标准，固化高效的操作和管理流程，是建设成熟度高业务系统的关键。

（3）系统前端操作要做到极简模式，对前端用户做到无技术要求，会用手机就行是提高用户使用率的最佳推广模式。

（4）避免客户一次性的大额投入，降低客户的使用负担和风险。

（5）提高业务流程的透明度能直接提升用户安全感。

合肥市大数据资产运营有限公司、安徽公共资源交易集团有限公司：安徽创新馆科技创新成果转化信息服务平台

一、项目背景

（一）政策环境

2017年，科学技术部印发《科技部关于印发国家科技成果转移转化示范区建设指引的通知》（以下简称“通知”），通知对建设国家科技成果转移转化示范区工作提出了全面的指导与要求。通知要求，要“打造形成一批政策先行、机制创新、市场活跃的科技成果转移转化区域高地，形成一批可复制、可推广的经验做法。有利于科技成果转移转化的政策环境和体制机制不断健全，专业化的技术转移人才队伍不断壮大，科技成果转化公共服务平台更加完善，企业、高校和科研院所科技成果转移转化能力明显提升，各具特色的科技成果转移转化体系逐步建立和完善”。通知对国家科技成果转移转化示范区的建设作了全局性与根本性的指导，是安徽省建设创新馆的政策基础之一。

安徽省人民政府印发的《中国制造2025　安徽篇》指出，要“建立一批产业创新联盟，完善科技成果转化协同推进机制”。同时，文件强调，要“推动协同创新，打造创新孵化器，加快科技成果转化步伐”。文件从总体上规划了安徽省在“中国制造2025”发展规划中的指导思想与工作要求，重点指出了推动科技创新、建立相关机制以加快科技成果转化的重要性，对创新馆一类的科技创新机构提出了建设要求。

此外，安徽省委主要领导也指出，安徽省需要一个载体将创新发展的引领性、示范性和群众性表现出来，而创新馆就是具有代表性、先行性的模式，创新馆代表着安徽的一张大名片、一本大事记、一个大图文，所以建设创新馆非常重要且必要的。

（二）经济环境

创新发展一直是安徽省经济发展的重要驱动引擎。根据十二五期间安徽省经济社会发展数据，安徽省战略性新兴产业年均增长率约29%，全省高新技术企业由2010年的1313家增加至3157家，区域创新能力由全国第15位跃升至第9位。在十三五规划发展目标中，安徽省将着重提高产业创新能力，基本建成综合性国家科学中心和产业创新中心，形成以企业为主体、高校院所高效协同的技术创新体系，支撑产业迈向中高端水平。

从最新统计数据看，安徽省经济发展增速总体平稳，其中高新技术产业发展表现良好。根据最新统计结果，安徽高新技术产业增加值增长加快，并且对工业增长贡献率增

加。其中，战略性新兴产业增长加快，其增幅主要由新材料、新能源汽车与数字创意产业上拉带动。可以看出，安徽省经济发展转型加快，高新技术与战略性新兴产业逐渐成为全省经济发展战略中重要组成部分。面临新的经济发展形势，建设相应的技术创新机构、服务安徽省经济发展与改革大局显得至关重要。

（三）社会背景

从国际角度看，当前世界经济在复苏中也面临潜在风险。为保证经济增长，部分发达国家提出了一系列创新计划来服务经济增长。如德国提出的“工业 4.0”研究项目，旨在通过技术手段的创新来加快其制造业的增长。面临国际新的创新趋势，我国也需加快创新研究步伐，设立科技创新主体，促进创新驱动战略的实施。

近期在中美之间发生的贸易战对我国经济产生了一定的影响。例如，在中美贸易摩擦中，美方对华发起的 301 调查主要针对的是知识产权问题和技术转让规则问题，重点瞄准中方高新技术产业，而高新技术产业是“中国制造 2025”计划中重点发展的产业领域。在这个情况下，建设发展独立自主的技术创新资源聚合平台，服务技术创新的发展，以支撑“中国制造 2025”计划则显得尤为重要。

当前，在国内政策激励与经济大局的影响下，创新创业已成为社会发展的新趋势之一，创业的号召在全社会引起了积极的回应。而各类官方与非官方性质的创新支持组织也建立起了一套或政府主导或企业主导的体系，设立了涵盖从基础服务到孵化服务的服务体系。同时，随着各类高新技术不断涌现，科学普及、技术交流、成果展示等社会对科学文化的需求也随之出现。因此，依照现实社会期待与需求，设立安徽省创新馆并完善其制度、组织与服务等各类模式，其符合国家政策号召，符合社会对创新创业与科学传播的心理期待。

（四）技术背景

从技术环境分析，安徽省拥有中国科学技术大学、合肥工业大学、安徽大学等国家重点高校，具有雄厚的科研资源。同时，统计数据显示，截至 2017 年年底，全省共有高新技术企业 4310 家，其中营业总收入亿元以上的高新技术企业 1138 家，10 亿元以上的 156 家，百亿元以上的 8 家。安徽省也拥有大量处于初创期的小微企业。据相关统计，2017 年，全省各类众创空间总收入 2 亿元，众创空间总面积 390.7 万平方米，累计获得投融资的团队与企业共 1492 个。

各高校每年有大量的技术成果产出，而企业需要相应的科技成果以推动自身产品的进步与市场的拓展。在当前安徽省大力发展高新技术产业的背景下，各高校与企业需要高平台的综合型技术创新实体为其提供各类创新技术孵化与产业对接等工作，进一步整合产学研体系，促进技术成果顺利转移与转化。定位于展示窗口、实战平台、先验模型三大功能，安徽省创新馆的定位正切合这个现实需求。建设安徽省创新馆可以有效解决安徽省技术创新工作的技术转化、产权交易、先进成果展示等各类问题，整合产学研体系。因此，安徽省创新馆的建设势在必行。

二、现状及存在问题

安徽创新馆是一个全新的概念，现有可供参考的成熟运营机制较少，其运营机制需要在研究和实践中不断地探索。首先，本研究有助于丰富和完善安徽省创新馆的顶层设计，在形成永久性展示平台的基础上，通过机制设计将平台展示和服务性功能相结合，打造创新技术跟踪发现—成果落地—企业孵化—产业汇聚的机制链条，为创新馆的实际工作作出指引；其次，本研究对于将安徽创新馆打造为引领性工程有些许助益，通过展览展示和运营模式的研究，使安徽创新馆不但体现时代特点和安徽特色，还能体现出放眼世界的高端特征；最后，本研究能够在一定程度上丰富相关研究成果，为同类场馆的建设和管理提供参考，对国内展览馆行业改革与会展业的发展研究做出贡献。

三、平台介绍

安徽创新馆科技创新成果转化信息服务平台除平台门户外，设有五大专题板块，即创新成果展、融资项目、创新企业展、金融服务展和团队专家展。

（一）平台门户

平台门户页面包含以下内容。

（1）行业动态及通知公告：图文结构展示当前最新行业动态及通知公告的消息。

（2）科技成果发布公示：显示当前多少项科技成果同步发布的通知信息。

（3）安徽省创新产业功能区及园区布局：以全省地图框架为基准，根据产品全景图、入驻企业、签约项目、高等院校、创新人才为维度，展示当前园区基本信息。

（4）平台创新成果一览：①显示当前平台创建成果总数，同时分别细分显示企业需求、团队、科技成果、成功交易项目、项目交易额的数据；②可根据技术领域查询系统推荐的相关创新成果。

（5）发布会直播：支持发布会直播入口跳转。

（二）创新成果

本专题主要展示全省多领域专家的科技成果、专利以及从事的技术领域等信息。前端显示成果的技术优势和所属信息，方便有咨询需求的用户通过筛选地市、类别、关键字等信息进行查询，如图 1 所示。

（三）创新企业

本专题主要展示全省不同类型的创新企业信息。前端显示企业的名称及地址，方便有咨询需求的用户通过筛选类别、关键字等信息进行查询，如图 2 所示。

（四）金融服务

本专题主要展示金融贷款服务行业。前端显示贷款公司信息及贷款额度，方便有咨询需求的用户通过筛选类别、关键字等信息进行查询，后可通过线下进行申请。

图 1　创新成果展示界面

图 2　创新企业展示界面

（五）团队专家

本专题主要用于展示各行各业专业人士或创新创业团队，他们在自己的研究领域都有一定的学术造诣。前端显示专家的基本信息和所属企业，方便有咨询需求的用户通过筛选类别、关键字等信息进行查询，如图 3 所示。

图3　专业人士和创新创业团队展示界面

四、社会效益

本平台以安徽创新馆建馆理念为核心，以将安徽创新馆打造成为安徽的大名片、大事记、大图文为目标，以将安徽创新馆建成兼具展览展示与实战应用的综合服务性技术创新平台为宗旨，探讨安徽创新馆的模式框架、运行机制以及配套的场馆活动等内容。

首先，通过文献梳理、网络资料收集、实地调研等方式分析具备参考性的案例，结合创新馆“突出特色，打造主题型场馆”的建设需求，梳理出安徽创新馆的运营管理要素以及主要建设内容和功能，从而设计出安徽创新馆运营模式框架。

其次，探讨如何实现安徽创新馆“研发转化”“捕捉寻找”“路演展示”与“向往汇聚”等功能。提出切实可行的运行方案和运作原则，从而将安徽创新馆打造成为集展示窗口、实用平台和先行示范于一体的综合服务性平台。